线上资源获取方法

本书配套了线上资源,包括附录数据、研究案例、思考题解题思路、参考文献等。请读者按照如下步骤获取各章节线上资源:

第一步,关注"博雅学与练"微信服务号。
第二步,扫描二维码标签,即可获取数据资源。

一书一码,相关资源仅供一人使用。

如在使用过程中遇到技术问题,请发邮件至em@pup.cn。

IACMR组织与管理书系

组织与管理研究的实证方法
（第4版）

陈晓萍　沈　伟 ◎主编

EMPIRICAL METHODS
in Organization and Management Research

北京大学出版社
PEKING UNIVERSITY PRESS

图书在版编目(CIP)数据

组织与管理研究的实证方法/陈晓萍,沈伟主编.—4版.—北京:北京大学出版社,2023.6
(IACMR组织与管理书系)
ISBN 978-7 301-34037-0

Ⅰ.①组⋯ Ⅱ.①陈⋯ ②沈⋯ Ⅲ.①组织管理学—研究方法 Ⅳ.①C936-3

中国国家版本馆CIP数据核字(2023)第099740号

书　　名	组织与管理研究的实证方法(第4版)
	ZUZHI YU GUANLI YANJIU DE SHIZHENG FANGFA(DI-SI BAN)
著作责任者	陈晓萍　沈　伟　主编
责任编辑	刘冬寒　闫格格
策划编辑	徐　冰
标准书号	ISBN 978-7-301-34037-0
出版发行	北京大学出版社
地　　址	北京市海淀区成府路205号　100871
网　　址	http://www.pup.cn
微信公众号	北京大学经管书苑(pupembook)
电子邮箱	编辑部em@pup.cn　　总编室zpup@pup.cn
电　　话	邮购部010-62752015　发行部010-62750672　编辑部010-62752926
印　刷　者	北京鑫海金澳胶印有限公司
经　销　者	新华书店
	185毫米×260毫米　　16开本　38.75印张　868千字
	2008年6月第1版　　2012年6月第2版
	2018年7月第3版
	2023年6月第4版　　2024年5月第2次印刷
定　　价	158.00元

未经许可,不得以任何方式复制或抄袭本书之部分或全部内容。
版权所有,侵权必究
举报电话:010-62752024　电子邮箱:fd@pup.cn
图书如有印装质量问题,请与出版部联系,电话:010-62756370

章作者简介
（按音序排列）

陈晓萍（Xiao-Ping Chen），伊利诺伊大学心理学博士，美国管理科学院院士、美国心理科学学会（American Psychological Association，APA）院士，美国华盛顿大学福斯特商学院组织管理学 Philip M. Condit 讲席教授。曾任华盛顿大学福斯特商学院副院长（2016—2020）和组织管理系主任（2009—2015）。目前担任 Management and Organization Review（MOR）的主编，以及双语杂志《管理视野》的创刊和执行主编，曾经也是心理学英文顶尖期刊 Organizational Behavior and Human Decision Processes（OBHDP）的主编。研究领域为组织行为和人力资源管理，主要研究课题包括跨文化管理、个体和群体决策、领导力、管理沟通、商业谈判、创业者激情和中国人的关系等。她是《跨文化管理》《组织与管理研究的实证方法》《凝视未来》，以及 Leadership of Chinese Private Enterprises: Insights and Interviews，A Journey toward Influential Scholarship: Insights from Leading Management Scholars 等书的编著者。她也是中国管理研究国际学会（IACMR）创始人之一，曾担任该学会的主席（2006—2008）。

陈星汶（Xingwen Chen），香港大学商学院博士，复旦大学管理学院助理教授。研究领域包括领地性、领导力、团队等。

陈昭全（Chao-Chuan Chen），纽约州立大学布法罗分校组织行为与人力资源博士，美国罗格斯大学商学院特级教授。研究领域包括跨文化管理、组织公正、领导学、人际关系、商务伦理等。他的研究论文发表在 Academy of Management Journal（AMJ）、Academy of Management Review（AMR）、Administrative Science Quarterly（ASQ）、Organizational Science（OS）、Journal of Applied Psychology（JAP）、Organizational Behavior and Decision Making Processes（OBDMP）、Journal of Cross-Cultural Psychology（JCCP）、Journal of International Business Studies（JIBS）等学术期刊上。现任 MOR 顾问编辑。

陈志俊（Zhijun Chen），香港科技大学组织管理学博士，上海财经大学商学院教授。研究领域包括领导力、工作设计、主动行为等。

Deborah Dougherty，麻省理工大学斯隆管理学院管理学博士，罗格斯大学工商管理学院荣休教授。已发表超过 55 篇杂志文章和书籍章节。目前的研究涉及复杂的挑战、以科学为基础的创新和组织创新。

戴恒琛（Hengchen Dai），宾夕法尼亚大学沃顿商学院博士，加州大学洛杉矶分校安德森管理学院终身教授。主要通过田野实验、二手数据和实验室实验研究如何激励和帮助人们追求生活和工作中的目标。多次荣获学术研究的国际表彰，如美国心理科学学会 Janet Taylor Spence 职业生涯早期杰出贡献奖。担任（曾任）OS、*Management Science* 副主编，以及 AMJ 编委。

樊景立（Jing-Lih Larry Farh），印第安纳大学管理学博士，中欧国际工商学院管理学终身荣誉教授、荷兰银行管理学教席教授。曾任香港科技大学恒隆组织管理研究中心管理学系系主任及讲座教授，IACMR 主席（2014—2016）。他致力于中国情境下的组织行为研究，如家长式领导、关系、员工价值观、企业领导与文化、组织公民行为等。

胡昌亚（Changya Hu），佐治亚大学管理学博士，台湾政治大学企业管理系特聘教授。研究兴趣为职场师徒关系、职业生涯发展、人力资源管理数据分析等。

胡佳（Jasmine Hu），伊利诺伊大学芝加哥分校组织行为学博士，美国俄亥俄州立大学费舍尔商学院管理学终身教授和 Denman 学者。主要研究方向为理解亲社会领导风格和特征在工作团队中的影响。研究成果发表于国际顶级管理期刊，如 AMJ、JAP、*Personnel Psychology*（PP）、OBHDP 和 *Harvard Business Review*，并被一百多家媒体引用和报道。被列为 2011—2017 年组织行为学领域全球最高产的前 10 位领导力学者之一。目前担任 JAP 副主编、MOR 责任副编辑，以及七家国际顶级管理学期刊编委。2021 年被美国商业教育网站 Poets & Quants 评为"40 岁以下的最佳 40 位商学院教授"之一。

黄敏萍（Min-Ping Huang），台湾大学商学博士，元智大学管理学院教授。研究兴趣为华人团队工作、华人魅力领导等华人本土组织行为研究，近来亦关注绿色组织行为、社会创新与社会企业等新研究趋势。曾任元智大学管理学院学术副院长、组织管理学群召集人、《组织与管理》期刊客座主编，以及《台大管理论丛》编辑。

贾良定（Liangding Jia），南京大学博士，南京大学商学院教授。主要探讨建设德行与创新组织的微观机制，其成果发表在 AMJ、JAP、MOR 及《经济研究》《管理世界》《心理学报》等国内外有影响的学术期刊。参与周三多教授、陈传明教授主编的《管理学》教材的编写和修订工作。目前担任中国管理现代化研究会组织与战略管理专业委员会副主任委员，《管理学（季刊）》联合主编，MOR 高级编辑。

姜铠丰（Kaifeng Jiang），罗格斯大学产业关系与人力资源博士，俄亥俄州立大学费舍尔商学院管理与人力资源系教授。主要研究兴趣是战略人力资源管理。曾发表近 40 篇英文期刊文章，并多次获得国际劳动和雇佣关系学会以及美国管理学会（AOM）等国际学术组织授予的职业成就、学术研究和期刊评审方面的国际表彰。同时，他积极参与学界的服务活动。目前是 AOM 人力资源管理分会的会议主席，担任（曾任）*Human Resource Management Journal*、PP 等学术期刊的副主编。

姜嬿（Jiang Yan Jane），香港中文大学管理学博士，南京大学商学院工商管理系副教授。研究领域为组织行为学与企业社会创新。主持国家自然科学基金课题两项。担任 OS、*Journal of Organizational Behavior*（JOB）、*Journal of Vocational Behavior*、MOR 等国际期刊编委或审稿人。

李明璇（Joanna M. Li），印第安纳大学凯莱商学院管理与创业系博士候选人，主要研究方向为战略管理与组织理论。

李宁（Ning Li），得克萨斯农工大学商学院组织行为博士，清华大学经济管理学院领导力与组织管理系 Flextronics 讲席教授、系主任。曾在美国艾奥瓦大学商学院管理与创业系执教。研究兴趣主要包括团队协作与效能、组织网络与创新、人力分析、领导力以及大数据在组织管理中的应用。2020 年获得美国工业与组织心理学会职业生涯早期杰出贡献奖。目前担任 *Journal of Management* 副主编和 MOR 副主编。

李绪红（Xuhong Li），复旦大学博士，复旦大学管理学院组织管理、东方管理学教授、企业管理系系主任，复旦大学企业人力资源研究所所长。美国富布莱特学者，IACMR 出版、教育、伦理委员会委员；JIBS、MOR 等期刊编委；中国社会心理学会理事、上海社会心理学会副会长。研究兴趣为组织行为与战略领导力、国有企业和科创企业的企业家。主持三项国家自然科学基金课题，以及多项国家社会科学基金课题、教育部和上海市哲学社会科学规划课题，成果发表在 AMJ 等期刊。《管理学大辞典》组织行为和人力资源两学科主笔，《负责任的管理研究：哲学与实践》联合主编。曾获 "IACMR Presidential Award for Responsible Research in Management"，教育部高等学校科学研究人文社会科学优秀成果奖，上海市哲学社会科学优秀成果奖，复旦大学巾帼创新奖等奖项。

梁建（Jian Liang），香港科技大学组织管理学博士，同济大学管理高等研究院教授。研究领域包括领导行为、员工建言与主动性行为、组织公平和社会交换关系、商业伦理等。

廖卉（Hui Liao），明尼苏达大学卡尔森商学院博士，马里兰大学史密斯商学院院长席教授,在多种文化情景下研究领导力、战略人力资源管理、创新与主动性、多元与包容、跨文化管理等课题。曾获 AOM 组织行为学最高荣誉之一"Cummings 学术成就奖",AOM"人力资源学术成就奖"和"人力资源职业生涯早期成就奖",以及美国工业与组织心理学会职业生涯早期杰出贡献奖和 Williams A. Owens 学术成就奖。成果发表于 AMJ、JAP、OS、OBHDP、PP 等顶级学术期刊,以及 *Harvard Business Review*,*The Washington Post* 等报刊。曾任 AMJ、PP 及 OBHDP 副主编,并当选为 AOM、美国心理科学学会、心理科学联合会(Association for Psychological Science,APS)院士。

林诚光(Simon Lam),澳大利亚国立大学博士,香港大学商学院管理学教授。研究成果发表在 AMJ 和 JAP 等国际知名期刊上。研究领域包括组织行为学、战略和创业等。

刘东(Dong Liu),华盛顿大学福斯特商学院管理学博士,美国佐治亚理工大学施勒商学院 Thomas R. Williams 讲席教授。主要研究领域包括事件系统理论、创造力等。研究成果已有多篇发表于世界顶级管理学期刊,诸如 AMJ、AMR、*Academy of Management Annals*、JAP、PP、OBHDP 和 *Journal of Management*。曾获得多个研究、教学重要奖项,例如"40 岁以下的最佳 40 位商学院教授"之一、AOM 人力资源管理领域职业生涯早期成就奖(Early Career Achievement Award)、美国工业与组织心理学会职业生涯早期成就奖、美国工业与组织心理学会学术成就奖、AOM 人力资源管理领域学术成就奖、AOM 组织行为领域优秀国际论文奖、AMR 年度最佳论文评比 Finalist、佐治亚理工大学施勒商学院 MBA 选修课程年度教授奖、佐治亚理工大学施勒商学院科研成就奖、佐治亚理工大学施勒商学院本科核心课程年度教授奖、华盛顿大学福斯特商学院冬季学期优秀教学奖、毅伟商学院 20 大畅销案例奖等。

沈伟(Wei Shen),北京大学心理学学士,得克萨斯农工大学战略管理学博士,目前担任中国管理研究国际学会副会长兼第十届学会会议主席,美国亚利桑那州立大学凯瑞商学院院长咨询委员会杰出教授,管理与创业学系主任,并曾担任负责中国项目的副院长(2016—2019)。他的研究主要致力于从行为角度探讨企业战略决策者之间的关系及其对企业的影响,具体研究课题包括高管的选拔和继任,董事会的构成,公司治理,企业研发投入强度,以及组织变革等。

宋照礼(Zhaoli Song),明尼苏达大学管理学博士,新加坡国立大学商学院组织管理系副教授、亚太中文 EMBA 学术主任(2012—2017)、组织管理系博士委员会主任,*Applied Psychology* 前副主编,JOB 编委。研究主题包括基因与管理行为、领导行为、动态社会互动、日常情绪与压力管理、求职和就业过程、工作家庭关系、员工发展、跨文化行为与创业等。文章发表于 *Proceeding of the National Academy of Sciences*、AMJ、JAP、*Journal of Business*

Venturing、*Journal of Vocational Behavior*、*Human Relations* 等国际期刊。其研究，特别是关于基因与管理行为相关性的开创性研究，曾被 *The Economist*、*New York Times*（网络版）、*The Washington Post*（网络版）等媒体报道。曾获 IACMR 最佳微观论文奖（2014）、AOM 组织行为学分会最佳会议论文奖（2015）。

苏筠（Millie Su），罗格斯大学博士，新加坡社会科学大学耐森人类发展学院人力资源管理项目主任。教授战略人力资源管理、非营利组织的利益相关者管理和质化研究方法，也撰写了很多案例为教学所用。她的研究使用访谈和实地观察法来构建理论。

苏涛（Scofield Tao Su），华南理工大学工商管理学院管理学博士，广东工业大学管理学院讲师（特聘副教授），硕士生导师。新加坡国立大学商学院访问学者。研究兴趣包括领导力、人机交互、未来工作、组织信任与协同等领域以及元分析、日记法等方法。主持一项国家自然科学基金青年项目。已在《南开管理评论》《管理学报》《管理评论》《系统管理学报》及 *Nankai Business Review International* 等期刊发表论文多篇。两次获得中国人力资源管理论坛优秀论文二等奖。

汪默（Mo Wang），博林格林州立大学管理学博士，现任佛罗里达大学杰出教授，沃灵顿商学院 Lanzillotti-McKethan 杰出学者讲席教授、副院长、人力资源研究中心主任、管理学系主任，美国工业与组织心理学会主席。他是欧洲科学院外籍院士，也是 AOM、美国心理科学学会、心理科学联合会和工业与组织心理学会的院士。研究方向包括退休管理及中老年职工就业，外派人员及新员工入职与调适，职业健康心理学，领导力和团队过程，以及高级计量方法学。研究获得过 AOM 人力资源管理分会 2008 年学术成就奖、职业发展研究分会 2009 年的最佳论文奖，欧盟委员会颁发的 2009 年工作、组织和人事心理学 Erasmus Mundus 学术奖，Emerald 出版集团 2013 年和 2014 年的杰出作者贡献奖，美国工业与组织心理学会 2016 年 Williams A. Owens 学术成就奖，以及 *Journal of Management* 2017 年学术影响奖。目前担任 *Work, Aging and Retirement* 主编，以及多个学术期刊的编委。

王畅（Linda Wang），美国密歇根州立大学博士，香港恒生大学管理系助理教授，主要研究方向为组织行为学、组织领导和结构方程模型。

吴珏彧（Sherry Jueyu Wu），普林斯顿大学心理学与公共政策学院双博士，美国加州大学洛杉矶分校安德森管理学院行为组织学和行为决策学助理教授，研究领域包括团体动态、行为改变、决策，以及贫困与资源稀缺下的社会心理。她致力于通过田野实验及实验室实验研究如何提高公司中的员工参与度和降低社会中的贫富不均。

奚恺元（Christopher Hsee），耶鲁大学心理学博士，美国心理科学学会院士，芝加哥大学布斯商学院终身讲席教授。研究领域包括行为决策学、社会认知心理学、营销学、管理学、幸福学，以及跨文化心理学。发表近百篇学术论文，影响广泛，截至 2022 年年初，其谷歌学术论文引用次数已超过 2 万次。曾获消费者心理学学会（Society for Consumer Psychology）杰出科学家奖，以及麦肯锡教学奖。他还担任过（美国）判断与决策学会（Society for Judgment and Decision Making）主席。

谢家琳（Jia Lin Xie），康科迪亚大学管理学博士，多伦多大学罗特曼管理学院组织行为学教授。曾担任 IACMR 主席（2010—2012）。研究领域包括工作设计、工作压力和员工健康、跨文化管理等。研究发表在 AMJ、JAP、*Journal of Behavioral Decision Making*（JBDM）、*Journal of Management*、*Journal of Occupational and Organizational Psychology*（JOOP）、JOB 等学术期刊上。曾多次荣获研究和教学奖项，包括由多伦多大学颁发的"杰出学术贡献奖"。

徐飞（Fei Xu），西南交通大学博士，战略学教授、博士生导师，美国哈佛大学、麻省理工大学高级访问学者，现任上海财经大学常务副校长，曾任上海交通大学副校长、西南交通大学校长。兼任（曾任）教育部高等学校创新创业教育指导委员会副主任，中国高等教育学会创新创业教育分会理事长，中国创新创业创造"50 人论坛"主席，中国管理科学学会战略管理专业委员会副主任，中国企业管理研究会副理事长，全球经济治理与产业运行研究基地主任，出版著作 20 余部。主要研究领域为战略管理、竞争战略与博弈论、高技术创新战略和数字创新创业。

徐淑英（Anne Tsui），加州大学洛杉矶分校管理学博士，美国管理科学院院士，国际商务科学院院士，美国科学进步学会的院士。她是亚利桑那州立大学摩托罗拉国际管理荣誉退休教授，北京大学、复旦大学的杰出客座教授。她曾于杜克大学和加州大学欧文分校任教，并担任过香港科技大学管理系的创系主任。她曾任 AOM 第 67 届主席和 AMJ 第 14 任主编，也是 IACMR 的创会主席和 MOR 的创刊主编。她还是负责任的商业管理社区（www.rrbm.network）的联合创始人。徐淑英教授曾荣获 AMJ、ASQ 和 *Journal of Management* 的最佳论文奖。她还是多个成就奖的获得者，如 AOM 的杰出服务贡献奖、创新领导力中心（Center for Creative Leadership，CCL）的应用性领导研究奖、IACMR 终身贡献奖、国际商务学会（Academy of International Business，AIB）年度女性奖，以及明尼苏达大学校友杰出贡献奖。

许育玮（Dennis Y. Hsu），西北大学凯洛格管理学院管理学博士，台湾政治大学企业管理学系助理教授，曾任香港大学管理及商业策略学系助理教授。研究领域包括领导学、权利、地位、换位思考、双文化与跨文化组织行为等。

杨海滨（Haibin Yang），得克萨斯大学达拉斯分校国际管理学博士，香港中文大学商学院管理系教授。研究兴趣是企业战略管理，包括企业的战略制定、企业联盟、兼并、创新、创业及转型经济中的企业竞争。曾在某央企总部从事过六年管理工作。2005—2021 年在香港城市大学执教。研究发表于 AMJ、SMJ、*Management Science*、JIBS、*Journal of Management*、*Journal of Management Studies* 等顶级期刊。曾任 *Journal of Business Research* 客座编辑，以及 SMJ、*Journal of World Business*、*Long Range Planning* 编委。

于铁英（Tieying Yu），得克萨斯农工大学战略管理学博士，波士顿学院卡罗尔管理学院战略管理学副教授（终身教职），现任中欧国际工商学院访问教授。研究领域包括企业竞争战略、语言战略及跨国公司战略。研究成果发表于 AMJ、AMR 和 JIBS 等顶级期刊。目前担任 *Journal of Management* 领域主编。

张伟雄（Gordon Cheung），弗吉尼亚理工大学管理学博士，新西兰奥克兰大学组织行为学讲座教授。主要研究方向为结构方程模型及其应用，特别致力于测量对等性、中介效应分析、调节中介效应和拟合指数的研究。

张岩（Yan Zhang），芝加哥大学行为学博士，新加坡国立大学市场学系副教授。研究兴趣为消费者的决策以及背后的动机。近期她主要研究如何应用行为学的知识，通过微妙的非强制性方法改变消费者行为及决策，从而为消费者、企业及社会带来更大的福利。她的研究发表于 *Journal of Consumer Research*，*Journal of Marketing Research*，*Journal of Consumer Psychology*，*Journal of Experimental Psychology: General*，*Journal of Personality and Social Psychology*。

张震（Zhen Zhang），明尼苏达大学卡尔森商学院组织行为学与人力资源管理博士，现任南卫理公会大学考克斯商学院 O. Paul Corley 杰出讲席教授，曾任亚利桑那州立大学凯瑞商学院管理与创业系正教授。研究兴趣主要包括领导力、团队研究、创业者性格与行为、高等研究方法等。2013 年获得 AOM 研究方法分会颁发的职业生涯早期成就奖和亚利桑那州立大学颁发的校级杰出研究成果奖，2021 年成为美国工业与组织心理学会会士。研究成果发表于多个国际顶级管理学期刊，包括 AMJ、JAP、*Personnel Psychology*、OBHDP 等。曾任 *Personnel Psychology* 副主编（2018—2022），目前担任该杂志主编。曾是 IACMR 和 AOM 研究方法分会执行委员会成员。研究观点及活动见 *The Wall Street Journal*、*The Economist*、*The Globe and Mail* 及 *Science* 等国际主要媒体。

张志学（Zhixue Zhang），香港大学社会心理学博士，北京大学博雅特聘教授、光华管理学院组织与战略管理教授，IACMR 主席（2021—2023）。研究兴趣包括企业领导与文化、谈判与冲突处理、团队工作与管理、企业转型与创新等领域。有百余篇研究成果发表在国际和国内著名学术期刊上，包括 JAP、JOB、*Journal of Management Studies*、*Journal of Management*、ASQ、JIBS、OBHDP、PP、MOR 与《心理学报》《管理世界》等。他还在 *Harvard Business Review*（网络版）和 *MIT Sloan Management Review* 及多种中文实践导向的期刊上发表近 40 篇文章。

赵雁飞（Eric Y. Zhao），阿尔伯塔大学战略管理学博士，牛津大学赛德商学院战略管理教授，曾任斯坦福大学访问教授和印第安纳大学凯莱商学院 Samuel & Pauline Glaubinger 讲席教授。研究领域包括战略管理、组织理论、制度理论、创新与创业、社会企业等，专注于结合最前沿的战略管理和组织理论来研究最优区分、创新创业和社会企业相关的问题。

郑伯埙（Bor-Shiuan Cheng），台湾大学心理学博士，台湾大学心理学系终身特聘教授，傅斯年纪念讲座教授，台湾讲座教授。研究兴趣为工商心理学、组织行为及华人组织与管理，侧重于领导统御与绩效、组织文化与效能等研究方向，发表中英文期刊论文百余篇。曾任台湾大学心理学系系主任暨研究所所长、台湾工商心理学学会创会理事长、台湾心理学会理事长、MOR 顾问编辑及《本土心理学研究》主编。

郑英建（Ken Chung），罗格斯大学博士，最近刚从加利福尼亚州立大学（东湾分校）退休。他的研究关注时间架构和制度变化，其博士论文特别研究了由环保事件引发的申诉是如何改变公司环保管理实践的。

仲为国（Weiguo Zhong），香港城市大学管理学博士，北京大学光华管理学院组织与战略管理系副教授、博士生导师、系副主任，北京大学战略研究所副所长，国家自然科学基金委员会优秀青年科学基金获得者（创新战略管理），"北大光华—日出东方"青年学者。主要研究领域包括产业与区域创新政策、企业创新战略、数字化战略、非市场战略以及发展中国家企业国际化等。研究成果发表于 AMJ、JIBS、*Journal of Management*、《管理世界》等国内外期刊。目前担任 MOR 高级编辑，《负责任的管理研究：哲学与实践》联合主编，《人类幸福的政治经济学：选民的抉择如何决定生活质量》译者，《从引进到创新：中国技术政策演进、协同与绩效研究》合著者。主持和参与国家级科研项目 10 余项。曾获 AOM 最佳会议论文奖、Emerald/IACMR 中国管理研究卓越奖（2 次）以及高度赞扬奖，江苏省哲学社会科学优秀成果一等奖等。

周长辉（Changhui Zhou），西安大略大学毅伟商学院管理学博士，字一白，北京大学光华管理学院教授、博士生导师。2011 年获得国家杰出青年科学基金。2020 年入选 Elsevier 中国高被引学者榜单。2022 年出版专著《以战略的名义：中国五矿集团 1997—2004》。研究兴趣为战略行为理论、传统国学与当代管理。

朱洪泉（David H. Zhu），密歇根大学战略管理学博士，亚利桑那州立大学管理与创业系教授、复旦大学管理学院特聘教授。他从社会和心理学视角研究战略管理、战略领导力、公司治理、公司战略、创新和创业。

祝金龙（Jinlong Zhu），新加坡国立大学商学院管理学博士，中国人民大学商学院副教授。研究兴趣主要包括领导理论、创新创业和动态研究方法。祝博士的研究侧重于从动态的视角来解析组织中的现象和拓展现有理论。相关研究成果发表在 JAP、*Journal of Management*、JOB、*Human Resource Management*、*Leadership Quarterly*、*Academy of Management Learning and Education* 等国际知名期刊。

庄瑷嘉（Aichia Chuang），明尼苏达大学人力资源与工业关系博士，北卡罗来纳大学格林斯伯勒分校管理系教授和博士学程主任。曾为台湾大学富邦讲座和特聘教授。其研究领域包含个人与环境适配、领导力、跨文化管理、创造力、组织服务气候与员工绩效、多样化等。研究成果发表于 AMJ、JAP、PP 和 OBHDP 等学术期刊及 *Harvard Business Review* 等实践期刊。曾获明尼苏达大学和台湾大学系 / 院内教学奖，以及台湾科技主管部门杰出研究奖、吴大猷研究奖、管理科学学会吕凤章先生纪念奖章、台湾大学研究教学学者奖和玉山奖。曾任 *Human Relations* 副主编，现任 AMJ 和 OBHDP 等期刊编委，也曾是 IACMR 亚太地区代表。

第 4 版序

我们怀着欣喜的心情向大家介绍本书的第 4 版。这个版本与之前三个版本有三点不同。

首先，最大不同在于它现在是一本正式的教科书。按照教科书的格式，本书的每一章都包含学习目标、正文、参考文献、思考题和延伸阅读，还为任课老师配备了教学课件，不仅方便老师教学，而且有助于学生学习、理解。

其次，我们重新整理了全书的逻辑和思路，在第 3 版的基础上，合并了个别章节，增加了两个新的章节，同时调整了章节的顺序。本书由四大部分组成：

第一部分（第 1—4 章）涉及管理学研究的目的、哲学思想、价值观和道德伦理，如何选择负责任的管理研究课题，以及管理研究理论的构建，尤其是如何把中国情境糅合到理论构建之中。

第二部分（第 5—13 章）介绍管理研究的设计和方法，从实验法（包括准实验和随机对照试验）、问卷法、案例法、二手数据法到高频率跟踪问卷法和元分析法，基本囊括质性研究和量化研究的所有方法。

第三部分（第 14—22 章）主要涉及管理研究中一些常用的测量和统计方法，包括理论构念的测量、结构方程模型、多层次模型检验、纵向数据分析、事件研究法、事件历史分析、质化研究数据分析和大数据分析等方法。

第四部分（第 23 章）涉及如何把之前做的这一切用论文的形式写出来，发表到高质量的期刊上，与学术界同行分享。

最后，新版配套了线上学习资源。读者可以按照首页介绍的方式，扫码获取。每章学习资源包括参考文献、附录数据、研究案例、思考题解题思路等，更加方便读者学习。

我们感谢全体作者在更新或创作自己那个章节时所付出的不懈努力，也感谢北京大学出版社徐冰编辑的耐心指导。我们衷心期望这本书继续成为管理学者和学生须臾不离的好伙伴，为大家写出高质量、有创见、负责任的优秀管理学论文助一臂之力。

陈晓萍 沈伟

2023 年 6 月

目 录

第一部分 管理研究的目的和过程

第1章 科学研究：目的、过程、价值观与责任……3
- 1.1 科学研究的目的和使命……3
- 1.2 科学研究的范式与研究过程……5
- 1.3 科学研究与价值观的关系……16
- 1.4 科学研究的责任与伦理……21
- 1.5 结语……31

第2章 研究的起点：提问……33
- 2.1 提问对管理研究有何重要意义？……33
- 2.2 好的研究问题长什么样？……34
- 2.3 如何发现好的研究问题？……37
- 2.4 问题的转化：如何将一般问题转化为研究课题？……46
- 2.5 论文开题报告包括哪些内容？……53

第3章 管理研究中的理论建构……55
- 3.1 理论和理论层级……55
- 3.2 理论建立的过程和方法……62
- 3.3 实证研究中的理论描述……73
- 3.4 结语……80

第4章 情境化研究和管理知识创造……83
- 4.1 情境、情境化与管理知识……84
- 4.2 管理研究的三种情境化……89
- 4.3 特定情境化研究的要素……96
- 4.4 特定中国情境的管理学研究……101
- 4.5 结语……105

第二部分 管理学的研究方法

第5章 实证研究的设计与评价……109
- 5.1 实证研究的哲学逻辑和性质……110

5.2 实证研究设计的目的与过程……116

5.3 实证研究设计中的变异量控制……123

5.4 运用效度指标评价实证研究的质量……127

5.5 结语……132

第6章 实验研究方法……134

6.1 研究的类型……134

6.2 理论和假设……135

6.3 什么是好的假设？……137

6.4 实验室研究……140

6.5 实验设计……156

6.6 结语……165

第7章 随机对照试验及准实验研究……167

7.1 随机对照试验……167

7.2 准实验设计方法的起源……173

7.3 准实验设计在实验方法中的优点……175

7.4 准实验设计在组织管理研究上的广泛优势……175

7.5 常见的准实验研究设计……177

7.6 准实验研究的案例解析……179

7.7 准实验设计方法的未来与展望……187

7.8 结语……188

第8章 田野实验……190

8.1 田野实验简介……190

8.2 田野实验设计中的随机化方式……194

8.3 田野实验设计的注意事项……199

8.4 田野实验分析的注意事项……207

8.5 田野实验的实操建议……210

8.6 总结……217

第9章 问卷调查法……219

9.1 问卷调查的使用目的和类型……219

9.2 问卷的设计……221

9.3 取样与数据收集……227

9.4 增强问卷调查法的有效性……234

9.5 中国背景下使用问卷调查法的问题和思考……238

9.6 结语……243

第 10 章　案例研究……245
  10.1　案例研究的意义……245
  10.2　案例研究的质量……248
  10.3　案例研究的执行……251
  10.4　案例研究实例……261
  10.5　案例研究可能遭遇的问题与解决办法……270
  10.6　结语……272

第 11 章　二手数据在管理研究中的使用……274
  11.1　界定二手数据……274
  11.2　关于数据"挖掘"与"可挖掘性"……275
  11.3　二手数据的传统与贡献……276
  11.4　文本形式的质性数据……278
  11.5　矩阵结构化的二手数据……283
  11.6　二手数据的优越性……286
  11.7　使用二手数据的"眼、法、工"……289
  11.8　使用二手数据需要特别注意的问题……292
  11.9　结语……294

第 12 章　高频率跟踪问卷调查：日记与体验抽样方法……298
  12.1　日记与体验抽样方法……298
  12.2　日记与体验抽样方法的类型……302
  12.3　日记与体验抽样方法的实施……307
  12.4　研究流程示例……310
  12.5　数据分析……314
  12.6　日记与体验抽样方法在组织管理领域的应用……315
  12.7　结语……317

第 13 章　元分析研究法……323
  13.1　元分析的背景和作用……324
  13.2　开展元分析的步骤……325
  13.3　元分析的基本分析模型与方法……329
  13.4　元分析中调节变量的检验……334
  13.5　元分析与结构方程模型的结合……335
  13.6　元分析中的其他技术细节……336
  13.7　常见的元分析工具介绍……340
  13.8　结语……341

第三部分 管理学研究中的测量和统计

第 14 章 理论构念的测量……345

14.1　测量与组织管理实证研究……345

14.2　测量的基本概念和测量质量的评估标准……346

14.3　量表开发的一般步骤……364

14.4　中国组织管理研究中的量表开发与使用……373

14.5　结语……380

第 15 章　结构方程模型……382

15.1　什么是结构方程模型?……382

15.2　结构方程模型的优点……383

15.3　测量基本概念……383

15.4　测量误差……384

15.5　结构方程模型理论和逻辑……385

15.6　结构方程模型的基本类型……386

15.7　Mplus 程序撰写……388

15.8　拟合指数……393

15.9　结构方程模型发展的新趋势……395

15.10　结语……401

第 16 章　单层与多层不同类型的中介与调节模型：理论构建与实证检验……402

16.1　构建与检验中介与调节模型……402

16.2　构建被中介的调节模型……407

16.3　构建被调节的中介模型……410

16.4　检验被中介的调节作用……413

16.5　检验被调节的中介作用……417

16.6　讨论……420

16.7　结语……425

第 17 章　多层次理论模型的建立及研究方法……427

17.1　多层次理论的建立、模型的类型与分析策略……428

17.2　多层次分析的构念与单位层次构念的数据聚合……431

17.3　HLM……437

17.4　结语……453

第 18 章　纵向研究设计和分析……456

18.1　数据类型及面板数据的优势……456

18.2　普通最小二乘法模型的相关假设……457

18.3 固定效应模型……458

18.4 随机效应模型……460

18.5 广义最小二乘法模型……462

18.6 Stata 面板数据分析实例……463

18.7 内生性问题及其来源……470

18.8 内生性问题的解决方法……472

18.9 结语……478

第 19 章 事件研究法……480

19.1 什么是事件研究法？……480

19.2 事件研究法的基本原理……488

19.3 事件研究法实践指南……496

19.4 结语……498

第 20 章 事件历史分析法……506

20.1 事件历史分析法在组织管理研究中的应用……507

20.2 组成元素和数据结构……507

20.3 优越性和对时钟时间效应的处理……514

20.4 研究设计……518

20.5 结语……520

第 21 章 质化研究及其数据分析……522

21.1 引言……522

21.2 扎根理论建构的基本原则……523

21.3 数据分析：编码和编码过程……530

21.4 全部写出来！……539

第 22 章 机器学习分析方法在组织管理研究中的应用……542

22.1 行为大数据和机器学习对组织管理研究的影响……543

22.2 数据科学和组织管理研究的差异及其带来的挑战……543

22.3 大数据和机器学习分析方法在组织管理中的应用……545

22.4 常见的机器学习方法……548

22.5 机器学习和理论构建……557

22.6 总结……558

第四部分 研究发表的旅程

第 23 章 如何把论文发表到优秀的管理学期刊上？……563

23.1 优秀的英文管理学期刊有哪些？……564

23.2 发表论文的策略……566
23.3 论文的写作结构……568
23.4 论文的投递、审阅、修改和发表……574

附录一　负责任的商业与管理研究：愿景 2030……579
附录二　IACMR 追求卓越宣言（伦理准则）……582
附录三　术语英汉词汇对照……584

第一部分
管理研究的目的和过程

第 1 章

科学研究：目的、过程、价值观与责任

徐淑英　李绪红

> **学习目标**
> 1. 了解科学研究作为知识获得的一种途径是如何帮助人类客观地理解和解释世间现象的
> 2. 理解科学研究的目的和使命
> 3. 了解科学研究的主要范式，以及研究过程的全貌和要素
> 4. 理解科学研究的认知论价值观和社会价值观属性，及其对科学研究的选题和过程的影响
> 5. 了解科学研究应遵循的伦理，科学研究的责任，科学家自身的责任和价值观，以及以上对于学术环境的要求

1.1　科学研究的目的和使命

什么是科学，科学的基本目的和使命是什么，这是我们致力于投身科学研究事业前应该理解的第一步。

1.1.1　科学的目的

科学的基本目的是求知，即在混沌的世界里探索规律，找到社会和自然世界中的真理。人类知晓真理的途径通常有四种：宗教或神论（words of god）、权威、逻辑及科学。科学是其中之一。

首先，来自某些途径的知识被认为是理所当然的，其真实性不容置疑。在人类历史初期，人们通过神话或者祖先传下来的智慧知晓真理。祖先告诉我们有创世神、太阳神、月亮神或者海神，如果有人在一年的某个时候遥望月亮，他们将会变成石头；有些人认为如果他们跟随神（无论是哪位神）的教诲，将能够成仙或进入天堂，又或者下辈子过得更好……信神的人相信这些说法就是真理，因为这些说法来自神；相反，不信神的人则认为这是一种迷信。直至今日，对很多人来说，宗教都是最有影响力的真理来源之一，甚至一些最知名的科学家，都认为神是自然界或社会中不能使用科学方法解释的许多现象之一，如爱因斯坦就承认神存在的可能（Clark，1984）。

知识的第二种来源是权威。例如，当感冒或生病时，我们往往更相信医生，而非家政人员或出租车司机的建议；关于飓风如何形成、地震何时会发生的知识，我们更加相信百科全书的说法，而非小说或漫画。权威也包括高阶职位上的人，如下属或追随者会相信魅力型领导或前雇主的说法或判断，这可能源于其正式职位或下属的身份感。因此，对大多数人而言，求知的第二种方法是请教某一领域的专家或求教于书本等权威途径。然而，我们对来自专家的知识必须保持谨慎，不能无条件接受，如我们知道医生在诊断时也会犯错（Welch et al., 2007）。并且，随着新证据的出现，知识也会与时俱进。更进一步，大多数权威（专家）的知识来自科学研究。然而，即使产生于科学研究的知识，也只是暂定的（tentative）真理，有待更多的研究来做进一步的验证。

逻辑是知晓真理（至少是暂定的真理）的第三种途径。对于没有确定答案的问题，我们更可能相信能提供很好论证的解释或观点，这样的论证本质上基于逻辑。诉讼律师最擅长使用逻辑，并娴熟地引用事实或资料作为支持证据或补充，来使法官或陪审团信服为什么被告是无罪的。联合国教科文组织1974年颁布的七个基础学科中，逻辑学位居其一，另外六个分别为数学、天文学和天体物理学、地理科学和空间科学、物理学、化学、生命科学。逻辑是物理学的基础，也是数学的基础。比如，物理学通过逻辑能提供合理的或令人信服的论据来推断某一特定的粒子在特定的条件下有什么特定的运动方式。

逻辑即推理，是对自然界的形而上学的解释，常指有关社会和自然界的亚里士多德逻辑（Aristotle's logic）。形而上学与哲学分析相似，也是获取真理的第三种途径。虽然逻辑是理论的核心，但不需要经验的验证，不像理论属于科学方法的一部分。

科学是求知的第四种途径。除非逻辑与经验世界一致，否则仅仅只有逻辑是不足以建立理论以知晓真理的。科学研究的目的，就是使用实证证据（包括数据或资料），来证明逻辑的正确性，来解释或预测自然或社会现象。通过科学过程所创造的知识较为可信，这是因为它既有逻辑（理论假说），也有证据（实证观察）。逻辑与证据两者是相辅相成的，缺一不可。求知的科学途径既包括逻辑的推理，也包括实证数据或观察得到的证据，因而被称为实证科学（Popper, 1968）。没有数据的逻辑或没有逻辑的数据，都不能算是完整的科学方法。

然而，科学创造的知识也只是暂定的真理，因为新的逻辑（理论）可能会出现，或者新的数据可能会推翻最初的逻辑。通过持续的科学研究，我们可以不断引入新理论和新观察，从而不断更新知识。

我们致力于做科学研究往往基于不同的初衷，可能是为了完成自己的博士论文、发表研究论文，为从事科学事业而做准备，也可能仅仅是出于好奇。无论我们的动机是哪一种，科学方法都是帮助我们解除对世界的困惑、寻找真正答案的一种可靠途径。"求真"必须是任何科学努力的首要目标。当我们从事科学研究时，我们的责任是去发现真相，不能让任何干扰使我们脱离这个目标。

1.1.2 科学的使命

科学发展的历史表明,科学对人类进步的贡献是巨大且不容争辩的。自然科学已经成功地解开了人体(如医学)、疾病(如生物学、化学、药理学)和宇宙(如天体物理学)等的许多谜团;社会科学在解释人类思维活动(如心理学)、社会团体和人际互动(如社会学、社会心理学)与人类行为(如心理学、经济学、政治学)等方面,也做出了不可磨灭的贡献。

科学的目的是创造知识,而非应用知识。科学不能解决关于某一研究领域(如干细胞研究)是好是坏、某一研究方法(如定性方法或定量方法)是优是劣的争执。科学研究应独立于政策制定和应用方面的考虑。但科学的目标是对客观现象(如全球变暖、传染病等)或社会现象(如贫困、不平等等)寻求理解、解释并且能够做出预测。通过应用部门(政府、企业、非营利组织等)以此为基础进行的(科学的)政策决策,这些创造出来的知识就能被应用于控制或改善这些现象。

虽然追求科学与价值立场、政治考虑无关,但科学的终极目标是使当下或未来的社会变得更好。正如爱因斯坦所言:"关心人本身必须始终成为一切技术努力的目标,要关心如何组织人的劳动和商品分配,从而保证我们的科学思维对于人类是福祉而非诅咒。"(Clark,1984:527)因此,科学哲学家认为,科学的目标必须同时包括认识论目标和社会目标。认识论目标确保我们创造的知识是可靠的,而社会目标确保科学知识的运用不会伤害人类、最好有益于人类(我们将在本章的 1.4 节讨论此问题)。因而,通过揭示自然和社会现象的本质规律,创造有利于应用的知识,以保护人类、改善人类的生活使之更加美好,这是科学的使命。科学的终极使命可以概括为两个字——"求美"。

对大多数年轻学者而言,开始一项科学研究如同在黑暗的房间里找灯的开关一样。"我应该从何处着手?""我应该研究什么主题?""我需要什么样的数据?""做多少文献回顾才足够?""我应该运用什么理论?"我们当然希望本书就是帮助致力于管理研究的学者找到"灯的开关",打开"开关"以后,你就能看到很多事物,为现象找到答案。可是,对于上述问题的解答却远非这么简单。本书致力于为找到以下问题的答案提供一些帮助:"我该如何进行一项高质量的研究,在梦寐以求的期刊上发表论文,从而使我的研究生涯有个好的开始?""我怎样才能贡献对提升管理实践水平有价值的知识?"……当然,这其中涉及很多的选择,因为研究并非单一、线性的,你可以选择一条或多条最适合自身兴趣、能力和个性、最能让自己倾注热爱和激情的途径。

1.2 科学研究的范式与研究过程

1.2.1 科学研究的现代观点

与从宗教或神论、权威、逻辑这三种来源获取的知识不容置疑显著不同的是,科学允许、甚至必须质疑——当我们使用科学的方法时,必须首先对科学研究同行的研究结论或所创造知识的真实性或有效性持怀疑态度。因为任何一项研究得出的结论都可能是有缺陷的（我们将在1.4节中详细讨论这一点）。真相是反复测试的证据的积累，直到我们再也找不到能推翻那个知识的证据为止。然而，由于科学过程中的观察、分析、解释和其他因素的不完善，最终得到或揭示的真相也可能是一种假象。如果科学的目的是从现实里探索真理，我们首先必须考虑什么是现实（reality）。

真理依赖于科学家对现实所持的看法。如果科学家相信现实是客观存在的，这表示只有一个真理。如果科学家相信同一个现象可以有多个现实，那就存在多个真理了。这一点对管理学这样的社会科学领域特别重要，因为人类的主观认知（如经验、体会、情感等）对社会现实有重要影响。从科学哲学的视角来看，相信只有一个现实，且该现实独立于主观的经验或阐释，这是前现代观点（premodernism view）。此观点认为，玫瑰的美丽是客观存在的，任何反对者的观点都是脱离现实的。然而，大多数人也都理解"各花入各眼"，玫瑰在不同人眼中可能是不同的形象——美丽的、多刺的甚至是丑陋的，这依赖于人们的感受或经验。如果同意这个观点，就等于认同人类的主观认知具有多样性，同一个客观现象可能有多种阐释，存在多个现实，这就是哲学的现代观点（modernism view）。现代观点认为既存在客观现实，也存在主观经验的多样性。如果科学家相信现实完全取决于经验，那么他们就持有后现代观点（postmodernism view）。对后现代主义者来说，美丽存在于观赏者的眼中，根本不存在绝对美丽的花朵这回事——美丽只是一个无意义的概念，有意义的只是对花朵的主观想法或诠释。现象学研究方法（phenomenological approach）（Smircich，1983）与看待现实的后现代观点是一致的。

总而言之，看待现实的前现代观点仅仅接受唯一的现实，个人的经验无关紧要，也不能改变现实；现代观点认为，存在一个客观的现实，但是人们对其有不同的主观认知，因此客观现实和主观认知能够并存；后现代观点则认为，没有绝对的客观事实，只有对现实的主观印象或经验，这些印象和经验被认为是现实或真理。

前现代观点和现代观点的另一区别在于对"无法观察到的现象"是否存在的看法。我们肉眼不可见的事物，如"那些超出我们经验的，或那些太远或太小而不可见"的事物，是真实存在的吗？前现代主义持"实在论"（realism）的观点，接受现实的存在性，即使我们自身无法看见（Okasha，2002）。一个例子是原子或电子，实在论者相信，我们能够直接通过先进仪器或间接探测来研究它们和发现它们的存在。实在论者寻求发现能定义自然界和人类社会的结构和规律，目标是通过因果模型和解释机制来揭示超出我们个人经验的客观世界。这是科学的实证主义方法（positivism approach）。后现代主义观点持"反实在论"（anti-realism）的观点，认为我们只能研究我们能够直接观察的现象；任何无法观察的事物都是超出科学领域的，因为我们永远无法确信即便是用任何先进的工具探测或从探测中推断到的是真实的。反实在论者寻求通过反思或诠释方法学来理解观察或经历的事情（Risjord，2014），以求能够解释。这是科学的诠释主义方法（interpretivism approach）。"批判实在论"（the critical realism view）的目标既是解释（explanation），也是诠释（interpretation）。批判实在论者基于复杂、分层和权变的过程或结构，为可观察的规律、事实和事件寻求一个有关自然界和人类社会本质的好的理由（诠释）。

我们在本书中所讨论的科学方法，是基于对现实持批判实在论的现代观点。我们选择要解决的难题和研究方法，取决于我们究竟是对客观现实还是对主观现实感兴趣，也依赖于我们所持的看待现实的观点。

由于社会科学领域探索的社会现象具有动态性、复杂性和反应性（responsive）的特征，寻求真相的过程就更具挑战性，这也是我们采用现代观点来看待现实的原因。自然科学的研究对象，比如物质、天体等，很少会因为科学家的研究介入而发生改变，甚至鲜有反应。但是，社会科学家必须面对的挑战是：我们想要认识的对象往往是有意识的、对我们的观察和研究是有反应的。更进一步，被观察或被研究的对象很可能已经知晓那些用来解释他们行为的理论，他们甚至可能按自身的理解反过来又去构建如理论所预测的行为，这就是回路效应（looping effect），典型的例子是社会期许效应（social desirability bias）和代理理论（agency theory）。从这个意义上来说，社会科学不仅改变了其研究对象，而且很可能创造了它想要研究的对象（即社会现实）。

尽管如此，社会科学的研究对象并非不可知。只要社会科学的研究符合主体间性（intersubjectivity），也就是研究人员之间存在共识或创造的知识有普遍性的根据，对于一个事物的认识有达成一致的途径，社会科学的研究同样可以达到如自然科学研究所具有的客观性标准（Risjord，2014）。这也是为什么我们不能完全采纳后现代观点来看待现实，因为如果每位研究者都认为自己所观察的现实是正确、有意义的，而可以帮助我们达成知识共识的概念完全不存在，我们也就不可能寻找到一个具有普遍性的真理。

总之，社会科学确实面临着与自然科学迥异的研究对象的特性，同时又存在着满足科学客观性要求的可能性，因此社会现象可以既是真实的，又是历史偶然式的人类创造。故此，采取批判实在论的现代观点来看待社会科学的现实也就是我们的必选了。

1.2.2　科学研究的范式

理论的诠释、重要事实的确定，以及事实与理论的匹配，组成了科学的基本范式，我们称之为规范科学（normal science）（Kuhn，1996）。规范科学是一种实证科学，数据、证据或观察都是支持理论的必要组成部分。规范科学的出发点可以是观察，也可以是理论。因而，诠释理论、寻找事实、将事实与理论匹配，便是规范科学的三种主要活动。基于共同范式的研究遵守同样的科学实践准则和标准，因此必须在基本准则与标准上达成一致，这是规范科学的必要条件和长期坚持的要求。简而言之，范式涉及对真理或现实的不同假设，而规范科学的范式是基于看待现实的现代观点。

科学的目的是为自然界或社会中的难题寻求答案。规范科学范式决定了对议题、理论、工具和方法的选择。当现有的方法和理论不能针对现象提供满意的解释或理解时，新的理论或方法便将出现，并可能成为新范式的开始。Kuhn（1996）将一种范式代替另一种范式称为科学的演进。当人们对某一问题有了完全不同的理解方式，包括不同的逻辑、不同的角度，或者使用了不同的工具或测量手段，托马斯·库恩（Thomas Kuhn）认为这就是"科学革命"，比如人们解释人类决策行为的视角从完全理性转变为有限理性。

为什么我们要在这里介绍这些看起来很抽象的概念呢？原因很简单，我们需要谨慎地对待规范科学的局限。遵循某个特定范式的科学家，倾向于运用现有的理论和方法来从事研究，以得到学术界的接纳。期刊的编辑和评审人作为特定范式的忠实卫士，在追求投稿论文的理论新颖性的同时，也可能怀疑甚至不能容忍完全新的理论、逻辑或方法。因此，范式是一把双刃剑：一方面，它提供了一套从事科学研究的标准和准则，使我们的科学调查和知识的创造与积累成为可能；另一方面，它也会限制我们发现新理论、发展新方法或提出新问题的可能性。年轻的学者已经意识到，为了在国际学术期刊上发表论文，遵循主流的研究范式不仅是必要的，甚至是一种理想的方式。

然而，戴上规范科学的有色眼镜，我们可能无法认识到特定性（如华人文化特色）现象，并且难以创造来自特殊场景的情境性知识。有关这一点会在第4章"情境化研究和管理知识创造"中做更为深入的探讨。由于价值观总会干涉科学的探索，这个理想状态更难实现（我们将在1.3节讨论价值观在科学研究中的作用）。

本书将介绍的是研究管理和组织的规范科学范式（Kaplan，1964；Kuhn，1996；Popper，1968；Wallace，1971），一种主要流行于北美并得到全球管理学术界广泛采用的管理研究的范式。当然，在世界的不同地方，研究的实践、规范和传统也会存在一些差异。本书的目的不是比较这些不同的研究传统和范式间的差异，而是介绍这套"规范科学"的研究范式及其研究方法。这套方法是管理和组织研究的主流范式，当前管理学界的大多数顶级期刊（包括北美及一些欧洲和亚洲的期刊）也遵循这样的范式。该范式对于研究中国（华人）管理和组织的部分议题不一定是最合适的，但是它能够让我们理解管理知识的现状及其发展过程，让我们参与现有的学术对话（intellectual conversations），使我们能与北美学者们（或者一些使用或理解北美研究传统的欧洲和亚洲学者）相互合作，进而能在大家均认可的主流期刊上发表自己的研究成果；最重要的是，让我们能够对全球管理和组织知识做出贡献的同时，更好地理解我们对管理中国背景下的组织贡献有用的知识的责任和义务。

1.2.3 科学研究的过程

科学是对自然或社会现象做系统性的、施以控制的、批判的实证研究过程。科学研究的系统性体现在，决定样本的代表性与测量的效度时使用确立的准则和标准，并且使用已有的理论来指导研究设计、解释研究发现。科学研究是施以控制的，因为在研究设计的过程中，为探索在给定研究情境下有意义的、列入观察的预测因素的作用规律，需要排除或控制对得出有效结论有干扰的影响因素。科学研究是实证的，因为它是利用观察、问卷或其他实证的方法来检验理论解释的正确性。科学研究是批判的，因为研究者要对用于解释的理论的效度、数据的质量、结果和解释的可信度保持怀疑态度。

以下将讨论有关科学过程的一些内容，包括两类研究循环，科学过程的操作化、科学研究的主导范式、研究设计，以及评价研究优劣的主要指标。

1.2.3.1 科学过程的两类研究途径与循环

科学研究过程是一个涉及许多活动的循环过程，既可始于理论，也可终于理论。科学研究过程首先假设研究者已选择了一个有意义的研究问题，并且做了相关的文献回顾。一旦认为问题重要、值得研究，而已有的文献对该问题不能提供有意义或可信的答案时，研究过程就可以从理论或观察开始。从理论开始的研究是理论验证研究，即演绎性的假设检验研究（deductive hypotheses testing study）；而从观察开始的研究是实践解释研究，即归纳性的理论建立研究（inductive theory building study）。如图1-1所示，归纳导向的研究方法位于循环的左边，演绎导向的研究方法位于循环的右边。循环的上半部分是理论逻辑方法，即通过归纳和演绎的逻辑实现理论化的过程。下半部分则是实证研究方法，即运用实证方法从事假设检验研究的过程。

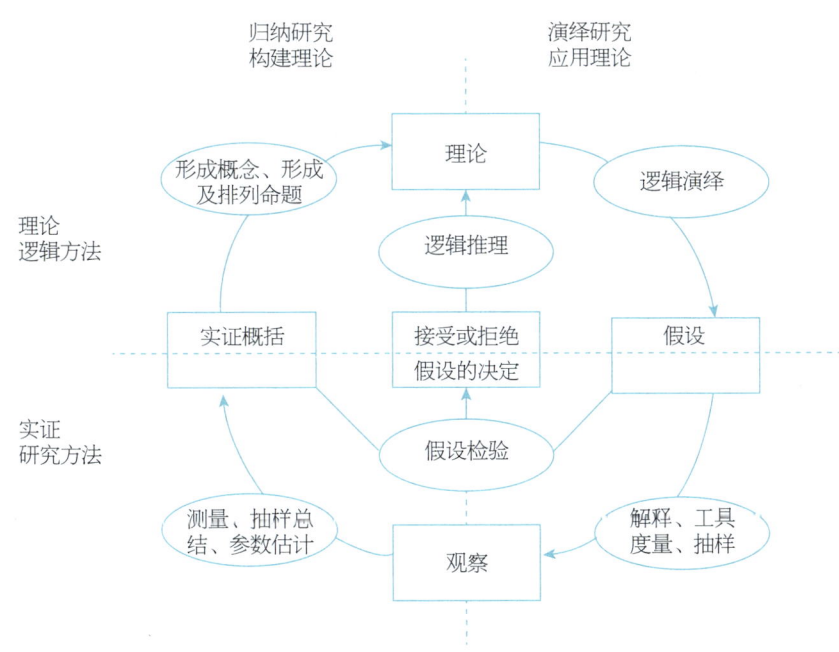

图1-1 科学研究过程：要素与两种循环

资料来源：Wallace（1971）。

假设检验研究遵循图1-1右半部分的流程。首先，通过逻辑演绎的方法发展理论并转化成假设。假设是对研究问题的暂时或初步回答，包括可测量的构念，但不包括测量指标。例如，Westphal（1999）感兴趣的议题是首席执行官（CEO）和董事会的社会关系对公司绩效的影响。与此研究问题相关的理论有两个：一是代理理论（agency theory），二是社会资本理论（social capital theory）。基于代理理论，詹姆斯·D.韦斯特法尔（James D.Westphal）提出了假设1（H1）：社会关系降低了董事会的监督职能；基于社会资本理论，又提出了假设2（H2）：社会关系增强了董事会的建议职能。另外还提出了两个假设（H3、H4）：两个职能都与公司绩效正相关。

其次是研究设计。这部分工作主要包括确定所需数据或观察资料的类型、搜集资料的工具、记录数据的量表与合适的样本来源。这些步骤使得假设被转化成观察。我们还是以Westphal（1999）的研究为例，假设建立完毕后，就需要去搜集关于董事会的监督职能和建议职能的数据、CEO和董事会的关系及公司绩效的资料。虽然战略管理领域的很多研究使用如Compustat之类的二手数据库，而且韦斯特法尔也的确使用了这样的二手数据来测量CEO与董事会的关系和公司绩效，但他同时也运用了问卷调查作为资料搜集方法之一，因为"董事会职能"构念的测量指标的数据在现有的数据库中无法得到。鉴于他的研究问题与所有设有董事会的上市公司都有关，因此他从美国工业和服务业公司的"福布斯（*Forbes*）1000名录"中随机选择样本。

接下来的一步，通过测量、样本归纳、编码、参数估计，观察被转换成实证概括。基于搜集到的数据，先提供描述性的数据归纳，如均值、标准差和相关系数，然后对这些数据进行回归分析，并且对每个假设的关系进行参数估计。通过估计这些参数的方向和大小，将观察转化成实证概括。

最后一步是检验假设的一致性，决定接受还是拒绝虚无假设（null hypothesis），这是通过逻辑推断对理论进行检验，从而决定接受、修改或拒绝的过程。

根据Popper（1968）的证伪观点，科学的过程是一个不断猜测与反驳的过程，我们运用个别具体的经验事实不断证伪具有普遍意义的命题，继而提出新的猜想，从而推进科学知识的发展。基于此，我们不能说备择假设（比如H1）被"证实"了。例如，虽然我们的实证结果发现了社会关系会降低董事会的监督职能，得出这个结论依靠的是P值和统计显著性水平α，而显著性检验只提供统计量检验的概率信息，不能证明该假设（H1）是正还是误。更为重要的是，我们依靠统计显著性水平α旨在决定是否拒绝虚无假设H0（社会关系与董事会的监督职能没有关系）。如果此时H0在总体上是真，实证结果却显示了负向的显著关系，我们就犯了第一类错误（type I error），即假阳性错误（false positive）。相反，如果现实是社会关系会减弱董事会监督职能，而我们没有发现社会关系和董事会监督职能之间有负向关系的证据，那么我们所用的样本（也就是目前的证据）"不拒绝"虚无假设。此时，我们就犯了第二类错误（type II error），即假阴性错误（false negative）。除非样本量特别大，我们犯第二类错误的概率通常比犯第一类错误的概率高得多。为了确保我们的研究发现是可靠的，我们可以通过复制研究（replication studies）消除抽样误差或随机性带来的误差，进而减少两类错误。

上述从理论开始，通过搜集观察资料来接受或拒绝假设的过程被称为演绎法。演绎研究的成果是证实或推翻一组构念之间关系的假设，这些结果可被用于发展或改进理论；当实证结果不能完全回答研究问题时，也可为进一步的研究提供建议。

研究也可以有另一种方式，即由观察开始、以理论结束。这类研究适用于当研究者不能找到或提出一种理论来解释疑惑（puzzle）或为研究问题提供答案的时候。这就是归纳性的理论构建研究，其成果是形成理论和命题（propositions），对疑惑或问题提供可能的解释或回答，其本质是对实践的解释研究，其过程遵循图1-1的左半部分的流程。由于在现有的理论中找不到解释，建立理论的研究是从观察开始的。

例如，在Corley & Gioia（2004）开始探索组织身份转变（organizational identity change）时，学术界对这个主题只有一些概念上的认识，因此他们通过分析一个组织分拆过程的案例来研究这个问题。通过测量、样本归纳、参数估计来搜集观察资料并加以分析，将其转换成实证概括。初看，这个过程与假设检验研究的过程类似；但是，在假设检验的研究中，数据分析通常使用量化的统计方法，并且以实证概括来检验假设，结果或是接受或是拒绝。而在理论构建的研究中，数据分析常常使用质化的分析技术（如内容分析），进而产生编码，即实证概括。最后，实证概括通过形成构念、命题和命题组合而转换成理论。在Corley & Gioia（2004）的研究中，他们对访谈数据和公司文件进行了内容分析，产生了一阶编码和二阶编码，从编码中形成了抽象的构念，并且建立了解释组织身份转变过程的模型。基于该模型，他们提出了用于未来实证检验的命题。这个过程就是归纳法。归纳法研究的结果，是产生用于解释最初提出的研究问题或疑惑的新的构念或理论洞见，并形成暂时性的新理论，而新的理论能在未来用于解决相似的或相关的问题。

演绎法和归纳法在第3章"管理研究中的理论建构"中将会展开讨论。在演绎法中，检验假设的数据搜集方法包括实验、准实验、问卷调查及二手数据等；而归纳法往往涉及定性数据，数据搜集方法主要包括访谈、参与或非参与观察、档案分析等，案例研究是这些定性数据搜集方法的一个组合。第5章到第13章对这些方法有更详细的讨论。

1.2.3.2 科学研究的构念、变量、模型和关系

理论是使用科学方法建立知识的重要要素。理论解释了一个现象"是什么（what）""怎样形成（how）""为什么（why）""何时（when）"及"对谁（whom）"等问题。管理和组织主流理论中的例子包括代理理论（Jensen & Meckling, 1976; Fama & Jensen, 1983）、制度理论（DiMaggio & Powell, 1983）、资源依赖理论（Salancik & Pfeffer, 1978）、社会网络理论（Coleman, 1990; Burt, 1992; Granovetter, 1973）与社会交换理论（Blau, 1964）等。每一个理论都有一系列核心的构念（是什么），并且阐明这些构念之间的关系（这些"什么"是如何相关联的）。有些理论也会包括这些关系在什么条件下（时间、地点及人物）会有怎样的改变。

在使用理论解释一个令人困惑的现象（如实证检验理论）时，我们将构念转换成变量（variable）。变量是以一定的刻度变化来反映构念的指标（indicator）。例如，两类变量或指标可用于测量"承诺"这一构念。一个是心理指标，如"员工想继续留在组织中的程度"（从

1到7程度变化的态度量表，1表示非常弱，7表示非常强烈）；另一个是行为指标，如"缺勤次数"，缺勤次数越少、员工对组织的承诺越强。第14章对构念的测量提供了更为详细的讨论。我们在此处想介绍理论模型中的五类变量：自变量（independent variables）、因变量（dependent variables）、中介变量（mediating variables）、调节变量（moderating variables）与控制变量（control variables），如图1–2所示。

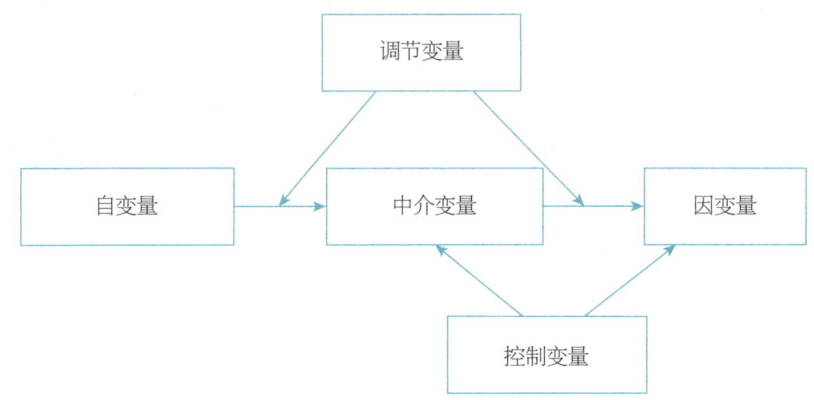

图1–2 理论模型中的变量类型

自变量，也叫预测变量，是因变量的假定原因；因变量也叫效标（criterion），是假定的效果。换句话说，自变量是前置变量，被假设为影响或者使因变量发生改变的变量；因变量是结果变量。控制变量是指对因变量有影响且其影响必须被排除的变量。在理论上，自变量和控制变量都是因变量的前置变量。自变量是我们关心或拟观察的变量，而控制变量则是我们不想观察但却不能完全排除影响（即不能实现随机化，或不能消除）的前置变量。

调节变量和中介变量对自变量和因变量的关系的影响是不同的，并且检验其影响存在的统计方法也不一样，因而理解其差别非常重要。调节变量是影响自变量和因变量关系的方向、强度的变量，既可以是类别变量，也可以是连续变量（Baron & Kenny, 1986）。从统计学视角看，调节变量可以通过检验调节变量和自变量的交互项（调节变量 × 自变量）对因变量影响的显著性来发现。中介变量是介于自变量和因变量之间的变量（Baron & Kenny, 1986），是揭示二者之间关系的中间机制的变量。中介变量的存在需要满足下列条件：① 自变量对中介变量的变化有显著影响；② 中介变量对因变量的变化有显著影响；③ 当自变量对中介变量的影响与中介变量对因变量的影响都受到控制时，自变量和因变量的关系显著性降低。第16章将对如何检测调节效应和中介效应提供更为详细的介绍。

一个理论必须详细说明各种变量之间的关系。理论机制提供了这些变量间相互关联的理由与逻辑。在理论化的过程中，通常使用方框和箭头来显示这些变量"为什么""如何""什么时候"与"对什么"相关联（Whetten, 2002）。缺乏逻辑机制时，方框和箭头是没有意义的；只有当有一个逻辑来说明为什么选择这些变量及它们如何发生关联时，才可以检验这些关系。有些理论不一定涉及调节变量，是用来刻画自变量和因变量之间强有力的主效应关系，有着跨情境的解释力和效度，这便是普适性的理论或知识，我们将在第4章详细讨论理论创造的情境化。

1.2.3.3 科学研究过程的实践操作

当人们面对图1–1所示的科学研究的两类循环中的方框、椭圆和箭头而不知所措时，科学研究过程看起来似乎相当神秘。本书的目的就是让这个过程不再神秘，给作为读者的您提供适当的工具来装备自己，从而在研究的丛林中不至于迷失方向。一个简洁而实用的科学研究过程的操作化路径如图1–3所示。

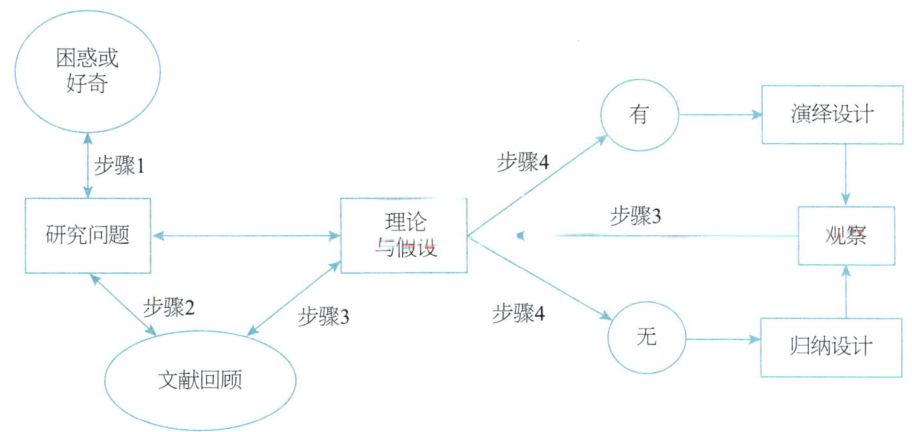

图1–3　科学研究过程的操作指南

对应两类研究循环的逻辑，科学研究过程的实践操作包含四个步骤：第一步是提出一个研究问题，第二步是进行文献回顾，第三步是找到或构建理论、在此基础上提出研究假设，第四步是设计并执行实证检验研究。上述四个步骤的方向依据研究是归纳性或演绎性的而有所不同。以下我们将做详细介绍。

第一步：提出研究问题。研究问题来自研究者对某一现象的困惑或好奇，陈述两个或多个变量之间的潜在关系。它没有一个明显的答案，但却提供了进行实证检验的可能性；它有可能产生一些重要发现，但不包含价值或伦理判断。它通常始于"是什么""为什么""何时""如何"等问题。例如，Chen（1995）的研究问题是："在对组织奖励分配的偏好上，中国员工如何不同于美国员工？"本书第2章将详细讨论如何提出有趣并重要的研究问题。

第二步：进行文献回顾。一旦您有了感兴趣且重要的研究问题，就需要进行全面的文献回顾。它能帮助您判断提出的研究问题是否已经得到回答；也可帮助您找到一些相关理论来作为解决困惑的基础；它还能指向更加准确的构念，帮助改进研究问题，甚至通过发现以往文献的不足或察觉未经检验的命题，帮助您彻底修改研究问题，使之变得更为有趣和重要。

以上第一步和第二步之间是可能有回馈循环的。继续以前述Westphal（1999）的研究为例，他发现在预测董事会对CEO社会关系的影响时，公司治理中的主流理论——代理理论与社会网络理论是相互冲突的。通过发现文献中的这些差异，韦斯特法尔能够将该研究定位在检测相互冲突的命题上，从而发现一些异于直觉的结果。

第三步：找到或构建理论并以此为基础形成假设。理论解释了现象的"为什么"和"如何"的问题（Kaplan，1964；Whetten，2002），包含具有清晰定义的构念，并使用清楚的逻辑解释这些构念为什么以及如何相关。已有的理论对于回答研究问题、产生有意义的假设至关重要。假设是对研究问题的暂时回答，是对构念之间的可能关系的陈述。假设涉及可测量的构念（如承诺），但并非测量工具本身（如缺勤率）。这些假设指引您的研究设计和数据搜集工作。例如，在员工与组织关系的研究中，Tsui et al.（1997）应用了社会交换理论来解释相互投资的员工与组织关系为什么及如何产生最高的员工绩效和组织承诺，并形成假设。

第四步：进行实证研究。该步骤包括研究设计、样本选择，数据搜集和统计分析。研究设计根据是归纳研究还是演绎研究而有所不同。当现有理论能够帮助形成假设时，可选演绎研究，与此相对应的研究设计可以是实验、二手数据或问卷调查等。当现有理论无法对研究问题提供满意的回答时，则可选择归纳研究，如案例研究或其他定性研究方法（如访谈或民族志研究法等）。例如，根据承诺升级理论，Staw（1976）设计实验来检验人们对一组选定行动的态度和行为反应的假设。由于没有现成的理论来完全解释自我管理团队中的协同控制（concertive control），Barker（1993）运用案例研究来研究这个现象从而建立了理论。因此，在归纳研究中，实证研究先于理论和假设，于是第三步和第四步的顺序会颠倒过来。

综上所述，科学过程的四个步骤不一定遵循单一的方向：一些步骤相互之间存在循环，一些步骤之间的顺序可能颠倒。从第一步到第三步，也就是从研究问题到文献回顾、再到理论与假设的过程，基于文献回顾的研究问题可能会被修改或精炼，这又会影响文献回顾的领域及其关注的理论，因此在这些步骤之间会有一些来来回回的循环。从第三步到第四步，即从理论与假设到研究设计的这两个步骤也可以颠倒。当现有理论无法解决困惑或无法解释感兴趣的现象时，学者可以从归纳法的实证研究开始，先进行观察，然后再提出命题或新的理论。

1.2.3.4　研究设计优劣的衡量标准

研究设计是实证研究中调查的结构和计划，以用于得到研究问题的答案（Kerlinger & Lee，2000）。衡量一个研究设计好坏有两个标准：一是控制变异，二是确保效度。

一项研究中的控制变异包括三个方面：最大化系统变异（maximize systematic variance）、控制外生变异（control extraneous variance）与最小化误差变异（minimize error variance）。

系统变异是指因变量的差异，它受到研究假设中的自变量的影响。通过最大化系统变异，可以将自变量对因变量的作用效应从因变量的总变异中分离出来，用以支持假设中的构念间关系。最大化系统变异可以通过选择自变量和因变量变异都较大的样本或者对变量的精准测量来实现，这些方法都是致力于使自变量对因变量有最大的效应。例如，在研究薪资与工作满意度的关系时，如果研究者选择的样本中大多数人都对工作满意，或者出现更糟糕的情况，他们的薪资水平都相似，那么研究者要获得预期证据的可能性将非常小。

外生变异是指外生的或是理论框架之外的其他因素的变异。必须将外生变异最小化、予以排除或隔离，才能减少或消除对我们感兴趣的变量关系的其他解释。控制外生变异可以通过随机化、配对参与者或将这些因素作为控制变量来达到。例如，如果要调查创新对公司利润的影响，研究就必须控制公司规模和行业。虽然这两个因素都不是研究的关注点，但它们却影响了公司的利润。控制了这些变量，我们才能更有信心地得出结论，即公司利润的变动是创新的结果而不是来自规模（大公司的利润可能更高）或行业（一些行业可能比其他行业利润更高）的影响。

误差变异是指由于随机波动而导致的指标变异。使误差最小化，就能让系统变异凸显出来。最典型的随机变异是测量误差，或者研究者控制不了的未知因素。最小化误差变异可以通过控制数据搜集过程的条件及增强指标的信度而实现。例如，如果公司的市场价值只是选择公司在某一天的股票价格来测量，这样的测量则是不太可信的，因为选择不同的时间来测量同样一家公司，可能会得到完全不同的结果。

总之，不管是演绎研究，还是归纳研究，研究者在进行研究设计时，必须对以上的差异控制目标了然于胸。

好的研究设计的第二个标准是保证实证研究的效度。效度指研究结果的可信程度，即在多大程度上我们可以相信实证调查的结果。研究设计应该确保四种效度，包括构念效度、内部效度、预测效度和外部效度（Cook & Campbell，1979）。

构念效度是指测量的准确性，即构念指标的信度。测量指标所包含的意思与构念的定义相一致吗？第 14 章"理论构念的测量"将详细讨论构念效度。

内部效度指结果是否真的由所假设的原因（预测变量）导致，会不会是因为其他因素而非假设中描述的原因引起？研究设计如何改善内部效度将在第 6 章"实验研究方法"、第 7 章"随机对照试验及准实验研究"、第 9 章"问卷调查法"、第 10 章"案例研究"和第 11 章"二手数据在管理研究中的使用"中进行更详细的讨论。

预测效度，即统计结论效度，是以统计检验对假设的关系进行解释的可信度。样本太小、P 值太大或违背了统计检验的假设（assumptions）等，都会降低结论的可信度。另外，影响误差的因素，如不可靠的指标、在数据搜集过程中的条件波动等，也会对统计结论效度有影响。

外部效度，指假设的因果关系能否应用到对因果变量的其他测量方法，能否推广到不同类型的人、环境和时间当中（Cook & Campbell，1979）。当在样本的统计检验中找到显著的因果关系时，研究者就要问自己：这些结论是否只适用于这些人、这样的环境和采样时间？增强外部效度最有效的方法是使用随机抽样。当由于实施困难使样本的随机性不能保证时，需要明确地讨论样本对总体的代表性。例如，如果使用 2022 年北京市的高科技企业作为样本来研究"研发强度"的影响，就需要讨论据此得出的结论能否推广到高科技行业之外的其他行业、能否推广到北京以外的其他城市，或者能否推广到 2022 年之外的其他时间段。

外部效度告诫我们，需要清楚研究结论所处的情境边界。当然，如果我们能够将情境因素（如人、环境、时间、文化等）与理论思考相结合，也许可以产生更有趣、更重要的研究问题。这些情境因素要么是自变量的前因变量，要么是可能改变自变量和因变量关系的调节变量。例如，Farh et al.（1997）对于华人社会情境下的组织公民行为和组织公平关系的研究，得出了组织公民行为的维度在华人社会不同于西方情境下的结论。因此，国家层面的情境成为组织公民行为的前因变量。该研究也发现，对于传统价值观较低的人来说，组织公民行为与分配公平和程序公平的相关性最强。因此，传统价值观成为组织公民行为和组织公平关系的调节变量。第 4 章讨论了情境如何影响研究设计和知识创造。

1.3 科学研究与价值观的关系

过去一百年间科学技术的飞速发展颠覆性地改变了人类的生活方式，追求客观、独立的科学精神和从事科学研究活动的学者也获得了社会公众的尊重。但是，随着现代科学与人类的日常生活的关系日益密切，建立在客观性基础上的价值无涉理念（value-free ideal）逐渐受到了质疑，人们开始意识到科学研究几乎无法排除主观价值判断的影响。那么，科学研究是否承载价值观？哪些价值观应该用来指导我们的科学实践活动和评判科研成果的质量？是否需要一直被认为可能带来主观偏见的社会价值观的介入？社会价值观究竟在科学实践中发挥怎样的作用？这些问题的回答，能够帮助科学工作者在进行科学活动时恰当地遵循或应用价值观，发挥价值观的重要引领作用，以发展负责任的、好的科学。

1.3.1 科学研究是否承载价值

1.3.1.1 科学界的价值无涉理想

人类从未停止对外部世界的探索和解释。实证主义哲学的创始人奥古斯特·孔德在其经典著作《论实证精神》（1996）中指出，人类思辨的发展先后经历了神学、形而上学和实证主义哲学三个阶段。在神学阶段，人们主要借助上帝和神灵来解释外部世界。在形而上学阶段，人类开始尝试抛弃神秘的超自然因素，转而使用本质、绝对真理（fundamental truth）和其他抽象概念来解释外部世界。这一阶段依赖推理的思辨虽然还具有追求绝对知识的性质，但它使人类的理性获得充分的发展，酝酿了真正的科学发展。

在实证主义哲学阶段，人类对世界的认识放弃了纯粹抽象的逻辑推论，不再强调对绝对知识的追求，开始强调对自然界和人类社会做出缜密的客观观察，找出事物或对象之间稳定关系的发展规律以解释外部世界。实证主义的研究范式要求任何科学理论的建立都必须基于所观察到的事实，因此需要通过科学的测量，实现对研究对象的数量化表达，以此来观察、解释、预测事物间的因果关系。与此哲学理念相对应，追求客观性（objectivity）的价值无涉成为现代实证科学家致力坚持的原则之一。

英国唯物主义哲学家、实验科学的创始人培根提出了价值无涉科学（value-free science）

的原则：为了完整、充分地了解所研究的现象，科学家应该保持中立，对研究对象不带有任何情感成分。在研究过程中，科学家必须放弃自己的主观偏见，充分地将各种可能的观点、潜在的反例和其他影响纳入考虑，避免过早地形成片面的假设（Bacon，1620）。根据这一观点，大卫·休谟明确区分了主观价值观和客观事实，强调客观事实的存在状态（is）与它应该是什么（should）之间的区别（Hume，1740）。在现代管理科学发展史上，马克思·韦伯也提出了价值无涉科学的思想：科学永远不能和研究者的主观意愿产生关联；人类的价值判断可以被系统性地纳入研究中，以了解采用某些价值观的后果和副作用，或检验为实现某种目的而采用的手段是否适当，但是它不能影响我们对研究对象的观察（Weber，1904）。从认识论（epistemology）上，客观性意味着科学的目的在于捕捉客观现象的本质特征，科学家必须如实地表述客体和相关的过程；从方法论上，客观性意味着科学家需要寻求支持自己理论的证据。只有检验某种假设的过程不是随意的、主观的，所有独立的观察者都能得出相同的结论，我们才能接受这种知识（Douglas，2009）。

总而言之，在价值无涉的原则下，实证科学家相信只有遵循严格的观察程序，才有可能捕捉所观察现象的本质。科学工作应该只由内在的科学价值引导，远离社会价值。价值无涉的科学理念从一开始就将个人主观喜好的嵌入视为对研究客观性的一种严重威胁（Carrier，2013）。基于这种理念，价值无涉原则强调研究结果的客观性必须通过消除宗教和政治等因素对科学活动的干预来实现（Douglas，2009）。

毫无疑问，现代科学范式诞生后极大地改变了人类社会，科学为人类文明和整体生活质量的进步做出了巨大贡献。在这一过程中，追求学术独立、坚持研究客观性的价值无涉理念也不断得到强化，成为科学界一直致力追求和捍卫的目标之一。当其受到挑战时，科学界都会快速地做出反应。例如，针对近年来不少领域出现研究结果的不可复制问题，《自然》（*Nature*）杂志组织了针对全球1 576研究者的问卷调查，希望了解这一问题的严重性以及科学家群体对这一问题的看法（Baker，2016）。《科学》（*Science*）杂志组织专刊，邀请了来自各个领域的专家讨论本领域的可复制性问题（Jasny et al.，2011），而心理学家更是组织发起了"可重复性项目"（Reproducibility Project），呼吁志愿者对三本重要的心理学期刊（*Journal of Experimental Psychology: Learning, Memory, and Cognition, Journal of Personality and Social Psychology*，以及 *Psychological Science*）在2008年发表的研究中的100个实验结果进行重复研究（Open Science Collaboration，2015）。这些例子反映了科学界对研究结论的可靠性和客观性的极度重视。作为保障科学客观性的主要途径，价值无涉传统有着合理性，这一传统为科学的健康发展，以及科学和科学工作者赢得社会大众的信任和尊重发挥了至关重要的作用。

1.3.1.2 价值无涉的不可能性

在反对者看来，价值无涉理念是一个既不可能也不可取的想法（Douglas，2009）。当科学变得与实践越来越相关时，专业知识的探索和非认知的利益和愿望常常紧密地交织在一起，科学的持续健康发展有赖于广泛的社会价值的作用，对于社会科学来说尤其如此。自然科学中，科学家面对的研究对象既有认识论上的客观性，又有本体论上的客观性。例如，土星的存在、地球与太阳的距离是客观存在的事实，与人类的认知无关。但社会科学的研究对象比较复杂，虽然可以努力实现认识上的客观判断，但一些内容还是由集体的态度构成的，这部分内容在本体论上是主观的（Risjord，2014）。换言之，社会科学家要面对的研究对象主要是人以及由人类活动构成的各种结构（如团队、组织和行业等）。人、思想和社会实践活动之间存在着因果关系的互动性质的回路（looping effect）（Risjord，2014）：社会科学家的观点和理论来源于其对社会现象的观察，而这些观点和理论一旦形成，又反过来影响了人们之间的互动，造成社会现象的变化。在科学进程中的每一步，价值都显现其中，这是社会科学中价值无涉理想不可能的原因。而价值无涉理想不可取的原因是，社会需要可靠的科学知识来指导实践，需要科学家的理论和证据来做出制度和政策等方面的决策。因而，社会科学的研究更应该主动将社会价值观的影响纳入思考框架，因为科学的主要使命是满足人类需求，让社会变得更为美好。

1.3.2　科学过程中的两种价值观：认识论价值观和社会价值观

与科学有关的价值观大致可以分为两类（Douglas，2009；Tsui，2016）。第一种是认识论价值观（epistemic values），是用来判断理论和证据充分性的规范或标准。它是与知识创造直接相关的价值观，是"规范和良好的科学推理标准的一部分"（Risjord，2014），主要用来评判科学过程是否可靠（sound）、严谨，从而使我们更接近真理，体现的是认知价值（cognitive values）。例如，简洁性、范围界定和解释力用于评估理论的一些认知价值。就简洁性价值而言，我们通常会认为一个简单而优美的理论要好于一个复杂的理论。

第二种是与科学认识活动的准确性和可靠性无直接关系的价值观，也就是除认识论价值观之外的其他价值，包括广泛意义的社会价值、伦理价值（或道德价值），以及政治价值。我们用"社会价值观"这个词来统称所有非认识论的价值观。科学家的社会价值观往往与其个人的信仰、经历、教育等因素高度相关，它们体现的是个人或社会的承诺，代表着不同利益群体间达成的某种协议或约定，是与社会、团体或个人期望有关的状态。比如，财富或健康是一种社会价值，而公平正义是一种道德价值。政治价值反映了特定群体或个人的偏好，例如，资助机构会指定研究的类型或确定可以接受的期刊类型等。

好科学（good science）往往是认识论价值观和社会价值观的有机统一。认识论价值观是在追求客观性的过程中，坚持价值无涉的科学界逐渐发展出的评价科研工作的价值体系（Douglas，2009），用来评估科学工作者是否创造了接近客观真相的可靠、有效的知识。如果一项研究不能满足认知标准，就降低了其研究结论的可信度或准确度。我们所熟知的例子是前文讨论的四种效度。如果一项研究未能达到这些效度的阈值标准，我们就认为从研究结果推断出的知识可靠性或准确性较低。认识论价值本质上是可靠科学（sound science）的标准。

价值无涉理想（value-free ideal）认为，研究者的个人价值或个人偏好不应纳入认识论价值评估中。然而，无论是理论还是方法选择都会涉及价值判断，个人价值观在科学活动或对科学活动评价中的介入是难以避免的。比如，由于测量的真实可靠性是不确定的，当我们面对决定 0.80、0.70 或 0.60 是否表示可接受的可靠性水平（即信度）时，社会价值就已经起作用了。

社会价值观不是科学工作的内在价值，但可能会对研究者的行为产生影响，进而影响到所创造的知识的可靠性。重要的社会价值观，如正义、自由、社会稳定或人类尊严，往往与道德价值相重叠。比如，将人类作为研究对象时，出于保护被试目的而建立起来的伦理审查委员会，实际上就是社会价值观直接影响科学发现过程的有力证据。又如，我们已经知道研究存在着归纳风险（inductive risk），可能犯第一类错误，也可能犯第二类错误。我们选择更加容忍哪一类错误，实际上也受到社会价值观的影响。举个例子，假设我们现在发现某类产品含有对人类健康有害的物质，第一类错误（假阳性，即当推断有害而事实上产品无害时）会导致政府实施不必要的管制，以实现保护公众的良好初衷；第二类错误（假阴性，在推断无害而事实上产品有害时）会增加危害公众健康的风险，因为研究结果将错误地建议政府实施宽松的监管政策。对于公众而言，当然希望增加监管，即更加容忍第一类错误的概率增加；对于企业而言，当然希望放松监管，即更加容忍第二类错误的概率增加。为了减少这两类错误，我们一方面需要增加样本量，这无疑增加了研究的成本和难度；另一方面，到底选择怎样的归纳风险水平？应该以哪一方的诉求为标准，是公众、行业、还是学者？这些问题的答案就由社会价值观而非认识论价值观来决定。

这两种价值观在科学中的作用，即其对科学的具体影响如表1-1所示。

表1-1 两种价值观在科学中的作用

	认识论价值观	社会价值观
直接作用	作为评价科学推理和证据充分性的标准： · 理论的性质：如范围（简单与复杂）、准确性（弱与强）、适用性（狭义与广义） · 理论假设：清晰性和合理性 · 研究方法：方法选择、数据搜集程序、数据解释；效度、信度、样本代表性、恰当的统计程序；统计敏感性设置、第一类错误和第二类错误的容忍度	作为约束或目标，但不干涉科学本身的推理过程： · 议题选择：选择从事或资助哪些项目，如社会迫切需要解决的问题（如气候变化、粮食不安全、歧视、工作压力、老龄化等） · 权衡新技术研究的成本和收益：如转基因生物 · 研究方法或对象选择：伦理考虑，如在测试药物时使用动物还是人类作为被试，当研究对象是人类时如何保护
间接作用	基于证据、理论对认识论价值和认知价值的修改	· 填补推理依赖的不完全信息（推论缺口）的空白，并评估错误推理（归纳风险）的后果 · 经济和社会成本的权衡：如I类和II类错误的后果及其容忍度 · 是否坚守公正、安全、隐私

资料来源：改编自 Tsui（2016）。

1.3.3 两种价值观对科学研究行为的影响

坚持客观性的认识论价值观在促进科学发展的过程中起到两个显著的作用：确保研究的意义（significance）和证实（confirmation）的强度（Carrier，2013；Douglas，2009）。就第一个作用而言，认识论价值观描述了科学作为人类知识和真理寻求路径的目标。例如，现代科学强调在广泛领域内发现有效的知识和普遍性的认知规律。科学知识可能包含孤立的信息，但科学研究的最终目的在于发展出逻辑一致的理论去解释与预测外部世界。同时，实证科学的认知价值观格外看重观察数据对理论假设的支持，以及变量之间数量关系的强弱。测量的精度和变量之间的因果联系成为现代科学考察研究结果的重要内容。科学家们希望通过严苛的观察程序，多维度地寻找对研究假设可靠、一致的数据支持（Douglas，2009）。通过遵循追求客观性的认识论价值观，科学活动就有效排除了来自外界的各种干扰，科学目的被严格地限定在发现事实、寻求客观规律的范畴。这样的自律和共识表达了科学家社群对保证研究客观性的集体承诺。

社会价值观也对科学研究行为产生重大影响。首先，个人价值观会影响我们对研究课题的选择。例如，研究企业社会责任的学者，其价值观导向可能不同于致力于探索"公司如何才能实现利润最大化"的学者，可能也不认同"所有者是公司唯一合法的利益相关人"的说法。学者享有探索的自由，可以选择任何他们认为有趣或重要的课题。但是，其他因素也会影响课题的选择，如课题是否具有可操作性，是否受欢迎、容易发表，或者在实践中是否重要等。

对于应该做"严谨的（rigorous）研究"还是应该做"致用的（useful）研究"，在学界争论已久，因为二者被假定是对立的。事实上，我们是可以使用最严谨的方法研究最具实践性的课题的。近年来，美国管理学会呼吁学者应该和实业界加强交流，要求他们既要研究具有实践价值的问题（Tushman & O'Reilly，2007），也要积极地将研究结论的实践意义与管理者多做沟通（McGahan，2007）。AMJ 2016 年 12 月和 2022 年 6 月的编辑特刊的全部文章，都是围绕管理研究中实践与学术相结合的问题而写。2016 年 12 月特刊是有关"社会的重大挑战"（Grand challenges in society）；2022 年 6 月刊的主题是"商业和管理议题的与社会对话"（Joining societal conversations in business and management）。与此相关的最新的一项倡议活动是"商业与管理中的负责任的研究"社群，旨在推动创新可信又可用的知识（具体请浏览网站 www.rrbm.network，以及本书附录一）。

当前全球（无论东方还是西方）的大学和科研院所有一个趋势：越来越多的年轻学者面临晋升和评定职称的压力，从而必须大量发表论文。于是，一部分人不得不选择流行的议题，从事机会主义式的研究，避免从事难以发表或花费时间过长的研究，即使那些题目是他们感兴趣的。当然，机会主义式的研究如果能产生好的科学成果也无可厚非，然而遗憾的是，机会主义式的研究往往是快捷、粗劣的，通常没有经过仔细的思考和精心的设计，而只是为了文章容易发表，这样不可避免地导致品质低劣的研究结果。换而言之，这些机会主义式的研究不是由兴趣等内在动力驱动，而是由外部回报指引的。

避免困难的课题、追求流行的课题，这本身就是一个价值选择。通常，这些选择会产生一些对新知识没有什么贡献的、微不足道的研究及其成果。我们的建议是，坚持自己的信念、初衷。既然学者做科学研究有选择的自由，科学工作又要求全心投入，那么只有让兴趣来指引研究选择，工作才有意义。如果我们一定要成为研究工作的奴隶，那就成为我们所热爱的研究工作的奴隶吧。

MOR 曾于 2009 年用一整期（第 5 卷第 1 期）来讨论中国管理研究的未来，提醒学者们注意研究课题选择中的盲点。该期的文章指出，中国学者在过去 20 年专注于学习国外的理论和方法，争取在国际期刊上发表论文。这些研究成果也许都符合国际期刊的发表要求，但是可能与发展"管理的中国理论"的目标相去甚远。未来的中国管理研究应当专注于理解和解释现代中国企业中面临的重要管理问题。从现象中来、而非从过去文献中来的知识，既有利于发展科学理论，也有利于改善管理实践。

1.4 科学研究的责任与伦理

科学是现代社会的一项重要制度。如本章的 1.1 节所阐述的，科学的目的是对自然真理的追求，其使命是应用所发现的知识来改善人类社会。

本书的重点是介绍科学研究使用的方法，我们希望本书能使作为读者的研究者具备从事高质量管理研究的必要技能。然而，任何的科学研究过程都不可避免地受到一些非方法论的伦理或价值观因素的影响。这些因素不但影响从事高质量研究的能力，更重要的是，会影响身为学者对学术生涯的追求和承诺。具体来说，价值观影响了方法的选择、研究设计的严谨，乃至研究议题本身的选择，而最根本的是，它影响了对学者事业成功的定义，从而影响学者学术生涯的意义。

1.4.1 当前科学研究活动中的伦理危机

科学家在科学活动中应该是客观的、没有掺杂私利的行动者，应该是将自己的事业生涯致力于社会福祉提高的公共服务者（Merton，1973）。回顾美国商学教育和管理职业的兴起、发展和"衰落"的历史，管理研究走向规范化、产生可靠知识的一个重要里程碑是由美国福特基金会资助的 Gordon & Howell（1959）的研究，在发布的报告中作者呼吁"通过提高教师的知识水平来提高商学院的学术质量"（转引自徐淑英和杨治，2018），建议将管理视为一门科学，鼓励研究人员建立一套经过实证检验的知识体系，包括新的理论和概念，并将这些知识传授给学生，用于解决商业或管理的实践问题（McLaren，2019）。商学院对这一呼吁作出了回应，开始聘用来自经济学、心理学、社会学甚至数学和统计学等学科拥有博士学位的新师资。Gordon & Howell（1959）发表后的三十多年被视为商业和管理研究的"黄金时代"，商学院的学者们通过理论和实证发现做出了许多重要贡献，建立了商学院定量社会科学研究的合法性和声誉（McKiernan & Tsui，2020）。

然而，解决现实世界中的复杂问题并不是大多数以理论为导向的社会科学家的兴趣所在。随着时间的推移，"教师个人更关心在各自学科中的声誉和地位，而非为多学科的团队项目做出贡献"（Khurana，2007：283）。学术界与管理实践界的鸿沟不断扩大。1993年是这一历史进程中的第二个里程碑。年初，《新闻周刊》发表了一篇文章《管理学已死》（Samuelson，1993），接着美国管理学会（AOM）时任主席唐纳德·C. 汉姆布瑞克（Donald C. Hambrick）对此做出回应，在1993年年会主席致辞中发出"假如管理学会不存在会怎样"的疑问。他的结论是"我们会发现，如果没有我们，事情可能会发展得非常、非常好"（Hambrick，1994：11），并要求我们的学术社群更多地关注象牙塔之外的真实世界。更多的学会及其主席们加入了这个呼吁，要求会员"更好地将我们的研究与我们周围的世界联系起来"（DeNisi，2010：196），包括Hitt（1998）、Van de Ven（2002）、Cummings（2007）、DeNisi（2010）和Tsui（2013b）。Anita McGahan在2017年亚特兰大AOM年会中的学会主席致辞演讲"学术的自由：从亚特兰大所学到的"中的总结语既有力又鼓舞人心，她清醒地提醒："我们离成为有爱心的社会科学家的集体愿望还很远"，要求我们为（所有人）真正和可持续的繁荣而努力："我坚持认为，大街上的问题（the problems on the street outside）其实就是管理学者的问题。很多大街上的人，都被那些由商学院在20世纪创造的规则与想法来管理的组织所遗忘……摆在我们面前的机会是，在21世纪之初抓住我们身边有意义的问题，用我们跨学科的视角和与实践的合作和参与，来从事研究。那么将来，当我们回首过往，就能满意地发现，我们真的改善了身边每一个人的生活。"（McGahan，2018）

研究与实践之间的差距越来越大的问题在管理大类的其他学科也存在：市场营销（如Reibstein et al.，2009）、运营管理（如Tang，2016）、会计（如Rajgopal，2020）和财务（如Zingales，2015）这些领域学会的主席也表达了类似的担忧。现在，更多的声音鼓励学者更好地为企业、政府、非营利组织和其他各类组织的决策者提供科学信息（Stephen & Pauwels，2018；Jack，2020）。

除了学术和实践之间的鸿沟之外，从21世纪10年代初开始，研究人员还开始报告可疑（不道德）研究实践的盛行（Bedeian et al.，2010）。一些学者不惜一切代价，采用各种做法，尽最大可能提高在A级期刊上成功发表文章的机会（Aguinis et al.，2020）。虽然少有学者会公然造假，但很多学者承认了或多或少的"过失"（Schwab & Starbuck，2017）：管理学（如Tourish，2019）和心理学（如John et al.，2012）的学者已经揭露了通过操纵数据以找到最佳结果、只选择和报告有统计显著性的发现（P-hacking）、在统计结果已知后形成或修改假设（hypotheses after the results are known，简称HARKing）等问题。这些做法使得大多数已发表文章的结果既不可信也不可复制（Ritchie，2020）。这被称为复制危机（the replication crisis），它给医学（如Harris，2017）、心理学（如Nosek et al.，2015）、管理学（如Tourish，2019）

和一般科学（如 Ritchie，2020）的研究界敲响了警钟。

例如，Goldfarb & King（2016）分析了管理学和心理学研究领域 2003—2012 年五大顶级期刊（每期 60 篇）上发表的 300 篇文章以及 60 份会议投稿，运用模拟来估计研究结果的可复制性。他们发现，这些论文中 38%—40% 的重要结果无法重复得到，那些可被复制的研究所报道的效应大小有 13% 的夸大，这些发现在已发表文章和会议投稿论文间没有显著差异。

Bergh et al.（2017a）研究了战略管理研究中的信誉危机。他们分析的 SMJ 的 88 篇线性回归或结构方程建模文章中，超过三分之二（70%）提供的数据和处理方法信息是不完整的，无法进行复制；在可复制的研究中，他们通过重复性测试，即使用相同的数据重新检验假设，发现几乎三分之一的假设无法得到验证（Bergh et al.，2017b）。Hubbard & Vetter（1996）使用数据，分析了会计、经济、金融、管理和营销领域 18 本顶级期刊中 1970 年至 1991 年的 4270 项实证研究，发现会计、经济学和财务金融领域的复制研究不到 10%，而管理和营销领域不到 5%。Camerer et al.（2016）关注采用实验室实验方法的论文，实验通常比其他类型的实证研究更为稳健。他们分析了 2011—2014 年出版的《美国经济评论》（*American Economic Review*）和《经济学季刊》（*Quarterly Journal of Economics*）中的 18 个实验，发现 61% 的能够成功复制，效应大小为原始估计值的 66%（原始研究中的平均效应大小为 0.47，复制研究中为 0.28）。此研究的优势在于 18 位原作者对复制研究设计的肯定。该文进一步报告，非实验性的经济研究有 13%—23% 的复制成功，75% 以上不可复制。

复制危机这个问题是全球性的，它也存在于中国和美国以外的其他国家。McKiernan & Tsui（2020）将当前的研究生态称为与几十年前的"黄金时代"相反的管理研究的"至暗时刻"。

1.4.2 科学研究的责任

1.4.2.1 研究致用（usefulness）

研究致用是选择研究议题时应遵循的责任。我们的期刊要发表有利于所有利益相关者（员工、客户、供应商、社区等）的研究，而不仅仅只有利于所有者或股东。詹姆斯·P. 沃尔什（James P. Walsh）等人合写的富有启发性的文章提醒我们，美国管理学会是为公共利益而创建的，正如 AMJ 的创始编辑所写，"学者的事业旨在帮助工业社会实现经济和社会目标，从而为公众服务"（Walsh et al.，2003：859）。但与此背离的是，对于 AMJ 自 1958 年创刊至 2000 年间发表的所有实证研究的分析表明，我们的学科领域对经济性目标的追求远远超过社会性目标。事实上，大约 80% 的实证研究关注企业绩效，只有大约 20% 关注人类福祉，如健康、满意度、公正、社会责任和环境保护等。Tsui & Jia（2013）用类似的方法，对管理和组织研究领域六大英文顶级期刊和三大中文期刊中所有使用中文样本的文章进行研究，统计数据分析显示，几乎 90% 的研究聚焦在经济绩效上，显然为股东的经济目标服务是首要的。徐淑英教授 2012 年在 AOM 上所作的主席演讲呼吁将研究的"致用"扩大到公司的股东、所有者或高管以外的利益相关者，给予他们更多的同情，以减轻人类和地球的痛苦（Tsui, 2013b）。

期刊（特别是顶级期刊）的另一个趋势是对理论的关注，甚至是过度关注。Hambrick 指出，这种关注可能是"过犹不及"的，间接地质疑了我们对理论如此执着导致的研究的低致用性问题。他指出，一般管理领域的期刊比市场营销、财务和会计类期刊更强调理论，这种对理论的执着和热衷可能"不必要地限制了研究"（Hambrick, 2007）。他建议，期刊应重视无理论的有趣事实的报道，这有可能产生重要和有影响力的研究。令人欣慰的是，徐淑英担任美国管理学会主席的任期内（2011—2012 年），在 John Hollenbeck 领导的期刊委员会的说服下，董事会批准创建《管理发现》（Academy of Management Discoveries）杂志，致力于发表现象引发的、现有理论无法解释的新颖而复杂的问题的研究。

然而，对五大经济学顶级期刊（T5）①的分析表明，强调新颖性和理论开发的期刊可能会阻碍创新研究（Heckman & Moktan, 2020）。创新性的论文更多地出现在非 T5 期刊上，这可能源于同行评审制度。同行评审过程倾向于让对已有理论或范式有继续贡献的研究过关，而拒绝那些偏离这些想法或范式的研究，以及没有理论解释的有趣事实的研究。Akerlof（2020: 406）观察到，经济学作为一门学科给予的奖励偏向于"硬"（如数学建模）而非"软"（如问卷调查），这导致了"疏忽过失"（sins of omission），从而使得学者无法触及重要问题（如金融危机、全球变暖等）或难以用"硬"方法处理的问题。

好在，自我纠错也随之启动（Alberts et al., 2015; Harris, 2017）。一些重要的管理学期刊的主编相继发表社论，对过于强调理论新颖性的现象进行反思，如 ASQ 的主编探讨了管理研究往何处去的问题（Davis, 2015），提出理论新颖性与实践真实性、社会影响力的关系，研究者应考虑自身角色，以及与其他领域的研究者（如工程师、公共政策研究者）合作，探索有真正意义的研究议题（Barley, 2016）；JOB 认为一线期刊对于理论新颖性、独创性和有趣性的追求，导致实证检验已有理论的文章无法发表，使得理论的可复制和被检验的机会丧失，因此学术研究似乎走入了死胡同，可能会出现伪理论（pseudotheory），让学术研究偏离科学方向，而对现实世界缺少解释力和预测力（Nicklin & Spector, 2016）；Sackett（2021）认为，旗舰期刊以牺牲其他贡献（例如，强大的数据、方法或实践）为代价的"理论优先化"令人担忧；Staw（2016）认为"未来的研究需要变得更具语境和现象驱动力"；Latham（2019）和 Rousseau（2020）都呼吁在理论和实践之间取得更好的平衡。

多个期刊亦采取了相应的对策。AMJ 发表了社论（如 Tihanyi, 2020），鼓励并邀请作者加入社会对话、解决重要问题，并认识到"有趣"是不够的。一些期刊开设关于当今社会重要议题的"特刊"，如 OBHDP 的"中国现象驱动的理论发展"特刊（2019 年），SMJ

---

① T5期刊分别是《美国经济评论》（American Economic Review）、《经济学季刊》（Quarterly Journal of Economics）、《经济计量学》（Econometrica）、《政治经济学杂志》（Journal of Political Economy）和《经济研究评论》（Review of Economic Studies）。

的"问题驱动和现象启发的实证战略研究"特刊（2018年）；AMJ的"社会的重大挑战"（George et al.，2016）和"管理学会关于联合国可持续发展目标的发现"（Howard-Grenville et al.，2019）特刊；JAP关于理解工作场所种族主义的专刊等。其他学科的期刊也推出了类似特刊，如《市场营销杂志》（Journal of Marketing）（Chandy et al.，2021）和《制造与服务运营管理》（Manufacturing & Service Operations Management）（Netessine，2021）。一些期刊编辑要求作者在其文稿中添加研究的社会影响的描述，还有一些期刊正在增加"与实践或社会的相关性"作为评估文稿的附加标准。这些鼓励偏离传统范式的研究，都是朝着正确方向的好的实际行动。

虽然研究范式的变革是缓慢渐进的，但这样的改变是有价值的。我们必须停止那些抑制学者好奇心和雄心的举措，建议他们做出最好的作品。考虑管理科学研究的致用性，要将研究资源投入重要的研究问题中，创造致用的知识，帮助企业及其相关组织健康发展，让社会和人民的生活更加美好。

1.4.2.2 研究可信（credibility）

在大家讨论研究的实践导向并付出实际行动缩小学术—实践鸿沟的同时，另一个令人不安的趋势也在凸显，即有问题的研究层出不穷（Bedeian et al.，2010）。这些做法威胁到已发表研究的结论的可信度，包括那些A级期刊上的论文。研究的信用危机得到了越来越多学者的关注（如Honig et al.，2014；Schwab & Starbuck，2017；Tourish，2019）。

Bedeian et al.（2010）基于美国104个有博士点的管理系的1940名研究人员的样本，概括了11种导致研究不可信的做法。超过70%的人提到隐瞒方法细节、选择性地报告结果、未知会而借用他人的想法；超过50%的人提到删除数据以改善统计结果、隐瞒与先前研究文献相矛盾的数据或发现；超过25%的受访者报告有同事们捏造结果、公然作弊；大约92%提到HARKing问题。在心理学领域也有类似的趋势。John et al.（2012）对2155名美国心理学家进行了调查，了解他们的研究实践中以上做法的参与频率。结果显示，前三位分别是：① 未能报告研究的所有因变量（66%），② 根据结果决定是否收集更多数据（58%），③ 选择性报告"有效"的研究（50%）。

考虑到发表压力，以及社会现象确实呈现高度模糊，可能涉及许多替代解释或"多重可实现性"（Risjord，2014：125-127），数据篡改可能是或被鼓励或被容忍的。这些做法可能导致错误的结论和不可靠或不可重复的结果。但已发表的研究很难检测是否存在这种缺陷，因为大多数论文都没有包含足够的方法细节，导致无法回溯审查或复制。

可信知识的基础是观察到的效应是稳定的，实践问题的"处方"不能只基于一项研究的结果或无法复制的效果。在社会科学研究中，有多少复制和多少成功复制后的研究结论是可以接受的，仍然是一个未有共识的问题，然而原则应该是"在合理的范围内越多越好"。许多关注复制危机的研究人员开始呼吁优先考虑"真相而非发表"和"复制而非新颖性"（Nosek et al.，2012，2015；Van Witteloostuijn，2016）。

1.4.3 科学家的责任

正如前文指出的，可信危机和致用危机导致当前这一科学研究生态系统进入"至暗时刻"。我们正处于十字路口，是时候强调科学精神（Tsui, 2013a）和对社会做有责任的研究了（Tsui, 2015）。毋庸置疑的是，钥匙就掌握在学术社群自己手中。国际管理学界的先锋学者已经意识到并致力于采取行动改善科学研究的生态。

1.4.3.1 科学规范和元科学

2015年，由来自10个国家的、横跨5个专业领域全球顶尖的24位学者，以及与商学教育密切相关的4个协会的领导人发起"负责任的商业和管理研究"（Responsible Research in Business & Management，RRBM）运动，呼吁科学工作要以严谨（vigor）和切题（relevance）为标准，以负责任的管理研究为使命，致力于创造可信的并能直接或间接运用于解决商业组织和社会中重要问题的知识。只实现这两个标准中的一个都不算是负责任的研究：不可靠或不可重复的研究结果可能会误导实践，关于琐碎问题的可靠结果对社会没有用处。RRBM的使命是促进和催化商业研究从当前的以数字游戏为目标，转变为重视研究内容并解决社会重大关切问题的研究生态系统，产生使企业成为积极变革推动者的知识。负责任的研究人员将注意力集中在改善人类的社会、经济和可持续生活上，并进行严格的研究设计，以确保研究结果可靠、可复制，同时对错误结论的后果进行仔细评估。为此，RRBM提出了负责任的研究的7项基本原则（具体内容见本书附录二的RRBM立场宣言）。

RRBM的工作和学术研究生态系统里的各利益相关者的自我纠正努力表明了研究界的第三项责任（Tsui, 2021），即对我们专业的责任。这是为了保护研究机构的神圣和正直，确保我们有责任地享受作为学者的自由权利，并正直地履行我们的科学责任。科学家不仅有责任"正确地做事情"（技术上正确，即知识可信，科学的第一个责任），而且有责任做"正确的事情"（道德上正确，即知识致用，科学的第二个责任），还有责任关注培养新生学者承担其科学责任，界定科学行为的规范和价值观，进行自我纠正，并将"越轨者"带回到正确的路上。这是科学的第三项责任，也是科学家的责任所在。

为履行这一责任，基于爱因斯坦、库恩和默顿等科学巨人的思想，受美国科学进步协会（American Association for the Advancement of Science，AAAS）声明和RRBM的使命和愿景的启发，Tsui（2021：184-185）和Tsui（2022：23-24）提出了五项科学规范：思想独立（independence）、客观超脱（detachment）、公正无偏（impartiality）、谦逊敬畏（humility）及开放共享（communality）。这些规范补充了RRBM提出的负责任研究的七项原则。七项原则是实现负责任研究的结构性指导方针，五项规范是普遍接受的有关科学行为的非正式指南。原则和规范具有互补功能，不能互相替代，它们联合起来指导研究人员在进行科学努力时做出正确的选择。

研究界还有一种工具可用于履行第三种责任，即元科学（metascience）思想（Enserink，

2018）。元科学不同于科学哲学，它使用定量分析来研究科学实践活动如何影响科学结论的真实性；它也不同于研究方法，因为它更广泛地关注导致科学工作成功或失败的因素（Schooler et al.，2016）。元科学旨在理解、识别和纠正可能牺牲研究结果可信度的研究实践。它只关注可信度问题，以研究覆盖的数据或描述为基础。元科学家相信，更好地理解科学家的工作方式能为更好的科学做出贡献。

Tsui（2021，2022）鼓励管理研究界考虑成立一个负责任的研究委员会，由核心商学和管理学科主要期刊的编辑组成，作为科学第三责任践行的监护人。

1.4.3.2 科学家和科学社群的责任

科学探索的准则来自学界内部，而非外部（Kaplan，1964）。科学家（学者）为他们的研究行为和研究结果对科学界负有责任：学术界对科学研究可接受的方法和研究质量的标准制定准则，而科学家的工作成果经由同行评审过程被评判。作为科学社群一员的期刊（杂志）编辑和同行评审人，对于研究论文中报告的知识成果是否接近真知、用来创造知识的方法是否达到了学界所制定的严谨标准（这些标准有些是明显的，而另一些则不那么明显）做出评判。

以寻求真理为名的科学研究过程是不是就可以为所欲为、不择手段呢？例如，未征得他人同意或未在他人知情的情况下，研究者可否观测他人的私人行为、侵犯别人隐私（如 Humphrey，1970）呢？或者，可否使参加实验的被试者相信他们是对他人施加痛苦的同谋者，从而造成被试的心理压力（如 Milgram，1963）呢？这些行为符合伦理规范吗？学界达成了一致的观点是：不可以为了研究目的（探索知识、真理）而不择手段（寻找知识的途径）。

研究机构和大学，以及不同科学领域的专业学会或协会（医学、工程、公共管理、工商管理等）都已经或逐步建立起"研究的行为准则"，这些准则为研究者的伦理行为提供了指南。在美国和欧洲，大学和资助机构设有评审委员会，在研究资金拨付或项目批准以前，要求研究者遵守伦理准则（已有和将会有越来越多的中国大学和研究机构采取类似的做法）。管理领域的研究者有义务保障他们研究对象的权益，无论这些研究对象是学生、员工还是组织。IACMR 学会的伦理准则见本书附录二。该准则阐述了在研究和专业活动中的伦理行为，适用于所有的 IACMR 成员。它明确地说明了在评审和编辑过程中对待研究对象和数据的准则要求，以及研究思想交流和参加会议相关的专业行为标准。在许多专业学会的网站上也能找到相似的准则，如美国管理学会、美国心理科学学会（American Psychological Association）、美国社会学学会（American Sociological Society）等。美国商学院协会（Association to Advance Collegiate Schools of Business，AACSB）在对商学院质量进行认证的指标体系中，将管理教育和研究的社会影响（social impact）放在了 2020 年 8 月发布的修订版认证标准的前沿和中心位置（https://www.aacsb.edu/accreditation/standards/business）。

为了让大家更清楚地了解在研究和发表论文过程中可能出现的伦理困境，MOR 曾用一整期（2011 年第 7 卷第 3 期）来讨论这个问题。这些文章都已被翻译成中文，在其官网上可以免费下载。读者可以通过研读这些文章了解到许多研究者经常遇到的问题，如做了怎样的贡献才配得到论文的署名权，是否可以基于数据结果来修改或者提出研究假设，是否可以用同一套数据撰写多篇论文，如何及何时引用他人的成果、评审和编辑过程中的伦理等。

记住一个出自《圣经》并被称为黄金定律的普遍原则——"你们要人怎样待你们，你们也要怎样待别人"，我国古代的教育家和哲学家孔子在《论语》中也说过相同的话——"己所不欲，勿施于人"。作为学者，如果我们想得到尊重，那么我们也应该尊重参与我们研究的人、给我们提出宝贵意见的人、与我们分享他们生活经验的人，以及允许我们使用其研究成果的人。如果我们想让自己的工作受到别人的认真对待，我们应该以最严谨的态度从事我们的研究。我们绝不容忍在数据处理上的任何有意的缺陷或遗漏，对结果的不准确或歪曲的解释，对其他学者研究论文的不恰当或无标注的引用，以及在未得到认可或同意的情况下侵犯其他学者的知识产权等行为。

达尔文曾说过，"错误的事实严重损害科学的进步。"粗制滥造的研究及对他人工作结果的故意误用，都会造成巨大的伤害，即使这些错误最后被发现或纠正，带来的伤害也无法弥补。医学界曾因论文质量问题取消过往一百多篇学术论文的发表资格，这些论文的发表给医学的学术界和实践界带来了不可估量的损失。爱因斯坦也曾谈到过科学中的伦理行为："人类最重要的努力是为我们行为的道德性而奋斗，我们的内部平衡甚至我们的存在都依赖于它。只有我们的行为具有道德，才能赋予生活以美和尊严。"

作为读者的你投身于科学研究事业之前，我们建议你首先仔细思考一个问题，那就是"你为什么想成为一位社会研究者"。为了金钱？名声？为了思考的自由？还是为了有机会为人类社会做贡献？你所拥有的价值观会影响个人职业生涯的意义，以及所能做出的贡献。

学术生涯不会让你发财致富。虽然学者的薪水每年都有增长，成为科学家也确实能够过上体面的生活，但是这些收入与管理咨询、金融行业（如投资银行或者股票市场的基金经理、研究员）的收入是无法相比的。学者的财富更多在于拥有思考的自由及满足好奇心的机会；从事学术工作，我们不会每天受到严格的行为监控；除了教学时间，我们可以随时随地工作、自由地思考、满足自己永无止境的好奇心……这些是选择学术研究这条道路的重要回报。

学术生涯不会让你出名，至少不会很快地出名。由于成果发表过程的滞后和顶级期刊版面资源的竞争，学术生涯所经历的失败往往多于成功。因此，我们需要靠内在激励，即被自己强烈的内在热情及所喜爱的研究课题驱动，等待很久以后才会到来的回报。

科学上的成功与其他职业生涯的成功相比较，自有其独特的评价标准。1986 年诺贝尔化学奖获得者约翰·C. 波拉尼（John C. Polanyi）说过："在科学界，我们是一群来自全球、互相支持的个体，我们的目标是要把真理放在个人利益之上"。2004 年诺贝尔化学奖获得者阿伦·切哈诺沃（Aaron Ciechanover）认为："评价一位科学家，不应基于其所获得的奖项或荣誉，而是其对提高人类生活品质的贡献。"换句话说，成功跟随那些视贡献为成功的人，而不是来自个人的名声或收入。这也意味着科学家的成功应该基于其所创造的知识，而不是由发表论文的数量来决定。

发表论文只是一种工具，用以传播科学研究所创造的知识。我们不应陷入"只关注发表数量而不关注研究质量"的陷阱当中，以工具代替目标。对发表篇数的追求已使得一些学者玩起数字游戏，故意将一项研究拆分成许多篇小论文，或者从事机会主义的研究。

科学的价值或目的是寻求真理，是为了准确、有效地理解并解释我们周围的现象，其终极使命是在各个领域改善人类的生活。通过科学，包括管理学，我们创造知识与技术，帮助人们生活得更加美好。对于管理学者而言，科学研究是为了帮助组织提升效率、提高产出、增加利润；也是为了造福员工、供应商、消费者、社会、政府等更广泛的利益相关者，使得大家共同成长。如对员工而言，帮助组织成为更友善的雇主、为员工提供有前途和回报的职业。近些年涌现的对于环境、社会和治理（Environmental, Social, and Governance, ESG）的关注和研究热潮，便是这一终极使命的研究践行的一个表现。能够为社会进步做出研究的贡献，将是学术生涯中最有意义的回报。

1.4.4 好科学的前提：科学的自由

1.4.4.1 科学自由与负责任的研究

科学探索行为与探索自由（autonomy of inquiry）的原则相关（Kaplan, 1964），这意味着科学家可以自由选择研究任何他们感兴趣或认为重要的课题。但是，对研究—实践的鸿沟、可信度有问题的研究的担忧，以及师资招募和晋升中对在顶级期刊上发表论文及其数量的强调，导致了在科学工作中，科学自由和科学责任反而被弱化。一些学者（如Glick et al., 2007）观察到，年轻学者面临着持续的"要么发表要么走人"的压力；Walsh（2011：215）认为，鉴于当今商业的中心地位，这应该是"我们的黄金时代"，但"有什么东西让我们无法做到我们所能做到的"。

Terry Mitchell 写道：对于升职、获得终身职位以及成为正教授的焦虑是显而易见的。我敢肯定，这让很多人的行为方式伤害了他们和这个领域。他们不重视教学，他们做'安全'研究，他们走捷径。就领域本身而言，似乎许多人都精疲力竭，转而从事其他工作。当然，有很多优秀的研究工作从未以发表的形式出现过，非常聪明的人付出的巨大努力和洞见都会因此消失。"（Mitchell，2018：17）

Tsui（2016）论述道，工具理性（学者个体的职业关注或学校领导层的优先排序）主导了教师评估系统中的内容和方式、发表期刊的等级以及评判和奖励教师的决策。商学院的研究人员已经成为论文机器，失去了科学自由。这种"减少的自由伴随着减少的责任感"（Tsui，2021：181）。研究人员已经对错误结论的风险变得麻木不仁，因为没有人要他们为错误负责。此外，伪造数据或其他可疑行为也似乎没有任何惩罚。从多个期刊上撤回论文的作者还能受聘到薪资更高的大学。如果没有对此类明显不当行为的公开制裁，其他学者将如何改变他们的行为？官僚理性（使用非人性的评估标准，如论文发表或被引用的数量）和工具理性（为晋升或拿终身教职）将研究人员变成了 Mills（2000）所称的"快乐木偶"，在中立、无偏或客观的虚假外表下工作。这些木偶真的很快乐吗？我们的研究不仅要关注社会和民众的福祉，作为科学社群中的一员，我们也应关注科学家自身的福祉。

Tsui（2021：180）进一步引用爱因斯坦的话阐述了这种自由的重要性："科学的发展和精神的创造性活动需要一种自由，即思想独立于专制和社会偏见的限制。"库恩声称，探索的自主性是自然科学成功的主要原因，这种思想的独立性"允许个体科学家将注意力集中在他有充分理由相信自己能够解决的问题上"（Kuhn，1996：164）。

美国科学进步协会（American Association for the Advancement of Science，AAAS）的正式声明也强调了科学自由和科学责任的重要性："科学自由和科学责任对于增进人类知识以造福所有人至关重要。科学自由是从事科学研究、追求和应用知识以及公开交流的自由。这种自由与科学责任密不可分，其践行必须伴随着科学责任的践行。科学责任是为了人类的利益，本着保护环境的精神，在尊重人类权利的情况下，正直地从事和应用科学的义务。"（Jarvis，2017：462）

商学院、期刊、协会和认证机构不断推出的制度变革为践行负责任的研究创造了条件，支持学者从事有益于社会和有意义的研究的愿望。时至今日（成书之日），负责任的研究运动已进入第八个年头，我们取得了有目共睹的重大进展。除了期刊发表的规范制度和大学、研究机构评聘制度的变化（李绪红等，2018），管理、营销和运营管理学科都设置了负责任的研究大奖，以表彰最近发表的文章和书籍在社会影响方面的表现。一些学校要求教师在年度自评中包括一份关于其研究的社会影响的声明。RRBM 组织了全球峰会，讨论不同利益相关者推动负责任研究的行动。这种努力正在全球范围内进行，中国十大商学院正在引领管理研究向社会服务的转变。2019 年的峰会签署了一项联合声明，领导中国的这一变革；2020 年的第二次峰会吸引了 100 多名院长参加。

1.4.4.2　科学的自由与年轻学者的培养

资深学者的努力为年轻学者树立了好的榜样（Harley 2019；McKiernan & Tsui，2019）。McKiernan & Tsui（2019）特别鼓励有声望的教授积极参与博士教育的培训，培养新一代负责任的学者。培训不仅需要学习从事科学研究所要具备的技术、技能，还需要讨论科学哲学的相关主题，如客观性、科学与政策、科学与社会、价值观在科学中的作用，以及对科学自由和科学责任的准确理解。虽然对于那些深受现有范式影响的人来说，转变是困难的，但希望在于"年轻的和正在崛起的自然主义者，他们将能够以不偏袒的态度看待问题的两个方面"（Kuhn 1996：151）。过去百多年科学进步的历史也鼓舞着我们对新一代学者寄予信任和希望。

当然，我们可以理解，大多数年轻学者可能不愿冒危及其职业生涯的风险，从事他们判断难以在高等级期刊发表的研究课题，或者攻克现有理论难以解释的问题。然而，也有许多年轻学者敢于冒着风险，不顾顾问和导师的建议，研究他们所热衷的问题。一个很好的例子是伊沃纳·希代格（Ivona Hideg），她不顾反对，决定研究长期产假政策（long-term maternity leave）。她的论文（Hideg et al.，2018）获得 2019 年"负责任的管理研究"大奖。她现在在约克大学担任副教授，是 AMJ 的副主编。另一个例子是温·蒙哥马利（Wen Montgomery），她对底特律的水问题很感兴趣，想用定性的方法来研究它。有人建议她选择一个更安全的话题，但她捍卫自己的热情、坚持自己的自由和责任感。她的论文（Montgomery & Dacin，2020）也获得了"负责任的管理研究"大奖。蒂玛·班萨尔（Tima Bansal）在二十多年前从事"可持续性"话题的研究时也有类似的经历。事实上，这个奖项的大多数获奖者都是年轻学者。由于商学院必须满足 AACSB 关于展示其研究成果的社会影响的新标准，从事负责任研究课题的年轻学者将在招聘和晋升方面更具有竞争优势。

科学自由和科学责任是齐头并进的。动机很好，但一些实质性支持也很重要。RRBM 正在推出两个针对博士生的项目：一是"负责任研究的哲学基础"（Philosophical Foundation of Responsible Research）课程，二是"大胆关怀博士论文奖学金"（Dare to Care Doctoral Dissertation Scholarship），鼓励博士生研究组织中的社会公正问题，包括经济、性别、种族和其他形式的不公正（可在 www.rrbm.network 网站上搜索这两个项目的信息）。RRBM 将在未来几年内致力于培养世界各地的博士生成为 RRBM 立场宣言件中提出的"愿景 2030"的火炬手。

1.5 结语

中国的管理研究就像一个深埋于地下的巨大钻石矿，一般人还没有挖到足够深就放弃了。然而，只要心中有坚定的信念、脑中有正确的方向、手中有合适的工具、身边有相互鼓励的伙伴，就很有可能创造出一个个成功的故事。我们强烈建议本书的读者学习科学哲学的基本内容。本章分享的很多内容，在我们和其他同事一起开设的"管理研究哲学"博士研究生课程上都有较为深入的讨论。从 2015 年开始，我们陆续在北京大学、复旦大学、上海交通大学开设该门课程。迄今为止，我们已成功举办了五届"管理研究哲学"师资培训班（2022 年的第五届在华中科技大学举办），为全国几十余所高校培养能够教授这门课程的师资。

本书致力于让研究者掌握合适的研究工具，我们也衷心希望大家在掌握科学研究工具的同时，明白我们从事的事业理应对社会负责任的使命。2019 年以来的全球新冠肺炎疫情加强了许多人的决心，即管理研究应成为一股变革力量，帮助实现更好的商业和更人性化的社会。

八十多年前，Merton（1942）说科学事业是一种召唤，而不仅仅是一份工作，这不是陈词滥调；爱因斯坦说"只有为他人而活的生命才值得活"，也不是陈词滥调。让我们利用和捍卫我们从事重要和有意义的科学工作所需的自由和责任，秉持科学精神和对社会负责任的态度，一起通过科学探索，为建立更美好的世界，贡献学者应有的力量！

思考题

1. 科学的目的和使命是什么？他们如何与科学家的三个责任相联系？

2. 在创造知识时的科学方法是什么？为什么相比其他获得知识或智慧的方法或途径，一些科学方法更好或更差？

3. 为什么对于实在论的不同观点的理解对于科学家很重要？每一个观点如何对待科学知识中的"真相"？

4. 理论和观察在演绎法和归纳法中的角色有何不同？

5. 在研究设计中，变异控制与四种效度的关系是怎样的？

6. 在科学研究工作中，哪种价值观是核心的，哪种价值观是情境化的？

7. 为什么本章强调负责任的研究比工具性研究更重要？这两种研究与研究伦理精神和科学的目标分别有什么关系？

延伸阅读

Douglas, H. E.（2009）. *Science, policy, and the value-free ideal*. Pittsburgh：University of Pittsburgh Press.

Hambrick, D. C.（2007）. The field of management's devotion to theory：Too much of a good thing？ *Academy of Management Journal*, 50（6），1346–1352.

Kuhn, T. S.（1996）. *The structure of scientific revolutions*. 3rd edition. Chicago：The University of Chicago Press.

Okasha, S.（2002）. *Philosophy of science：A very short introduction*. New York：Oxford University Press.

Risjord, M.（2014）. *Philosophy of social science：A contemporary introduction*. New York：Routledge.

Tsui, A. S.（2021）. Usefulness, credibility and scientific norms：Reflections on our third responsibility. *Die Unternehmung*, 75（2），175–187.

Tsui, A. S.（2022）. From traditional research to responsible research：The necessity of scientific freedom and scientific responsibility for better societies. *Annual Review of Organizational Psychology and Organizational Behavior*, 9：1–32.

Van de Ven, A. & Johnson, P. E.（2006）. Knowledge for theory and practice. *Academy of Management Review*, 31：802–821.

徐淑英、李绪红、贾良定，等.（2018）. 负责任的管理研究：哲学与实践. 北京：北京大学出版社.

安德鲁·H. 范德文（2023）. 入世治学：组织与社会研究范式与实操. 杨百寅，译. 北京：北京大学出版社.

洛雷恩·伊登、凯茜·伦德·迪安、保罗·维勒.（2022）. 为师之道：青年学者研究、教学与公共服务指引. 秦一琼，译. 北京：北京大学出版社.

第 2 章

研究的起点：提问

陈晓萍

> **学习目标**
> 1. 正确理解什么样的管理问题值得研究
> 2. 找到合适研究问题的不同方法，可以判断哪些方法更适合于自己的思维特点和思考习惯
> 3. 构建对于管理问题的研究思路（从理论构建到实证）
> 4. 了解论文开题报告的内容和格式

2.1 提问对管理研究有何重要意义？

著名管理学大师彼得·德鲁克（Peter Drucker）曾经说过，管理学研究者的任务不是解答问题，而是提出问题。虽然德鲁克本人没有在企业工作的实际经历，但是作为一个有洞察力的思想者（armchair thinker），他的许多视角独特和极具前瞻力的提问，让众多管理实践者如杰克·韦尔奇（Jack Welch）、安迪·格罗夫（Andy Grove）等受益匪浅，从而创造出各种管理企业的良方，并使他们的企业取得卓越成就。提问的意义可见一斑。

如何提问，以及提出什么样的问题，对于科学研究具有相似的意义：它不仅能够指导研究的方向，而且能够决定研究的结果。比如关于个体决策，如果提出的问题是"个体应该如何决策以达到自身利益最大化？"，那么研究就会朝着建立理性模型的方向前进，并且假设各种各样的理想情境来验证这些理性模型。经济学中研究决策的大部分理论都属于这个种类。但如果提出的问题是"个体究竟是如何做决策以实现自身利益最大化的？"，那么研究就会朝着观察个体决策过程的方向努力，比如观察个体如何搜集信息、如何整理信息、如何整合信息、如何定义个人利益、决策过程中的认知过程和心理过程，以及在这些过程中可能出现的各种心理偏差和理性局限。在这个问题引导下的研究成果就可能是对人类多种决策现象的总结，比如早年诺贝尔经济学奖得主司马贺（Herbert Simon），提出人类只有有限理性（bounded rationality），因此在决策过程中遵循的是决策满意模型，而非完全理性模型。2002年诺贝尔经济学奖得主丹尼尔·卡尼曼（Daniel Kahneman），以及 2017 年诺贝尔经济学奖得主理查德·塞勒（Richard Thaler）等学者在这个问题的引导下则发现了不同人在做决策时所使用的直觉（启发）或者无意识的偏差，以及助推（nudge）在决策中的作用（Kahneman & Tversky, 1972, 1973, 1979, 1982; Thaler, 2015; Thaler & Sunstein, 2009）。

再比如关于企业的经营战略，如果提出的问题是"什么样的战略可以帮助企业开发出新产品？"，那么研究的重点就在于寻找与开发新产品有关的方法和手段，比如建立研发部门、鼓励员工大胆尝试新的方法和流程、允许员工犯错、建立跨部门工作团队等。最终的研究结果可能会回到詹姆斯·马奇（James March）和司马贺所提出的"开发（exploitation）和探索（exploration）"战略上（March & Simon，1958），因为一切产品开发战略都是这两种战略的不同表现。但如果提出的问题是"在产品的不同发展阶段，企业应该用什么样的战略取得成功？"，那么研究者就会关注在产品不同发展阶段企业可能使用的不同战略，然后通过其实施成功率的比较来得出结论。这时，研究的结果可能就是迈克尔·波特（Michael Porter）的"产品开发期——差异化"和"产品成熟期——低成本"战略了（Porter，1980）。

所以，提问是进行任何科学研究的第一步。只有对事物有好奇心、对各种现象充满疑问并愿意思考的人才会有探索的欲望，进而才会有做研究的兴趣。在这个意义上，做学术研究的原动力其实来自寻找问题答案和探索事物真相的欲望，而提问则是开始这一漫长旅程的起点。

2.2　好的研究问题长什么样？

提问本身并不难，难的是提出好问题。如何来判断一个研究问题的好坏呢？许多管理学顶尖杂志的论文评审人判断一篇论文是否值得发表时，常常关注"研究问题的重要性和新颖性""研究问题的趣味性""研究问题与现有理论的相关性""研究问题与管理实践的相关性"等标准，如《美国管理学会学报》（*Academy of Management Journal*，AMJ）、《应用心理学杂志》（*Journal of Applied Psychology*，JAP）等。我曾经担任《组织行为和人类决策过程》（*Organizational Behavior and Human Decision Processes*，OBHDP）的主编（2010—2016），也担任过多个期刊的编委，目前正担任 IACMR 旗舰期刊《组织管理研究》（*Management and Organization Review*，MOR）的主编，下面我就站在主编和评审者的角度，来详细讨论一下"研究问题的重要性和新颖性""研究问题与现有理论的相关性"的具体含义。

2.2.1　研究问题的重要性和新颖性

在审稿过程中，期刊主编的第一个任务就是对投稿的论文进行初审，做出是否直接拒稿（desk reject）的决定。对 OBHDP 和 MOR 来说，直接拒稿的比例基本在 50% 左右，其中一个原因就是很多论文的研究问题不重要或者缺乏新意。有许多作者会通过强调"以前没有任何学者研究过这个问题"来说明其论文的重要性和新颖性，可是，虽然"第一个吃螃蟹"听起来与"新颖"的意思相近，但仔细分析，用这个理由来说明研究问题的重要性和新颖性，其逻辑十分牵强。

首先，其他学者都不曾研究过的问题不见得就一定是重要问题，而有可能恰恰是因为不重要，学者们才不屑去做关于此问题的研究。比如，天气如何影响员工工作绩效这个问题，可能在近三十年都没有一个学者进行过相关研究。为什么呢？就是因为它不重要。在大多数的工厂、公司里，一年四季不管刮风下雨，其工作场所的物理环境都不会发生重大改变，因此天气对大部分员工工作绩效的影响可以说是微乎其微的，并不值得研究。但是，如果选择天气中的独特现象，比如雾霾，会如何影响员工的健康、心理、行为和长期绩效，也许就是一个值得研究的问题。

其次，不曾被研究过的问题也未必就是新颖的问题，有可能它只是由旧问题"改头换面"而来的，其实质已经被许多理论点破。比如，"为什么让员工有选择福利项目（个人休假、集体度假、幼儿托管费用、老人看护费用、额外人寿保险等）的自由，就更可能激发其工作动机？"这个问题貌似新颖，但其实只是组织行为学中最早研究的激励问题的翻版，可以用需要层次理论（Maslow，1968）、参与决策理论（Vroom & Yetton，1973）和期望效价理论（Vroom，1964）共同解释和说明。

那么，什么样的研究问题才是重要且新颖的呢？

第一章讨论了"负责任的管理研究"，特别强调二十一世纪人类面临的巨大挑战，以及组织管理研究如何帮助人类应对这些挑战。我认为，只有商业才是应对这些挑战的终极答案。而商业运作中至关重要的一环就是组织和人的管理。从这个意义上来说，如果研究的问题可以促进经济全球化的深入、推进新兴市场的发展，或者可以保护自然环境、减缓全球变暖，或者可以缩小贫富差距、帮助解决社会不公平的问题，那么这些研究问题就都是重要的，因为它们与人类的长期生存联系紧密。此外，随着科技的日新月异，尤其人工智能的不断发展，科技和人工智能在改善人类生活和工作质量的同时，也让人类对它们产生了巨大的依赖，甚至有可能反过来"控制"人类，使人类失去自主性。假如你的研究问题会帮助大家思考未来的工作状态，使大家明确在其中的角色和意义，那么这些问题也就非常重要。

比如，Bai et al.（2022）最近发表在《制造和服务运营管理》（*Manufacturing & Service Operations Management*）上的一篇论文，研究了"在公司里分配任务时，与由主管来分配任务相比，采用人工智能算法来分配任务是否会让员工感觉更公平"这一问题。作者们在阿里巴巴做了一个为时 7 天的实地实验，发现采用人工智能算法分配任务让员工感觉更公平，而且将员工的工作效率提高了 18%。为了验证结果的可靠性，作者们接着又在美国通过线上的方式做了一个实地实验，得出了类似的结论。由此可见，无论在中国还是美国，即使我们并不了解算法本身的内在标准和逻辑，大家的普遍共识是人工智能比人更公平（更少偏见）。这样的研究问题虽然简单，但是其结果的引申含义却是非常重要的，因此研究问题也变得重要了。

此外，在市场竞争激烈的今天，对任何一个公司来说，最宝贵的资源就是人力资源，由于其不可替代性，人力资源常常构成一个企业的独特竞争优势。优秀人才离开公司去其他组织另谋高就，无疑是一个公司的切肤之痛，这也就为"员工离职"这个研究问题赋予了重要意义。当然，这也是在过去的几十年中，有如此之多的学者十分热衷研究此类问题的原因

（Hom & Griffeth，1995；Griffeth et al.，2000；Mobley，1977）。因此在这个意义上，重要的研究问题常常是被许多学者研究的问题；而正因为重要的问题已经被那么多人研究，想要推陈出新就不容易。

我曾经和同事一起研究过这个问题，那还是在中国的改革开放早期，国内的大部分公司都不允许员工自由离职。当时，海南省走在改革开放前沿，有不少民营企业比较开放，员工可以自由离职，这算是非常新颖的现象。那时我在香港科技大学任教，大学里设立了一个海南研究所，我们就决定去海南做相关研究。我和许浚（Chun Hui）、道格·斯格（Doug Sego）一起去海南出差，找到了11家愿意与我们合作的公司。这是我第一次用问卷法做员工离职研究。因为我对文献不熟悉，我就想，不如在阅读文献之前，先通过我们对企业员工的访谈和自己的思考总结一下优秀员工离职的可能原因。于是，我们列出了一张单子，上面有几十个原因，包括"对目前的工作不满意""与领导和同事关系不好""薪酬福利条件不理想""对公司前景不看好"等，心想总有一个原因是别人不曾研究过的。接着我们翻看了过去几十年中发表过的有关员工离职的文献。真是不看不知道，一看吓一跳，原来我们列出来的所有离职原因都已被前人研究过并发表了论文！这个发现让我们既沮丧又高兴。沮丧的是，我们很难找到一个前人不曾涉猎的切入点去研究员工离职；高兴的是，我们列出来的那些离职原因也是其他学者认为重要的，可谓英雄所见略同。

于是，我们开始重新思考员工离职的可能原因。因为过去的理论基本上都是从认知和情感方面入手来做推论的，我们决定抛开这个思路。许浚曾经师从丹尼·奥根（Denny Organ），就是那位首次提出组织公民行为（organizational citizenship behavior，OCB）概念的管理学教授，那时候，大部分论文都把组织公民行为当作因变量来研究。我们讨论之后，觉得OCB也可以是预测员工离职的一个行为指标，因为当一个员工不愿意主动帮助同事、不愿意主动关心企业的发展状态、牢骚满腹、无故迟到或早退，很可能也是这个员工去意已定之时。于是，我们决定把OCB作为自变量来研究它和员工离职行为之间的关系。研究结果证实了我们的假设，我们发现，OCB比工作满意度和组织承诺在预测员工离职行为时的准确率都要高。这篇论文后来发表在JAP上（Chen et al.，1998）。

对员工离职问题研究不止，并不断推陈出新的，可能要数我在华盛顿大学的同事汤姆·李（Tom Lee）和特伦斯·米切尔（Terence Mitchell）了。他们在过去的三十多年中已经在此研究领域发表了许多论文，并且提出了员工离职的展开模型（the unfolding model of employee turnover），可以解释90%以上的员工离职行为（Lee et al.，1996；Mitchell & Lee，1999）。正在大家都认为关于员工离职问题已经无可研究的时候，他们又从另外一个视角开始思考。顺便提一下，这两位学者都是博士一毕业就来华盛顿大学就职的，一待就是几十年，从未离开过。从自身的经历出发，他们从反面思考员工离职的现象，进而改变了问题的研究方向，那就是："什么因素会影响一个员工'从一而终'？"这个问题给他们打开了一片新的研究天地，提出了全新的"工作陷入"（job embeddedness）概念（Mitchell & Lee，2001；

Mitchell et al., 2001），然后进行实证研究证明这个概念对员工留任的重要作用，开启了一条全新的研究路线，并发表了一系列具有影响力的论文。

因此，一个研究问题的重要性体现在它对我们加深理解组织管理重要现象的意义上，而其新颖性则体现在看待那个重要现象的视角与众不同上。这与该问题是否被前人研究过没有直接关系。

2.2.2 研究问题与现有理论的相关性

其实，一个重要又新颖的研究问题必须兼具理论和实践的相关性。理论相关性指的是你目前要研究的问题在某种程度上可以用现有的某些理论加以阐释，因此可以与现有的理论挂钩。但同时现有理论又不能完全解释该问题，需要研究者通过进一步研究给出更加合适的逻辑和答案。所以，当研究问题能够帮助我们拓展前人的理论、填补过去理论中的漏洞时，这样的研究问题就具备了理论相关性。那么是否存在一种当前所有的理论都无法解释的组织管理现象呢？人文社会科学发展至今，提出的理论不计其数，总有一些理论可以解释该现象的部分原因，所以你如果说你要提出全新理论来解释全新现象，基本属于痴人说梦。

阐明自己的研究问题具有理论相关性，最常用的途径就是回顾以往的文献（literature review）。而文献林林总总，浩如烟海，如何回顾才能证明研究问题具有理论相关性呢？这对许多研究者来说都是一个挑战。我在审阅论文时发现几个普遍的问题：一是回顾的文献过于陈旧，作者没有了解该领域最新发表的研究成果，自以为自己的研究问题能够对现有理论做出贡献，但其实别人已经回答了这个问题。二是回顾的文献有偏差，只回顾支持自己研究假设的文献，而忽略那些得到了与自己的研究假设相反结论的文献。但是论文评审人一般都是该领域的专家，通常一眼就能看出破绽。三是为了回顾文献而回顾文献，把该领域所有文献都洋洋洒洒地描述一遍，虽然全面，但是与目前研究的问题并无直接的联系，让人看了不得要领。四是同时用几个理论作为理论依据来对目前的研究问题提出假设，而这几个理论之间又有互相矛盾之处，最后难以确定现在的研究结果究竟对什么理论做出了贡献。

当然，文献回顾在某种程度上可以说是一门艺术，既要全面平衡，又要简明扼要、突出重点；既要表现现有理论对研究问题的指导作用，又要指出现有理论的不足之处。但是无论如何，通过文献回顾来证明研究问题的理论相关性是非常重要的方法。

2.3 如何发现好的研究问题？

研究问题可以来自对日常生活的观察，对工作中出现问题的思考，对自身经历的反思，对社会现象的探究；也可能来自对文献的阅读，对新闻报道的反应，对传奇故事的追问；甚至可能来自与同事的闲聊，与学生的对话，对他人提问的解答。我常常觉得，作为一个管理研究者最大的乐趣就是可以选择任何自己感兴趣的课题，孜孜不倦地研究下去，在此过程中既满足了自己的好奇心，又得到了社会的认可。当然，学者在确定研究问题时也有不同的路子。有的学者在找到一个自己感兴趣的问题或现象后,对该问题或现象穷追猛打,一研究就是几十年,不研究个水落石出誓不罢休。我将这一类发现研究问题的方法称为"现象驱动法"。

也有的学者对研究方法(研究设计或统计方法)入迷,每当有一种新的研究设计或统计方法出现的时候,就想使用这些方法去研究不同的现象。我把这一类发现研究问题的方法称为"方法驱动法"。

当然,也有学者兴趣广泛,对多类问题或现象有真知灼见,他们凭借自己的灵感选择研究问题。我把这一类发现研究问题的方法称为"灵感驱动法"。另外,也有许多学者从以往的文献中发现被遗漏的变量,从而提出研究问题。我把这一类发现研究问题的方法称为"文献驱动法"。不同的学者对不同研究课题的选择都具有一定的个人色彩。就成功的概率而言,每一种方法都有成功的例子,但也不乏失败的个案。因此,这几种方式都可以成为我们的借鉴。下面我将详细讨论发现好的研究问题的方法。

2.3.1 现象驱动法:打破砂锅问到底

在最近刚刚出版的《有影响力的学问是怎么炼成的》(*A Journey toward Influential Scholarship: Insights from Leading Management Scholars*)一书中,十二位知名管理学者讲述了自己的学术旅程,描述激发他们走向学术道路的起因和契机。我发现,在这些学者中,使用现象驱动法发现研究问题的学者占了多数。比如,雪藁·G. 巴塞德(Sigal G. Barsade)就是因为在大学毕业后的工作期间,目睹一位凶神恶煞的主管是如何让手下的员工战战兢兢、如履薄冰、大气不敢出的。有一次,主管休假半个月,大家变得有说有笑,状态焕然一新,气氛轻松了很多,仿佛换了一个工作环境。可是,当主管休假回来,又回到了从前。这个经历使她印象深刻,以至于在她要给自己博士论文开题的时候,一下就想到研究工作环境中的情绪问题。可是在 20 世纪 90 年代中期,情绪算是组织行为学研究的冷门课题,几乎无人问津。因为长期以来存在一种不明说的观点,那就是不要把情绪带到工作中来。所以,那时的学者认为情绪应该是随时可控的东西,不需要研究。

从这个意义上来说,巴塞德算是组织行为学情绪领域的开创性研究者,她让情绪研究合理化、常态化,较早地把"情绪传染"的概念引入组织行为学并普及开来。她的博士论文后来发表在《管理科学季刊》(*Administrative Science Quarterly*,ASQ)上(Barsade, 2002),并且从此之后,她开始从不同的角度和层次、用不同的样本和研究方法,把情绪在工作场景中方方面面的表现和作用一一展现出来,并且进行了理论的概括(Barsade, 2021)。

其他的学者如詹姆斯·韦斯特夫(James Westphal)和珊楂·罗宾森(Sandra Robinson)等也是一样,从观察到现象出发,然后一一挖掘出现象背后的本质,从而提炼出解释现象的中观理论。他们学术生涯故事的细节请详见 Chen & Steensma(2021)。

而我自己的直接观察来自我在伊利诺伊大学留学时师从的几位教授,如詹姆斯·戴维斯(James Davis)、萨缪尔·考默利塔(Samual Komorita)和哈里·C. 蔡安迪斯(Harry C.

Triandis）。他们一旦对某一现象产生浓厚兴趣，就会针对该现象提出各种各样的研究问题，然后用尽一生的时间去把这个现象研究透彻。比如戴维斯对团队决策现象感兴趣，是因为他发现在人们的社会生活和工作生活中，许许多多直接关系个人生活品质的决定都是由各种各样的委员会（如分房委员会、招聘委员会、职称评审委员会等）做出的，而且越来越多的现代企业使用比较扁平的组织结构，或者以跨部门小组、项目小组的方式来管理和运作。为什么会出现这样的现象？究竟是什么原因使人们更愿意让团队来决定重要的事项？团队到底是如何做决策的？与个体比较，团队决策有什么优势和劣势？

戴维斯曾经担任过许多委员会的主席或成员，观察到团队决策过程中的种种有趣现象。他对美国的陪审团制度尤其入迷，经常去法庭观看各种案子的审判过程，因此对陪审团做决策的过程有深刻了解和感悟。他首先发现团队成员的数量会对决策（如讨论的时间长短、决策的质量等）产生影响，因此决定将这个变量引入团队决策研究。然后他又发现团队决策的规则（如少数服从多数、三分之二多数或全体通过）也会影响决策的过程和结果。比如，少数服从多数的原则与全体通过的原则相比，更能加速团队决策的进程，但有时会使团队忽略一些少数成员的意见而降低决策的质量。因此，他又决定把这个变量引入团队决策研究。因为这两个变量直白明了，没有什么复杂之处，所以他戏称它们为"垃圾变量"（poopy variables），自嘲自己的"无趣"。但是，经过若干年对这两个变量的系统研究，并在反复思考其研究结果的基础上，他关于团队决策的理论模型现出雏形，并渐渐成熟，即后来著名的"社会决策模式理论"（theory of social decision scheme）。这个理论试图描述群体决策的过程，从团队成员在讨论开始前各自对某一问题的观点作为自变量，用团队成员的数量和决策原则作为中间变量，来预测团队最后的决策（Davis，1973）。

在这个模型得到越来越多的数据支持之后，戴维斯重新回到对团队决策问题的观察和思考，又开始探讨团队决策中其他中间变量对决策结果的影响。他观察到，如果团队的领导事先知道团队成员们对某一问题的基本倾向，并据此在讨论程序上做出一定安排的话，那么团队最后的决策就可能被事先控制。比如在一个六人团队中，有三个人对决议持支持的观点，另外三个人持反对观点，如果领导希望最后决议能够通过，那么他就可以有意让三个持支持观点的成员先发表观点。这样，当轮到第四个成员发言时，因为前面三个人都表示了支持，那么他很可能受到从众压力而表示支持，这样，自然而然，团队最后的决策就变成决议通过。相反，如果领导希望决议被否决，他可以先安排让那三个持反对观点的成员先发言。在这个观察的基础上，戴维斯及其同事们对团队决策程序开展了一系列研究，包括"预表决"（straw poll）对最终决策结果的影响、强制决策的顺序对决策结果的影响等（Davis et al., 1989, 1993, 1997）。

在团队决策过程中，成员彼此分享信息，以消除信息不对称。那么，成员在讨论过程中究竟是不是在分享信息，又是如何分享信息的呢？虽然戴维斯本人没有直接研究这个问题，但是他的一个学生加罗尔德·斯塔瑟（Garold Stasser）却对此问题产生了强烈的兴趣，思索不止，研究不停，最终变成其终生研究兴趣。斯塔瑟通过对实验室中种种团队决策现象的观察发现，也许团队成员之间的信息分享程度远没有我们想象的那么高。为了展现信息分享的过程，他和他的研究生们设计了一系列的实验。比如，在决策过程中，将共享信息（common information）提供给所有的团队成员，而将独特信息（unique information）提供给部分成员，然后让所有成员一起自由讨论并做出团队决策。有意思的是，他们原以为那些独特信息应该是大家感兴趣的信息并会在讨论过程中被大家重视，但没想到，团队成员讨论得最起劲的竟然是那些大家都拥有的信息（共享信息）（Stasser & Titus，1985）。

在这些研究的基础上，他们开始思考为什么团队成员会出现对共享信息的偏好，并提出了信息取样模型（information-sampling model）来进行解释（Stasser & Titus，1985）。这个模型预测对共享信息的偏好通常出现在团队讨论的早期，同时，团队讨论过程中对取得一致意见的要求也会加剧这种现象的发生。多数人的意见决定团队的最后决策也是常见现象。此外，呈现共享信息的人似乎更可能被别人认为有知识、有才能、有信誉。而且成员一旦在讨论之前形成自己的观点，也有可能错误理解新获取的信息，将它朝着与自身观点一致的方向解释。这些预测分析被以后的许多研究所证实（Brodbeck et al.，2002；Kameda et al.，2002；Karau & Kelly，1992；Kelly & Karau，1998；Wittenbaum et al.，1999）。

因此，他们接着提问："究竟怎样才能避免这种现象的发生？"从这个问题出发，他们开始挖掘各种有可能防止该现象发生的机制和条件变量。比如，延长讨论的时间，让独特信息随着讨论时间的延长得到更多的关注（Larson et al.，1994）；发挥团队领导的作用，让领导强调那些独特信息对决策的价值（Larson et al.，1994）；让某一个成员扮演"唱反调"的角色，专门使用独特信息来提出不同意见（Brodbeck et al.，2002）；明确规定哪些成员应该对哪些信息的传播负责，并让全体成员都了解这样的安排（Stewart & Stasser，1995）。结果发现这些方法确实能够使独特信息得到更多的讨论，并且提高团队决策的质量。

由此可见，研究者对某一现象的深度观察和思考常常能够带来好的研究问题，并且使研究不断深入，从而挖掘出现象背后的原因。这是发现好的研究问题的重要方法之一。

2.3.2 方法驱动法：多层次、纵向、跨文化

由方法驱动的研究问题主要涉及两种形式。一种形式是学者对研究方法本身感兴趣，从而引申出研究问题，这一类学者不断思考现有的研究方法（研究设计或统计方法）存在的缺陷，然后提出能减少偏差的新研究方法。从这个角度来看，菲利普·波德萨科夫（Philip Podsakoff）及其同事对搜集数据中存在同源误差（common method error）问题的确认、分析和提出应对措施是一个比较典型的例子（Podsakoff et al.，2003）。此外，杰弗里·爱德华兹（Jeffery Edwards）对差异数据（difference score）分析与非差异数据分析的方法中存在的问题和解决方案的讨论是另一个典型例子（Edwards，2001，2002）。当然 Edwards & Lambert（2007）后来针对研究中更为复杂的模型如调节中介模型（moderated mediation）和中介调节

模型（mediated moderation）研究设计和统计方法的讨论也是由研究方法驱动提出研究问题的典范。

另一种形式是学者受研究方法驱动而提出研究问题，其重点在于应用目前最新提出来的研究方法去研究管理现象。这种方式不同于现象驱动法，因为一个对现象穷追不舍的学者关心的是如何能够最准确地理解和解释现象，他可以采用任何研究方法，不管该方法是"新"还是"旧"、是"初级"还是"高级"，只要对理解和解释这个现象有帮助，就都可以使用。比如，我和同事对创业者激情的研究就是如此（Chen et al., 2009）。我们的研究问题是创业者展现激情是否对他们得到风险投资有影响。我们首先界定创业者激情这个构念的内涵和外延，然后用质性研究的方法（如访谈法、问卷法）开发对这个构念操作和测量的工具（Hinkin, 1995, 1998），并在此基础上用实证研究的方法去检验它与风险投资之间的关系。我们用实验室研究（lab experiment）的方法，请两位演员来扮演创业者，一个用充满激情的方式阐述自己的创业计划书，另一个用没有激情的方式阐述同样一份创业计划书，然后观察投资者的投资决定。我们也用实地研究（field study）的方法，在创业者向投资者阐述创业计划书时测量他们的激情程度，然后看投资者最后决定投资的是否与该项目创业者所表现的激情程度有关。在这里，方法是为理解和解释现象服务的，其本身不是驱动学者研究问题的动力。

但是，方法驱动法的特点是学者首先对某一研究方法感兴趣，然后从该方法的特点出发，去挑选合适的研究问题。比如说近年来比较"热门"的跨层次研究方法（multilevel research）。如果我对跨层次研究方法的理论意义深信不疑（Hitt et al., 2007），又对该方法在研究设计上的要求和统计方法及软件都熟悉（Raudenbush et al., 2004），我就有可能为了使用这个方法而去选择研究问题。比如，我可以用这个方法同时研究团队层面的因素和个体层面的因素是怎样影响员工工作创造力的。团队层面的自主工作氛围（group support for autonomy）和个体层面的自主性导向（autonomy orientation）互相作用影响员工对工作的激情和他们的创造力（Liu et al., 2011）。这个方法还可以用于研究以下问题：公司层面的文化多元化氛围（cultural diversity climate）与个体层面的员工的文化智商水平是如何相互作用影响个体的跨文化工作绩效的（Chen et al., 2012）；在公司层面，管理层对高绩效人力资源系统（high performance human resource system）的认知是怎样与员工的认知相互作用影响员工的服务质量的（Liao et al., 2009）；以及辱虐型领导（abusive leadership）的效果是如何一层一层传递下去最后影响员工创造力的（Liu et al., 2012）。

采用方法驱动的方式寻找研究问题有两个好处：其一是该研究的新颖性至少在方法上可以得到保证，如果作者严格按照其方法的要求操作，也能保证该研究的严谨性。其二是在一个新方法刚被提出来时，大家都对该方法还不太熟悉，因此都特别期待能够看见应用该方法所发表的论文，所以相对来说，使用该方法的论文被发表的可能性较大。如果我们回过头去看一看在20世纪80年代管理学领域中元分析（meta-analysis）方法的盛行，以及那个年代所发表的论文，就可以发现这个趋势。当然，这并不意味着今天用元分析方法做研究就过时了。

同样的道理，2000年之后，越来越多的使用跨层次研究方法及多层线性模型（hierarchical linear model，HLM）的论文得以发表，也是这种趋势的表现。在 Morgeson et al.（2015）发表之后，事件系统研究法就成为一种新的方法受到了关注。而使用这种研究方法的论文可以探索不同层面的管理现象，涉及不同的白变量和因变量，也开始越来越多地出现在顶尖期刊上（Chen et al., 2021; Jiang et al., 2019; Liu et al., 2021; Liu et al., 2018）。

但是，用这种方式寻找研究问题也有几个坏处。其一是学者个人的专题研究领域比较难以确认。随着"潮流"方法的改变而改变自己的研究课题，容易让自己和他人产生困惑，不知道如何定义自己的学者身份（scholar identity）。其二是需要不断地关注和学习研究方法最前沿的进展，以便自己使用的方法永远保持在最新、最前沿（cutting-edge）的状态。这样可能导致学者在方法中迷失自己，而忘记研究的初衷和本质。

其实如果仔细思考，我认为这些年来，之所以在使用非实验的方法上不断有新的统计方法的进展，而用实验的方法基本上没有太多改变，可能是因为通过非实验方法得到的数据难以用来呈现因果关系，而且自我报告的数据常常难免受到真实性的质疑，所以必须在统计方法上想办法来剔除无关因素，证明因果关系。这也是为什么从目前的方法趋势来看，除了多源（multi-source）、跨层次（multilevel），还需要使用纵向（longitudinal）的数据搜集方式，事件系统研究法也是追溯因果的一个新尝试。当然，如果考虑到文化差异可能对人们认知产生的影响的话，最好再加上跨文化（cross-cultural）的数据搜集方式。

2.3.3 灵感驱动法：深度思考、与他人交流

大部分研究问题都来自个人的观察和思考。对于有心者，任何现象都可以成为研究问题的素材。个人对某一问题的观察和思考常常与这个人对这个问题的深层兴趣或激情程度紧密相连。我常常发现有的学生在选择研究问题时会十分苦恼，而且有时即使定下了题目，每次一想到要思考与该题目相关的研究问题时，又会陷入苦恼之中。我有时会和这些学生开玩笑说，假如做这个研究让你如此苦恼，那还是趁早放弃为妙。因为他们很可能陷入了为做研究而做研究的怪圈，而不是发自内心对研究问题产生了兴趣。而假如一个人没有对某个问题保持持久的专注和激情，就不可能产生对该问题的深刻思考和观察，不可能提出有洞见的理论和假设，也就难以对此研究领域做出重要贡献。

在这里我分享一下自己的经验。记得还是在国内读硕士研究生的时候，有一次偶然读到美国西北大学教授大卫·梅西克（David Messick）的一篇论文，描述他们怎样用实验的方式来研究在资源困境（resource dilemma）中，当团队成员都过度使用资源的时候，是否产生对领导的需求（Messick et al., 1983）。读完这篇论文之后，我就完全被资源困境的具体性、抽象性和复杂性迷住了，从此不能自拔。当时我正要做硕士论文，便毫不犹豫地选择了社会困境（social dilemma）作为我的研究课题，并且设计了自认为十分有创意的实验，在学校既没有实验室也没有被试库（subjects pool）的情况下开始了我人生中的第一个实验室实验。记得

那时候我一个挨一个地去大教室招聘实验被试，还专门借了一间系里的会议室当作实验室，每天做实验之前心中都充满了探险的喜悦，真有往事如梦的感觉。如果不是因为内心深处对该问题的入迷，这样的情况是绝对不可能发生的。

正因如此，当我去到伊利诺伊大学之后，偶然发现考默利塔教授正是研究社会困境问题的专家，心中激动不已。我甚至一反自己的内向性格，主动要求加入他的研究小组。我记得读研的那几年，我无时无刻不在思索一个问题：在社会困境的情境中，当个体的利益最大化选择与集体的利益最大化选择发生冲突的时候，到底有什么办法可以诱导团队成员为集体利益的最大化做出贡献？我大脑中总是不停地想着这个问题，甚至在午夜梦醒时也会有一些想法冒出来。特别有意思的是，当我观察事物的时候，也开始越来越多地用这个视角去分析，而且越来越发现这个视角分析问题的深刻性和透彻性，从而对许多问题都有了豁然开朗的领悟。比如，团队合作的问题、空气污染的问题、过度砍伐森林的问题、草原变沙漠的问题、人口增长的问题、贪污腐败的问题、企业之间联盟和竞争的问题，甚至国家之间的战争问题，等等，无不可从社会困境的视角去解读。于是，思索这个问题变成我大脑中的一个自动程序，根本不需要我去启动它，它自己就在那儿转动着。而就是这种"痴迷"和对这个问题的深入思考，让我产生了许多独到的想法，从而催生了我以后一系列的实验研究，并且使这些研究成果得以发表。我的硕士论文、博士论文研究的都是社会困境中的团队合作问题，其他的论文也或多或少与此主题相关（Au et al., 1998；Chen，1996，2022；Chen et al.，1996；Chen & Bachrach，2003；Chen & Komorita，1994；Zeng & Chen，2003；陈晓萍，2013）。

研究的灵感也可以来自与他人的沟通交流。这里的他人主要有三类：学生、客户、同事。与这些人的交流虽然方式不同、内容不同、角色不同，但却都可以给你的研究课题带来灵感。

首先说说与学生交流。虽然上课是传授知识的时候，但如果采用互动式的教学方式，在课堂上可以对许多有争议的问题进行讨论，并在讨论的过程中碰撞出思想火花，从而产生新颖的视角和想法。尤其是上工商管理硕士（Master of Business Administration，MBA）或高级管理人员工商管理硕士（Executive Master of Business Administration，EMBA）的课，学生都有多年的工作经验积累，而且对管理工作有深刻的体验和思考，带到课堂上来的困惑和问题也比较多、比较实际。对这些困惑和问题的讨论就常常会产生新意，成为未来研究的课题。与此同时，自己在研究中发现的问题也可以拿到课堂上与学生讨论，让他们提供解释和看法，开阔自己的视野，或者求证自己的观点。

与博士生的交流更是一条产生好的研究想法的途径。博士生本来就对研究带有浓厚兴趣，他们又是喜欢观察思考的人，而且把做研究作为自己未来的终身职业。与他们交流，常常会有"心有灵犀一点通"的感觉，很容易谈得投机，各种想法也会源源不断地冒出来。当然，我也观察到导师与博士生之间的关系在中国的大学和美国的大学是有很大不同的，最突出的表现可能在于双方"地位"的差异。在美国的大学，导师和博士生具有相对平等的地位，彼此以"同事"相待，讨论问题时平起平坐，不存在谁一定要听谁的问题，因此博士生都能够畅所欲言。与此同时，导师也非常尊重博士生对研究课题的选择，不会轻易把自己的研究兴趣强加在博士生身上，而是想办法培养他们自身的研究兴趣。当博士生决定选择一个与导师的研究方向完全不同的课题来完成博士论文时，导师也不会与博士生发生矛盾，而是会支持他们的决定，并给予方法论等方面的指导。在中国的大学，大多数情况似乎不是如此，博士生多半被动地参与导师的研究课题，至于自己的研究兴趣和想法，则常常不够清晰。在这样的情形之下，导师和博士生之间很难进行良好的交流。

其次讲讲与客户的交流。与客户交流能使自己的研究立足于实践，并检验自己理论的应用价值。这里的客户指的是除学生之外的你的服务对象，如政府、机关或企业。据我的观察，中国大部分教授都曾参与一些企业咨询项目。比如，为企业设计一套公司治理机制，或者人力资源制度，或者薪酬分配制度，等等。而有一些重视研发的企业则会列出一些目前遇到的棘手问题，让你进入企业搜集数据，并在此基础上提供解决方案。这其实都是相当好的机会，因为公司遇到的问题很有可能是新出现的、尚未被前人研究过的问题，能给你带来新的启发和挑战。与此同时，公司提供的数据又能帮助你求证自己的观点，在帮助公司解决实际问题的同时完成自己的研究项目。我觉得，对一个学者来说，做咨询项目应该不是仅仅为了解决一个实际的问题，更重要的是，如何把这一个实际问题抽象出来，并挖掘出这些抽象出来的概念之间的联系。这样，就能够一举两得。

我自己平时很少答应为公司做咨询项目，但是一旦决定做，就一定会好好利用这个机会。我们在JAP上发表的一篇有关"文化智商"的论文（Chen et al., 2012）其实就是一个咨询项目的产物。当时，华盛顿州房地产协会的有关人士与我联系，希望我能为他们提供增加买卖房屋成功率的咨询，将重点放在新移民客户群上。华盛顿州因为有微软（Microsoft）、波音（Boeing）、亚马逊（Amazon）这样的高科技公司，移民数量在全美名列前茅。对新移民来说，购房是一件大事。而成功帮助这些新移民购房，则是房地产中介关心的事。因为新移民存在文化障碍，就需要房地产中介具有较高的文化智商才能成功，我们利用此机会研究了个体和公司的文化智商对地产中介销售业绩的影响，结果发现了文化智商的重要作用，为有关文化智商的理论和文献贡献了绵薄之力。

事实上，目前中国企业的多元化及它所处的特殊成长期都为中国管理学学者提供了很好的研究场地。比如，中国企业现有的多种所有制类型（国企、民企、合资企业、外企）就为研究公司治理结构如何影响公司业绩提供了丰富的素材。不同所有制类型的公司如何获取经济支持和人力资源？为什么某些公司比其他公司更愿意参与全球竞争？再比如，近几年风起云涌的创业现象也是非常值得中国管理学学者关注的。民间创业是一些省份（如江苏省和浙江省）经济发展的驱动力量，但是在被过度激励之后，就出现了像共享单车那样的恶性发展，造成极大的资源浪费。这些现象应如何从创业管理的角度解读？这些问题为学者研究企业提供了难得的机会。

最后是与同事的交流。与同事交流是产生思想火花的另一个重要渠道。仔细回忆起来，我的好几篇论文其实都是与同事交流的结果。比如我与陈昭全的合作，就来自我们去美国管理学会开年会时的短暂交流，几十分钟的聊天里一拍即合，产生了后来在 AMR 上发表的论文（Chen et al., 1998）。与曾鸣合写的那篇发表在 AMR 上的文章（Zeng & Chen, 2003），以及与陈雅如的合作也都如此（Chen et al., 2009a；Chen et al., 2009b）。我还记得在香港科技大学时，我的同事马丹·皮鲁塔（Madan Pillutla）常常在路过我的办公室时停下来与我聊上几句，聊着聊着就会有一些想法出来，然后他就在黑板上写起来，接着我们就决定一起做实验，后来的成果发表在 OBHDP 上（Pillutla & Chen, 1999）。我和李纾的合作则起源于我去澳大利亚开会时我们在悉尼的见面。记得是在新南威尔士大学附近的库吉海滩（Coogee Beach）散步时，我俩谈到了"地域行为"（territorial behavior）的跨国界表现，于是演变成我们后来关于跨文化竞争行为的研究，发表在 JIBS 上（Chen & Li, 2005）。

2.3.4 文献驱动法：深度阅读

除了从个人的观察和思考中获取灵感，发现研究课题，也有许多人通过阅读以往的文献来发现某领域近期的研究热点，或者挖掘值得研究的题目。比如在组织行为学领域，你去搜索一下近几年来发表的研究论文，就可能发现几个热门的题目，比如公正理论（justice theory），包括结果公正（distributive justice）、程序公正（procedural justice）、人际交往公正（interactive justice）；比如组织公民行为（organizational citizenship behavior），又称情境行为（contextual behavior）、角色外行为（extra-role behavior），还有在团队层面的群体公民行为（group citizenship behavior）；再比如领导行为，尤其是变革型领导行为（transformational leadership theory）。另外，对互惠原则（reciprocity）的研究（Flynn, 2003a, 2003b, 2003c, 2005；Wu et al., 2006）、对创造力和创新行为（creativity and innovation）的研究，以及对跨文化管理（cross-cultural management）的研究也有一直是热门的方向。

从阅读文献中得到启示并发现值得研究的问题有几个好处。首先是研究风险相对较小，即研究课题被同行认可、论文得以发表的可能性较高。如果研究课题纯粹来自自己的个人兴趣，而其他学者从未研究过此类课题，一个可能性是别人都认为该研究课题没有价值，这样，即使你个人觉得它无比重要，要想发表也会非常困难。另外，这当然也可能是因为以前的学者都不曾想到过这一点（过往学者的视区盲点），而被你"慧眼识珠"，那样的话，你也担负着扭转别人视角的使命，要发表论文也会比较困难。但若从目前正在热烈讨论的问题中选择一个来进行研究的话，这个课题自然而然就有了"合理性"（legitimacy），别人也就自然而然地会让你参与他们的"对话"。

其次，你能为研究找到比较扎实的理论基础及研究工具，而不需要一切从头做起（starting from scratch）。已经在杂志上反复出现的研究课题一般都建立在一定的理论基础之上，这样就能够避免论文缺乏理论指导的缺陷。我曾经阅读过不少国内的老师或学生撰写的论文，有的甚至是博士论文，一个通病就是理论苍白。许多文章在假设提出之前基本就没有什么理论的叙述和铺垫，也没有从理论到假设之间的逻辑推理，往往很突兀地就把假设提了出来，让读者摸不着头脑。假如你的研究问题是在阅读他人文献的基础上产生的，那么原来那些文章中的理论模型基本上就可能成为指导你研究的理论基础，你只要做一些修正或增减一些变量就可以了。

最后，阅读文献还能让你了解做该类研究的一般方法，从而使你自己的研究有路可循。比如说，研究组织公民行为一般都用问卷法，研究者直接从企业中抽取样本来进行调查，并且用不同的样本来搜集自变量和因变量的数据。也就是说，如果你预测员工的组织承诺度和工作满意度是决定他们组织公民行为的关键因素，那么你就必须从员工处搜集他们的组织承诺度和工作满意度数据，并从员工的上司或者同事那里搜集员工的组织公民行为数据。然后计算这两组来源不同的数据之间的相关关系。只有如此才能避免"同源误差"（common method variance）。同时，根据文献中已经使用过的方法来进行自己的研究也能增加论文被发表的可能性。

当然，在阅读文献的基础上找到自己的研究问题也存在一些不足之处。最大的不足之一就是研究问题缺乏新意，有"炒冷饭"之嫌。比如，别人已经研究了几十年的领导行为，现在我来研究，大的理论框架保持不变，只增加一个变量。大量的关于变革型领导行为的研究都把它与企业公民行为相联系，而我只增加一个变量，那就是员工对领导的信任。我假设变革型领导行为会促使员工增加对领导的信任，而正是这种信任使员工更愿为企业的发展做出贡献，于是主动有大量的组织公民行为。这里，唯一增加的就是"员工对领导的信任"这个中介变量，别的变量保持不变。这样的研究固然有其"递增价值"（incremental value），但是新意甚微。

通过阅读文献提出研究问题的另外一个不足在于，当该课题一旦变得"过时"，而你还在做那个课题，那么论文发表就非常困难。罗宾森就曾谈及她博士论文的选题，虽然她对心理合同（psychological contact）特别有兴趣，但为了求稳，她选了一个和工作满意度有关的课题，结果可想而知（Chen & Steensma, 2021）。与此同时，这也意味着，你必须另起炉灶，寻找新的热门题目。如此而言，你个人的研究方向会随着他人或学术界研究兴趣的变化而变化，难以形成自己的研究体系和轨迹，使自己的研究缺乏个性色彩，变成学术界的"跟风派"。

我在这里主要讨论了发现好的研究问题的四种方法，事实上这四种方法既不互相排斥，也并未穷尽所有的可能性，还有无数的发现研究问题的方法存在。我觉得，对于有心者来说，可能一转身、一抬头都能看见好的研究问题，关键在于保持思想的敏锐和视角的独特。

2.4 问题的转化：如何将一般问题转化为研究课题？

记得自己刚刚在国内开始研究生涯时，常常喜欢问一些大问题，比如"什么因素会影响企业的绩效""究竟怎样才能提高员工的工作积极性"。生怕问题小了让别人觉得是鸡毛蒜皮、微不足道。

从我个人的经历来看，如果我没有去伊利诺伊大学学习的话，这样的思维习惯恐怕难以扭转过来。记得刚到伊利诺伊大学时，第一学期有一门综合课程，由系里的每一位教授来讲一节课，主要讲述自己的研究课题及这些年来的主要研究成果。结果我发现每一位教授讲的内容都非常独特且细致入微，与其他教授的研究没有任何重叠之处。原来以为都是同一个大题目下的内容，然而事实上每一节课讲述的都是某一位教授自己的研究领域，已经有了几十年积累的理论和研究成果，这才发现这门课对我的难度之大，同时也发现原来研究者可以研究如此"琐碎"的题目。比如，马丁·菲舍比（Martin Fishbein）讲的是有关态度的研究，内容涵盖态度的定义、组成、影响因素，态度与行为之间的关系、理论模型、对理论模型的实证研究，以及预测态度和行为变化之间的计算公式，一节课就把他二十几年的研究讲了一遍。我才了解到原来仅"态度"这个课题，就可以耗尽一个人一辈子的研究精力。研究得越深越细，对理论的贡献（Contribution to theory）和实际的意义就越大。帕特里克·劳克林（Patrick Laughlin）讲的是小群体推理过程和规律。他专门研究小群体在解决一些疑难问题的时候，如何把大家各自手头的线索联系起来，形成对问题的假设，并且在某些现象发生的时候去证实或证伪原先提出的假设，从而使假设一步步逼近真理（问题的真实答案），最后得出正确的结论。他还发明了一种纸牌游戏，专门研究集体推理的过程。戴维斯讲的是他的陪审团研究、有关群体决策的种种现象及他的社会决策模式理论。考默利塔讲他的同盟形成理论（coalition formation theory）和社会困境研究。此外，还有彼得·卡内瓦尔（Peter Carnevale）的谈判研究、蔡安迪斯的集体主义—个体主义研究、查尔斯·胡林（Charles Hulin）的员工离职研究、弗里茨·德拉斯高（Fritz Drasgow）的项目反应理论（item response theory）、珍妮特·斯尼泽克（Janet Sniezek）的决策过度自信现象研究，等等。我记得当时自己所受的是何等震撼，以至于思考了很长时间，才恍然大悟原来不需研究大问题也可以为科学做出贡献，也可以成为一流的学者。

2.4.1 化大为小，化抽象为具体

要将"大而无当"的问题转化成真正可以操作、可以研究的问题，关键就是要清醒认识一个人和一个研究的局限性：一个人不可能在一个研究中给宏大问题提供答案，因此，必须将大问题多次分解，直到对问题中涉及的概念能够准确定义、操作、测量，并且能够把概念和概念之间的关系通过实际的数据加以检验为止。

比如说那个"什么因素会影响企业的绩效"的大问题，其实可以有许许多多的答案。这个问题可以从金融、财会、系统设备、物流分析、市场战略、技术创新、企业战略、企业管理等各个领域入手。就是在企业管理领域，也可以分为宏观的企业管理和微观的企业管理。而就是在宏观的企业管理领域，也可以从许多方面去看，比如企业横向联盟，企业产品创新，企业经营的战略、方法，甚至企业在行业关系网中的位置都可能会对其业绩产生影响。而企业本身的年龄、规模、地点、产品发展周期等也会影响其业绩。从微观的企业管理角度，企

业的组织架构、运作流程，企业员工的选拔、招聘、培训、绩效考核和薪酬分配，以及企业的领导风格、公司文化等也都会影响企业最终的绩效。如此看来，要回答"什么因素会影响企业的绩效"这个问题，一个人就算花一生的时间去研究也不可能找到全面的答案。在这种情况下，你就只能先分解问题，确定自己可以入手的领域，然后再对那个领域中的各种因素进行选择，找出与企业业绩关系最密切并有代表性的变量来开始你的研究。假如你觉得企业的领导行为对一个企业文化的形成有至关重要的作用，而企业文化又无时无刻不影响着员工行为，员工的行为又对企业最终的绩效产生重要的影响。那么，你就可以以领导行为作为切入点来开始自己的研究。然后一步一步深入下去，把领导行为、企业文化、员工行为和企业绩效这四个变量之间的关系研究个水落石出，从而在研究的基础上建立自己的理论框架。

当把问题分解到这个层次的时候，研究中的每一个变量几乎就都可以被比较准确地定义。当然，上述的四个变量还停留在比较抽象的层面上。如领导行为，以往的研究就已经提供了无数种理论。比如，任务导向型行为、关系导向型行为（Fiedler，1993）；指导型行为、顾问式行为、说教型行为、放权行为（House，1971）；变革型行为、交换型行为（Bass，1985；Burns，1978）；近年来流行的魅力型领导（Conger & Kanungo，1987，1998）、服务型领导（Greenleaf，1977）、谦逊型领导（Ou et al.，2014；Owens & Hekman，2012）、矛盾型领导（Zhang et al.，2015），等等。你是用这些领导理论中的一种来指导自己的研究，还是从头做起？如果你觉得魅力型领导对企业文化的影响最大，也可以选择用魅力型领导理论作为自己的研究基础，去预测它在中国企业中的表现和影响。

现在让我们把研究问题变得更加具体一些，比如："究竟是平易近人的领导风格还是高高在上的领导风格更为有效？""平易近人的领导风格会形成怎样的公司文化？""高高在上的领导风格又会形成什么样的公司文化？"因为前人的研究中不曾提到过这样的领导行为，你就需要对这两种领导风格进行定义，这样分解下来，你的问题就变成"平易近人的领导风格的具体表现是什么？""高高在上的领导风格的具体表现又是什么？"然后根据搜集的数据开发出相应的具有高信度、效度的量表，以准确测量、鉴定这两种领导风格。与此同时，你对企业文化的概念要有明确的定义，并且也要找到合适的测量工具。只有在对这两个变量的具体的测量方法都确定之后，你才可能为你的问题找到比较可靠的答案。

当然，你最终想研究的是不同领导风格造成的不同企业文化对企业业绩的影响。这时，你就要对企业业绩进行定义并分解。企业业绩可以从销售额、利润率、市场占有率等硬性指标去衡量，也可以用现有员工的技能水平、业绩表现、离职率、工作满意度、创新意识等软性指标去衡量。选择的指标不同，结论就可能不同。所以，笼统地问问题与非常具体地问问题之间，反映的是不同的思维方式。而要进行实证研究，只有把问题问得很具体，研究才有可行性。

2.4.2　化研究问题为研究变量和假设

要把一般问题转化为研究问题，还有一个重要的步骤就是要确定问题中涉及的变量，以及这些变量之间可能存在的联系。

现在假如我有一个谁都不曾研究过的问题：企业领导行为会不会影响一个企业的创新能力？我们怎么把这个问题转化为研究变量和假设呢？

有几个步骤：我们首先需要确定这两个变量是否有联系。从现有的领导力理论推断，比如领导的变革型行为，已经被证明会影响员工个体层面的创新能力。假如所有员工的创新能力都提升，那么企业层面的创新能力应该也会提高。这样的逻辑推理说明，这二者之间应该有联系。那么，我的下一个问题就是：领导行为是如何影响企业创新能力的？"如何"二字就是要探索这种影响发生的机制，找到"黑箱"中的变量。假如根据前人研究的结果和我自己的观察思考，我认为领导行为影响企业的创新能力是通过以下几个步骤实现的：首先，领导的变革型行为，尤其是支持创新的行为，如鼓励员工不断学习、不断挑战自己的思维习惯、鼓励员工尝试用新方法解决问题、设立奖励机制鼓励员工提出合理化改进建议等，会在企业中形成一种创新氛围。其次，这种创新氛围会促使员工愿意冒险、愿意创造，而员工的不断创新就会直接影响整个企业的创新能力。因此，这一个问题中就包含了几个变量：① 领导支持创新的行为；② 企业创新能力；③ 企业创新氛围；④ 员工创新行为。很明显，在这个研究中，领导支持创新的行为是自变量（independent variable），企业创新能力是因变量（dependent variable），而企业创新氛围和员工创新行为则是两个中介变量（mediating variable）。具体可以用图 2-1 表示：

图2-1　领导支持创新的行为与企业创新能力的二次连续中介模型

当然，这只是一种可能性。也许严格说来，上述四个变量的层次是不一样的：企业创新氛围和企业创新能力是在企业层面的变量，而领导支持创新的行为和员工创新行为则基本可以界定为个体层面的变量，所以变量之间的关系也许可以用图 2-2 表示：

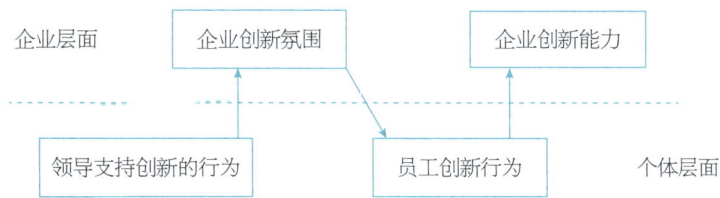

图2-2　领导支持创新的行为与企业创新能力的跨层次连续中介模型

此外，还有一种可能性是领导支持创新的行为直接对员工创新行为产生影响。与此同时，我们也可以假设同样的领导行为会在不同的员工身上产生不同的作用。比如，领导要求员工不断挑战自己的思维习惯，经常指出员工需要改进之处，这样的领导行为在不同的员工身上就会有不同的反应。那些具有学习目标导向（learning goal orientation）的员工可能会很容易接受这样的领导行为，因为他们本来就认为人需要不断学习、不断进步；但那些具有绩效目标导向（performance goal orientation）的员工可能就不容易接受这样的领导行为，因为在他们看来，如果领导要求他们改进自己，那就是对他们能力的否定，有相当负面的意思。员工个人在这方面的倾向，在以往的文献中被称为"目标导向"（goal orientation）（Dweck，1986，1999）。因此，我们还可以在这个研究中再加上一个调节变量（moderating variable），那就是员工目标导向。研究变量之间的关系假设可以用图2-3表示：

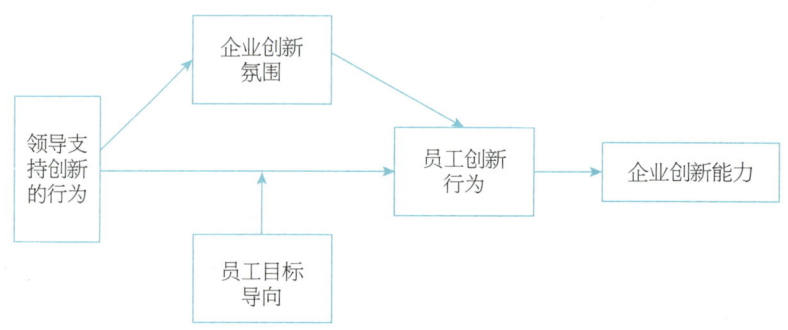

图2-3　研究变量之间的关系假设

将这些研究变量和它们之间的关系界定下来之后，我们就可以写出该研究的主要假设：

假设1：领导支持创新的行为会直接影响企业创新氛围（a）和员工创新行为（b）。

假设2：员工创新行为会直接影响企业创新能力。

假设3：领导支持创新的行为与员工创新行为之间存在中介变量"企业创新氛围"。

假设4：领导支持创新的行为与企业创新能力之间存在中介变量"员工创新行为"。

假设5：员工目标导向会调节领导支持创新的行为与员工创新行为之间的关系。当领导出现支持创新的行为时，那些具有"学习目标导向"的员工比那些具有"绩效目标导向"的员工更可能表现出创新行为。

我们现在来看一个曾经在ASQ上发表的研究，是加州伯克利大学的珍妮弗·查特曼（Jennifer Chatman）教授做的。她的研究问题是：员工价值观与企业价值观的一致性是怎么实现的？与企业价值观一致的员工是否工作态度更积极、表现更好、更不会主动跳槽？Chatman（1991）认为，要使员工保持与企业一致的价值观，是通过先在招聘时进行筛选，再在员工入职之后进行对其同化这两个过程来实现的。因此，这个问题中的研究变量就包括：

自变量：筛选过程；同化过程。

中介变量：员工价值观与企业价值观的一致程度。

因变量：工作满意度（a）、工作业绩（b）、离职意愿（c）。

变量之间的关系可以用图2-4表示：

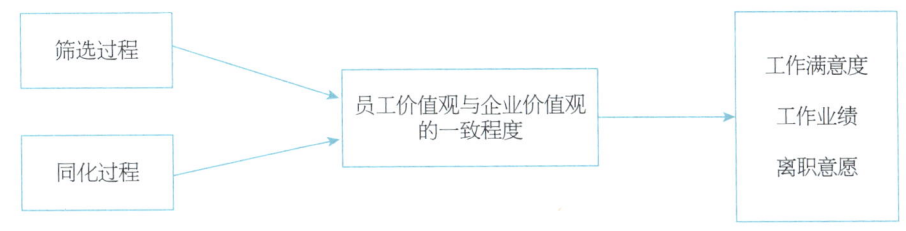

图2-4 变量之间的关系

具体用假设的形式来表达这些变量之间的关系，则有以下假设：

假设1：在员工招聘过程中对个人价值观筛选越严格，员工价值观与企业价值观的一致程度越高。

假设2：员工入职后参与公司的价值观同化活动越多，其价值观与企业价值观的一致程度越高。

假设3：与企业价值观一致性程度越高的员工，其工作满意度（a）越高、工作业绩（b）越好、离职意愿（c）越低。

查特曼采用了纵向研究法（longitudinal approach），在八家会计师事务所先后两次（相隔一年）搜集数据，得以观察到企业的各种同化活动（如企业文化培训、企业庆典活动、导师制等），以及在此期间员工价值观的变化和员工价值观与企业价值观之间一致程度的变化，从而检验这些假设是否成立。结果发现，虽然大部分假设得到支持，但有些假设却没有得到数据的支持，详细结果请阅读Chatman（1991）原文。

2.4.3 化研究问题为研究设计

在研究问题和假设基本确定下来之后，下一步就是要选择合适的研究设计来检验假设。研究设计的选择主要取决于研究问题和假设。一般而言，如果研究假设的变量关系之间具有因果联系，那么就需要通过精心设计的实验室实验来加以检验，因为在实验中，我们可以通过严格控制自变量的变化程度来观察因变量的变化（陈晓萍，2017）。相反，如果研究假设的变量关系只是相关关系的话，那么就可以通过问卷法、档案法、个案法等非实验的方法来进行检验。本书的未来章节会对这些具体的研究方法进行详细的描述，在此先不展开。我只简要地列举一些选择研究方法的基本原则。

原则一：用定性方法（qualitative approach）研究全新的课题和构念。如果你的研究课题从来没有人研究过，那么你就需要用定性方法从头开始做起。我和我的同事对创业者激情（entrepreneur passion）的研究就是如此。我们首先界定创业者激情的内涵和外延，确定这个构念与以往研究中的构念（如内在动机）的不同、它的独特价值和研究意义。我们认为，创业者激情是创业者对自己即将或已经成立的公司所具有的一种强烈的情感体验和入迷的认知状态，它有别于一般的内在动机，不仅具有极强的目标针对性，而且更与个人身份（personal identity）密切相关。从这个定义出发，我们通过访谈、开放式问卷的方式搜集与之有关的条目，从而开发出能够准确测量这个构念的量表。在对这个量表的信度、效度进行检验之后，再搜集数据去研究这个构念对创业者能否得到风险投资的影响，以验证这个构念在创业实践中的重要性（Chen et al., 2009）。

对同事人际关系的研究我们也采用了类似的方法。虽然以往的文献中有大量的相关研究，但大部分都停留在理论层面，没有具体的测量工具。究竟什么样的关系可以被称为"好关系"？就这个问题，我和彭泗清（Chen & Peng, 2008）用定性方法进行了探索。我们首先对"好关系"进行定义，然后让企业中的员工和管理人员找出一个与他们具有"好关系"的同事，举例说明他们会有什么样的行为表现，会一起做什么样的事，等等。对收上来的条目进行反复斟酌整理后，我们发现有9种行为能反映两个同事的关系，包含两个维度（dimension）的内容，即工具性维度和情感性维度。然后，我们想进一步研究：什么样的行为能促进或损坏工作同事间的关系？我们同样用定性研究的方法对这个问题进行了研究，结果发现，有27种行为会直接增进或破坏工作同事间的关系，其中包括与工作有关的正/负面行为，以及与工作无关的正/负面行为。

原则二：用实验法（experiment）检验具有因果关系的假设。当研究变量之间具有因果关系的时候，就需要用严谨的实验室实验来进行检验。比如，我们假设群体决策过程中，群体成员对决策结果的满意度会受到领导发言顺序的直接影响：在领导先发言的群体中，群体成员对决策结果的满意度较低；而在领导后发言群体中，群体成员对决策结果的满意度较高。这个假设很难在现实中进行检验，因为除了领导发言的顺序，还有许多因素都可能影响群体成员对决策结果的满意度，而那些因素我们在实际情况中无法控制。实验就不同了。我们可以在实验中控制其他变量，唯独改变领导发言顺序来测量群体成员对决策的满意度。也就是说，在这个实验中，唯一的自变量就是领导发言顺序。最简单的，可以设计两个实验情境。在确定了群体领导的人选和地位之后，在一个实验情境中，我们要求领导第一个发言；而在另一个实验情境中，我们要求领导最后一个发言。在这两个实验情境中，我们都事先告诉领导他们应该持有的观点，并且故意让该观点与我们告知群体成员应该持有的观点相悖，那么就能够检验假设成立与否。与此同时，如果要较为系统地来研究群体成员对决策结果的满意度是如何受到领导发言的顺序的影响的话，在确定好群体人数之后，可以设计情境让领导分别第一个发言，第二个发言，第三个发言……如果我们还想看一看群体人数多少与领导发言顺序之间的关系，那就可以再加进一个自变量——群体规模，来设计实验。

原则三：用问卷法/调查法（survey）来研究具有相关关系的假设。大部分的组织行为学研究都是用问卷法/调查法完成的，因为在现实中变化的因素很多，能够在变量之间建立起相关的联系对我们理解现象的发生已经很有意义。问卷法/调查法通常又分为两种：一种是横向研究法（cross-sectional approach），另一种是纵向研究法（longitudinal approach）。横向研究法是指在同一个时间段内，对研究的所有变量搜集大样本的数据，这些样本通常跨越部门、企业甚至国家。纵向研究法则是指对确定的样本和变量，在不同的时间段内去搜集数据，可以是相隔几个月、几年甚至几十年。如果一个研究中的变量不涉及时间维度，而且没有任何隐含的因果关系假设，那么横向研究法应该是最合适的选择。比如，谢家琳等对国企员工工作复杂性、压力源及其缓解方法的研究，采用的就是横向研究法（Xie et al.，2004）。但是，如果一个研究中的假设涉及时间维度，或者在某种意义上隐含了因果关系的话，那么就需要用纵向研究法。比如，我在研究领导行为与员工离职行为之间的关系时，因为员工离职行为应该出现在领导行为之后，所以就采用了纵向研究法（Chen，2005）；查特曼在研究员工价值与企业价值一致性时，因为涉及员工入职前后价值观的变化，也用了纵向研究法（Chatman，1991）。

2.5 论文开题报告包括哪些内容？

在确定了自己的研究兴趣、研究问题、研究变量及假设的关系，并且在此基础上确定了研究设计之后，就可以开始撰写论文的开题报告了。开题报告是提出研究问题的正式形式，主要应该包括以下内容：

（1）引言：为什么要研究这个问题？对这个问题的研究能帮助我们理解管理学领导中哪些有趣现象？它对未来的管理理论和实践有什么重要意义？

（2）文献回顾：过去的研究对这个问题或与该问题有关的领域有无积累？与该问题最相关的理论基础是什么？该问题与其他管理概念的关系是什么？用什么样的理论框架去研究这个问题最有独到的视角？

（3）假设的提出：在文献回顾的基础上，根据严密的逻辑推理过程，建立与该问题有关的所有研究变量之间的联系，呈现出对该研究有直接指导作用的理论模型，并且就变量之间的关系提出具体的假设。

（4）研究设计：对样本的特性、变量的操作和测量、控制变量、具体研究方法（定性、定量等）和步骤、假设检验的具体统计方法等都需要做详尽的描述。

（5）研究结果的意义：对可能得到的研究结果进行讨论，详细说明该研究对管理理论的贡献，以及对管理实践的指导作用，并对未来可能在这个课题上继续开展的研究做一个展望。

思考题

从你目前思考的管理问题中，找出一个来：

1. 明确地阐述问题提出所依据的现象和文献，然后写两段话来说明该研究问题的重要性和新颖性。
2. 对该问题中所涉及的相关变量进行描述和说明。
3. 对这些变量之间的关系进行描述，并辅以简单的理论依据，然后画出模型图。
4. 提出具体的假设。

5. 提出检验这些假设的研究设计。

6. 把每一个变量的操作和测量描述出来，如果这些测量来自既有文献，请列出文献的出处。

延伸阅读

肯·G. 迈克尔·A. 史密斯，希特.（2016）.《管理学中的伟大思想：经典理论的开发历程》. 徐飞，路琳，苏依依，译. 北京：北京大学出版社.

陈晓萍，凯文·斯廷斯马.（2023）.《有影响力的学问是怎么炼成的》. 北京：清华大学出版社.

陈晓萍，等.（2013）.《走出社会困境：有效诱导合作的心理机制》. 北京：北京大学出版社.

第 3 章

管理研究中的理论建构

陈昭全　张志学　沈伟

学习目标
1. 理解理论及其构成
2. 熟悉理论建立的过程
3. 掌握做出理论贡献的主要途径
4. 思考整合宏微观研究的意义
5. 掌握理论呈现的技巧

科学研究的重要目的在于建构理论、对理论进行检验或者发展已有的理论。建构理论是驱动和贯穿于整个科学研究过程的一种智力的、情绪的和审美的活动。所建立的理论的质量和强度是评估科学研究者对科学领域贡献和影响的黄金法则。由于一些研究者批评组织管理领域缺少有影响力的理论，AMR 在 1989 年、ASQ 在 1995 年分别组织过专辑来讨论理论建构的问题。尽管如此，比起学术研究中的其他方面（研究设计、研究方法等），研究者们对于如何建构理论的讨论相对少得多，而且也比较零散。许多人甚至觉得建构理论不是能够学会的科学，而是依赖个人特质和天分的艺术。在本章里，我们将分析理论建构的过程以便让研究者尤其是年轻的研究者了解怎样建立一个好的理论。为此，我们将首先阐明什么是理论和理论建构，然后描述理论的主要成分，最后探讨理论建构过程中的主要问题。在本章的写作过程中，我们参考了发表在以上提到的两本管理研究杂志专辑中的文章中的观点，也吸收了诸如 Merton（1968）、Glaser & Strauss（1967）等研究者对于如何建构理论所发表的经典论述。我们还引用了不少研究作为范例来说明如何建构一个强有力的理论。读者可以通过章尾列出的延伸阅读材料去查看这些研究的全文。这些研究多数是与中国管理研究有关的，不少是华人研究者及我们自己的论文。这样做的原因在于，一方面我们比较熟悉这些研究，从而更可能分析这些研究在理论建构方面的可取之处；另一方面也使得读者在看完这些研究后更能够联系中国的管理实践思考理论建构的策略。

3.1 理论和理论层级

3.1.1 什么是理论？

Merton（1968）将理论定义为"在逻辑上相互联系并能获得实证性验证的若干命题"。理论的重要功能在于通过提纲挈领的表述让人们了解纷繁复杂的现象或者事件发生的脉络和原因。一个好的理论必须能够把与所要解释的现象最相关的概念以符合逻辑的方式组织在一起，清晰地表达出这些概念之间的关系，帮助人们了解现象是怎样发生的、是在什么条件下发生的，以及为什么会发生。下面我们将详细介绍理论的构成以及理论建构的过程。需要明确的是，理论可以在抽象和操作两个层面上形成；抽象的理论由抽象的概念（concept）和命题（proposition）构成，而操作的理论则由具有操作性的变量（variable）和假设（hypothesis）构成（Bacharach，1989）。从这个角度上看，构成理论的概念和变量的差异主要是在抽象性或操作性上：前者较为抽象，后者则具有很高的操作性。抽象的概念在现实世界中可能没有直接的对照物（如社会地位），而具有操作性的变量能在现实世界中观察、测量到（如每个人的职业、收入和职务）。那些旨在建构理论而非验证理论的概念性论文（conceptual papers）中的理论通常包含较为抽象的概念和命题，而那些旨在验证理论的实证性论文则需要把抽象的概念和命题转化为具有操作性的理论，并以变量和假设的形式表现出来以便进行实证检验。一些研究者专门撰写概念性论文用于激发或者指导后来的实证研究，例如发表在 AMR 上的论文。而大多数实证性论文，从验证理论的角度出发，主要关注的是对概念进行清晰的界定、根据概念和命题提出可操作的变量和可以验证的假设。因此，尽管我们认识到理论在抽象水平上的差别，在我们的讨论中，概念和变量及命题和假设的含义在大体上是一致的，但存在细微差别。而且，我们将理论建构当作实证研究的一个部分，并将理论和理论贡献看作一篇实证性论文中的最终产品。

3.1.2 理论的构成

如上所述，理论是一个由概念或变量组成的系统，通过命题将概念之间的关系表达出来，或者通过假设将变量之间的关系表达出来。以往研究者对于理论的构成有所论述。例如，罗伯特·杜宾（Robert Dubin）认为理论包括构成现象的若干单元（units）、各单元之间的互动法则（laws of interaction）、理论成立的边界条件（boundaries）、决定各单元之间的互动表现的系统状态（system states）、关于这些单元之间互动的命题、对这些命题进行检验所使用的实证指标（an empirical indicator）和假设（Dubin，1976）。杜宾在后来的论述中认为一个理论应当包括什么（what）、怎样（how）、为什么（why）、谁（who）这四个成分（Whetten，1989）。这些论述虽在描述上略有差别，但基本上都认为理论具有以下几个关键成分：概念/变量、命题/假设、机制/原理，以及边界条件。

概念/变量。概念/变量涉及理论要解释的对象和内容。组织管理中的理论基本上都是将现实组织中的某个现象作为问题的起点而逐渐建立起来的。概念/变量作为对于现象的初始表达，是理论的最基本成分。

概念就是对于单个现象或实体的一种表达和说明，它是抽象的、普遍的，不能够直接或间接地被观察到。概念反映了某一事物或者现象成为自身并同其他事物或现象区别开来的本质特性。概念具有内涵（内容）和外延（范围）两方面的特性。内涵是对事物本质属性的规定性反映，是说明概念所反映的那种事物究竟"是什么"。揭示概念内涵的逻辑方法是定义。精确而全面的定义能够保证概念准确地表达所要描述的事物或者现象。例如，"组织"是一个概念，它表示一群人为了达到某个共同的目标组成的具有特定结构的实体。概念的外延是指概念能够在多大程度上涵盖具备特定本质特性的事物。它说明概念所反映的事物"有哪些"。组织这个概念描述的是任何形式的组织，例如，企业等营利性组织或者政府等非营利性组织。在社会科学领域中，一些研究者将那些专门用于科学研究和理论建构的概念称为构念，我们对二者不再进行区分，一律采用概念这个词。

变量是对概念的一种操作化和转化，使得原来抽象的概念能够被观察到并且可以被测量。所有的变量都应当可以被赋值。例如，"性别"作为一个变量时，可以用 0 表示男、1 表示女；"工作满意度"作为一个变量时，可以用某种量表来测量，并以数值的高低来表示一个人的工作满意程度。

概念和变量都是对于现象或事物的一种表达，二者既相互关联又存在差别。概念相对而言更加宽泛，而变量则是对概念的一种操作性的界定。在组织研究中，一个概念可能存在多个对应的变量，因此不同的研究者研究同样的概念，得出的结论有时并不相同。要比较这些研究结论，需要搞清楚他们测量这个概念的方法是否相同，或者概念对应的变量在这些研究中是否完全相同。变量一定是具体的、可操作的，并且是能够被测量的。比如，要研究工作情境中上下级之间的关系，研究者提出"权力"这个概念。但权力是看不到、摸不着的，为了对权力的大小进行衡量，研究者便将它操作化为一个人在组织中控制财务的、人际的或信息的资源的多少。那些控制较多资源的人，与那些控制较少资源的人相比，就具有更大的权力。通过操作化，抽象的权力概念就转化为可观察、可测量的关于一个人对各种资源控制程度的变量。由于在组织中个人控制资源的多少往往与其在组织机构中所处的地位高低相关，研究者也可以通过个人工作职务的级别来衡量其权力大小。相比抽象的权力而言，个人工作职务的级别也是可观察、可衡量的。例如，Finkelstein（1992）通过对文献的梳理提出，高管团队中每个成员的权力包含四个方面，而在每个方面的权力大小都可以通过一个或多个变量来测量。

理论是建立在概念基础上的，概念是理论的基本元素。界定不清楚的概念将会导致命题/假设变得模糊，或者导致对于组织现象的错误认识。界定不清楚的概念还会使得知识难以积累（Osigwen，1989）。相反，界定清楚的概念能够有效地区分现象，而且有助于数据搜集。

在使用概念/变量来建构理论时，通常要考虑完备性和简洁性两个标准。完备性是指研究者在多大程度上将所涉及的因素都包括到理论中来，简洁性则指剔除那些不能够增加解释力的、冗余的概念/变量来建构理论。研究包括的概念/变量越多，对现象的解释力自然越高。然而，科学研究的目的在于持简驭繁，以精巧的理论去解释复杂的现象。所以，在能够准确解释现象的前提下，使用的概念/变量越少越好。完备性和简洁性两者存在着一定的矛盾，但能否平衡两者的关系是检验一个研究者理论素养的试金石（Whetten，1989）。

命题/假设。选定建构理论所需要的概念之后，紧接着需要问的一个问题是这些概念之间是"怎样"联系在一起的。研究者需要通过命题/假设将概念联系起来。

命题/假设都是对于现象之间关系（通常是因果关系）的一种陈述。二者的区别在于，命题涉及抽象概念之间的关系，而假设则将命题涉及的广泛的关系以更为具体和可操作的方式表达出来，因此假设一定是由具体概念构成的。检验某个命题可能需要检验多个假设，因为命题中的概念可以由多个变量构成。由于这种差异，那些发表在 AMR 上的没有数据的概念性论文只包含命题而没有假设，而发表在 AMJ 上的实证性论文需要用数据验证一个理论，这类文章一般只包含假设而没有命题。

机制/原理。仅仅列出命题/假设并不足以构成理论，理论更重要的方面是解释概念/变量之间存在某种关系的原因。组织研究者需要解释所观察到的因果关系背后经济的、社会的、组织的或心理的原因。理论就是要对于人类行为、组织现象或过程提供根本的解释，而这些解释必须建立在可靠的逻辑推理基础之上。在理论建构的过程中，逻辑推理非常重要。只有让别人觉得你所提出的命题是合乎逻辑的、可信的，你的理论才有可能被人们接受，并对学术界或实践界产生影响。

在组织研究中，一个常见的现象是研究者仅仅提出一些假设，然后通过数据来验证这些假设，而对于它们背后的原因缺乏解释。这种状况导致研究者过于注重研究方法、数据分析等技术性细节，或者局限于对概念/变量之间的关系进行描述。要理解组织现象发生的机制/原理，研究者不仅要检验变量之间的因果关系（主效应），而且要搞清楚自变量和因变量之间的关系在不同的条件下是否相同（调节作用），此外更为重要的是要尽可能揭示自变量和因变量之间关系背后的逻辑，例如，自变量是否通过影响了另一个变量而导致了因变量发生了改变（中介作用）。例如，Shin & Zhou（2003）在关于领导方式、员工价值观与员工创造性之间关系的研究中，发现领导者的变革型（transformational）行为对于员工创造性有积极的影响，这是一个主效应。变革型领导是通过激发员工的内在动机来影响员工创造性的，即内在动机在转型式领导与员工创造性之间起中介作用。此外，员工的保守性价值观会调节转型式领导与员工创造性之间的关系，即保守性价值观具有调节作用。综合主效应、调节作用和中介作用，研究者揭示了组织情境下员工创造性的机理（mechanism）。总之，命题/假设只能描述现象之间的关系或者表达出某种模式，但是理论却要对为什么会发生这种现象提供合理的解释。

边界条件。因为所有的理论都包含明确的或隐含的前提假定条件（assumptions 或 presumptions），所以一个理论只能在这些条件下成立；一旦超出这些条件所设定的边界，理论可能就不再有解释力。因此，研究者在建构理论或通过实证手段对理论进行了论证之后，都需要明确地指出该理论的边界条件。

通常情况下，研究者可以通过表明理论适用的对象是谁、在什么场合适用、什么时候适用等方式来说明理论的边界条件。例如，针对产业工人建立起来的某个模型是否能够解释知识型员工情境下的类似现象？在西方建立起来的公平理论是否完全适用于中国？在高度发展的市场环境下建立起来的关于企业行为和竞争优势的理论是否适用于非市场环境或者新兴市场环境？现存理论是否会随着时间的推移而有所变化呢？

承认或指出理论成立的边界条件不仅能够帮助实践者找到合适的理论去改进工作，而且能够使得研究者（理论创建者本人或者后来的研究者）不断验证原有的理论，找出其中的限制条件，从而为理论的进一步发展及学术的积累做出贡献。

理论通常具有一定的普遍性或广泛性，即可以推广到很多情境中去解释现象。要保证理论的普遍性，不仅需要在建构理论过程中对概念进行清楚地界定，对概念之间的关系做出符合逻辑的推理，而且需要对概念之间的关系进行验证。只有足够的证据支持了原来所提出的概念之间存在的可能关系时，理论才能够成立。

我们现在引用 Dubin（1976）及 Herzberg（1966）的激励—保健双因素理论（以下简称"双因素理论"）来说明理论的构成。双因素理论认为，影响个体行为的因素分为外在因素和内在因素，而个体对于外界情境的反应则有满意和不满意两种。这个理论中包括外在因素、内在因素、满意和不满意四个概念，而这四个概念之间的关系便构成了双因素理论。在这个理论的基础上可以提出大量的命题，例如，个体对工作的最终态度是满意水平和不满意水平的总和，个体可能对组织冷漠（既不会感到满意也不会感到不满意），个体的满意水平与不满意水平是相互独立的。要在组织情境中验证双因素理论是否成立，必须要将这些命题转化为研究假设。为此，Herzberg（1996）将工作环境中的外在因素称为保健因素，包括员工的薪水、技术指导、人际关系、公司政策和行政管理、工作条件及工作安全等。这些因素当中的任何一个都是保健因素的实证指标，能够转化为可以测量的变量。比如，员工的薪水显然是能够测量的，而劳动条件就不能直接测量，必须要对其进一步具体化或操作化，例如，洗手间和休息室的舒服程度、是否给员工提供了煮咖啡的房间、组织允许的工间休息时间的长短等。同样，Herzberg（1996）将内在因素（激励因素）界定为获得成就、认可、责任及发展机会等方面，所有这些都可以进一步操作化和测量。根据这些可以测量的、操作化的定义，研究者便可以假设上述因素与员工的工作动机或者态度（这些概念同样需要转化成为可以测量的定义）之间的关系，并检查来自企业情境中员工的数据是否支持这个假设。如果假设得到支持，说明理论在这个情境下是正确的。之后，研究者到其他情境中通过数据进行检验，如果假设仍然得到支持，说明这个理论具有较高的解释力。双因素理论是有边界条件的。例如，它针对的是作为组织当中的一个成员的个体，而不是针对组织中的群体。此外，其他研究者认为双因素理论是针对管理者的，而对于基层的员工来说，薪水和工作安全等因素还是能够起到激励作用的。

3.1.3 理论的层级

在阐述什么是理论之后，我们认为有必要探讨一下理论的层级并明确在本章中我们聚焦于中观理论的构建。在我们看来，理论这个概念在美国过于通俗，而在中国却过于神秘。在美国的大众语言中，理论可以是对于现象的解释和推测、对于某种事情的猜想或者对于日常生活中即将发生的事情的预测。如果某个理论被证明是正确的，美国人往往觉得很不错；即便理论被证明是错误的，他们也认为没有什么大不了的。相反，中国人很少在大众语言中将理论用于日常发生的事情上，他们倾向于将理论看作对于社会和人性的基本规律的哲学思考和系统观点。在本章中，我们既不像美国人那样将理论看作对于事物所做出的解释性的、预测性的看法，或者认为任何人都能够提出理论；我们也不像中国人一样把理论看成宏大的、包罗万象的系统原则和规律，并认为只有孔子、马克思那样的思想家才能提出理论。我们所说的理论就是 Merton（1968）提出的社会科学领域里的中观理论（middle range theories），且那些通过实证研究丰富组织和管理知识的研究者都可以是理论提出者。

首先让我们澄清什么是中观理论。中观理论是相对于宏大理论（grand theories）和细微理论（trivial theories）而言的。在美国流行的对于理论的定义似乎更像细微理论，而在中国流行的对于理论的定义更像是宏大理论。宏大的社会科学理论是高度复杂、非常抽象和系统的理论，包括社会、组织和个人的方方面面。自然科学和物理学中的模型及社会学的先驱者大都希望建立宏大理论。例如，马克思的阶级斗争理论、塔尔科特·帕森斯（Talcott Parsons）的功能理论及乔治·霍曼斯（Jeorage Homans）的社会交换理论都被认为是宏大理论（Merton，1968；Bourgeois，1979；Wagner & Berger，1985）。中国道家的阴阳理论也是一种宏大理论，它认为可以将自然界和社会生活中的所有事物划分为相互冲突而又互相补充的阴和阳两种成分，事物的任何一种状态都可以通过阴和阳两种成分的平衡和变化来加以解释（Fang，2011；Li et al.，2012）。通常，宏大理论就像一种范式（paradigm），代表那些广泛意义上共享的信念和看法，这些信念和看法涉及世界的起源、本质及运作的基本法则。这些范式往往能够提供一种理论的"透镜"，去界定和检验世界。在社会科学当中，类似范式的理论代表着诸如经济学、社会学和心理学等学科的差异，它们使得研究者将注意力聚焦到不同但互补的课题上，诸如经济中的供求关系、社会的规范与结构及个体的差异等。

细微理论被 Merton（1968）称为"工作假设"（working hypothesis），它是普通人在日常生活中建立起来的常识。例如，当某位经理的下属早晨上班迟到了，而前一天晚上电视直播了一场世界杯足球比赛，经理便假设下属是由于看比赛睡过头而迟到了。在这种情况下，该经理所提出的理论只是针对下属在这一天上班迟到的解释，即使被验证是正确的，也未必能够解释在其他情境下发生的迟到现象，因此不具有一定的普遍性和广泛性。

我们可以根据理论所涉及现象的全面性来看宏大理论与细微理论的区别。宏大理论最为全面，因为它们包括了一套相互联系的法则（命题/假设），这些法则涉及许多不同情境下的各种现象。相反，细微理论集中于有限的概念，这些概念也只与有限情境下的少数现象有关。我们还可以根据理论的抽象程度来看两种理论的区别。宏大理论最为抽象，其中的概念与变量之间、命题与假设之间的差距最大，从可观察的现象识别其背后隐含的法则也最难。细微理论则截然相反，它们最具体，理论与可观察的现象之间联系十分紧密。中观理论介于两者之间，它在全面性和抽象性上都是中等的，主要用于解释具有一定复杂程度的现象背后的规律。中观理论是有边界条件的，它只适用于某些现象而非所有现象。如果将全面性和抽象性看作一个连续体而非两个范畴的话，中观理论的提倡者力求在研究的集中性（集中于某一现象或某现象的某一方面）和全面性之间取得平衡（DiMaggio，1995），以及在精确性和广泛性之间取得平衡（Osigweh，1989）。

中观理论的提出可以通过对宏大理论的情境化实现，比如，对阴阳理论的情境化。中国情境复杂多变，各方实体表现出多种多样的需求。领导者首要的工作就是在各方实体之间寻求最佳平衡。立足于组织中的对立需求，以中国传统哲学中对阴阳对立、互补、转化关系的阐释为理论基础，Zhang et al.（2015）提出了矛盾领导行为（paradoxical leadership behavior）的概念，即看似对立、实则关联的可以同时和长期满足对立需求的一组领导行为。由于不同场景中的领导者所面临的需求挑战差异很大，领导者在不同场景所平衡的矛盾内容也不尽相同。矛盾领导行为进而分为团队领导层次基于人员管理的一组行为（Zhang et al.，2015），以及战略领导层次基于组织长期发展的一组行为（Zhang & Han，2019）。为了同时和长期满足对立需求，领导者表现出既对立又互补的行为，行为还可以在对立和互补之间相互转化。矛盾领导行为充分体现了领导者如何同时考虑和平衡对立需求，也体现了其在矛盾管理方面的有效性。同样，基于阴阳理论，Chen（2018）强调个体与集体导向对于现代组织全球性组织的双重重要性，提出社区主义（communitarianism）的概念，探讨跨文化组织与团队管理中如何平衡、协调、整合个体主义与集体主义导向，提高跨文化管理效率。中观理论的提出也可通过对细微理论的提升实现。例如上面提及的员工迟到的例子，研究者首先可对（不同）员工在不同组织、不同情境下发生的迟到现象进行系统分析，然后总结出"迟到"这个具体行为所反映的深层次抽象概念，最后提出具有一定普遍性的理论来解释和预测它的发生。

对组织管理领域的研究者而言，建构中观理论具有一定的挑战性，但通常也是大多数人的选择。这是因为组织具有边界，而组织现象又是高度情境化的（徐淑英和张志学，2006），很多社会或政治的因素都会影响组织管理实践中的解决方案。这种特性使得组织管理研究者容易以实用的术语来建构理论，并通过发现在组织情境中存在的具体关系而建立起一些细微理论。建构中观理论是一个相当大的挑战，它需要研究者的勇气、智慧和想象力（Weick，1995）。而追求建构宏大理论对组织管理研究者而言可能是不现实的，甚至是有害的，原因有以下三点：第一，正如Merton（1968）和Bourgeois（1978）所主张的，尽管建构宏大理论可能是科学研究的终极目标，但是当前的社会学和组织研究并不具备足够的知识积累；第二，社会科学中的宏大理论的建构导致了意识形态或哲学派别的相互对立，阻碍了理论的发展（Wagner & Berger，1985）。第三，与物理学不同，社会科学具有独特性和复杂性，建立抽象而广泛的理论往往会牺牲对于现象的准确认识，而且很可能使得理论无法证伪（Popper，1959；Bacharach，1989）。社会科学中的宏大理论由于其高度抽象，很难将其概念和命题操作化为变量和假设，或者由于其概念和命题高度抽象，不同的研究者对其进行的操作化可能完全不同。这些情况最终导致的结果是无法对于宏大理论进行验证。

我们提倡建构和检验中观理论，但是有必要重申，宏大理论、中观理论和细微理论之间只是存在程度上的差别，而不是如表面看起来的那样有清晰的分类边界。比如，就理论的广泛性而言，即使是在中观理论这个范畴内也仍然存在如下的差异：

第一，社会科学中的著名理论（如"被命名的理论"）往往因其在不同的现象和情境中的应用而更具有广泛性。如格式塔心理学（Gestalt psychology）、身份理论（identity theory）、创新—扩散理论（innovation-diffusion theory）、社会资本理论（social capital theory）、资源依赖理论（resource dependence theory）、制度理论（institutional theory）、代理理论（agency theory）等。这些更具广泛性的理论常常被用作学术研究中的通用参照框架，是建构和检验新的组织和管理的中观理论的基础。第二，用以指导未来研究的纯理论文章中的理论模型（如 AMR 中发表的文章），或总结过去研究和阐述未来研究方向的综述文章（如 JOM 和 AMA 中发表的文章）中的理论框架往往比带有数据检验的理论模型（如 AMJ 中发表的文章）更具广泛性。第三，顶级期刊比其他期刊更倾向于强调理论贡献，因而顶级期刊中的理论往往比其他期刊中的理论更具广泛性。第四，跨层（个人、小组、组织、市场或社区、社会）的理论往往比只在一层上起作用的理论更具广泛性。例如，为了解释工作团队绩效的变异性，一个在个人（如领导风格）、小组（如团队动态）、组织（如资源分配）水平上对"可能的起因"（plausible causes）进行探寻的理论可能比只在小组水平上得到的理论更具广泛性。

3.2　理论建立的过程和方法

诸如 ASQ 和 AMJ 等有影响的管理学杂志在对稿件进行评审时明确强调，对实证性论文进行评审的最重要标准之一就是看它做出理论贡献的程度。撰写实证性论文的作者可以通过多种方法来提高他们的研究的理论影响力。介绍如何建构有影响的理论之前，我们想先谈谈学术社区在理论建构过程中的重要作用。

3.2.1　理论建构的社会过程

一提到建构理论，有些人立即想到研究者个人从事原创性的思考，然后提出某个理论。在建构理论的过程中，研究者必须富有想象力，并不断地尝试和检验自己的一些想法。其实，建构理论的工作也是一种社会建构过程。研究者将自己的研究写成一篇论文，投给某个学术杂志，杂志邀请同行对论文进行评审。评审人对论文提出很多修改建议，有时所提出的问题甚至是研究者当初考虑不周或者根本没有考虑到的。研究者对评审人提出的问题进行回应，或者根据评审人建议对文章进行修改和完善，或者开展更多的研究弥补原来研究中存在的不足。通过这样的同行评审过程，研究者的理论会变得更加合理和严谨。

除了上述常见的正式的同行评审过程，研究者还可以采用非正式的评审来提高论文的质量，即在将论文正式投给学术杂志之前，研究者先将论文发给从事相关领域研究的同行，征求他们的意见。我们特别强调，为了使研究有理论贡献，研究者一定要在研究设计和数据搜集之前的研究准备阶段，听取别人的评论、意见和批评。美国具有良好而完善的学术社区，同行之间的交往非常密切，信息沟通相对频繁，研究者更容易获得同行的评论。研究者们也将听取同行意见作为从事研究或者建构理论过程中很自然的一个环节。中国管理学界的学术社区还刚刚起步，由于学术社区活动尤其是针对研究问题进行研讨的活动相对较少，不少研究者仍然在孤立地从事研究，不大了解国内哪些同行已经或者正在从事相似的研究。由于没有在准备研究阶段获得同行的评价，最终的研究取得理论性突破的可能性更小，有的甚至只是重复以往研究者的研究。所以，中国的组织管理研究者们想要建构自己的理论，一定要在研究的早期有意识地组织社会建构并寻求学术社区和同行的评论。

我们所指的理论的社会建构有两个途径：其一是向学术同行寻求建议和反馈，往往通过建立核心同行群体来实现；其二是在思想中模拟社会建构，类似于思想实验（thought experiments）（Weick，1989）。寻求核心群体成员的建议和反馈，有助于确定合适的研究问题、发现并选择恰当的理论视角、建立有价值的理论模型、根据研究的证据编织出一个清晰而流畅的故事等。怎样建立一个高效的核心同行群体？可以通过阅读文献、参加学术会议、参与专业学术团体活动，以及建立与其他研究者的个人联系。学术同行应具有相关研究领域的素养与经验，你在与他们交流之后对问题的理解将更加深刻。例如，如果你是第一次向某学术杂志投寄文章，最好向那些已经在这个杂志上发表过文章的研究者索取反馈。但如果你的目标是在一流学术杂志上发表文章，你需要咨询的同行就不能是仅仅在一般的学术杂志上发表过文章的人，而是那些在一流学术杂志上发表过文章的研究者。

思想中模拟社会建构是指作者想象自己与一些专家进行对话和讨论。作者充当协调人或者领导者的角色，而其他主要的人物（或者他们的作品）代表各不相同的观点或看法，在这种模拟的社会建构中提出理论问题并对其进行争辩和解决。解决问题并不意味着各方已经达成了共识，而是表示作者决定在某个事项上持有某个立场、决定研究某个问题、选择某个特殊的观点，甚至形成某些假设。通过直接介入问题的讨论，并完整地考虑已有文献中的观点等方式做出决定。从这个意义上说，模拟的社会建构其实就是个人从事文献回顾和假设形成的过程。总之，提到社会建构，我们是要强调理论建构，并非研究者个人"闭门造车"，而是积极地让其他在某个领域中有知识和有信息的人参与进来。

我们认为，建构理论的过程由几个重要的活动构成，包括发现并选择研究问题、提出理论上的解释或者解决方案、对解释或者解决方案进行评价、选择最合适的解释或者方案，以及根据实证数据建构理论等。

3.2.2 发现并选择研究问题

选择有意义的科研问题至关重要，一个理论的重要性在很大程度上取决于研究者所选择的问题的意义（significance）。评价意义有哪些标准呢？Weick（1989）谈到六条：实在性、非显见性、互联性、可信度、美感度和有趣性。虽然上述六条标准对于选择研究问题都很重要，但我们想强调两条相互对立且时有争议的标准：实在性和有趣性。实在性是指研究的主题确实存在于现实世界里；有趣性则是指该研究问题能获得其他研究者的关注，能唤起他们了解和参与对话的愿望。为达到实在性标准，证明研究者需要从实践角度出发，所研究的问题在多大程度上代表了或针对了现实世界中的实在问题，以及是否具有揭示事物的本质和改进管理实践工作的潜能。为达到有趣性标准，研究者需要从理论角度出发，考虑课题是否展现了一个独特或者全新（反传统、反直觉）的视角，是否具有提出新概念、新理论模型从而对所在领域做出理论贡献的潜能。实在性标准和有趣性标准的不同之处在于，实在性标准是外部的、实践导向的，它注重与现实的扎根和关联并影响实践；而有趣性标准则是内部的、理论导向的，它注重研究者的想象力并与本领域中已有的理论和研究相关联，旨在对知识的不断进步做出贡献（Davis，1971；Weick，1989）。

管理学研究者应该努力地应用实在性和有趣性双重标准推进组织和管理研究的科学发展和知识创造，以及对管理实践产生影响。不过，同时兼顾这两个标准实际上有困难。事实是，管理学似乎在两个标准之间存在巨大摇摆。在早期阶段，管理研究者们基于管理实践，运用心理学、社会学、经济学等基础学科的知识为经典管理理论奠定基础，然而，随着时间的推移，也许是为了建立一门独立的学科，顶级管理学术杂志和主要商学院全力鼓励推进新概念、新理论的发展及采用先进的统计方法，以提高理论贡献的重要性。虽然这些协同努力让理论在管理学界确立了显著地位，也推动了管理学学者的职业发展，但是近十几年来对于当代管理学研究的批评日益增多。顶级管理学术杂志过于关注发展新颖概念和理论，管理学研究对组织实践的相关性与影响却被严重削弱了。管理研究领域被批评为在理论上过于内向，自我引用（self-referential），甚至盲目崇拜（fetishistic）（Birkinshaw et al.，2014；Hambrick，2007；Schwarz & Stensaker，2016）。近几年，越来越多的研究者呼吁基于现象的管理学研究。对于中国管理学研究者而言，Chen et al.（2017）认为，以现象为基础的中国组织管理研究不仅可以增强研究对于实践的相关性，也有助于发展本土的管理理论。

西方的管理研究面临着实用性危机，中国管理学研究者在实在性与有趣性的平衡方面也面临着严峻的挑战。相当比例的中国管理学研究者，在企业咨询和管理培训方面有较为丰富的经验，他们倾向于选择那些与实践相关的研究问题，但对于理论的有趣性关注不够。这是因为：一方面中国经济体制的转变以及企业改革面临前所未有的挑战，很多新出现的问题急需答案；另一方面中国管理研究作为一门社会科学目前还很年轻，缺乏社会科学研究的规范。除此之外，许多研究者与国际社会科学研究者缺乏交流，对于西方现有管理理论的接触有限。因此，他们建立框架和选择研究问题时倾向于选择实践者认为更紧急的或更具有实践价值的课题，而对于课题的理论潜能有所忽视。即便考虑到问题的有趣性，研究者常常会去寻找前人没有研究过的现象，认为只要是新的现象就会有理论贡献。虽然这有一定的道理，但是人们发现，有时表面上的新现象，事实上是前人研究过的某个老现象的另一种表现形式。相反，有时看起来显而易见的现象却可能蕴含了兼顾实在性和有趣性的理论。此外，以往人们没有做的课题也可能是因为他们觉得不够有趣或者理论贡献太小。所以，仅仅强调没人做过的课题并不能体现研究的理论意义。

一些比较年轻的中国研究者对于现有管理文献更为熟悉，认同有趣性标准，致力于理论发展，渴望在西方主流管理学杂志上发表论文。然而，这些研究者或许存在对理论和方法盲目崇拜的问题。他们的研究问题不是通过观察或者体验现实世界的管理实践，而是限于对现有文献的梳理，跟踪新的研究热点，寻找文献空白，确认新颖概念，然后在现实世界中寻找它们的具体表现，从而选择与新概念特征相匹配的现象进行研究。这种所谓理论导向的选题方法的问题在于，其研究问题受到研究潮流的影响，对于现实世界的观察通常浅尝辄止、浮于表面，甚至是有偏见的。因此，建构的理论模型缺少实在性，也难以被验证。即使被验证，也会是局部的、浮于表面的，因而对管理实践只有微小的影响。

我们建议研究者综合与平衡实在性和有趣性两个标准来选择研究问题，既要谨防与现实脱离又要谨防与现实粘连得过于紧密。脱离现象追求理论创新和有趣性，既有脱离现实的风险，也难以体现研究者的社会责任。但是，过于陷入现实世界，则存在让实践主导研究课题的风险，也可能被有权势者误导（Weick，1989）。这是因为有权势者在研究者从事研究的过程中往往与研究者接触的机会更频繁、发布的信息更多，如果研究者不撤离现场进行独立的思考，很可能受到他们的影响而无法对于现象进行更全面和更合理的解释。再有，基于现象的研究的目标是为了理论发展，过于强调与现实匹配会使得研究者无法超越现实、从现象中走出来，用更为抽象的视角去理解现象的本质。过于陷入单个现象之中，可能导致就事论事，所建立起来的理论往往非常细微而琐碎。研究者与实践者的一个重要区别在于：研究者对管理现象进行深入观察和了解之后，可以从实践中抽离出来，独立地对现象进行理论的思考。否则，会"只缘身在此山中"而"不识庐山真面目"。

3.2.3 做出理论贡献的途径

一个理论的贡献（contribution of theory）可以分为两类：实证贡献和理论贡献。评价实证贡献的主要依据是理论被数据支持的程度。在其他条件相同的情况下，一个被更多和不同的实证观测所支持的理论，其贡献更大（Stinchcombe，1968）。实证贡献主要关注对于理论的检验，即理论与数据之间的联系。评价理论贡献则需要参考其他相关的理论来进行。许多年轻的组织管理研究者倾向于关注理论与数据之间的联系，而对于理论与理论之间的联系关注不够。我们认为任何一项实证研究都要同时考虑这两种贡献，且要更加关注理论贡献。受到 Wagner & Berger（1985）关于理论发展的观点的启发，下面我们阐述四种发展理论的途径。这四种途径分别是深化（elaboration）、繁殖（proliferation）、竞争（competition）和整合（integration）。

第一种做出理论贡献的途径是深化，它是指研究者在原有理论的基础上增加一些新的成分，使得原来的理论更全面、更具体、更精确和更严谨，从而增加了理论的解释力和预测力。

新建构的理论并没有挑战或者背离原有理论的假定和原理，它与原有理论所阐述的问题是相似的，支持理论成立的实证性数据或观察也是相似的。通过深化的途径来发展原有理论的一个通常策略是增加调节变量，证明原来理论中的命题/假设在不同条件下有所不同。例如，虽然高阶理论（upper echelons theory）提出高级管理人员的个人因素（如年龄、教育水平、职能背景和工作年限等）会影响企业的战略决策和业绩（Hambrick & Mason，1984），但实证研究发现高级管理人员的影响在不同的行业和企业之间存在很大差异。为了解释这个现象，Hambrick & Finkelstein（1987）提出了管理自由度（managerial discretion）的概念，并指出高级管理人员只有在拥有一定的管理自由度的情境下才会对企业的战略决策和业绩产生显著影响，并且其影响会随着管理自由度的提高而加大。随后的一些实证研究就是通过增加调节变量、检验管理自由度的调节作用来对高阶理论做出贡献（Crossland & Hambrick，2011；Finkelstein & Hambrick，1990；Li & Tang，2010）。另外，Shen & Cho（2005）对管理自由度这个概念进一步深化，把它分解为目标自由度（latitude of objectives）和行为自由度（latitude of actions）两个维度，并系统地探讨了这两个维度对于 CEO 变更和企业业绩之间关系的调节作用。

另一个深化的策略是在原有理论中的变量之间增加中介变量，揭示原有理论中变量之间的关系发生的过程。例如，研究者们提出团队的交互记忆系统（transactive memory system，TMS）概念来解释有效的团队的工作机理（Wegner，1987），认为 TMS 作为一种团队处理信息以及综合、协调不同成员的知识专长的认知系统，能够让团队成员彼此了解并利用各自的专长来完成复杂的团队任务。以往研究者认为团队成员之间的交流和沟通会影响到 TMS 的形成（TMS 作为因变量），还有研究者考察了在现场环境下 TMS 作为自变量对于团队绩效的影响（Lewis，2004）。张志学及其合作者（Zhang et al.，2007）指出，在组织环境中，TMS 的发展必然受到如团队文化、所从事任务的互赖性及团队成员对于目标的认知等团队特性的影响，从而进一步影响到团队绩效。他们假定 TMS 在团队的创新文化、任务互赖性及合作性的目标依赖性与团队绩效之间起完全的中介作用，来自 104 家中国高技术企业的数据支持了 TMS 的中介作用。这项研究通过揭示 TMS 在团队特性与团队绩效之间起到中介作用而对已有的 TMS 文献做出贡献。

第二种做出理论贡献的途径是繁殖，它是指研究者从其他领域的理论中借鉴某个或某些思想，将其应用到新领域中的现象上。繁殖与深化的区别在于，繁殖是将其他领域的理论应用到一个新领域中的现象上去，而深化则是针对同一领域中的相同现象。运用繁殖途径建构理论时，研究者可能没有对原有理论进行大的改变，但借鉴它的思想却能够很好地解释新现象。Hannan & Freeman（1977）将人口生态学的相关理论运用到组织研究中是人们最常引用的理论繁殖的范例。人口生态学的概念起源于演化理论和自然选择理论，这些理论认为，那些能更好地适应环境的生命物种才会存活下来，而不能适应的物种就消失了。Hannan & Freeman（1977）将该理论用于研究企业的诞生、存活和死亡。当时的原有理论认为组织对环境变化具有较强的适应性，因此，组织存活是组织通过努力来适应环境变化的结果（Child，

1972）。而 Hannan & Freeman（1977）则认为多数组织都深受组织惯性之害，这种惯性阻碍了组织适应性的发展，使得组织与已经或正在变化的环境不相容，于是这些组织将会被那些与外部环境相适应的组织所替代。因此，他们提出组织存活不是组织本身主动适应的结果，而是由环境选择来决定的。

有时研究者们并非完全借用另外一个领域的思想和理论，而是只借鉴其中的某一个思想或者部分思想。例如，Gardner & Avolio（1998）运用戏剧学的思想来建构有关领导者和追随者之间关系的理论。他们认为，魅力式领导者就是注重印象装扮的演员，而追随者就是观众。领导者与追随者之间的关系建立过程就像戏剧一样徐徐展开，包括设计（framing）、编写剧本（scripting）、登台亮相（staging）和表演（performing）几个阶段。两位作者系统地运用戏剧学的概念来叙述领导者的绩效行为，并阐述决定这些行为的因素及这些行为所导致的结果。他们并没有完全将正式的戏剧理论移植到领导现象中来，而是从戏剧效果的发生过程中获得灵感。这是一种比喻性的理论繁殖。

第三种做出理论贡献的途径是竞争，它是指针对某个已经完全成熟的理论，提出新的理论，并做出与原有理论针锋相对的解释。新的理论以令人信服的证据展示原有理论的重大缺陷，从而做出另外的解释，甚至替代原来的理论。新的理论与原有理论的对立程度可以有所不同。有时新的理论只是在某些方面对原有理论提出挑战，并保留了原有理论的基本原则和结构。Wagner & Berger（1985）将这种情况称为理论变式而不是理论竞争。在高度竞争的理论建构中，新的理论很可能采用完全不同的角度或者假定，以此来挑战原有理论的角度和假定，新的理论可能对于相同的现象做出与原有理论截然不同的预测，并替代原有的理论。

Meindl（1990，1995）的魅力领导理论就是一个范例。传统的领导学研究尤其是魅力式领导者和转型式领导者的研究，普遍采用一种领导者中心的典范，即认为领导力是驻留在领导者身上或者由领导者产生的一种品质或行为，它影响了下属，并决定下属和组织的绩效。然而，魅力领导理论却认为，领导力是由下属产生而且驻留在下属那里的，是由下属主观建构出来的用以理解组织变化和不确定性的一种东西，它是由组织绩效决定的，而非决定组织绩效。该理论刺激了领导学领域中以下属为中心的研究，填补了传统的以领导者为中心的领导理论的不足（Samir et al.，2006）。

在战略管理领域，资源基础理论（resource-based theory）的提出也是一个通过竞争来建构理论的范例。传统的产业经济学理论强调企业之间业绩不同主要是由它们所处行业的差异造成的，特别是在行业结构存在差异时。资源基础理论则明确提出，企业之间在业绩上的差异并非由所处行业决定，而主要是由于企业自身因素特别是它们内部在资源禀赋上的差异造成的（Wernerfelt，1984；Barney，1991）。这种在理论上的竞争促使研究者们开展了一系列的实证研究来检验企业业绩受行业因素和企业因素影响的相对程度的大小（McGahan & Porter，1997；Misangyi et al.，2006）。另一个竞争性理论的例子是社会网络研究中 Granovetter（1973）提出的弱关系理论。原有理论强调强关系比弱关系具有更大的优势，但 Granovetter（1973）

则认为弱关系的优势在于，它能够使得个人获得新的、非多余或不重叠的信息，并能够使得个人与更多不同的社会网络建立联系，从而提高个人的灵活性、流动性和创新性。

第四种做出理论贡献的途径是整合，是指在两个或者两个以上已经建立起来的理论的基础上创造一个新的理论模型。在对理论进行整合时，可以采用前面提到的深化、繁殖或竞争的途径。深化的整合理论表明，原来的理论可以通过增加调节变量来深化为两个（或多个）变式（variants）：变式一在某些条件下成立，变式二则在其他条件下成立。例如，Xiao & Tsui（2007）关于高承诺组织中的结构洞的功能的研究是对原来的结构洞理论的重要发展。结构洞理论认为，那些能够将两个及以上相互没有联系的人联结在一起的中介者具有更多的社会资本（Burt, 1997）。这种社会资本使得中介者可以获得更多的信息和机会，并且能够决定给予谁更多的好处。Xiao & Tsui（2007）认为在集体主义文化中，结构洞不能使个人具有更多的社会资本。他们还认为，在高承诺组织中，中介者无法获得更多的信息和机会，也不能决定给予谁更多的好处。原因在于，在这种组织中，通过控制信息来获得个人好处的做法会受到组织内部规范的约束和惩罚；此外，结构洞的好处应该被其周边的所有人来分享而不是让结构洞的占有者独享。Xiao & Tsui（2007）推断，与低承诺组织相比，高承诺组织中结构洞与员工的生涯绩效之间的正相关更弱。他们在四家高承诺组织中获得的数据表明，结构洞对于员工的生涯发展不仅没有好处，而且是有害的。

除了这种深化的整合，还可以通过繁殖的整合和竞争的整合进行理论创新。繁殖的整合模型可以解释某种深层的理论关系在不同的情境下都存在；而竞争的整合理论可以吸收相互对立的理论中的某些成分而建立一个严密的理论，从而解释在某些条件下原来两个观点不同的理论中的其中一个理论，而在另外的条件下第二种理论也成立。总之，整合的目的在于通过联系和统一相互对立的概念和理论来发展新的理论。

陈昭全和他的合作者们采用了整合这一途径来研究中国管理者和员工对于奖酬分配的偏好（Chen, 1995; Chen et al., 1997; He et al., 2004）。他们提出的问题是：个体主义—集体主义价值观如何影响人们关于奖酬分配公平的判断与态度？具体来说，在中国企业改革的背景下，集体主义价值观究竟会阻碍还是促进人们对按劳分配的接受？作者通过文献综述发现两种理论与这个问题有关。文化理论认为，集体主义者更加偏好平等（egalitarian）的奖酬分配，而个体主义者则更加喜欢公正的（equitable）奖酬分配（Leung & Bond, 1984）。系统目标理论则认为，当组织以促进生产为目标时，人们更偏好基于贡献的奖酬分配方法；而当组织的目标是提高员工凝聚力时，人们更偏好平等的奖酬分配方法（Deutsch, 1985）。两种理论对于正在经历奖酬分配制度变革的中国员工的偏好的预测是相反的。文化理论预测，由于中国员工是集体主义者，所以他们会抵制对旧的平等分配奖酬的体系进行改革。相反，系统目标理论则预测，由于中国的企业改革强调绩效导向，因此员工将更加支持奖酬分配改革。Chen et al.（1997）整合了两种理论，提出一个动态的文化模型，将经济目标的优先性作为区分不同组织情境的标准，在这种背景下探讨员工的奖酬分配偏好。他们首先拓展了集体主义的概念，认为它包含两个维度：纵向的集体主义指个人将集体的利益放置于自己的利益之上，而横向的集体主义则指个人关注小组中其他成员的利益及人际和谐与团结。他们推论，相比横向的集体主义者而言，纵向的集体主义者在分配偏好上将对于生产目标的优先性和盈利更加敏感。通过整合目标优先性和纵向与横向集体主义的思想，这个整合模型提出了以下的假设：同美国员工相比，中国员工表达出更强烈的经济/绩效导向并更加偏好差异性的奖酬分配（Chen，1995）；中国的纵向集体主义者会支持奖酬分配的改革，但横向的集体主义者会抵制奖酬分配改革（Chen et al.，1997）；由于企业改革已经涉及所有制的问题，生产目标的优先性会在所有制改革与纵向集体主义者偏好差异性的奖酬分配之间起中介作用（He et al.，2004）。这些假设都在实证研究中得到验证。

采用整合途径建构理论大大地受益于多重理论和多重水平的观点。基于对"关系"相关文献的综合回顾，Chen et al.（2013）发现，关系研究可以归为三个理论观点：自我—实用（ego-pragmatic）观、社区—伦理（community-ethical）观和儒家关系观。Chen & Chen（2012）提出了一个整合的模型来探讨个人—个人关系（个人社会资本）是如何转化成为组织关系（集体社会资本），并探讨个人因素（如对领导的信任和对组织的认同）和组织因素（如道德领导和正义氛围）是如何影响这种转化的。在这个模型中，作者采用了多重理论和多重水平的观点研究个人之间和公司之间的关系。自我—实用观解释了个人之间和公司之间的一对一关系，社区—伦理观解释了跨层级的关系转化，而儒家关系观则阐明了人际特性和社区特性的作用。

理论贡献还可以通过整合微观与宏观研究（micro-macro integration）来实现。在过去的十多年里，越来越多的战略和组织理论等宏观管理研究者致力于对宏观管理现象和其微观基础（microfoundations）的整合（Felin et al.，2015）。一方面，他们通过繁殖把微观领域的理论（如心理学和组织行为学的理论）运用到对企业并购、创新、组织能力、所有权结构、董事会构成等宏观管理现象上，以提高对这些现象的解释；另一方面，他们通过关注并引入不同的组织情境作为调节变量来深化来自微观领域的理论。比如，许多在顶级期刊上发表的关于战略领导力的研究就是通过对微观理论和宏观组织情境的整合来对已有文献做出贡献（Finkelstein et al.，2009）。在微观领域，研究者们也越来越关注通过引入宏观组织情境作为调节变量以深化整合的方式来推动微观理论的发展。上面提到的 Xiao & Tsui（2007），以及陈昭全和合作者的几项研究（Chen，1995；Chen et al.，1997；He et al.，2004）都是很好的例子。

近来，组织行为领域的研究者意识到，需要将微观层次的概念的解释力提升到组织层次上去，并考虑组织所处环境的约束。例如，中国传统文化中强调人要相信命运，而不能够太相信个人的努力（如"万事分已定，浮生空自忙"）；但是现实中的中国企业家又需要不懈努力，才能解决很多难题。整合两种相互矛盾的信念，Au et al.（2017）认为中国企业家的信念是"认命变运"（negotiable fate），即认为个人可以在命运所设定的边界内通过自己的行动改变命运。这种信念既不同于西方的个人能动论（personal agency），也不同于东方的宿命论（fatalism）。他们通过对于大量中国企业高级管理者的调查，发现高级管理者的对于"认命变运"的相信程度影响了他们的创业导向（entrepreneurial orientation），并进而使企业收获更多的创新和更好的财务表现；"认命变运"的信念与企业创业导向之间的关系受到了企业所处环境的动态性的调节，即二者的关系在动态的环境下更显著。这项研究尝试运用整合和深化的途径，以个体层面的概念去解释组织层面的现象。

3.2.4 四种途径的关系

以上关于做出理论贡献的四种途径并不是相互排斥或者截然分开的，可以将它们看作研究者将他们自己的理论观点与已有文献联系起来的手段。因此，学者可以在理论建构的某个方面使用深化的途径，而在另一个方面使用竞争或者繁殖的途径。例如，经济学中的预期效用不变性理论认为，不管以什么方式来呈现或者描述这些情境，理性的决策者对于相同情境的选择偏好应当是一致的、稳定的。但 Tversky & Kahneman（1981）用一个假想的亚洲疾病问题证明，当用不同方式描述相同的情境时，人们会做出截然不同的决策，这被称为框定效应（framing effect）。他们告诉被试，美国正在为某种疾病的爆发做准备，该疾病预计造成 600 人死亡。他们将被试分为两组，第一组被试从以下两个选择中选出自己偏好的方案：如果采纳 A 方案，将有 200 人获救；如果采纳 B 方案，600 人全部获救的可能性为 1/3，而所有人都不能获救的可能性为 2/3。第二组被试从以下两个选择中选出自己偏好的方案：如果采纳 A 方案，将有 400 人死亡；如果采纳 B 方案，没有人死亡的可能性为 1/3，而 600 人全部死亡的可能性为 2/3。在第一种"积极框定"的条件下，72% 的人选择 A，即大多数人偏好确定性的选择；而在第二组"消极框定"的条件下，78% 的人选择 B，即大多数人偏好冒险。Tversky & Kahneman（1981）采用对立策略对个人偏好的解释提出了新的观点。

Wang（1996）在上述基础上对于框定效应发生的条件和机制提出了一个整合的理论。借鉴进化心理学的观点，Wang（1996）认为题目中所描述的疾病造成死亡的人数会影响框定效应是否发生。如果人数很少，比如是 6 个或者 60 个，人们进行决策时考虑到与自己关系亲密甚至朝夕相处的亲属和朋友，就更可能采取"同生死、共存亡"的策略，即不管在积极还是消极的框定条件下，人们都选择冒险。而当所描述的人数大于 100 时，框定效应才会发生。接着，Wang（2008）又让大学生和高层管理者分别参加一个管理决策的练习，他将相同的决策任务分别描述为积极框定（包含机会）和消极框定（包含威胁）。结果发现，大学生在不同的框定条件下做出的选择截然不同，但高级经理人的选择并没有受到框定条件的影响。这个研究证明，框定效应发生的重要条件在于个体做决策时的情景是模糊的。对于高级管理者来说，由于他们具有丰富的管理决策经验，所面临的情境对于他们来说并不模糊，因此框定效应没有发生。

3.2.5 理论建构过程中的演绎和归纳

演绎和归纳是两种不同的逻辑推理方法。演绎是将笼统的、一般性的原则推演到具体的事件，而归纳则是通过对于具体事件的总结，从中发现一般性的规律或者原则。我们在这里不再从认识论、哲学或者逻辑学的角度对演绎和归纳过程以及二者的差别做过多的阐述,而是主要讨论如何在理论建构过程中使用演绎和归纳。许多人将演绎式和归纳式的理论建构分别与定量和定性方法联系在一起。在我们看来,二者的区别在于在建构理论的过程中研究者在多大程度上需要数据的支持。演绎式的理论建构主要依赖于研究者的逻辑思考,并不要求理论与数据之间的不断匹配与调适。因此,演绎导向的理论家将主要精力用于回顾以往的理论,从中发现空缺、不一致或者缺欠,以便提出新的概念和命题来弥补这些不足。当然,他们也会对以往的实证研究进行分析,但是他们只是将这些实证研究与相关的理论结合起来进行探讨,而不会仅仅对这些实证研究进行检验从而提出理论。

相反,归纳导向的理论家认为,由于社会现象非常复杂,人类对它们的了解不够,理论应当深深地扎根于社会现实,研究者应当积极地而紧密地贴近现实,并系统地搜集数据和分析数据,包括对以往实证研究结果的搜集和分析(Glaser & Strauss,1967;Dougherty,2002)。在这些研究者看来,没有数据就不可能有理论,数据是理论产生的唯一来源。他们所说的数据是广义的,包括定量和定性的数据,也包括观察、访谈、信件、故事、照片和档案等资料。他们强调,研究者要深深地浸入他所研究的社会现象当中去,并与其中主要的社会行动者进行频繁的交往,才能真正地了解该社会现象,从而建构解释这种现象的理论。

在以上的讨论中,我们强调了归纳和演绎的区别。事实上,二者在建构理论的过程中同时存在、相互重叠,且常常交织在一起。演绎导向的研究者并非仅仅依赖已有的理论和实证研究来建构理论。在选择研究问题、建立概念和假设的过程中,他们有意无意地从个人经验和观察中受到启发。有些人会通过中心小组访谈、开展个人访谈或者分析档案资料等途径,帮助自己提出概念或者对概念和命题进行论证。在这种情况下,他们先接触和了解现象,然后提出一些概念和命题。这种做法有点像运用扎根理论(grounded theory)的方法建构理论的过程。总之,尽管研究论文主要是以演绎的方式建构理论,作者从以往的理论和研究中推导出当前的新理论,但实际上,理论建构的过程涉及演绎和归纳过程的不断互动。运用扎根理论的方法建构理论的过程也是如此,许多采用扎根理论方法的研究者并非一点也不了解以往的理论,已有的理论可以是他们研究的起点,或者他们也可能将搜集到的数据与以往理论框架进行比较。有时在早期的酝酿阶段,某些概念和命题已经浮现,通过演绎的过程影响了进一步的数据搜集,而搜集到的数据又为概念和命题的发展与修改提供更多的证据。所以,可以将扎根式的理论建构看作归纳和演绎的循环过程。一个优秀的研究者应当具有同时运用归纳和演绎的能力,并能够熟练地在二者之间转换。

例如,韩玉兰(2010)在对中国企业里的中层管理者进行访谈后发现,那些成功的管理者在处理工作中的各种复杂问题时普遍表现出了"有心"的特点。通过回顾以往的研究,她发现这些中层管理者所表现出的"有心"与心理学研究中的"觉知"(mindfulness)(Brown & Ryan,2003;Langer,1989)及佛教思想中的"觉知"表现有相通之处。于是,她提出了针对管理情境的"管理觉知"概念并归纳了其具体的表现。接下来,Han & Zhang(2011)以更多中层管理者提供的具体行为表现为基础编制了管理觉知量表，并通过实证研究与现有的管理觉知量表及相关的其他概念进行了区分，进一步澄清了管理觉知这一概念。而且，他们还检验了管理觉知对管理者的部门工作绩效和声望成效的正向预测作用，以及情境不确定性（以角色冲突和角色模糊为代理变量）在其间的调节作用。韩玉兰等所进行的研究体现了理论建构过程中归纳和演绎的循环往复。

3.2.6. 通过建立本土理论做出理论贡献

除了前面所列举的做出理论贡献的四种途径，我们在这里特别提出建立本土理论这一途径。当今主流的社会科学在很大程度上被基于所谓"西方，受过教育的，工业化的，富有的，民主的"（western, educated, industrialized, rich, democratic，简称"WEIRD"）情境中的样本数据所形成的理论观点所主导（Henrich et al., 2010）。这样的理论和研究其本质也是本土的，因为非西方的观点、现象和情境要么被忽视，要么没有受到足够的关注。为此，很多研究者呼吁从事本土化（Barkema et al., 2011；Li et al., 2012；Chen et al, 2017）和情境化的（徐淑英和张志学，2006；张志学，2010；Tsui, 2006）管理研究来克服西方理论导致的历史性和系统性偏差。不过，提倡本土管理理论和研究、更加重视情境并非要另起炉灶来刻意建立一套完全独立的衡量理论贡献的标准。

为此，我们需要意识到中国本土管理研究者所面临的机会和挑战。首先，要做出更大的理论贡献，研究者在关注更宽广和更深入的中国管理现象的同时，需要通过理论文章刺激和指导在某一重要领域中的研究，或者通过回顾已有的文章来指导某一领域未来的研究方向，从而建立理论模型。近年来，传统上只发表实证文章的期刊（如 JAP、OBHDP 等）开始接受理论文章或综述文章，旨在鼓励研究者针对某些现象进行更深入和更综合的理论思考。针对本土管理现象撰写理论文章或综述文章可以在整理已有相关文献的基础上，从更宏大的视野思考中国管理现象，启迪研究者从事更多的实证研究（张志学等，2021）。当在某个领域所从事的实证研究积累到一定程度时，基于本土现象的某个经过实证检验的理论就会形成。

其次，关于本土现象的实证文章的贡献在很大程度上取决于本土概念在整个理论模型中的定位。如果本土概念被淹没在非本土概念当中而无法清晰地突显出来，在模型中处于很边缘的位置，则无法做出显著的理论贡献。相反，当本土概念在解释其他变量之间的动态关系中非常关键，理论贡献就大大增加了。最大的贡献或许在于建构了一个本土理论（不只是提出了一个本土概念或变量），以本土的理论视角解释和预测变量（本土或非本土的）之间的新颖关系。

情境化并非仅仅对于本土管理研究而言很重要，在多个学科和应用性研究中也同样重要。要采用情境化的方式来发展本土研究从而做出重大贡献，研究者需要提升情境的理论地位。如果只是在当地情境中验证已有的西方理论，就很难做出大的理论贡献。但是，如果将中国情境当作已有非本土概念及其之间关系的前因或者边界条件，就可以通过前述的深化的方式大大提升理论贡献。如果将中国情境用于发展某个本土理论，并通过挑战已有的西方理论或者整合已有理论的方式来建立本土的理论模型，做出的理论贡献就会更大。

最后，我们为本土研究者提出一个修改的整合方法来增加理论贡献。我们前面介绍的整合方法吸收了其他方法的要素，既部分继承、深化和扩展了已有理论，也部分挑战和校正了已有理论，但研究者无法建构一种全新的、有影响力的理论。通过将本土概念、情境和视角放在主要或核心的层次，会有助于建构全新的理论。

需要承认，用我们提倡的方式所建立的本土理论或许只是在漫长的科学之旅中增加了知识创造的里程碑，而不是完全另辟蹊径地终结已有理论。首先，尽管当前出现了孤立主义和保护主义的逆流，但我们生活的世界依然联系得更加紧密。中国组织和管理中的本土现象也不可能完全孤立于外部世界。其次，通过学术研究帮助本地社区的发展是研究者的一个重要考量，但很多本土管理研究者仍希望他们的洞见和知识可以适用于更大的范围。人们对于西方主流的 WEIRD 情境的批评在于其理论无法充分考虑到非西方人群的观点和现实。因此，中国本土管理研究者一定要接触、理解并整合已有的西方理论和研究，并阐述所提出的理论在本土情境之外的理论和现实意义。例如，张燕等人提出的矛盾领导行为概念（Zhang et al., 2015），除了被中国研究者验证，还被研究者应用到德国、荷兰、西班牙、新西兰、巴基斯坦、韩国等不同文化的样本之中，显示出其广泛的外部效度，证明这个诞生于中国本土情境的理论具有高度的跨文化适用性。再次，在个人、群体和组织层次上的情境化理论需要分析情境的独特性和代表性（Chatman，1989），本土研究者需要让所建构的理论具有一定程度的适用性。最后，整合并不容易，它需要研究者不仅熟悉并通晓本土的社会和组织，而且了解外部的世界并具有相关技能和资源。为此，本土管理研究者可以通过建立双元或多元文化团队来迎接本土管理理论和研究的挑战。

3.3　实证研究中的理论描述

为了将实证研究成果发表出来，需要将研究写成文章，并在文章中阐述自己的理论。因此，文字叙述成为实证论文中建构理论的一个非常重要的部分。在这一部分，我们根据 Sutton & Staw（1995）、Weick（1995）所写的讨论管理领域中的理论建构的文章中的观点来进行阐述。Sutton & Staw（1995）罗列出实证论文作者往往误认为是理论的五个东西，而 Weick（1995）则建议作者们保留这五个东西并将它们做好，从而构成理论的一部分。这五个东西包括参考文献、数据、变量、研究假设和图表。这五个东西并不自动构成理论，但是它们却是理论的必要成分。换句话说，它们是理论的必要条件，但不是充分条件。一个研究者能否将这五个东西做好，在很大程度上决定了对于理论所做出的文字叙述的质量。以下我们阐述如何通过有效的文字叙述来帮助建构理论。

3.3.1　讲述一个故事

许多社会科学研究者认为，有影响的实证文章或者理论文章一定会讲出好的故事。我们所说的讲故事并不是说将科学变成虚构或者仅仅做到自圆其说就行了。科学是关于真理的，但是科学可以通过讲故事的方式表达出来，从而引起人们的兴趣。一篇高质量的文章能够提出有趣的问题、制造冲突和悬念，从而将问题设计得错综复杂，从不同的解释或解决方案中找出一个最合理的并表明问题最终是如何解决的。一个好的研究如果像讲故事一样阐述其理论，必将给人留下深刻的印象。

Weick（1993）关于组织感知崩溃的文章向读者描述了一个惊人的故事和他富有洞见的分析。1949 年 8 月 5 日，在美国蒙大拿州的曼恩峡谷（Mann Gulch）地区扑灭森林烈火的过程中，16 位年轻的救火队员中有 13 人殉职。诺曼·麦克林（Norman Maclean）对这次事故进行了系统研究，并于 1992 年出版了《烈火中的年轻人》（Young Men and Fire）一书，详细地记录了事件发生的全过程。Weick（1993）将这个事件与组织应对突发危机、预防灾难联系起来。他重新梳理并分析了该事件后指出，救火队员们在面对没有预料到的火势时，他们原本的组织结构被打乱了，这使得他们在危机面前更加焦虑和恐慌，以至于难以正确应对当时的情形。尽管有一位经验丰富的救火队员提出了有效的逃生方法，但此时 13 人已经失去了判断力而朝另外的方向逃走，最终被烧死。Weick（1993）生动地复述原来的故事，并提出组织的复原能力来自四个方面：成员即兴的创造性或者处理问题的技能，即便组织结构崩溃但成员内心仍然存在一个虚拟的角色系统，成员意识到自己并不真正了解某些现象从而保持学习的开放态度，以及成员能够理解彼此的互动。

中国人由于重视关系、人情和面子而不敢直接面对冲突，张志学及其合作者（张志学和魏昕，2011；Zhang et al.，2011）以讲故事的方式叙述了关于中国人处理冲突的系列研究。他们证明传统的中国人特别在意他人对自己的看法，导致人们在面临冲突时具有如下想法：如果自己以比较直接的方式去处理冲突，他人会对自己有消极的看法，这就是"负面预期"（negative anticipation）。负面预期导致个人不会采取直接的行动去处理冲突。没有被处理的冲突并不会自动消失，而是会蔓延到随后的工作情境中，使得冲突升级。那么，负面预期在企业情境下又会是什么表现呢？哪些因素会导致负面预期呢？张志学及其合作者认为，员工看到上级决策中的不当时是否敢于进言就是一种潜在的冲突情境。他们就此开展了系列研究（魏昕和张志学，2010；Wei et al.，2015；Zhang & Wei，2017）。例如，Wei et al.（2015）认为，员工是否发表改善性建言更多地取决于他们预估进言的有效性，但是否发表批判性的谏言则更多地受到预估的进言风险的影响；实地的调研验证了他们的理论模型。这些研究结果为如何鼓励组织中员工的主动行为提供了重要启示。张志学及其合作者的这些研究，首先讲了很多人因有话不直说而导致冲突这一为人所熟知的故事，然后揭示了冲突回避的机理及影响因素，最后运用所发现的机理成功地解释了组织中人们缺乏进言这一比较普遍的现象。

通常作者需要在论文的导言部分使读者相信后面要讲述的问题和故事很有意思。作者需要告诉读者准备研究什么现象、研究这个现象为什么重要、研究这个现象会有什么贡献等。在阐述所研究的现象时，具有很强理论取向的作者往往一开始就会通过某种方法展开叙述，将读者的注意力引到作者所选定的相关理论观点上。例如，Farh et al.（1997）介绍他们在中国台湾地区研究组织公民行为的时候，他们并没有全面地回顾美国主流的组织公民行为的研究。相反，他们在叙述组织公平及文化价值观等概念之后，指出对于组织公平的知觉会影响组织公民行为，而这种关系会受到人们对于传统价值观和现代价值观的遵循的影响。作者通过这种叙述方法，从一开始就清晰地告诉读者他们将要讲述的故事。读者看完简单的介绍后，便对后面的内容产生了兴趣。

在论证一个研究课题的价值时，作者可以强调某个现象经常发生或者该现象对于组织中的行为、过程和结果会有重大的影响。不过，要使得研究课题做出理论上的贡献，作者必须阐明这项研究在理论上的重要性。有时，作者可以在导言中简单地讲述他们的研究对于已有理论做出了哪些贡献，并在随后的文献回顾和假设部分进一步论述理论上的贡献。例如，Cannella & Shen（2001）在介绍他们关于 CEO 指定继任者（heir apparent）研究的时候，首先引用《华尔街日报》中的三篇报道来描述他们所要研究的现象以引起读者的注意和兴趣，随后在导言中提出研究问题并阐明这项研究的重要性，包括三个方面的理论贡献及对管理实践的意义。

有些作者喜欢将他们用新的样本或者在新的情境中验证某个理论的结果作为贡献，或者将某些新的发现当作贡献来阐述。但是，一篇理论性强的文章应当从理论基础上来阐明其贡献，而采用某个新样本或者在某种新情境下验证理论并非理论贡献的基础。作者可以运用前面我们所提出的四种方法中的一种或多种来说明他们的贡献。下面我们讨论文献回顾和假设部分的写作。

3.3.2 列出参考文献和引用他人成果

如果文章缺乏文献，将会使文章成为作者个人的经验之谈。引用前人的研究能够达到以下效果：表明作者认可并尊重他人的贡献；使得自己的观点更能够被人接受；引导读者去看有关领域中的其他文献。虽然这些都很重要，但是它们都不能自动地提高理论的"强度"——支持概念和假设内部及概念和假设之间关系的逻辑合理性。要想提高理论的强度，关键在于要从所引用的文献中获得观点和证据来加强作者自己所提出概念和假设的合理性。一个好的文献回顾并非一字不落地介绍前人在这个领域中已经做过的所有工作，它应当是帮助作者搭建自己的研究框架，从而建立一个有新贡献的理论模型。我们特别用"帮助"而不是"替代"一词，是因为哪怕作者是个经验并不丰富的无名小卒而被引用的人是大名鼎鼎的研究者，但终究是由作者本人来进行发展概念和建构理论的工作。作者可能忠实而完整地叙述了在某个课题上的理论起源和发展演进，但由于其缺乏独立的观点，很可能被浩瀚的文献淹没，从而无法建构一个合理的理论。在界定概念和提出概念之间关系的过程中，作者必须有自己的立场，要明确自己正在建立某个观点，而自己正是这个观点的发言人，并由自己将已有研究中的观点组合起来支持所建构的新的理论。

管理学领域中的理论越来越多，而学术杂志所允许引用文献的数量有限。在这种情况下，作者常常需要决定要引用哪些文献、不引用哪些文献。管理学领域中的一个倾向是多数作者都要引用最权威和最著名的文献，这种倾向导致了"仪式性引用"现象。即便作者所讨论的问题与某些权威文献并没有直接的关系，但仍然在文章中引用这些文献。我们建议作者将主题是否贴切作为选择引用文献的第一标准，也就是说，引用那些与所讨论的问题关系最紧密的研究。那些与作者的观点最相关、令人信服并且观点简洁的文献应当成为作者的首选。不过，考虑到理论建构的社会现实（DiMaggio，1995），在其他条件都相同的情况下，作者可以选择那些更加经典、更具权威的文献，以及那些发表在等级较高的学术杂志上的文章。如果作者准备将文章投寄到某个杂志，那么最好要引用这个杂志上以往发表的相关文章。

3.3.3 引用实证研究结果

引用以往的实证研究结果是一种论证研究假设常见的方法。如果这样做抑制或者替代了逻辑推理的话，那么它对于理论建构便是有害的。事实和数据本身并不是理论，因为对于它们可以有多种解释。不可否认，在研究中被引用的实证研究结果多数也是基于理论预测出来的，但即便如此，由于作者引用这些结果的目的在于建构一个新的理论模型，他们必须根据所要建构的新理论，重新检查过去已经被证明过的研究结果。因此，作者要在过去的实证研究结果之外提出具有说服力的理论观点，不要让事实和数据自己说话，而是利用已有的研究结果来提出概念性或者理论性的问题，或者运用这些结果来支持建立假设的逻辑论证。就数据与理论的关联而言，需要澄清的是，引用过去的实证研究结果不同于扎根理论方法。后者是指为了建构理论而搜集、积累及分析数据。在扎根理论方法下，数据在理论建构中起到核心的作用。即便如此，Mintzberg（1979）的评论仍然适用："数据不能产生理论，只有研究者才能建构理论。"

3.3.4 在概念之间建立联系

概念作为理论的基本元素，其质量会影响到理论的质量。本书中的其他篇章会论述概念的建立及测量。需要特别指出的是，提供一个描述性的概念框架和类型并且提供有关的调查数据，这并不构成理论或者理论的主体。然而我们观察到，一些管理研究者在研究报告中仅仅给出一个概念和与概念有关的调查结果，就将其称为理论。例如，某篇文章提出一个新的概念框架来区分不同类型的所有制企业，另一个概念框架区分了不同的企业文化。不管这两个框架多么有效，它们都不能构成一个理论。而一旦作者提出所有制类型和企业文化类型之间具备某种关系，并解释为什么二者会有这种关系，还探讨这种关系对企业的管理实践及绩效发生的影响，一个有关所有制与企业文化的理论便产生了。例如，Tsui et al.（2006）根据领导者在冒险性、建立关系、关心员工、描述愿景以及监控运营五个方面的表现将领导力分为强和弱两种，又根据企业在员工导向、关注客户、注重创新、系统管理与控制以及社会责任五个方面再次将企业文化分为强和弱两种。作者们并没有停留在对领导力和企业文化的概念进行界定并建立测量工具或者分类上，而是揭示出在发展惯性很高的企业（如国有企业）中，领导力的强弱和企业文化的强弱更可能是不匹配的，并进一步通过对那些不匹配的企业内的有关人士进行深入访谈揭示了其背后的机理。这就是一个理论，该理论对以往关于领导力与企业文化关系的观点做出了新的贡献。

3.3.5　对研究假设进行推理

假设本身并不是理论，因为它仅仅说明或者预测两个或两个以上变量之间的关系，而没有为这种关系提供解释。理论不单单需要对"是什么"做出说明或者预测，还要解释"为什么"。在提供解释和理由时，作者可以集中在两个方面：一方面，解释为什么两个变量具有所预测的那种关系。这需要作者说明每个变量的含义，以及它们之间的逻辑联系或者因果关系。这些解释也需要说明为什么两个变量存在所预测的那种关系。换句话说，作者需要考虑可能存在的其他假设，并阐明为什么其他假设都不合理，从而排除其他假设。另一方面，作者必须将所有的研究假设联系起来。正是研究假设之间的联系构成了理论的核心。理论就是中国人常说的"纲举目张"，变量是"目"，而将各个变量联系起来的理由就是"纲"；或者说单个的研究假设是"目"，而假设之间关系背后的原理和逻辑就是"纲"。"纲"使得读者可以从概念和理论上理解"目"。需要注意的是，"理论性很强的文章往往从一两个概念性的陈述开始，并建立一个逻辑严密的个案；这些陈述既简明扼要又相互关联"（Sutton & Staw，1995）。这段话意味着，概念和理论主题本身并不需要很复杂，但它们必须是统一的，从而使得理论既令人难忘又令人信服。

3.3.6　建构统观视角/理论

前文中关于"纲"的讨论反映了统观（overarching）视角/理论对于研究论文的重要性。我们将理论界定为一个系统，理论的质量取决于逻辑性和连贯性，而理论的简洁性（parsimony）则是判定理论的功能和美感的重要标准。建构一个统观视角/理论将大大提升上述正面特性。我们假设一个理论模型由一个前因变量、一个结果变量、一个中介变量及一个调节变量构成。为了清晰地阐述每个概念的内涵和论述它们之间的关系，作者可能需要引入四个甚至更多的理论（每个概念依托一个理论，变量间关系还需引入额外的理论），才能提出一个涵盖所有假设关系的理论模型。虽然引入多种理论的做法可以提高理论的全面性，但这将有损其逻辑性、连贯性和简洁性。一个统观视角/理论可以将模型的不同部分有机结合，帮助读者更好地理解，引起读者关注和参与。我们以 Chen et al.（2016）发表的一篇关于组织认同与亲组织不道德行为（unethical pro-organizational behavior，UPB）的文章为例，阐述如何选择和建构一个统观视角/理论。作者假设并检验了在组织间竞争条件下，组织认同如何通过道德推脱的心理机制导致亲组织不道德行为（共有三个假设）。什么样的一个统观视角/理论可以用来指导、阐述和汇总这些假设？文章的结果变量（亲组织不道德行为）的界定来自 Umphress & Bingham（2011）的文章，其模型建立在以往相关文献，如不道德行为（结果变量）、道德推脱（中介变量）、社会交换理论和社会认同理论（前因变量的基础理论）、人—境交互的伦理决策模型（调节变量的基础理论）等的基础上。可见，上述理论都可作为这篇论文的统观视角/理论的候选。Chen et al.（2016）基于如下原因，最终选择了社会认同理论和社会认知理论作为这项研究的统观视角/理论，并在摘要（abstract）以及假设的理论发展部分加以突出。首先，UPB 在来源文献（source literature）中用于阐述结果变量本身的特性，不适宜作为全面统视的理论。其次，道德中性化是源于阿尔伯特·班杜拉（Albert Bandura）的道德推脱理论，而道德推脱理论是社会认知理论在道德决策领域的具体应用。更重要的是，道德推脱既可以被视为稳定的个人特质，又可被视为受情境影响的心理状态。该文作者将道德推脱定为被情境启动的心理状态导致随后的亲组织不道德行为。因此，如果仅聚焦于道德中性化的相关文献将无法提供一个全面系统的研究视角。再次，班杜拉的社会认知理论及 Trevino（1986）的人—境交互的道德决策模型都有可能为该文提供系统的理论视角，因为这两个理论都可以论述个人因素（组织认同）和情境因素（组织间竞争）交互影响道德推脱，进而导致亲组织不道德行为。但是，社会认知理论主要用于预测人们的道德（不道德）行为，而人—境交互的道德决策模型主要用于描述人们的道德决策过程，可见社会认知理论更加适合该研究试图解决的研究问题。不过，相对于上述两个理论，社会认同理论更贴切该研究主题。该论文的理论模型主要是突出组织间竞争的条件下社会认同的负面影响，这正是社会认同理论直接针对的问题。最后，社会交换理论虽然可以解释组织认同的形成，如果通过道德推脱机制影响 UPB，甚至可以将组织间竞争的调节作用涵盖其中，但是，社会交换理论论述的是互惠关系，以及组织认同的前提条件，这些问题并非该论文的重点，过多讨论反而会干扰研究的主题。因此，该文作者最终决定将社会认同理论作为核心理论框架，而将社会认知理论作为对社会认同理论的补充，两者同时担当统观理论。

3.3.7 运用框图说明理论

在管理学的文章中，人们通常用框图来表达某个理论。框图由方框和箭头构成，方框内的文字代表变量，而箭头则代表变量之间的关系。一个完整的框图就能够将理论模型的大致脉络或骨架表达出来。当然，框图本身并不是理论，因为它缺乏理论的内涵。不过，一个清晰的框图比简单的变量列表或者没有组织好的图表更接近理论。我们建议将绘制框图当作解释变量结构的手段，框图具有促进理论模型的建立和促进理论表达两个用途。绘制框图是科学思考的一个方法，尤其当作者拥有丰富的想法和较多的直觉性假设时，框图可以帮助他们将众多的想法凝练成正规的概念和理论关系。就表达而言，框图可以直观地显示变量及变量之间的关系。变量之间的关系包括主效应、中介效应、调节效应等，如果仅仅用文字来叙述变量之间的这些关系，读者很难理解。

例如，Hackman & Oldham（1976）的工作特征模型认为，核心工作特征会使员工个人感受到关键心理状态，关键心理状态进而影响员工的工作状态。工作特征中的技能多样性、任务同一性和任务重要性会使员工体验到工作的意义，工作自主性使员工体验到对工作结果应负的责任，而工作反馈使员工了解工作活动的结果，这三种关键的心理状态进一步影响了员工的内在工作动机、工作业绩、工作满意度及缺勤和流失等后果。Hackman & Oldham（1976）认为，上述的关系受到诸如个人对情境的满意度、知识技能及成长需求强度等个体差异变量的调节。工作特征模型框图如图 3-1 所示。

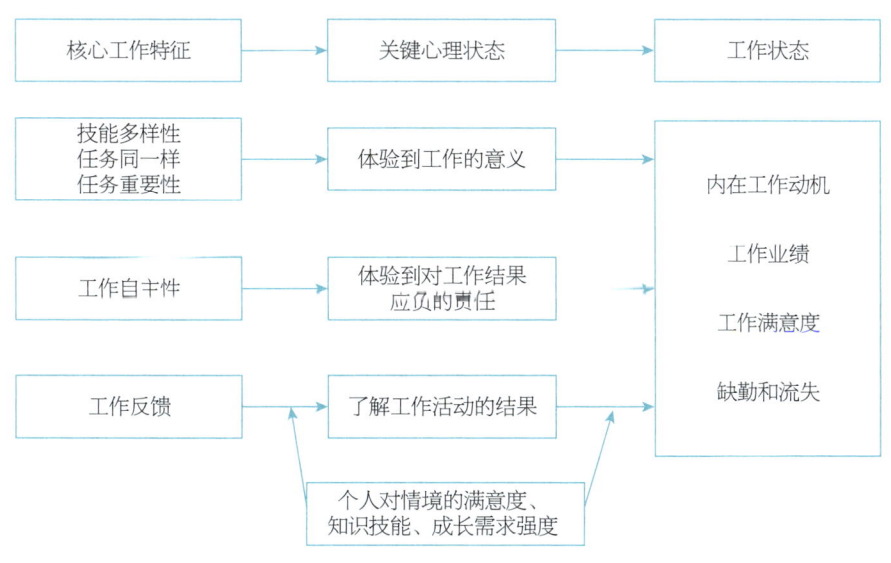

图3-1　工作特征模型框图

再比如，上面提及的 Wei et al.（2015）关于组织中员工进言的研究，基于社会期许反应（socially desirable responding）理论，作者将员工的进言界定为一种自我展示，员工越觉得自己的进言能被上级接受，且为组织带来改变，就越有可能进言，也会被上级认可，从而获得能动性的社会赞许。如果员工觉得进言带来的人际或职业风险较低，他们也愿意进言，从而获得关系性的社会赞许。作者进一步推论，员工较高的权力距离价值观会抑制他们的自我效能，从而降低他们发表建言的欲望，而领导的管理授权，则会削弱权力距离价值观对于自我效能的抑制；员工认同表面和谐的价值观，就会对进言带来的风险很敏感，从而抑制他们的谏言意图，而团队自由表达疑虑的氛围则可以减少表面和谐的价值观对于预期风险的影响。本研究包括主效应、调节效应和中介效应，并涉及两种进言（建言和谏言）的不同机制，如图 3-2 所示的框图可以清晰地展示复杂的理论框架。从这个框图可以看出研究中的几个变量之间的关系，权力距离和表现和谐是自变量，建言和谏言是因变量，自我效能和预期风险是中介变量，而管理授权和进言氛围（团队水平的变量）则是调节变量。

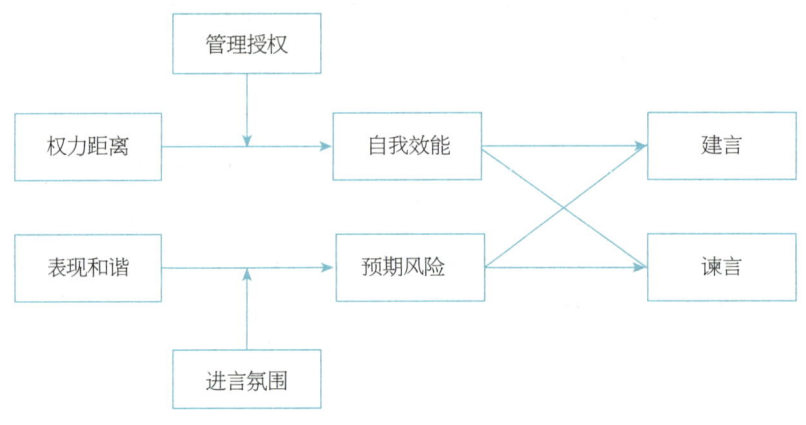

图3-2　员工进言研究框图

总之，运用框图不仅可以更加直观地表达研究者所建构的理论，更便于读者理解，还能够帮助或者训练研究者更为清晰地思考自己的理论架构。

3.3.8　检验并继续展开故事

对于一篇纯理论性的文章来说，只要讲完了理论，故事就结束了。当然有时作者会讨论如何验证这个理论。但是对于一篇实证性的文章来说，没有报告出数据分析结果如何支持所提出的假设和理论，故事就没有结束。而且，即便报告了这些内容，作者还可以继续展开故事，讨论由该研究引发的新问题供未来的研究者去探讨。作者可以利用讨论部分来阐述从事进一步研究探讨新问题的可能性。与纯理论性文章中的理论建构不同，实证性文章中的理论建构可能会经历进一步的建构和再建构，原因在于研究者可能会重新检查数据，也可能是接受同行的建议，还可能是来自学术杂志编辑的要求等。很多人质疑事后建构理论的合理性，我们无意在这里论述这个问题。但是，我们并不主张让观察或数据主导理论，即不主张所谓的"事后诸葛亮"式的理论建构。我们建议，对于那些不是采用扎根理论的方法建构理论的研究，作者要在搜集数据验证自己的理论之前回顾文献并建立假设。不过，这并不意味着，理论一旦建立之后就坚如磐石、不能够对它进行修改或重建。在研究中，搜集的数据往往与理论假设不吻合，使得看似一个非常精彩的理论故事变得太简单、太宽泛或者过于迂回，甚至出现最坏的情况——数据结果与理论完全相反。假如可以运用当前的数据来对理论进行"挽救"，作者就不得不对理论进行某些改变，这包括丢掉或修改某些变量和假设、添加边界条件，或者提出另外的假设。我们所遵循的原则是，不仅要保证修改后的理论内部的各个要素在逻辑上是一致和流畅的，而且要保证理论与数据之间是一致的。

3.4　结语

同任何领域中的科学研究一样，组织管理研究的重要目的在于建构和发展理论。是否具有理论价值或者做出理论贡献，是衡量一项管理研究水平高低的最重要标准。然而，作为应用性学科，组织管理研究也应关注与组织实践的相关性和对实践的影响力。中共二十大报告强调，实践没有止境，理论创新也没有止境。组织管理领域中的理论，既不能是自然科学中的那种具有普遍解释力或非常抽象的宏大理论，也不能成为就事论事的过于琐碎的细微理论。管理研究者需要建立具有中等抽象、能够解释一定范畴内的现象的中观理论。概念是理论的基本要素，研究者必须能够选择或者创造恰当的概念来理解所需要解释的管理现象。无论是借鉴以往的概念还是创造新的概念，研究者必须清楚地界定概念的内涵，以便能够根据这个概念发展出可以观察和可以测量的变量。在概念/变量的基础上，需要将不同的概念/变量联系起来形成命题或假设。研究者需要详细而清晰地阐述概念/变量之间具有某种关系的原理或逻辑，并且尽可能地揭示这些关系存在的条件。

在本章中我们阐述了四种做出理论贡献的方法：深化、繁殖、竞争和整合，并且提供了若干研究范例来加以说明。研究者可以运用这些方法中的某一种或者多种来发展理论。我们特别强调，理论建构离不开与同行的交流。在开展研究的各个阶段（特别是准备阶段），听取同一领域内其他同行的意见和建议是非常必要的。研究者越早地听取同行的反馈和评论，其研究越可能做出理论贡献。

作为研究论文的作者，作者需要通过恰当的写作来展现自己的理论贡献。作者要在文章一开始就提出一个有意思的问题，突出自己的理论贡献或者独特的视角，在明确自己独特观点的情况下引用前人的研究来支持自己的观点，借助已有的实证成果支持自己的逻辑推理，借用图表清楚地表达自己的理论框架，在论文的讨论部分阐述将来可以从事的研究方向等。我们在这些方面给出了一些具体的建议，以便突出实证研究的理论贡献。

明确理论的构成、理解实现理论创新的主要方法、学会恰当的写作方式等都能够帮助研究者建构理论。但是，最重要的是研究者要善于观察和分析管理现象，并不断地提高自己对于现象的洞察力。虽然本章在这方面没有过多的论述，但我们强调这是建构好理论最有活力的智力源泉。

思考题

1. 什么是理论？理论包括哪些关键成分？
2. 为什么建立中观理论是组织管理研究者比较现实的选择？
3. 如何看待理论建立过程中的原创性与社会性？
4. 有哪些标准可以判断科研选题是否有意义？
5. 如何在管理研究中平衡实在性与有趣性？
6. 发展理论的途径有哪些？请举例说明。
7. 在组织管理研究中宏微观结合的意义何在？
8. 演绎和归纳在理论建立过程中的作用是什么？
9. 试举一项研究说明统观视角或理论的作用。

延伸阅读

Au, E. W. M., Qin, X. & Zhang, Z. X. (2017). Beyond personal control: When and how executives' beliefs in negotiable fate foster entrepreneurial orientation and firm performance. *Organizational Behavior and Human Decision Processes*, *143*, 69-84.

Chatman, J. A. (1989). Improving interactional organizational research: A model of person-organization fit. *Academy of Management Review*, *14*(3), 333-349.

Chen, M., Chen, C. C. & Sheldon, O. J. (2016). Relaxing moral reasoning to win: How organizational identification relates to unethical pro-organizational behavior. *Journal of Applied Psychology*, *101*(8), 1082-1096.

Shen, W. & Cho, T. S. (2005). Exploring involuntary executive turnover through a managerial discretion framework. *Academy of Management Review*, *30*(4), 843-854.

Wei, X., Zhang, Z. X. & Chen, X. P. (2015). I will speak up if my voice is socially desirable: A moderated mediating process of promotive versus prohibitive voice. *Journal of Applied Psychology*, *100*(5), 1641-1652.

Weick, K. E. (1989). Theory construction as disciplined imagination. *Academy of Management Review*, *14*, 516-531.

第 4 章

情境化研究和管理知识创造

贾良定　李绪红　徐淑英

> **学习目标**
> 1. 理解情境的概念及其对管理知识创造和发展的影响
> 2. 理解情境化研究的主要类型及其创造和发展的管理知识的类型
> 3. 掌握从事高质量的特定情境化研究的要素
> 4. 理解"为什么创造和发展有用且可靠的科学知识，必须要情境化？"
> 5. 理解中国情境化的研究对于全球和中国的学术社群，以及中国和全球管理实践的贡献和重要意义

本章承续第 1 章的哲学思想，集中探讨管理知识的方法论——我们如何创造和发展管理知识。任何管理知识的产生都离不开情境，比如我们耳熟能详的科学管理理论（泰勒，2013）、经营管理理论（法约尔，2007）、人际关系理论（梅奥，2016），以及高阶理论（Hambrick & Mason, 1984）、承诺升级理论（Staw, 1976, 1981）和资源依赖理论（Emerson, 1962; Pfeffer & Salancik, 2003）等，都是为解决当时情境中的问题所产生的。这些理论知识是问题解决方案的概念化和逻辑化。因而，管理知识的创造和发展离不开情境。某一情境中产生的知识扩展到另一情境，人们就不能不假思索地、想当然地拿来就用，而要考察其在新情境中的有效性，即知识的可迁移性，或者跨情境性。换句话说，任何管理知识的创造都来自特定情境化研究（context-specific research），在传播或推广运用的过程中，不同情境中的人们通过把情境特征嵌入知识之中，在不同情境中考察知识是情境敏感型的（即限定情境的，context-bounded）还是情境不敏感的（即泛情境的，context-free），从而了解知识的有效性及其适用条件。也就是说，知识产生于特定情境化研究，并且通过限定情境化研究（context-bounded research）和泛情境化研究（context-free research），学术社群可以创造或通用或特定的整体性知识（global knowledge）。

因此，情境化研究是创造和发展管理知识的方法论的一个重要途径。本章首先讨论情境和情境化的内涵，以及情境化研究与管理知识创造和发展的关系；然后对三种类型的情境化研究分别进行深入的分析。由于管理知识产生于特定情境化研究，因此本章的第三节聚焦特定情境化研究，从科学研究的问题、理论、测量与方法等四个要素深入讨论如何开展高质量的特定情境化研究。本章的最后一节落脚于中国情境，讨论如何开展高质量的特定中国情境的管理学研究。我们不能仅满足于从其他情境特别是西方的舶来管理理论，放到中国情境进

行情境敏感型或泛情境化的考察，而应该基于中国情境，大胆地做好特定情境化研究，创造新的管理知识，甚至可以到其他情境（尤其是西方）进行情境敏感型或泛情境化的考察，从而贡献系统的管理知识。

4.1 情境、情境化与管理知识

要理解并运用研究的情境化（contextualization），首先要明确定义"情境"（context），厘清研究现象的情境层次、意义及情境化的途径。本节的第一部分先讨论情境的定义，然后说明情境影响组织现象的四种路径，最后阐释情境化研究对管理知识创造的贡献。

4.1.1 情境的定义

什么是"情境"？哪些要素构成了管理研究的情境？已有的讨论（Child，2000；Johns，2006；Rousseau & Fried，2001；Tsui，2004，2007）告诉我们，情境不只是外部环境要素，它还存在于研究对象内部，如个体理解周围世界的总体倾向判断和决策的逻辑思维过程等也是管理研究的情境。

在宏观或者国家层面，情境包含文化、政治及法律体系、技术发展阶段、经济体制等，也包含社会权力距离（power distance）的制度化和组织化方式（比如，谁拥有权力？他们可以利用权力做什么？他们如何承担责任？当他们滥用权力时又会怎么样？），还包含历史、地理和生态的因素。也就是说，包括所有历经时空演变所造就的当今情境因素。在组织或行业层面，情境包含行业特征或规范、组织环境（如文化）、组织的人口生态学特征等。Johns（2006）用区域（discrete）一词来指称中观情境（meso context），即组织或行业层面的情境；用统括（omnibus）一词来指称宏观层面的情境。

对于个体而言，以上两种情境都是外部的，而个体自身的认知、情感则是内部层次的主观情境，包括个体理解周围世界的总体倾向的人格、能力、价值观等个人心理特征，以及个体获取信息、判断和决策的逻辑和思维过程等认知特征。这种主观情境既嵌入在区域情境中，又与区域情境一起嵌入在统括情境中。因此，主观层次的意义系统（Redding，2008）、沟通模式及信仰体系，不仅可以溯源至区域情境（如组织文化或行业规范），还可以在统括情境中找到其来源（如经济、政治、地理或历史特点）。图4-1概述了主观的、区域的和统括的三个层次的情境。

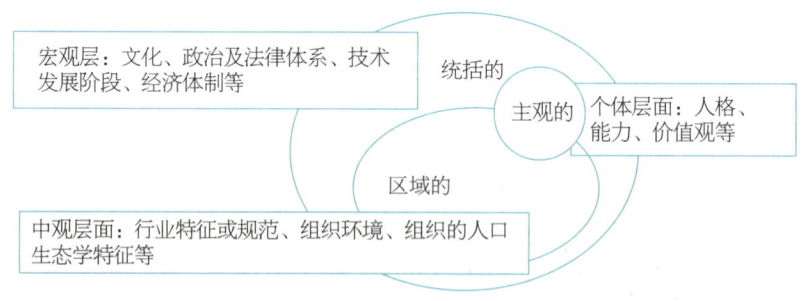

图4-1 情境的三个层次

情境具有相互依赖和相互嵌入的特性，因而上述情境层次及其内涵因素并不是孤立存在的。一些文献（Shapiro et al., 2007）提出了多重情境化（poly-contextualization）的研究策略，它是指为了更全面地理解情境中的现象而考察某一情境中的多个维度。Tsui et al.（2007）提出通过"构型"（configuration）来分析国家文化多层次特征的影响。

4.1.2 情境对组织现象的影响

我们应该如何看待情境因素？具体地说，情境是如何影响组织现象的？我们认为，情境会影响组织现象的四个方面：①现象的表现程度（大小或强弱）；②现象的含义及其表现形式；③现象间关系的形式（正向、负向、线性、非线性）或大小（强弱）；④现象间关系的解释逻辑。图4-2展示了情境对组织现象的多重影响。以下我们将做具体说明。

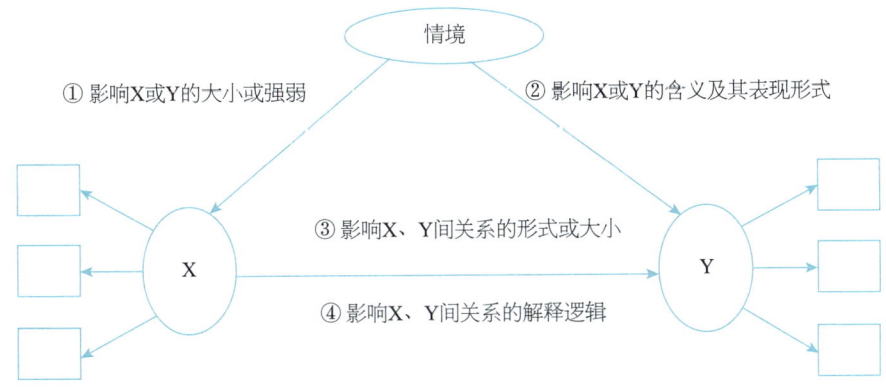

图4-2　情境对组织现象的多重影响

① 现象的表现程度。以组织行为学的研究为例，情境的不同会导致诸如工作满意度、组织承诺、助人行为、群外信任、对授权的反应等社会现象的差异，如一个地方的经济发展、文化规范和期望及它的意义系统这样的宏观情境的影响。Ralston et al.（2006）历时12年的研究观察了中国内地、中国香港和美国的经理的工作价值观的变化，发现中国内地和中国香港的经理的工作价值观逐渐趋同（在经济价值观层面愈加相似），但与美国经理的工作价值观却逐渐趋异（在社会价值观层面愈加不同）。Ralston et al.（2006）用社会文化的不同及社会经济改革所带来的变化来解释这一发现。一般来说，对具体现象差异化表现的研究往往涉及组群比较，学者会借情境因素（如文化价值观、经济发展、政治制度等）来解释所观察到的不同；这些因素可以用来代指国家或地区的差异，也可被直接作为个体的测量，形成个体之间现象的差异化（Li & Bond, 2010; Tsui et al., 2007）。

② 现象的含义及其表现形式。由于不同文化承载着不同的意义系统，因此不同文化中的个体会对诸如领导风格、绩效、创造力甚至战略有效性等现象有着不同的理解（Fu et al., 2004）。Brockner et al.（2000）采用GLOBE项目研究（House et al., 2006）中22个欧洲国家的6052名中层经理的数据进行研究，认为与杰出领导风格相关的概念是由文化决定的。同

样，Den Hartog et al.（1999）发现魅力型或变革型领导风格的各个方面都对杰出领导有积极作用。不过，许多其他的领导力特质都显示出国别的差异性。Farh et al.（1997，2004）的研究发现，中国台湾和中国大陆的组织公民行为的构念维度和测量指标与美国最初发展的量表有所不同。Tsui et al.（2006）报告了中国企业与西方企业的组织文化的维度不同。Ke et al.（2021）报告了中国企业与西方企业高管团队的权力维度不同。

③ 现象间关系的形式或大小。关系可能呈现正向、负向、线性或非线性的关系。以 Leung et al.（2001）的研究为例，他们发现与美国的员工相比，中国员工对上级批评的反应并没有那么负面。Lam et al.（2002）的研究则发现美国员工的公平感知与工作结果（如缺勤和绩效）之间的关系比中国香港地区员工更强，因为受访者在权力距离这一国别文化要素上存在差异：美国是低权力距离的社会，而中国香港是高权力距离的社会。然而，如果只比较两个社会，调节个体层面关系的国家层面概念（如文化）无法在研究中得到清楚的描述。要想比较国家或社会层面的区别，个体样本至少需要来自一定数量的国家和地区，如 Fu et al.（2004）考察信念（如命运控制）与武断性影响策略有效性之间关系的研究报告，运用的国家文化调节变量的样本来自 10 个国家和地区。

④ 现象间的解释逻辑。情境还可能导致现象之间关系背后的社会、经济或心理的解释机制的不同。比如，Luo（2005）引入中国传统文化中"报"的概念，来解释人际信任建立的动态性，并基于"差序格局"的思想，区分了两种类型的信任：一是针对特定个性的特殊信任（particularistic trust）；二是针对所有个体的普遍信任（general trust）。他的研究还发现，特殊信任在个体的社会网络和普遍信任间起到中介作用。再如，Yan et al.（2021）的研究表明，绿色投资基金作为社会责任逻辑和经济工具逻辑的混合体，能否促进一国企业环境绩效的提升，最终取决于国家制度逻辑与之匹配的程度。与绿色投资基金十分相关的两类制度情境分别是股东保护法律强度和环境保护法律强度。较高的股东保护法律强度能够促进绿色投资基金对企业环境绩效的正向影响；相反，较高的环境保护法律强度却削弱了绿色投资基金对企业环境绩效的正向影响。

在跨文化（cross-cultural）研究（特别是跨国研究）中，所涉及的情境主要是国家层面的。但是，国家层面的文化价值观、信仰、社会公理和认知风格可能会在个体层面体现出来（Hofstede，1980；Schwarz，2008）。因此，跨文化研究无论是对文化进行概念解析还是数据分析，都可以在国家层面或者个体层面展开，再或者两者兼而有之。在中观层次做研究，也要考虑国家层面的情境。

4.1.3 情境化研究对管理知识创造的贡献

科学研究是问题导向的和问题驱动的，而问题来源于情境，因为研究对象都生活于情境之中。情境中的问题让人们感到困惑、怀疑与不安，从而驱动人们寻找解决问题的方案。对于科学研究者来说，解决方案应该形成一个可被验证的理论，而不只是具体的就事论事的处方或图纸。为此就必须设计严谨的进入情境的实证研究，验证理论所给出的假设，从而检验所给出的解决问题的方案是否恰当。因此，正如第一章所阐述的，科学研究是"问题—理论—证据"三位一体的探究过程。

基于以上科学研究的逻辑和目标，科学研究应该嵌入情境要素，进行情境化研究。情境化研究是指在对现象进行研究时，识别并考察它们所在情境中相关的和有意义的元素及其对现象规律的影响。情境化研究的设计有以下三个步骤：

首先，识别情境中的问题。情境是时空范畴的存在。问题来自情境，虽然可能存在跨情境的共同问题，但不同情境也都会存在所需要关注的特有问题。比如种族、歧视等问题是欧美社会极其敏感的问题，往往也是其特有的问题，得到了很多西方学者的关注。虽然我国管理学者也关注性别、歧视、不平等等问题，但研究成果相对而言比较少（Tsui & Jia，2013；贾良定，2021）。

其次，在情境中发展理论。理论是科学研究者给出的问题解决方案。理论是为解决问题服务的，我们需要识别情境的特征来建立或修正理论。比如，在研究中国和东亚情境下的和谐、冲突现象时，考虑到情境中的儒家文化和集体主义的两大特征，儒家文化强调"和而不同"，集体主义重视团结、避免破裂，梁觉等人发展出了"促进和谐"（harmony enhancement）与"避免破裂"（disintegration avoidance）两个维度来概念化和谐、冲突现象；并且在跨文化研究中与社会交换理论进行对话，试图发展更加包容的和谐—冲突理论（Leung et al.，2011）。

最后，根据情境的特征进行研究设计，收集、分析和解释证据。比如，不同情境中人际信任的建立方式不同，在中国情境中若有中间介绍人以及面对面交流，信任更易建立起来，所以在进行问卷调查时，要充分考虑这些情境特征，以尽可能保证数据的可靠性。在4.3节中，我们将详细讨论如何从问题、理论、测量和方法四个方面进行精心设计，做出高质量的特定情境化研究。

"问题—理论—证据"三位一体的探究过程决定了科学研究是情境化研究。情境化研究并非只是产生仅针对情境问题的局部性知识（local knowledge）。从逻辑上看，知识产生于针对科学工作者所感知到的情境问题解决的特定情境化研究。一方面，特定情境化知识也是整体性知识；另一方面，特定情境化知识可以通过跨情境的研究，把作为基本假设的情境特征概念化凸显，进行嵌入情境化研究，以检验知识是限定情境化的还是泛情境化的，从而创造整体性知识。图4-3来描述了情境化研究和整体性知识的来源。

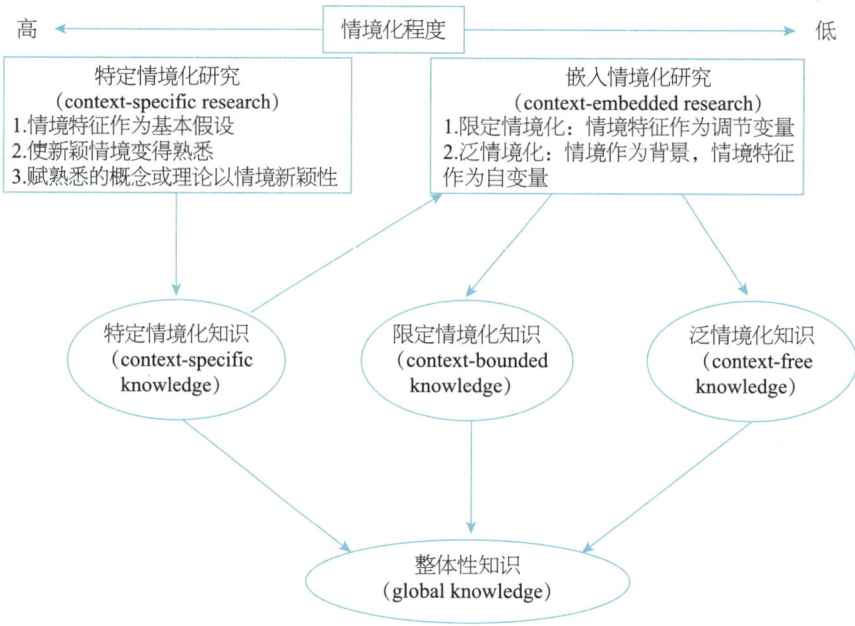

图4-3 情境化研究与整体性管理知识的来源

来源：改编自 Tsui（2004）。

接下来的 4.2 节将详细讨论与三种知识相对应的三种情境化研究，4.3 节具体讨论开展特定情境化研究的要素，4.4 节探讨特定中国情境的管理学研究。表 4-1 展示了下文讨论的内容及其研究举例。

表 4-1　下文讨论的内容及其研究举例

	类型与内容	研究举例
三种情境化研究	特定情境化研究	• 科学管理理论（泰罗，1911） • 丰田生产方式和精准生产（沃麦克等，1999） • 工作—生活平衡（O'neill & Rothbard，2017） • 代理理论（Jensen & Meckling，1976；Su & Phan，2008） • 结构洞理论（Burt，1992；Xiao & Tsui，2007） • 人生发展理论（Li & Liang，2015）
	限定情境化研究	• 中美员工的奖金分配偏好（Chen，1995） • 中国经理个人文化价值观（Earley，1993） • 自我解释取向与谈判（Brockner et al.，2000） • 二元文化认同感与创造力（Mok & Morris，2010）
	泛情境化研究	• 员工—组织关系（Tsui et al.，1997；Wang et al.，2003；Hom et al.，2009；Wang et al.，2003；Zhang et al.，2008；Jia et al.，2014） • 领导价值观（Fu et al.，2010） • 企业集团的特殊关系纽带（Luo & Chung，2005） • 新技术获取的适应性—僵化模式（Kapoor & Klueter，2015） • 中小企业天生全球化（Zhou et al.，2007）

（续表）

	类型与内容	研究举例
特定情境化研究的要素	问题的情境化	• 人际关系理论（梅奥，2016） • 承诺升级理论（Staw，1976，1981） • 市场经济转型（Boisot & Child，1996；Nee，1992）
	理论的情境化	• 中美员工的奖金分配偏好（Chen，1995） • 消防行业的企业文化二维模型（O'neill & Rothbard，2017） • 并购的社会阶层理论（Palmer & Barber，2001）
	测量的情境化	• 人与环境匹配（Chuang et al.，2015） • 组织公民行为（Farh et al.，1997；Farh et al.，2004） • "报"（Luo，2005）
	方法的情境化	• 文化对方法的影响（Farh et al.，1991）
特定中国情境的管理学研究	解决"真"问题：特定中国情境的问题	• 中国企业如何响应宏观环境的重大变化（Raynard et al.，2020；肖咪咪 et al.，2022） • 中国高铁技术如何取得成功（路风，2019） • 中国企业如何走向国际市场（魏江和杨洋，2018；许晖和单宇，2019）
	发展"真"理论：管理的中国理论	• 企业多元化的中国理论（Wang & Luo，2019） • 人际和谐的二元模型（Chen et al.，2015） • 组织变革的势理论（Jing & Van de Ven，2014） • 腐败理论（Liu et al.，2017）
	运用"真"方法：中国文化和制度元素的测量方法	• 矛盾领导行为（Zhang et al.，2015；Zhang & Han，2019） • 上下级关系的矛盾体验（Lee et al.，2019） • 差序式领导（姜定宇和张菀真，2010）

4.2 管理研究的三种情境化

如图 4-3 所示，本节先讨论特定情境化研究，然后讨论限定情境化研究，最后讨论泛情境化研究。我们认为，管理知识产生于特定情境化研究，特定情境化知识既是整体管理知识的重要组成部分，同时由此而开展的限定情境化研究和泛情境化研究，也能发展出管理知识的其他组成部分。

4.2.1 特定情境化研究

任何理论都是在特定情境中发展起来的。科学研究者在为解决情境中的问题而发展理论时，有时并没有刻意关注情境特征本身，也没有进行跨情境的比较分析，情境特征只是一个给定的条件，或者作为获取样本和数据的来源。

当我们去理解理论时，能够看到作为基本假设的情境特征。如本章开篇所举的泰罗发展科学管理理论的例子。泰罗的研究是为了解决当时长期困扰资本家和工人的"磨洋工"问题（出工不出力）。对于一位清教徒来说，这违背了现世的天职观教义。泰罗发现"磨洋工"问题的出现有两大原因：一是当时社会普遍认为劳资双方的利益是对立的，"工作产量的增加，带来的是其他人的失业"；二是资本家和工人都不清楚"日合理工作量"即工作定额应该是多少。所以，泰罗的科学管理理论的核心观点是：① 要解决"磨洋工"问题，劳资双方必须在思想上进行一个彻底变革，"管理的主要目的应该是使资本家的财富最大化，同时也使每一位工人的财富最大化"；② 科学管理的根本目的是谋求最高生产率，"财富最大化只能是生产率最大化的结果"；③ 实现最高生产率的重要手段，是用科学的管理方法代替旧的经验管理，"形成一门真正的科学；科学地选择工人；对工人进行教育和培养；管理者与工人之间亲密友好地合作"（泰罗，2013）。

特定情境化研究所产生的理论往往是强调情境的。20世纪初，福特汽车公司将科学管理理论应用于汽车产业，产生了标准化的大规模流水线生产模式。1914年1月5日，福特汽车公司宣布将工人的工作时间减到8小时，日薪5美元，这是当时劳动力市场价格（日薪2.34美元）的两倍多。亨利·福特（Henry Ford）认为，给工人发多少工资本质上是效率问题，"支付更高的工资，工人会变得更勤奋，生产力会提高，这些工人反过来又成为公司大规模生产的产品的消费者"。广大的市场和大规模的流水线生产，使得福特汽车公司T型车的价格降到300美元以下。制造T型车的人能买得起T型车，这是福特消费经济的思想。然而，20世纪50年代，当丰田学习福特的生产模式时，发现了日本情境的特殊性：一是日本汽车市场很小，二是日本本土劳动力不愿意被任意更换等（沃麦克等，1999）。基于日本情境的特殊性，丰田以冲压件的换模技术为突破口，改造了标准化、大规模的生产体系。经过近10年的试验，更换模具从需要换模专家操作一天，变为只需要普通工人操作3分钟。这项突破不仅使丰田可以小批量地生产冲压件，而且由于工人参与换模，既能及早发现冲压中的问题，又培养了关心品质的工人队伍。这逐步形成了"丰田生产方式"，20世纪80年代进一步概念化为以"准时生产、全员积极参与、循序渐进改善"为特征的"精益生产"（lean production）（沃麦克等，1999）。

O'neill & Rothbard（2017）也是特定情境化的研究。他们研究的工作—生活平衡问题通常针对职场中的女性，以往文献多用职场女性作为研究对象。但作者们认为，这个问题对于男性也同样重要。作者选取了男性员工占比超过95%、工作时间极其不规律（需要24小时随叫随到）、工作充满危险性（进而导致情绪压力大）的消防行业为研究情境，关注男性消防员的工作—生活平衡问题，构建了这一行业特殊的企业文化模型。

大家熟知的代理理论（Jensen & Meckling，1976）和结构洞理论（Burt，1992）也是两个很好的特定情境化研究的例子，因为这两个研究都基于研究者对美国现象的观察，以及很强的美国文化假设。代理理论关注"代理人"（受雇的经理人）和"委托人"（公司所有者）目标不一致的问题，假设两者的目标存在天然的不一致，而两者都是理性的经济人，即他们都是自利的、风险厌恶型的。代理理论更强的假设条件是，自我利益的驱动甚至会促使一些代理人进行"欺诈、撒谎、偷盗"等活动来满足他们自己的利益目标（Williamson，1975）。尽管有学者从人性本质的角度对该假设提出了质疑（Ghoshal，2005），也有学者提出管家理论（Davis et al.，1997），但是代理理论在会计学、经济学、社会学、市场营销学、战略甚至组织行为学研究领域的广泛应用表明，美国情境中的学者总体接受了这种假设。这对他们来说并不奇怪，因为美国宪法保护个人追求幸福的权利（Eisenhardt，1989）。因此，自利就成为可接受的一种自然的假定。按照这个逻辑，除了代理人，委托人本质上也是自利的。因此，将代理理论用于组织分析时，这种自利假定也意味着，委托人也都想要最大化自己的投资回报。

但是，人们能在多大程度上接受代理人和委托人的自利假设取决于不同的情境。情境中的制度安排和文化价值观可能会使自利、理性、对风险态度的假设变得无效或者不切实际。Su et al.（2008）观察到，一些情境对不同委托人具有相同利益取向的假设提出了挑战。特别是在中国，"股权集中通常反映了国家对企业的控制，而在西方情境下，股权集中是指公司由机构投资人所有，如养老基金、共同基金、公司和银行"。国家所有制企业的董事代表了国家，他们"给自己的角色作用塑造了一种强有力的理想化形象"。他们的利益不同于那些个体投资人和非政府部门持股者的利益，非国家部门的董事在使管理者与国家利益一致方面的力量有限。基于对中国制度环境的深度了解，作者提出以下假设：所有权集中度（强国家所有制）和管理层薪资水平、董事会规模及独立董事数量之间存在 U 型关系。

有着开放市场、自由竞争和个人主义取向的西方情境是结构洞理论的基础（Burt，1992）。在该情境中，个人网络中结构洞多的个体拥有更多独特的信息和资源，更能获得事业上的成功，因为对这种资源的垄断就是权力的来源。竞争性的职业市场接受并期望个体自利地、策略性地展开资源竞争。但是，集体主义社会和高承诺水平的组织却摒弃竞争行为，更看重合作行为。正如 Xiao & Tsui（2007）所指出的，"在有着类市场文化的市场和组织中，占据结构洞的掮客可能会如鱼得水，然而集体主义取向的环境却看重那些和情境的核心价值观一致的行为"。于是，他们提出"结构洞的好处在集体主义国家文化及有着高承诺水平的组织中较难实现，后者是集体主义在组织层面的表现形式"。作者假设，在一个重视合作的情境中，个体社会网络中的结构洞会对其事业发展产生负面而非正面的影响，这与西方情境中观察到的积极影响恰恰相反。该假设在国家层面和组织层面都得到了支持。

人生发展理论也是由特定情境化研究发展出来的理论。如西方的自我认同理论（ego identity theory）(Erikson，1968)、人生结构理论（life structure theory）(Levinson，1986) 等理论假设个体发展的最终目的是自我实现。而儒家的人生角色转换思想则提倡，"古之欲明明德于天下者，先治其国；欲治其国者，先齐其家；欲齐其家者，先修其身"（《大学》），"穷则独善其身，达则兼善天下"（《孟子》），人生存在角色转换，且与一定条件相关。近年来，中国越来越多的私营企业家被选举为各级人大代表和政协委员，基于对这些情境和中国文化的深入理解，Li & Liang（2015）整合西方人生发展理论和儒家人生角色转换思想，推理得出，在成功的前期阶段，私营企业家寻求政治参与的行为主要出于亲自我动机；而在取得经营成功后，主要出于亲社会动机。Li & Liang（2015）开展了两个研究，均支持了该理论，说明西方出于自我实现的人生发展理论并不能完全适用于中国情境。

上述讨论显示，特定情境化研究在发展理论时，情境特征往往是基本前提。该类理论的有效运用需要我们对原理论内含的情境假设，以及该理论应用在新情境中时这些假设的效度都有深刻的洞察。知识的创造是整体性的，当我们开展特定情境化研究时，需要了解相关理论的情境假设，通过"使熟悉的变得新颖"和"使新颖的变得熟悉"的对话策略，建立知识间的联系。在开展特定情境化研究时，Su et al.（2008）、Xiao & Tsui（2007）、Li & Liang（2015）都运用了两种对话策略。Tsui（2004）给出了更多例子，说明情境化过程是如何改善理论假设的以及如何进行理论对话的。

4.2.2　限定情境化研究

正如上文所说，情境可能会改变一个现象的意义或水平，也可能会改变现象之间关系的强度甚至作用方向。一个嵌入化情境的现象是指其在不同情境中有着不同的表现形式，包括大小、意义或关系等内容。开展嵌入情境化研究时，情境具有理论上的作用，通常以调节变量的角色出现，这是限定情境化研究，也可能以自变量或中介变量的角色出现，这是泛情境化研究。一般来说，嵌入情境化研究需要在两个或两个以上情境中进行跨情境比较研究（Tsui，2004）。跨情境研究总是始于现有理论，然后在新情境中对该理论进行修改和拓展。因为将不同的预测视为情境的函数，所以大多数跨情境研究需要一定程度的情境化过程。泛情境化研究还有只把情境当作背景的情况。本小节讨论将情境特征作为调节变量的限定情境化研究，下小节讨论将情境作为自变量，以及把情境当背景的泛情境化研究。

Chen（1995）的研究比较了美国和中国员工的奖励分配偏好，为我们提供了一个很好的限定情境化研究的例子。基于对中国情境的充分了解，Chen（1995）对中国奖励分配规则的偏好提出了反直觉的假设，他推理认为，经济改革及打破"大锅饭""铁饭碗"意味着中国员工在奖励分配时，不管是物质的还是情感的奖励，都更倾向于公平（equity）法则而非平等（equality）法则；而美国员工则倾向于在分配情感奖励时采用平等法则，在分配物质奖励时采用公平法则。Chen（1995）还发现，在中国员工奖励分配偏好的文化价值观中，经济目标占主导地位。作者如果对中国的经济改革及其影响，以及对美国情境现象与理论没有深刻的认识，就不可能对中国的组织行为有如此见地。

Earley（1993）的研究发现中国经理（高集体主义取向）单独工作或在群外（out-group）工作时表现不如他们在群内（in-group）工作时好。（事实上，所有参与者都单独工作，但实验设计让他们产生群内或群外工作的感觉。）美国经理（高个人主义取向或低集体主义取向）在群内和群外工作时的表现都不如他们单独工作时表现好。该研究显示，个人的文化价值观（个人主义还是集体主义），改变了组群身份和绩效之间的关系。

在另一个跨文化研究中，Brockner et al.（2000）进行了一系列的实验，让参与者模拟交易或谈判活动。他们的系列研究共同证实了，参与者对交易或谈判结果的赞许程度与参与者对继续类似交易或谈判的期望程度之间的正向关系被参与者感知到的交易或谈判过程公正程度所减弱；进一步地，在相依型自我解释取向（interdependent self-construal）的中国大陆和中国台湾地区的样本中，这种弱化作用变大；而在独立型自我解释取向（independent self-construal）的美国和加拿大的样本中，这种弱化作用变小。实验不仅以国家或地区作为自我解释取向的代理变量，而且还测量了参与者的独立型自我解释取向的高低。他们还发现，国家或地区作为文化代理变量的调节效应是通过自我解释取向的中介而起作用的。

在 Chen（1995）、Earley（1993）和 Brockner et al.（2000）的研究中，作者都用情境变量来解释变量间关系的变化。在 Chen（1995）的研究中，该情境变量是经济改革，如果研究者对经济改革及打破"大锅饭""铁饭碗"的现象缺乏深刻了解，那么可能会产生一个一般性的文化推理，比如中国是集体主义取向的国家，从而中国人偏好平等法则。在 Earley（1993）的研究中，情境变量是集体主义：文化情境塑造了个体的自我构念，而这种构念又会调节某种工作情境对工作产出的影响。在 Brockner et al.（2000）的研究中，情境变量是自我解释的文化特征：在社会交换过程中，不同的自我解释取向（个体独立与互依）会影响人们对社会交换过程和交换结果的理解，从而影响人们继续对类似交换活动的期望程度。

Earley（1993）的研究还阐释了情境是如何与个体特质相互作用，影响个体反应的。Mok & Morris（2010）的研究更清楚地展示了这种个体—情境的交互作用。研究者在不同情境中考察了对二元文化认同的整合程度不同（bicultural identity integration）的亚裔美国人的创造力水平。二元文化认同感是指个体在多大程度上将两种文化作为其个体认同感的来源。例如，住在美国的中国人可能会同时接受两种文化，他们会把自己既看作美国人，也看作中国人。有着较高二元文化认同感的那些人无论在美国文化环境中还是中国文化环境中都不会感到别扭，也能根据当地的文化规范来调整自己的行为。而那些具有较低二元文化认同感的人把自己看作只具有一种文化身份的人，当他们身处和自身主流文化身份不同的环境中时，他们会做出有悖于当前文化情境的举动。例如，一个有着较低二元文化认同感的中国人在美国环境下的表现会更像一个中国人，因此，他们的行为反应是个人特质和情境的共同作用。在实验中，Mok & Morris（2010）通过情境操控，证实了在美国情境中，有着较低二元文化认同感（相对于美国人身份认同有着更强的中国人身份认同）的中国人比那些有着更高二元文化认同的中国人表现出更低的创造力水平。

上述研究表明情境可以改变个体对相同刺激的反应。尽管所分析的刺激及反应的类型不变，但是反应的内容却随情境改变而有所不同。这种不同（如绩效水平）可能是由于在不同情境中（如个人主义与集体主义）个体对刺激物赋予了不同的意义。如 Earley（1993）中的群体工作安排，对个人主义者来说，群体工作可能意味着减少个体自由度，降低个体对结果的可控程度。在此类研究中，情境的一个具体方面为面对群体工作安排的个体所持有的个人主义价值观水平。这类研究找到了减弱或增强理论假定预测效度的条件，从而拓展了理论的适用边界。

然而遗憾的是，大多跨文化或限定情境化研究都倾向于将国家作为一个代理变量，却不是直接测量情境中国家层面或个体层面的文化因素［Brockner et al.（2000）的研究算是例外］，但可能这些因素才是造成不同反应的原因（Tsui et al., 2007）。鉴于情境是多样化、多层次、多中心且构造式的，用国家作为代理变量来刻画情境着实笼统而无力。情境中的许多因素都能解释我们所观察到的变异，如果不能捕捉这些因素，这样的研究是无法对理论的澄清和推进做出贡献的。总之，进行跨文化或限定情境化研究时，研究者需要对情境有深刻的了解，并能够直接测量理论及假设中所提到的情境因素。

4.2.3 泛情境化研究

泛情境现象意指该现象对于不同类型的情境都是有意义的，并且有着相似的表现形式。一个现象是否属于泛情境化，或者该研究能否得出通用的知识，都取决于研究者是否对所涉及的情境（包括理论产生的原情境及理论应用的新情境）有深刻的了解。

这一类研究通常会先给出一个看上去很普遍的现象。例如，Tsui et al.（1995，1997）曾研究了美国20世纪80年代后期及90年代早期的员工—组织关系（employee-organization relationship），也称雇佣关系。其研究动因源于作者们对一个企业实践现象的观察，即诸如通用电气、IBM等一些过去几十年中都提供了稳定就业岗位的大公司开始大规模裁员，与此同时，这些公司又要求他们的员工付出更多努力、承担更多责任，这使得雇佣关系从原先的"相互投资型"转变成"准契约型或者短期的经济交换"。Tsui et al.（1997）调查了4个竞争激烈的行业内10家公司中85种不同工作类型的员工，发现在竞争激烈的行业内，即雇佣关系变化最显著的情境里，存在4种类型的雇佣关系，其中相互投资型最易提高员工的组织承诺和工作绩效。

大约在上述研究开展的同一时期，中国也开始了经济和企业改革，稳定的、长期的雇佣关系（俗称"铁饭碗"）也发生重大变化，转变为短期的雇佣契约（Wang et al., 2003）。外商的涌入及民营企业的崛起也催生了新型的雇佣关系。基于雇主期望和激励的变化，许多在中国的研究也都验证了在美国情境中存在的4种雇佣关系（Hom et al., 2009；Wang et al., 2003；Zhang et al., 2008）。另外，如交换理论所预测的，研究者发现相互投资型的雇佣关系具有最佳的公司绩效、员工对组织的信任及员工对组织的承诺；还发现在社会结构视角下，相互投资型的雇佣关系具有最高的团队创造力，尤其是员工面对复杂工作时，其作用更强（Jia et al., 2014）。

以上关于雇佣关系的研究不仅仅是验证了美国情境的研究结果，而且将预测上升到公司层面（Wang et al., 2003）、将结果拓展到信任角度（Zhang et al., 2008）、找出社会交换以外其他的中介机制（Hom et al., 2009）、运用新的理论视角（如社会结构）探讨了新的重要的结果变量（如团队创造力）（Jia et al., 2014），从而进一步发展理论。这些研究的目的在于修正和拓展理论、检验现象的理论外延。如果该现象在新情境中的切题程度不亚于理论开发原有情境中的切题程度，那便是泛情境化研究。如 Hom et al.（2009）对理论做出的修正是，除了社会交换，工作嵌入也会在相互投资型雇佣关系对员工承诺的影响中发挥中介作用。他们的目的是"用中国经理来评估雇佣关系的价值……从而使在美国和日本所发现的社会交换中介作用的证据适用于多种情景"。他们解释说"以中国企业为样本，研究工作嵌入增加了全球关于员工留职的知识，揭示了中国企业留住稀有人才的战略……并与西方种族中心主义（ethnocentrism）的人员流动模型互补"。Jia et al.（2014）变换已有的社会交换和工作嵌入的理论视角，引入一个重要的新的结果变量——创造力，在工作团队层次，从社会结构视角来考察雇佣关系对创造力的影响，在中国情境下（以高新技术企业为样本）拓展了理论的解释力。

在新情境中考察泛情境现象的另一个例子是 Fu et al.（2010）的领导价值观研究。这些作者发现，因为下属期待变革型领导关心集体福祉而非个人利益，所以当变革型领导缺少自我超越价值观时，他的下属会有负面的反应。作者用塔尔科特·帕森斯（Talcott Parsons）的行为理论（Parsons, 1937）来解释当领导外在表现和内在价值观不符时下属的反应，他们认为这种影响是普遍存在的，但是在中国"人们对领导的集体主义倾向抱有很高的期望，那些自我利益驱动的领导不会受到尊重"。因此，"与其他情境相比，中国提供了一个理想的情境，用以检验领导背离社会期望时，下属对其变革型行为的反应"。尽管研究在中国情境中开展，但是研究发现这一理论"对其他地区的领导来说也适用"，不过以上所提到的猜测都还有待验证。

Kapoor & Klueter（2015）以医药行业为研究情境，关注在获取癌症治疗的两个主流技术（基因治疗和克隆治疗）时，技术投资的四种战略模式——内部研究、合同研究、研究联盟和技术并购——的有效性差异。这是一个基于医药行业的特殊情境的研究，这个研究情境的特征是：从技术研发开始到产品化、商业化（最终上市）的过程十分漫长且带有不确定性，用于比较的两个主流技术具有情境特殊性。但作者抽取了这两种技术的核心特征和底层逻辑，将基因治疗技术定义为颠覆式创新（disruptive innovation），将克隆抗体技术定义为渐进性创新（sustaining innovation），将漫长的产品开发过程划分为研究和开发两个阶段，运用全球 50 强医药公司 1989—2008 年获取这两种技术的面板数据，通过对于四种战略模式的两两比较，回答哪种模式更能促进产品成功（即走向商业化），以及何时上游的研究投资会由于下游的组织惯性而失效（即无法商业化）。作者构建了一个泛情景化的理论，揭示企业投资新技术时的适应—僵化之谜（adaptability-rigidity puzzle）。

上述研究表明，即便是分析泛情境的现象、运用适用范围广的理论，都需要了解和考虑现象的背景——情境。情境不是待分析现象的一部分，也不是用以解释现象的理论的一部分。情境的相关知识能让研究者更清楚地阐释通用性理论的内涵和作用机制。当研究者在一个新的情境中检验或开发某个一般理论时，许多人都会犯假定情境与新情境不相关的错误，其实情境的相关性在于该理论在这一情境中的意义、内涵及重要性，在宣称该理论具有意义、十分重要、不随环境改变之前，我们有必要掌握扎实的情境知识。

上述讨论的是把情境作为背景,其实,在泛情境化研究中,情境还可以作为自变量或中介变量。Luo & Chung(2005)便是把情境作为自变量进行分析的最好的例子之一。他们研究在中国台湾地区制度转型前后两个时期排名前 100 的企业集团的特殊关系纽带(particularistic ties)对企业绩效的影响。中国人通常把自己的社会关系看作一个同心圆,最内层是有血缘的家庭成员,中间层是"熟人"(朋友、战友和同事等),最外层是"生人";他们据此把企业集团内部的关系划分成家庭连带、朋友连带和一般连带。他们的研究表明,在制度转型时期,企业集团内部的家庭连带和朋友连带有利于促进企业绩效,而一般连带没有显著效果;家庭连带对企业绩效的促进作用呈倒 U 形,即企业绩效达到一个极值后,家庭连带会对其产生负面效果。在这个研究中,虽然解释这些关系的逻辑是制度理论和交易成本理论,但由于他们对情境(此处是社会关系)有着深刻理解,从而可以对社会关系进行刻画和细分,研究它们在制度转型时的差别性作用。

把情境刻画为中介变量的一个例子是 Zhou et al.(2007)关于"天生全球化"(born-global)的中国中小企业国际化的绩效研究。在中国,社会关系网络事实上是互惠、信任和相互依赖的系统,通过社会关系网络可以获得诸如外国市场机遇的信息、建议和经验教训、关系网络中推荐等好处,从而可以帮助中小企业减少在国际化过程中的一些障碍,降低一些成本。因此,他们把社会关系网络作为中小企业国际化与其绩效关系的中介变量,并以中国东部地区的中小企业为样本,验证了社会关系网络的中介作用。

把情境作为研究模型中的自变量或中介变量,不仅需要研究者对情境理解深刻,而且需要研究者找到恰当的、切题的概念来刻画情境,并直接测量这些变量。这类泛情境化研究没有改变现有理论的预测,而是细化了现有理论在新情境中的运行状况,提供了泛情境理论。

4.3 特定情境化研究的要素

我们可以从"不是什么"的角度,尽可能地理解高质量的特定情境化研究(Tsui,2004,2006)。首先,特定情境化研究不是测试现有理论或模型(主要是西方的)的适用性。虽然通常来说,从现有理论或模型开始初步分析新问题(并使新颖的变得熟悉)是一种良好的做法,但研究者不应受到现有理论或模型的限制,对超出现有理论或模型边界的有趣或独特问题视而不见。因此,进行高质量特定情境化研究的第一条经验法则是,充其量将现有知识视为初步知识,让观察以问题而不是先验框架为指导。其次,高质量的特定情境化研究并不是为了证明使用非西方样本的合理性。研究不应侧重于证明非西方样本的合理性,而应侧重于样本的独特属性以及这些属性如何影响所研究的问题。再次,特定情境化研究并不是翻译现有测量、效仿现有方法。现有测量和方法可能是一个起点,但研究者必须确保测量和方法在新情境中有意义,甚至在新情境中发展新测量和新方法。最后,特定情境化研究不是比较或跨文化、跨情境研究。比较或跨文化、跨情境研究至少涉及两个国家、文化或情境。特定情境化研究旨在了解特定情境，因此必须避免涉及在未知维度上可能不同的两种或多种情境。

从某种意义上来说，如果没有特定情境化研究，限定情境化和泛情境化的研究就是无源之水、无本之木。根据Tsui（2004，2006）的讨论，下面从问题、理论、测量和方法四个方面，举例说明高质量特定情境化研究的要求。问题和理论情境化强调创造有用的知识，测量和方法情境化强调创造可靠的知识。

4.3.1 问题的情境化

高质量特定情境化研究是以解决情境问题而贡献新知识为目的，并不以解决现有理论或模型的缺陷、填补缺口为目的。高质量特定情境化研究是解决问题（problem-solving）而不是解决难题（puzzle-solving）的科学活动。所以问题情境化是高质量特定情境化研究第一要求。

本章开篇所举的几个例子都是问题情境化的典范。比如人际关系理论，梅奥（2016）发现"我们的行政管理方法指向的都是保证物质的有效供给，却没有在维系协作的问题上下功夫。大量发迹于战争年代的技术成就表明我们的工程师确实知道如何通过组织获得物质利用的最高效。但是缺勤、劳工周转、非法罢工等问题的存在都表明我们其实并不知道怎样获得自发的合作"。他带领所开展的系列研究，"目的是从根源上更深入地了解人际关系，同时探索促进人际关系和谐发展的方法"。再如承诺升级理论（Staw，1976，1981），巴里·斯托（Barry Staw）回忆道，"推动我做这件事（指承诺升级研究）的力量，并非关于内在动机的文献，而是每日在《纽约先驱报》读到的，关于美国在摆脱越南战争时所遇到的困难，以及我在研究生院以前的研究和个人经历。"（史密斯和希特，2016）

我们搜集了当前世界领先的10所大学①人力资源、组织行为、战略管理和组织理论领域中105位学者2018—2020年所发表的和未发表的322篇论文、著作和书中章节，阅读每篇的题目和摘要（有的阅读全文）。通过主题分析，我们发现，西方社会问题、工作场所的道德问题、战略过程、创新创业、工作场所的行为、新技术新模式、人力资源管理等主题最受关注（贾良定，2021）。比如，西方社会问题，如性别、种族、歧视、不平等，这是西方学者探讨的永恒主题，10所学校的31位学者的64篇论文探讨该主题。如家庭妇女的文化导致女性不能正常参加工作；白人女性交往其他种族男性会受到社会惩罚；根据大数据分析，黑人在投票场所等待时间更长；等等。再如，工作场所的道德问题被9所学校的24位学者的37篇论文所讨论。如道德洞见，碰到道德两难时可以通过洞见，在更高层次上化解两难困境；数据时代的情绪宣泄；机器和机器人的道德问题等。许多研究都是针对情境中的问题开展探索。

---

① 10所大学分别是美国的哈佛大学、斯坦福大学、芝加哥大学、麻省理工大学、哥伦比亚大学、耶鲁大学、宾夕法尼亚大学、西北大学，以及英国的牛津大学、剑桥大学。

有关中国管理研究的文献中，有一些问题情境化的优秀范例。包括研究计划经济向市场经济转型（Boisot & Child, 1996; Nee, 1992），分析中国工人奖励分配偏好的变化（Chen, 1995）等。这些研究的作者首先主要是想了解动态情境下的独特问题，其次是将中国与其他情境进行比较。对这些特定情境下的特定问题的研究，可以增加整体管理知识。

显然，研究特定情境现象的特定问题需要对情境有深入的了解，需要"接地气"。这些研究者都是通过花大量时间观察，与当地企业及其管理者互动，或者与对情境有深入了解的学者合作来获得这种知识的。Campbell et al.（1982）在《研究什么》（*What to Study*）一书中提出了许多实用的方法，帮助学者确定有意义的问题。这些方法包括阅读流行杂志和报纸，了解新闻媒体所关注的管理问题；在高管教学课堂上与经理和员工交谈；与管理咨询者和顾问交流讨论；与当地学者交流讨论等。如果有可能，我们建议研究者在组织内部进行参与式和非参与式的观察，以获得关于这些公司内部日常管理的第一手资料。这些不同程度"接地气"的方法可能会揭示出那些对于没有深入交流或没有参与观察的人来说不清楚、不明了的重要问题，以及有文献中没有的问题、概念或主题。

4.3.2 理论的情境化

理论建立在情境隐含的一套假设和逻辑之上。例如，公平理论是建立在个人内部的投入产出平衡和与其他从事类似工作的人的社会比较之上。不同情境对公平概念的理论是不同的，因此将这一理论不加选择地迁移到不同情境，可能会带来毫无意义甚至错误的预测。例如，对所有人一视同仁在集体主义文化中是公平的，但在个人主义文化中是不公平的。这是因为，集体主义背景下的基本文化假设是，任何结果都是个人所属团体的成果，即使这个结果是一位个体成员行动的结果，这位成员也不可以独占成果。这种群体性的结果归属会影响"公平"的概念。而在个人主义文化中，即使强调团队，结果也归属个人。虽然该理论还有更细微的分情境的讨论，但是我们想表达的是，在情境A中发展起来的理论，用于分析情境B中的相关现象时必须被情境化。

理论的准确情境化需要对原情境和新情境的假设和逻辑有准确的认识。比如之前引用的O'neill & Rothbard（2017）的研究，以男性员工占比超过95%、工作时间极其不规律（需要24小时随叫随到）、工作充满危险性（进而情绪压力大）的消防行业为研究情境，构建的这一行业特殊的企业文化模型，与传统的组织文化模型从底层到表层不同的表现内容不同（Schein, 1990），他们提出了两维度文化论——欢乐（joviality）和同志式爱（companionate love）。

又如Palmer & Barber（2001）构建了一个美国公司并购的社会阶层理论。他们提出，与传统的公司决策目标初衷是有利于公司不同，公司也可作为管理者实现个人需要的工具，他们运用美国20世纪60年代的并购浪潮作为情境，构建了一个管理者通过实现更多的并购实现个人阶层提升的"并购的社会阶层理论"（social class theory of corporate acquisitions），并得到实证数据支持。以往并购理论是把公司作为行动者，将做出公司并购决策的管理者（如 CEO）作为工具来为行动者服务；而该理论则相反，将管理者作为行动者，将公司作为满足行动者个人诉求的工具。这一研究基于 20 世纪 60 年代美国的公司并购情境，得出了与以往并购理论和文献迥异的理论。

构建理论需要具备从大量的定性和定量数据中抽象概括的技能，这些数据具有高度情境内涵。情境知识和概念能力对于发展有效的理论都是必要的。对此，Whetten（2002）提供了有用的指导。首先要非常熟悉数据（定性或定量），画出方框（可观察的构念）、圆圈（不可观察的构念）和箭头（构念之间的联系），构建模型图。然后就是要解释这些方框和圆圈的选择是合理的，并阐明这些联系背后的逻辑。这是一个反复的过程，在"模型图"和"数据"之间来回穿梭，直到对模型图和相应的解释都完全满意为止。数据表明了哪些构念？哪些数据可以支持这些构念？箭头是否应该指向另一个方框或圆圈？箭头的方向是否应该倒过来？什么因素会改变两个构念之间关系的强度或方向？在所有的方框和圆圈中，哪个是最重要和最新颖的？如果删除一个方框或圆圈，模型会不会更有趣或更有意义？发展一个理论就像艺术家创造一个视觉图像，揭示一个令人惊讶、引人入胜的现象。正如 Weick（1995）所说，一个好的理论既能为观众提供信息，又能让他们感到愉悦。

4.3.3 测量的情境化

关于"构念效度"，有许多文献讨论这一问题，本书第 14 章专门讨论测量问题。一般来说，通过回译程序（back-translation）（Brislin，1981）使用现有的、经过验证的测量方法是可行的。虽然准确的翻译是重要的和必要的，但它并不足以支撑在新的情境下测量的有效性。对于特定情境化研究，有效测量需要情境化（Farh et al.，2006）。

测量的情境化有两个层面。第一层是确保已有构念在新情境下是有意义的。这对于那些意义深受情境的社会和文化传统影响的构念尤其重要。例如，不同情境中政治技能、工作场所中的公平、冲突或信任的内涵是什么？比如，庄瑷嘉等（Chuang et al.，2015）对"个体—环境匹配"（person-environment fit）概念的探究：儒家文化从关系主义（relationalism）来定义自我（selfhood），这与从个体主义（individualism）来定义自我有很大的不同。儒家关系主义的核心是"仁"，意味着"自我适应他人需求以达到人我和谐的一种完美状态"。人们"不仅把自我看作关系的中心，而且是不断演化的动态体"。基于这样高度情境化的理解和思考，作者运用质性研究方法，访谈了 30 位不同背景的成年员工，发展了"个体—环境匹配"的中国情境模型。他们发现了五个主要维度：① 工作胜任力；② 工作上的和谐关系；③ 生活方面的平衡；④ 工作上不断学习进步；⑤ 工作上的落实程度。

第二层是发展一套情境化测量方法，其中包括一些与现有文献中类似的维度，以及一些在当地情境中特有的维度。前者被称为客位的（etic），后者被称为主位的（emic）。在樊景立等（Farh et al.，1997）的一项研究中，他们采用了 Organ（1988）对组织公民行为的定义。他们向中国台湾地区的员工解释了这个定义,并要求他们在自己的公司中找出符合这个定义的行为。后续在中国大陆的研究中,樊景立等(Farh et al., 2004)使用与中国台湾地区研究相同的定义和研究程序。他们开发了一套组织公民行为指标,这些指标与中国台湾地区以及现有的西方文献中的指标有一定的区别。

在致力于问题情境化和理论情境化的努力中,可能会产生新的构念。例如,罗家德(Luo, 2005)提出的"报"(pao)的概念。"报"与Gouldner(1960)提出的"互惠"概念是否相同?研究者可以构建"报"的理论模型,发展其测量工具,并将"报"的概念与其他情境下的等同概念进行比较。这也是从特定情境型研究出发构建新概念和新理论,经过限定情境型研究,贡献整体组织管理知识的路径。

4.3.4 方法的情境化

组织和管理研究通常采用问卷调查、实验、个人访谈、案例研究、参与式或非参与式观察、查询现有数据库(如公司员工记录),以及查询档案资料等方法进行研究。在不同情境中运用这些方法,需要根据情境进行调整。比如研究表明,中国人很谦虚,他们通常不会采取极端行动或表明极端立场(Farh et al., 1991)。这种倾向会如何影响他们在问卷调查或个人访谈中的回答?中国人也讲"面子",因此他们通常也会避免直接批评和明确拒绝某项要求。此外,对权威的遵从可能导致他们从不拒绝任何有权威或有地位的人的要求。相反,他们会以谦虚的方式遵从要求。这种倾向会如何影响他们所提供数据的质量?作为一种高情境文化,中国人对他们所处的社会环境很敏感,因此可能更容易受到社会线索(诱因)的影响。与西方人相比,中国人之间的"共享心智模式"的可能性是否更大?这种倾向是否会减少数据中的方差,并削弱个体在我们感兴趣的概念上的真实方差?在同一组织的员工中,避免极端情况发生的倾向和共享心智模式的出现,是否会带来更多的共同方法偏差?应该研究当前数据收集和观察方法的潜在局限性,以确定研究方法中的情境化是如何以及在哪些方面是必要和可取的。

一方面,阅读、学习和模仿现有文献中使用的方法,可以提高读者的吸收能力,因此对于知识转移是必要的。同时,模仿也是知识转移和知识创造的良好起步。在我们学习和模仿的同时,我们必须发现并探讨现有工具的局限性,努力创造新方法。

另一方面,我们鼓励学者对情境化问题进行跨学科讨论。心理学家、社会学家、历史学家、人类学家,甚至经济学家都可以帮忙解决研究情境化问题。除了组织管理相关研究,对个性、政治态度和行为、集体行动、工作流动、幸福、人口和家庭养育实践的研究也面临着如何将理论、测量甚至方法情境化的挑战。即使是同样的问题,每个学科观察和描述的视角不同,不同学科的参与者可以看到自身视角看不到的地方,理解自身视角理解不了的道理,从而可以对情境化现象有一个更好和更"准确"的理解。

同时,我们鼓励情境内外的学者持续进行对话和合作。"不识庐山真面目,只缘身在此山中",所以,我们不确定情境内的学者(局内人)是否一定能够更好地将他们的研究概念、模型或方法情境化。局外人可以质疑这些假设,并通过提出一些局内人自己不会提出的问题,帮助局内人阐明他们的经验和这些经验的来源。当然,情境内的学者可以转换自身情境,在脱离情境后"上岸"反思自己的经验(例如,通过在合作者的机构访学)。跨情境合作不仅可取,而且是成功情境化的关键。正是出于这些原因,中国管理研究国际学会(IACMR)应运而生,通过促进研究思想和经验的跨界交流、中国境内外学者之间的研究合作,来推动情境化研究,贡献整体管理知识。

4.4 特定中国情境的管理学研究

高质量特定中国情境的管理学研究需要满足"三个真":解决真问题,发展真理论,运用真方法。

4.4.1 解决真问题:特定中国情境的问题

我们做研究,必须要先问自己一个问题:这是个真问题吗?解决真问题,是科学工作者的第一要务(Mitroff, 1998)。科学界把"用科学的方法解决错误的问题"叫作"第三类错误"(Von Glinow & Teagarden, 2009)。如何才能问出一个真问题呢?对现象和情境的深刻了解,以及对理论的逻辑及其隐含假设的透彻理解,是问出真问题的必要条件。Von Glinow & Teagarden (2009) 指出,当前中国管理研究中"第三类错误现象突出,其根源在于中国学者对国外理论的边界条件缺乏了解"。下文列举一些"解决真问题"的研究例子。

四十多年来,中国经济社会发生了重大变革。中国企业如何响应宏观环境的重大变化?组织价值观与变革密切相关,是探讨组织变革不可或缺的部分。经典组织变革研究表明,价值观在组织适应过程中起到"过滤"作用,即价值观限定企业变革选择的类型与范围,因为组织成员倾向于接受与主流组织价值观一致的变革活动。在这样的理论框架下,组织似乎无法实现违背主流组织价值观的变革行为。然而,在重大社会制度转型的情境中,组织往往需要实施违背主流组织价值观的变革活动。那么,组织如何实现这样的变革?为回答这一问题,Raynard et al. (2020) 以我国从计划经济向社会主义市场经济转型时期为研究情境,采用单案例研究设计,探讨了案例中的组织如何从一个典型国有小工厂发展成为世界级电力设备制造商。该研究突出组织变革过程中的三类价值观工作,包括重整条件反射(reconditioning)、协商式废弃(negotiated obsolescence)和减少不一致风险(mitigating risks of nonconformity)。

肖咪咪等(2022)观察到在中国科技体制改革过程中,一大批组织从"事业单位"变更为"企业",却无法在"企业"的新社会身份下重塑组织身份,导致了转型失败、破产甚至被解散。而西方关于组织身份变革的研究大多是在并购、剥离及业务转型等重大战略变革情境下,围绕组织如何重塑"个性身份"展开,因此无法回答此情境下的实践难题。进而,该文章作者提出在宏观制度变迁情境下组织如何实现身份变革这一新的研究问题，并通过剖析一家科研院所成功"转型"为科技企业的过程，揭示了这一情境下组织身份变革的路径和机制。政府通过意义打破和意义赋予触发组织身份危机、推动组织身份变革，呈现出了"涟漪效果"：① 如果关系身份为危机触发点，变革将在关系身份之间进行，呈现出"关系身份1→关系身份N"的变革路径；② 如果社会身份为危机触发点，则呈现出"社会身份→关系身份→个性身份"的变革路径；③ 如果个性身份为危机触发点，则呈现出"个性身份→关系身份→社会身份"的变革路径。组织实现身份变革的意义建构方式包括接收式、选择式、反思式和前瞻式四种。

中国高铁技术被誉为领跑世界的"中国名片"。那么，中国高铁技术是如何取得成功的呢？路风（2019）认为，中国高铁已有的成就是在不完美的体制下取得的，走上自主研发道路和形成以高铁替代传统铁路的"方针"是成就中国高铁的两个关键因素，但它们不是在起点上被政策设计出来的，而是在发展过程中被塑造出来的，识别究竟是什么力量促使中国高铁发展路径改变初衷、而非事后解释直接描述其成功特征是学术研究更应该关注的问题。作者扎根于中国政治体制和社会情境，发现中国铁路装备工业的技术能力基础和国家对于推动铁路激进创新的关键作用是取得高铁成就的深层次原因，进而指出引进不是中国高铁技术进步的唯一来源，中国高铁的技术成就源于自主开发的努力。

中国企业如何走向国际市场？魏江和杨洋（2018）指出，由于文化、制度、惯例上的巨大差距，"来源国劣势"是后发跨国企业进行跨国并购时面临的巨大挑战，然而实际并购中却出现了即使克服来源国劣势获取了外部合法性却仍然无法顺利整合的困境。在此情境下，作者开始关注后发跨国企业内部合法性的问题，并从组织身份的视角深入分析7个典型案例，归纳总结了来源国劣势与组织身份不对称，组织身份不对称、并购动机和整合战略选择之间的逻辑关系。许晖和单宇（2019）发现随着新兴市场跨国企业逐渐成为全球贸易发展的新引擎，由于其缺乏品牌形象、客户忠诚度以及专有技术等发达市场跨国企业的优势，生存与发展问题异常严峻。因而，作者将研究问题聚焦于"当面临资源约束时，新兴市场跨国企业如何利用所识别到的机会进行资源'巧'配以获取竞争优势"，并通过对4家新兴市场跨国企业的多案例比较研究，识别出了"定制型""增值型""渗透型""联动型"4种有效的"巧"配策略。

4.4.2 发展真理论：管理的中国理论

科学共同体不仅能够诊断问题、提供解决方案，还要给出道理和逻辑，即为什么是这样解决的。因此，解决问题需要真理论。伪理论似是而非，不仅解决不了问题，而且会制造更多的问题。下文列举一些"发展真理论"的研究例子。

基于儒家文化和集体主义两大情境特征，Chen et al.（2015）提出了人际和谐的二元模型——促进和谐和避免破裂。促进和谐引导人们积极有效地处理分歧和冲突，以建立和谐互利的人际关系;避免破裂是工具性和自我服务的动机,以避免关系解体的负面后果,它刻画了中国人的世俗和谐观念,强调从众和避免冲突。促进和谐正向影响创造力,避免破裂负向影响创造力,对和谐的强调既可以促进也可以阻碍创造力。这些非直觉、不那么简单明了的假设揭示了对情境的敏锐认识和对和谐概念的情境化。通过对理论的情境化,能够增强理论在新情境下的有效性,得出反直觉的假设,并提高了理论预测的准确性。

Wang & Luo(2019)给企业多元化提供了中国理论。制度理论认为,转型期国家的企业实施多元化战略是为了弥补市场制度的缺失,而作者提出,政府在新兴市场的经济和社会发展中都有重要影响,政府官员的晋升动机是造成企业多元化的原因之一。企业多元化,尤其是进入新行业,是维持社会稳定、降低失业率的手段之一,因而在失业率较高的地区,更加重视维持社会稳定的官员(即更接近退休的政府官员)会积极推动相关企业进入新行业。这样的关系在社会更加不稳定的地区,以及管制行业中更强。

Jing & Van de Ven(2014)发展了组织变革的势理论。中国文化里蕴含的变革逻辑可以为理解组织变革现象提供更加丰富的知识。作者讨论了中国阴阳观念里与变革有关的三个重要问题:变革情境、变革过程和变革行动。通过对成都公交集团的案例研究,作者建立了在中国情境下研究组织变革的势理论,该模型强调"势"的重要作用;"应势"和"造势"的行动策略;以及"无为"的辩证性。该研究的发现可以帮助我们更好地从阴阳视角理解组织变革,并在组织变革的过程理论方面贡献出具有普遍性的知识。

Liu et al.(2017)建立了一个关于腐败的新理论。作者将腐败分为个人腐败和组织腐败。不同的文化在个体与集体的解释上存在较大的差异。在某些文化背景下,个体被认为有更大的能动性(agency),而在另一些文化背景下集体被认为有更大的能动性,最终造成人们对责任的归因差异,以及人们对不同腐败的容忍度差异。集体主义将能动性更多地放在集体上,所以对组织腐败的容忍度更低。集体主义(如中国、韩国)认为集体比个体更有能动性,而个体行为的自主性较低,较多受环境约束。

4.4.3 运用真方法:中国文化和制度元素的测量方法

研究方法要与问题和理论相匹配。在上文"测量的情境化"的基础上,本节给出几个极具中国文化特征的测量方法。在测量方法上就体现概念的内涵,而不是通过测量后的数据计算来体现概念内涵,这是测量方法上的高度情境化。

Zhang et al.(2015)在研究"(人员管理中的)矛盾领导行为"时,从概念定义和测量方法两方面进行了高度情境化。基于中国的阴阳观念和"既/又"思维方式,研究者认为世界万事万物都是由对立的阴阳两方面所构成的整体的、动态的和辩证的实体,把矛盾领导行为定义为"同时并长期地管理组织结构性的需求和下属需求,所表现的看似矛盾但相互关联的行为"。作者发展出五维度的测量量表:① 既保持距离又拉近距离;② 既维持决策控制又允许自主性;③ 既同等对待下属又允许个人化;④ 既强制执行工作要求又允许灵活性;⑤ 既重视自我中心又强调他人中心。特别地，为了更好地刻画矛盾领导行为，在测量时，问卷的每个条目都具有"既/又"的结构和特征，让员工回答"您的直接主管在多大程度上同时表现出下列描述中的两种行为"，评价尺度为0—4，分别代表"一点也不""偶尔""有时""经常"和"几乎总是"。比如"既表现出上下级的职位差别，同时又考虑下属面子问题""工作上既掌控全局，又对下属适当授权"等。① 这种测量方法与传统的单义测量条目方法不一致，很好地抓住了中国情境显著的文化特征——阴阳观念和"既/又"思维，这是积极而大胆的创新和探索。

延用这一思路，Zhang & Han（2019）基于道教阴阳观念、企业长期发展固有的悖论、"既/又"思维与整体关系认知，继续开发了"（在企业长期发展中的）矛盾领导行为"这一概念，将其定义为"旨在同时并逐渐满足企业发展中的竞争需求的，矛盾但相互关联的领导行为"。作者提出了四种看似矛盾但相互关联的，将组织要求与当前和未来的环境需求联系起来的矛盾领导行为：① 保持短期效率和长期发展；② 保持组织稳定性和组织灵活性；③ 关注股东和利益相关者群体；④ 在环境中适应和塑造集体力量。让员工回答"以下语句对于现任或前任CEO的适用频率"，评价尺度为1—5，1代表"完全不"，5代表"很频繁"。测量条目同样具有"既/又"的结构和特征，例如"确保企业目前的效率，同时考虑未来业务发展的需要""强调规范内部组织，同时强调组织系统的灵活性"等。这样的双向测量方法进一步得到了国际认可。例如，Lee et al.（2019）也应用此双向测量方法开发量表，提出上下级关系的矛盾体验这一概念，将其定义为"对上下级关系同时有着积极和消极的主观体验"。在领导—成员交换关系（leader-member exchange theory，LMX）传统七条目量表基础上，进行"双向测量"的改造，例如"我很矛盾：有时我觉得我与主管的工作关系很好，但有时我不这么认为"。②

研究发现，源自中国社会"讲人情、重关系"的关系取向的特殊主义或人治主义，导致领导会对较偏好的下属给予较多偏私，采取差别对待的领导行为。郑伯埙（1995）正式提出"差序式领导"这一中国情境下的领导概念。尽管差序式领导的概念提出由来已久，但对其的测量一直到姜定宇和张菀真（2010）基于演绎法开发出一套自陈式量表，才被广泛采纳使用。该量表有三个维度，包括照顾沟通、提拔奖励和宽容犯错，共14个题项。他们对差序式领导的定义是，在人治主义的氛围下，华人领导者对不同下属会有不一致的领导方式，并且对其较偏爱的下属给予过多的偏私。因此在测量时，用"相较于外人下属，您的主管在对待自己人下属时"作为引导语。为了解领导的差别对待程度，各测量题项均以比较法的语气陈述，例如"相较于外人下属，您的主管在对待自己人下属时，更会征询该名下属有关工作方面的意见"。参照信息和测量题项的运用都可以反映出领导者的差别对待程度。评价尺度为1—6，

---

① 完整的量表，可以联系张燕（annyan.zhang@pku.edu.cn）获取。
② 完整的量表，可以联系Allan Lee（艾伦·李）（allan.lee@exeter.ac.uk）获取。

1表示"非常不同意",6表示"非常同意"。因此得分越高,表明该领导在对待不同下属时,会有着较大的差别;得分越低,表示该名领导者对下属一视同仁,没有偏私。

4.5 结语

我们认为,科学研究是"问题—理论—证据"三位一体的探索过程。研究问题来自情境,理论是解决问题的方案。情境化既是研究工具也是研究哲学,归根结底在于其深入了解情境的客观现实,以及渴望解决该情境中的重要问题。当我们这样思考时,科学不单是在某个范式下"解决难题"(puzzle-solving)的游戏,更重要的是在一定情境下"解决问题"(problem-solving)的活动。科学的价值不在于解决难题的效率,而在于解决问题的效力。科学家如果真的在意其研究是否有益于社会,那么他们的研究必须和情境紧密结合,因为只有情境才能帮助他们开发有用且可靠的科学知识。

思考题

1. 什么是情境?情境的层次及其关系是什么?
2. 情境对现象是如何产生影响的?请举例说明。
3. 什么是情境化?如何理解情境化研究与管理知识创造和发展的关系?
4. 请举例说明三种类型的情境化研究。
5. 如何理解高质量特定情境化研究的要求,以及这些要求间的关系?
6. 为什么说"科学不单是在某个范式下'解决难题'(puzzle-solving)的游戏,更重要的是在一定情境下'解决问题'(problem-solving)的活动"?这与情境化有什么关系?

延伸阅读

Jia, L., You, S. & Du, Y.(2012). Chinese context and theoretical contributions to management and organization research: A three-decade review. *Management and Organization Review*, 8(1), 173-209.

Johns, G.(2006). The essential impact of context on organizational behavior. *Academy of Management Review*, 31(2), 386-408.

Tsui, A. S.(2004). Contributing to global management knowledge: A case for high quality indigenous research. *Asia Pacific Journal of Management*, 21(4), 491-513.

Tsui, A. S.(2006). Contextualization in Chinese management research. *Management and Organization Review*, 2(1), 1-13.

Tsui, A. S.(2007). From homogenization to pluralism: International management research in the academy and beyond. *Academy of Management Journal*, 50(6), 1353-1364.

Tsui, A. S., Nifadkar, S. S. & Ou, A. Y. (2007). Cross-national, cross-cultural organizational behavior research: Advances, gaps, and recommendations. *Journal of Management*, 33 (3), 426–478.

Whetten, D. A. (2009). An examination of the interface between context and theory applied to the study of Chinese organizations. *Management and Organization Review*, 5 (1), 29–55.

第二部分
管理学的研究方法

第 5 章

实证研究的设计与评价

梁建　樊景立　陈志俊

> **学习目标**
> 1. 了解研究设计在实证研究中的角色
> 2. 清楚研究设计的一般过程，能够根据具体的研究问题选择合适的研究方法
> 3. 掌握研究设计中的各种变异量来源，根据不同性质的变异量而采用操作或控制方法
> 4. 掌握评价实证研究优劣的效度指标概念，能够根据效度指标评价一项具体的研究设计

近年来随着商业环境的急剧变化，企业迫切需要可靠且有用的管理知识以指导实践，研究者面临的知识创造的压力也越来越大。Certo et al.（2010）针对 1988—2008 年组织管理领域研究者的发表情况进行了统计。他们发现，在这 20 年间，顶级组织管理期刊中每篇论文的作者数量随着时间的推移而持续增加，而研究者在这些期刊上发表 5 篇（或 10 篇）文章所需的平均时间从 1988 年的 5.35（6）年增加到 2008 年的 9.72（15.13）年。Daft（1995）的作者回顾了自己在 AMJ、ASQ 等期刊的审稿经历。他认为在被拒绝发表的文章中，大约有 20% 是因为研究设计（research design）不当，它们的缺陷集中体现在研究的各部分之间缺乏有效的连接，研究结论无法有效地回答研究问题。即使在已经发表的论文中也可能存在因设计不当而影响到研究结论可靠程度的情况。例如，Bergh et al.（2004）分析了 76 篇发表在 SMJ 上的文章，发现这些研究者都或多或少因为设计不当而影响了因果结论的可靠性和可重复性，例如样本选择存在偏差、在观测之前个体之间存在差异、变量间因果关系的解释方向有误、数据来源在研究中不一致等。通过严谨的研究设计创造可靠的知识是学者的首要社会责任。《自然》（Nature）组织了针对全球 1 576 名研究者的问卷调查，希望了解科学家群体对这一问题的看法（Baker, 2016）。《科学》（Science）组织了专刊，邀请了来自各个领域的专家讨论本领域研究结果的可重复性（Jasny et al., 2011）。这反映了科学界对研究结论的可靠性和客观性的极度重视，而逻辑严谨的研究设计是准确推论变量间关系、完成一项可靠且高质量研究的必要条件。因此，研究者只有进行逻辑严谨的研究设计，才最终有可能使得自己的研究结论得到学术界的认可，并最终服务于商业社会，促进社会的进步。

研究设计是指研究者对一项研究课题的结构和过程的整体安排。通过对社会现象的观察

和相关文献的总结，研究者可以发现现有的知识在某一特定领域中存在的问题和不足。以此为基础，进而确定研究问题，提出相应的假设，设计相应的研究计划、获取观测数据，对自己的判断和假设进行检验，得出针对研究问题的结论，最终完成一篇有贡献的学术论文。因此，研究设计是一个研究项目的核心环节，通过研究设计，可以将一个想法转化成可靠的知识。通过研究设计，研究者可以将一项研究的多个成分有机地整合在一起，包括回顾文献、提出问题、提出假设、搜集数据、分析数据、得出结论。好的研究设计可以将研究涉及的变量纳入一个清晰连贯的体系，有效地构建变量之间的因果关系，以此回答研究者提出的问题。

研究设计是否有效主要取决于两点：总体逻辑是否清楚，构成研究项目的各部分之间的联系是否清晰（Royer & Zarlowski, 2001）。在本书后面的章节中，读者将陆续学习到实验研究方法（第6章）、随机对照试验及准实验研究（第7章）、问卷调查法（第9章）、案例研究（第10章）和二手数据在管理研究中的使用（第11章）。这几种研究方法是实证研究搜集观测数据的主要方式，从研究设计的角度看并没有优劣之分。对于研究者来说，研究设计阶段的主要任务就是为特定的研究问题选择最恰当、最经济的研究方法。为了阐明这一观点，本章在首先阐述实证研究的哲学逻辑和性质的基础上，介绍实证研究设计的目的和一般过程，然后探讨如何根据具体的研究问题选择合适的研究方法，分析研究设计时需要控制或操作的各种因素，最后讨论评价实证研究优劣的各种效度指标。

5.1 实证研究的哲学逻辑和性质

5.1.1 社会科学中的实证主义取向

研究设计强调研究者需要针对特定的科学问题，制订恰当的研究计划以获取观测数据，就变量间因果关系做出可靠、准确的结论。这样的研究设计思路是基于现代实证科学的认识论体系而提出的。在人类的知识发展和积累过程中，曾经出现过多种不同的认识论体系，不同的认识论体系都对什么是知识及如何获取真实可靠的知识具有自己独特的价值系统和理念。因此，在了解研究设计之前，我们有必要了解实证主义（positivism）范式的哲学思想和基本理念。

自20世纪50年代以来，实证主义的思想一直主导着现代的科学范式，包括组织与管理研究。在经典文献《论实证精神》一书中，实证主义哲学的创始人奥古斯特·孔德（Auguste Comte）认为人类思辨的发展先后经历了三个阶段，即神学阶段、形而上学阶段和实证主义哲学阶段（孔德，2014）。在神学阶段，人们主要借助上帝和神灵来解释外部世界。在孔德看来，这一阶段，人类在连最简单的科学问题还不能解决的时候，关注了那些难度更高的问题，近乎偏执地去探索万物的本源，尝试解释各种现象的基本原因，以及这些现象产生的基本方式。在形而上学阶段，人类开始尝试抛弃神秘的超自然因素，转而使用本质、根本原因（fundamental truth）和其他抽象概念来解释外部世界。虽然这种依赖推理的思辨依然保留追求绝对知识的基本性质，但是它使得人类的理性获得了充分的发展，逐渐瓦解了神学的解释体系，孕育了现代意义的实证科学体系。在实证主义哲学阶段，人类在对世界的认识中放弃了纯粹的抽象概念，开始强调主观观念和外部客体的统一。不同于形而上学阶段对推论而不是观察的热衷，实证主义哲学更强调对自然界和人类社会做出审慎缜密的考察，以客观的事实为依据，找出事物之间稳定的发展规律和因果联系，从而能够理解、解释、预测外部世界。意识到人类智慧和解释能力的局限，实证主义哲学不再强调对绝对知识的追求，转而着重研究被观察现象之间存在的相互关系，强调知识创造的证伪（falsification）过程。

实证主义哲学强调真正的实证精神是为了预测而观察，基于自然规律不变性的信念，研究现状以推断未来。根据实证主义的研究范式，任何科学理论的建立都必须基于所观察到的事实（fact）。同样，观察的目的在于发展出抽象的逻辑结构，人类的知识中不能只存在各种杂乱的事实而不包含规律。实证主义传统认为客观规律和事实是现实存在的，因此研究者可以通过科学的测量，实现对研究对象的数量化表达，以此来构建事物间的因果关系，获得关于外部世界的知识。但是这一基于现实主义（realism）的假设在社会科学中受到了怀疑主义（skepticism）支持者的尖锐质疑，如Mackie（1977）认为，所有的价值判断都是人们的主观意愿在社会生活中的投射，通过社会加工最终形成了行为规范。因此，社会科学中所谓的真理和知识都是主观建构的，世界上并不存在普遍适用的价值体系。由于并不存在一个客观世界以及研究者不可避免的主观色彩，研究者无法真正客观地描述我们的社会，因此所有对社会现象的认知和解释都有可能是错误的。基于此，Astley（1985）曾经这样描述组织管理研究的性质："构成行政科学的知识体系是社会建构的产物。由于经验观察不可避免地受到有关理论先入之见的影响，组织的知识从根本上受到了主观价值观的影响，而这些价值观影响了我们所观测到的数据。真理是由理论构念和概念词汇所定义的，而它们引导我们的研究和连接我们接触的组织现象。因此研究的主要产物是理论语言，而不是客观数据。行政科学的知识不是建立在客观真理之上，而是一种人工制品——一种社会定义的产物。社会的制度机制通过赋予科学真实性的方式来强化这些由社会定义的真理。"

针对这一观点，实证哲学家区分了社会科学和自然科学的性质：在自然科学中，科学家面对的研究对象既有认识论上的客观性，又具备本体论上的客观性。例如，土星的存在及地球与太阳的距离都是客观存在的事实，它们与人类的认知无关。而社会科学的研究对象更加复杂，虽然它可以帮助研究者实现认识上的客观判断，但部分内容是由集体的态度构成的，这部分内容在本体论上是主观的（Meckler & Baillie，2003）。换言之，社会科学家要面对的研究对象主要是人，以及由人类社会实践活动构成的各种结构（如团队、组织、行业等）。思想、人类和社会实践活动之间存在着一种互动性质的双向因果关系（Hacking，1999）：社会科学家的观点和理论来自对社会现象的观察，但是这些观点和理论一旦形成之后又反过来影响了人们之间的互动，造成了社会现象的变化。这种不同于自然科学的双向互动因果的可能性大大增加了社会科学的研究难度。面对社会科学的研究挑战及怀疑主义对实证主义的质疑，以约翰·杜威（John Dewey）为代表的自然经验主义（natural empiricism）哲学家重新修订了实证主义哲学的认识论体系（Boyles，2006）。杜威认为，所谓的真理或知识只是研究的终端，人类对于知识的掌握是需要时间的。相对于知识本身，实证研究更应该关心知识是如何获取的。我们在研究中得出的结论更应该被理解为"有根据的论断"（warranted assertion）。我们对现象的每一点解释都需要有证据的支持，都需要经得起同行的检验，这应该是知识积累过程的一个重要的特征。同时，由于我们对社会现象的感知（perceiving）和了解（knowing）都发生在一个大的"情境"之中，无法穷尽真理的各种情况，Popper（1977）提出实证研究中假设检验的过程只是一种证伪的过程。如果得到的数据与研究假设的预期一致，就认为假设是可以接受的。但是，我们在一项研究中得到的支持性证据只是认识世界、获得知识过程中很微小的一步，它只能证明否认变量间的因果联系是错误的。作为对一个复杂社会系统的检验，我们得到的证据还远远不能证实变量间必然存在某种因果联系。由于我们无法在一项研究中控制所有潜在的外生变量（extra neous variables）、调查所有的样本，所以一个理论假设在实证研究中只能是得到基于概率论的支持（或暂时得到接受），而不能得到绝对的证明（Okasha，2002）。而一旦发现了与假设判断相反的结果，就有理由拒绝研究假设，重新寻求其他可能的解释。我们的知识就是在这样不断质疑、不断更新的过程中得以进步的。

与这一认识论思想相吻合，组织管理实证研究大多是从实地调查中得到数据，然后在定性或定量分析的基础上得出研究结论。在这样的研究中，我们强调得出研究结论的可靠性，即推论变量间的因果关系时，需要消除其他可能的各种替代解释（alternative explanation），同时有效地控制其他无关的、但可能会影响因变量和自变量关系的外生变量。正是因为实证研究对结论可靠性的强调，以及在社会科学中推论因果关系的复杂性，我们在研究中更加需要强调整体研究设计的角色。

5.1.2 实证研究的一般范式与因果关系的建立

基于实证主义哲学思想的影响，科学研究的主要目标在于探讨变量间稳定的因果关系，以尝试解释外部世界。在19世纪哲学家约翰·斯图尔特·穆勒（John Stuart Mill）的经典分析中，一个因果关系存在需要三个必要条件：原因（cause）在时间上先于结果（effect）；原因必须与结果有关；除了原因，我们找不到对结果的其他合理性的替代解释（Shadish et al.，2001）。在这种哲学观念的指引下，实证研究的一般过程可以用图5-1的模型表述。在图5-1中，线（a）代表两个理论构念（X和Y）之间的逻辑关系。我们需要检验的研究假设是构念X和Y之间是否存在因果关系。但由于在研究中，我们无法直接观察这些由社会建构的理论构念（X和Y），所以首先需要将它们操作化（operationalization）为可以直接观察测量的变量（即图5-1中的x与y）。图5-1中线（b_1）和线（b_2）代表构念的操作化过程。通过将抽象的理论构念操作化为可以测量的操作指标，我们就将一个抽象的理论命题转换为可以进行实证观察的具体研究假设。然后，我们搜集数据资料并运用合适的数学方法来验证x与y间是否存在显著的统计学关系，如线（d）所示。如果没有发现显著的统计学关系，就拒绝研究假设并接受虚无假设（null hypothesis），推断构念X和Y之间在现象上并不存在稳定的因果关系。若经过统计检验，我们发现x与y之间存在显著的统计学关系，但在推断X与Y之间存在因果关系前，需要剔除各种导致x与y之间显著统计学关系的替代解释以及逆向因果的可能性。经过详细的逻辑思考之后，如果我们确认推断x与y之间存在因果关系是严谨且有根据的，如线（c）所示，我们就可以接受研究假设，支持构念X与Y之间存在因果关系。最后，我们需要考虑研究的样本及所处的特定情境（包括时间、空间、研究参与者等因素）对所获得的研究结论的影响，推导研究结论是否在其他情境下也能成立。

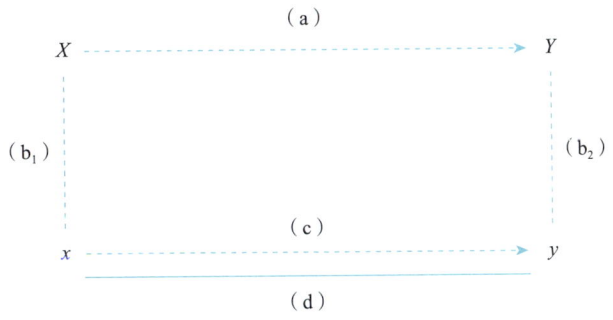

图5-1 实证研究的一般过程

资料来源：Schwab（1999）。

虽然实证研究以验证变量间稳定的因果关系、获取可靠的研究结论作为其主要目标，但是这一目标在社会科学研究领域却并不容易实现。如前所述，社会现象间是否存在着类似自然科学中客观的因果关系一直是其备受诟病的问题之一。即使我们假设的这些因果关系客观存在，社会现象中人们行为的复杂性也使得研究者很难对变量之间的因果关系进行清晰的解释和预测。因此，如何通过实证研究范式验证社会现象之间的因果联系便成了一个非常大的挑战。例如，在组织管理研究中我们经常讨论的一个研究准则是：变量间的相关不能代表因果关系。这是因为我们不知道哪个变量先出现，也不能确定是否排除了所有的替代性解释。例如，我们发现一个人的收入和教育水平相关，但是，是必须有高收入才能够负担教育费用，还是先受到良好的教育才能获得更高收入的工作？很显然，这两种可能都存在其现实合理性。在完成充分的调查评估之前，一个简单的相关性并不能说明哪个变量是先出现的。此外，相关性也不能排除两个变量（如收入和教育水平）之间关系的替代解释。两者之间的相关可能根本不是一种因果关系，一个人的智商水平或其家庭社会经济地位可能是解释良好教育和高收入的第三个变量。如果高智商使其在教育和工作上获得成功，那么聪明的人就会有较高的教育水平和收入。这时，两者都是由这个人的高智商带来的，而不是因为教育水平的提高带来收入的增加（反之亦然）。

基于对这种困难性的认识，实证研究者一般通过以下两种方式帮助验证变量之间的因果关系（Risjord，2014）：第一，通过研究者的干预主动创造因果关系，而不是被动观察。这种思路是在控制其他相关变量的前提下，通过改变一个变量 X，带来另一变量 Y 的变化，从而将变量间的相关性转为一种固定关系，以理解一个变量的变化如何引起了另一个变量的变化。在这种思路中，研究者强调的是通过主动创造差异帮助理解变量间的因果联系，其优势在于提供变量间的因果性描述（causal description）。常见的实验研究就是遵循了这种思路。但是这一思路的问题在于，当改变一个变量 X 没有带来另一变量 Y 的变化时，并不意味着 X 与 Y 之间并不存在因果联系。第二，通过探究变量之间深层的机制去解释变量之间的因果联系。鉴于社会现象之间复杂的因果联系，这种思路倾向于把变量之间的复杂联系机制看作一个因果系统（causal system），侧重于分析变量之间联系的因果动力（causal power）与因果机制（causal mechanism）。在这种思路中，研究者首先需要从自变量（cause）中分解出对因变量（effect）有效的部分，从因变量中分解出受到自变量直接影响的部分。然后在此理解的基础上，进一步识别出自变量中有效的部分是如何影响了因变量变异中受自变量影响的部分。最后，研究者借助识别中介机制的方式完成对变量间关系的因果性解释（causal explanation）。例如，Mawritz et al.（2017）的研究是说明这一思路的一个例子。在这个研究中，作者讨论了下属的偏差行为如何导致了领导的辱虐管理（abusive supervision）。基于自我调控理论，作者提出下属偏差行为导致辱虐管理的一个主要原因是主管在处理偏差行为时，消耗了太多的自我调控资源，而自我调控资源受损引起了主管的一些不理智的管控行为。除了自我调控机制，作者也意识到社会交换关系质量的下降也可以解释下属偏差行为与辱虐管理之间的作用机制。因此，他们在检验自我调控机制时，同时测量控制了社会交换机制。为了检验这样的因果解释，他们在一家物业管理公司分四个时间点采集了问卷数据。在同时控制变量间多种逆向因果关系可能性的前提下，比较检验了从下属偏差行为到辱虐管理之间的两种因果解释。对变量间关系进行因果解释是科学家（特别是进行基础研究的科学家）优先努力追求的目标之一。科学研究的目的不仅在于描述、发现一个新的、重要的因果关系，还在于努力解释这一关系为什么以及如何发生。

5.1.3 实证研究中研究者的角色

如前所述，实证研究的目的在于发展可重复、可证伪、内部逻辑一致的因果解释体系。为此，实证科学家获得知识的主要途径就是依赖高度抽象，把一个复杂的因果系统分解成离散的变量，通过高度精确的数据采集方式对变量之间的因果关系进行观察和判断，对相关解释进行检验，最终发展出适用于不同情境的理论解释体系。与以往的人类思辨不同，以实证主义哲学主导的科学研究范式有两个显著的特点：

第一，实证研究强调观察数据与理论假说之间的双向交互。在历史上，经验主义哲学家（empiricalism）大多使用观察这一方式来为自己的学说或理论寻找支持，强调对观察的使用属于理论发展的需要。而在实证研究中,科学家承认人类理性的局限,开始使用观察数据纠正已有理论中的错误。从伽利略公开使用观测数据发展日心说,挑战正统神学的地心说权威开始,研究者通过系统观察获取数据就开始成为现代实证科学理论建构的主要途径之一(Okasha,2002)。实证科学的逻辑可以通过图5-2来说明:首先,实证研究起源于科学家观察到的某种社会或自然现象。对这一现象的解释与理解应该有利于拓展人类在某一领域的知识边界或是具有某种实践功能。其次,科学家在尝试对这一现象进行解释的过程中发现明确的科学问题。如果过去的知识(现有文献)能够充分地解释所关注的现象,那么针对这一现象就不存在需要进一步研究的科学问题。而一旦确认现有文献不能完全解释所关注的现象,科学家就可以明确其中需要解决或解释的具体科学问题。最后,遵循严格的逻辑推理,研究者提出对所观察现象的尝试性解释,这就是我们常说的理论化过程,即一项研究的理论贡献之处。而研究者提出的理论解释是否可以得到支持, 则需要进一步搜集观测数据,进行假设检验。这三个步骤环环相扣,实现了观测数据与理论之间的双向交互,构成了实证研究的基本逻辑和过程。

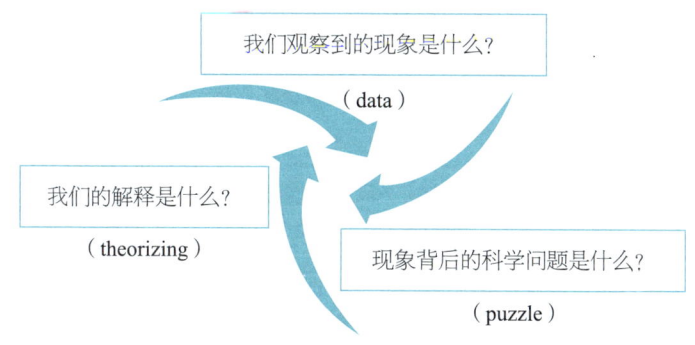

图5-2　科学研究的基本逻辑和过程

第二,实证研究强调的是研究者主动创造观测数据的能力和角色,而不是依赖被动的观察去发现外部世界的运行规律。如前所述,实证研究开始于某一个引起科学家兴趣的现象,为了验证自己对这一现象的解释是否合理,研究者会主动制造改变,然后系统地观察随后引起的变化。在这一过程中,实证科学家的任务并不是简单地记录实验结果或进行观察,而是主动地控制变量以进行恰当的因果推论。正如Hacking(1983)在评价弗朗西斯·培根(Francis Bacon)时用的一句话:"他教会了我们不仅仅必须观察自然界的运行规律,而且必须'操作'我们的世界以获得它的秘密。"不同于一般性论断,实证研究假设的理论观点需要得到观测数据的支持。当发现例外情况时,研究者要么选择修改理论,要么拒绝之前的解释,以一个新的视角重新解释外部世界。因此,在实证研究的每一个阶段,研究者都是主动的,他们需要主动去设计实验或实地调查,从中发展出我们对于这个世界的认识。研究设计是一个需要发挥个人想象力和创造力的阶段,研究者需要事先对研究的问题、测量的操作步骤、统计分析的方法、研究样本的代表性等进行周密的计划。这样得出的研究结论才能够经

5.2 实证研究设计的目的与过程

5.2.1 研究设计的一般过程

研究设计是整个研究过程的执行计划。一般而言，研究设计的基本目的有三个：①有效地回答研究问题。在实证研究中，研究问题通常是在现象观察和文献阅读的基础上，以研究假设的形式出现的。研究设计的目的就是要通过数量化的分析，为假设中涉及的构念间关系提供有效的检验，从而判断研究者的理论预期是否得到了观察数据的支持。②主动操作研究中涉及的各种变异量。研究者通过恰当的研究设计，可以根据研究问题和所需数据的类型选择合适的数据采集方法，从而有效地控制造成因变量发生变化的各种变异量，如系统变异（systematic variance）、外生变异（extraneous variance）和误差变异（error variance）。通过控制可能影响因变量变异的各种因素，研究者可以清晰地观察、推测变量间的因果关系，提高研究结论的严谨性与可信度。③满足实证研究效度的要求。通过严谨的研究设计，我们可以确保在因果关系推论中最大限度地剔除各种替代解释的影响，确保对理论构念内涵测量的操作质量，根据数据类型选择正确的统计方法，通过合理的样本选择提高研究的外部适用性，从而最终保证研究结论的可靠性。作为一个研究项目的整体蓝图，研究设计的一般过程可以用图 5-3 中的七个步骤来表述（Royer & Zarlowski，2001）。研究者在搜集数据资料前必须认真考虑这些因素，才能有效地回答研究因素，保证研究的质量。

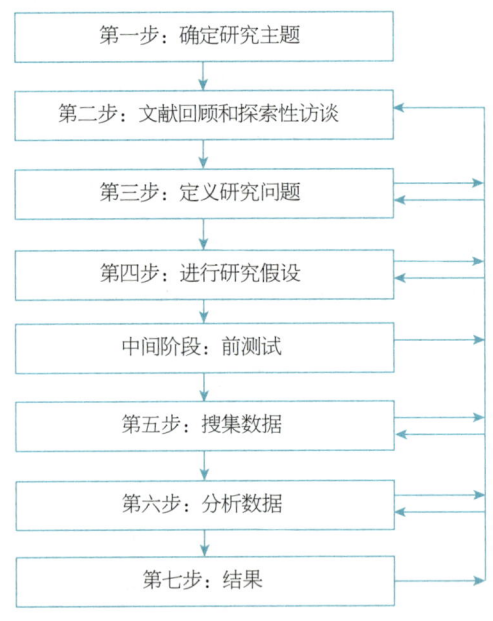

图5-3　研究设计的一般过程

在图 5-3 中，我们需要特别指出的是：研究设计是一个不断循环、不断重复的动态过程。在执行作为整体规划的研究设计时，研究者不仅可能会因为当初的研究构想不够周全而变得难以继续研究，需要做出调整，还可能随着对现象了解的深入而改变。最近搜集的数据、同事的评论、刚读到的文献或者新的搜集数据的机会都有可能使研究者的兴趣发生变化，从而调整原来的研究计划。一个经典的例子是 Meyer（1982）的研究。他起初以旧金山的医院为样本，探讨医院的环境、营销策略、组织结构和组织过程之间的关系。但在研究期间，当地的保险公司突然中止了与大约 4 000 名医生的合同，要求这些医生重新以个人名义与公司签订新合同，而保费则提高为原来的 384%。这件事引发了大规模的医生罢工。整个罢工持续了将近一个月，为医院的工作带来了极大的影响。他迅速意识到这是一个研究组织适应的绝佳机会，于是改变了自己的研究计划，重新设计了一个准实验来进行自己的研究，最后完成了一篇出色的博士论文。

在这个例子中，Meyer（1982）根据研究情境的变化，推翻了原有的研究设计，重新确定了研究主题，及时调整了所采用的研究方法。这个例子可能只是一个特例，我们在日常的研究中一般不大可能完全推翻自己的研究计划。但可以确定的是，在执行计划中研究者需要始终保持对研究问题和研究情境的敏感性。及时修改研究计划，确保研究问题和研究情境之间良好的匹配，是完成一项高质量的实证研究、创造可靠知识、有效揭示管理现象的必要条件之一。

5.2.2　研究方法的选择

在确定研究计划时，一项核心的任务是根据问题的性质选择合适的研究方法，从而有效地完成数据的采集。在这里，我们将依次讨论五种主要的研究方法：实验研究方法、准实验研究、问卷调查法、二手数据和案例研究。作为实证研究数据搜集的方式，这五种方法没有优劣之分，我们需要根据自己的研究问题进行选择。

在实验研究方法中，研究者在充分控制各种干扰因素的前提下，通过控制自变量将被试随机分配到不同的组内，观察这种控制对因变量变异量的影响。如果由于客观条件和资源的限制，研究者无法将被试随机分配到实验组和控制组中，可选择使用准实验研究。与实验研究方法不同，在准实验研究中，研究者没有对被试采用随机分配的方法，而是在自然场合下进行观察。由于研究者没有对被试与外部情境的接触实施控制，自变量容易受到外部情境的影响，所以相对于实验研究方法，准实验研究在推测因果关系时可靠性略低。但无论是实验研究方法还是准实验研究，研究者都可以通过主动创造自变量的变异，观察被试在因变量上的变化，从而有效地观察、推论变量之间的因果关系。

研究者经常使用的第三种方法是问卷调查法。它的特点是快速、有效、廉价。由于它对被调查者的干扰比较小，所以容易得到被调查企业的支持。但由于无法对被调查者进行有效地操作自变量，以及控制可能与因变量相关、但与研究问题无关的其他变量，研究者需要较大规模的样本才能保证自变量有足够的变异量。为了提高问卷调查的研究效度，我们需要准确地测量理论构念，根据研究问题在调查中加入对其他相关变量的测量，从而将这些干扰变量作为控制变量，以统计控制的方式来剔除替代解释对自变量和因变量因果关系的干扰。

在以上三种研究类型中，研究者和被试/被调查者都会发生直接联系，被试/被调查者直接向研究者提供资料数据，服务于某个具体的研究问题。但如果无法通过直接方式获得研究数据，我们可以搜集和分析二手数据。与准实验研究和问卷调查法相同，二手数据的来源不受研究者控制，因此研究者不能对研究对象进行随机分配以消除无关变量的干扰。同时，由于二手数据的搜集往往不是直接服务于研究者的特定问题的，所以在使用这样的数据去测量相关的理论构念并推论其关系时，会受到更多的误差影响。为了控制各种变量以获得清晰的因果推论，研究者一般需要大样本，同时以统计控制的方式排除各种干扰因素的影响，才可能提高研究结论的可靠程度。相对于前三种研究方式，二手数据的优势在于其客观性和可复制性比较高。

最后一种研究方法是案例研究。与前四种定量的研究方法不同，案例研究需要研究者与研究对象进行较为深入的接触，在充分了解研究对象的基础上就研究问题提供厚实的描述（thick description）和解释（Risjord，2014）。因此，案例研究的目的在于通过丰富、细致、有启发性的定性观测数据去揭示现象背后的规律和因果联系。这些定性的分析有助于研究者从现象中识别出关键的研究变量，结合已有理论尝试发展新的理论解释（Glaser & Strauss，1967）。在案例研究中，研究者很难遵循一个从假设发展到数据搜集与分析的固有程序，数据分析经常与数据搜集过程相互迭代。在这样的迭代过程中，高度抽象的理论类别逐渐浮现，并进一步指导随后的数据搜集（Eisenhardt，1989；Glaser & Strauss，1967）。因此，案例研究的核心在于从对典型事例的定性观测中逐渐发展出有系统的理论解释体系，从而指导随后对某一特定研究问题的假设检验。

再次强调，以上五种研究方法本身并没有优劣之分，对研究方法类型的选择取决于研究问题的性质和研究者对结果的预期。很多初学者容易过多地关注研究方法和数据分析的复杂性，而相对忽视了研究方法与研究问题的匹配程度。经常有人误认为研究方法的复杂程度代表了文章的质量，因而追求"时髦的研究方法"，这种理解显然是错误的。为了阐明研究方法的选择问题，Edmondson & McManus（2007）特意区分了成熟理论研究和新生理论研究的差异。在成熟理论研究中，研究者可以充分以已有研究作为支撑，发展出逻辑严密、精确的研究模型。研究问题通常关注解释、厘清或挑战现有理论的某一方面，它可能是在一个新的情境中检验理论，识别出一个理论新的边界条件，或者是检验一个新的中介解释机制。为了观测变量之间的关系，研究者可以使用实验研究方法随机操作自变量，也可以使用问卷调查法和二手数据以相关研究结果为基础进行因果推论。而在新生理论研究中，研究者关注的问题在现有的文献中很少受到关注，或者是没有得到清晰的理论加工，再或是新出现的组织管理现象。对这些问题的兴趣可能来自一个研究者预期之外的发现，也可能是对现有文献基本假设的合理质疑。由于在现有的知识框架中没有针对这些研究问题的确定性答案，这些研究问题更加适合采用诸如案例分析的定性研究方式去发展新理论，以说明一个没有被理解的新现象如何通过严谨的研究过程而逐渐被抽象出来。

当然，成熟理论研究和新生理论研究并不能完全涵盖所有的研究问题。在很多时候，研究者的探索是从不同的文献发展而来的，这种结合意在发展一个新概念或是建构一种新颖的理论关系。Edmondson & McManus（2007）称这种类型的研究为中间类型的理论研究（intermediate theory research）。这种类型的研究往往需要研究者整合定性和定量的数据，通过相互验证（triangulation）去为新的理论构想建立外部和构念效度。以下两个例子可以说明这种研究思路。

第一个例子是 Edmondson（1999）对团队心理安全感、团队学习和团队绩效的研究。在这个研究中，作者的思路来自两个成熟的研究领域——团队有效性和组织学习。首先，作者在一家提倡团队合作和学习的公司中观察和访谈八个团队，通过比较团队学习行为的高低，尝试理解它们之间为什么出现这些差异，这些团队学习行为的差异如何导致了团队绩效的差异。这一阶段的定性资料分析不仅为作者发展新的构念和测量方法奠定了基础，还使作者意识到心理安全感对于团队学习的重要性。随后，作者使用团队问卷的方式调查了 53 个团队中的 496 名成员，并由组织内、与团队有业务关系的其他部门评价每个团队的学习行为和绩效。为了增强研究结果的可靠性，作者还采用结构化访谈的方式，由一名研究助理采集针对研究变量独立的定量数据。最后，作者分析了定量数据，不同来源的数据得到高度一致的结果。定性和定量相结合的方式不仅有效地解释了团队是如何一起工作的，而且为读者呈现了数据背后的故事。

第二个例子是 Stewart et al.（2017）对团队授权计划实施成效的研究。虽然过去的研究提及团队领导会抵触授权计划，但是这种抵触背后的原因并没有得到清晰的解释。在这项研究中，作者首先利用美国退伍军人健康服务中心改革的机会，比较了医疗服务团队改革前后的绩效差异，发现具有较高地位的外科医生在实施授权计划时往往效果比较差。这一基于准实验的研究结果证实了以往的理论探讨结论。随后，作者针对这些发现进行了一系列的访谈，比较了转型成功和失败的典型案例，以了解其背后的解释机制。分析结果发现，授权计划会对高地位的外科医生造成一种地位威胁。这些医生为了维护他们的专业地位，在随后的改革中采取了不恰当的授权行为，丧失了成员对他们的信任，最终损害了团队绩效。与 Edmondson（1999）的研究不同，这个研究开始于一个定量实验研究，最后通过定性分析的方式建构了对一个特定现象的理论解释。

通过以上讨论我们可以发现，研究方法选择的恰当与否取决于它们是否与特定的研究问题相匹配。正如 Bouchard（1976）指出的，一项研究的好坏不在于其选择使用什么研究方法，而在于它能否提出正确的问题，以及能否选择最有效的方法来回答这一问题。基于这一原则，建议读者在选择研究方法时思考以下几个问题（Royer & Zarlowski，2001）：

- 这种方法适合回答我的研究问题吗？

- 这种方法可以带来预期的研究结果吗？
- 使用这种方法需要哪些条件？
- 这种方法自身有哪些局限？
- 还有哪种方法适合现在的研究问题？
- 现在选择的方法优于其他方法吗？如果是，为什么？
- 在使用这种方法时，我需要掌握哪些技能？
- 我现在掌握这些技能了吗？如果没有，我可以学到这些技能吗？
- 我是否需要其他的方法来加深对研究现象的观察？

5.2.3 研究问题与数据搜集计划的匹配

在选择恰当的研究方法之后，我们需要进一步明确应该搜集什么类型的数据，以及如何搜集数据。为了保证有效地回答研究问题，我们需要根据研究问题进行研究设计，根据研究变量的性质确定具体的数据搜集计划。如果没有清晰地界定研究问题的性质就进行数据搜集，可能会导致观测的数据无法回答研究问题。在研究设计中，组织管理学者经常需要考虑如何根据变量的性质，选择验证假设的层次（如个体、团队、公司、行业层次等），确定合适的数据来源，以设计恰当的研究方案。如果对理论构念缺乏足够的理解和清晰的认知，采集的数据就可能发生研究层次的错位，不能准确地反映研究问题，最终影响整体研究质量。下面我们通过一个实例来说明这一问题。

对企业来说，业绩起伏是家常便饭，成功与失败往往交替出现。失败是成功之母，企业可以总结失败的教训，但成功的经历会带给企业什么呢？Audia et al.（2000）认为，企业过去的成功会导致企业对以往战略的坚持，而这种坚持对于企业今后的发展却是把双刃剑：当外部环境稳定时，坚持以往战略有助于降低运营风险、充分挖掘企业能力；而当外部环境动荡时，坚持以往战略却会使得企业难以重新进行战略定位，进而延滞企业变革的速度。为了整合这两个不同观点，Audia et al.（2000）提出了两个假设：假设一，在外部环境发生突变后，拥有更多成功经历的公司会更加坚持以往的战略，而对以往战略的坚持有可能损害公司的经营业绩。在这一过程中，他们认为企业战略决策者的个人心理过程起到了中介作用。为此，他们提出了假设二，即在成功经历影响未来业绩的过程中，六种个人心理过程变量起到了中介作用：① 个人对以往成功的满意度；② 对现行战略有效性的自信心；③ 个人自我效能（self-efficacy）的提高；④ 个人目标的提升；⑤ 信息搜集的数量；⑥ 信息搜集的种类。

由以上的叙述可以发现，这两个假设不仅位于不同的层面，而且基于不同的理论。假设一主要关注企业的成功经历如何影响它们的战略选择和未来的业绩水平，以及外部环境特征的影响。因此 Audia et al.（2000）通过搜集美国航空企业和卡车运输企业的二手数据，研究了它们十年间业绩的变动情况。在 20 世纪 70 年代末，美国政府解除了对这两个行业的行政管制，造成了行业竞争格局的突变。他们通过回归分析发现，在这两个行业中既往的成功经历均会导致公司更加坚持以往的战略，而这种坚持都导致了环境突变时业绩的下滑。假设二涉及个人心理过程的中介作用，而心理过程是一个个体层面的变量。为此，Audia et al.（2000）设计了一个商业游戏来验证这个假设。在游戏中，大学生被试模拟担任一家手机公司的CEO，并针对一些战略问题，在两个阶段共13次决策中做出战略选择。在第一阶段，被试被随机分配到三种（低、中、高）成功情境中，并进行8次战略决策。每次决策后，被试都会就企业经营业绩获得反馈。由于研究者为高成功情境中的被试提供了详细的信息，这些学生做出的决策质量更高，所以企业业绩会较好；而处于低成功情境下的学生只获得了基本信息，因此他们的业绩表现相对较差。在完成前8次战略决策并接受反馈之后，研究者测量了被试的6种个人心理过程。在第二阶段，他们通知所有被试说政府解除了对手机行业的管制，一家公司原来只能在4个地区开展业务，现在它可以同时在5个地区开展业务。研究者要求被试继续进行5次战略决策。与二手数据分析中得到的结论一致，他们发现既往决策的成功导致了被试在第二阶段的决策中坚持使用以往的战略，而这种对以往战略的坚持则导致了经营业绩的下滑。同时，他们发现个人心理过程完全中介了以往的成功经历对于战略坚持的作用，其中对以往成功的满意度、自我效能、信息搜集的种类起到了关键作用。

在这个例子中，作者关心的是公司以往的成功经历如何通过影响企业家的个人心理因素，进而再影响公司的未来业绩。这一问题既包括了公司层面的变量，又包括了个人层面的变量，研究者必须制订不同的数据搜集计划才能有效地回答研究问题。通过这一例子，我们可以发现清晰地界定关键的研究变量，明确研究变量的性质和层次，有利于进一步制订具体的数据搜集计划，确定恰当的数据来源。否则，研究者采集的数据可能出现偏差，无法回答原先的研究问题。

5.2.4 数据资料的搜集与分析

在一项实证研究中，研究问题、研究方法、数据搜集和分析是相辅相成、紧密联结的（Pedhazur & Schmelkin，2003）。研究者需要首先明确具体的研究问题，结合研究问题选择恰当的研究方法，然后选择相应的数据搜集方式和分析方法。如果说研究问题指明了研究的具体现象，那么针对数据搜集和分析方法的设计就需要回答从哪里得到数据及应当如何处理得到的数据。一般而言，研究者的数据有三种来源（见图5-4）：

第一，研究者将外界可直接观察的事件或事物属性作为数据的来源，在不需要任何辅助工具的情况下，将外界信息转化为数据。在宏观战略管理领域，我们对企业行为的数据搜集大多依赖这种方式，如利用资产收益率（return on assets，ROA）和净资产收益率（return on equity，ROE）测量企业绩效等。在微观组织行为学研究中，也不乏这类测量方式。如有部分研究者在一系列的研究尝试中使用了诸如免疫力功能、上呼吸道感染及血压等指标去测量工作压力给健康带来的影响（Xie et al.，2008；Schaubroeck et al.，2001）。

第二，当研究者面对的是无法直接观察的对象（如员工的态度、动机等）时，就需要借助一定的测量工具,如通过员工填写测验量表,来实现对员工态度的数字化表达。

第三,我们也可将测量工具用于可观察的行为,如请上司评价下属的工作业绩和行为等。

通过这三种可能的数据来源,研究者可以实现客观世界和数据在实证研究中的一一对应。

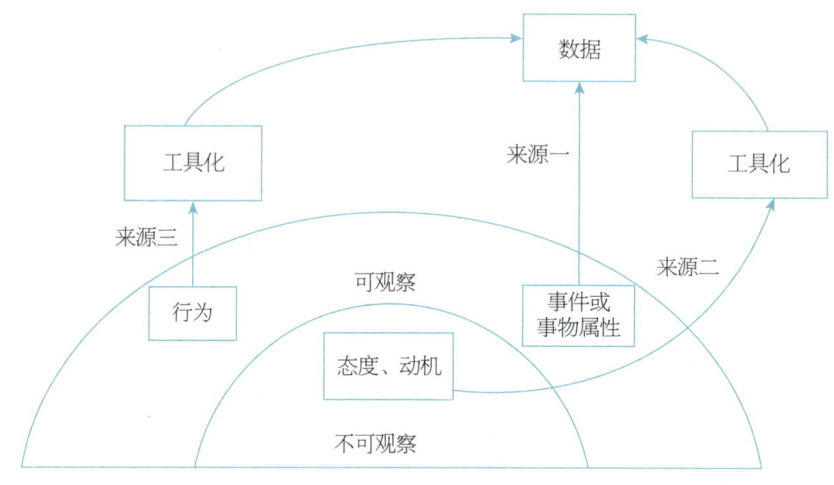

图5-4　实证研究中的数据来源

资料来源:Baumard & Ibert,2001。

需要指出的是,虽然实证主义者致力于对外部世界进行客观的描述,但是研究所依据的数据是带有主观色彩的。在上面列出的三种数据搜集方式中,第一种方式看似客观,但这些客观指标往往很难完整地测量我们的理论构念。例如,用 ROA 和 ROE 测量企业绩效时,很难从中判断企业的长久竞争绩效。对后两种方法而言,其面临的测量误差来源就更多了。例如,同一部门的两名员工在描述企业工资改革政策,或者评价另一名同事的组织公民行为时,双方提供的信息可能会有很大的差异。也就是说,就他们共同经历的事件,我们可能得到两组不同的数据。造成这个结果的原因可能有两种:双方在工资改革或与另一名同事交往中的经历不一样;双方在将事件"翻译"成观测数据时出现了差异。所以,研究者应该充分了解每一种数据来源的局限,结合选择的研究方法,恰当地选择数据来源。

数据分析是为回答研究问题而服务的,应该在研究设计的指导下进行。如果我们没有厘清研究问题、测量工具和资料分析之间的关系,我们得出的结论只能反映变量在测量和分析层面的关系,而不能有效地回答我们的研究问题(Klein et al.,1994)。对于资料分析方法的选择,应该符合研究理论和设计的要求。例如,在讨论工作满意度对绩效的影响时,如果我们希望了解员工满意度与员工绩效之间的关系,那么测量和分析应该以个体为单位。而如果我们研究的问题是部门士气对于部门业绩的影响,分析就应该在部门层面展开。由于组织管理研究的社会科学性质,这样的数据只能在个体层次由员工回答采集,但我们对数据的分析都必须以部门为单元。只有进行部门层面的数据分析,才能回答这个研究问题。同样,如果研究课题是部门士气对于员工业绩的影响,因为部门士气是部门层面的变量,而员工业绩是个体层面的变量,这时我们就应该进行跨层次研究与分析(关于这一问题的讨论详见本书的第 16 章和第 17 章)。因此,数据分析的方法是服从于特定研究问题的性质的。

在讨论了研究问题、研究方法、数据搜集和分析之间的关系后,我们可以看到,一项实证研究的核心任务就是进行恰当的实际操作以搜集所需要的观测数据,这就是我们将在下一节中讨论的变异量控制问题。

5.3 实证研究设计中的变异量控制

强调观察数据与理论之间的双向互动是实证研究的一个重要特征。在实证研究的设计过程中,研究者的主要任务是结合自己的研究问题和假设,合理控制、创造影响因变量变异的各种变异量,以提高研究结论的严谨性,进行清晰可靠的因果关系推论。在一项研究中,我们考虑的三种主要变异,包括系统变异、外生变异及误差变异(Kerlinger & Lee,2000)。我们首先来了解一下这三种变异的关系。

5.3.1 实证研究中的变量变异

我们经常可以观察到在同一家企业里,员工工作满意度会有很大的差异;在同一个行业里,公司经营业绩也差异很大。这些个体/企业之间差异就是我们在组织管理研究中需要解释的变异量。研究设计的目的在于寻找合适的自变量以清晰地实现对因变量变异的解释,如我们可以用个人收入水平的不同来解释员工工作满意度的差异。但在实际情况中,因变量的变化不仅会受到自变量的影响,还会受到其他很多因素的影响,如员工工作满意度可能同时受到组织情境、个人期望和人格特征等因素的影响。我们将这些因素称为外生变量,即在自变量以外,有可能影响因变量的因素,但这些因素不是我们目前研究关注的变量。除外生变量外,影响因变量的还有误差变异。这类变异来自各种随机因素(random factors),如被试心情、测试环境等。与外生变量不同,误差变异对因变量的影响被归结于随机性变量,并不能产生系统性的影响。我们把这些变量的关系用图 5-5 加以表示。

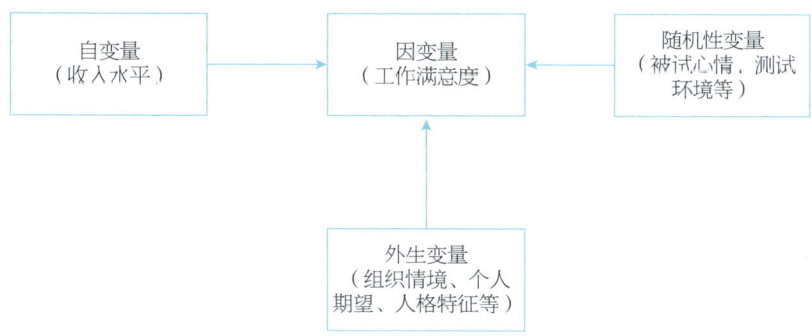

图5-5 构成因变量变异的各种因素(以影响员工工作满意度的因素为例)

从变异的角度(variance perspective)来看,研究设计主要解决的问题是如何处理因变量变异的问题。对于一个研究中因变量的变异来说，只有系统变异（因变量变异中受自变量影响的部分）才是研究者进行假设检验时需要关注的变异，而外生变异和误差变异只能使得研究者对因变量变异的解释变得模糊不清，甚至出现错误。因此，我们在研究设计阶段需要通过对变异量进行分割（partition）的方式对各种变异量的来源进行仔细地思考。通过变异量分割，研究者可以理解误差来源、明确影响研究效度的主要因素，从而恰当地控制三类变异的来源以确定自变量与因变量间的因果关系。简言之，变异量分割的思路即最大化系统变异（maximizing systematic variance）、控制外生变异（controlling extraneous variance）和最小化误差变异（minimizing error variance）。下面我们依次讨论如何通过研究设计对研究中的三种变异量进行控制。

5.3.2 最大化系统变异

系统变异是指因变量的变异中受到自变量影响的部分。在研究设计时，我们希望发现自变量对因变量的显著性影响，所以研究者需要将自变量对因变量的影响尽可能最大化。系统变异在因变量变异中占的比重越大，说明研究中自变量的影响越明显，我们也就越有机会发现支持我们假设的证据。最大化系统变异需要我们在研究设计阶段充分考虑假设检验所需要的样本，并明确对自变量的测量方式。例如，在研究收入水平与工作满意度的关系时，如在选择的样本当中，大多数人都对工作满意，或者更糟糕的情况是，他们的收入水平也相当，那么研究者得到支持性证据的可能性将非常小。

由于变量性质的不同，在研究设计中控制变异量的方法也是不同的。我们可以将管理研究中的变量分成两类：可变变量（active variable）和属性变量（attribute variable）。前者是指在设计中可以被操纵的、可以变化的变量。对这类变量，我们可以通过设计实验对其加以操纵，使得被试在实验组与控制组所处的情境有显著差异。这样我们就可以最大化系统变异，从而有机会观察到由于对自变量的操纵而引起的被试反应。例如，Stajkovic et al.（2006）通过实验研究方法研究了潜意识目标动机（subconscious goal motivation）对目标设定效应的影响。在这个实验中，研究者给被试呈现 5 个单词，要求他们用其中 4 个单词组成一个语法正确的句子。在实验组，被试需要完成的 20 个句子中大多带有与成就有关的单词，如完成、努力、达成、掌握、成功等；而在控制组，研究者选用的大多是与成就无关的词。通过这种启动（priming）的方式，研究者就在完成具体任务之前，使得被试在不知不觉中处于不同的动机水平，创造了影响因变量的系统变异。

但在许多研究中，研究者感兴趣的变量是非常难以操纵的。我们把这类变量称为属性变量，对这类变量的控制需要通过对样本的选择来实现。例如，Farh et al.（2007）考察了权力距离（power distance）和个人传统性对中国员工的影响。他们从社会交换理论出发，提出这两种文化价值观可能调节了员工在知觉组织支持后的反应：远权力距离和高传统性的员工更多地感受到自己的社会角色义务，他们的工作态度和行为也因此较少地受到组织支持的影响；

而近权力距离和低传统性的员工则更多地看重双方在交换中的对等性,他们对企业的态度和行为更多地受到组织支持的影响。在这项研究中,很显然我们无法操纵被调查对象的文化价值观。为了检验这类属性变量的效应,他们在样本选择阶段尽可能地扩大了可能影响结果的系统变异:从 27 家性质不同的公司选择员工来搜集数据,而不是在一家公司或找一群背景相似的 MBA 学生来完成问卷。由于在研究设计阶段注重了样本的异质性,他们最大可能地实现了调查对象在这类属性变量(即权力距离和个人传统性)上的差异,从而有利于在研究中观察它们的调节作用。不仅如此,通过调查 27 家性质不同的公司,他们非常有效地测量了组织支持感(perceived organizational support)这一关键变量。如果他们的样本均来自同一家公司,由于其员工所经历的企业文化、领导作风、管理政策基本相同,研究对象之间对组织支持评估的差异只能来自个体差异。样本的同质性导致我们无法实现最大化系统变异的设计要求。因此,在研究设计阶段,研究者应考虑如何根据研究问题的性质,从不同的背景中抽取研究样本,以此提高研究的系统变异。

5.3.3 控制外生变异

外生变异会系统地影响我们感兴趣的因变量,但它们却与我们的研究目的无关。换言之,产生外生变异的变量在其他研究中可能是很好的自变量,但在我们的研究中却不属于关注的焦点,所以我们需要对这类可能对因变量造成影响的外生变量实现有效的控制,将其效应最小化、抵消或者与自变量效应进行有效隔离。只有通过一定的控制手段,排除这些变量对因变量的影响,我们才能清晰地判断并解释自变量对因变量的影响。如果不能实现对外生变异的有效控制,即使发现了自变量与因变量之间具有显著性关系,我们也无法判断这一关系究竟是来自系统变异的影响,还是来自外生变异的影响。能否识别并对外生变量实现有效的控制,是评价一名研究者的设计能力、对相关文献了解程度的一个很好的指标。

为了控制外生变异,我们在研究设计方案中可以考虑三种思路:

首先,通过修改研究模型,将外生变量纳入研究设计,从而将其效应与自变量的效应加以区分。例如,在研究工作满意度对工作绩效的影响时,为了排除个体能力的干扰,我们就可以将两个变量共同加入研究模型。特别是在实验研究方法中,我们可以将两者作为设计中的分析要素,形成 2×2 多因子实验设计。通过分析它们的主效应和交互效应,来区分这两种因素对工作绩效的影响。

其次,如果修改研究模型会模糊研究焦点,那么可以考虑通过抽样的方式(如随机化、匹配参与者等)实现对外生变量的控制。常用的控制方式有三种:①排除法(elimination)。不同于选择差异化的自变量,研究者可以通过选择同质性高的样本,来排除它们对因变量的影响。例如,我们希望了解收入水平对工作满意度的影响,同时性别也有可能对工作满意度有影响,那么在取样时我们就可以单独选择男性或女性。通过使用同质性高的样本,我们就可以排除性别这一外生变量的影响。②随机分配法(random assignment)。如果能够将被试随机分配到不同的实验组与控制组中，我们就能使外生变量的效应相互抵消，进而对其进行有效控制。这时得到的研究结果就无法用外生变量作为对因变量差异的解释。③配对法（matching）。这种方法是指将外生变异进行配对处理，创造相对等的研究条件，从而控制外生变量。例如，如果需要考察一项组织变革的成效，我们可以选择另一家没有变革的企业作为控制组。虽然研究者不能随机控制哪家企业进行变革、哪家不变革，但研究者可以选择一家与变革企业相类似的企业（如在科技的性质、制度、工厂设立时间长短等方面相似的企业）作为控制组，通过对比即可较为清晰地看出组织变革的成效。

最后，如果无法实现对研究对象的操纵，研究者可以通过统计控制（statistical control）的方式实现对外生变量的控制。我们可以将这些外生变量与自变量一起进行测量，在统计分析时首先排除它们的效应。例如，在研究创新战略对公司经营业绩的影响时，我们必须控制公司的规模和行业特征。虽然这两个因素都不是研究的关注点，但它们会影响公司的获利能力和经营业绩。只有控制了这些变量，我们才有信心得出这样的结论，即公司经营业绩的变动是创新的结果而不是公司规模或行业的影响。统计控制的思路简单、操作方便，是研究者常用的控制外生变异的方法，特别是在问卷调查和二手资料研究中。

研究者使用统计控制的目的在于，在假设检验之前首先排除掉控制变量对因变量的影响，以便能够清晰地观察自变量对因变量的效应。但是，这一思路有可能产生控制变量使用不当的问题（Spector & Brannick，2011）。

首先，控制变量可能只是影响我们对自变量或因变量的测量结果，但是它与研究变量并无理论上的联系。事实上，很多个性特质变量都可能成为这样的变量。例如，宜人性（agreeableness）作为个性变量，可能影响了被试对测量问题的回答，但是它与研究问题并无直接的联系。这种情况下，如果控制变量同时影响了自变量和因变量的测量，这时在统计分析加入控制变量便无疑会排除其影响，使得自变量与因变量之间的关系更加清晰。如果控制变量只影响了我们对自变量的测量，而没有影响因变量，那么在统计分析中加入控制变量无疑会提高对自变量的测量效果，从而提高其对因变量的预测力。而如果控制变量只影响了我们对因变量的测量，虽然在分析中控制变量的加入不会直接影响自变量对因变量的效应，但却会影响整体模型的拟合程度，降低自变量对因变量预测的标准误差，从而提高发现显著性结果的概率。在这两种情况下，控制变量的使用不当均会提高出现统计推断错误的可能性。

其次，如果某个控制变量是自变量和因变量之间存在因果关系的原因，即控制变量部分解释了为什么自变量与因变量显著相关，这时我们也需要谨慎地使用控制变量。这是因为如果在假设检验时加入这个控制变量，那么统计结论就是在控制了控制变量的效应后自变量对因变量的效应；而我们假设的关系及得到的研究结论是自变量与因变量之间的关系。两者之间可能存在不一致，在这种情况下，研究者对控制变量的使用反而使得变量之间的关系变得更加模糊。因此，研究者在使用控制变量前，需要清晰界定这些变量可能扮演的角色及其对假设检验的可能影响，否则可能因为使用不当而影响到研究结论的清晰程度。然而，Bernerth & Aguinis（2016）发现研究者很少从理论层面论证对控制变量的使用，为此他们在整合、分析现有控制变量的使用方法的基础上，提出了系统的建议，有兴趣的读者可以进一步阅读。

5.3.4 最小化误差变异

误差变异是指随机因素导致的因变量变异。这部分属于随机性质，不像外生变异那样会在测量中造成系统性的偏误。最典型的随机变异是测量误差（如暂时的不注意、短暂的情绪波动等），或者研究者无法完全控制的未知因素。我们将误差变异最小化，其目的就是尽可能地使系统变异显现出来。通常随机性变量和外生变量对因变量变异的影响是无法区分的，这两部分产生的因变量变异之和就是我们在统计分析时所称的残差部分（residual），即自变量无法解释的变异部分。在进行 F 检验时，我们将因变量的总变异分成两部分：一部分是由自变量造成的组间差异（between group variance）；另一部分就是外生变量和随机性变量共同造成的残差部分。如果我们能够尽量减少测量的误差，就可以使测量更精确，提高我们统计分析的 F 值，从而增加我们得到显著性结果的可能性。最小化误差变异可以通过控制数据搜集过程，以及增强测量指标的信度来控制误差变异对研究结果的影响。

由于误差变异是由随机因素造成的差异，它的处理方法也表现为减少个体差异和测量误差两方面：① 减少被试的个体差异。在保证最大化自变量变异的同时，尽量减少其他个体差异对因变量的影响。人与人之间的差异越小，由于个体差异带来的误差变异也越小。② 减少测量误差。为了控制测量误差，我们一方面需要提高测量的精确程度，提高测量的信度（我们在第 14 章会专门讨论测量的信度）；另一方面需要有效地控制测量情境。情境控制可以使得测量更精确。如在实验时尽量减少被试的不同，例如性别不同、讲话语气的不同等。用放录音带的方式，使指导语的速度和声音尽量标准化。在问卷调查时，尽量使室内环境、问卷填写时间等因素保持一致。

从上面的讨论可以发现，在研究设计阶段，对变异量的控制是非常重要的。为了实现对因变量的预测，我们需要尽可能地提高自变量的变异，尽可能地控制与因变量变异有关的外生变量和随机误差。外生变量和随机性变量的存在会增加自变量无法解释的因变量变异（即变异剩余量），从而降低我们在检验自变量效应时的统计检验力（statistical power）。

5.4 运用效度指标评价实证研究的质量

前面我们对实证研究中研究设计的目的、关键问题和操作过程进行了介绍。那么，我们如何去评价研究设计是否有效地回答了研究问题呢？结合实证研究的一般过程，我们可以通过四种效度指标来实现对研究质量的评价，即构念效度（construct validity）、统计结论效度（statistical conclusion validity）、内部效度（internal validity）和外部效度（external validity）。能否提高研究效度，保证研究结论的可靠性，是我们评价一项研究的质量及它得到的结论是否可靠的关键因素。

5.4.1 构念效度

构念效度是指变量测量的准确性，它评价的是研究者在对抽象构念进行操作化时，测量指标的内容和构念定义的一致性程度（Shadish et al., 2001）。如前所述，由于组织管理研究中的很多构念并不能直接观察测量，我们需要通过各种操作化手段将其转换为可量化的指标体系。在这一转换过程中，我们对构念的测量不可避免地引入了各种误差。这些误差可能来自理论层面（如测量指标无法充分、完整地反映构念的理论内涵），也有可能来自操作过程（如测量过程中夹杂了与构念无关的随机误差）。这些误差降低了测量指标对构念的准确反映，在图 5-1 中，线（b_1）和线（b_2）就代表了构念与测量指标之间的对应关系。如果测量指标与构念之间不能准确对应，那么由此得出的结论就会出现偏差。即使最后在统计检验时发现了变量间的显著关系，也无法清晰地推断构念之间存在因果关系，我们就认为这样的研究评价构念效度偏低。

由以上讨论可见，较高的构念效度是一项高质量实证研究的首要要求。在研究设计中，研究者的目的是尽量减少测量时的偏差，努力提高测量指标与构念之间的一一对应程度。鉴于其重要性，本书的第 14 章将详细讨论测量过程的效度问题。在本章中，我们主要讨论如何从理论和变量测量两个方面提高构念效度：①从分析抽象构念的角度，研究者需要精确定义构念并明确它的内部结构。由于组织管理研究中很多构念来自抽象的社会建构理论，在现实世界中并不能被直接观察，因此对它的观察和测量必须依赖于精确的定义。如果缺少精确的定义，即使研究者在测量过程中避免了各种误差，由于无法确定测量得到的数据能否准确地代表构念，统计分析得出的结论还是无法有效地回答研究问题。②从变量测量的角度，研究者需要选择合适的测量方式，以控制测量误差。比如在文献中，我们常常会发现一个构念有多种测验量表。在研究中到底选用哪种量表，就是一个经常困扰初学者的问题。我们的建议是：首先选用经过严格评审的、发表在高质量杂志上的量表。其次，结合具体的研究问题选择最能符合研究要求的量表。例如，当研究者关心的问题与中国特殊的文化情境有关时，采用具有文化特殊性的量表就能捕捉到更多详细的信息。如果研究者关心的是一种普遍现象，只是运用来自中国的样本进行假设检验，那么具有文化普遍性的量表就应该是首选。通过这样的方式，我们不仅可以保证变量测量的质量，还提高了测量工具与研究问题、研究情境之间的匹配程度，确保了研究中的构念效度。

5.4.2 统计结论效度

统计结论效度是指在对假设关系进行统计推论时，我们采用的统计检验手段及所做出的统计决策的正确性。在图 5-1 中，统计结论效度描述的是线（d）。在实证研究中，统计检验的本质是通过抽样的方式来对变量间关系做出泛化的推论。我们针对统计检验而得出的研究结论，实际是在一定的概率基础上得出的。因此，任何研究结论都面临着统计结论效度不够高的问题。一般而言，我们在做出统计决策时存在着四种情况：接受正确的虚无假设（true positive）、拒绝错误的虚无假设（true negative）、拒绝正确的虚无假设（false positive）和接受错误的虚无假设（false negative）。前两种情况属于正确的决策；后两种情况属于错误的决策，直接影响到研究的统计结论效度。我们把第三种情况称为一类错误（type I error），即在两个变量没有联系的时候，我们却根据自己的统计结果拒绝了正确的虚无假设，得出它们之间存在显著关系的结论。第四种情况被称为二类错误（type II error），即在两个变量存在显著关系的时候，我们却接受了错误的虚无假设，认为它们之间并不相关。无论是拒绝原本正确的虚无假设，还是接受原本错误的虚无假设，都会降低统计结论的可信程度。导致这两类统计决策错误的因素有很多，如样本太少造成统计检测力的缺乏；忽视了统计检验的基本假设，造成统计方法运用的错误；测验问卷和实验操作信度的缺乏；样本的差异度太大等。对这些因素的详细探讨可参见 Shadish et al.（2001）的论述。

在这两类错误中，我们在实证研究中更为关注一类错误，即避免错误地接受一个并不存在的因果关系，进而影响后续的研究和管理实践。一个突出的例子就是我们对于共同方法变异（common method variance）的态度。共同方法变异的存在可能夸大了变量间的联系，导致研究者可能错误地接受一个并不存在的因果关系。尽管研究表明这类基于个人感知的公共方法变异并不一定会显著地改变变量关系（Crampton & Wagner，1994），即拒绝含有共同方法变异的研究结论有可能犯二类错误，但为了避免一类错误，接受一个可能错误的结论，现在主流组织管理杂志已很难接受含有共同方法变异的研究结论的文章。

研究者一直认为可以通过选择正确的统计检验手段、严格的检验标准和随机取样等方法降低一类错误，保证研究结论的严谨性。但近年来，许多研究者为了更多地发表文章，在数据分析中一味地追求显著结果，故意丢弃不显著的结果（Leung，2011），客观上造成了实证研究结果中一类错误的增加。Simmons et al.（2011）认为造成这一现象的原因在于，研究者在实证研究中拥有较大的自由度，如要不要搜集更多的数据，选择哪一个控制组进行比较，使用哪些控制变量，选择哪一个测验量表等。这些自由给了研究者选择性报告统计结果的空间。考虑到在一项显著结果背后可能存在未被报告、未能支持假设的分析结果，我们在接受一项研究结论时犯一类错误的可能性往往远远高于我们统计检验的显著性水平（即一般 5% 的错误可能性）。长此以往，这种现象必然会影响我们研究结论的可复制性和可信度，以及组织管理研究的严谨性和学科声誉。为此，很多杂志都在修订评审规则，希望引起研究者的重视。例如，MOR 特意推出了文章预审制度（Lewin et al.，2016）。自 2017 年，研究者可以将一个完整的研究计划投稿至 MOR。如果这一计划得到接受，研究者再去完成后续的数据搜集和分析工作，这样就在一定程度上避免了研究者只报告显著结果的问题。当然，除了学术刊物，每一位研究者都有责任规范自己的研究过程，不能一味地追求显著性结果，而应该真实、全面地报告研究结果，共同维护研究结论的科学性和可验证性。

5.4.3 内部效度

研究质量的第三个评价标准是内部效度。统计结论效度评价的是一项研究中统计方法的运用及所做出的统计决策是否恰当，而内部效度是指变量间因果关系推论的可信度，其评价的是变量间是否存在清晰的因果关系。图 5-1 中，我们可以用线（c）表示一项实证研究的内部效度。如果我们发现因变量 y 随着自变量 x 的变化而变化，且两者之间关系显著，在由此推断二者存在因果关系前，研究者需要考虑这一结论是否剔除了其他各种可能的解释。某些外生变量的存在可能使我们在解释 x 与 y 的关系时出现偏差。例如，在管理学历史上非常有名的霍桑实验中，研究者通过改变监管方式、增加互动时间，发现参加云母片分离实验的员工绩效提高了 15%，从而认定人际关系的改善是员工绩效提高的主要原因。Carey（1967）针对这一结论提出了尖锐的质疑。他认为，由于外部经济形势的好转和雇佣关系的改善，霍桑工厂 5 500 名工人的平均绩效在实验期间也提高了 7%。因此，在控制了外部因素的影响后，人际关系因素能够在多大程度上提高员工绩效是一个疑问。从这个例子可以看出，如果对所研究的管理现象及相关文献缺乏足够的了解，我们的研究设计方案极有可能忽略相关外生变量，最终致使变量之间的因果关系模糊不清，难以清晰解释，从而影响到研究的内部效度。

影响内部效度的因素主要来自除自变量之外的各种混淆变量。它们的存在使得我们无法清晰地做出因果结论。Shadish et al.（2001）曾总结了七种在准实验研究中常见的混淆变量：① 过去事件的影响。所有发生在研究期间的事件，都可能对被试产生影响并且导致结果发生变化。② 成熟效应（maturation）。被试随着时间的流逝而发生身心变化。③ 测验效应。测验过程本身可能会改变所要测量的现象。④ 统计回归（statistical regression）。若被试为极端的群体，实验结果就会有趋向平均的情况。⑤ 自我选择效应（self-selection）。由于研究未采用随机抽样和随机分派，造成被选择的人在能力或特质方面存在差异。⑥ 自然减员（mortality），即被试的退出或流失。⑦ 由于某种原因，研究样本所提供的信息可能会存在偏误。虽然以上七类混淆变量是针对准实验研究提出的，但是无疑这些因素在实证研究中具有相当高的普遍性。

针对内部效度的性质，研究者应该在研究设计时考虑如何剔除混淆变量和替代解释对变量间因果关系的影响。我们建议研究者可以从两方面进行思考：一方面从理论出发，在以往文献中搜寻有哪些变量可能成为假设检验中的混淆变量，在测量自变量和因变量的同时加以测量，并在统计检验时进行控制。另一方面是从研究类型上加以控制。例如，相对于其他各种研究方法，实验研究方法对于混淆变量和替代解释的控制程度最强。如果研究者认为自己的研究假设非常容易受到其他混淆变量的影响，就可以通过设计实验或进行随机化处理的方法提高研究的内部效度。本书在后文中将讨论如何在不同的研究方法中提高研究的内部效度。

5.4.4 外部效度

外部效度是指将一项实证研究结论推广到其他群体、时间和研究情境时的可行性。在实证研究范式下,研究结果往往是基于某一特定研究得出的,其中包括了特定的测量方式、操作手段、研究样本和相关环境。基于这种特性,研究者得出的因果推论往往具有局部特性(localized nature of the causal knowledge),这与研究者希望得出泛化的知识目标之间存在着天然的冲突(Shadish et al., 2001)。这一特征使得研究结论的可推广性问题在社会科学的实证研究中显得格外突出,在没有恰当的研究设计时,研究结论的可推广性更弱,这严重背离了实证科学研究的本质。因此,这一问题近年来得到组织管理学界越来越多的关注。不少杂志开始强调研究结论在其他情境中的适用性,而不再一味强调研究结论的新颖性(Bettis et al., 2016; Leichsenring et al., 2017)。因此,当我们在一个样本中找到显著的因果关系时,需要仔细思考研究结论所处的情境适用条件,特别是当我们从事应用性的实证研究时。

从研究设计角度而言,影响外部效度的因素主要包括两个方面:①研究者得出的因果关系是否在改变了测量或操作方式后仍然成立。②因果关系是否适用于不同的被试及研究情境。一般而言,研究样本是影响研究结论外部效度的首要因素。例如,我们现在的很多组织管理研究严重地依赖MBA学生,这样的被试既缺乏代表性,其自身又具有某些特殊性,这时我们基于他们得出的结论也就有可能无法推广到其他样本中。此外,如果研究情境本身有种特殊性,也有可能造成结论无法推广到整个目标群体。因此,研究者可以选取具有较高代表性的样本来提高研究的外部效度。当样本可以较好地代表总体时,从样本中得出的结论就更容易在总体内得到推广。

由于实证科学的本质属性,我们无法通过选择不同的样本最终解决因果结论的外部适用性问题,因为实证研究的性质决定了我们不可能穷尽所有的取样可能性。为此,Shadish et al.(2001)提出了一个基于科学实践的因果泛化理论,以引导研究者进行恰当的研究设计。他们的主要观点包括五项原则:① 表面相似性(surface similarity)。在开展一项研究前,研究者应该评估某一具体操作与泛化目标原型特征之间的相似性。② 排除不相关性(ruling out irrelevancies)。在研究中剔除那些不会影响研究结论泛化的因素。③ 鉴别(making discriminations)。识别影响研究结论泛化的关键因素,努力将其纳入研究设计。④ 插补和外推(interpolation and extrapolation)。在采样的范围内选择那些没有被调查的样本,同时需要在采样范围之外进行探索因果关系可能发生的变化。⑤ 因果解释(causal explanation)。针对影响因果推论关键的因、果和中介机制进行系统的理论化思考,并进行实证检验。这五项原则能够帮助我们思考如何改善我们的研究设计,提高研究结果的外部效度。例如,当阅读一篇已发表的文章时,我们想知道研究设计上的某些变化是否会带来新的发现时,就需要考虑已发表的文章与自己研究之间的相似之处。当构思一项新研究时,我们应该充分思考理论构念的核心特征,以指导后续的测量和操作。在设计研究时,我们总会假设某些变量与所探讨的因果关系无关，但这些潜在的假设可能会受到文章评审人的质疑。因此，必须在研究设计阶段对这些假设进行严谨的评估。在测量时，必须思考一些关键的理论机制，以恰当地阐明因果关系是如何产生的。在文章的导言部分，试图说服读者为什么关注于某一特定的构念；在讨论部分，阐述不同的处理方式、样本和研究背景对结论的可能影响。以上这些做法都有助于提高一项研究的因果结论的泛化程度。但是正如我们之前解释的那样，在实证研究中完全解决外部效度问题并不是一件容易的事情。随着学术界对结论可推广性的重视，近年来的组织管理研究实践取得了明显的进展。为了提高因果结论的外部效度，研究者经常需要在一项研究中采用多种不同的测量或操作方式，使用多个特征不同的样本完成假设检验，努力提高研究结论的可推广性，最终得到文章评审人的认可和接纳。

在这一节中，我们主要讨论了评价实证研究设计质量所依据的四种效度指标，它们分别是构念效度、统计结论效度、内部效度和外部效度。需要指出的是，在任何一项研究设计中，研究者由于客观条件的限制及研究方法的局限，往往无法同时兼顾上述四种效度指标，在一个研究中同时高度满足四种效度指标的要求几乎是不可能的。为了保证研究结论的整体效度水平，研究者可以采用的方式是进行多项研究来回答一个研究问题。例如，在 Audia et al.（2000）的研究中，他们首先使用二手数据来验证研究假设。这种方法具有较高的外部效度，但内部效度较低。因此，他们接着在个人层面进行了一项实验，来重新验证研究结论，并检验心理过程变量的中介作用。这项实验研究就具有较高的内部效度，但外部效度较低。通过将两者结合，他们的研究结论很好地满足了这两种效度指标的要求。同时，由于对构念的清楚定义、准确测量和恰当分析，他们的研究结论又具有较高的构念效度和统计结论效度。

5.5 结语

作为社会科学的一个分支，研究者在组织管理领域面临着很多方法论上的挑战：社会中研究主体（社会科学家）与研究对象（个体、群体与组织）之间双向的因果关系使得研究者很难对变量间因果关系做出清晰的观察和推论，所研究的变量大多属于社会建构性质而无法直接进行测量，人类组织活动自身的复杂性导致变量之间的联系往往是一个复杂的因果系统（causal system），等等。同时，组织管理科学自身的属性也要求研究者必须深入企业、接近企业员工，通过客观的观察得到研究必需的数据资料，而这又往往超越了研究者自身的能力要求和角色。我们需要用不太精确的工具去厘清一个复杂系统中各种因果联系，但我们又不能随意地搜集自己需要的信息，这就是我们在组织管理研究中面临的实际困难。这些局限和困难都加重了研究设计在整个研究中的重要性。所以，组织管理的研究设计过程往往是动态的，而不是静态的。研究本身更多与研究者的技能和经验有关，而技能和经验的积累更多是通过学习过程获得的，与研究者的经验密不可分。因此，研究设计本身就是一个学习过程，研究者需要从这一过程中认识到组织管理研究的内在逻辑和效度要求，在实践中不断对研究设计做出调整和改进，从而有效地控制研究过程中产生的各种变异量，最终逻辑清晰地回答研究问题。

思考题

1. 在组织管理研究中，如何理解研究设计承担的重要角色？

2. 如何理解实证研究设计的一般过程？在这一过程中，研究者如何根据具体的研究问题选择合适的研究方法？

3. 如何理解实证研究中的变异量？在研究计划实施中如何控制或操作各种不同的变异？

4. 评价实证研究优劣的效度指标有哪些？如何在一个研究中同时高度满足不同的指标要求？

延伸阅读

Huff, A. S. (2008). *Designing research for publication*. Thousand Oaks, CA: Sage.

Pedhazur, E. J. & Schmelkin, L. P. (1991). *Measurement, design, and analysis: An integrated approach*. New York, NY: Psychology Press.

Risjord, M. (2014). *Philosophy of Social Science: A Contemporary Introduction* (2nd Edition). New York, NY: Routledge.

Schwab, D. P. (1999). *Research Methods for Organizational Studies*. Mahwah, NJ: Lawrence Erlbaum Associates.

Shadish, W. R., Cook, T. D. & Campbell, D. T. (2001). *Experimental and quasi-experimental designs for generalized causal inference*. Wadsworth Cengage learning.

第 6 章

实验研究方法

张岩　徐飞　奚恺元

学习目标
1. 学习实验设计的基本原则
2. 了解实验设计的评判标准
3. 掌握典型的实验设计

6.1　研究的类型

科学研究林林总总，但是总是会涉及理论和数据。大体上，根据理论和数据的关系，可以把研究归为三类：第一类是有数据支持但无理论指导（data without theory）的研究，第二类是有理论指导但无数据支持（theory without data）的研究，第三类是既有理论指导又有数据支持（theory with data）的研究。

首先来看第一类有数据支持但无理论指导的研究。例如，你通过调查发现，中国人喜欢吃米饭，美国人喜欢吃土豆；中国人喜欢喝茶，美国人喜欢喝咖啡；中国人喜欢吃豆沙包，美国人喜欢吃奶酪蛋糕。尽管有这些发现，但是并没有一个理论能够帮助你解释为什么中国人和美国人在饮食上存在这样的差异。此外，这些发现也不能帮助你预测中国人和美国人对于其他饮食的偏好，当然也不能预测其他国家的人对饮食的偏好。这样的研究就属于有数据支持但无理论指导的研究。

再看第二类——有理论指导但无数据支持的研究。假如你有一个理论，描述一个人领到的奖金和他的工作效率之间的关系。根据这个理论，你建立了一个模型。你的模型有很多非常漂亮的参数，能够把奖金和工作效率的关系完全量化。看上去你似乎可以精确地预测多少奖金可以带来多高的工作效率。但是问题在于，你并没有实证的数据来检验自己的理论和模型到底对不对，也就是说，你没有办法知道你的预测在现实生活中到底成不成立。这样的研究就属于有理论指导但无数据支持的研究。需要指出的是，在这里我们所说的数据是实证数据，是从现实中得来的，而不是根据你的模型计算出来的数据。

令人惋惜的是，很多管理学和经济学的研究往往落入以上两类。第一类的文章往往有满页的表格、整段的事实，但研究本身仅仅停留在数据层面，而没有上升为理论。这个问题在很多管理学的研究中较为普遍。第二类的文章恰恰相反，整篇只有理论建模而没有实证，例如很多经济学的文章。这两类研究类型在科学研究中都是不可取的。

可取的研究应该既有理论的指导，又有数据的支持，即我们开篇所说的第三类研究。例如，我们的理论认为人们在预测别人偏好的时候，往往会将自己的偏好强加于别人。由这个理论我们可以导出很多预测，例如"中国人因为自己喜欢吃中国菜，因而更容易高估喜欢吃中国菜的美国人的比例"。为了验证这个预测是不是正确，我们让中国人首先回答他们自己是不是喜欢吃中国菜，然后让他们估计喜欢吃中国菜的美国人的比例；同时，让美国人回答他们是不是喜欢吃中国菜，从而得出喜欢吃中国菜的美国人的真实比例。这样我们就可以获得一套数据并用统计方法来检验理论和数据是不是相符合。同理，假定你根据你的理论建立了一个关于奖金和工作效率的模型。为了检验你的模型是否正确，首先你需要找到一群人，给他们不同数额的奖金，并观察他们的工作效率。其次，你把奖金的数额放到你的模型里面去，你的模型就会预测出人们的工作效率水平。最后，把模型预测的工作效率水平和上面调查得到的真实工作效率水平相对比，就可以发现你的模型是否符合实际。这样，我们就完成了一个既有理论指导、又有数据支持的研究。一个研究只有同时拥有理论指导和数据支持，才可能经得起检验。

6.2 理论和假设

那么，到底什么是理论呢？理论就是解释和预测某些现象的一系列假设（Schweigert, 2006），通常被用来解释已经发生的事件及预测未来的事件。在科学研究中，我们需要用数据来支持待验证的理论，或者用理论来解释现有的数据。

假设是关于自变量（independent variable）和因变量（dependent variable）之间关系的陈述，用以解释某个现象。这里所说的现象就是因变量，而导致这个现象的因素是自变量。例如，你的假设是"使用大的电脑显示器能够提高员工的工作积极性"，那么员工的工作积极性就是因变量，而电脑显示器的大小则是自变量。这个例子将贯穿这一部分接下来的内容，我们用它来解释与假设相关的一些概念。

6.2.1 自变量

什么是自变量呢？自变量就是在你的假设中引起某个现象的变量，也是实验中可以被实验者控制的变量。在"显示器与工作积极性"的例子中，显示器的大小就是自变量。实验者通过改变显示器的大小，来检验显示器的大小是否会影响员工的工作积极性。

显示器会有不同的尺寸，同样，自变量通常会拥有几个不同的取值，每一个取值就叫作自变量的一个水平（level）。自变量的取值可以分为有限的和无限的，也可以分为离散的和连续的。有的自变量有有限个离散的取值。显示器的大小就是这样，我们现在在市面上能买到的显示器只有有限的几个尺寸，并且它的大小也不可能是连续变化的。而有的自变量则可以是连续的。比方说工作时间就是一个连续的变量。一般在实验中，我们并不能检测一个连续变量的所有可能的值，而是会选取其中的部分值来检验自变量对因变量的影响。如果你的假设是"随着工作时间的增加，员工的工作效率会降低"，那么通常情况下我们会选取 2—3 个工作时间点，比如 1 个小时、4 个小时、7 个小时，将它们作为自变量的三个取值。

6.2.2 因变量

因变量就是在你的假设中被预测的变量，或者实验者认为会随着自变量变化而变化的变量。在"显示器与工作积极性"的例子中，员工的工作积极性就是因变量。

如果对自变量和因变量之间关系的描述要上升到理论阶段，我们通常认为自变量和因变量之间存在因果关系（causality）。比方说，你假设"朋友多的人比朋友少的人更幸福"。这个假设仅仅是一个相关性（correlation）的假设，说的是朋友多少和幸福水平高低的关系。但是这个假设没有说明朋友多少和幸福高低是否存在因果关系。是因为有更多朋友，人们更幸福呢，还是因为人们更幸福，所以更可能交到朋友呢？一个相关性的假设是无法回答这个问题的。相比之下，如果一个假设说"增加朋友的数量会提高人们的幸福水平"，这就是一个因果关系的描述，朋友数量是自变量，幸福水平是因变量。

理论的一个重要特征就是它的假设描述了变量之间的因果关系，而不仅仅是相关关系。因果关系对于理论的建立是非常重要的。拿上面的例子来说，弄清楚是不是朋友的数量影响了幸福水平，或者，可以让我们知道什么因素可以影响人们的幸福水平，从而更深入地研究为什么这些因素影响人们的幸福水平。同时，弄清因果关系也可以帮助我们对如何提高幸福水平提出实质性的建议。

6.2.3 几种简单假设的形式

从自变量数量的角度来看，最简单的假设是单一自变量假设。在单一自变量假设中，最为简单的情况是这个自变量只有两个取值。比方说，显示器的大和小。如果只想知道大显示器和小显示器对工作积极性的不同影响，那么一个自变量取两个值就足够了。

值得注意的是，很多初学者往往忽视了自变量必须至少有两个取值。"使用大显示器可以提高工作积极性"这个假设实际上说的是"使用大显示器的员工工作积极性比使用小显示器的员工高"。这里显示器作为自变量，有"大""小"两个取值。如果你的假设是"女性喜欢和人打交道的工作"，这就不能构成一个假设，因为这里的自变量只有一个取值。你可以把这个假设修正成"女性比男性更喜欢和人打交道的工作"，这就成了一个完整的假设，因为性别在这里作为自变量有两个取值。或者你可以把同样的假设改为"女性喜欢和人打交道的工作多于和机器打交道的工作"，如此工作的类型就成了自变量。

如果你想知道显示器大小和工作积极性是否存在非线性关系，你就需要多取几个值。比方说，你的假设是"显示器很小的时候，人们工作积极性很低；大一些的显示器能够提高员工的工作积极性；但是当显示器大到了一定程度，工作积极性就不再上升了"。为了检验这个假设，你需要最少取三个值，即电脑显示器很小、电脑显示器中等和电脑显示器很大。

可见，自变量的取值不是随机决定的，而是根据你的假设来确定的。在很多管理学和心理学的研究中，研究者更关心因变量会不会随自变量的升高而升高（降低），而比较少关心自变量和因变量之间的关系到底是线性函数，还是指数函数、幂函数，等等。如果是这样，一般取两个自变量的水平就够了。以"员工之间认识时间越久，互相帮助的情况就越多"这个假设为例，在理想情况下，员工之间认识的时间是个连续的自变量，有非常多可能的取值。但是，如果你仅仅关心认识的时间会不会增加员工间互相帮助的情况，认识的时间只要有两个取值就够了。

如果一个假设有两个及以上的自变量，我们称这样的假设为多自变量假设。比方说，你有一个假设：工作年限短的员工使用大显示器比使用小显示器工作积极性高，但是工作年限长的员工使用两种显示器时工作积极性差不多。这就是一个有两个自变量的假设，一个自变量是显示器的大小，另外一个是工作年限。以此类推，你也可以把自变量增加到三个、四个，甚至更多。

从因变量的角度来看，我们也可以有不止一个的因变量。那什么时候我们需要多个因变量呢？有时加入另外一些和主要因变量相似的因变量，只是为了从另外的角度来加强实验的有效性；有时我们的理论本身就在关注自变量对两个以上的因变量的影响。

6.3 什么是好的假设？

一个好的科学研究，假设的检验固然重要，但首要的前提还是要有好的假设。在这一部分，我们将着重讨论什么样的假设才是好的假设。很多经典研究之所以经典，就是因为其假设回答了一个非常重要并且以往的研究都没能回答好的问题。自然而然，这些研究者也成了各自领域中的佼佼者。由此可见，提出一个好的假设是科学研究中最具魅力、也最具挑战的一步。

那么，到底什么样的假设才是好的假设呢？一个好的假设需要满足以下几个条件：

一个假设必须是能够证伪的（falsifiable）。理论上，一个假设应该是有可能被数据证明到底是正确还是错误的。比方说，"有志者事竟成"这个假设讲的是志向和成功的关系。如果我们不对"有志"和"成功"做出明确的定义，这就是一个没有办法证伪的假设。如果一个人没有成功，我们总是可以说他的志向还不够；如果一个人成功了，我们也总是可以说他有志向。所以，要想使这个假设成为一个可证伪的假设，我们必须对"在多大程度上有志向"算满足我们假设中的"有志"的条件有一个明确的定义。同样的道理，我们也必须对成功有个明确的定义，否则一个人总是可以说自己成功了，而这里的关键是要看他这个成功是不是符合我们假设里对"成功"的定义。

一个假设还必须具有理论上的重要性（theoretically important）。研究者应该能够在其他人的理论基础上，对他人的理论做出改进，或者提出以往理论没有研究过的新假设。所以要能提出好的假设，你还得知道别人做了些什么，并能站在巨人的肩上想问题。

一个假设还需要具备实际意义上的重要性（practically important）。也就是说，一个假设要有实用价值，能够回答现实生活中重要的问题，对现实生活有所启迪。有一些学术研究，耗费大量的研究经费，但是研究成果仅仅在学术上有贡献，而对人们的现实生活没有指导意义。一个好的研究应该超越研究者所在的学术小圈子，能够直接或者间接地被应用到现实的大世界中去。

在评价一个假设是否具备实际意义上的重要性的时候，我们应该用发展的眼光看待它。如果一个研究在目前看来无法对现实生活有所贡献，但是它有可能在将来对我们的生活产生重要影响，这样的研究也是具备实际意义上的重要性的。我们所说的有实际意义上的重要性的假设，应该要么现在就能解决现实生活中的实际问题，要么具备未来解决实际问题的潜质。牛顿的三大定律就是一个很好的例子。虽然它在发现之初对当时人们的现实生活并没产生立竿见影的影响，但是对后人生活的贡献却是无法估量的。

一个假设还应该简洁（simple）。没有经验的研究者会有一个倾向，那就是在自己的假设中加入很多自变量，试图来研究这些变量之间的关系。但是随着自变量的增多，这些变量之间的关系就变得越来越复杂，最后也就越来越难以对因变量的变化做出合理的预测。比方说，有研究者想研究天气和绩效之间的关系。但同时他也意识到，性别、文化、睡眠、年龄等和绩效都有关系。如果他在他的假设里把这几个因素都加进去，假设就会变得非常复杂。此时对因变量变化的描述也会因为受到太多自变量的影响，而变得混杂不堪，从而导致其失去它在理论和实际意义上的重要性。毋庸置疑，实际状况中影响因变量的因素一定远远多于我们在假设里提及的自变量。可是，一个好的假设并不是要穷尽所有的因素，而是要分离出几个主要的因素。如果你试图把太多影响因变量的因素都包括进来，你的研究就会失去重点，也很难推广到其他的人群和情况中去。

一个好的假设还应该有繁衍性（fertile）。也就是说，从一个假设可以推演出很多具体的假设。比方说，有两个女孩子，一个叫小丽，一个叫小萍。小丽长得难看，小萍长得好看。她们现在在吵架。最为具体的假设是"小丽妒忌小萍"。这个假设就不是一个具备繁衍性的假设，因为你没办法把这个假设推演到其他的人群和情况中去。如果你在这个假设的基础上做了修改，形成了一个新的假设，如"长得难看的人常常妒忌长得好看的人"。这个假设就比前一个假设的繁衍性高一些，因为我们可以把这个假设推演到其他的人群中。如果你继续把你的假设改为"一个人在一个领域里面显弱了，就喜欢在另外一个领域里面争强"。这就是一个繁衍性更高的假设，我们不仅可以把这个假设推演到其他人群中，而且可以推演到其他很多领域中去。①

一个好的假设还应该是有趣的（interesting）。也就是说，一个好的假设要给读者一个惊喜。一篇文章读下来，读者通常有三种反应：第一种反应是，不看这篇文章我也知道这个结果，之所以没做这个研究是因为我觉得不值得做。比方说"睡眠不足情况下人们的绩效比在睡眠充足情况下低"之类的假设就属于这一类。

第二种反应是，不读这篇文章我不会想到事情是这样的，但是读了之后我会觉得："我当时为什么没想到呢？"大多数的好文章都属于这一类。比方说我们前面提到的"人们喜欢把

---

① 该例子改编自March & Lave（1975）。

自己的偏好强加在别人身上"就是这一类研究。读了这样的文章人们会觉得眼前一亮，说："对呀，有道理，有新意！"

第三种反应是，事实上文章里说的东西确实是正确的，如果我不读这篇文章我不会知道事情是这样的，不过读了之后我依然不能确信文章里说的东西是正确的。比方说，哥白尼提出地球是围着太阳转的。虽然现在我们知道哥白尼确实是正确的，但在当时的条件下，即使人们读懂了他的文章，也都难以信服。这种境界的研究确实为数不多，但这样的研究往往都是经典之作。

心理学中斯坦利·米尔格拉姆（Stanley Milgram）的服从实验就是一个这样的例子。米尔格拉姆教授在20世纪60年代做了一系列实验来研究人们对权威过度服从的现象。他在纽黑文市张贴广告，招募一些男性到耶鲁大学米尔格拉姆的实验室，参加一个关于"记忆和学习研究"的实验。当每个实验参与者到达实验室时，都会发现里面已经有两个人在了，一个是穿着实验室制服的实验人员，一个是叫"华莱士"（Wallace）的中年人。实际上，华莱士先生是事先安排好的，但是参加实验的人并不知情，他们以为华莱士先生是和自己一样报名参加实验的。穿着制服的实验人员向实验参与者解释，这个实验是要检验惩罚对学习效果的影响。每轮实验有两个人参加，一个人扮演"教师"的角色，另外一个人扮演"学生"。如果"学生"回答错误的话，"教师"会对学生实施惩罚。然后实验参与者和华莱士先生抽签决定到底谁是"教师"、谁是"学生"。但实际上，这个抽签是事先做过手脚的，最后总是华莱士先生扮演"学生"，而被招募来的实验参与者总是扮演"教师"。

实验者在华莱士先生身上连上电极，并让"教师"坐在一个机器面前。这个机器上有很多按钮，不同的按钮代表不同的电压。只要按下某个电钮，华莱士先生就会被对应的电压击中——以此作为惩罚。这些按钮从15伏开始，最高的达450伏。这些按钮边上也注明有"轻微电击""中度电击"，一直上升到"危险：严重电击"，最后超过400伏的按钮边是大大的红叉，以示特别警告。

"学生"华莱士先生在实验中要学习一些词组，然后回答哪些词应该是归在一组的。如果答错，"教师"就给华莱士先生一次电击。第一次电击从最低的15伏开始，第二次是30伏，之后逐渐上升。在实验中，华莱士先生实际上是从来没受到过电击的，但是"教师"并不知道。在实验中，华莱士先生会不断犯错误，受到的电击也越来越高。超过150伏之后，华莱士先生会发出惨叫，并要求退出实验。这个时候很多"教师"就要求停止实验。他们表示很担心华莱士先生。但是，实验者总是说："请继续，所有的责任由我来承担。"

实际上，这个实验是来检验人们会不会服从实验者并给华莱士先生更高电压的电击。实验发现，尽管实验者只是用很简单的词句，比方说"请继续"，来要求参加实验的人继续实验，但大约有65%的人顺从了实验者并最终按下了高达450伏的按钮。实验结果大大出乎人们的意料。即使实验结果摆在那里，人们还是很难相信有高达65%的人对华莱士先生给出了450伏的电击。

一个假设要让读者产生第三种反应确实可遇不可求，但是，作为研究者，我们要尽量避免做第一种研究，争取做让读者觉得有意义并有趣的研究。

6.4 实验室研究

提出了假设之后，就要来验证它是否正确。科学发展到现在，已经有了很多检验假设的方法。我们接下来看先介绍一下在社会科学中常用的检验假设的三种方法，然后再简要介绍一下它们之间的相对利弊，最后着重介绍实验室实验的研究方法。

6.4.1 观察性研究

试想现在你有这样一个假设：同样一项活动，不付钱比付钱更能调动人们参与的积极性。那么怎样来检验这个假设呢？一个可能的方法是搜集自然发生的数据进行分析，这就是观察性研究（observational study）。比方说，在某些国家献血是无偿的，但是在另外一些国家献血是有补偿的，那么作为观察性研究，我们可以通过搜集比较这两个国家里献血的比例来检验我们的假设。

在一项新的研究开始之初，观察性研究是非常有用处的。搜集自然发生的数据可以帮助研究者对自己所要研究的问题有一个大致的了解。比方说，如果你想研究在工作中员工之间互相帮助的关系是怎样形成的，那么，首先在一些企业中对员工之间的相互帮助行为进行观察会对研究者找到最关键的因素非常有帮助。

当然，观察性研究的优越性并不仅仅局限于一项研究工作的开始阶段。如果一项研究主要在实验室里进行，那么在获得了实验室数据之后，再回到现实生活中进行实地研究可以帮助我们证实在实验室里获得的结论是否可以推广至现实环境。比方说，在实验室的环境下，你发现女性员工比男性员工更容易获得同事的帮助，那么在现实的工作环境下是否也是如此呢？实地观察性研究可以帮助我们回答这个问题。

但是，这种自然发生的数据也有它的不足。首先，自然发生的数据会受到很多和我们的假设无关的因素的影响。在"献血与补偿"的例子里，一个国家有没有献血的传统，人们对献血是不是有害健康的看法等，都会影响献血人口占总人口的比例。而由于这些因素的影响，我们就没有办法清楚地分辨出献血人口比例高低到底是由于有无补偿还是由于其他因素造成的。其次，这些自然发生的数据只能说明两个变量之间的相关关系，而不能确认两者之间的因果关系。比如，我们搜集了一组关于人们的开心程度的数据，同时也搜集了这些人朋友多少的数据。我们通过对数据的分析发现，整体来看，朋友多的人比朋友少的人更开心。但是这些数据并不能帮助我们确认，到底是因为朋友多，所以人们更加开心，还是因为人们更加开心，所以他们更容易交到更多的朋友。也就是说，通过这些自然发生的数据，我们只能说"两个变量是相关的"，但是没有办法确认变量之间的因果关系。

此外，观察性实验的结果主要取决于观察者如何理解他所观察到的现象。当被观察的因变量是一个相对主观的变量的时候，所记录的结果会受到观察者主观解读的影响。比如，如果你的因变量是员工的高兴程度，那么观察者所记录的员工的高兴程度有很大可能与员工真实的高兴程度不相符。鉴于以上的原因，研究者通常不是通过搜集自然发生的数据，而是通过实验的方式来对假设进行检验。

6.4.2 实验室实验

正如我们前面提到的，假设描述了变量之间的因果关系。为了保证我们的实验确实能够检验自变量和因变量之间的因果关系，进行实验室实验（lab experiment）会是一个比较好的选择。相比观察性研究，在实验室实验中，我们能够更好地对其他的因素加以严格地控制，只改变我们希望改变的自变量，并监测因变量由此发生的变化。

举例来说，针对"献血与补偿"的例子，我们可以把参加实验的人聚集到实验室里面，然后把他们随机分配到有补偿和没有补偿的两个实验组中去。我们告诉有补偿组的人们，如果他们参加献血，可以得到 100 元的金钱补偿；同时我们告诉没有补偿组的人们，他们参加献血是无偿的。然后我们请这些参加实验的人回答，他们参加当前条件下的献血的可能性有多大。通常在实验室实验中，一个自变量总是取几个可能的值，而针对这些可能值的情况就是实验组。上面的实验中涉及两个实验组：一组是献血有补偿的情况，一组是献血没有补偿的情况。实验组这个概念，我们在后面的部分会经常提到。

6.4.3 实地实验

实地实验（field experiment），又称田野实验，是在自然环境下进行的有控制的实验。实验者在自然环境下控制自变量，来检验自变量的变化对因变量造成的影响，从而发现自变量和因变量之间的因果关系。本书第 8 章对于实地实验有更全面的描述。同样是检验有没有补偿对献血积极性的影响，如果是实地实验，实验者可以采用向路人发放献血宣传单的方式。宣传单有两种：一种承诺献血的人会得到金钱补偿，另外一种没有承诺金钱补偿。实验者把这两种不同的宣传单随机发给路人。然后实验者可以记录在有补偿和没有补偿的两种情况下，收到宣传单的人分别有多少人来参加献血。

有的时候，一个假设所涉及的自变量不是研究者都能控制的，比如，性别、种族、年龄等。如果我们有一个假设：男性比女性在工作中更加容易受到天气的影响。要检验这样一个假设，我们需要让一组男性和一组女性分别参加我们的实验。在这里，一个人到底是男性还是女性是不受实验者控制的，所以我们没有办法在实验中随机分配所有被试。我们把这种实验者不能直接控制自变量、不能对被试在各个实验组之间随机分配的实验叫作准实验（quasi-experiment）。本书第 7 章将对准实验做详细的介绍。

6.4.4 内部效度和外部效度

每一种研究方法都有自己的优点与缺点，不能简单地认为一种方法优于另一种方法。但是在特定的研究需求和条件下，某种研究方法可能会比其他研究方法更适合。作为实验人员，我们需要在各个优点和缺点之间做出取舍。一方面，我们希望一个实验越接近现实越好，进而获得高的外部效度；另一方面，我们也希望能够尽可能多地对实验有更多的控制，希望提高实验的内部效度。

一个实验的内部效度是指在多大程度上我们能够确认因变量的变化确实是由自变量的变化引起的（Cook & Campbell，1979）。在一个实验中，我们关注的是自变量和因变量之间的因果关系，也就是说，我们希望能够通过实验确认因变量的变化是否是由自变量的变化引起的。如果除自变量在不同的组间发生变化之外，还有其他的因素也发生了变化，我们就没有办法确定因变量的变化确实是由自变量变化引起的。

那么，在实验室里我们如何对实验中的无关因素进行有效的控制呢？实验室实验的一大"秘诀"就是随机分配（random assignment）。随机分配指实验材料（包括被试）在各个实验组之间的分配，被试的实验顺序等是随机产生的。如果这些因素都是随机的，那么我们称之为完全随机化（complete randomization）。我们可以用电脑里的各种统计软件或者简单的随机数发生器来进行随机化操作。

做实验为什么要做到随机分配呢？随机化首先是统计分析的需要。统计分析中要求基础分析量，比如观测值（observations）和误差（errors）是独立随机变量，也就是说误差的大小独立于观测值的大小。对被试随机分配后，我们可以认为误差是独立的、随机的，不随实验组的变化而变化，不会对因变量的值造成系统性的影响。更重要的是，随机化可以减少甚至去除某些额外因素（extraneous factors）的影响，尤其是没有得到控制的干扰因素的影响。在样本足够大时，将被试随机分到两个实验组就可以基本消除这种影响。换句话说，当样本足够大时，随机分配被试可以大大降低诸如被试的年龄等无关因素产生系统性误差的可能性。比如，在"献血与补偿"的例子中，随机分配被试可以保证被试的平均年龄在有补偿组和无补偿组都大致相同。如果不进行随机分配，就有可能存在年龄在 30 岁以上和 30 岁以下的被试被分别分到有补偿组和无补偿组中去的情况。这样，年龄作为一个额外因素就会影响实验结果。实验结果可能显示没有补偿的实验组献血更积极，但是这个结论是站不住脚的，因为更高的献血积极性可能是由年龄造成的，而不是由没有补偿造成的。

需要指出的是，随机分配必须在所有的实验组之间进行。我们再以"献血与补偿"的例子来说明。一开始你只有两个实验组：有补偿组和无补偿组。你对被试在两个实验组之间进行了随机分配。但是后来你意识到，你其实还希望了解如果补偿采取礼物而不是金钱的形式，是否会影响献血的积极性。所以，你就又找了一些被试，把他们分配到了礼物补偿组，然后比较这三个组的献血人数。但是，这样做是不对的，因为三个组的被试不是随机分配的。你必须重新做你的实验，随机在三个实验组之间分配被试。你会问："为什么要这样自找麻烦呢？"这是因为，如果你是在做完无补偿组和金钱补偿组的实验之后，再单独加入一个礼物补偿组，那么这个组的被试有可能和你第一次做实验用的被试存在系统性差异，从而影响你的实验结果。比方说，也许礼物补偿组的被试都是年轻人，那么这一组的被试总体就比另外两个实验组的被试年轻，你的结论自然也就不准确了。

正是因为实验室实验可以做到完全的随机分配，所以实验室实验可以达到比较高的内部效度。不过实验室实验也有明显的缺点。相对实地实验来说，实验室实验的外部效度较低。外部效度是指在多大程度上一个实验的结果能从它自身的被试和实验环境中被扩展到其他的被试和实验环境中去（Cook & Campbell, 1979）。在实验室实验中，实验员营造了特殊的实验环境和条件，使被试和实验过程都处在一个"非自然态"。此外，因实验室受自身规模和经费等条件所限，测试样本难以完备，所以外部效度可能会比较低。一个实验者总是希望他得到的实验结果能够代表一个普遍的现象，而不是仅仅发生在实验参与者身上，因此我们很关心实验的可复制性（replicability），也就是你的实验结果是不是在不同的被试和实验环境下仍旧能够被重复证实。如果一个实验结果只对某一个学校的学生有效，这样的研究结果必然不具备理论意义上的重要性。

6.4.5 变量控制和测量的现实性

实验的现实性（mundane realism）由 Aronson & Carlsmith（1968）提出。它指的是实验里的情境在多大程度上也可能在被试的正常生活中发生（Aronson et al., 1998）。也就是说，高现实性的实验通常会模拟人们在日常生活中的一些经历，而不是采用人们很少会遇到的情况作为研究情境。比如，在 Asch（1951）的一个实验里，为了研究人们的判断在多大程度上会被其他人的判断所影响，被试被要求判断一组线段的长度。这些线段的长度是一目了然的。但是在他们做出判断之前，实验人员会告诉被试其他人对这组线段长度的判断，而且别人的判断是明显错误的。这个实验的现实性不是很高，因为在人们的日常生活中，很多人对一个明显的问题答案都是错误的情况并不多见。

在最近几年，组织行为学的研究越来越注重实验所涉及情境的现实性，因为高现实性的实验通常具备更高的外部效度，更容易把实验结论扩展到更广泛的情境中。在现有的组织行为学研究中，有不少研究会给被试提供一个简化的情境，然后要求被试对这个情境做出反应。这样的虚拟情境所带来的行为后果和真实情境带来的后果可能会截然不同。比如，如果我们要求被试想象一下一个应聘者长得好看，和真的有一个长得好看的应聘者坐在被试面前，是完全不同的感觉。我们要求被试想象一下天气很冷和真的在寒冷的温度下回答问题的结果也很有可能是不同的（Zhang & Risen, 2016）。

组织行为学的研究也越来越关注实验采用的因变量是否涉及人的真实行为。有的因变量只能反映人们"觉得"他们会如何做决定，而不是人们"实际上"会怎样做决定。比如，消费者购买行为的研究会要求被试在一个量表上给购买可能性打分，组织行为的研究会要求被试在量表上为某个应聘者打分，等等。这样的研究经常会面临一个问题，就是无法确认人们是否会真的做出和量表选项一样的决策。比如，一个人说他"愿意献血"和他真的去献血之间存在着巨大的不确定性,一个经理说他会雇用某个应聘者也不等于他真的会雇用这个人。

因此,组织行为学的研究应该注重在实验里采用行为变量,也就是能带来某些真实后果的行为,而不是让被试只是在问卷上填写他们会怎么做。最常见的行为变量包括能体现理论上的因变量的各种行为,比如人们的各种选择(是或否)以及涉及数量的行为(锻炼多长时间)。行为变量也可以是其他一些行为的相关变量,比如打字速度、面部表情、声音变化、荷尔蒙水平变化、眼动数据、皮肤导电程度、反应速度等。采用这样的因变量会使研究结果更加可信,毕竟我们关注的是人们真正的表现,而不是仅仅在口头上说一说或者在问卷上填一填。

当然,虽然实地实验的现实性一般都比较高,但这并不意味着我们无法在实验室实验中达到较高的现实性。在实验室实验中,我们也可以给被试设定他们熟悉的决策情境,并且观察他们的真实行为。比如,我们可以让被试选择他们想要在接下来的10分钟内想要听的歌曲,并根据他们的选择播放歌曲。这样的一个决策情境不仅在自变量上具备较高的现实性,而且在因变量上也涉及了人的真实行为,而且被试必须承受他们的决策的后果(播放他们选中的歌曲)。

研究者需要在一个研究的起始阶段就规划好采用什么样的行为因变量。比如,如果你的研究假设把员工对公司的喜欢程度作为一个因变量,这个假设就没有具体的行为变量。你需要在实验中展现员工对公司的喜欢程度是怎么通过他们的行为展现出来的,比如,员工会更愿意向别人推荐自己的公司,会愿意接受更远的通勤距离,等等。如果你等到研究的后期才考虑这个问题,你会发现你早期的很多实验都需要重新做一遍,因为你没有加入现实的行为变量。

6.4.6　内部效度和外部效度的权衡

如果一个实验的内部效度和外部效度都很高,自然是再好不过了。但是多数情况下内部效度和外部效度是一对矛盾体,很难在同一次实验中做到两全。在不能做到两全其美的情况下,如果一项研究更加关注两个变量之间的因果关系,那么实验室实验会是一个更好的选择,因为在实验室中我们可以通过各种手段来排除其他无关因素的影响。实际上,内部效度高是外部效度高的必要非充分条件。在必要的情况下,我们可以首先在实验室里对假设进行检验,以明确自变量与因变量的因果关系,然后在自然环境中用实地实验的方法再次进行实验,来检测这个假设的外部效度。

实地实验的外部效度通常会高于实验室实验。在实地实验中,我们通常都是使用被试的实际行为作为因变量,而不是将在实验室实验里面常常用到的"可能性"作为因变量。即使实地实验和实验室实验都使用了实际行为作为因变量,实地实验还是有它的优势:和实验室实验相比,实地实验在一个自然环境下发生,被试的决策和行为也是相对自然的。

上面我们提到,完全的随机分配是高内部效度的基石。如果一个实验能够做到完全的随机分配，而且在实地对人们进行在自然状态下的行为的测量，那么这个实验就同时具有高的内部效度和外部效度。

同时包含实验室实验和实地实验的文章最近非常受欢迎，主要原因还是因为这样的文章兼具比较高的内部效度和比较高的外部效度。读者不仅可以确定变量之间的因果关系，而且能够确信文章里提到的现象在现实生活中确实存在，而不是在一个虚假的实验室环境下创造出来的。

当然，我们也知道，做好实地实验的挑战性是很高的。其中的一个挑战是，在实地实验中，要做到完全的随机分配比较难。比如上面提到的献血实验，研究者必须保证，看到两个不同版本的宣传单的被试之间不能交流，不然他们就会发现各自收到的宣传单不同。如果你想在一个企业里面测试两种不同的工资结构对员工绩效的影响，你也必须确定员工之间不能就工资结构进行交流。

实地实验的另外一个挑战就是很多时候研究者难以找到合适的行为因变量。一种情况是你的自变量对因变量的影响效果比较小，行为因变量难以体现出自变量的影响。比方说，如果你想研究工资结构如何影响员工对公司的忠诚度，这里，你把员工是否离职作为一个测量员工忠诚度的行为变量。我们知道，员工是不是喜欢他们的工作内容，是不是能和他们的同事愉快相处，甚至交通是否方便都会在很大程度上影响其是否离职，而工资结构只是其中的一个因素。这样，工资结构对员工是否离职的影响就有可能微乎其微，很难得到显著的统计结果。但是，这并不意味着工资结构不影响员工对公司的忠诚度。也许你使用其他的行为变量（如员工是否持续使用或购买公司产品）更有可能发现工资结构对员工忠诚度的影响。另外一种情况是在实地实验中，行为因变量受到非常多因素的影响，你需要一个非常大的样本来确保其他无关因素对因变量的影响在各实验组中是相同的。研究工资结构如何影响员工对公司的忠诚度时，你必须要有一个非常大的样本保证其他诸如工作内容、同事相处、交通等因素条件在两个实验组之间是相同的。在一个小规模的企业内部，即使你将员工随机分配到两个实验组，也很难保证其他因素完全相同。

这里，我们再讨论一个经常被忽视的问题：我们是不是永远都要追求高的外部效度呢？也许你曾经了解过一些心理学实验，其中的操作并不具备高的外部效度。比如，我们让被试记住一连串的八个数字，然后检测被试在决策中是否更加受到锚定效应的影响（Epley & Gilovich，2006）。在现实生活中，我们在做决策的时候真的会被要求必须记住一连串的八个数字吗？这种情况真的很少见，所以很明显，这样的实验外部效度不高。那么，这样的心理学实验的价值在哪里呢？

需要强调的是，很多时候，一个实验很难做到同时具有高的外部效度和内部效度。在无法两全的情况下，一项研究到底应该追求高的内部效度还是高的外部效度，要取决于研究的目的。如果一个实验的目的是要检测一种心理机制，那么这个实验并不需要有高的外部效度。实地实验通常具备非常高的外部效度，但是实地实验很少能明确地检验导致试验结果的心理机制（Morales et al., 2017）。比方说，上面提到的实验的目的是要检验锚定效应是否是由于人们被锚定后，对自己的最终答案修正不够造成的，所以这是一个单纯的想要测试锚定效应的心理机制的实验。为了显示锚定效应的心理机制，实验者需要人工创造一个环境让被试能够把这个心理机制明显地表现出来。而在日常生活中，很多情况下这样的心理机制是被掩藏在各种其他因素里的，一个高的外部效度的实验无法把这样的心理机制完整清晰地展现出来。

6.4.7　威胁实验效度的因素

在实验中，有些实验方式或事件会影响效度，我们把这些实验方式或事件称作效度威胁因素（threats to validity）。其中有些因素会影响一个实验的内部效度，有些会影响外部效度。混淆变量（confounding variable）通常指的是没有得到控制的无关变量，这些变量使测试结果产生了系统性偏差，导致我们不能确定因变量的变化是否是由自变量的变化产生的。混淆变量是影响效度的最主要的因素。关于这部分，我们会在"如何把假设转化成实验"部分再做讨论。

下面我们讨论其他几个影响实验效度的常见因素。

被试选择偏差（subject selection bias），指被试因主观意愿或客观条件左右，而进入不同的实验组所造成的偏差。比如，在研究工资和教育程度的相关性时，我们希望把所有样本的工资和教育程度放在一起研究。但是在现实中，当工资低于某个水平时，有些人会选择不工作。对于他们，我们可以了解他们的教育程度，却不知道如果他们工作工资会是多少。那么如果在样本中只研究有工作的人群，最后得到的工资和教育程度的相关性会与真实情况有差别，从而低估教育程度对工资的影响。所以我们利用志愿者做研究时，就要特别注意被试选择偏差问题。在研究工资与教育程度等无法避免选择偏差的情况下，有些特别的处理方法也许会有效，例如，Heckman（1974）提出的处理被试选择偏差的方法。

实验者偏差（experimenter bias），指由于实验者本身的行为所导致的偏差。比方说，如果实验操作者事先知道所要检验的假设，在进行实验的过程中，就可能有意或者无意地做出某些行为，从而影响不同实验情况下的被试反应。另外，在对一些主观数据进行编码的时候，实验编码者也可能由于知道所要检验的假设，使这些主观数据的编码存在某种倾向性。这些都会影响实验的最终结果。为了去除实验者偏差，我们通常要求不能让被试了解实验所要检验的假设。而且通常提出假设的研究者本人也不能担当实验者的角色，我们需要一个不知道所要检验的假设的人来执行实验。

成熟程度（maturation），即随着年龄的增长，被试的心理和生理会逐渐成熟，进而对实验产生影响。一般只有实验周期很长时，我们才需要考虑这种影响。当被试是儿童时，我们要特别注意这种影响。比方说，有些研究表明，即使没有接受任何治疗，大多数大学生也会在六个月内走出心理消沉期。如果有人做新药剂实验，实验结果表明服用药剂的大学生会在六个月内从心理消沉期走出来，那么我们显然不能认为药剂有疗效。我们可以采用随机化的对照实验组来解决这个问题。

退出和减员（attrition and mortality），即在实验中，一些被试可能会退出实验，从而影响实验结果。这种情况在长期实验（longitudinal experiments）中非常普遍。如果一个实验需要被试在下个月再回实验室来回答问题，很多被试并不会按照要求回来。在组织研究中，也有被试突然被公司调去外地，不能继续参加实验的情况。因为不知道退出的被试与其他完成实验的被试有什么区别，我们很难预测这种退出和减员会对实验结果造成什么影响。最好的情况当然是尽可能消除退出和减员的情况，但是很多时候我们没有办法完全避免。这在数据分析上给我们带来很大的挑战，这时我们需要用一些统计的方法来测试退出的被试是如何影响实验结果的。

污染（contamination），指在正式实验之前进行相关度比较高的预实验（pretest）可能会使被试对实验更加熟悉和敏感，从而改变他们在正式实验里的表现。所以，预实验和正式实验应该尽量邀请不同的被试。

中值回归（regression to the mean），其典型情况是研究极端组时，测试值的变化会比研究一般群体时大得多。属于极端组的被试在下一次测试中很可能会向均值靠近。比方说，某一次测试中分数在 95 分以上的群体（满分 100），再重新接受测试时他们的分数就非常可能向均值靠近一些，平均分数通常达不到 95 分。这是一种统计学的现象，被试的分数在第二次测试中更靠近均值并不意味着这是由任何心理机制导致的。

样本不具代表性（non-representative sample），指作为样本（sample）的被试不能代表母体（population）。比如研究中国电视广告对消费者购物倾向的影响时，如果只研究汽车类广告对消费者购物倾向的影响，这样的样本就不具有代表性。实际上，很多其他因素都可以使样本不具有代表性。保证样本具有代表性是保证外部效度的基石。

霍桑效应（Hawthorne effect），指当研究人员在场时，由于紧张等原因，被试的表现会与平时不一样，这自然会影响结果的外部效度。如果我们不知道这种差别是否会对测试结果产生重大影响，那么应该怎么处理呢？一个取巧的方法是再安排一个控制组，控制组与实验组一样会被观察，但是不需要接受测试，目的只是测试霍桑效应。当然，如果你的假设决定了你有两个实验组，除非有特殊理由，一般大家认为两个实验组都会受到霍桑效应的影响，而且影响的大小应该大致相同。如果你只关心这两组之间的区别，而不是每个组测试结果的绝对值，就不需要添加控制组。因为霍桑效应只会影响两组数据的绝对值，而不会影响两组数据的相对值。但是，如果霍桑效应有可能会完全掩盖你希望检验的行为，即使加入控制组，你还是可能得不到理想的预测结果。在这样的情况下，你就需要考虑如何消除霍桑效应。比方说，为了让被试感觉他们是在正常环境下做某些行为，你可以在被试看不到的地方观察他们。

需求特性（demand characteristics），指被试在参与实验时会很自然地去猜测实验者到底想要检验什么，在实验中能引导被试做出猜测的线索被称为需求特性（Schweigert，2006）。

一旦被试对假设做出猜测，他们在实验中的行为便会或多或少受到影响。一些被试会根据他们对假设的猜测故意做出和假设一致的行为，而另外一些人也许会故意做出跟他们的猜测相反的行为。比如，在"显示器与工作积极性"的研究中，被试认为实验者想检验的假设是"显示器越大，工作积极性越高"，那么即使事实上他们的工作积极性和显示器的大小没多大关联，他们还是努力表现得和实验者的假设一致，其实他们是希望公司管理层看到实验结果后给他们配置更大的显示器。再比如，如果人们猜测实验者要检验的假设是"惩罚越多，工作表现越好"，但是因为他们不想受到惩罚，所以在受到惩罚时故意降低自己的工作表现。这就属于故意做出和假设相反行为的例子。不管他们的行为和假设是一致还是相反，实验结果的效度都受到了影响。因此，为了减少需求特性的影响，实验通常需要进行缜密的设计，比较好地隐藏实验者的真实意图，避免被被试猜测出真实的实验意图并有意调整自己的行为。

安慰剂效应（placebo effect），指被试即使没有真的接受实验，也会给出有效果的反馈。最典型的例子是药剂实验。假定你告诉被试他们吃的是止痛片，但是实际上只是维生素C。很有可能被试也觉得疼痛减轻了，很明显，那并不是因为维生素C可以止痛，而是因为人们认为他们吃的是止痛片，心理上就感觉不痛了。这就是安慰剂效应。那么，如果一个被试吃了真的止痛片，痛觉减轻了，这是不是说明这个止痛片起作用呢？不是的，因为痛觉的减轻也有可能是因为被试觉得他吃了药感觉更好而已。那么，如何测出止痛片的真实效果呢？你需要有一个控制组，告诉被试他们吃的是止痛片，但是实际上给他们吃维生素C。如果实验组的数据好于控制组，你才能得出止痛药确实有效的结论。

霍桑效应、需求效应、安慰剂效应等都有一个特点，那就是被试意识到正在进行实验，所以对测试的反馈不同于未参与实验时。因此，有些人把有这个特点的因素都称为副效应（reactivity）。不让被试知道自己正在被测试自然是最好的做法。如果做不到的话，至少不能让被试知道实验目的和假设。

6.4.8　如何把假设转化成实验

在这一部分，我们首先介绍一下在实验中如何把假设变成可以操作、可以衡量的东西，然后再介绍一些实验中需要避免的问题。

首先，我们来谈一谈在实验中如何定义一个变量，以及什么叫作可操作性定义（operational definition）。一般来说，一个变量通常是一个抽象的概念，你需要把它转换成可以操作、可以衡量的形式。那么，一个实验者用来操作或衡量的关于这个变量的可以在实验中操作的形式就是可操作性定义（Cozby, 2001）。有了可操作性定义，其他的研究者就可以相对容易地重复某个实验（Elmes et al., 1999）。除了可操作性好，一个好的变量定义也要能准确、有效地代表变量。比如，把电话客户服务人员的效率只定义为接电话的数量而忽视服务质量就有一定问题。

对一个变量给出可操作性定义是实验设计中相当具有挑战性的部分。变量的抽象程度不同，确定其可操作性定义的难易程度也不同。比方说，工作时间是一个相对来说具体的变量，你只需要用工作的小时数来衡量。而工作积极性就是一个比较复杂且抽象的变量，它会涉及很多因素：员工愿意每个星期加班几个小时，员工是否愿意接受困难的任务，员工是不是能提前完成任务，等等。一个研究者可以选择工作积极性的某一个方面来作为工作积极性的可操作性定义。而给出可操作性定义的意义在于，一个研究者必须先有一个方法来有效操作或衡量这个变量，才能具体地实施一个实验。

如果你想知道情绪对工作效率的影响，那么首先你就要知道，在一个实验中，你需要怎样做来产生你需要的情绪，所谓的工作效率应该怎样来衡量。比方说，如果你的假设是相较于快乐的情绪，伤心的情绪会使工作效率降低。你如何在实验中让人们有伤心或快乐的情绪呢？也许你会说这很简单，被试来了，问问他们高兴不高兴就行了，然后高兴的人去快乐情绪组，不高兴的人去伤心情绪组。但这是错误的。因为这样的话你就不是随机分配被试了，而是根据他们的情绪分配了。这样造成的一个结果是快乐情绪组和伤心情绪组存在其他特性上的区别（如快乐情绪组的人的受教育程度高于伤心情绪组的人），我们也就没有办法确认是否是情绪的区别导致了工作效率的区别。

一个可能的办法是，你把被试随机分成两组，让这两组人来回忆他们过去的经历，一组人回忆快乐的经历，另外一组人回忆伤心的经历。这样你就有办法使参加实验的人随机产生两种不同的情绪。然后你让被试来做某种工作，比方说让他们数零件，然后看他们在规定时间内可以完成多少。回忆过去的经历和数零件就是对情绪和工作效率的一个可操作性定义。一般来说，如果我们不能根据一个假设给出相应变量的可操作性定义，那么这个假设就是没有办法证伪的。

对一个变量给出可操作性定义时必须谨慎考虑这个定义的概念有效性（construct validity）。所谓的概念有效性，指的是变量的可操作性定义是否准确地代表了你想要操作或衡量的变量。这是一个好的实验设计的核心。

从自变量的角度来说，可操作性定义通常存在以下三个问题。我们拿通过让人们回忆过去经历的办法来产生伤心或快乐的情绪这个可操作性定义来举例子。首先，这个办法可能没有用。回忆快乐或伤心的经历可能并不能让被试在当前情况下感到快乐或伤心。那么，如果你发现工作效率在两个实验组有所不同，从而认为情绪对工作效率存在影响，这个结论就错了，因为被试的情绪在两个实验组中没有区别，工作效率的差异可能是由其他因素造成的。

其次，回忆过去经历的办法确实有效地改变了被试当前的情绪，但是被引发的情绪可能不是你希望引发的情绪。比方说，回忆伤心的经历可能没有使被试更伤心，但是使他们情绪更消极。那么，如果最后你发现这些人工作效率下降，你就没有办法得出伤心情绪降低工作效率的结论，因为更有可能是消极的情绪在起作用。当你的变量比较抽象、难以量化的时候，在确定可操作性定义时要非常小心。

最后，也是最常见且最难避免的，是你的可操作性定义不仅改变了你希望改变的因素，也同时改变了你不希望改变的因素。也就是说，你的可操作性定义引入了混淆变量。这是一个实验最容易被论文评审人诟病的情况。比方说，回忆伤心的经历不仅让被试在当前感觉更伤心，而且让他们感觉更消极。那么，如果你发现这些人工作效率下降，到底是伤心引起的呢，还是消极引起的呢？我们不得而知，所以这个实验也就不能检验你的假设了。再比方说，你的假设是吃不健康的食物会让人感觉愧疚，而为了减轻愧疚感，人们会做一些对社会有益的事情，比如帮助别人。你给一组人吃油炸薯条，给另一组人吃蔬菜沙拉。然后你检验这两组人谁更会给别人提供帮助。但是，你操作自变量的方式引入了混淆变量。比如，比起吃蔬菜沙拉，吃油炸薯条更容易让人有饱腹感。会不会人们只有在吃饱时才会去帮助别人呢？再比如，吃油炸薯条更容易让人们觉得高兴。也许是人们在心情好的情况下才会去帮助别人？所以，我们并没有办法确认是否是愧疚感在背后起作用。

由于以上提到的原因，一般比较主观的可操作性定义都要有一个或多个问题来检验这个可操作性定义是否有效，是否同时影响了其他的因素。很多实验都包含一个"操作检验"（manipulation check）的步骤，检查你的操作是否有效改变了你希望改变的变量。比如，你希望通过一个游戏让被试觉得被别人接受或拒绝，然后测量他们在接下来的群体决策中是否会选择合作，那么我们就需要在操作检验中让被试回答他们觉得被别人接受或拒绝的程度。

很多研究人员会担心操作检验会影响被试接下来的行为和感受，这是很有可能的。如果我们问了被试他们是否感觉被别人拒绝，被人拒绝的感觉就会特别明显，从而影响我们的因变量。而如果我们没有问这个操作检验的问题，也许很多人虽然觉得被拒绝了，但是并不会让这种感觉影响他们是否合作的决定。此外，操作检验也有可能暴露研究者的真实意图，影响被试在接下来的表现。为了避免这种问题，很多操作检验是在预检测中进行的。所谓的预检测，就是在正式实验开始之前，招募另外一组被试，让这些被试经历你的自变量操作，然后测量你的自变量操作是否有效地改变了你希望操作的变量。而在正式实验中的被试不需要回答操作检验的问题。因为预检测的被试是不会参加正式实验的，所以我们不需要担心操作检验的问题会影响因变量。另外一个解决办法是把操作检验的问题放在因变量的问题之后。但是，这样的操作检验会被因变量的问题所污染，因而变得不是特别准确。

为了确保一个可操作性定义没有影响其他无关的变量，有些实验也会测量那些有可能会被影响的变量，检查这些变量是否受到影响。

对于因变量，最重要的就是要确保可操作性定义正确衡量了你的因变量。比方说，你的因变量是人们有多大动力达成一个目标。为了衡量这个因变量，你请被试回答"你在多大程度上希望达成你的目标"这个问题。这可能并不是一个非常好的可操作性定义。正如你问一个要减肥的人："你希望能减掉10公斤体重吗？"大概他们都会说"非常想"。但是，"希望减肥"不同于"你有多大动力将减肥付诸行动"。因此，我们在选择问题时要非常小心。

很多时候，如果一个实验可以把一个主观的因变量用一个比较客观的方式来衡量，这样的实验通常会更被认可。比如，你可以用人们每天参加锻炼的时间来衡量达成减肥目标的动力。这样客观的可操作性定义通常称为"行为测量"(behavioral measure)。好的实验经常把主观的可操作性定义和行为测量结合起来。行为测量不仅可以证明一个理论的实际应用,而且比主观的可操作性定义更容易为被试所理解。当然,很多时候要为一个变量找到一个好的行为测量方式并不容易。比方说,你的因变量是开心程度,这本身就是一个很主观的东西,很难用一个行为的方式来测量。也许你可以测量大家笑的次数,但这个方法并不能很准确地衡量人们真正的开心程度。

除了需要注意前面提出的问题,还要特别注意的是,在考虑如何使你的变量可以操作的时候,要避免天花板效应(ceiling effect)和地板效应(floor effect)。在实验中,有的时候会产生所有的数据都集中在可能范围的最高端的情况,这叫作天花板效应。比方说,你想证实更多的奖金可以产生更高的工作积极性。你找了一批人,告诉他们说,如果他们愿意数 5 分钟的零件,你就付给他们每人 20 元钱;对另外一批人,你告诉他们,如果他们愿意数 5 分钟的零件,你就付给他们每人 40 元钱。然后你让这些人回答,他们有多大可能性愿意来数零件。然后你发现不管是给他们 20 元钱还是 40 元钱,他们愿意数零件的可能性都在 95% 左右。这是不是意味着你的假设不成立呢?并不见得。因为很有可能你的结果受到了天花板效应的影响。也就是说,本来给 20 元钱大家就已经很愿意来数零件了,再多给他们钱也不可能提高他们数零件的积极性。如果是这样,你需要把 20 元钱的奖励调低,比方说调低到 5 元钱。当然,也有可能是因为这个百分制的衡量方式不能体现工作积极性的区别,那么你可以换一个方法来衡量因变量,比方说,你问参加实验的人:"如果我给你 20 元钱,你愿意数多少分钟的零件?"对另外一组人,你可以问:"如果我给你 40 元钱,你愿意数多少分钟的零件?"这样就避免了天花板效应。和天花板效应相反的是地板效应,它是指所有的数据都集中在可能范围的最底端的情况。它的处理方法也和天花板效应相似。我们在实验中要尽量避免这两种情况的发生,否则就无法断定到底是因为自变量确实对因变量没有影响,还是自变量没有设置在合适的水平,或者因变量没有得到合理的测量。

我们的初始实验设计可能并不完备,尤其在实验复杂或者变量相对抽象的情况下。所以有的时候,实验者会事先请少数被试做一些"测试性实验"(pilot study),小规模地测试一下实验,看看是不是有一些没考虑到的问题。为了更好地达到测试的目的,在测试性实验结束后,参加测试性实验的被试通常需要回答一些和实验的因变量无关但和实验设计有关的问题,比方说,"你是否觉得我们的实验介绍得很清楚而且容易理解?""你在实验过程中是否遇到过很难理解的情形?"……实验者也会征求被试的意见,从而知道哪里需要改动。有的时候,实验者还要求被试在参加实验的过程中做即时的口头报告,这样被试的一些反应就可以帮助实验者对实验做出必要的改动,保证在整个实验正式开始之前能够把可能出现的问题最小化。

6.4.9 对实验结果的理解

做完了实验,搜集好了数据,我们就需要对数据进行分析。如果数据的分析结果和我们的假设不一致怎么办?是不是这就意味着我们的假设是错误的呢?先不要过早下结论,让我们来看看什么情况下我们会得到和假设不一致的结果。

当然，出现这种情况，很有可能是因为我们的假设是错误的。但这并不是唯一的解释，还有一种可能是因为我们的实验设计不妥当。比方说，被试没能很好地理解你的指示，或者是被试在实验后期比较疲劳而没有认真回答你的问题，等等。

你还要考虑你的操作是不是有效。比方说，你对"快乐"和"伤心"的可操作性定义是分别让人们听一段欢快和缓慢的音乐。如果你的音乐没有达到让被试感到"快乐"或"伤心"的效果，那么你需要考虑采用其他的办法操作自变量。

另外，你也应该考虑你对因变量的衡量是否存在问题。有的时候，并不是你想要衡量的效应不存在，而是你没有采用合适的办法来衡量这个效应。此外，我们在前面提到过，在考虑变量的可操作性定义的时候，我们要注意选取适当的取值范围，避免产生天花板效应和地板效应。如果你发现可能存在的天花板效应和地板效应有可能造成两个实验组没有区别，那你就需要改进你的可操作性定义，再重新进行你的实验。

此外，在这个时候更为重要的是，你要思考一下："我的实验里有没有混淆变量？"消除混淆变量的影响是保证你得到可靠数据的一个非常重要的前提。所以，你应该看一看：你本来应该控制的变量是不是得到了应有的控制？有没有其他可能的变量应该得到控制，但是你当时没有注意到？样本是不是保证随机分配且消除了随机差异？真正操作实验的人是不是对待每个被试都公正且没有倾向性？还有，被试不认真回答问题也会导致你得不到你预测的结果。有些研究者会在一个实验的末尾加入几个问题来检测被试是否认真参与了实验。Oppenheimer et al.（2009）提出的办法最近被广泛使用。具体的做法是，在一个问题里，让被试做一些选择题（如"你最喜欢的体育节目是什么"），但是在问题的尾部，我们告诉被试不要选择他们最喜欢的体育节目，反而做一些其他无关的选择，比如点击一个问题的名称。这样，没有仔细阅读的人就会回答他们最喜欢的体育节目，只有仔细阅读的人才会按照要求点击问题的名称。这种方法可以帮助我们检验仔细阅读的人和没有仔细阅读的人是否存在系统性的差异。但是我们也必须注意到，这并不是一个完美的解决方案。目前，由于这个方法被广泛采用，很多网络上的被试已经对这个问题非常熟悉了，他们已经知道了这个问题的"窍门"在哪里，这样这个问题也因此不起作用了。一个研究者应该把注意力放在如何让被试认真回答问题上，而不是简单地把没有认真回答问题的人从样本中剔除。

6.4.10　实验结果的可复制性

可复制性（replicability）是指在相同的处理下，独立重复实验可以得到类似的实验结果。首先，复制可以让实验者对实验误差有一个估计。这种估计可以帮助实验者了解测试结果是否有统计意义上的不同。其次，由统计分析性质可知，相较于一次测试，多次的复制可以帮助我们更精确地估计样本均值（sample mean）。最后，统计分析需要一定的数据量才可以达到一定的置信度，对于复杂的实验设计来说尤其如此，而复制可以提供一定的数据量。一个可以复制的实验才有较高的说服力。

需要特别指出的是，复制和重复测量不一样，重复测量只是从测量角度提高准确度，而复制则是重新测量整个实验被试从头到尾受到的影响。比如研究运动与心律的关系时，被试运动后测量心律，休息一定时间进行同样的运动后再测量就是复制，而被试运动后两个实验员分别通过左右手动脉同时测量其心律就是重复测量。

可复制性有两个层面：第一个层面通常是直接复制，也就是采用同样的实验设计，但是在不同的时间、地点，使用不同的被试来检验我们是不是能得到同样的实验结果；第二个层面是在保证概念有效性相同的条件下，实验者会采用不同的方式来操作自变量或者衡量因变量，来检验一个假设是否成立。即使在同一篇文章中，为了增加实验结果的可靠性，研究者也会采用不同的可操作性定义、在不同的人群中抽样等办法来重复验证同一个假设。

一个实验的结果是否可以复制是非常重要的。可以这么说，如果一个实验的结果不能被复制，那我们就有理由怀疑一个假设的正确性，或者一个效应是否真的存在。但是，以往人们对复制的兴趣并不高，主要是因为一个研究者并不能因为完全重复别人的实验而发表文章。最近在社会科学领域，研究者重新燃起了对复制实验的兴趣，主要是由于两个原因：第一，最近有研究发现，一些经常被大家引用的实验结果不能被复制；第二，有极少数的研究者最近被证实作假。一些期刊开始刊载一些复制实验的论文，这些论文主要集中在第一个层面的直接复制。

如果一个复制实验的结果和以往的结果相同，那么就意味着，我们成功复制了以前的实验结果。但是，我们要注意到，如果你重复了前人所做的实验，但是并没有得到前人所得到的结果，这种情况就比较复杂。如果因此认定前人的结果真的不能被复制还为时尚早。首先，你的复制有可能和原来的实验存在一些程序上的微小差别，从而导致最终结果的不同；其次，你的结果也许是由第二类错误（在统计学里，当某个效应存在却没有能正确识别）造成的。所以，我们不能简单地因为一个实验无法重现以前的实验结果就认为它是错误的。单单一次的复制失败可能并不足以证明一个效应真的不存在。

6.4.11　网上实验

由于互联网的广泛使用，研究人员可以在网上招募被试并让被试直接通过互联网回答问题。很多实验室实验的研究结果在网上实验中能够被重复（Horton et al., 2010），这证明网上实验是有一定的效度的。网上实验搜集数据通常速度快、成本低，因此成了很多研究者的一个普遍选择。

目前，有部分研究者对网上实验仍旧存有一些疑虑，主要集中在以下四点：

第一，网上实验太便宜。其实我们认为这是一大优点。目前看来，如果一个效应能够在网上被证实存在，通常这个效应也能在实验室中被证实存在。对很多实验来说，便宜并没有显著地影响实验的结果。当然，如果你的实验是研究金钱奖励的作用，那就另当别论了。

第二，参加网上实验的被试不具有代表性。诚然，参加网上实验的被试不能代表人口整体，但是这些被试绝大多数情况下都比大学生有代表性。在网上实验普及之前，很多论文的实验都将大学生作为被试。如果研究者能够接受用大学生作为主要被试来源，那么网上实验的被试也应该可以被接受。实际上，仅仅使用大学生作为被试在某种程度上限制了实验的外部效度，因为我们无法知道实验的结果是否仅仅局限在大学生群体里。有了网上实验平台之后，研究者可以很容易地找到非大学生被试来参加实验。从这个角度看，网上实验其实给研究者提供了一个提高外部效度的机会。

第三，网上实验只能设定一个假想的情境让被试回答，不能让被试做出行为反应。这个想法其实是错误的。在设计得当的情况下，我们甚至可以让被试在镜头前给我们唱一首歌。

第四，参加网上实验的被试注意力集中程度不高。关于这一点，有实验发现网上实验和实验室实验几乎不存在差别，也有实验发现网上实验的被试的注意力集中程度确实稍低。但是，这并非一个难以解决的问题。很多时候，稍微修改一下实验说明就会有很大帮助。我们会在接下来的"被试的参与度"部分做详细解释。

综合来说，网上实验很多时候并不比实验室实验的效果差。如果设计得当，网上实验通常会达到相对高的内部效度和外部效度。那么，设计网上实验的时候，有没有什么需要注意的地方呢？在这里，我们主要讨论三个方面。

第一，被试的参与度（participants' involvement）。研究者没有办法看到在电脑或手机屏幕后的被试到底做了些什么。这带来几个问题。首先，网上的被试很可能没有实验室的被试认真。他们也许一边和朋友聊天，一边参加你的实验，他们也可能很快地回答你的问题，或者根本就没有认真阅读实验说明。

上面提到，这个问题并非无法解决。比如，如果你在网上的实验说明简洁明了，效果就会好很多。你不能设计大段的文字，应该尽量用图片取而代之。另外，在网上实验中，你也应该不断地尝试用不同的方法说明你想要被试做什么，不然被试很有可能注意不到你说了什么。

其次，网上实验涉及的任务也不能太过复杂。如果你让被试写出10个不愉快的经历，很多被试都会选择退出实验（关于被试退出的问题请参看接下来的"选择性退出"部分）。被试即使没有选择退出，他们也很可能不会认真对待实验任务，而是应付了事。比如，Finley & Penningroth（2015）做了一个关于记忆的网上实验，他们发现，和实验室被试相比，网上被试对实验说明的理解要差一些，而且这个问题随着实验任务复杂性的增加而变得更严重。

最后，一些类别的任务没有办法在网上实现。比如，我们的任务是给被试听一段音乐或看一段电影。这样的任务存在两个问题：一是我们没有办法确认被试是否听了音乐或看了电影。他们完全可以把声音关掉，或者播放影像，但同时打开另外一个页面。二是即使被试非常合作，我们也不能保证实验过程中是否存在技术问题，如音乐或者电影是否顺利播放。对于被试来说，他们没有动力去帮实验员解决技术问题。如果出现技术问题，他们很有可能就自动进入下一步，这样的话，我们的操作就根本没有起到作用。所以，类似的任务我们必须从技术上保证被试是真正按照你的要求做的。

第二，重复被试（repeated participants）。在实验室实验中，实验员通常会要求被试出示身份证件，如学生证或身份证，以保证同一个被试不会在一个实验中多次出现。但是，在网上实验中，检查证件就很难做到。有的被试在同一个网站可能有多个账户，而实验员很难发觉。如果同一个被试在同一个实验中参与了多次，那么除了第一次实验的结果，后面几次的结果就都被污染了。很多网站通过技术手段能够去除大部分的重复被试，但这并不完美。比如，我们可以做到让来自同一个 IP 地址的被试只填写一次问卷，但是，一个被试可以轻易地获得多个 IP 地址，比如他的电脑和手机就有不同 IP 地址，他家里的电脑和办公室的电脑也有不同的 IP 地址。

当然，存在少数几个重复被试通常不会对实验有效性造成实质性的影响。在当今的很多实验平台上，各种实验层出不穷，被试没有必要为了多挣一点钱去重复参加同一个实验，他们完全可以选择参加各种不同的实验。

另外一个相关的问题是，有的被试也许曾经参加过很多实验，如果你的实验采用的是通用的实验框架，这些被试可能很容易地猜到你想做什么，你的实验结果可能会因此大受影响。比如，最后通牒博弈（ultimatum game）是实验经济学中一个非常经典的实验框架，很多被试可能都做过这个博弈实验。

不过，我们也必须注意到，在某些特殊情况下，重复被试的问题对实验结果会产生很严重的影响，而且这种重复并不是被试主动重复参与导致的。比如，你想研究某种广告是如何影响淘宝买家的购买行为的。我们知道，很多淘宝买家有时使用手机平台，有时使用电脑平台。如果我们仅仅能够在技术上保证同一 IP 地址的人只能看到一个版本的广告，那么同一个人在手机和电脑间切换的时候就有可能看到不同版本的广告。更为麻烦的是，这个人的购买行为很有可能发生在他看到两个不同版本的广告之后，所以你根本没有办法分辨他的购买行为是由于他看了哪个广告引起的。在这样的情况下，实验员必须在技术上保证同一个用户名只能看到一个版本的广告（淘宝的用户名不会因为手机平台或电脑平台而改变），而不是同一个 IP 地址的人看到一个版本的广告。

第三，选择性退出（selective attrition）。被试选择性退出某个实验组会对实验结果带来非常严重的影响。在实验室实验里面，这样的情况比较少见，因为除非一些特殊情况，已经来到实验室的人通常不会中途退出。

但是选择性退出在实地实验及网上实验中都比较普遍。比如，在上面提到的"献血与补偿"实验中，控制组的部分被试由于交通问题没能来到献血现场，假定这组人的献血积极性都不高，那么最后造成的结果是，控制组的整体献血比例上升，而有金钱奖励的实验组的结果没有受到影响。如果实验者没有考虑到选择性退出的问题，就会得出给金钱奖励不如不给的结论，但是这个结论很有可能是因为控制组的部分被试选择性退出造成的。

网上实验也经常遇到选择性退出的问题。最常见的情况就是，被分配到更长、更难的任务组的被试比别的被试更容易退出。这个问题最近得到了研究者的重视。比如，Zhou & Fishbach（2016）指出，当被试出于不同的原因从不同的实验组中退出的时候，实验就可能混入混淆变量，从而影响实验的内部效度，并且导致研究者得出错误的结论。为了清楚地显示出选择性退出可能造成的问题，Zhou & Fishbach（2016）做了一个非常有意思的实验。想象一下，按照常理，使用眼线笔或使用剃须泡沫，是不可能对被试的体重造成任何影响的。但是，如果使用眼线笔使很多男性感觉这个任务很奇怪从而退出实验，同时使用剃须泡沫使很多女性退出实验，那么就会造成在眼线笔的实验组有太多女性，在剃须泡沫的实验组有太多男性，而我们知道男性的体重通常大于女性，从而造成被试体重在两个实验组之间存在显著差异。为了证明这一点，他们在 Amazon Mechanical Turk（MTurk）上招募了 100 个被试。在 MTurk 上，如果有被试中途退出，系统会自动重新招募被试，直到获得 100 个被试为止。在他们的实验中，一共有 144 个 MTurk 的被试开始了实验，但是有 41 人中途退出。其中，眼线笔实验组有 32.4%（74 人中的 24 人）的被试退出，剃须泡沫实验组有 24.3%（70 人中的 17 人）的被试退出。那么，这两组被试的体重到底有没有差异呢？实验结果发现，在眼线笔实验组，被试的平均体重是 159.64 磅；而在剃须泡沫实验组，被试的平均体重是 182.08 磅，两组的体重存在显著性差异。我们知道，单单靠想象使用眼线笔或剃须泡沫是绝对不可能影响一个人的体重的，那么这两组在体重上的显著差异只能说明我们没有在两组之间对被试进行随机分配。正如 Zhou & Fishbach（2016）所预测的那样，眼线笔实验组有 42% 的女性被试，而剃须泡沫实验组的女性仅仅有 30%。这说明，眼线笔实验组有更多的男性退出了实验，而剃须泡沫实验组有更多的女性退出了实验。如果我们没有注意到这个问题，我们就会认为仅仅想象使用眼线笔或剃须泡沫就能改变一个人的体重，从而得出错误的结论。

在这个实验里，我们通过检查被试的性别，发现选择性退出会让我们做出错误的结论。但是，我们也必须意识到，很多时候，选择性退出并不一定会在性别、年龄、种族等人口统计数据上显示出来。所以，检查人口统计数据并不一定总能帮助我们发现选择性退出造成的问题。最为稳妥的办法就是想办法在实验中消除选择性退出的问题。

6.5 实验设计

在接下来的这一部分中，我们要着重讲讲怎样设计一个实验来对假设进行检验。设计一个实验首先要考虑的就是如何把被试分配到有不同自变量取值的实验组中。你可以有两种分配方式：① 把不同的被试分配到不同的自变量取值上；② 让每个被试接受所有的自变量取值。实验的设计在很大程度上取决于你的假设——你的假设有几个自变量及每个自变量各有几个取值。如果你的假设只有一个自变量，那你的实验就是最简单的组间设计（between-subjects design）或者是组内设计（within-subjects design）。如果你有两个及以上的自变量，那么你的实验应该是因素设计（factorial design），当然，一个因素设计既可以是组间设计，也可以是组内设计，还可以是组间组内混合的设计。下面我们对这三种设计一一加以介绍。

6.5.1 组间设计

所谓组间设计，是说不同实验组的被试是不同的，即上面的第一种分配方式。假定你有这样一个假设：对于某件东西，一个人拥有之后卖出它时索要的价格要高于他拥有之前愿意支付的价格。那么，你就可以设计这样一个实验：把被试随机分成两组，你给其中一组的人每人一个杯子，另外一组人不给杯子。你请已经有杯子的人回答，如果要把这个杯子卖掉，买方至少要出多少钱他们才愿意卖；你也请没有杯子的人回答，如果要买这样的一个杯子，他们最多愿意出多少钱。这样的一个实验采用的就是第一种分配被试的方式，是一个典型的组间设计的实验。

再比如，你的假设是，正面反馈比负面反馈更能提高员工的工作绩效。那么，你可以随机分配一组人，给他们提供正面的反馈，给另外一组人负面反馈，然后你看看这两组人的工作绩效到底哪个高。和上面的例子一样，如果一组人收到了正面反馈，那么他们就不会收到负面反馈；而收到负面反馈的那组人也不可能收到正面反馈。也就是说，每个人都只能参加一个实验组，这样的设计属于组间设计。

我们前面讲过的"显示器与工作积极性"的实验也是一个组间设计的例子。一组员工使用大显示器，另外一组员工使用小显示器，我们分别测量他们的工作积极性。如果我们的自变量有多于两个的取值，那么我们就有多于两个的实验组。比方说，我们的假设是：使用大显示器可以提高工作积极性，但是显示器大到一定程度，再增大显示器就对工作积极性没有影响了。因此，我们可以有三个实验组：第一组人使用 14 英寸显示器，第二组人使用 19 英寸显示器，第三组人使用 25 英寸显示器。然后我们分别检验各组人的工作积极性。很显然，不同实验组的人使用大小不同的显示器，这也是一个组间设计，不同之处是这个实验有更多的实验组而已。

由于不同实验组中的被试之间存在个体差异，我们在分组时需要尽可能做到对被试进行随机分配，以消除差异。

6.5.2 组内设计

另外一个减少组间差异的方法就是我们上面提到的第二种分配被试的实验设计方法——组内设计。所谓组内设计，就是被试要接受所有的自变量取值。对于组内设计来说，所有的被试参加所有的实验组，被试之间的个体差异都发生在实验组之内，所以并不需要随机分配。

我们仍旧来看"显示器与工作积极性"这个例子。你可以给所有人提供小的显示器，测量他们的工作积极性；过一段时间之后，你把所有人的显示器换成大一些的显示器，再测量他们的工作积极性；然后你比较这两种情况下人们的工作积极性。由于每个人都使用过两种显示器，这个实验设计就是一个组内设计。

一种比较常见的组内设计是测试前—测试后设计（pretest-posttest design）。比方说，你的假设是"喝酒精饮料会降低人们的反应速度"。你可以首先测试一下被试喝酒精饮料之前的反应速度，然后你让这些人喝酒精饮料，之后再让这些人做同样的测试，记录他们的反应速度。这就是一个测试前—测试后设计。同样一组人被同样的测试方法测试了两次，一次是在自变量没有被改变之前（喝酒精饮料之前），一次是在自变量被改变之后（喝酒精饮料以后）。

6.5.3 组内设计和组间设计的选择

在资源充沛的情况下，很多实验者都偏向采用组间设计。组间设计是一种比较保守的设计，因为在组间设计中不会出现一个实验组污染另外一个实验组的情况。一般来说，组内设计存在一个问题，即更可能受到需求特性的影响。很容易想象，如果一个被试回答了两个实验组的问题，他就可以相对容易地把这两个问题进行比较，也就更可能猜测出实验者的意图，从而调整自己的行为。这就影响了实验结果的真实性。比方说，你想采用组内设计的方法来检验喝酒精饮料对反应速度的影响。由于被试在喝酒精饮料之前和喝酒精饮料之后做的测试相同，所以他们很容易猜测出你是想检验喝酒精饮料对他们反应速度的影响。不管他们把自己的反应速度调慢还是调快，实验的结果都存在一些偏差。如果是组间设计，需求特性的影响就相对小一些。当然，在组内设计中，我们可以通过一些实验设计的技巧来减少需求特性的影响。比方说，我们可以让被试在喝酒精饮料前和喝酒精饮料后做不同的测试，比方说，都是做数学题，但是题目不同。这样被试就很难分辨实验者的真实意图，也很难分辨哪些问题是实验者真正关心的。但是，尽管我们可以减少需求特性在组内设计中的影响，组间设计仍旧是减少需求特性更简便、更可靠的实验设计方式。

组内设计的另外一个问题就是可能产生传递效应（carryover effect）。比方说，你要测试正面反馈和负面反馈对工作绩效的影响。如果采用组内设计，被试先接受正面反馈，然后我们测量他们的工作绩效；之后被试再接受负面反馈，我们再次测量他们的工作绩效。由于对因变量的测量都是通过让被试参加相同的测试，因此被试在第二次参加这个测试时的成绩会提高，但是这不一定是由反馈对绩效的影响导致的，而很有可能是由于人们在第一次参加测试时获得的一些经验被用在第二次测试中，从而提高了成绩。我们把这种传递效应也叫作练习效应（practice effect）。但是如果被试因为重复已经做过的测试而感到无聊并逐渐对测试敷衍了事的话，成绩会降低。这也不是由反馈对绩效的影响导致的，而是另一种传递效应，即疲劳效应（fatigue effect）。我们在实验中应该尽量避免练习效应和疲劳效应。避免传递效应有一些常见的方法，如让被试回答不同的测量因变量的问题。假如你想测试被试在不同环境下的记忆力，那么不要让被试背诵相同的东西，而是背诵类似但不同的东西。

如果让所有的被试都以同样的顺序经历所有实验组的实验，他们就会很容易产生传递效应。为了减少这种情况对实验结果的影响,我们可以用 ABBA 互相抵消(ABBA counterbalancing)的方法设计实验。仍旧以反馈和绩效的关系这一假设为例。你可以对每个被试都采用这样的实验顺序:正面反馈→负面反馈→负面反馈→正面反馈(ABBA)。把正面反馈放在第一个和第四个位置可以在某种程度上避免练习效应。但是,如果你的自变量有三个取值,上面这种 ABBA 互相抵消的方法就不太可行,因为这三个取值的顺序组合有 6 种,那么被试就要经历 3(3 个可能值)×6(6 种可能顺序组合)=18 个实验组,实在是太长了!

在这种情况下,我们有没有其他办法呢?我们可以随机把被试分配到不同的实验顺序中去,我们把这种方法叫作抵消平衡法。如果是有两个取值的自变量,这两个取值的顺序排列只有两种情况:AB 和 BA。那么你可以随机选取一半被试采用 AB 的顺序,另外一半采用 BA 的顺序。比方说,有一半的人先接到正面反馈,另一半的人先接到负面反馈。需要注意的是,在抵消平衡法中,顺序是一个组间变量。如果是有三个可能值的自变量,你就要把所有的被试随机分成 6 组,每组采用一种排列顺序。不难看出,ABBA 互相抵消的方法一般来说只适用于自变量有两个取值的情况,但是抵消平衡法却适用于自变量有两个及以上取值的情况。

可是这样还是会有问题,随着自变量的取值增多,可能的顺序也在增多。比方说,3 个自变量的取值有 6 种顺序,4 个自变量的取值有 24 种顺序,5 个自变量的取值甚至有 120 种顺序!有的时候,不同自变量取值的排列顺序的数目甚至比被试人数还多,那么随机分配被试到不同的实验顺序中去的方法也就不适用了。

这个时候,我们就没有办法做到完全的平衡抵消了。我们需要采用的是一种不完全的平衡抵消法,但是我们要保证每个取值出现的次数相同,而且这些取值可能出现的位置的次数也相同。比方说,如果我们有 A、B 和 C 三个自变量的取值,那么我们要保证三个取值出现在第一位、第二位和第三位的次数相等。这种不完全平衡抵消的方法也叫拉丁方设计(Latin-square design)。

表 6-1 列出了有四个实验组(A、B、C、D)的拉丁方设计。

表6-1　有四个实验组的拉丁方设计

		顺　序			
		第一位	第二位	第三位	第四位
被试编号	1	A	B	C	D
	2	B	C	D	A
	3	C	D	A	B
	4	D	A	B	C

按照表 6-1 的情况，参加实验的人数需要是 4 的倍数。比方说，如果我们有 12 个被试，被试 1、被试 5、被试 9 都采用第一个实验顺序，被试 2、被试 6、被试 10 采用第二个实验顺序，以此类推。鉴于这种分配方法的复杂性，在此我们不做深入讲述，建议感兴趣的读者参考其他相关书籍。比如，罗杰·E. 科克（Roger E. Kirk）编写的 *Experimental Design: Procedures for the Behavioral Science* 一书中对拉丁方设计有详细的介绍。

此外，值得一提的是，有时由于条件限制，可能无论是抵消平衡法还是拉丁方设计法都不能使用，因此无法在实验中加以排除或控制影响实验结果的因素。在这种情况下，只有做完实验后采用协方差分析（analysis of covariance）或偏相关等方法，把影响结果的因素分析出来，以达到对额外变量的控制。这种事后用统计技术来达到控制额外变量的方法，称为统计控制（statistical control）。

此外，还存在有多个因变量的情况，或者因变量以多个问题进行测量的情况。比方说，你的假设是"伤心情绪比快乐情绪更会降低工作效率"。在测量工作效率的时候，你用到两个测试：一个是打字测试，测量被试打字的速度；另一个是挑错字测试，测量被试挑出错字的比率。这两个测试都是用来衡量工作效率的。一般情况下，实验者会让所有的被试做这两个测试。这时实验者也会面临传递效应。为了消除传递效应，也可以采用上面提到的抵消平衡法。注意，这个时候的抵消平衡法需要在每个实验组之内使用。也就是说，在快乐情绪的实验组，要有一半的人先做打字测试，再做挑错字测试，另外一半的人测试的顺序反过来。在伤心情绪的实验组也要如此。不可以在一个实验组用一个测试顺序，在另外一个实验组用另外一个测试顺序。

当然，如果组间设计完全优于组内设计的话，我们就没有必要讨论组内设计了。组内设计有它自身的优点，主要是由于不存在被试的组间差异，组内设计更容易做出显著的效果。如果我们能很好地控制其他对组内设计的不利因素，组内设计也不失为一个好的选择。

6.5.4　因素设计

以上我们介绍了只涉及一个自变量的最基本的组内设计和组间设计。一些比较复杂的设计常常涉及多于一个自变量的情况。我们把在一个实验中同时操纵两个及以上自变量的实验设计叫作因素设计。

假定你想研究"是否拥有相似背景"这一因素如何影响人们对他人行为的理解。比方说，你有这样一个假设：如果一个人表现出好的行为，那么和他有相似背景的人倾向于认为他的表现是出于其主观意图，而没有相似背景的人则不这样认为；相反，如果一个人表现出差的行为，和他有相似背景的人更倾向于认为他表现出的行为不是出于其主观意图，而没有相似背景的人则更容易认为他的行为是出于其主观意图。这个假设有两个自变量：一是是否拥有相似的背景，二是被评价的行为的好坏。这个假设的因变量是评价人认为被评价人的行为在多大程度上是出于他的主观意图。

因此，在这样一个因素设计中，我们可以同时检验多个假设，既可以看是否拥有相似的背景如何影响人们对他人行为的理解，也可以看他人行为的好坏如何影响人们对这些行为的理解。在检验是否拥有相似背景的影响的时候，我们忽略了行为好坏在这里面的影响；同样，在检验行为好坏的影响的时候，我们也忽略了是否拥有相似背景的影响。这样的分析得出来的效应叫作主要效应（main effect）。

而如果我们把两个自变量同时考虑进来，看它们之间的组合对因变量的影响，这样的分析得出的效应叫作交互效应（interaction effect）。之所以采用因素设计，是因为我们预测实验的结果会产生一个交互效应。当然，如果你关注的不是交互效应，就不需要采用因素设计，采用最简单的单变量实验设计就可以了。

根据上面的例子，我们预测有这样一个交互效应：在理解人们的好的行为的时候，和行为人有相似背景的人比没有相似背景的人更容易认为行为人的行为是出于他的主观意图；但是在理解人们的坏的行为的时候，有相似背景的人比没有相似背景的人更容易相信行为人的行为不是出于他的主观意图。那如何来进行这个实验呢？我们可以首先把所有的被试随机分成四组：

（1）有相似背景的人理解他人的好的行为：我们让被试想象，他们有一个同事，被试和这个同事并不相识，但曾经和被试一同参加新员工培训。这个同事上班从来不迟到。

（2）没有相似背景的人理解他人的好的行为：我们让被试想象，他们有一个同事，被试和这个同事并不相识，而且被试和这个同事在进入公司的时候在公司的不同分部接受了新员工培训。这个同事上班从来不迟到。

（3）有相似背景的人理解他人的差的行为：我们让被试想象，他们有一个同事，被试和这个同事并不相识，但曾经和被试一同参加新员工培训。这个同事上个月上班迟到五次。

（4）没有相似背景的人理解他人的差的行为：我们让被试想象，他们有一个同事，被试和这个同事并不相识，而且被试和这个同事在进入公司的时候在公司的不同分部接受了新员工培训。这个同事上个月上班迟到五次。

然后我们让第一组被试和第二组被试回答这样一个问题："你认为你的同事上班从来不迟到在多大程度上是由于他对自己有较高要求？"被试在一个 1—11 的量表上打分，11 代表"完全由于他对自己有较高要求"，1 代表"完全不是因为对自己有较高要求"。第三组被试和第四组被试回答的问题是："你认为你的同事上个月上班迟到在多大程度上是由于他对自己没有较高要求？"类似的，被试也在一个 1—11 的量表上打分，11 代表"完全由于他对自己没有较高要求"，1 代表"完全不是因为他对自己没有较高要求"。

假定我们的实验得到了表 6–2 所示的结果：

表6-2 实验结果举例

		有无相似背景		
		有相似背景	没有相似背景	边际平均值
行为	不迟到	9	5	7
	迟到	3	6	4.5
	边际平均值	6	5.5	/

我们对每一行或者每一列求平均值，就是表 6-2 中的边际平均值（marginal average）。边际平均值是忽略一个自变量，仅仅对因变量在另外一个自变量的某一个可能值下求得的平均值。比方说，边际平均值"7"就意味着在两次对如何理解他人行为的测量中，人们认为主观意图对不迟到这个行为的影响程度是 7。我们看到，对于迟到的行为，人们认为主观意图在这里的影响程度是 4.5。类似的，我们还计算出，不论是否迟到，有相似背景的人认为主观意图对他人的行为的影响程度是 6，没有相似背景的人认为主观意图对他人的行为的影响程度是 5.5。

图 6-1 根据上面的数据画出。横轴代表有无相似背景这一自变量，纵轴代表行为在多大程度上出于主观意图这一因变量，而另外一个自变量"行为好坏"用不同样式的线段来表示。

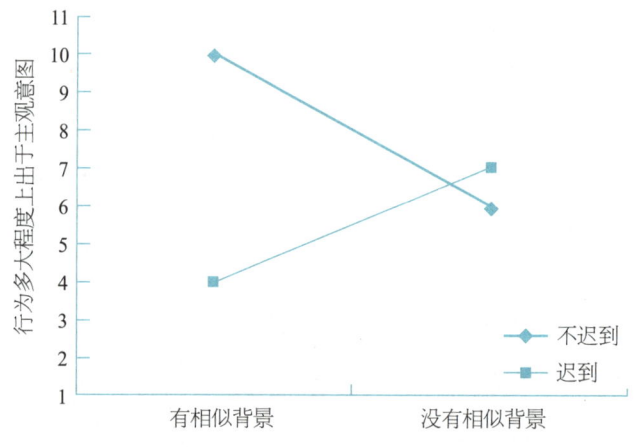

图6-1 数据的二维图——以有无相似背景为横轴

由于我们有两个自变量，但是只有一个横轴，因此我们必须决定用哪个自变量做横轴。一般来说，这取决于假设表述的形式。在上面的例子里，我们首先是固定行为的好坏，改变背景这个自变量，所以我们就把背景这个自变量作为横轴。图 6-1 显示，对于一个人的好的行为，与他有相似背景的人比没有相似背景的人更倾向于认为那是出于他的主观意图；而对于一个人的坏的行为，与他有相似背景的人比没有相似背景的人更倾向于认为那不是出于他的主观意图。

但是如果把行为好坏作为横轴，我们就得到了如图 6-2 所示的图形。

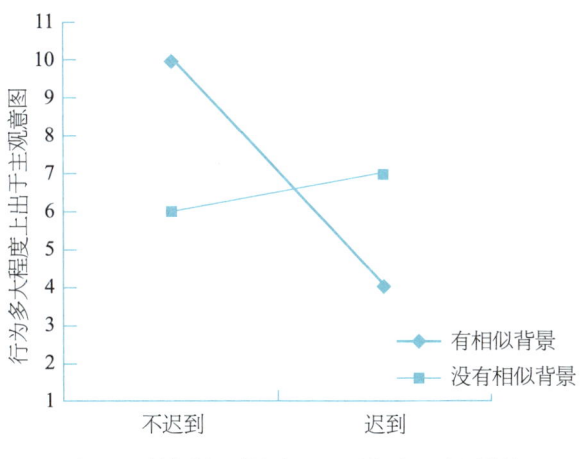

图6-2 数据的二维图——以是否迟到为横轴

对于图 6-2，比较容易的理解方式是：对于有相似背景的人，人们容易认为他人好的行为是出于其主观意图，而差的行为则不是出于其主观意图；对于没有相似背景的人，行为的好坏对人们对于他人主观意图的推测影响不大。

很多时候，图可以让人更直观地观察到变量间是否存在交互效应。一般来说，如果两条线是平行的，可以推测变量间没有交互效应；如果两条线的斜率存在较大差异，可以推测变量间是存在交互效应的。我们在下面画出了几种可能的情况。需要指出的是，交互效应的存在并不以主要效应的存在为前提。如图 6-3 所示，虽然第一张图显示的结果并不存在主要效应，也就是说，这张图的边际平均值相同，但是由于两条线的斜率明显不同，就证明了变量间存在交互效应。

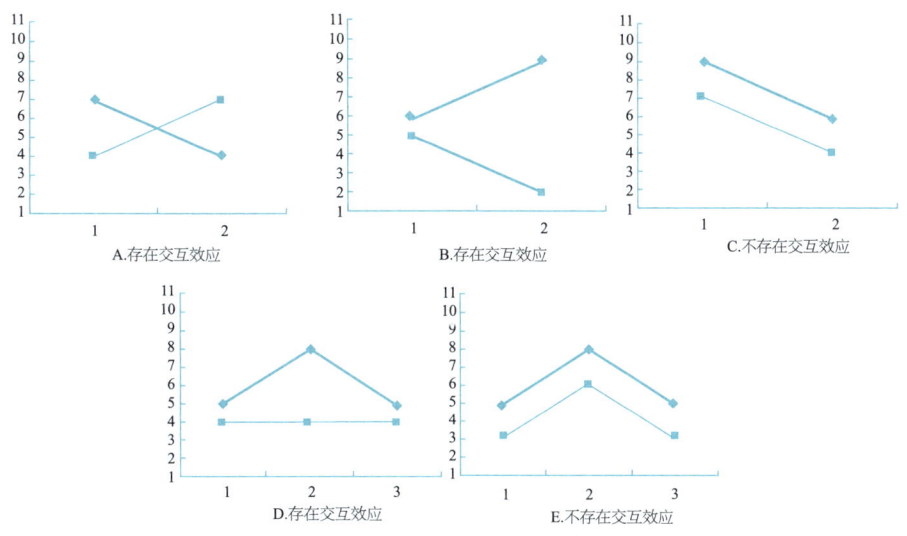

图6-3 几种可能情况图示

检验是否存在交互效应的常用方法是方差分析（analysis of variance，ANOVA），也称变异量分析。此外，如果你的实验包含了操作检验的问题，通常你也需要用 ANOVA 分析一下一个变量操作检验的结果是不是独立于另外一个变量。也就是说，我们需要保证两个自变量是互相独立的。这时，一个变量的操作检验结果应该只受该变量的影响，而不会和另外一个变量产生交互效应。

我们上面讲到的例子是一个典型的组间因素设计（between-subjects factorial design）。必须明确的是，因素设计和组间设计、组内设计之间不是互相排斥的，一个因素设计可以是单纯的组间因素设计，也可以是组内因素设计，甚至还可以是组间组内混合的因素设计。

我们先来说说组间组内混合的因素设计。假定我们现在有两组被试：一组被试先想象一个跟他同时参加新员工培训的同事，这个同事上班从来不迟到，并让被试回答他认为这个同事上班不迟到在多大程度上是因为对自己有较高要求；然后再让被试想象一个没有跟他一起参加过新员工培训的同事，这个同事上班也从来不迟到，并让被试回答他认为这个同事上班不迟到在多大程度上是因为对自己有较高要求。另外一组被试也回答两次问题，只不过这组被试需要想象一个同事上个月上班迟到了五次。这就是一个组间组内混合的因素设计。其中，是否有相似背景这个自变量是一个组间变量，而同事的行为好坏这个变量是一个组内变量，同样的被试分别想象了两个同事，并两次回答了相同的关于因变量的问题。

如果更进一步，让被试把所有的实验组都经历一遍，那就是一个完全的组内因素设计。

到底选取组间因素设计、组内因素设计，还是混合因素设计，不是实验者可以任意决定的。它取决于你的假设和实验条件。在上面的例子中，很明显完全组内因素设计不是一个好的选择。它不仅容易产生传递效应，而且被试非常容易猜测出实验者的意图。如果我们想要保证各个实验组互不影响，减少混淆变量的影响的话，采用组间设计比较妥当。

当然，组内因素设计或者混合因素设计也有它们自身的好处。比方说，有的时候一个假设本身关注的就是组内因素的变化，这个时候就应该采用组内因素设计或者混合因素设计。比如，你想检验人们不同时间点上的心情变化，以及是否吃早饭对心情的影响。你想知道人们是不是下午比早上心情好，而且你想研究吃不吃早饭和时间（上午和下午）对人们的心情是否有交互作用。由于本身就是想比较同一个自变量在同一组人身上的变化，时间变量最好作为一个组内变量。是否吃早饭当然是作为一个组间变量，因为你不可能让人既吃早饭又不吃早饭。

如果一个因素设计有两个自变量，相对应的交互作用就叫作两重交互作用（two-way interaction）。如果我们有多于两个的自变量，这样的设计叫作高阶设计（higher-order design）。比方说，在背景和行为之间的交互影响的例子中，再加入时间这个自变量，分别在早上和晚上测量人们如何理解他人的行为，我们就有了一个 $2 \times 2 \times 2$ 的高阶设计，一共有 8 个实验组。在一个有三个自变量的设计中，假设三个自变量分别为 A、B、C。那么，这个实验会产生三个主要效应，分别对应 A、B、C。还有三个两重交互作用，分别发生在 A、B 之间，A、C 之间，以及 B、C 之间。还有一个三重交互作用，发生在 A、B、C 三个自变量之间。对于一个高阶设计来说，我们的假设关注的应该是多重交互作用，否则不必也不应该采用高阶的设计。

需要注意的是，到底是几重交互作用，取决于你有多少个自变量，而不取决于自变量值的个数。比方说，图 6-3 中的 D 图和 E 图就是一个两重交互的例子，因为这个图上只有两个自变量。虽然其中一个自变量有三个水平，但仍旧是一个两重交互作用，而不是一个三重交互作用。我们上面讲的都是每个自变量有两个取值的情况，实际上很多时候自变量有多于两个的取值。这个时候，只要我们只有两个自变量，交互作用就仍旧是两重交互作用，尽管你需要更多的实验组。总之，实验设计中可以有多个自变量，而每个自变量又可以有多个水平，自变量既可以是组内变量，也可以是组间变量。

研究中最常见的就是两重交互作用。当自变量增多的时候，对实验结果的解释就变得困难起来。很多时候我们很难理解一个四阶的交互作用到底意味着什么。更多的自变量会混淆我们对问题的理解，而且通常不具备理论上的重要性。这时候我们可以采用一个实验设计技巧：把我们不关心的多重交互作用和区块混淆在一起（confound with block）。这种做法的指导思想是让一个区块内元素受来自同样的某种多重交互作用的影响。这样，区块的影响和多重交互作用这两种我们都不关心的，但是会影响实验结果的因素，就被放到一起考虑了，就可以把其共同作用的影响仅当作区块的影响。具体的原理和处理方法可以参考 Douglas（2005）。

6.6 结语

在本章中，我们首先介绍了研究的类型，以及什么样的假设才是一个好的假设。然后，我们着重讲述了如何在实验室中对假设进行检验。在实验室实验中，我们又着重讲了组间设计、组内设计和因素设计这三种最常见的实验设计方法和它们各自的优缺点。实验设计涉及很多概念，有许多需要注意的问题。很多好的研究不仅有好的假设，还有让人信服而且印象深刻的实验设计。实验设计本身是一门科学，同时也是一种艺术。

思考题

1. 随机分配在实验里的作用是什么？
2. 什么样的实验设计具备较高的内部效度？什么样的实验设计具备较高的外部效度？为什么有的实验的外部效度很低，但仍旧被认为是一个好的实验？
3. 为什么研究者越来越看重实验的现实性？如何最大化实验的现实性？
4. 什么是混淆变量？
5. 组间设计和组内设计各有什么优缺点？
6. 选择三篇你感兴趣的文章，思考：这些研究是怎样操作自变量的？又是怎样衡量因变量的？你觉得这些方法有改进的空间吗？为什么？

延伸阅读

Aguinis, H. & Bradley, K. J.（2014）. Best practice recommendations for designing and implementing experimental vignette methodology studies. *Organizational research methods*, *17*(4), 351–371.

Cook, T. D. & Campbell, D. T.（1979）. *Quasi-experimentation: Design and analysis issues for field settings.* Chicago: Rand McNally.

Haslam, S. A., & McGarty, C.（2004）. Experimental design and causality in social psychological research. C., Sansone, CC, Morf, AT Panter,（Eds.）, *The Sage handbook of methods in social psychology*, 237–264. Thousand Oaks: Sage.

Highhouse, S.（2009）. Designing experiments that generalize. *Organizational research methods*, *12*（3）, 554–566.

Kardes, F. R. & Herr, P. M.（2019）. Experimental research methods in consumer psychology. In *Handbook of research methods in consumer psychology*（pp. 3–16）. London: Routledge.

Mitchell, G.（2012）. Revisiting truth or triviality: The external validity of research in the psychological laboratory. *Perspectives on Psychological Science*, *7*（2）, 109–117.

Montgomery, D. C.（2005）. *Design and Analysis of Experiments*（sixth edition）. NY: John Wiley & Sons.

Mook, D. G.（1983）. In defence of external invalidity. *American psychologist*, *38*（4）, 379.

Schweigert, W. A.（2006）. *Research methods in psychology.* Long Grove, IL: Waveland.

Vogt, W. P., Gardner, D. C. & Haeffele, L. M.（2012）. *When to use what research design.* Guilford Press.

Wilson, T. D., Aronson, E. & Carlsmith, K.（2010）. The art of laboratory experimentation. *Handbook of social psychology*, *1*, 51–81.

陈晓萍.（2017）.实验之美：简单透彻地揭示因果关系.管理学季刊, *2*（02），114–126.

第 7 章

随机对照试验及准实验研究

林诚光　许育玮　陈星汶

> **学习目标**
> 1. 了解准实验研究的适用情境
> 2. 熟悉常见的准实验研究设计方法，并可以熟练分析一个准实验研究采用的研究设计方法
> 3. 清晰地对准实验研究案例进行解析，并可以独立完成一个准实验研究设计

在一般的实证研究中，研究者通常偏好使用实验室实验，因为这种实验可以有效地支持因果推论（causal inference）。大部分的实验室实验都是在实验室里面进行的，因为研究者必须要对实验有高度控制（experimental control）且能够任意将被试随机分配到实验组和控制组中，以达到提升实验内部效度的目的。然而，在组织管理的研究中，大部分的研究都是在企业内部的实际环境下进行的。要将企业中的被试随机分配到实验组和控制组中通常是不切实际且困难的做法。在这样的情况下，研究者必须要采用其他更折中且有效的实验设计方法。此时，准实验设计方法（quasi-experimental）就是一个很好的选择。准实验设计方法虽然可能比实验室实验的内部效度低一些，但是仍然可以在相当大的程度上支持因果推论和提升外部效度。准实验与实验室实验最主要的不同之处在于，准实验并不需要将被试随机分配到实验组和控制组中，因此提升了此实验设计的灵活度。准实验的这个特性使它比实验室实验更适合在企业内使用。

7.1　随机对照试验

7.1.1　随机对照试验方法简介

随机对照试验（randomized controlled trial，RCT）是临床医学中被广泛应用的一种试验方法。随机对照试验的诞生最早可以追溯到 1948 年英国医学研究委员会（British Medical Research Council）验证链霉素治疗肺结核的有效性研究。该试验的被试为 107 例急性进展性双侧肺结核患者，研究者利用随机数字表（random sampling numbers）生成随机序列号将患者随机分为两组，并将每个患者的随机分组方案放在密封的信封里保存。55 例患者接受卧床休养加链霉素治疗的方案（实验组），52 例患者接受卧床休养的治疗方案（控制组）。研究结果表明：在半年的试验时间内，实验组患者的死亡率为 7%，控制组患者的死亡率为 27%，这两个死亡率的显著性差异证明链霉素对治疗肺结核是有效的。这项试验是第一个随机双盲对照

临床试验，为临床试验方法学的发展奠定了基础。自此以后，随机对照试验被广泛地应用于医药学对某种药物和疗法的有效性检测中。

随机对照试验的设计需要遵循三个原则：① 被试随机分组（randomization），研究对象有同等的几率被随机分配到各个分组中；② 设置控制组（control group），使其与实验组（treatment group）进行比较；③ 盲法试验（blind），被试不知道分组情况（单盲试验）或者被试和研究者均不知道分组情况（双盲试验）。随机对照试验的分组方法可以分为四种不同的类型：① 平行组设计（parallel group design）；② 因素设计（factorial design）；③ 集群设计（cluster design）；④ 交叉设计（cross-over design）。为了避免对随机对照试验方法不充分汇报造成的问题，CONSORT 声明（Consolidated Standards of Reporting Trials）[1]提出了 25 项报告清单，以帮助研究者对随机对照试验进行透明报告、批判性评估及解释。该 CONSORT 声明得到科学界的广泛认同。随机对照试验被认为是实验设计的黄金标准，且是进行因果推断最严密的方法。近些年来，随机对照试验方法越来越多地被用于社会科学的研究中。

7.1.2　随机对照试验的重要应用举例

为了更好地理解随机对照试验的应用场景和操作过程，我们介绍如何利用随机对照试验解决贫困相关的问题（曾获 2019 年诺贝尔经济学奖），并介绍随机对照试验在新型冠状病毒（Corona Virus Disease 2019，COVID-19）情境中的应用。

2019 年，阿比吉特·巴纳吉（Abhijit Banerjee）、埃丝特·迪弗洛（Esther Duflo）和迈克尔·克莱默（Michael Kremer）三位经济学家因通过随机对照试验来探索如何让人们摆脱贫困并改善他们的健康，被授予了诺贝尔经济学奖。他们在实验中将大量的被试随机分配，实验组接受特定的干预，控制组不进行干预，并随着时间的推移进行追踪研究。为他们颁发诺贝尔经济学奖的瑞典皇家科学院指出：这三位经济学家的发现极大地提高了人们在实践中对抗贫困的能力，并且引入新方法来寻求如何更好地减轻全球贫困。与此同时，本次获奖也验证了随机对照试验方法的有效性，并将其在发展经济学（development economics）中的应用推到顶峰。获奖者主要通过回答有明确答案的较小的问题（例如，提供免费的午餐和教科书能提高学生的成绩吗？ 价格变动是否对疫苗接种有影响？），进而在一定程度上揭示没有明确答案的、宏大的全国性问题（例如，为什么国家贫穷？）。

获奖者对教育方面进行了研究。比如，在 20 世纪 90 年代的肯尼亚西部农村，克莱默和他的同事在发展经济学领域开展了一系列最早期的随机对照试验，来检验给学生提供免费的午餐和教科书是否可以提高学生的学习成绩。研究者将学校随机分到不同的组并给予不同的干预（例如为实验组提供免费的午餐和教科书，控制组则不做干预）。结果发现，无论是短期或长期，免费的午餐和教科书并不会显著地影响学生的学习成绩，提供教科书只对学习成绩好的学生有一些积极影响（Glewwe et al., 2009; Vermeersch & Kremer, 2005）。巴纳吉和迪弗

---

[1] CONSORT声明的网站为http://www.consort-statement.org。

洛也开展了一些关于教育方面的研究，比如他们在印度开展的随机对照试验发现，如果学校雇佣老师对基本读写和算术技能上落后的学生给予指导，将从短期和长期对学生数学成绩的提升产生积极效应（Banerjee et al., 2007）。

获奖者在医疗保健方面也进行了研究。比如，克莱默最有影响力的研究是在疫苗接种和驱虫领域。关于肯尼亚驱虫工作的一项研究发现，很小的价格变动会对驱虫药片的需求产生很大的影响。如果药物是免费的，75%的父母会给孩子服用药物；而如果父母需要付较少的钱（如0.4美元）来购买药物，那么只有18%的父母会给孩子服用药物。克莱默和其他人的试验同样验证了在预防式式医疗保健（preventative medical care）方面，低收入国家人群对价格非常敏感（Kremer & Miguel, 2007）。克莱默团队的后续研究还发现，大规模驱虫可对学生的入学率以及学业表现产生影响（Miguel & Kremer, 2004）。巴纳吉和迪弗洛在印度调查疫苗接种时，他们在印度农村进行了一项随机对照试验，发现当流动疫苗接种诊所和初级保健中心等服务更完备时，父母给孩子接种疫苗的可能性会稍微大一些。如果还伴随着一个小的激励（比如接种后会获得一袋生扁豆），父母更有可能确保他们的孩子接种疫苗（Banerjee et al., 2010）。

除此之外，获奖者还探讨了其他研究领域的课题，比如化肥使用、医疗培训、艾滋病的预防、小规模贷款项目等，这些研究为政府改善贫困和提升人民健康水平提供了有效的建议。比如，他们其中一项研究的直接结果使五百多万印度儿童受益于学校有效的补习辅导方案。如诺贝尔奖组委会指出的那样，随机对照试验在发展经济学中的应用有助于更好地指导援助和公共政策，改善了数百万人的生活。

但是，关于随机对照试验同时也存在着四种主要的批判。第一，一些人质疑随机对照试验的外部效度，认为一个随机对照试验不能提供前瞻性和概括性的政策指导。比如在肯尼亚农村开展的关于免费午餐、教科书与学生成绩的结论并不能适用于印度农村。第二，随机对照试验解决的是小的、直接的问题（例如，给贫穷的人发放自助包可否改善其生计？），而不能直接回答大的问题（例如，如何改善贫困？）。第三，随机对照试验的人性化和道德性。比如，给一些地区的人发放防疟疾蚊帐而不给另一些地区发放，以此来检测哪个地区蚊帐使用率高（来降低疟疾发病率），这种做法是不是不人性化的（给所有人发放防疟疾蚊帐是更人性化的做法）。第四，在大样本中进行随机对照试验成本较高。然而，有些批判不是随机对照试验所独有的问题，而是很多研究方法都会存在的问题。随机对照试验是一种切实可行的方法，回答了很多其他方法没办法回应的问题，并改善了许多人的生活。随机对照试验的兴起被视为发展经济学向前迈进的一大步。

接下来，我们简单介绍两个随机对照试验在COVID-19研究中的应用。Liu et al.（2021）采用实地实验探讨员工感受到的COVID-19危机强度（crisis strength）及其对工作投入（work engagement）和责任担当（taking charge）的影响，并探究工作意义（work meaningfulness）是否可以减弱COVID-19危机强度的消极影响。该实验招募了64名在重症加强护理病房（Intensive Care Unit，ICU）医治COVID-19患者的医务人员，包括医生、护士及辅助人员

（如营养师、抽血医生和放射科医生等），其中 3 名医务人员由于时间限制的原因没有参加实验。61 名被试被随机分配到 3 个实验组和 1 个控制组。实验组①进行 COVID-19 危机强度干预和工作意义干预，实验组②仅进行 COVID-19 危机强度干预，实验组③仅进行工作意义干预，控制组不进行任何干预。其中，COVID-19 危机强度干预是医院副院长向医务人员提供咨询，并在咨询中向医务人员传递可以降低其感受到 COVID-19 危机强度的信息。（例如"作为中国西南地区的一流医院，我们有丰富的经验和知识对抗传染性疾病，并且当传染病发生时，医院有明确有效的规则、程序和指导方针。因此，我们的医护人员非常清楚如何应对 COVID-19。我们还成立了一个特别委员会，让大家了解 COVID-19 流行的最新动态，并解决大家的相关问题。"）工作意义干预是医院副院长在给医务人员的正式信中强调其工作的意义，即指出作为 ICU 的医务人员，他们帮助医院实现了为患者提供优质医学服务的目标，保障了患者的健康，并且促进了自我成长和发展。在干预前和干预后，被试完成对 COVID-19 危机强度、工作意义和工作投入的评价，被试的上级完成对其责任担当的评价。研究结果发现，接受两种干预的被试的工作投入和责任担当比其他三组被试的更高，从而证明组织可以通过实施相应的干预来减弱员工对 COVID-19 危机强度的感受，并增强对工作意义的认识，从而促进员工的工作投入和责任担当。实验干预图示如图 7-1 所示。

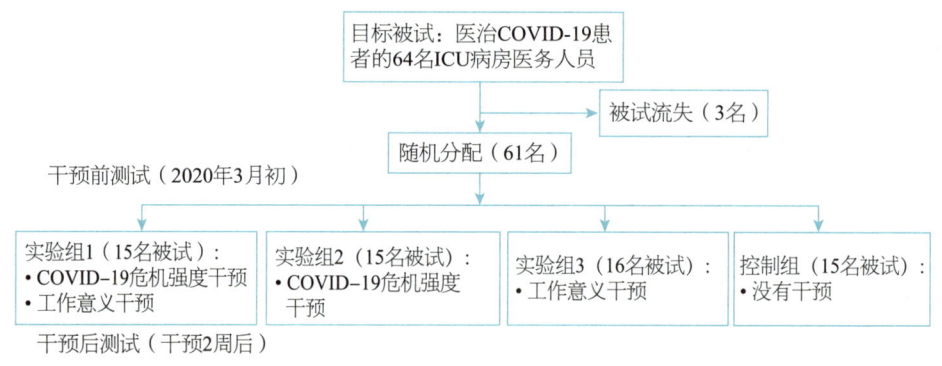

图7-1　Liu et al. (2021) 实验干预图示

另一个研究是 Dollard & Bailey（2021）进行的一项探讨如何在稳定的组织情景以及动荡的组织情境（COVID-19 流行）中构建社会心理安全氛围（psychosocial safety climate）的研究[①]。在这项研究中，研究者采用整群随机抽样（cluster-randomized cohort）的方法将 22 个工作单位随机分成实验组（11 个工作单位的员工）和控制组（11 个工作单位的员工）。在进行干预前，请所有员工填答社会心理安全氛围量表（Psychosocial Safety Climate-12，PSC-12）

---

① Dollard & Bailey（2021）将实验设计称为准实验研究是因为COVID-19事件的发生是非人为干预，以此来对比在稳定的组织情境中有计划的组织干预（事件1）和动荡的组织情境即COVID-19流行（事件2）中员工感知到的社会心理氛围水平的差异，来探究如何在不同事件中保护员工心理健康并了解建立社会安全心理氛围的准备活动是否可以帮助组织应对未来的冲击。但是，本研究中的随机对照试验是指事件1发生时进行的按照整群抽样方法对22个工作单位进行的随机分组。

来检测他们所感知的社会心理安全氛围水平。2019年7月，研究者进行了一次有计划的组织干预（事件1），旨在激发社会心理安全氛围的基本原则①来对抗工作压力，从而使感知到的社会心理安全氛围得以增加。4个月后，224个实验组员工和138个控制组员工完成第二次对所感知的社会心理安全氛围水平的评估。接下来，COVID-19的流行对实验组和控制组都造成了冲击（事件2）。4个月后，119个实验组员工和83个控制组员工完成了第三次对所感知的社会心理安全氛围水平的评估。整个研究的实验干预图示如图7-2所示。

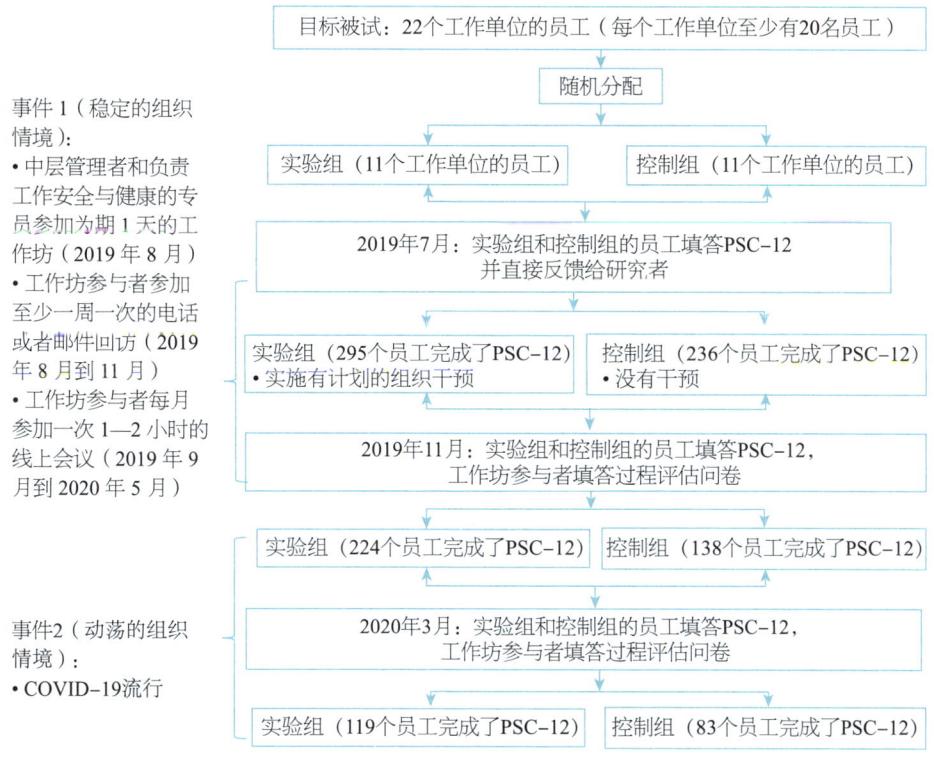

图7-2　Dollard & Bailey（2021）实验干预图示

实验结果表明：有计划的干预（事件1）可以显著增加被试感知到的社会心理安全氛围水平。在COVID-19事件干预（事件2）中，相较于控制组，实验组被试感知到的社会心理安全氛围水平仍然保持在高水平，并且实验组和控制组被试的社会心理安全氛围水平（在管理沟通和承诺方面）有显著提高。该研究进一步表明，中层管理人员培训可在4个月内提高员工的社会心理安全氛围水平。由于COVID-19具有新颖性、颠覆性、关键性和时效性特征，高层管理人员对此做出了强有力的反应，对实验组和控制组均产生了积极影响。

以上两个研究各有侧重，Liu et al.（2021）的研究将COVID-19作为整个研究的大背景，Dollard & Bailey（2021）的研究将COVID-19流行作为重大冲击事件，与稳定状态下的组织干预事件进行对比研究。随机对照试验在COVID-19相关研究中的应用也进一步表明该方法

---

① 即管理支持和承诺（management support and commitment）、管理优先（management priority）、管理沟通（management communication）和组织参与（organizational involvement and participation）。

在研究新环境中组织问题时具有优越性和适用性。

7.1.3 随机对照试验的应用场景

近些年来，随机对照试验被广泛应用在社会科学研究中。为了更好地应用随机对照试验，有几点需要注意：

第一，在社会科学研究中，并不是所有的研究问题都适合应用随机对照试验。有的研究问题内嵌到某个自然发生的社会事件中，可能难以对被试做到随机分配，因此是否适合应用随机对照试验是首先需要考虑的问题。

第二，社会科学的研究问题较为复杂，行为因变量受到非常多因素的影响，比如，我们想研究薪酬增幅对离职的影响时，不可避免地要考虑年龄、性别、教育程度、任职部门、工作年限、外部求职机会以及家庭负担等是否会对离职产生影响，因此如何做到完全的随机分配以达到对无关因素的控制是决定实验有效性的关键。特别是在实地实验中，这个问题会比较突出，需要较大的样本量来剔除其他无关因素的影响。

第三，盲法试验是增加实验有效性的必要条件。在实验进行中，实验操作人员通常应不了解实验所要检验的假设，被试最好意识不到自己在参与实验，否则他们可能会由于实验操作人员的存在而表现得与平时不一样，或者很自然地猜测实验者想要检验什么并改变行为。如果无法保证被试意识不到自己在参与实验，最起码要保证被试不知道实验目的。

第四，我们翻看应用随机对照试验的社会科学类的文章会发现，有些文章对实验的关键问题的描述不是特别充分，比如如何做到随机分配，采用双盲试验还是单盲试验，以及采用某种做法为什么可以实现预期目的等。不充分的实验信息披露可能无法让读者对实验的可靠性和有效性作出客观的衡量，因此，我们建议研究者借鉴 CONSORT 声明中提倡的 25 项报告清单。

为了使各类研究的特点和应用场景更加清晰，我们将研究分为非实验研究（non-experimental study）、准实验研究（quasi-experimental study）和实验研究（experimental study）[①]，并进行对比讨论，如表 7-1 所示。

非实验研究指的是观察性研究，不设置实验组和控制组，是对自然环境中事物特征进行记录来客观描述或者检验相关事物之间的相关性的研究。实验研究包括实验室实验（lab experiment）和实地实验（filed experiment），将被试随机分为实验组和控制组，对实验无关因素进行严格控制来进行因果推断。实验室实验是最严格的进行因果推断的方法，但是实验室实验并不总是可行的。在某些情境中，被试并不能被随机分配到实验组和控制组，比如组织内某些真实事件（如晋升）并不能被人为操纵，而是将企业内部自然而然发生的事件设定为相关的实验组别，这时候的研究设计被称为准实验研究。我们对非实验研究、准实验研究和实验研究的相关特点进行对比，发现准实验研究在特殊的情境中相较于实验研究具有更大

---

① 这里的实验研究指的是应用随机对照试验（即RCT）的研究。

的优势和可行性。因此，本章将对准实验研究的起源、优点、常见的研究设计以及典型的研究案例应用进行解读。

表7-1 研究分类与特征对比

特征	非实验研究	准实验研究	实验研究（包括实验室实验和实地实验）
是否随机分配	没有控制组	实验组和控制组非随机分配，将企业内部自然而然发生的事件设定为相关的实验组别	实验组和控制组随机分配
关系推断	相关性	可在很大程度上支持因果推论	因果推论
关系推断的严密性	自然发生的数据会受到很多和假设无关因素的影响	允许实验组和控制组不同程度的相异性	通过随机分组在很大程度上排除实验无关因素的影响，其中实验室实验能够对无关因素进行更严格的控制
内外部效度	—	较低的内部效度和较高的外部效度	实验室实验具有高内部效度和低外部效度；与实验室实验相比，实地实验更接近现实环境，外部效度更高
长期追踪的有效性	可开展长期追踪研究	对于执行与完成需要长期追踪的组织管理实验更有效	由于必须对实验场所和实验变量都进行高度控制，这些实验持续的时间通常都不会太久
研究环境	自然环境	大部分研究在企业内部的实际环境中进行	实验室实验在实验室进行（高度非自然环境）；实地实验在现场（如企业内部实地环境）进行，但需要对被试进行随机分组（有时分组会突兀且不自然）
对实验环境的影响	大部分研究对实验环境的影响很小	可以降低实验研究对企业内部人员与实验环境所造成的一些负面影响	可能会对企业内部的运行方式和规则做出一些不对等或不公平的改变以达到分组的目的

7.2 准实验设计方法的起源

以实验设计为主的研究方法——实验方法（experimental design）已经存在了相当长的一段时间，且已经被广泛地运用在社会科学、自然科学领域的研究中。在组织管理研究领域，早在实验设计的各种准则于 20 世纪 60 年代逐渐被正式制定和发展之前（Campbell & Stanley，1966），就有文献表明一些有名的早期组织管理研究就采用了实验方法。例如早在 1924—

1932年，埃尔顿·梅奥（Elton Mayo）就在美国伊利诺伊州的西部电气公司（Western Electric Company）下属的霍桑工厂（Hawthorne Works）进行了许多关于提升工厂员工生产力的实验，即霍桑研室。在这些实验中，有一个关于工作环境灯光操作的实验非常具有代表性。研究者想要知道如果将工作环境的灯光亮度进行调整，是否会影响员工的工作效率。为了达到实验目的，研究者先对被试（员工）实施了一次生产力的前测（pretest）以确定生产力的基线（baseline）。在实施前测后，实验者便调整了灯光强度，然后再对员工们实施一次后测（posttest）以检验他们的生产力是否有所改变。这些研究设计方法的累积在日后逐渐地奠定了后人对于实验方法概念与其相关准则制定（Campbell & Stanley，1966；Cook & Campbell，1979）的基础。

虽然这些早期以实验方法为主的组织管理研究帮助建构了我们在当代所看到的非常成系统的实验方法和准则，但这些实验方法在现今的组织管理研究中的使用率却低得令人惊讶（Grant & Wall，2009）。根据Scandura & Williams（2000）所提供的统计研究数据，在1985—1997年，以实验方法为主的研究在高等组织管理研究期刊中的使用率只有2%—4%。造成这种趋势的主要原因有两点：第一是组织管理研究的施测场所（如企业内部）对于实验方法的操作规则执行而言并不是非常友善；第二是组织管理研究者对于实验方法的了解不足（Grant & Wall，2009）。

当组织管理研究者提到实验方法时，他们大多指的是实验室实验和实地实验。根据定义，实验室实验需要在实验室里面进行，以维持研究者对实验的高度控制。在这样的情况下，实验者将被试随机分配到实验组和控制组以维持内部效度和达成因果推论的目的。而当实验者试图把实验室实验的施行准则移到企业里的实际环境去进行时，我们便称之为实地实验。简言之，实地实验可以说是一种在现场（如企业内部实地环境）所进行的实验室实验。因此，现场实验也必须做到对被试的随机分配。

虽然实地实验有着能够有效维持内部效度和达成因果推论的优点，随机分配被试到特别设立且突兀不自然的实验组和控制组的做法却时常受到批评。许多学者认为，实验室实验的随机分配会过度且不自然地干预企业的正常环境与运作。而在这些不自然的实验操作过程中，也可能产生之前不存在的行为变量，以及创造出特异的、预期之外的工作环境改变。由于实验室实验的方法存在着这些隐忧，最终常会导致实验结果不能够有效地代表员工和企业的真实运作状态和因果关系。

也正是因为要在企业内部开展实验室实验和实地实验有极高的难度，甚至可能造成其他不必要的研究缺失，准实验设计方法被视为一种能够有效取代实地实验的研究方法。准实验设计方法的理论和施行规范大约是在20世纪60年代才逐渐被系统化制定出来的（Campbell & Stanley，1966；Cook & Campbell，1979）。准实验设计方法的建构，主要是为了：①解决一些实验室实验所无法达成的效度问题；②化解实验室实验在现实中的操作困难。

就第一点而言，实验室实验一般在实验室里面进行，所以这些实验能够排除许多外在因素的干扰且拥有较高的内部效度。但由于实验室是一个高度非自然的环境，实验室实验通常缺乏足够的外部效度。简言之，实验室实验的结果虽然可以实现因果推论，但是这些因果推论是否可以类推到实验室以外的更大群体或母体是时常被质疑的。相对而言，准实验设计的研究方法由于少了随机分配的控制，它的内部效度就比不上实验室实验。但是由于准实验设计的灵活性可以让它有效地在企业真实环境中施行且减少对企业正常运作的干预，准实验设计的研究拥有较高的外部效度，且其实验结果可以高度地反映现实环境。总而言之，实验室实验通常具有高内部效度和低外部效度，而准实验设计通常具有稍低的内部效度和高外部效度。就第二点而言，由于实验室实验需要许多实验上的严格控制，因此这样的研究设计在真实的企业环境内施行非常难。反观准实验设计，它可以依据企业实际环境的状况来做动态的调整，因此降低了其在现实层面上使用和操作的困难。

7.3 准实验设计在实验方法中的优点

一般而言，虽说实验设计的方法有许多不同的类型（如准实验、实地实验、实验室实验），但是当在企业的真实环境里进行实验时，这些实验通常具有下列三项特性：① 实验设计的被试通常都必须被分配到实验组和控制组中来接受实验操作；② 实验设计都会实施所谓的后测来测量被试的行为；③ 实验（研究）者必须要判定实验操作和实验结果之间是否有关联。

在此基础上，准实验设计方法包含了下列三项优点：① 准实验设计不需要将被试随机分配到不同的实验组和控制组中；② 准实验设计的实验组和控制组可以存在不同程度的相异性；③ 准实验设计就算在缺乏有效的控制组之下也能够有效地进行。准实验设计的这些优点主要表明，准实验设计规范的限制比其他实验方法更宽松，而这些比较宽松的实验设计限制也让准实验设计能够在不影响企业环境和运作的同时得出有效的实验推论结果。

7.4 准实验设计在组织管理研究上的广泛优势

基于准实验设计的这些特性和优点，Grant & Wall（2009）年进一步指出，如果准实验设计使用得当，不但可以避免很多组织管理实地研究上的问题，还为在企业真实环境里做实验带来了五项优势。

第一项优势是，准实验设计可以在完全无法做到随机分配和无法控制主要研究变量的情况下，依然达成因果推论的目的。我们之前有提到，虽然在企业的真实环境下对被试做随机分配是很困难的，但并不是完全不可行。这代表在某些特定的情况下，例如，企业在环境的规划良好或是企业全员积极配合的情况下，是有可能实现随机分配的。然而，在组织管理的研究当中，有很多的研究主题和变量是根本没有办法被直接控制的（如升职、资谴、团队内部结构改变、主管和员工调职等）。在这种状况下，不仅仅是随机分配，研究者或许连对研究主题的主要变量都没有办法有效控制，若此时研究者还要强行使用实验室实验设计的方法，甚至可能造成严重的伦理问题（ethical concerns）。例如，如果实验者只是单单因为对员工升职有兴趣而去将企业里的被试员工随机分配为升职成功组和升职失败组，这种实验操作本身就违反了基本的公平概念，也会引发员工们相当大的抵触。而这些额外产生的人为实验变量，也会使研究结果缺乏外部效度。因此，当研究者无法对企业员工做随机分配或无法有效控制主要变量时，准实验设计方法就是一个非常好的选择。准实验设计方法不仅不需要对被试做随机分配，而且可以把企业内部自然而然发生的事件设定为相关的实验组别。还是以升职为例，开展准实验的研究者可以直接把那些升迁成功的员工设定为实验组，并将升迁失败的员工设定为控制组。准实验设计方法这样的设置不仅让研究者可以观察到他们所关心的实验变量和最终的因果推论，也不需要改变企业的正常运作和环境。

第二项优势是，准实验设计方法能够更有效地完成需要长期追踪的组织管理实验。大部分的实验，如实验室实验，由于它们必须能够实现对实验场所和实验变量的高度控制，这些实验的进行和持续时间通常都不会太久。也就是说，被试真正接受实验操作的影响时间通常很短，研究者也因此很难去建立某些研究操作的长期影响。这样类型的实验研究结果通常只能够得到非常有限的信息。此时若采用准实验设计方法则不同。如前文所述，准实验设计方法可以将自然发生的企业内部行为直接设定为相关的实验组和控制组。由于企业内部自然发生的行为通常会比实验者介入带来的改变更持久与长远，因此准实验设计可以让研究者追踪观察这些企业内部自然发生的行为在长期造成的可能影响。由于准实验设计的这项特性，长期性的准实验设计（longitudinal quasi-experiment design）被视为一项无法被取代的实验利器（Romanelli & Tushman，1986；Grant & Wall，2009）。

第三项优势是，准实验能够降低实验研究对企业内部人员与环境所造成的一些负面影响。在企业内部的真实环境里进行实验研究是非常具有侵略性和破坏性的。进行实验的研究者可能会对企业内部的运行方式和规则做出一些不对等或不公平的改变，以达到制造不同实验组别（实验组和控制组）的目的。除此之外，当实验者对企业内部被试做相关访谈和实验操作时，或许也会造成被试生理上的不适和心理上的疑虑。如果实验者在这些状况之下又使用了一些常见但危险的实验操作，例如，对被试隐瞒实验的真实目的，误导被试的想法和行为等，这些实验操作通常会对企业及其员工带来程度不一的伤害。也正因为基于这些实验方法对企业可能造成的破坏，准实验设计方法是一个比较好的选择。由于准实验设计方法不刻意强调去对企业环境与员工进行特别的操作和分组，而是着重利用原本企业内自然发生的事件与情况来做比较与分析，所以能有效地减少研究人员对企业环境与员工可能的侵略性和破坏性影响。这也是为什么准实验研究被经常应用在组织管理研究方面，尤其是在一些可能具有高度敏感性的企业与行业中的原因。

第四项优势是，在企业里进行准实验研究能够加强研究者与企业主管之间的合作关系。我们在前一项优势中已经提到，在企业内部进行实验可能会造成一些不必要的伤害和破坏。由于这个原因，企业与其主管们一般不太愿意与企业实验研究者合作。然而，如果实验以准实验设计的方法来进行，潜在的破坏性就降低了，因此可能会提高企业对于这些实验的接受度。更重要的是，准实验设计方法并不强调一定得在企业内部做出非必要的改变和操作，但能够帮助追踪调查现在企业内部所发生的重要事件（如升职、资遣、主管轮替等）对企业可能造成的长期影响。也就是说，当实验的方式由一般的实验室实验转变为准实验时，研究者的角色在企业主管的眼中也从潜在的破坏者瞬间变成企业重大事件与问题的调查者、分析者和解释者，企业研究者的这些正面功能或将加强研究者与企业之间的合作关系。

第五项优势是由 Grant & Wall（2009）所提出的，准实验方法能够有效地利用一些企业内部真实存在的情境变量（contextual factors）来帮助解释有差异性的研究结论。由于当今组织管理研究的广泛开展，许多专注于相同主题的组织管理研究常常有着相同的自变量和因变量。然而，这些相似的研究最后却没有产出相同的结论，反而产生了有差异甚至是相反的结论。在这种状况之下，企业内部的某些情境变量很可能就是造成这些研究结果存在差异的主要原因（Morgeson et al., 2006）。也就是说，当某些企业内部的情境变量存在或消失时，这些情境变化会调节（moderate）原本就存在的因果关系，因而造成截然不同的研究结论。虽然研究者们可以利用实地实验设计方法来严谨地解释这些研究结论上的差异，但由于实地实验需要随机分配被试到不同的实验组别，这样的研究方法很难被用来研究某些自然发生的情境变量所造成的调节效应。例如，研究者假设企业内部的不同加班制度是会调节某特定因果关系的重要情境变量，这时就很难以实地实验的方式来研究这个情境变量所带来的调节效应。理由在于，一般来说，企业的加班制度具有内部一致性。然而，如果是采用准实验设计方法的方式，研究者可以很轻易地将使用不同加班制度的员工们归类为相对应的实验组与控制组别。在这样自然的实验方法施行之下，研究者可以快速直接地调查不同加班制度对于某特定因果关系所造成的调节效应。简言之，准实验设计方法可以用来有效地研究企业内部情境变量所带来的调节效应，且能够迅速地让研究者在不改变企业现有内部环境与制度的情况下，将情境变量整合至他们感兴趣的研究主题和因果关系里。

总而言之，在企业环境里，许多关键变量（key variables）是研究者难以控制的，例如，人力资源管理的规范、员工升职和资遣。若不能有效控制这些变量，研究者很难使用随机分配的方法来将实验组与控制组分开。准实验设计方法拥有实验室实验的很多优势，它的外部效度高，能有效研究设定环境下的因果推论，同时放宽研究者在控制随机分配上的限制和对独立变量的操控。更重要的是，准实验在设计上通常包括了独立变量在环境里的自然变化，而不是操控它。根据要探讨的问题，准实验设计让研究者能够在现场灵活地协调和控制实验对象，并按照实验过程的自然结果（natural consequence）来推断最接近真实的答案。

7.5 常见的准实验研究设计

在了解过准实验设计方法的起源与优点之后，现在我们把在组织管理研究中常见的六种准实验设计方法按照内容由简单到复杂归类如下，并概述各种设计方法的优缺点。

7.5.1 一个组别且只有后测的设计（one-group posttest-only design）

这种设计方法是最简单的，既没有控制组，也没有前测，只有一次后测来观察被试实验后的改变。

$$X \rightarrow O_1$$

这里 X 是被试接受实验（treatment），O_1 是后测观察，由左向右表示时间次序。这种设计方法存在两个缺点：在没有进行前测的情况下，研究者难以知道实验过程中有没有发生变化；由于没有控制组，实验者也难以知道从来没有接受实验的结果会是怎样的。

7.5.2 一个组别且进行前测和后测的设计（one-group pretest-posttest design）

此设计中被试在实验之前和之后都会接受观察。新增的前测研究模式是根据之前的设计来建构的，一组被试会接受一次前测（O_1），然后接受实验（X），再按照相同的量度方式接受后测（O_2）。

$$O_1 \rightarrow X \rightarrow O_2$$

这种准实验设计由于加入了前测，比第一种准实验设计方法更能检测出实验前后的差异度。但缺点是如果被试从来没有接受有关实验，结果会是怎样仍不得而知。因此，纵然加入前测，但由于没有控制组，这种设计方法在提供数据、推论被试行为受实验影响方面的理论依据仍然非常薄弱。

7.5.3 只有后测和加入控制组的设计（posttest-only with control groups design）

一般为实验提供事实证据来推论因果关系的传统方法，是加入一个没有接受有关实验的控制组，这个控制组在其他方面要尽可能与实验组接近。这个控制组应在进行实验之前建立（非随机分配），此外，这种设计方法还加入了后测。NR 代表两个组别（实验组和控制组）都是以非随机分配（non-randomization）来配置的。

$$\begin{array}{c} NR \rightarrow X \rightarrow O_1 \\ \hline NR \rightarrow O_1 \end{array}$$

虽然这种没有前测的准实验设计没有办法建立各组别数据的基线并与后测结果相互比较，但有时，这样的设计方法是有必要且受欢迎的。理由是进行前测往往会提高被试的敏感度，从而影响他们后测的分数。因此，当研究一些特定的主题时，研究者可能会刻意使用这种设计来降低被试的敏感度。

7.5.4 有前测和后测并加入控制组的设计（pretest and posttest design with control group）

这里，我们在实验组和控制组都加入前测，两组均搜集前测（O_1）和后测（O_2）的数据。

$$NR \to O_1 \to X \to O_2$$
$$NR \to O_1 \to O_2$$

此方法优点是，当进行前测和使用控制组来做对照时，研究者会比较容易发现有哪些威胁因素影响效度，若两个组别的后测结果存在差异，有可能是在选择被试过程中出现偏差。

7.5.5 双前测和后测并加入控制组的设计（double pretest and posttest design with control group）

两组被试在不同的时间分别进行第一次相同的前测（O_1），至于第二次前测（O_2）和后测（O_3），最好是两个组别都延迟相同的时间再进行。

$$NR \to O_1 \to O_2 \to X \to O_3$$
$$NR \to O_1 \to O_2 \to O_3$$

使用双前测的优点是能够帮助研究人员了解实验过程中可能存在着的偏差——假设实验带来的影响已经在 O_1 至 O_2 的分析里出现，类似的偏差便同样可以在 O_2 至 O_3 的分析里出现。因此，假设 O_1 和 O_2 的比例与 O_2 和 O_3 的比例一样没有改变，研究人员便可以利用双前测来评估所选择的被试。

7.5.6 前测和后测、加入控制组互相切换角色的设计（pretest and posttest design with control group with switching replications）

研究人员在第二阶段将控制组引入实验，起初这个控制组并没有进行实验。

$$NR \to O_1 \to O_2 \to X \to O_2 \to O_3$$
$$NR \to O_1 \to O_2 \to O_3 \to X \to O_3$$

控制组在第一阶段主要是扮演监控的角色，但在第二阶段切换了角色变成实验组。这种互相切换角色的设计虽然稍显复杂，但其研究结论是强有力的。因为利用两个组别在不同时期里的角色转变，模拟实验进行的时序，得出的结果能够互相解释。

总而言之，虽然上述六种准实验设计方法都可以或多或少在当今的组织管理研究中看到，但后三种设计方法相对更为严谨和常见，比较推荐大家使用。理由在于，准实验设计的目的在于尽量提升准实验的内部效度并完成最终的因果推论，因此这三种较严谨的准实验设计更有助于达成这两个目的。因此，我们建议准实验设计的初学者们可以参考并多使用这些比较严谨且强有力的研究设计方法来施行准实验，而不要使用虽简单但欠缺说服力的方法。

7.6 准实验研究的案例解析

在我们介绍过准实验研究设计的定义与优点，并且列举了常见的六种准实验设计方法后，现在让我们来看一下实际应用准实验设计的案例。

7.6.1 组织公民行为与服务质量的准实验研究

一直以来，服务部门都会为一线员工设计培训项目以提高顾客满意度（customer satisfaction），然而通常效果欠佳。2001年,在一家跨国银行进行的准实验研究得出了显著且有意义的结论(Hui et al., 2001)。研究者把注意力从培训项目的特征转移到项目参与者本身的特征上,并强调在培训过程中服务质量主管(service quality supervisor)的重要性。服务质量主管是指企业在服务质量培训过程中所培养的变革推动者(change agent)。研究者研究了服务质量主管的选拔方式,探讨如果选择高度践行组织公民行为的员工作为变革推动者是否会让培训更加有效。

如何去识别一名员工具有组织公民行为,并且选拔他这样优秀的模范员工成为服务质量主管呢?在本研究中,研究者要求银行经理利用包含8个项目的"利他主义量表"(Altruism Scale)悄悄地观察其分行员工的组织公民行为,判断每个员工是否乐于助人和主动工作,等等。研究者从该跨国银行43家类似的分行中选出3家,之后随机分配到实验组或控制组。在C分行,6位表现出组织公民行为的柜员被指定为服务质量主管;B分行则随机选出6位柜员作为服务质量主管;A分行是用作对比的控制组,没有服务质量主管。这12个主管会接受改善服务质量的培训。

假设一基于一个广为接受的社会心理学事实:来自朋辈的影响能够更显著和有效地改变个人行为。研究者因此假设当机构进行改善服务质量培训时,培训某些一线员工作为改善服务质量的推动者会有助于提高效能,不管这些推动者是否具有组织公民行为。

假设二选择具有组织公民行为的员工作为变革推动者,以进行进一步的研究。研究者假设在同侪当中他们可能是"可靠"的影响源头,以他们作为变革的推动者,培训效果更一致(conformance)、更有效(effectiveness)。

进行改善服务质量的培训后,有关数据显示,在顾客满意度(customer satisfaction)、员工自我评估(employee self-ratings)和主管评估(supervisor ratings)方面,B分行和C分行的得分都比A分行高。因此,假设一是成立的。用一线员工在同侪中作为变革推动者,会更具说服力,能更有效地提升服务质量。

如上面所推断的,具有组织公民行为的员工被培训后,成为高效的变革推动者。C分行的得分明显比A分行和B分行高得多,具体体现在顾客满意度、员工自我评估和主管评估方面,由此更加证实了假设二是一个有效的推论(valid inference)。

来自该跨国银行其中一家分行的银行经理(下面简称为BM)与人力资源主管(下面简称为HR)就这个准实验的方法及效度进行了一次激烈的讨论,我们可以从中看出哪些因素在准实验中是关键要素(key elements)。

HR:经理,这只是一个准实验!他们肯定没有对环境因素进行控制,如何证明环境因素没有对结果构成影响?

BM:提醒你一下,报告中很清楚地提到分行A、B和C的柜员在年龄、教育水平和年薪上都没有显著的差异。这些员工的个人历史背景相似,实验开始的时候,他们与同侪交往的方式也相同。

HR：这一点确实会提高效度，但是仍然不像实验室研究的结果那样纯正，混淆的环境因素仍然会影响结果、产生偏差。

BM：确实有这个可能，但是研究者难道不是已经将这三家相似的分行随机分配到三个不同的组别进行观察吗？

HR：这确实是用随机分配方法来建构的实验，但是那些独立变量又怎么办呢？你不可能"指定"（assign）一个柜员表现为具有组织公民行为的员工，也不可能"指定"另一个员工在工作中敷衍了事。

BM（不禁一笑）：对，你说得没错！所以，这是绕圈子的做法。我想知道这次的准实验是否有足够的效度来说服我开"绿灯"，建立一套有效的组织公民行为培训模式。他们究竟是怎样培训所选拔的柜员的？

HR：这让我产生了另一个疑问，独立管理顾问（independent management consultants）作为培训人员，用了3个星期来培训12位柜员，他们可能会不自觉地、积极地培训C分行具有组织公民行为的员工，因为这些员工必定会积极参与课堂讨论，培训人员自然就忽略B分行随机分配来的员工，因此结果显示昂著性差异。

BM：我记得报告里说培训人员对员工所属的分行、地位和能力都是一无所知的。

HR：好，我承认这一点，但是那些被培训的员工呢？如果我知道我是被一些类似彩票抽奖的形式所随机选取的一员，就可能不会认真参与培训！

BM：冷静，朋友！别那么多疑。准实验的设计要求有更高的效度，研究者做的是一个双盲实验。培训人员不知道他们在做实验，被培训的员工更不知道自己和其他人的身份和角色，换句话说，这好像一个黑盒电影（matrix movie）——游戏中的人全部都不知道自己身在游戏中。

HR：有道理，经理！双盲设计使这个准实验对事实更有解释力。而且，真的不可能在实验室里创造出如此真实的场景，同时，用"白袍子"和"白手套"培训我们的柜员。

BM：这就是准实验设计的美妙之处，你可以控制和选择那些需要控制和选择的因素，同时你的"实验品"还可以在他们身处的环境中不经意地参与你的游戏。

HR：请您原谅，我这顽固又谨慎的逻辑思维使我不得不问，那些在实验过程中无法控制的环境因素（uncontrollable circumstances）难道不会损害实验的内部效度吗？

BM：谨慎并非罪过。没错，员工确实不能被随机分配到分行A、B或C中工作，况且我们又不是上帝，不能随机指定每个员工的工作态度，这会威胁实验的内部效度，人们会质疑结果的有效性，所假设的推论便变得软弱无力了。但聪明的研究者做了他们所能够做的。他们利用了控制组（A分行）做对比，分行里并没有服务质量主管和相关培训——这种做法有助于提高实验的建构效度（construct validity），相对于纯粹的观察研究（observational studies），这是准实验的另一个优点。

HR：明白了。因此，我们能够得出结论，培训对于具有组织公民行为的柜员而言，可以导致……

　　BM：等一下。内部效度存在着的威胁（threats）仍然会对因果陈述（causal statements）构成一定的障碍，准实验不是真正的实验室实验，我们只能够做合理的推论（inference）。就是说，这种培训和选择具有组织公民行为的柜员做服务质量主管，会显著改善服务质量。我们必须明白任何准实验若涉及自然发展过程，任何人都不能肯定地总结其因果关系，这是否满足了你"顽固又严谨的逻辑思维"？

　　HR：很好，经理。关于准实验我还有很多东西要学，看起来，在商业范畴中，这是一个最有效且可行的研究方法。在这一过程中，我们需要在不同的时间小心度量，并且尽可能控制独立变量和建构双盲设计确保最高的效度。

　　BM：嗯，你理解得没错，现在可以给我"放行"去建立自己的组织公民行为培训模式了吗？

　　我们可以从二人的对话看出，准实验虽然并不像实验室实验那样严谨，但是对可能影响因果推论的一些因素，仍然会加以控制。在准实验中，我们应该尽量通过各种方式来控制混淆的环境因素对因果推论构成的影响。在准实验中我们只可以做合理的推论，而不能做严谨的因果陈述。

　　正如人力资源主管关注到影响准实验的效度问题，研究者应该小心地、尽可能去控制一切外在的或毫不相干的因素（extraneous factors），以免结果不能准确反映事实。因为准实验是在真实环境中进行的，当被试与环境接触时，研究者不可能消除所有隐藏着的第三方变量（third variables）。为提高准实验的效度，有以下几种方法。

　　一是传统实验方法的使用。有一些方法可以有效地提高传统实验方法的外部效度，实验者利用传统实验方法（如双盲设计），可以去除实验者和被试在实验过程中引发的反应和情绪。另外一个常用的方法是设置控制组，研究者引入一组没有加入实验但在其他方面都与实验组相同的组别，当个别性的差异被剔除后，研究者对比两者的结果，就可以进行合理推论。

　　二是改变测量方式。如果是长期研究，最好在实验前和实验后进行多次数据搜集，即时序测量（time-series measurement）。根据实验组和控制组显示的不同趋势（trends），准实验便能做出更有力的推论。正如上面介绍的银行准实验研究，要想知道三家分行的员工背景是否相似，在引入服务质量主管之前，可以重复测量他们的行为表现是否一致。在培训之前和培训之后搜集数据，我们可以减轻自然趋势（natural trends）或是员工的不一致性评估（differential conformance ratings）对结果构成的影响。

　　三是显著性测试（test of significance）。研究者可以应用统计学的显著性测试分析从准实验中搜集数据。例如，P 值（P-value）除可用作平均值的回归分析外，还可用来测试结果是否具有显著性，从而证明实验效度。研究者还可以做假设性研究来提高效度，例如测试独立变量的常态分布之间是否具有相关性的假设性研究。

　　若能做足所有措施确保实验方法和数据搜集都是完全"干净"的，准实验就可以得出强有力的推论，证实所提出的假设，同时很大程度上为商业管理的研究者提供有效的建议和敏锐的洞察力。然而，我们仍需记住，准实验既然在现实环境中进行，不可预计的环境因素就确实存在，这不是研究者可以完全控制的。

即使前面提到所有的注意事项都被满足，影响内部效度的威胁因素仍然无法完全消除。和其他准实验一样，组织公民行为的研究不能控制被试员工中固有（已经具有）的组织公民行为，或者是分行受外在环境因素的影响。即使那些削弱建构效度的大部分因素都不存在，在现实环境下进行的准实验也不可能非常容易地断定变量间的因果关系。诚然，准实验可以比一般的观察研究得出更有效的建议和更强的推论，但是研究者不可能像实验室实验那样从统计数字上得出精确的因果陈述。

7.6.2 控制点和晋升反应的准实验研究

现在让我们来看看第二个应用准实验设计方法的商业研究实例。这是在中国香港地区的一家国际性银行，利用准实验设计来探讨个人的人格建构（personality construct）如何影响他们对晋升（promotion）的反应（Lam & Schaubroeck，2000）。

360位有晋升资格的员工，按照性格被区分为内控性格（internal locus of control）和外控性格（external locus of control）两种类型。在宣布这些员工升职之前和之后的3个月，研究者对他们的工作态度和行为进行了观察，并在18个月之后再次进行测量。研究者感兴趣的是：内控性格的员工和外控性格的员工晋升后，在工作态度和行为上的改变的持续期是否会有所不同。

一个人的控制点（locus of control，LOC）被认为是最重要的性格变量，它影响着人如何理解行为和结果之间的关系强度。内控性格的人比外控性格的人更相信他们所得到的奖励是自己行为的结果，而外控性格的人认为得到奖励可能归因于机会或者其他不可控制的原因。

研究者的第一个假设是：不管一个人的性格倾向如何，晋升能够推动员工在短期内表现出更好的工作态度和行为。这里的"短期"是指晋升后3个月内。

一方面，研究者假设外控性格的晋升者所表现出的在工作态度和行为方面的改善很可能是短暂的，理由是这些人不相信晋升是由于他们良好的工作表现所致；另一方面，研究者假设内控性格的晋升者所表现出的改善可能会持续很长的一段时间，因为他们认为得到奖励主要是因为自身的行为。因此，研究者的第二个假设是：18个月后，外控性格员工的工作态度和行为将会退回到原来的基线，而那些内控性格员工的工作态度和行为将会持续进步。

为了有效控制环境因素，研究者确保所有的被试晋升前和晋升后的薪酬、工作丰富（job enrichment）程度都是一样的，因为这些第三方变量可能持续影响晋升者日后的正面情绪，他们行为改变的结果便被这些因素混淆了。控制这些第三方变量是至关重要的，因为研究者想要探究的是：即使没有实质奖励（如提高薪酬、提升社会地位和提供更具挑战性的工作机会），晋升本身也能提高员工的工作满意感（job satisfaction）。

为了提高实验的效度，研究者将拒绝晋升的员工作为控制组，来比较由于晋升决策所带来的行为改变。

这个研究得出了显著且有意义的结论，在谨慎评估员工的工作态度和行为后，结果证明研究者的两个假设都是正确的，所有在晋升后 3 个月内的工作态度和行为都得到了改善。内控性格的晋升者将这种改善持续到第 18 个月及之后；外控性格的晋升者则在 18 个月后退回到了原来的水平；没有晋升的员工在整个研究中没有显示出任何改变。因此，研究者可以得出结论：个人的人格建构控制点（personality construct locus of control）对晋升者的长期行为会产生影响，尽管短期内所有晋升者的表现都有改善。

上述有关晋升的研究摘自 2000 年的 AMJ，该项研究阐释了准实验设计要注意的事项及其特征。在组织公民行为研究中所提到的优点，在这个案例中也有充分体现：现场环境的应用使实验具有了较高的效度。即柜员身处自己的分行和工作环境，研究者可以观察被试的反应来检验假设，因此，研究的结果更具解释力，也更接近真实情况。原因在于被试并没有留意到自己正在被观察，所以不会特别地去改变他们的行为。反之，实验室实验中的被试在这一点上是很清楚的，这有可能导致他们由于了解实验正在进行，或是使自己的行为变得不自然，或是努力表现以达到研究者期望。虽说准实验有这些优点，但仍然有一些问题需要研究者去克服。

第一，自然场景中混淆变量的问题。例如在前述研究中所见，员工晋升虽然是具体可见的事，但它也是混杂在企业机构内与许多其他事项一并发生的，然而它又是研究者想研究的唯一一个独立变量。因此，我们应该如何观察和记录仅仅由于这个独立变量所导致的行为改变，并且尽量排除其他可能因素所引起的行为改变呢？

在准实验设计中，研究者尽可能控制环境中所有可能影响结果的第三方变量，来提高效度。这个例子中，研究者尽他们的最大努力，消除晋升以外其他可能会导致工作态度和行为进步的环境因素，例如升职加薪或调岗。这些因素都可能导致晋升者改善表现，掩盖研究者真正关注的行为改变。

与实验室实验相比，准实验设计的优势在于利用相关的现场环境，然而，我们必须考虑到研究中存在的各种各样的混淆变量，这些混淆变量会威胁所得出的结论的效度。研究者所要做的，就是尽量控制这些混淆变量，减轻它们对结果的影响，以达到效度可被接受的程度。

第二，内部效度的问题。正如上面所阐述的组织公民行为的例子，我们不能扮演上帝的角色来随机分配工作态度给每个被试，同样，在这个员工晋升的例子中，我们也不能随机指定哪一位被试晋升，这显然是不合理的！然而排除这个漏洞，准实现的内部效度仍然被质疑，尽管研究者努力去控制来自环境的混淆变量，但是研究者不能保证晋升者和非晋升者两个样本的相似程度完全符合统计学的要求。晋升者和非晋升者本身的心理和背景等内在因素差异，也可能导致晋升前和晋升后态度的差异，研究者就不能得出晋升是导致行为改变的唯一因素的结论。与实验室实验相比，这是准实验的一个主要局限。

这使我们得出与前一个案例相同的结论：准实验不能得出因果陈述，只能推断出因果关系，因为其他可能存在的混淆变量及其交互作用不能够被消除，研究者只有尽可能进行控制来提高研究结果的效度。可以说，正如它的名称所显示的，准实验的优势介于实验室实验和观察研究之间：就控制而言，它不能像传统实验室实验那样百分百"纯正"；就效度而言，准实验通过控制组和操控可能存在的混淆变量，它仍具有比观察研究更高的效度。总而言之，准实验对认真的研究者来说，是一个进行组织管理研究可靠且可行的方式。因为利用真实环境（realistic setting）来模拟市场（marketplace）是很重要的，此外，以审慎、怀疑的态度来论证观点也是不可或缺的。

7.6.3　变革型领导风格与员工绩效的准实验研究

下面我们来看看第二个使用准实验研究方法的组织管理研究案例。这个研究是在美国的一个大型电话营销中心所进行的准实验（Grant，2012）。在这个准实验中，研究者想要了解变革型领导风格（transformational leadership）是否能够有效提高员工们的绩效（performance）。除了这个主要的因果关系问题，研究者还想要通过准实验设计探求另一个问题的答案，即如果员工有机会和他们工作上的受惠者见面并进行互动（beneficiaries contact），这是否会强化变革型领导风格与员工绩效之间的正向关系。

根据定义，变革型领导风格指的是领导人一系列能够启发、激励、正面影响员工们的领导行为（Bass，1985；Burns，1978），而工作绩效在这个特定研究中所指的是员工在多大程度上能够有效达到企业目标的行为（Campbell，1990）。过去许多的研究已经显示，变革型领导风格可以有效提升员工的工作绩效。在这个研究中，研究者除了想要再次复制（replicate）过往的研究成果，他更想要了解的是，是否有其他企业内部的情境因素可以强化这种正向关系。研究者进一步提出假设：让员工和受惠者接触互动并了解他们的工作具有实质上的正面意义，可以强化变革型领导风格与员工绩效之间的正向关系。如前所述，这个准实验研究在一个大型电话营销中心里实施。该电话营销中心主要是向大学院校和其他非营利教育机构销售与教育相关的软件，而这些经由电话销售所产生的收入，会被用来支付企业内部其他工作岗位的员工的薪水。因此，在实验中，要研究电话营销中心员工与他们销售业绩的受惠者的接触互动是否会提升他们后续的工作绩效是有相当大的正当性的。

为了执行这个在电话营销中心里的准实验，研究者招募了 71 位电话营销中心的员工并进行分组。研究者基于以下两种条件将员工分组：① 员工是否接触过上司的变革型领导风格；② 员工是否有机会接触他们工作上的受惠者。这样的分组方法产生了四个研究组别。由于实验者没有办法完全控制与分配每位员工的实际经历，因此这个研究实际上属于准实验的范畴。最重要的是，研究者把没有接触过变革型领导风格且没有机会接触受惠者的组别设定成控制组。根据前述准实验设计方法原则，控制组的设定有其必要性，因为它可以让研究者对比受到实验操作的员工和没有受到实验操作的员工之间的工作绩效的改变与差异。研究者在企业主管的帮忙下,调查了被试员工完成实验之后 7 周的工作绩效,并以此作为这个准实验的因变量。员工的绩效主要通过两个项目计量:第一个项目是员工所完成的订单数(deals made),第二个项目是员工所达到的销售额(revenue generated)。

这个准实验的结果完全证实了实验者当初的假设。具体而言,研究的结果可以分为两个。第一个结果复制了过往的研究,实验者发现如果员工没有经历过变革型领导风格的影响,他们的工作绩效(订单数和销售额)都没有显著增长。而在接触过变革型领导风格的组别当中,与受惠者接触互动的员工比没有与受惠者接触互动过的员工的绩效提升更显著。简言之,只有在充分利用准实验设计方法后,实验者才有可能有效地达到其实验目的并且完成高度有效的因果推论。

在这个关于变革型领导风格与员工工作绩效的准实验中,研究者充分利用了我们先前提到的准实验设计在组织管理研究中的优势。具体而言,研究者在一个已经建立的实验假设(变革型领导风格与工作绩效之间存在正向关系)上,额外假设了一个可能会调节这个已建立的因果关系的情境因素(和受惠者的接触互动)。在这个准实验中,由于和受惠者接触互动的机会是可遇而不可求的,因此若实验者想要使用实验室实验,可能会产生执行上的困难。此外,强迫员工们和受惠者互动或不互动的操作,也是极其不自然且可能有违公平原则和道德原则的。因此,准实验设计在这个研究主题上,是最适合的且能够最有效地帮助研究者达成实验目的的方法。

7.6.4　外在不可抗力因素对于员工工作满意度与旷工率影响的准实验研究

到目前为止,我们所介绍的三个组织管理研究准实验案例大都局限于一个条件,即研究者们利用企业内部所发生的某些改变来当作准实验的主要变量。在将要介绍的最后一个案例当中,我们将探讨组织管理研究者们如何跳出一般思维,利用一些自然发生在企业外的外在不可抗力因素(external shocks)来当作准实验的主要变量,并研究这些外在不可抗力因素如何对企业内部绩效与员工表现产生影响。在这里,我们所要介绍的这个研究发生在美国的一家大型企业,这家企业在美国的各大城市都设有分公司。研究者想调查当外在不可抗拒的极端天气发生时,这个自然发生的外在变量是否会直接影响员工工作满意度与旷工率(absenteeism)(Smith,1977)。

许多过往的组织管理研究结果显示,员工的工作满意度越高,他们越可能会降低旷工率。但是这种负向关系并不是非常显著(Smith,1977)。因此,为了解释这个现象,这个准实验的研究者认为外在不可抗拒的极端天气是一个很重要的,且会加强员工工作满意度与旷工率之间关系的变量。根据这个想法,研究者假设当外在极端天气发生时,员工工作满意度与旷工率的负向关系将会被大大增强。也就是说,当有像暴风雪一样的外在极端天气发生时,工作满意度高的员工将会更加有动力且自发地前来上班,从而降低旷工率。相对的,研究者也推论，当企业的外在天气正常时，员工工作满意度与旷工率之间的负向关系就不会很明显。这是因为在正常的天气下，员工们会把来上班当作是本分与职责，旷工率也不太会被自身的工作满意度所影响。

为了执行这个以外在不可抗拒的极端天气作为主要变量的准实验，研究者利用了突发的暴风雪机会，同时在该企业不同城市（芝加哥和纽约）的两个分公司搜集了相关的员工工作态度与旷工率的资料。具体而言，芝加哥分公司受到了暴风雪的袭击，实验者将在芝加哥分公司所搜集的资料设定成实验组；而纽约分公司则是正常天气，实验者将在纽约分公司所搜集的资料设定成控制组。

这个准实验的资料分析结果完全验证了研究者的假设。第一，受到暴风雪袭击的实验组的数据显示，暴风雪的发生的确大幅提升了员工工作满意度与旷工率之间的负相关。也就是说，工作满意度越高的员工越不会因为暴风雪的来袭而旷工。第二，天气正常的控制组的数据显示，员工工作满意度与旷工率之间没有呈现显著的相关性。这代表了在正常天气之下，员工们的旷工率不太受其工作满意度的影响。总而言之，在这个准实验里，研究者充分利用了自然发生的外在不可抗力因素来设定这个准实验的实验组与控制组，并且取得充分的实验证据来证实其研究假设。

更重要的是，在研究者利用准实验达成因果推论的目的时，这个利用外在不可抗力因素的准实验设计还大大减少了实验操作可能会对企业员工造成的负面影响，并把相关的道德性与公平性影响降到最低。简言之，当研究者们能够充分掌握并运用外在不可抗力因素来设计准实验时，将享有更多准实验设计所带来的优势，并且产出具有高度外部效度且富有说服力的研究成果。

7.7 准实验设计方法的未来与展望

通过我们对准实验设计研究的介绍，读者们应该对准实验设计的定义、优点、法则与案例有了更多的了解。如果使用得当，准实验设计的确是一个组织管理研究上的利器。在当今时代，由于科技产品的高度普及化与便利化，加上互联网的普及，我们可以预见，准实验设计将被更频繁地应用于组织管理研究中，帮助研究者们搜集研究资料、获得研究成果。例如，Jia et al.（2017）的准实验研究或许就是一个准实验结合现代科技与互联网的最佳例子。这项研究的研究者们在 2013 年中国庐山发生大地震之后，迅速使用了准实验设计方法来研究地震的受灾者是如何去面对这场生存危机的。具体而言，研究者们使用了准实验设计方法来对地震强度加以分级和分组，并且搜集了 157 358 名受灾者的通信记录（移动电话、网络使用、在线娱乐等），来分析地震强度对于这些受灾者人际交流强度的影响。通过这个准实验的施行，研究者发现在地震强度越高的地区，受灾者使用科技产品进行人际交流的情况非但没有减少，反而显著增多。这个准实验的结果验证了两件事：第一，人们对天灾的反应会直接反映在他们的人际交流强度之上；第二，利用普及化的高科技产品与互联网来实施准实验研究将成为未来趋势。因此，不管是准实验设计方法的老手们，还是入门者，都应该多多利用这些便利的科技手段，更加有创意地来施行准实验研究，以达到高度有效的研究目的与成就。

7.8 结语

正如上述四个准实验研究的例子所强调的，只要研究者使用时更加谨慎，准实验就是当今最实用的市场研究分析方法，且能有效地帮助企业家进行商业决策。为提高准确性，它加入控制组、某种程度的随机化、双盲性和充分控制混淆变量，来帮助研究者做有效的推论。如果能够陈述更精确的因果关系，这类实验的研究结果可为实验室研究提供参考，激励更多这方面的研究。尽管准实验设计在控制范围上不够完善，但它足以观察某些特定变量在真实环境里的关系，而这是实验室实验不可能做到的。

现在我们可以看到准实验设计在商业研究中有重要的优势，但又不能忽视其存在的局限性。最后，聪明的研究者要自己决定这种形式的研究设计是否适合搜集特定的数据来回答某些特定的问题。请记住：这种实验研究方法只能在一定的范围内做最有效的推论。

思考题

1. 请概述随机对照试验的定义。
2. 请概述准实验研究的适用情境、优势以及局限性。
3. 请比较非实验研究，准实验研究以及实验研究（实验室实验和实地实验）的特点。
4. 请认真阅读本章所列举的四个经典准实验研究案例，并分别画出各个准实验研究采用的研究设计方法。
5. 请设计一个准实验研究来检验当一个员工转变为领导者时，其个性特质是否会发生变化。

延伸阅读

Avolio, B. J., Reichard, R. J., Hannah, S. T., Walumbwa, F. O. & Chan, A. (2009). A meta-analytic review of leadership impact research: Experimental and quasi-experimental studies. *The Leadership Quarterly*, 20 (5), 764–784.

Campbell, D. T. & Stanley, J. C. (2015). Experimental and quasi-experimental designs for research. Ravenio books.

DeRue, D. S., Nahrgang, J. D., Hollenbeck, J. R. & Workman, K. (2012). A quasi-experimental study of after-event reviews and leadership development. *Journal of Applied Psychology*, 97 (5), 997–1076.

Hammer, L. B., Kossek, E. E., Anger, W. K., Bodner, T. & Zimmerman, K. L. (2011).

Clarifying work-family intervention processes: The roles of work-family conflict and family-supportive supervisor behaviors. *Journal of Applied Psychology*, 96(1), 134–150.

Kazmi, M. A., Spitzmueller, C., Yu, J., Madera, J. M., Tsao, A. S., Dawson, J. F. & Pavlidis, I. (2022). Search committee diversity and applicant pool representation of women and underrepresented minorities: A quasi-experimental field study. *Journal of Applied Psychology*, 107(8), 1414–1427.

Kenny, D. A. (1975). A quasi-experimental approach to assessing treatment effects in the nonequivalent control group design. *Psychological Bulletin*, 82(3), 345–362.

Kier, A. S. & McMullen, J. S. (2018). Entrepreneurial imaginativeness in new venture ideation. *Academy of Management Journal*, 61(6), 2265–2295.

Mellor, S. & Mark, M. M. (1998). A quasi-experimental design for studies on the impact of administrative decisions: Applications and extensions of the regression-discontinuity design. *Organizational Research Methods*, 1(3), 315–333.

Romanelli, E. & Tushman, M. L. (1986). Inertia, environments, and strategic choice: A quasi-experimental design for comparative-longitudinal research. *Management Science*, 32(5), 608–621.

Shadish, W. R., Cook, T. D. & Campbell, D. T. (2001). *Experimental and quasi-experimental designs for generalized causal inference*. Boston: Houghton, Mifflin and Company.

第 8 章

田野实验

吴珏彧　戴恒琛

> **学习目标**
> 1. 了解田野实验的定义和优势
> 2. 熟悉田野实验常见的随机化方式，能够分析一个田野实验所采用的设计方法
> 3. 学习田野实验中常见的统计问题，能够对田野实验研究的案例进行解析和评判
> 4. 了解田野实验的实操建议，提升使用田野实验的信心

近些年，田野实验（field experiments）在管理学中获得了越来越多的关注。相较于其他管理学常用的实证方法，田野实验既保存了实验的内部效度，又提升了因果推论的外部效度。本章我们首先定义田野实验并阐释其相对于其他研究方法的优势。其次，我们介绍田野实验设计中常见的随机化方式，并剖析田野实验在设计和分析上容易出现的问题。最后，我们分享田野实验的实操建议。本章吸取了多个社会科学学科（包括管理学、经济学、政治学、心理学）在田野实验上的研究成果，并结合作者在实操中汲取的经验，希望给年轻学者提供对于田野实验的直观认识和实际建议，鼓励更多的管理学学者尝试田野实验。

8.1　田野实验简介

8.1.1　田野实验的定义

从广义上说，我们把田野实验定义为在实际环境中进行的高度趋近于现实的实验研究（research with a high degree of naturalism）。田野实验也被叫作实地实验，是随机对照试验的一种，通常与实验室实验和准实验相比较（详见本书第 6 章和第 7 章）。值得注意的是，学者们对"田野"这个词会有不同的理解。一些学者将"田野"定义为研究对象和他人互动的物理环境（Wood，2009）；另一些学者则不强调物理环境而强调研究本身的现实属性（Paluck & Cialdini，2014），毕竟我们可以在实验室中设计出非常贴近自然行为的研究，也可以在非实验室中进行不贴近自然行为的人为干预。一般来说，与实验室实验相比，田野实验专门用来指代那些高度贴近现实环境的研究，而不是单单在实验室或网上进行的相对简单快速的研究。田野实验定义中的一个关键在于，田野实验研究者是在现实场景中收集采证的。这些现实场

景体现了人们在现实生活中真真切切的决策、工作状态、社会互动和群体动态等情况。

如何区分一个实验研究是否高度接近现实呢？我们可以从以下四个维度来评估（Gerber & Green，2012；Wu & Littman，2022）：

① 参与实验的被试是否和研究现象相关的现实人群？
② 实验所处的环境是否是研究者感兴趣的现实环境？
③ 被试所接受的干预是否和干预在现实中的形式相似？
④ 实验测量的结果变量是否能体现人们在现实中的反应？

如果对于一个实验来说，以上四个问题的答案都是肯定的（换句话说，四个维度都非常接近现实），那么这个实验一定是田野实验。如果某些问题的答案是肯定的而其他是否定的，那这个实验未必是田野实验。所以，我们可以说田野实验虽然有多种形式，但它必须具备"田野性"或者"现实度"的特征。

我们来举个例子。请考虑这个研究问题：团队目标设定对员工绩效有何影响？表 8.1 显示了研究者如何在每个维度上使用不同现实度的设计来研究这个问题。"低现实度"一栏的组合将构成一个拥有低现实度的研究，这类研究不会被视为田野实验。"高现实度"一栏的组合很明显地构成了田野实验。在某些维度上具有高现实度但在其他维度上具有低现实度的实验仍可能被视为田野实验。比如 Harrison & List（2004）把只拥有高现实度被试的实验称为人造田野实验（artefactual field experiments），通常也被称为田野中的实验室实验（lab-in-the-field）；把只拥有高现实度被试以及高现实度干预或结果变量的实验称为框架田野实验（framed field experiments）；而把四个维度的现实度都较高的实验称为自然田野实验（natural field experiments）。本章重点讨论的就是现实度高的自然田野实验。

表8.1　田野实验的评估方式举例：团队目标设定对员工绩效有何影响？

	低现实度	高现实度
被试	在Amazon Mechanical Turk或问卷星上招募的便利样本	与一个企业合作获得的远程工作的员工样本
环境	被试在家中的电脑上填写在线调查，实验被嵌入调查问卷里	被试在办公电脑上通过远程工作软件与同事互动
干预	问卷文字说明让被试花五分钟的时间想象自己与同事讨论工作目标	员工持续两个月通过每周晨会和同事在线讨论工作目标
结果变量	被试的预期绩效	被试的实际绩效

田野实验可以将现实环境中的个人、团体或机构随机分配到不同实验条件下，即不同的干预组和控制组中，并在现实环境中测量有关作用机制和变化过程的变量。田野实验对不同被试、环境、干预和结果测量的包容性极大。回顾文献，我们几乎可以看到在任何现实条件下做的田

野实验，包括办公室（Eden & Moriah，1996；Greenberg，1988）、工厂（Hossain & List，2012；Wu & Paluck，2020，2022）、政府单位（Bandiera et al.，2021）、医院（Dai et al.，2021；Reiff et al.，2022）、托儿所（Gneezy & Rustichini，2000）、学校（Grant，2008；Paluck et al.，2016）、战后社区（Paluck，2009）和媒体节目（Blair et al.，2019）等任何你能想到的地点。这些田野实验针对现实环境中不同的议题测量不同的行为或心理结果，例如企业员工绩效、群体归属感、对社会权威的态度等。田野实验可研究的问题是无穷的。

8.1.2 田野实验的优势

根据现代心理学鼻祖威廉·詹姆斯（William James）的说法，研究人类心理和行为的最终目的是解释和预测人们在现实世界中的行为表现（Gantman et al.，2018；James，1907）。在管理学中，我们的研究主要用来解释和预测人们在组织中的行为、动机、决策、人际关系等。要做到这一点，管理学理论就需要与员工在企业和现实生活中的行为表现密切相关。如果不关注现实场景，理论研究可能会得到没有意义甚至误导大众的结论。从这点来说，田野实验具有明显的优势。田野实验在现实环境中进行，直接研究与所感兴趣的现象相关的现实人群，提供更实际和更有影响力的干预方式，并直接测量在该现实环境中发生的结果。相对于实验室实验、档案数据分析与定性分析来说，田野实验有如下几个明显的优势。

高生态效度（ecological validity）。相对于实验室实验来说（参照本书第6章），田野实验最明显的优势是其高度的现实性，这对应着研究的高生态效度。生态效度是指一项研究的变量和结论在多大程度上可以推广到现实环境中。在实验室实验里，被试的行为表现是基于对研究者呈现的实验材料（stimuli）做出的反应，这样的反应不一定代表现实环境中被试的真实反应，实验结果不一定能很好地运用到真实社会和企业中去。相比之下，田野实验在现实环境中进行，更有可能保证被试行为和心理的真实度，更容易逼近个人在现实生活中的决策、人际互动以及情感和动机表达中的心理过程，因此结果通常可以更好地预测目标人群在现实环境中的行为。

研究议题的广泛性（broadness of research constructs）。相较于标准化的实验室研究范式，田野实验扩大了管理学研究议题的范围。比如说，在实验室中很难研究企业中长期的群体动态行为，也很难在不违背伦理的情况下研究和再现现实社会中暴力和冲突的心理过程。相反，对于此类无法在实验室重现的议题，田野实验研究者可以在现实社会中选取合适的场景来做研究和干预。再比如说，研究者虽然可以在实验室中研究短期贫困给人们造成的影响，但无法研究长期贫困给人们造成的影响。一般来说，田野实验比实验室实验更适合帮助研究者调查涉及持续和动态的行为模式和行为变化的研究议题，更利于研究者捕捉在现实世界中多样的行为表现形式，从而扩大了研究议题的广泛性。

另外，田野实验能够突破传统实验室实验在样本与环境上的局限，进而扩大研究本身的应用价值。田野实验可以在尚未建立实验室的社区和不发达地区展开，如直接招募那些离高校较远的乡镇企业和农民工群体作为被试。因此，田野实验在获得非常规样本和研究环境方面更具有包容性，这也间接扩大了研究议题的广泛性。

因果关系检验（causal testing）。相对于实地问卷调查和档案数据分析来说（详见本书第9章和第10章），田野实验在保留外部效度的同时也提供了因果测试。正如传统实验室实验将各种元素从现实环境中抽象出来导入实验室中，田野实验将实验中的干预组和控制组从实验室输出到现实环境中（Paluck & Cialdini，2014）。有了随机的干预组和控制组，田野实验让我们能够在多种社会环境因素的影响下，得出自变量与因变量之间的因果关系（causation），而不单单是变量之间的相关性（correlation）。

因果关系对于理论的建立是非常重要的。比方说，你假设"团队参与度高的员工绩效更高"，并用问卷搜集了每个员工在团队中的参与度和绩效信息。这个设计仅仅能验证团队参与度和绩效的相关性，但不能说明两者是否存在因果关系。比如是因为员工积极地参与了团队建设使得绩效更高，还是因为员工绩效更高所以更有动力来参与团队建设呢？一个相关性的研究是无法回答因果问题的。实验则可以验证因果关系，来更好地建立理论。回到上面的例子，如果能确定是团队参与度影响了绩效，那么我们接下来就可以更深入地研究为什么这个因素会影响绩效。同时，弄清因果关系也可以帮助我们对如何提高员工绩效提出实质性的建议。

企业项目评估（program evaluation）。田野实验的一种形式是评估某企业或政策项目在特定人群中的有效性，旨在衡量资源的有效部署程度（Gerber & Green，2012）。比如Bloom et al.（2013）用田野实验在印度17个纺织企业的28个工厂中对不同管理方式的作用进行评估。他们把工厂随机分配到干预组和控制组中，给干预组的工厂提供免费的咨询服务。他们发现，与没有收到免费咨询服务的控制组工厂相比，干预组工厂的生产力在第一年提高了17%，并在3年内开设了更多家工厂。这种与企业项目评估相关的长期干预在实验室中是无法进行的，而且田野实验的因果推论的有效性也更高，所以田野实验更加适合。

我们再以消息传递干预举一个例子。为了测试疫苗接种广告是否可以提高社区成员的疫苗接种率，田野实验会在不同的社区随机分配疫苗接种广告的传播情况，并测量干预组和控制组社区之间疫苗接种率的差异。从项目评估的角度来看，田野实验方法优于实验室实验。在传统实验室实验中，被试会看到不同的广告，然后研究者会询问他们是否有意愿接种疫苗（Cui et al.，2022）。虽然实验室实验可能能够检测到影响方向（effect direction），即某些信息是否比其他信息更有效，但它们不太可能捕捉到干预在现实中能产生的影响大小（effect size）。例如，实验室实验可能捕捉不到目标社区的一些居民会错过广告、不专心看广告或在生活的其他干扰中忘记信息的可能性。只有田野实验才能帮助研究者衡量在现实情况下一项干预的影响方向和大小，并衡量这个干预所需资源的成本大小（Saccardo et al.，2023）。

社会影响力（social impact）。从应用角度来说，田野实验的结论在学术界之外可能更有影响力。因为田野实验真真切切发生在企业的日常运作和人们的生活中，既有现实相关性，又有因果效应，所以更容易让企业和政府的政策制定者信服（Dolan & Galizzi，2014；Hansen & Tummers，2020）。

8.2 田野实验设计中的随机化方式

实验一个的必要特征是有不同的实验条件（conditions）。研究者根据研究议题来设计一个或多个干预组和控制组。干预组包含了研究者感兴趣的实验干预内容。控制组可以完全不包含干预内容，作为单纯控制组（pure control）；控制组也可以是安慰剂控制组（placebo control），即包含与研究者关心的干预所不相关的实验内容。与单纯控制组相比，安慰剂控制组的被试在体验和经历上一般更接近于干预组，但是他们的体验和经历与研究者最感兴趣的干预不相关。

实验的另一个必要特征被试是被随机分配到不同的实验条件下。随机分配这个概念在实验设计中非常重要，直接影响研究变量之间的因果关系测试的有效性。Kenny（1979）甚至强调随机化是实验设计中最重要的环节。当被试被随机分配到不同的实验条件下后，除了实验干预是否存在，不同的实验条件理论上不存在任何系统差异。换句话说，当没有实验干预时，随机分配到干预组的被试表现不能显著优于或劣于控制组的被试。因此，在样本量足够大并且随机分配得当的情况下，我们可以说任何观察到的不同实验条件之间的差异都可以归因于特定的实验干预本身。在本节中，我们简要阐述田野实验常用的随机化方式，并讨论一些在田野实验中常见的设计和因果估计问题。

8.2.1 简单随机化（simple randomization）

最常用的随机分配化是简单随机化。随机单位为个体。每个被试通过一个随机程序（如掷硬币、抓阄、电脑随机算法）按照一定的概率被分配到研究者预先设定的不同实验条件下。简单随机化不一定是等分（更多关于分配比例的讨论见 8.3 节），但研究者一定要事先设计好被试进入不同组别的概率。在随机分配前，每一个被试和研究者都不知道他将会被分配到哪个组别中。

每个被试的随机分配互不影响。比如，如果用简单随机化的方式把同一个工厂的所有员工随机等分分配到一个干预组和一个控制组中，那同一个车间的员工的随机分配是独立的：通过掷硬币，员工甲有 50% 的概率进入干预组，同一车间的员工乙也有 50% 的概率进入干预组；如果员工甲被分配到干预组，这并不影响同一车间的员工乙被分配到干预组（仍是 50% 的概率）。

简单随机化的优势是方便易行，实验室实验基本上都用这样的随机化方式。但是在田野实验中，简单随机化不是在所有条件下都适用的。第一，简单随机化不能研究群体层面的因果关系。第二，简单随机化在田野实验的实际操作中未必现实。第三，简单随机可能面临溢出效应（spillover），详见本章 8.3 节。在这三种情况下，我们就需要用集群随机化来探索因果关系。

8.2.2 集群随机化（cluster randomization）

集群随机化是指以集群（cluster）为单位来进行随机分配。为了更好地解释个人和集群层面随机分配的差异，我们看 Wu & Paluck（2022）中参与式小组结构对工人绩效和企业归属感影响的实验。Wu & Paluck（2022）在一家大型纺织企业中做田野实验，样本是缝纫工厂的 65 个小组（工人人数为 1 752 人）。每个组有 20—30 人一起工作，每组都由自己的组长监督。一旦工人被工厂雇用并分配到特定的小组，他们就不会轮换。换句话说，这些小组是固定的。研究者的议题是如果员工们有机会在小组会议上自由发言，这会如何改变工人绩效和企业归属感。怎么设计实验来研究这个议题呢？研究者可以把每个小组（集群）随机分配到干预组和控制组中，即同一小组内的所有工人作为一个整体被同时分配到不同的实验条件中。所以在这个田野实验中，研究者是对 65 个小组进行随机分配，而不是对 1 752 个工人进行随机分配。

相较于简单随机化，集群随机化有三点好处：

第一，从理论上说，当管理学学者研究个体（如单个员工）相对独立的行为、态度和心理状态时，随机实验通常发生在个体层面，但很多研究所需的实验单位超越了个体。比如上文提到的以小组为单位的研究议题。由于工人们只在他们现有的小组中举行会议，将单个工人分配到干预组和控制组的简单随机化方案根本不可行，否则就把一个小组的工人们分开了。所以研究者需要进行以小组为单位的集群随机分配。

总的来说，当管理学者感兴趣的是集群层面的研究问题时，就需要用集群作为实验单元。比如，特定的工作环境对员工绩效有什么影响？夫妻心理咨询会如何影响夫妻关系？教师的教学风格会如何影响学生成绩？老板的领导方式是否影响团队矛盾？在这些例子中，我们需要得到自变量（特定的工作环境、夫妻心理咨询、教师的教学风格、老板的领导方式）与因变量（员工绩效、夫妻关系、学生成绩、团队矛盾）之间的因果关系。这四个研究议题的一个共同特点是：我们在现实环境中进行实验干预时，通常不止一个人会受到影响。干预工作环境时受影响的是在这个环境中工作的所有员工，干预夫妻心理咨询时受影响的是夫妻双方而非个人，干预教师的教学风格时受影响的往往是整个班级的学生（除非研究的是私人教师），干预老板的领导方式时受影响的是整个团队而不仅仅是某一个员工。这些同时受到干预影响的单位称为实验集群。不同于将每个被试单独分配的简单随机化，集群随机化将每个集群作为一个实验单元整体分配到不同的实验条件中。集群随机化使研究者能够在超越个体的层面研究群体和社区现象的因果关系。

第二，集群随机化可以解决某些干预只能在集群层面上实施的实操问题。比如通过有线电视或广播来进行干预时，我们不太可能将干预随机分配给特定的观众，因为有线电视和广播节目通常是播放给某个地理区域的全部观众的。同样，在大多数学校里我们无法在一个教室内对每个学生实施不一样的教学大纲。在这两个例子里，研究者只能在地理区域维度和教室维度进行随机化。

第三，集群随机化是解决溢出问题的方法之一。比如我们担心同一个工作环境下的不同实验条件之间可能存在互相干扰的情况（例如同一车间的员工会观察到其他员工所处的实验条件，从而调整自己的行为），那么可以把关联的个体以集群的形式来随机分配。

8.2.3 区组随机化（block randomization or stratified randomization）

区组随机化是指将被试分成区组（blocks / strata）并在每个区组内进行完全随机分配。我们来看一个区组随机化的示例。假设某公司想知道团建是否会影响新老员工的工作积极性，并计划做一个田野实验，于是需要把自己的员工随机分配到干预组（进行团建）和控制组（不进行团建）。由于这个公司成立时间较短，他们的新员工比例远远大于在公司工作三年及以上的老员工的比例。公司希望干预组和控制组中的新老员工比例相等。如果使用简单随机分配的话，那么在新老员工比例失衡的情况下，尤其是样本量不够大的时候，不同实验条件之间的新老员工比例很可能会有所不同。此时，区组随机化可以确保不同实验条件下的新老员工比例相同。

如何进行区组随机化呢？在上面这个示例中，你首先需要先将这个公司的员工分成两个区组：进入公司三年以下的新员工和进入公司三年及以上的老员工。然后，在新员工区组中，你需要将他们随机分配到干预组和控制组中。同样，在老员工区组中，也随机把他们分配到干预组和控制组中。在实际操作中，你其实在同一个公司样本中根据区组进行了两次简单随机分配。这样的好处是不用担心干预组和控制组中新老员工比例严重失衡。总的来说，区组随机化实际上是创建了一系列的简单随机化：在每个区组中分别进行一次简单随机化，来最终确保不同的实验条件中区组内不同被试的比例大致相等。

区组随机化通常被用于解决两种类型的问题。首先，区组随机化可以解决实际操作或实验伦理的问题。例如，一个教育项目可能对年龄和性别等人口指标有要求，希望不同实验条件拥有比例相等的人口指标。区组随机化可以帮助研究者围绕这些约束条件来进行随机实验。比方说，可以先将年龄接近、性别相同的被试放在一个区组里，再在每一个区组里（比如20—30岁女性区组，40—50岁男性区组）进行简单随机化。最终的效果是你的干预组和控制组中被试的年龄和性别比例相当。

其次，区组随机化解决了重要的统计问题，包括减少抽样变异性和确保某些区组可以用于单独分析（Gerber & Green，2012）。区组随机化可以提高因果推论的精准度（precision），尤其是在样本量相对较小的情况下。一个变量和因变量相关性越大，基于这个变量做区组随机化就越能提高因果推论的精确度。我们可以通过查看文献和进行实地观察（field observations）来预测哪些区组可能和我们需要测量的因变量有关联。比方说，如果干预旨在提高员工绩效，研究者可以查看哪些基线因素（如工作经验、性别、年龄等）和员工绩效相关，并把这些基线因素作为区组随机化的根据，以便更好地在实验设计中控制这些变量。

然而，区组随机化并非总是可行的。有时田野实验有严格的时间限制或财务限制，研究者往往没有时间精力、财力来进行区组随机化。又或者，研究者在实验设计阶段无法获得区组随机化所要求的背景信息。但由于区组随机化仍具备许多优势，我们还是应该秉承 Gerber & Green（2012）对于田野实验的经典建议：在条件允许的情况下，尽量进行区组随机化。

8.2.4 被试内设计（within-subjects design）

上面说到的随机方式都属于被试间设计（between-subjects design），即在同一时间对随机分配到不同实验条件中的实验单元（如单个被试或集群）进行比较。而被试内设计指的是每个实验单元在不同的时间经历不同的实验条件。如果说被试间设计是把若干实验单元随机分配到不同实验条件中来比较不同实验条件下的结果，被试内设计则是把每个实验单元在不同时间点分配到不同实验条件中，来比较不同时间点下每个实验单元在不同实验条件下的结果。如果一个实验使用的是纯粹的被试内设计，那所有被试在同一时间点接受的是同一个实验条件，尽管不同实验条件开始的时间点是研究者随机选的（比如为期四周的实验，用掷硬币的方式决定哪两周是干预、哪两周是控制）。被试内设计不只适用于被试，也适用于单个集群。比如，Brownell et al.（1980）为了鼓励更多出行人员走楼梯而不是坐电梯，在多个地铁站入口放置一个彩色的标识来鼓励进站人员走楼梯。这些标识有些星期会摆放，有些星期会拿掉。摆放的星期是随机挑选的，对于每个地铁站入口是相同的。因变量是每星期使用楼梯的人数——由研究助理在每星期的固定时间在地铁口蹲点记录。在这个实验里，实验单元是因变量的测量地点（楼梯口），属于集群，而每个集群在每个测量的时间点都会产生数据。

这种纯粹的被试内设计的优势在于，对每个实验单元我们都能观察到干预组和控制组比较的一个精确数值估计。这个数值的精确性就在于被试内设计中的单个实验单元都同自己做比较，相当于控制了被试内的其他变量。但是，如果我们想让被试内设计产生无偏估计，我们需要做出无干扰（non-interference）假设，即在不同时间点下的被试反应是独立的。

无干扰假设存在两个子假设：无期盼（no-anticipation）假设和无持续（no-persistence）假设。举个例子，假设我们做一个为期四周的实验，通过掷硬币的方式来决定哪两周被试会经历一个自我肯定（self-affirmation）的干预项目（干预组），哪两周不经历这个干预项目（控制组）。因变量是被试下班后的主观心情。如果使用被试内设计的话，比较的就是每个被试在经历自我肯定的干预期间每天下班后的心情和不在干预期间的下班后的心情。试想一下，在这个例子中使用被试内设计会存在哪些问题？如果被试签了实验知情书，那么他们可能预期自己在某个时刻会经历某种干预。如果被试首先进入的是没有任何的控制组，那么被试也可能会对干预产生期盼，这种心态可能会影响他们下班后的心情，从而违反无期盼假设。我们可以使用安慰剂控制解决这类问题。抑或被试首先进入的是干预组，两周内每天都接受自我肯定干预，两周后即使进入了无干预的控制组，但干预的效果很可能是持续性的，进而影响被试在接下来控制组中下班后的心情，这就违反了无干扰假设下的无持续假设。如果无干扰假设不成立，被试内设计下比较每个被试不同时间点的结果就存在偏差，也就无法得出可靠的因果推论。

所以，当研究者们在田野实验中使用被试内设计时，必须认真考虑无干扰假设在理论设计层面和实际操作层面是否成立。在考虑这个问题的时候，可以思考过去文献中有没有用被试间设计研究过你感兴趣的这个现象，有无发现这个现象有持续性？如果有持续性的话，你有没有可能在实验设计中设立一个洗脱期（wash-out period）？比如某干预的效果持续期为一周，你有没有可能将干预后的一周作为洗脱期、不用于数据分析，而是再过一周才开始控制组的实验？有没有可能被试会对接下来的干预内容有期待？这种期待是否影响你的结果测量？这些问题需要研究者了解田野实验的环境和干预内容后再做出判断。被试内设计如果要得出可靠的因果推论，对实验设计本身的要求是很高的，比如研究者要保证不同时间点内外部条件是可控制的、不互相干扰的，干预后设置洗脱期。因为无干扰假设在社会科学研究的问题中很难完全成立，纯粹的被试内设计得出的因果推论往往不是最有说服力的。如果因为种种原因，一个实验必须涉及被试内设计的，我们建议研究者考虑下节介绍的候补名单设计，将被试内设计和被试间设计相结合。

8.2.5　候补名单设计（waitlist design）

候补名单设计，也被称为阶梯楔形设计（stepped-wedge design）或随机推出设计（randomized rollout design）。候补名单设计随着时间的推移跟踪被试从他们未曾经历实验干预的情况转换到接受实验干预的情况，或者从实验干预转换到控制观察的情况。候补名单设计的核心在于，不同被试进入干预组的时间是不等的，并且每个被试接受实验干预的时间点是随机分配的。如果我们画一张图（见图8-1），被试进入干预组的时间看起来就像一级级的阶梯一样，因此候补名单设计也被称为阶梯楔形设计（Hussey & Hughes，2007）。

	被试间设计		被试内设计			候补名单设计				
	时间			时间			时间			
		1		1	2		1	2	3	4	5
被试	1	1	被试 1	0	1	被试 1	0	1	1	1	1
	2	1	2	0	1	2	0	0	1	1	1
	3	0	3	0	1	3	0	0	0	1	1
	4	0	4	0	1	4	0	0	0	0	1

图8-1　干预组和控制组的被试间设计、被试内设计、候补名单设计分配方式

注：0表示控制组，1表示干预组。被试间设计通常在一个时间段内随机分配，被试内设计和候补名单设计通常包含多个时间段。

候补名单设计有两个主要优势。第一，这种设计结合了被试间设计和被试内设计的元素。与被试内设计一样，候补名单设计会生成时间序列数据，单个被试在不同时间点经历不同的实验条件。但与传统的被试内随机化不同的是，候补名单设计在同一时间点，一些被试接受

干预，而另一些被试则在无干预的控制组，这又与被试间设计类似。因此，候补名单设计产生的数据是丰富的，我们既能做同一时间点上的被试间比较，也能做同一被试在不同时间点的比较。它使研究者能够从相对较少的受试中提取更多具有统计意义的因果估计值，因此能增加统计功效（Aronow & Samii，2012；Gerber & Green，2012；Rubin，2001）。

第二，候补名单设计能解决田野实验在实际操作或实验伦理要求上的一些限制。有的时候，单纯的被试间设计是现实条件不允许的。比如我们想研究某电视广告对产品销售的影响。假设我们的实验对象是10个独立媒体市场，且广告公司需要10个市场近期都播出测试广告。但由于财务或日程安排的限制，广告同一时段只能在2个或3个媒体市场播出，这种情况就不适合只有一个时间区间的被试间设计了。这时，我们可以向广告公司推荐随机抽取不同的媒体市场在不同的时间点播放新的电视广告。比如我们可以随机抽取3个媒体市场在第一周内进入干预组（即播放新电视广告），另外3个随机抽取的媒体市场在第二周进入干预组，等等。Wu & Paluck（2021）有关工厂车间的实验呈现了一个更复杂的候补名单设计的例子。

有时，为形成一个纯粹的控制组而拒绝对一部分被试进行干预，在实践或道德层面是不可行的。比如，当实验干预可能对被试产生很大的正向影响时（如技术培训或新的教学方法可能帮助员工/学生提高工作效率或学习成绩），田野实验合作机构对于设置一个完全不受干预的控制组可能是有顾虑的。在这种情况下，研究者可以使用候补名单设计来保证所有被试最终都会接受实验干预，从而削弱合作机构的顾虑。

8.3 田野实验设计的注意事项

8.3.1 样本量（sample size）和功效分析（power analysis）

和实验室实验一样，田野实验需要事先做功效分析。如果研究者的目的是测试干预组和控制组是否具有显著的差异，那么就需要了解检验功效（statistical power），它是指在干预效果确实存在的情况下，研究者有多大概率能够拒绝干预效果为0的这个原假设。我们接下来着重介绍的是在田野实验中功效分析的目的以及注意事项。关于功效分析的具体计算公式，感兴趣的读者可以阅读 Cohen（2013）。[①] 一般来说，在一定的统计显著水平下，样本量越大、干预效果越强、结果变量的标准差越小，实验的检验功效越大。

对于田野实验而言，做功效分析是为了实现以下三个目的中的一个或者多个（Duflo et al.，2007）：第一，判断需要多大的样本量才能达到一定的功效，进而判断田野实验的合作机构或者研究者自己需要投入多少资源来获取足够的样本。第二，考虑到田野实验的样本量很大程度上取决于经费、干预的实施难度和合作机构能提供的被试数量（例如某个公司可能只有一

[①] 除了套公式，研究者也可以通过模拟（simulation）来做功效分析，具体如何操作我们这里不做讨论。

个100人的工厂能做实验),研究者可以通过功效分析来判断在给定的样本量和预期的干预效果下,一个实验能有多大的功效,从而决定做这个实验是否值得。第三,功效分析可以帮助研究者思考在给定的限制条件下,如何设计实验来增大检验功效。接下来我们逐一讨论这三个目的。

对于第一个目的,即计算需要多大的样本量才能达到特定的检验功效,我们需要知道的因素包括希望达到的检验功效(一般设定在80%以上)、预定的统计显著水平(通常是5%或10%)、结果变量的标准差,以及希望能检测到的干预效果大小。最后两点信息可以通过合作公司的历史数据(historical data)、研究者的前期调研(baseline survey)、前导实验(pilot test),以及在类似人群上研究类似干预的文献来获得。关于希望能检测到的干预效果大小,如果研究者关注的是一个干预的应用价值(例如允许在家办公能否提升员工的工作效率),那需要考虑干预效果至少得达到什么水平(例如员工的工作效率至少要增加多少)才对公司有足够的实际意义,或者才能使得这个干预是经济有效的(cost effective),而不仅仅是考虑统计意义上的显著性。如果研究者只是想从理论角度知道一个干预有没有可能引起行为改变,那么即便很小的实验效果可能也是研究者感兴趣的。

如果绝对的干预效果大小(例如干预组的员工能比控制组的员工多完成多少订单)或者结果变量的标准差难以判断,研究者可以在功效分析时输入他们希望检测的标准化效应量(例如干预组和控制组员工的工作效率差异是多少个标准差)。当结果变量是连续变量时,标准化效应量对应的就是常说的Cohen's d。根据Cohen(2013)的分类方法,0.2、0.5、0.8的标准化效应量分别对应的是很小、中等、很大的实验效果。这个捷径能够帮研究者大体判断他们需要多大的样本才能有80%的功效来检测一个很小、中等、很大的效果。如果研究者没法获得合适的参考信息,我们建议采取保守的策略,预设一个偏小的标准化检验效应量(Richard et al., 2003)。

值得注意的是,如果研究者采用的是集群随机化,那么每个集群内的个体之间的结果变量很可能具有相关性,功效分析就需要考虑集群内个体之间的结果变量相关性大小。更准确地说,应该是考虑集群内相关系数(intraclass correlation coefficient),即所有被试的结果变量的变异在多大程度上是来自集群之间结果变量的变异(而非集群内部被试之间的变异)。集群内相关系数越大,说明集群内部的被试行为更加同质,那么依照普通的功效分析计算出来的功效就需要打更大的折扣;在一定的样本量和一定的集群内相关系数下,集群内的被试数目越大(意味着集群数目越小),那么功效需要打折扣的幅度也就越大(Killip et al., 2004)。如果没有被试的历史数据,直接估算可靠的集群内相关系数会比较困难。研究者可以假设不同程度的相关系数,分别计算需要多大的样本量,从而得到所需样本量的区间。[①]切记,在设计实验时,增加集群的数目对于增加实验功效的作用会大于增加集群内被试数目的作用。直

[①] 在涉及区组或集群随机的非简单随机的情况下,通过模拟进行功效分析尤其有用。我们推荐使用Declare Design,这是由政治学学者专门为田野实验的功效分析而编写的R语言的统计方法包。

观来说，我们可以这么理解：当集群内的被试高度相关时，如果研究者想要增加一个被试，那么找一个新的集群里的个体作为新增被试所能提供的信息量要大于从已有的一个集群里再找一个新个体作为被试所能提供的信息量。

对于第二个目的，即计算在某个样本量下能实现多大的功效，计算方法和第一个目的本质上是一样的，只不过从限定功效来求样本量变成了从限定样本量来求功效。第二个目的是田野实验相较于实验室实验比较特殊的一点，因为田野实验的样本量会受到合作机构所能提供的资源（例如可以用于实验的员工或者用户数目、可以用于推动实验和实施干预的人力和资金）的限制。那么在决定开展合作之前，研究者可能需要知道在给定的样本量下，自己能有多大的概率检测到一定的实验效果，从而判断是否值得花时间来做这个实验。概率越大（即功效越大），那么研究者自然是越有信心。但如果功效低，这个实验还是否值得做呢？这个问题比较难回答。我们赞成 Duflo et al.（2007）的观点：从研究者个人利益的角度，最好避免在一个功效很低的实验上花费精力；但是站在整个学科的角度，功效低的实验不是没有意义的，因为一个重要的学术议题一般会有多个团队用不同的实验来推进迭代，那么最初的一些小样本、低功效的实验可以为这个议题的后续发展提供重要的数据，而且多个功效低的实验也可以合并起来做元分析（meta-analysis）。

对于第三个目的（借助功效分析，思考如何设计实验来增加功效），一个显而易见的思路是，如果我们发现自己样本量所能达到的统计功效较低，那我们需要考虑如何增强干预的效果（例如提升干预的频率和强度）。除此以外，我们可以通过在和结果变量高度相关的基线变量上做区组随机化或者控制这些变量，来提高实验的功效。另外，研究者也可以从样本分配的角度动脑筋，这里举几个例子，请参见本章线上资源。

8.3.2 溢出效应（spillover）

随机实验方法的一个重要假设是一个被试的潜在结果（potential outcomes）不受到其他被试所处实验条件的影响。这个假设是随机分配实验条件也未必能够保证的，需要研究者在设计实验和分析数据时格外注意。溢出效应指的就是这个假设不成立的情况——被试的潜在结果会根据其他被试所处的实验条件而变化。假设说有一个以计件工资方式支付薪酬的工厂，设计了一个实验来评估员工技术培训对于生产效率的影响。随机分配到干预组的员工接受了技术培训，随机分配到控制组的员工则不接受任何的培训。如果同一个车间里的控制组员工观察和模仿干预组员工的操作流程，因此也提高了工作效率，那么这个干预（技术培训）就产生了正向的溢出效应。在这种情况下，控制组和干预组员工在培训结束之后的工作效率差异要小于培训对于生产效率产生的真实影响。如果同一个车间里的控制组员工发现干预组的员工接受了培训，感到不公平，因此消极怠工降低了工作效率，那么技术培训这个干预就产生了负向的溢出效应。在这种情况下，控制组和干预组员工在培训结束之后的工作效率差异要大于培训对于生产效率产生的真实影响。一般来说，在正向溢出的场景里，比较控制组和干预组在结果变量上的差异会低估干预的真实效果；而在负向溢出的场景里，比较控制组和干预组在结果变量上的差异会高估干预的真实效果。

怎么解决溢出效应对于评估干预效果的影响呢？如果溢出效应只存在于每个集群内部而不存在集群之间，那么集群维度的随机分配可以得到对于干预效果的无偏估计。比如说在前面提到的例子里，如果工厂有多个独立的车间，可以以车间为单位，一部分的车间随机分配到干预组接受培训，另一部分的车间随机分配到控制组不接受培训。如果不同车间的员工不会相互交流，那么比较干预组车间员工和控制组车间员工的生产效率就可以得到技术培训对于员工生产效率的影响；否则这种实验分配方式依然不能解决溢出效应的问题。

如果研究者希望能够测量出干预的溢出效应，那么只做集群随机化是不够的。一种解决办法是在每个集群内部，让不同的被试在不同程度上接触干预。比如说在上述的工厂例子里（假设溢出效应只可能存在车间内部），可以先将一部分的车间随机分到干预组，然后在干预组的车间里再随机挑选一部分员工来真正接受培训。通过将被随机挑选真正接受培训的员工和控制组车间的所有员工做比较，可以得出培训对生产效率的直接影响；而将干预组车间里没有被随机选中做培训的员工和控制组车间的员工做比较，可以得出培训对于生产效率的溢出效应。使用这个方法的案例参见 Banerjee et al.（2015）和 Duflo & Saez（2003），背后的统计原理参见 Hudgens & Halloran（2008）。

做集群随机化需要较多的集群，因为如前文所说，实验的功效受到集群数量的影响，且这个影响一般要大于每个集群内被试数量所产生的影响。而且这些集群需要相对独立来避免集群间的溢出效应，因此这种方式并不适用于所有情况。在这种情况下，我们可以尝试从数据分析上检验溢出效应的可能影响。读者可以通过本章线上资源获取 Bai et al.（2022）和 Bloom et al.（2015）的案例，也可以参考 Aronow et al.（2021），Aronow & Samii（2017），Gerber & Green（2012）学习更多的消除和估算溢出效应的统计方法。

除了在实验随机化方式和数据分析上做文章，研究者在实验实施阶段也可以注意降低溢出效应。比如说，干预的实施尽量不打乱员工正常的工作流程，尽量不要让控制组员工知道干预的存在，这样控制组员工不会因为自己没有受到干预而改变对于公司、领导或者工作的态度，而且控制组员工也不会因为预期自己之后会受到干预而调整现在的工作状态。类似的，尽量不要让干预组员工意识到自己处于干预条件下，最好也不要让管理者知道员工（或团队）分别被分配到了哪个实验条件下，以防止管理者区别对待不同实验条件下的员工（或团队）。总之是在条件允许的情况下，尽量使用双盲的实验设计。另外，也尽量避免不同实验条件下的员工交流和实验相关的内容，比如若干预是在一个会议里实施的，那么公司可以明确规定员工不可以和他人讨论会议上的内容。

8.3.3 样本流失（attrition）

在实验情境下，样本流失指的是研究者不能从所有最初被放到实验里的被试处获得结果变量。这个问题在实验室实验中也存在（见本书第6章）。但田野实验里有更多的因素可能导致样本流失。比如说，研究者需要被试在下班后一个小时内完成一份问卷，但并非所有被试都愿意或者有空在下班后一小时内填写问卷；研究一个干预的长期效果时，如果被试后期更改了姓名、地址或电话号码，那么研究者可能会和被试失联，无法再获得被试后期的结果变量；如果被试在研究的观察期内离开了公司，那么这个被试的最终结果变量（比如在观察期结束时的职位是否高于实验开始时的职位）也是缺失的。另外，有的时候，实验设计的因素可能会导致某些被试缺失结果变量。比如，研究者想看的是政府提供的技能培训对于只有高中学历的市民一年后工资的影响，那么对于一年后没有在工作的人而言他的结果变量就是缺失的。

如果样本流失是完全随机发生的，那么它只会降低实验的有效样本量，进而减少功效；但如果样本流失和被试接受的实验条件有关，那么它就可能带来对干预效果估计的偏差。假设一个公司想知道消耗资源进行企业文化培训是否值得。他们设计了一个实验，随机分配到干预组的员工参加一整天的企业文化培训，控制组的员工不参加且不知道有这样的培训。一周之后，人力资源部给干预组和控制组的员工都发了邮件，请他们填写一份问卷，其中包括了这个实验的一些结果变量（如企业忠诚度和工作投入度）。如果说干预组里那些对企业文化最不感兴趣的、受到培训的正向影响最小的那部分员工也是最懒得填写问卷的（即这部分员工最容易产生样本流失），那么在填写问卷的员工当中比较干预组和控制组的企业忠诚度将会高估这个培训的作用。总体来说，随机分配可以保证潜在结果独立于被试最初被分配到的实验条件。但是，一旦发生样本流失不随机的情况，在有完整结果变量的被试中，潜在结果与实验条件的独立关系就无法得到保证了，就不能通过简单地比较没有流失的被试在干预组和控制组的差异来准确获得对于干预效果的因果推断。

值得注意的是，即便样本流失率在不同实验条件之间看起来是很接近的（或者至少是没有统计意义上的显著差异），样本流失也依然可能是带有选择性的，导致没有流失的样本在不同实验条件之间依然有质的差异。比如说，一方面，企业文化培训可能导致一些对培训有抵触情绪的员工更不愿意填写人力资源部发的问卷，这是可能导致干预组问卷回收率低于控制组的一个原因；另一方面，企业文化培训可能让另一些员工觉得填写问卷本身就体现了他们的集体精神，因而填得更积极了，这是可能导致干预组问卷回收率高于控制组的一个原因。最终导致干预组和控制组的问卷回收率差不多，但是是否填问卷这个决策是带有选择性的，和员工所在的实验条件有关，最终填写了问卷的干预组员工和填写了问卷的控制组员工其实并不可比。

样本流失问题最好能从实验设计和数据收集的角度来避免或者尽量削弱。通过和合作机构的深入沟通，在条件允许的情况下与被试做焦点小组或者进行小规模的前导实验，研究者可以了解在实验过程中哪些环节与因素可能导致样本流失，哪些类型的被试更可能受到这些因素的影响，哪些变量更可能面临样本流失问题，从而寻找解决方案。假如一个研究团队想知道给没有高等学历的市民提供技术培训能否长期提高他们的就业率和生活质量，租房生活的市民可能在实验观察期会搬家，那么利用实验开始时登记的住址就没法找到这些市民来追踪就业和生活情况。如果预料到这种情况，研究团队应在实验开始前尽量获得被试多个联系方式（比如电话号码、微信号），用其他联系方式找到被试，尽可能去他们的新住址记录就业和生活情况。如果说追踪每一个流失样本的成本太高，也可以从流失的样本中随机选择一部分进行紧密追踪（案例见 DiNardo et al., 2021）。

在选择结果变量时，考虑什么结果变量不太会受到样本流失的影响。比如说最好能使用合作机构本身就有记录的行政信息（administrative data），而不仅仅依赖需要员工自愿填写的问卷。在上述研究企业文化培训的例子里，可以看到公司本身就会定期记录员工工作绩效数据，比如销售业绩、客户满意度、360度绩效评估等。这样的结果变量对于所有在职的员工都是完整的，可以和通过问卷收集的、可能存在缺失的员工工作态度数据一起使用，案例参见 Chang et al.（2019）。 有的结果变量即便被试"失联了"，也依然能够得到有效的数据。这样的变量可以考虑加入到数据分析中，案例参见 Linos et al.（2021）。以上两个案例请参见本章线上资源。

总体而言，在数据收集过程中，研究者应该尽力获得完整的行政记录，与合作机构中负责收集数据的工作人员保持密切的沟通和良好的关系，向被试说明填写问卷的重要性，并及时跟进被试来尽量减少因为被试不积极参与而带来的结果变量缺失。最好能够从多种渠道收集多个结果变量，这样不同变量有着不同的缺失程度、缺失原因和缺失对象，那么一个变量的缺失数据也许能够通过其他变量估算出来，或者至少可以通过多个变量的实验结果来相互佐证。

有的时候结果变量的数据缺失是无法避免的，那么数据分析的第一步应该是检查不同实验条件下的结果变量流失率，并且看流失的样本和未流失的样本是否在基线数据上有着系统性的差异，从而判断样本流失是否存在一定选择性。如果样本流失率在不同实验条件下有差异或者存在选择性（比如和基线的行为与态度数据相关联），那么可以使用一些统计方法来调整样本流失对于实验效果评估可能会带来的偏差。一个简单的方法是计算平均处理效应的上下限。假设干预组缺失的数据等于样本里观测到的最大值，控制组缺失的数据等于样本里观察到的最小值，那么填充数据之后再比较干预组和控制组的被试得到的是干预效果的上限；反之，得到的会是下限。这种方式在数据缺失量小且样本里观察到的最大值和最小值差距不大时，比较有用。否则，还需要额外的假设和调整（Gerber & Green, 2012）。感兴趣的读者还可以参考其他的方法，如 Graham（2009）、Hausman & Wise（1979）、Horowitz & Manski（2000）、Lee（2009）。

8.3.4　不依从行为（noncompliance）

到目前为止，我们都是假设干预组和控制组被试的经历和实验设计是吻合的：干预组的被试都接受了干预，而控制组的被试都没有接受干预。但在田野实验中，现实往往并非如此。

单边不依从（one-sided noncompliance）指的是一些被分配到干预组的人实际上并没有受到干预，因为研究者并不能强迫干预组的被试接受干预。比如说 Zhang et al.（2020）和阿里巴巴合作研究折扣券对于一百万名用户短期和长期消费行为的影响。和在商店里直接给用户发折扣券不同，在天猫和淘宝里发折扣券时，干预组用户在实验期间未必会打开消息盒子，因此未必会看到优惠券，也就未必会真正地接受到这个干预。控制组用户没有被发送优惠券，也不可能接收优惠券。这个实验就存在单边不依从的情况。

双边不依从（two-sided noncompliance）指的是不仅干预组有一些被试没有接受干预，而且控制组有一些被试其实接受了干预。这是因为研究者不仅不能强迫干预组被试真正接受干预，而且他们也不能完全保证控制组被试不得到干预。比如说 Zhang et al.（2019）和阿里巴巴合作研究线下体验店对线上消费的影响。阿里巴巴于 2017 年秋季在杭州一个购物中心设立了一个关于牛仔品牌的线下体验店。他们定位了约 80 万名在购物中心周边居住的用户。研究者和阿里巴巴真正感兴趣的、希望用户能接受到的"干预"是让用户去线下体验店，但他们既不可能强迫一些用户去体验店，也不可能剥夺一些用户去体验店的权利。他们只能改变是否引导某些用户去体验店，这种设计叫作随机鼓励设计（encouragement design）。在 Zhang et al.（2019）的实验里，被随机分在了短信引导组的用户，收到了一条短信，短信中告知他们线下体验店的时间和地点，鼓励他们去线下店。被随机分在控制组的用户没有收到这条短信。在随机鼓励设计里，干预组的实验条件和研究者真正希望被试接受的干预内容是不一样的。比如，Zhang et al.（2019）里干预组的实验条件是收到一条引导短信，而研究者真正希望用户接受的干预是让用户去体验店。考虑到分在了干预组的用户未必会去体验店，控制组的用户也未必就不会去体验店，因此这里存在双边不依从的情况。

不依从行为是否会对研究造成问题取决于研究目标。如果研究者感兴趣的就是给被试提供一个干预（相较于不提供这个干预）对于结果变量的影响，而不在乎被试是否真正地接受了干预，那么不依从行为就不太重要。比如说，田野实验的目的是评估一个给员工提供部分在职 MBA 学费的项目，研究者从相对独立的部门中选了一部分作为干预组，告知员工如果他们未来 3 年内读在职 MBA，公司将提供 20% 的学费，而控制组部门的员工不知道也不享有这个学费减免待遇。公司关心的就是这个项目（即提供学费支持）本身的价值，而不考虑员工是否真的读了在职 MBA。举个学术的例子，Milkman et al.（2011）给一家公司的 5 000 多名员工发信件，鼓励员工打流感疫苗。发给干预组员工的信件额外地鼓励员工制订打疫苗的计划，并鼓励他们写下准备什么时间去打疫苗。Milkman et al.（2011）关心的就是鼓励员工做计划对于员工疫苗接种率的影响，收到鼓励的员工未必都做计划了，而没收到鼓励的员工也可能自发地做了计划。在这种情况下，正确的分析方式应该是不管这些被试是否做了计划，比较所有被分到干预组的被试以及所有被分到控制组的被试最终的疫苗接种率。这种分析方式叫作意向处理分析（intent-to-treat analysis）。

有的时候，研究者感兴趣的并不是（或者不仅仅是）他们通过随机分配来改变的实验条件如何影响了被试的行为；他们想了解的是如果被试真正接受了干预，他们的行为会如何改变。比如说在前文提到的线下体验店的例子中，研究者和阿里巴巴真正想测量的并不是给用户发一个关于体验店的短信对于用户线上消费有什么影响，而是用户去线下体验店对他们的线上消费有什么影响。在这种情况下，意向处理分析（即比较所有分到干预组的用户和被分到控制组的用户）不能完全回答后面的这个问题。[1] 那我们能通过比较干预组收了短信之后去体验店的用户和所有控制组的用户来回答这个问题吗？这是错误的，因为是否去体验店本身是带有选择性的，而非随机的。假设说更喜欢购物的用户更可能在收到短信之后去体验店感受一下，那么这种错误的分析方式将会高估去体验店对于后续线上消费的拉动作用。那么有什么更好的办法来估算被试真正接受干预后的行为改变呢？

在满足一定的假设情况下，研究者可以使用工具变量法（instrumental variable analysis）计算出实际接受干预对于结果变量在依从者（compiler）中的影响，这种影响也被称作局部平均处理效应（local average treatment effect，LATE）（Imbens & Angrist, 1994）。依从者指的是符合如下特点的被试：当他们被分到了干预组时，他们就会接受干预；当他们被分到了控制组时，他们就不会接受干预。工具变量法的核心思想是，被试是否被随机分到了干预组可以作为被试是否实际接受了干预的工具变量（instrument）。回到上文提到的线下体验店的例子。如果满足一定的假设，那么被试是否被随机分到了短信组（即是否有短信引导被试去线下体验店）可以作为被试是否去了线下体验店的工具变量，从而计算出去线下体验店对于依从者后续线上消费的影响。这里依从者指的是那些如果收到了关于线下体验店的短信就会去体验店，而如果没有收到短信提醒就不会去体验店的用户。使用工具变量法的假设请参见本章线上资源。

想要使用工具变量法计算依从者的处理效应，研究者应首先明确自己感兴趣的干预到底是什么，自己能够随机分配的实验条件又是什么，以及如何定义和测量"实际接受了干预"。如果没法测量被试是否实际接受了干预，那么局部处理效应也就无从谈起了。具体计算方法可以使用 Wald Estimator，等同于随机分到干预组和控制组的被试在结果变量上的差异除以这两组被试实际接受干预的比例的差异。也可以使用两阶段最小二乘估计法（2SLS）。需要注意的是局部平均处理效应未必能够代表整个被试群体的平均处理效应，因为依从者和其他的被试可能不同。比如那些因为收到短信而愿意去体验店的用户可能不同于那些不管是否收到短信都去体验店的用户，不同于那些不管是否收到短信都不愿意去体验店的用户，也不同于那些不受短信影响但会因为其他引导措施（比如发放体验店优惠券）而更愿意去体验店的用户。

如何降低不依从现象对实验结果的影响呢？一方面，研究者可以通过调整提供干预的方

---

[1] 虽然存在不依从问题时，意向处理分析不能得出"真正接受了干预对于被试行为的影响"，我们还是建议研究者要做这个分析。不同于我们后述的工具变量法，意向处理分析是不需要任何假设的。在随机分配的情况下，意向处理分析能让我们可靠地估算"提供干预或者引导被试接受干预对于被试行为的影响"。

式或者引导被试接受干预的方式来减弱不依从的现象。在实验设计阶段提高依从者占比的好处有三个：第一，如果依从者占比很高，干预组和控制组的被试实际接受干预的比例差异很大，此时即使排除性限制有微小的违反，局部平均处理效应的估算也不容易带来偏差。第二，依从者占比越高，局部处理效应的标准误会更小（假设其他条件不变），更容易得到显著的统计结果。第三，依从者占比越高，依从者对于整体样本的代表性也越高，那么得到的局部平均处理效应就越能代表实际接受干预在整个被试群体中的平均效应。因此在实验设计阶段，最好能够通过前导实验和利用合作机构对于被试群体的深入了解，来判断不依从问题是否严重及其可能出现的原因，并试图提高依从者占比。

另一方面，在给定的依从率（尤其是当依从率较低的时候）下，研究者可以使用安慰剂设计来降低统计不确定性。安慰剂设计包括两步：先找到更可能依从的被试，然后再将这部分被试随机分到干预组（实际接受干预）和控制组（不接受研究者感兴趣的干预，但会接受其他的、理论上不会影响结果变量的安慰剂处理）。假设我们研究上门拉票（face-to-face canvassing）对于居民参与选举投票的影响，一个思路是先把一个区域内符合条件的居民按照家庭地址分到干预组（上门拉票）和控制组（不上门拉票），然后只拜访分到干预组的家庭，如果居民开门了，就进行拉票游说。这样做的问题是，有的干预组居民不在家或者不给陌生人开门，那么这些居民将不会实际接受到干预（被游说）。所以这种设计存在单边依从问题。Nickerson（2008）采用了安慰剂设计：研究者首先将家庭分到了干预组（上门拉票）和安慰剂组（上门聊环保），然后训练有素的访问员拜访了所有符合研究条件的家庭；当某家开门的时候，访问员根据这个家庭的实验条件，要么进行拉票游说，要么聊环保。最终，研究者首先可以只分析开门的家庭，比较两个实验条件下人们的投票行为。使用这种安慰剂设计的注意事项，参见 Gerber & Green（2012）。参见本章线上资源了解 Brody et al.（2022）是如何减弱不依从现象的。

8.4　田野实验分析的注意事项

8.4.1　样本平衡检验（balance checks）

汇报田野实验的结果时，应该首先汇报样本平衡检验结果。这需要研究者比较被分到不同实验条件下的被试的基线数据（baseline data），尤其是和潜在结果相关的变量数据（比如说结果变量的历史值）。基线数据指的是在实验开始前就有的数据，可以是实验开始前研究者测量的或者公司档案里记录的，也可以包括年龄、性别、种族等基本不会因为实验条件而变化的特征（不过最好这些特征也是来自实验前的数据）。如果基线数据在不同实验条件之间是可比的，那么这可以作为实验条件被成功随机分配的证据。如果某些基线数据在某些实验条件之间出现了显著的统计差异，那么就需要判断这是随机机会（random chance）导致的，还是因为随机分配或者数据收集出了问题。我们推荐读者阅读 Gerber & Green（2012），了解如何处理这种情况。另外，如果核心结果变量存在样本流失问题，那么我们建议样本平衡检验不仅应该在最初被随机分组的被试中进行，而且应该在最后用于分析的样本中进行。

8.4.2　协同控制变量（covariates）

分析田野实验常见的问题之一是回归分析的时候，要不要添加控制变量。答案取决于添加的是什么样的变量。如果我们说的是一个在实验前测量的变量（基线数据），那么是否控制这个变量是不影响实验效果估计值的期望值的。这是因为实验条件的分配是随机产生的，不同实验条件之间观察到的被试在基线数据上的差异来自随机性误差（而非不同实验条件之间的系统性差别）。如果一个实验前测量的变量能够较好地预测或者影响结果变量，那么加入这个变量一般可以降低实验效果估计值的标准误（standard error），从而提高实验的功效。这种变量值得添加。但如果一个实验前测量的变量不能预测或者解释结果变量，那么将其作为控制变量反而会因为降低统计上的自由度（degrees of freedom），提高实验效果估计值的标准误，进而降低实验的功效。这种变量就不值得添加了。更糟糕的是，如果我们说的是在实验开始后测量的变量，那么这个变量是有可能被干预所影响的。控制这样的变量可能会给实验效果的估计带来偏差，因为这个变量在不同实验条件间的差异也体现了干预的作用。切记，在田野实验的分析中，控制变量应该来自基线数据。

如果结果变量的基线值和其在实验观察期内的值是高度相关的话，那么它就是一种有价值的、特殊的控制变量。但如果一个结果变量的基线值和它在实验期间的值关联性不大或者基线值的测量存在误差，那么添加结果变量的基线值反而可能会降低实验的功效。在有必要加入基线值的情况下，除了在回归分析中加入结果变量的基线值作为控制变量，研究者也可以将结果变量实验期间的观察值和基线值相减来作为调整后的结果变量。如果研究者有纵向数据，从实验开始前的一段时间到实验开始后都有测量结果变量，那么也可以使用双重差分法来分析数据。案例参见 Milkman et al.（2022）。

如果控制变量的数值有缺失怎么办？比如说，控制变量是员工实验前一年的工作满意度，但是对于实验前刚加入公司的新员工这个变量是缺失的。第一步，创建一个新的虚拟变量（dummy variable），它对于基线工作满意度有缺失的员工等于 1，对于其他员工等于 0。第二步，对于基线工作满意度有缺失的员工，给他们的基线工作满意度补上一个值（什么值并不重要，只要这些员工用的是同一个值）。第三步，在回归分析的时候，既要加上补了值的基线工作满意度（现在每个员工都有值），也要加上新创建的虚拟变量。只要虚拟变量同时被控制，不管补的值是多少，都不会影响估算出来的实验效果（参见 Groenwold et al.，2012）。[①]

如果我们知道一个基线变量和潜在结果相关性很高，那么我们是在实验分析的时候控制这个变量，还是在实验设计的时候基于这个变量来做区组随机化呢？一般来说，区组随机化会比事后分析的时候再控制变量更有助于提高因果推测的精准度，因为前者可以保证在每个

[①] 注意这种情况下基线工作满意度自身的回归系数不好理解，且会受到添补值的影响。

区组里指定比例的员工进入了不同的实验条件，从而降低抽样变异性。有的读者可能会问：已经用于做区组随机化的变量是否还需要在回归分析的时候再作为控制变量处理呢？是否再作为控制变量处理都是可行的，理论上不影响实验效果的估计值，但是控制的话，可以进一步降低残差变异性（residual variance）（Duflo et al., 2007）。

我们建议研究者在实验开始前就弄清楚如何使用控制变量和使用哪些控制变量，防止在看到结果之后再根据如何能让结果更显著这一问题来挑选变量。如果将有控制变量的分析作为主要分析，我们也建议研究者汇报没有控制变量的稳健性检验分析结果。

8.4.3 集群随机化时的标准误处理

对于集群随机化的实验，如果最终的数据分析是以每个员工作为观察单位的话，那么需要考虑到每个集群中员工之间误差项（error term）的独立性。假设没有异方差性（no heteroskedasticity）并且集群之间有着相同的协方差结构（covariance structure），那么可以通过莫尔顿因子（Moulton factor）来调整回归计算出来的实验效果估计值的标准误（Moulton, 1990），或者使用带有集群随机效应（random effect）的最小二乘法（generalized least squares）来分析。如果研究者不希望假设集群之间有着相同的协方差结构，那么可以使用cluster-correlated Huber-White 协方差结构估计值来计算聚类调整标准误（cluster robust standard error）。这种方法需要集群数目相对比较大。①

如果集群数目相对较小，可以对聚类调整标准误进行调整（Cameron et al., 2008），或者使用随机推断（randomization inference）（Rosenbaum, 2002）。在这个场景里使用随机推断的话，第一步是用集群分配方式重新随机分配集群进入不同实验条件。第二步是用重新分配会得到"假的"干预组和"假的"控制组，用和原始分析同样的回归方程来估计"假的"干预效果。第三步是多次重复前两步，每次都得到一个"假的"干预效果。最后随机推断的 p 值就等于"假的"干预效果小于原始分析估计出来的干预效果的比例。Bloom et al.（2006）和 Wu & Paluck（2022）的实验就使用了聚类调整标准误和随机推断来分析集群随机化实验。

8.4.4 检查实验效果是否来自控制组的变化

研究者在实验设计和分析阶段应该注意排除一种情况，即干预组和控制组之间存在的差异其实是由于控制组被试的行为变化了，而不是因为干预组被试受到了干预而产生行为变化。前面我们讨论的溢出效应是可能导致控制组被试行为变化的原因之一（Bloom et al., 2015）。即便没有溢出效应，控制组被试也可能由于自己的实验条件产生行为变化，造成研究者观察到控制组和干预组之间存在差异。我们鼓励研究者不仅在实验设计阶段想办法尽量减少控制组被试因为自己所在的实验条件而产生的认知或行为变化，并且在实验分析阶段也想办法用数据分析方法进一步说明这种情况不太可能解释他们看到的结果。案例参见 Zeng et al.（2022）。

---

① Duflo et al.（2004）的模拟发现，当集群数目小于50时，cluster-correlated Huber-White估计值表现比较差，会导致研究者过多地在实验没有效果的时候拒绝原假设。

Zeng et al.（2022）和一个中国短视频 App 合作，将田野实验和社交网络模型结合，研究短视频观看者给视频制作者发催更信息将如何影响 App 里的视频上传量。在田野实验开始的时候，催更在这个 App 里还是一个新功能。研究者随机选取了一群制作者可以收到来自观众的催更，另一些制作者则不能收到观众催更（即便观众给他们发了催更消息，消息也不会进入制作者的消息中心）。最基本的实验发现是，视频上传量在可以收到催更的干预组要高于控制组。研究者希望的研究结果是催更给干预组制作者带来了鼓励，激励他们上传作品；但是有可能控制组的制作者在和观众通过其他渠道交流的时候，发现有观众给自己发了催更信息，自己却从来没有收到，因此对 App 产生了不满的情绪，进而降低了创作热情。于是 Zeng et al.（2022）通过一系列的分析来排除他们的实验效果被控制组制作者所驱动的这个可能性。

8.5 田野实验的实操建议

8.5.1 寻找合作者

田野实验有时需要有田野合作者（field partner），他们可以是企业、各级政府、非营利机构或当地社区等。研究者和田野合作者的合作方式是多样的。有时候研究者用实验的方式帮助合作方评估一个已有项目的有效性，研究者的任务主要是提供实验方法论的支持；有时候研究者和合作方共同设计实验干预内容，共同测试干预的有效性；也有的时候，研究者从理论角度出发独立设计了感兴趣的干预内容，然后再寻找一个愿意提供田野实验被试的合作方。

与田野合作者建立合作关系的途径也是多样的。如果你的社交网络很广，或者正好有认识的合适的合作方，他们也许会主动来找你。我们也可以通过校友会等渠道接触合适的企业合作方。如果没有能直接接触合作方的渠道也不用担心，我们的建议是：你首先要想好自己感兴趣的合作方，然后你可以通过邮件或社交媒体来介绍自己，看对方是否对你的研究议题感兴趣。你也可以去拜访自己感兴趣的合作机构，参加合作机构的社交活动、信息交流会等，这样至少可以让你踏进合作方的大门，增加与其建立沟通渠道的机会。千万不要小瞧了这些最原始的手段，很多大规模的田野实验都是从这些尝试开始，通过与合作方一次次的试探与交涉逐步确立合作关系，最终扩大规模的。

值得注意的是，在寻找田野合作者的过程中，我们不仅要想自己感兴趣的研究议题和干预内容是什么，也要站在合作方的角度思考我们的干预内容有什么价值、能否契合合作方的动机（比如干预有可能产生提高员工绩效、减少离职率等一系列对合作方有利的正效应），还要思考如何消除合作方的顾虑（比如干预在时间和财务上有没有限制、干预会不会产生不好的影响、公司信息是否会泄露），从而达成互利共赢。结合 Eden（2017）与我们自身经验，我们对于如何消除合作方顾虑给出如下更细致的建议：

- 与企业合作方交涉时，尽量避免使用专业术语，特别是避免使用"实验"这个词。有些管理者对"实验"有误解，这个词会让他们联想到自然科学领域中做的实验，以为你要把员工当成"小白鼠"而对你产生怀疑。在与合作方不熟悉的情况下，可以把你的实验宽泛地说成是一个研究、一个项目或一个课题。

- 一定要把随机化的过程与合作方说清楚。也许有的合作方声称他们对随机化这个概念很了解，但根据我们的经验，实际上很少有合作方对随机化很熟悉并且有自己做随机化的经验。为了使合作方了解随机化的重要性，我们建议你提前准备一个简短的对随机化及其重要性进行介绍的报告，与合作方说清楚随机化是必要的而且并没有想象中的困难。如果真的开始合作，我们建议研究者尽量自己来对被试进行随机化，至少能够亲自监督随机化的过程，而不是完全交由合作方处理。因为随机化这个过程在实验设计中至关重要，而且非常容易出错，并不是所有人都有随机化的训练与经验。

- 向合作方表示自己非常愿意接受他们的专业建议，让合作方觉得你是真心想建立合作关系、他们是有机会参与实验设计的，而不仅仅是你想利用他们的资源来实现你个人的想法。可以邀请合作方参与实验干预和问卷的设计。这样做有几个好处：让合作方更深入了解你的干预和测量方式，打消他们的疑虑；提高他们参与合作的积极性；以及帮助研究者预判被试在实验情境下的构建。

- 尽量利用合作方已有的活动、流程、政策和结构（如晨会、客户反馈表、团建活动等）来实施干预。这样在与合作方谈判的过程中，你可以强调你是帮助他们来改善已有的活动和政策，而不是重新创建一个新的项目。对于企业来说，调整一件已经在做的事情比创建一个新项目的风险要小得多，操作也相对容易得多。

- 在跟合作方沟通实验方案前，先在实验室中进行测试。已有支持性正向结果的干预内容更能让合作者信服。

- 从小规模的实验开始谈合作，如果实验成功，再逐步扩大规模。除非你与合作方已有充分的信任关系，或者你的干预内容极其简单易行，否则一般企业很难让你一开始就做大规模的干预。所以，我们建议从小规模实验开始逐步扩大，而非一开始就对企业提出全面、复杂的要求。

- 当合作方对实验干预内容犹豫不决时，可以先站在合作方的角度帮助他们解决一些他们最想解决的问题，让他们看到实验的好处和研究者专业背景带来的优势，建立双方的信任和互利互惠的合作关系。比如，本章作者之一为了说服企业做一个耗资相对较大的干预，首先无偿帮助企业分析他们现阶段最想解决的问题，为他们提供建议，并利用实验的方式评估解决方案的有效性，让合作方看到了研究者的诚意与专业水平，最后企业才同意实施研究者最初感兴趣的田野实验。

如果有田野实验合作方表现出与你合作的意愿，这当然是值得高兴的事，但不是所有的合作机会都对你的研究有用，都值得你全力以赴。有些企业也许不愿意投入大量的人力、物力来配合你来完成一个高质量的田野实验；有些企业也许规模太小，不具备足够数目的被试或集群来做在统计上有功效的随机分配；也有的企业虽然愿意配合田野实验，但是却不赞成把数据在期刊上进行公开。与田野实验合作方建立正式合作关系前，研究者需要与合作方进行谈话，确保双方在合作预期上达成一致：研究者要确定合作方具备实施田野实验的条件，并且自己能完成合作方的要求。如果确立了合作关系，我们建议签署一个书面文件来规定双方的研究需求和责任（例如签署谅解备忘录和数据保密协议等）。

当然，田野实验也未必一定要和企业、政府等合作方有关系才能做。田野实验是极富创造性的，在没有合作机构的情况下也能做。一个经典的例子是 Bertrand & Mullainathan（2004）向美国波士顿和芝加哥地区招聘广告上的地址投送了上千份除名字外其他内容均相同的求职简历。他们发现以黑人名字投出去的简历相对于以白人名字投出去的简历更难收到面试通知。这类审计实验（audit experiment）可以通过网络和现实中的招聘广告来随机投送不同实验条件下的简历，并不需要寻求田野合作者。这个实验范式近些年也被管理学者运用（Kang et al., 2016; Milkman et al., 2012）。类似的，研究者可以化身为雇主，通过改变招工广告的信息来随机分配不同的实验条件，以便研究应聘者的行为（Dai et al., 2021; He et al., 2022; Leibbrandt & List, 2015）；或者研究者化身消费者，通过随机分配不同的关于消费者的信息来研究商家的歧视行为（Cui et al., 2020）。

再举两个在日常生活情境里的例子。Epley & Schroeder（2014）让研究助理在地铁站和公交站蹲点，随机让一部分出行者尝试在地铁或公交上与陌生人交谈（干预组），另一部分则让他们在地铁和公交上自由表现（控制组）。结果他们发现，干预组比控制组的出行体验更好。Cohn et al.（2019）在全世界355个不同的城市中的特定地点丢下钱包，钱包内的金额有多有少，钱包里有主人的联系方式。研究者追踪世界各地有多少人会以发邮件的方式来寻找钱包"失主"。他们发现，相对于小金额的钱包，那些较大金额的钱包更容易被寻回。Cohn et al.（2019）这个大规模田野实验虽然有很多高校合作者，但没有特定的田野合作者。上述的例子只是"冰山一角"，有很多的学者非常有创造性地在没有田野合作者的情况下设计和实施了田野实验。我们鼓励读者们打开想象，在日常生活情境、自由职业者平台、线上或线下的消费场景里寻找可以实验的空间。

8.5.2　分析被试在实验情境下的构建

在现实环境中设计实验和收集数据时，一个重要的环节是分析被试在实验情境下的构建（construal），即被试对实验材料（如干预内容、调查问卷的内容等）和实验实施条件（如与被试接触的研究者、干预进行的地点、企业的大环境等）的主观理解（Paluck & Shafir, 2016; Ross & Nisbett, 1991）。首先，我们需要预判什么因素会影响被试在研究中的参与体验，并确定其行为是否体现了他们的真实反应。常见的影响因素包括被试对于实验目的的揣测、社会期望、自我展示的欲望、对研究者的信任、教育水平，以及简单的功利主义动机（如为获得奖金激励）。一个被试对干预内容的体验可能会受到非干预内容的影响，比如他们会猜测：谁在实施这个干预？实施这个干预的真实目的是什么？这些都是被试在实验情境下的构建，都可能影响他们在实验中的反应。例如，研究者在企业中做问卷调查，如果没有解释，不少员工可能会把一个关于工作场所满意度的调查项目当成老板在变相考察其忠诚度。其次，我们需要注意田野实验实施的情境（context）也可能会影响被试对于干预的反应。情境包括实验所发生的地点，也包括被试所属行业的社会规范和所属国家的文化。例如，地点可以直接影响行为，当美国选民为一项增加教育支出的政策投票时，随机分配到学校投票的选民比分配到教堂投票的选民对教育支出的投票支持率增加了 0.5 个百分点（Berger et al., 2008）。

如果研究者没有充分了解被试在实验情境下的构建，田野实验很可能产生与预期相悖的结果。比如，研究者可能在设计中忽略了某些影响被试的环境因素，最终看起来干预没有产生显著的结果，其实只是因为被试误解了问卷题目或者误解了干预传递的信息。我们要了解到，被试不是干预的被动接受者，他们是有主观认知的。干预的过程是被试与干预内容交互的过程。用认知心理学家杰罗姆·布鲁纳（Jerome Bruner）的话来说，人们对干预的构建通常都超越了干预本身所提供的信息（Bruner, 1957）。

如何分析被试的构建从而更好地设计田野实验呢？Paluck & Shafir（2016）认为，田野研究者需要与被试实现"共享构建"（shared construal），从而了解被试对实验材料和实验环境的心理认知，以此来设计一个能高度还原感兴趣的干预内容的实验条件。了解被试在实验情境中的构建，即在研究者和被试之间实现共享构建，这并非易事。在这里，我们首先提供三个实操建议，最后分享一个田野实验案例。

第一，研究者可以实施前导研究（piloting）来了解被试和情境，以及最大程度地减少研究设计带来的意外后果。前导研究通常是指在实验开始之前调查实验情境、小规模测试研究范式。在田野实验中，前导研究也指在设计干预之前花时间调查和理解利益相关者和被试所属群体在现场环境中的心理构建——他们将如何理解干预涉及的相关行为以及实验情境对被试的影响。

第二，研究者可以在实验设计前用认知访谈（cognitive interviews）（Shafer & Lohse, 2005; Willis, 2004）来了解被试所在群体对相关信息的看法，以改进实验干预的设计。在认知访谈中，研究者在自然的环境下采访与被试类似的群体（而非实际参与实验的被试），鼓励他们思考并解释他们对干预内容的预期和反应，剖析这些反应，并询问他们反应背后的动机。目的是判断被试会如何理解你设计的干预内容，即在这个情境下，被试知道什么、想要什么、感知到什么、关注和记住了什么等。以此最大程度地保证研究者与被试达成了共享构建——研究者对感兴趣的干预内容的构建和被试对干预内容的构建是基本一致的。

第三，研究者可以寻找一个了解被试的构建和实验情境的合作者来加入田野实验设计。这样就保证了研究团队中至少有一个研究者充分了解被试所在群体，并且可以指导其他研究者共同设计出符合被试构建的干预内容。第三点建议在跨国田野实验中尤为重要，可以避免文化或语言在实验设计中的干扰。

我们举一个田野实验的案例来说明分析被试构建的重要性和过程。分析被试构建帮助 Wu

& Paluck（2021）想到可以运用铜钱在中国文化环境下的特殊意义来减少工人在车间乱扔垃圾的行为。

Wu & Paluck（2021）曾在一家大型纺织厂研究如何减少工人在车间乱扔垃圾的行为。工厂和研究者合作之前已经尝试发布"不准乱扔纺织废料"的指令，并且实行了罚款措施——如果工人周围的垃圾太多，每个月就会被扣钱。但这些指令和罚款措施的效果并不好。如何从行为科学的角度来进行干预呢？通过总结关于减少乱扔垃圾行为的文献，作者发现在英国和丹麦，在人行道靠近垃圾桶的地方贴上绿色的脚印能非常有效地鼓励行人将垃圾扔到垃圾桶（Hansen & Jesperson, 2013; Keep Britain Tidy, 2015）；但在有些国家，行人从未见过在路上画标记这样的事情，像贴脚印这样的干预就失效了（Sheely, 2013）。放到工厂的环境中，作者觉得贴脚印这个干预也不会生效。为什么呢？

这就需要我们剖析工厂车间这个情境下，工人乱扔垃圾背后的行为动机和对实验干预的构建。Wu & Paluck（2021）通过实地观察和采访了解到，作为计件工人，时间就是金钱，工人们不想花费几秒钟的时间把垃圾扔进垃圾桶。然而，工人没有想到的是，虽然乱扔垃圾在短期内帮助他们加快了生产速度，但是如果员工周围垃圾太多，清洁工经过时就会产生较长的停顿，反倒降低了生产速度，而且粉尘堆积还会影响织布质量。因此作者推测前述绿色脚印的做法更可能驱动那些不排斥把垃圾丢进垃圾桶的工人，但对于那些只考虑当下绩效而乱扔垃圾的工人未必有效。如何设计一个能与工人的构建相辅相成的干预呢？最后，作者想到在地板上贴印有金币的贴纸，因为在中国的文化背景下，工人们认为金币是财富和好运的象征，不应该被垃圾玷污。工人本来就重视自己的绩效，而工人对金币的心理构建和自己想赚钱的动机是相辅相成的，所以工人不希望象征着财富和好运的金币被自己丢的垃圾覆盖。也就是说，保护金币所象征的财富与好运的动机能抑制工人乱扔垃圾的动机。通过5个月的观察，作者发现贴印有金币的贴纸使车间地面垃圾覆盖率减少了20%以上。在这个研究中，如果没有实地观察和采访，作者就不会了解工人乱扔垃圾这个行为背后的动机；如果不了解这个情境下的文化背景，也不会设计这个金币实验。

在田野实验中，了解被试在实验情境下的构建不仅有助于实验的设计，也有助于回答"为什么有些干预在一个情境下有效，换了另一个情境效果就不同了"这一问题。干预在不同场景下的效果很大程度上取决于在不同情境下被试的构建。感兴趣的读者可以阅读 Reiff et al.（2022），其中的研究者和加州大学洛杉矶分校医院合作测试一个过去文献里认为可以影响医生绩效的干预——告诉医生他们的绩效相较于同事是处于较好还是较差的水平。结果不同于过去文献的发现，在 Reiff et al.（2022）中，干预组的医生们觉得绩效比较（peer comparison）在他们的工作环境里不合适，因此他们觉得这个干预体现了医院领导对他们的支持不够，从而不仅没提升工作绩效，反而还降低了工作满意度。可见，充分了解被试在实验情境中的构建有助于研究者发展理论，总结不同情境下田野实验结果的可靠性和普遍性。

8.5.3 提升数据质量

在条件允许的情况下，建议研究者在实验开始前做基线调查或者从公司行政记录中获得基线数据。这不仅可以帮助研究者了解被试，并且收集的信息可以用于功效分析、区组随机化、平衡检验、作为控制变量来提高功效，或者用于做处理效应异质性分析（heterogeneous treatment effect）。另外，基线数据的收集过程可以帮助研究者预判实验开始后的样本流失问题，思考之后的数据收集有何改进之处。一般来说，在实验开始之后再通过问卷去补测实验开始前的信息（比如说让被试回忆实验开始前他们的企业忠诚度）是不合适的，因为干预可能会改变被试的记忆和回答（Wu & Coman，2023）。

如果数据主要是从合作机构获取的，我们有三个实操建议：第一，在决定合作之前一定要跟合作机构沟通清楚，确保其能提供研究者所需要的数据。研究者可以制作一个数据结构模板，将必须要有的数据和最好能有但并不一定要有的数据标识出来，由合作机构明确表态哪些信息是他们可以提供的。第二，最好能让合作机构提供一些历史数据。除了起到上述收集基线数据的作用，也给了研究者一个检查数据质量的机会，不仅可以确保合作机构能够有效地提供相关信息，而且知晓对方合作的诚意。同时，从心理学的角度，如果合作机构花费精力提供了数据，那么他们对于后续合作的兴趣也更浓厚。第三，如果研究者需要合作机构额外收集被试数据（而不是用他们本来就会自然追踪的数据），那么要确保合作机构在不同实验条件之间的数据收集方式和时间是一样的。合作机构有可能想尽快实施干预，于是先在干预组收集基线数据，然后等到实验开始了，再去控制组收集基线数据。这个做法显然是错误的，因为干预组和控制组的数据可能会随着时间变化而不可比。

如果数据的收集比较耗费人力（如需要专人去现场记录被试的行为或进行一对一的问卷填写），我们也有三个实操建议：第一，研究者可以雇用第三方数据收集机构或高校的研究助理来协助收集数据。值得注意的是，即使第三方有研究资质（如专业的访问员），研究者也一定要在数据采集之前对第三方做系统的培训，确保他们充分理解采样需求和数据收集的步骤。数据收集的培训资料可以记录下来，放在预注册（pre-register）[①]中，以便其他学者能复制收集过程。第二，在数据收集的过程中，尤其是数据收集初期，研究者最好能陪同第三方共同收集数据，确保其完全按照研究者的步骤来收集数据。如果研究者无法直接参与数据收集，那么一定要进行严格的数据抽检来保证其质量，确保其中没有作假行为。第三，数据收集完成后，研究者需要查看数据分布，可以用统计方法或模拟来评估数据质量。感兴趣的读者可参考 Gomila et al.（2017）用智能手机音频监测来提高田野实验数据质量的方法。

8.5.4 增强可复制性（replicability）和普遍适用性（generalizability）

说到如何减少实验结果不可复制的情况，不少学者推崇预注册的方法（Nosek et al., 2018）。田野实验做预注册有不同于实验室实验的难点。有的时候公司不允许研究者预注册，

[①] 常用的预注册网站有Open Science Framework，As Pedicted AEA RCT Registry，clinicaltrial.gov。

尤其是做针对于用户的大规模实验（如测试 App 新功能）时。一个顾虑是即便预注册不透露公司名字，关于干预的信息也可能涉及商业机密（如公司不希望 App 新功能在公司正式推出之前就被竞争对手知道）。再者，田野实验往往存在很多不确定性，在干预完成和数据收集完之前，都不能保证预注册的信息不会因为研究者不可控的因素而发生变化。

我们的观点是，首先尝试和合作机构商量，把预注册设为隐藏模式，等论文发表的时候再公开，这样可以保留预注册的底案。如果公司允许预注册，实验中的不确定性不应该阻碍研究者预注册。即便有的信息不能准确地在预注册阶段提供，预注册依然可以起到对于研究者的约束作用。另外，即便情况在实验过程中发生了变化，只要研究者还没有分析数据、没有根据他们看到的结果来决定或者引导变化，他们可以修改预注册[①]或者再提交一个预注册作为对之前预注册的补充说明。参见 Dai et al.（2021）和 Reiff（2022）的例子。

Dai et al.（2021）和加州大学洛杉矶分校的医院合作，在 2021 年 2 月开始研究不同的助推文案对新冠疫苗接种率的影响。因为这家医院所能拿到的疫苗量、接种疫苗条件（即什么时候、针对什么样的人群会放开）都是不确定的，研究者并不能事先知道自己的样本量以及实验干预的持续时间。虽然预注册不能事先给出样本量的具体值，但研究者仔细解释了被试选择的标准、被试在符合接种疫苗条件后会如何被分配到不同的实验条件，以及样本量的最大可能值（基于医院所有的可能最终会符合疫苗接种条件的病人）。这些背景信息，加上研究者严格按照预注册执行的实验设计、结果变量和分析计划，依然增加了研究的透明度。前文提到过的 Reiff et al.（2022）研究的是医生绩效比较（peer comparison）对于医生工作表现、工作满意度和工作倦怠感的影响。研究者本来是计划和医院合作进行 9 个月的干预。但因为新冠肺炎疫情爆发，医院工作环境和就医情况发生明显的变化，他们停止了才进行了 5 个月的实验。研究团队决定停止实验的时候并没有看任何实验数据，完全是对外界条件的反应，并且研究团队立刻在网站（clinicaltrial.gov）中更新了他们的预注册。

在前面我们建议研究者和合作机构签署书面文件来明确双方的需求与责任，其中有两点需求可能是合作机构比较敏感、未必会答应的，但这两点对于研究的透明度和可复制性又比较重要。第一，研究者最好能让合作机构书面确认：不论实验的结果如何（是否在统计上显著、是否是合作机构期望的结果），研究者都有权发表实验结果，而不是由合作机构来决定什么样的实验结果可以发表。这样有助于减少由于合作机构的喜好带来的发表偏见（publication bias），当然也是对研究者自身利益的保护，避免研究者花费了很多时间完成实验却不能发表。为了减少顾虑，研究者可以告诉合作机构，文章可以进行脱敏处理。第二，现在越来越多的期刊要求研究者分享数据和代码（如 *Econometrica*，*American Economic Review*，*Management Science*，*Marketing Science*）。有很多原因会导致合作机构不允许研究者分享原始数据，甚至是已经被标准化处理的数据。有的期刊（如 *Management Science*，*Marketing*

[①] 不少预注册网站会记录下最初预注册提交的时间、修改提交的时间和修改的核心内容（比如说实验周期发生了变化）。

Science）允许研究者采用其他方法来提供可以让别的学者复制主要实验结果的信息。建议研究者能事先和合作机构沟通好数据分享权限。

相较于实验室实验，复制一个田野实验所需要的资源一般大很多，尤其是大型的田野实验。因此，我们很少见到研究者在一个文章里汇报多个田野实验或者复制前人做过的田野实验，这让判断一个田野实验结果的可复制性和普遍适用性尤为困难。我们简单介绍一个近些年逐渐开始得到关注和运用的有助于解决这个问题的方法——协同实验（coordinated studies）。协同实验指的是多个研究团队在多个场景和被试群体里同时或者先后用同样的实验设计回答同一个问题、测试同一个干预（Blair & McClendon，2021；Ferraro & Agrawal，2021）。比如 Banerjee et al.（2015）在 6 个发展中国家做田野实验（涉及 10495 名居民），来测试一个旨在提高最贫穷人群生活质量的项目。他们测试的项目在每个国家的具体内容会根据该国的具体情况和文化做一些调整，但是保持了同样的机理和原则。2020 年，EGAP（Evidence in Governance and Politics）提出了一套具体如何做协同实验的规范——Metaketa Initiative。根据这套规范，由专家组成的指导委员会先确定研究问题和干预内容，然后通过竞标的方式邀请其他研究者参与项目。研究者的选择很重要，团队必须足够多元化，整个团队才有能力和经验在不同的地点和被试群体中做田野实验。在组建了团队之后，所有研究者商讨如何在不同地点和被试群体之间确保干预和结果变量的可比性。最终由指导委员会负责分析从各个地点和被试群体收集来的数据，做元分析，并发表实验结果。遵循该规范来做协同实验的案例参见 Blair et al.（2021）。如果在不同的实验地点和被试群体中发现相同的干预有着类似的结果，我们会对这个结论的可复制性和普遍适用性更有信心。

最后我们简单介绍另一个田野实验范式——megastudy。这是由凯瑟琳·米尔科曼（Katherine Milkman）和安吉拉·达克沃思（Angela Duckworth）教授提出的一种范式，最初的案例来自由他们领导的一项名为"良好行为改变计划"（Behavior Change for Good Initiative）的项目（Milkman et al.，2021，2022）。megastudy 指的是在一个特大型的田野实验中同时测试多个干预对于同样的结果变量的影响，这些干预可以组合成多个规模小一些的子实验，可以由多个研究者独立设计。这个实验范式增加了不同干预的可比性，产生规模经济（因为是由一个核心团队来负责和合作机构沟通、执行多个干预），并且降低了不显著的实验结果被隐藏起来的可能性（因为当一个 megastudy 的结果被发表时，不管单个干预是否产生统计上显著的结果，所有的干预效果都会被呈现出来）。

8.6 总结

田野实验对于管理学的研究很有价值，但田野实验的长周期、高风险和高成本也让很多学者望而却步。基于班杜拉的自我效能理论（self-efficacy theory）（Bandura，1997），Eden（2017）指出，一个学者做田野实验的自我效能会影响到他们是否愿意在这个研究方法上投入资源，而提升自我效能的最好方法可能就是让他们成功地完成一个田野实验。我们希望这个章节能够鼓励更多的管理学学者迈出田野实验的第一步，意识到田野实验的形式可以是多种多样的，帮助他们预判和应对在设计、执行和分析田野实验时常见的问题，从而更顺利地完成一个漂亮的、适合自己研究问题的田野实验。

思考题

1. 阐述田野实验相对于实验室实验和非实验研究的好处。

2. 常见的田野实验中的随机化方式有哪些？这些随机化方式之间有什么区别，分别适用于何种情况？

3. 在本章对于集群随机化的介绍中，提到了四个研究问题：特定的工作环境对员工绩效有什么影响？夫妻心理咨询会怎样影响夫妻关系？教师的教学风格会如何影响学生的成绩？老板的领导方式是否会影响团队矛盾？如果用田野实验来研究上述这些问题，可进行随机分配的集群分别是哪些？

4. 在给定的被试样本和预期干预效果下，有什么提高实验功效的办法呢？

5. 样本流失在什么情况下不会威胁实验结果的因果推断？什么情况下会威胁？如何减少样本流失的影响？

6. 假设一个实验存在不依从的情况，怎么做意向处理分析？该分析得到的结果代表的是什么？使用工具变量法的假设是什么？该分析得到的结果又代表了什么？

7. "既然田野实验采用了随机化，那么添加控制变量是没有好处也没有坏处的。"判断这句话是否正确并说明原因。

延伸阅读

Duflo, E. & Banerjee, A. (2017). *Handbook of Field Experiments*. Amsterdam: Elsevier.

Duflo, E., Glennerster, R. & Kremer, M. (2007). Using randomization in development economics research: A toolkit. *Handbook of Development Economics*, 4, 3895–3962.

Eden, D. (2017). Field experiments in organizations. *Annual Review of Organizational Psychology and Organizational Behavior*, 4, 91–122.

Gerber, A. S. & Green, D. P. (2012). *Field experiments: Design, analysis, and interpretation*. New York: W. W. Norton & Company.

第 9 章

问卷调查法

梁建　谢家琳

学习目标
1. 了解问卷调查法在组织管理研究中的角色和适用条件
2. 掌握问卷设计的一般过程和关键问题
3. 能够科学地确定问卷调查样本数量，采用有效手段提高数据采集质量
4. 充分了解问卷调查数据的局限，掌握提高数据质量的各种途径
5. 了解在中国组织情境下收集问卷数据可能遇到的各种问题

9.1 问卷调查的使用目的和类型

问卷调查是一种常见的数据收集的方法，研究者希望以某一特定样本为基础，得出关于样本总体的定量化描述（Groves et al., 2004）。一般而言，问卷调查可用于两个主要目的：第一，了解和描述某个特殊群体的态度和行为。问卷调查的对象可以是一个城镇或一个国家的居民，或者具备某一特定类别属性的成员（如中国的民营企业）。这类调查的主要目的在于通过事先制定的系统采样程序，以所收集的样本数据去推测群体的特征。在当今这个信息社会，问卷调查被应用于很多领域，大到国家层面的民意测验，小到一家企业的产品满意度和员工敬业度调查，为政府和企业的决策者提供了重要参考信息。也许没有任何一项其他的信息收集方法像问卷调查这样广泛地介入人们的日常生活。

第二，进行假设检验。例如在组织管理研究中，问卷调查的主要目的不在于描述某类群体的特征，而是关注变量间的关系推论是否可以得到样本数据的支持。这类问卷调查正是我们使用问卷的主要目的，它的主要挑战是如何将研究问题转化为一系列的具体变量，恰当地进行测量，以准确地判断变量之间的关系。现代组织管理研究已有几十年的历史，与其相关的学科（如心理学、社会学等）渊源更深。无数的研究者刻苦钻研、反复论证，做了大量的实证研究工作，创建了大量的研究量表。这些量表为我们从事问卷研究提供了宝贵的条件和手段。例如，Hackman & Oldman（1975，1980）提出了工作特征模型（job characteristic model），伴随这一理论模型产生的还有工作诊断问卷（job diagnostic survey）（Hackman & Oldman, 1980）。这一问卷含有描述工作特征模型的所有变量的量表，包括① 自变量——五

大核心工作特征,即技能多样性、任务整体性、任务重要性、员工自主性和工作反馈;②中间变量——三个测量员工关键心理状态的变量,即工作富有意义、责任和反馈;③四个因变量,即员工工作激励、成长满足感、综合满足感和工作有效性;以及④多个调节变量(如员工成长需求、能力等)。在过去的四十多年中,工作诊断问卷经历了无数的质疑、测试和讨论。虽然学术界至今对五大核心工作特征是否全面测评了工作性质仍持有不同见解,但不可置疑的是,这一问卷是测量工作设计及其对员工影响的最具权威性的量表之一,为推动学术界在工作设计领域的发展起到了很重要的作用。

在问卷调查中,纸笔测验(paper-pencil instrument)一直是研究者进行数据收集主要依赖的工具。近年来,随着信息技术的发展,问卷调查已经从纸笔测验逐渐转向在线调查。相比纸笔测验,在线调查更为方便和灵活,有利于以较低的成本接触背景不同的样本,大大降低了问卷调研的难度,并避免了一些人为错误。而且,在线调查可以有效地追踪参与者在填问卷时的认真程度,从而帮助研究者筛选出那些认真答卷的参与者。起初,人们对于在线收集数据的质量有一些担忧,但是一些研究发现,这两种数据收集方法在心理测量特性、参与者的社会称许性、数据完整性等方面并无明显差异(Cole et al., 2006; De Beuckalaer & Lievens, 2009; Meade et al., 2007)。因此,近期的组织管理研究越来越多地使用了在线调查数据。例如,Amazon Mechanical Turk 就是研究者使用频率很高的一个在线调查网站,尽管它最初只是亚马逊开发的一个外包工具,但是在线调查的兴起使它成为研究者越来越依赖的一个数据收集渠道。

问卷调查之所以这样普及,是因为它具有其他数据收集方法不可比拟的优势:①研究者可以根据特定的研究问题进行问卷设计,获得满足研究目的需要的一手数据,有效地减弱了对外界数据来源的依赖;②如果条件允许、实施得当,问卷调查可以最快速度有效地完成数据收集任务;③相对于实验法,问卷调查对参与者的干扰相对较小,因而比较容易得到被调查单位及员工的支持,可行性高;④成本低廉,问卷调查是实地研究中最经济的收集数据方法。虽然问卷调查拥有这么多的优点,但是我们必须认识到它的有效性依赖于如下的假设条件:

- 调查参与者会认真地阅读和回答问卷中的所有问题;
- 调查参与者有足够的能力理解问卷中的问题;
- 调查参与者会坦诚地提供真实的答案。

仔细思考以上的假设,我们就会发现,在数据收集过程中,完全满足这些假设的要求是非常困难的,这也是问卷调查经常受到质疑的原因之一。在实际调查过程中,我们无法完全控制调查参与者的配合程度,但问卷本身的质量直接影响着参与者在填写问卷时的态度和行为。一份词不达意或语句唐突的问卷会使参与者对研究者失去信任,从而草草了事;一份冗长的问卷会使参与者疲惫厌倦,其结果或是留空页不做回答,或是在某一类问题中圈下同样的答案,以求迅速完成问卷。这些情况都会导致问卷的质量低下,直接影响研究质量。因此,要使如上假设成为现实，研究者就要在问卷设计上下大功夫，否则研究者收集的数据可能会存在很多误差，严重失真，最终影响假设检验的结果。因此，问卷调查看似简单，实则需要研究者格外谨慎，认真地处理好从问卷设计到数据收集和处理过程的每一个环节。

9.2 问卷的设计

在问卷调查中，我们把研究变量转化为一系列的问题进行测量，进而将这些变量转化为数值以进行关于目标群体的假设检验。但是，与自然科学中的测量不同，我们使用的问卷不是一个完美的测量工具，经常会出现各种误差。Schwarz et al.（2008）描述了参与者在回答问卷问题中的认知任务：首先，参与者必须理解问题的含义，决定他们需要提供什么样的回答信息。其次，他们需要从记忆中追溯相关的信息。如果是事实类（factual）的问题，他们需要搜寻特定时间段内的信息。如果是一个寻求意见的问题，他们需要根据大脑中的信息形成一个针对特定问题的意见。最后，在意见形成后，参与者可能并不愿意给出他们的答案。如果问题比较敏感，他们可能会拒绝回答。如果这个问题触及一个社会不太认可的现象或观点，他们可能会扭曲自己的回答以符合社会期望。不难看出，在问卷回答过程中，很多因素都可能导致测量结果失真。在这一节，我们首先讨论如何设计问卷以提高问卷的有效性，这是因为问卷设计是保证问卷数据收集质量的首要条件。有些研究者倾向于将问卷设计视为一项艺术，而不单单是一项研究技能（Bethlehem，2009）。它需要细心的体会和多年的经验，但是一些基本的规则需要初学者在一开始就严格遵守。

9.2.1 问卷设计前的决策

在实证研究中，有一条重要的规律：对于研究思路、理论基础、研究假设的确立必须先于研究方法的设计。在设计问卷之前，研究者必须做出如下的决策：

• 问卷中将要调查哪些变量？在做此决策前要充分考虑一份问卷的可容量。在此基础上，突出研究内容的重点，避免设计出篇幅过长的问卷。

• 问卷中变量之间是什么关系？一份典型的组织管理研究问卷往往包括了对自变量、因变量及员工的背景资料的调查，许多问卷还会包括一些调节变量，要注意确保变量分布的均衡。如一份调查员工满意度和组织承诺的问卷，要同时准确地测量自变量（员工满意度）和因变量（组织承诺）。有些研究者偏重于他们特别感兴趣的变量，用了大量的篇幅去测量这些变量，而忽略了对其他变量的测量。这样一份关注点不均衡的问卷当然也能得出研究结果，但却难以准确地研究变量之间的关系。

• 问卷中所含的变量是什么样的结构？人们心理状态和行为取向是复杂的，因而，许多研究变量具有多重的维度。例如，组织承诺这一变量至少有三个维度，而员工满意度的维度更多。如员工满意度的维度包括对工作性质本身的、对薪酬的、对上司的、对同事的、对工作环境的、对未来个人发展的，等等。研究者在设计问卷之前必须确定调查的变量所含有的维度，以及本研究项目需要测量哪些维度，从实际需要出发，对具体维度进行具体分析、做出判断。

9.2.2 测量问题的语言表述

在确定了研究变量后，我们需要注意对测量问题的语言表述。测量问题的语言表述是一个变量测量中最为重要的部分，它直接影响了参与者对问题的理解和回答。如果他们无法恰当地理解问题的含义，就无法给出正确的回答，或是直接选择不去回答。针对这一问题，多年来已形成了一些经验法则，以避免语言表述中的一些常见错误。

避免使用参与者不熟悉、费解的语言表述。测量问题的表述必须使用参与者熟悉的语言。有时候，研究者会不自觉地在问题表述中使用自己熟悉的专业术语，而参与者则可能很难准确地理解这些术语。同时，一些不太准确的表述也可能造成参与者解释上的差异。例如，"我经常思考我的职业规划"中，"经常"就是一个不恰当的表述。什么样的频次可以称为"经常"？不同人可能有不一样的理解。所以，在问卷的编制中（包括所有的测量问题、指导语、测量尺度的语言表述），研究者都应该使用简单、容易理解、不会引起歧义的语言表述。有效的信息沟通是问卷调查成功的一个基本条件。

避免使用具有双重意义的问题。测量题目必须只有一个清晰的含义。很多时候，初学者会将两个变量的因果关系表述在同一个问题中，从而使这个问题带有双重意义，比如，"您认为在工作中使用360度反馈可以提升对员工的激励吗？"就是一个双重意义的问题，如果参与者选择"7"（非常同意），研究者就无从了解参与者具体同意的是360度反馈本身，还是它对员工的激励作用。若研究者有意了解员工对360度反馈的感受及其功效，应该用至少两个问题来分别测量。

避免使用诱导性的问题。无论研究者自身持有什么样的价值观念和取向，作为研究者必须保持客观和中立。在设计量表时，应避免将自身的价值观带入问题以求得到参与者的呼应。

避免使用回忆类问题。有时研究者不得不要求参与者回想已经发生的事情。在设计这样的问题时必须要注意：第一，不是所有的人都拥有良好的记忆能力，参与者可能已不记得问卷中问题所涉及的场景、事件和后果；第二，参与者可能模糊地记得被调查的往事，而这种模糊的记忆（hazy memory）往往会导致有偏见的答案；第三，参与者本不承担为研究者回忆某事件的责任和义务，他可能会对这样类型的问题产生反感。所以研究者应尽量少用依赖参与者记忆的问题。如果必须要用，那么应尽量缩短需要回忆的时段，如"您在过去三年中平均每年缺勤几天"是一个难以准确回答的问题，如果换成"您在过去三个月中缺勤几天"会好得多。然而，这样的问题又可能导致其他方面的缺失，如果此员工在过去三个月中因某种特殊情况多次缺勤，那么根据他的回答将不能准确得出其一贯的缺勤率。针对这种情况，研究者可以同时加上一个控制条件的问题，比如问参与者在过去三个月的缺勤率是否与以往基本持平（或过去三个月中是否有意外事件使参与者不得不缺勤多日）。

避免启动参与者的社会称许性。每一个社会都有公众认可的道德标准和行为准则，每个人都会有一些取悦他人的动机和行为。如问卷中的问题触及了被公众认可的道德标准和行为准则，便可能激发参与者自我保护或自我服务的动机，使其从社会期望值的角度来回答问题，而不展露自己的真实想法，这就是所谓的社会期望反应偏差（social desirability response bias）。比如面对"您认为残疾人是否应该有参与工作的机会"这样的问题，谁又会回答"不应该"？我们的社会、文化、所受的教育都使我们认同残疾者的平等权利。即使参与者的真实想法和社会准则不同，他也不会公开地承认这一点。Paulhus（1991）认为，为了满足社会期望而扭曲答题取向有两种表现形式：一种是真实然而被夸大了的正面自我表达（an honest but overly positive self-presentation）；另一种则是印象管理（impression management），即有意地改变自己的意见或行为去取悦他人。虽然这两种影响很难完全避免，但是它们的影响稍有不同。第一种社会称许性描述与普遍性的自我增强动机（self-enhancement motive）相关，可能不会对调查数据产生很大的影响。但是第二种基于印象管理的社会称许性描述则可能带来与个人真实想法完全相反的回答。为此，我们在调研前应仔细分析这两种动机的可能影响，尽量避免提出一些直接与社会期望相关的问题，以降低答题中因此而引起的偏差。

9.2.3 问题的设计

开放型（open-ended）与封闭型（closed）问题。"请告诉我们您在工作中感受到的最有趣的五件事。"这是一个开放型的问题，参与者可以自由地选择回答任何他们认为在工作中遇到的有趣的事件、场合及感受等。而封闭型的问题是参与者根据列出的一些选项做出选择或判断适用于定量研究。我们经常使用的李克特量表一般就是用在封闭型的问题上。

开放型的问题有利于研究者得到第一手资料，以深入地了解某一管理现象。当研究者对某一现象只有感性、粗浅的了解时，使用开放型的问题很有效。当然，使用开放型问题也有很多潜在的问题：首先，参与者需要用更多的时间来回答开放型的问题。其次他们可能由于自身的认知局限而忽略某种可能性，有些时候还可能给出很多似是而非的回答。例如，我们曾提出"一个有道德的领导者应该表现出哪些行为"这一开放型问题，有些参与者回答"处事果断、理智客观"。遇到这类有些道理但又不符合问题要求的回答时，我们很难判断这些回答是因为参与者对题目理解不正确，还是代表了他们真实的想法。最后，开放型的问题的答案不能立即转化为统计数据，对于这些内容的分析需要付诸额外的努力。考虑这些潜在的缺点，如果不是必须收集第一手资料以深入了解所研究的现象，研究者应尽量避免使用开放型问题（Bethlehem，2009）。

当研究者对某一现象已有一定的了解和预测，而希望为假设的变量关系寻找数据支持时，用封闭型的问题最为直接有效。封闭型的问题有助于采集系统性的、可立即转化为统计数据的信息。但是这时，参与者往往只能将他们的回答局限于研究者提供的选择之中。当参与者被问及一个不知道或不熟悉的问题时，由于没有其他选择，他们有可能会忽略自己的意愿，随机选择一个并不认可的回答。如果一个人认知能力或参与动机较低，这种现象发生的可能性就会大大增加。鉴于这种情况，一些学者建议提供一个"不知道"或"不清楚"选项，以表明参与者可以表达他们对此问题不了解或是没有意见（Krosnick, 1999）。当然，提供这样的选项也可能使人们避开回答那些敏感或不太愿意表达意见的问题。因此，对这一问题并没有统一的答案，建议研究者可以根据对具体调研问题的判断来选择是否使用这样的选项。

正向和反向问题。许多研究方法论的专家们都建议在问卷中加上一些反意的句子，以测试参与者是否真正用心地回答了每一个问题。例如，在测量员工自我效能（self-efficacy）的量表中，量表的开发者同时使用了正向和反向的句子（见图9-1）。

	非常不同意	不同意	有些不同意	中立	有些同意	同意	非常同意
5. 一旦决定做某事之后，我会马上开始努力去做	1	2	3	4	5	6	7
6. 我为自己设定重要的目标，却很少能够实现。	1	2	3	4	5	6	7

图9-1　员工自我效能量表（截图）

问题5是正面测量自我效能，而问题6是反面测量。如参与者在回答问题5时选择了"同意"或"非常同意"，那么他（她）在回答问题6时应该选择取值较低的回答（"非常不同意"或"不同意"）。如果参与者对两个问题的答案都是"非常同意"，那么答案便缺少内在的一致性，由此可推测此参与者或许没有理解问题，或是没有仔细地阅读问题。在测量某一变量时同时设置正向和反向的问题，有助于提醒参与者集中精力，仔细阅读每一道问题。然而，反向的问题如设计不当，就可能需要参与者额外的认知资源，从而使量表的信度下降。因此，我们建议研究者谨慎地使用反向题目。

9.2.4　测量的尺度

测量的尺度是我们将一个构念转化为数字的关键要素，是一个问卷中重要的组成部分。测量尺度的使用直接决定了数据的类型，以及随后的统计检验。Stevens（1951）提出问卷量表的尺度可以分为四大类：列名法（nominal）、排序法（ordinal）、间隔法（interval）和比例法（ratio）。

列名法。列名法的尺度帮助研究者将研究样本归组分类。如在测量参与者的性别时，参与者会被归于两大类：男或女。根据列名法测量的变量是相互对立和排他的。换言之，每一个参与者要么是男、要么是女，不能有互相重叠的答案。列名法的尺度同时又是整体排他的，因为除了男与女以外，不能有第三个选择。由于基于类别的赋值只是强调变量间"质"的不同，而不是"量"的不同，这两类的回答在调查结束后只能通过编码为虚拟变量，进一步进行统计分析。

列名法的尺度是四类尺度中最基本的。相对应的，研究者获得的信息亦是百分比和频率等基本描述。例如，如果一个样本共有 120 名参与者，其中 50 名为女性，列名法的测量可以让我们了解这次问卷中 41.67% 为女性。其次，这样的测量方式也可以让研究者去进行不同类别之间的比较，理解人们做出不同选择的影响因素等。

排序法。排序法尺度不仅将变量归类，而且将其排序。排序法可以帮助研究者了解参与者对问题重要性的选择偏好。比如，在研究不同的工作性质对不同员工的重要性时，研究者可以选用排序法（见图 9–2）。

> 请标出以下的五个工作性质对您的重要性程度。您应该将最重要的工作性质的项目排为 1，第二重要的工作性质的项目排为 2，以此为序，排出 1、2、3、4 和 5。

工作性质　　　　　　　　　　　重要性的排序

1. 与他人交往
2. 使用不同的技巧
3. 从开始到结束完整地完成一项任务
4. 为他人服务
5. 独立地工作

图 9–2　工作性质重要性量表（截图）

排序法可以帮助研究者了解有多大比例的参与者认为"与他人交往"是最重要的；又有多大比例的参与者认为"独立地工作"是最重要的。因此，顺序法比列名法所提供的信息要多。然而，这类数据只能说明参与者的顺序选择，无法说明各类选择之间的具体差异。因此，取自排序法的数据往往只能用于进行描述性的统计分析，而很难利用数据之间的差异对变量之间的关系进行推断性统计分析。如果研究者希望获得更多的信息，进行假设检验，就不能用这样的尺度进行测量。

间隔法（也称李克特法）。列名法在于实现将数据分类，而顺序法则将数据排序，这两种尺度的性质都是非数量化的。而间隔法的尺度与以上表述的两种尺度是很不同的，因为它为问卷调查带入了算术含义。间隔法尺度是典型的数量方法，它最大的特点是每两个标尺之间的距离是相等的。也就是说，1 和 2 之间的区别等同 4 和 5 之间的区别。因而，相对于列名法和顺序法，间隔法尺度的优点在于数据点之间间隔一致。它不仅能够帮助研究者将数据分类、排序，而且可以支持一系列的数理统计（如信度分析、回归分析、线性与非线性关系的分析等）。因此，间隔法是在问卷调查中强有力的手段，亦是最常见的尺度。

间隔法尺度以奇数标度为主，如 5 点或 7 点的奇数标度。有时因为参与者的某些特点（如中庸程度比较高，不愿明确表达自己的意见）或是某些问题比较敏感，可能有相当一部分人会倾向于把自己的回答置于量表中心附近，避免明确地表达自己的观点（Schwarz et al.,

1985）。如果有这种担心，研究者可以考虑选择用6点的偶数标度，以迫使参与者做出有倾向性的选择。

在一个典型的5点李克特量表中，1往往代表"非常不同意"或"极不重要"，5代表"非常同意"或"极为重要"（如图9-3所示）。值得提出的是，研究者必须使用明确的文字标注来解释量表尺度中每一个数字背后的含义，否则参与者可能会推测这些数字尺度传达的含义（如1到5可能是表述满意程度，而–2到+2可能表述的是从最不满意到最满意）。换言之，在使用李克特尺度时，唯有每一个参与者都了解量表刻度的含义，测量的稳定性（信度）与有效性（效度）才可得到显著改善（Krosnick，1999）。

	极不重要	不重要	中立	重要	极为重要
1. 与他人交往	1	2	3	4	5
2. 使用不同的技巧	1	2	3	4	5
3. 从开始到结束完整地完成一项任务	1	2	3	4	5
4. 为他人服务	1	2	3	4	5
5. 独立地工作	1	2	3	4	5

图9-3　李克特量表示例

比例法。间隔法有一个潜在的问题，即尺度的起始点是任意的。也就是说，研究者可以任意决定尺度的起始值，而无法确立一个具有明确意义的零值。比例法的尺度可有效地解决此问题。在比例法尺度中，存在一个绝对的零值，因此它不带有间隔法尺度在起点方面的任意性。在问卷调查的四类尺度中，比例法调查尺度综合以上所述的三种尺度的所有特点，而且拥有其他尺度不具备的长处。因此，比例法尺度常被用在测量年龄、收入等客观变量上，因为对这些变量的测量不仅需要等距的刻度，也需要一个定义明确的零值（见图9-4）。

与我的同班同学相比，我的平均学习成绩应该排在（请在适当的地方划圈）：										
0% 最低	10%	20%	30%	40%	50% 中间	60%	70%	80%	90%	100% 最高

图9-4　比例法尺度示例

9.2.5　变量测量的顺序

当所有的测量问题和尺度确认完成后，它们需要以一个合适的顺序编入问卷中。在回答问题时，参与者有可能尝试对研究者的意图进行猜测，从而影响他们对问卷问题的回答。因此，我们需要细心地安排测量问题在问卷中的呈现顺序，以避免在无意识的状态下向参与者传达某种信息，从而影响了他们的回答，导致测量误差，带来不客观的结果。

针对这一问题，我们建议研究者可以思考三个方面的变量顺序问题：① 进行问题的分类

（grouping of variables）。在问卷编制中，研究者遇到的第一个问题就是如何放置不同的研究变量。我们建议把测量同一类变量的问题放在一起。这样的操作不仅有利于打乱变量之间的因果联系，而且有利于参与者集中回答某一类问题，节省其认知资源，提高数据收集的质量。② 避免问题回答过程中的"学习效应"（learning effect）。所谓的学习效应是指参与者对问卷的前一部分问题的回答引起他们对后面问题的思考，从而影响他们的回答。例如，如果在问卷的开始部分向参与者询问很多关于工资收入、领导支持、同事关系等问题，最后询问关于离职倾向的问题，很有可能造成他们意识到研究者的意图，联系到自己工作中遇到的很多问题，从而影响他们后面的离职倾向判断，而他们之前可能没有这么细致地思考过这一问题。对于这样的变量测量，我们需要思考如何恰当排列相关的问题，以减少变量之间的因果联系。例如，在问卷中间插入其他无关的问题，或是把受到影响的变量（如离职意向）放置在问卷的前面等。③ 合理安排问题的顺序以鼓励参与者完成整个问卷。从实际操作的角度而言，如果我们在问卷的开始部分就安排一些令人感到困难的、敏感的问题（如评价主管的辱虐管理方式等），很有可能使很多人很快就放弃回答。如果一份问卷前面的问题是简单的、令人愉悦的，而把较为困难或敏感的题目放在问卷后面，就会比较容易地获得一份完整的问卷数据。即使一部分人放弃回答敏感的题目，但大部分的问卷题目都已经完成了，因而也不会对数据收集造成太大的影响。

9.2.6 问卷封面的设计

问卷封面的设计也很重要，因为它传达了有关问卷的重要信息，构成了参与者对问卷的第一印象。良好的第一印象以及对问卷目的及意义的了解有利于获得参与者的信任，进而鼓励他们高质量地完成问卷调查。一般而言，问卷封面中应包括如下信息：

- 有关问卷的研究目的；
- 答卷的具体要求（如要求回答每一个问题）；
- 研究者对参与者的承诺（如数据是否保密，研究结果是否与参与者分享）；
- 对参与者的感谢；
- 研究者的联系方式。

9.3 取样与数据收集

9.3.1 取样与样本数量的确定

在问卷调查中，我们通过显著性检验的方式得出关键变量之间的关系，以从小样本中得到的信息去推断总体的情况。作为定量方法的一种，问卷调查的最终目标是通过收集具有代表性的样本数据，在随机误差允许的范围内将基于抽取样本的结果推广到总体。从显著性检验的角度看，统计显著的结果不仅与变量之间的关系强弱有关，也与统计检验时的样本数量有关（Sawyer & Ball，1981）。过多的样本不仅浪费资源，而且有可能致使很小的实际效应也变得统计显著，最终导致研究结论的实用性下降。因此，在问卷调查中，取样设计是数据收集过程中一个重要的步骤。相比于微观的组织行为研究，这一过程对于战略管理研究的重要性更为突出（Slater & Atuahene-Gima，2004）。这是因为战略管理研究中很多概念都是相对性的（the relativity of strategy）（Snow & Hambrick，1980），即很多战略取向是否有效往往与一个具体产业或竞争环境有关，同一战略在不同环境下的效果往往是不同的。不恰当的取样会影响研究结果的准确性，可能导致研究者得出错误的统计结论。

有两个问题在取样设计中格外重要：其一，如何才能选择具有充分代表性的样本？其二，在一项研究中，需要多大的样本数量才可以稳健地得出统计结论？针对样本的代表性问题，战略管理研究者主要通过限定取样范围和制定一系列详细的取样规则来保证样本的代表性，这就是战略管理领域常见的"单一行业研究"（single-industry studies）。这样的取样规则有助于保证所调查企业与具体研究问题的直接关联性，有利于控制环境中无关因素对变量间关系的干扰，以部分牺牲研究外部效度的方式确保了其内部效度（Slater & Atuahene-Gima，2004）。相比而言，取样代表性并不是组织行为学研究关心的主要问题，这是因为其相关理论构念并不像战略管理构念那样具有较高的相对性。因此，样本数量的确认是所有使用问卷调查的研究者都面临的一个重要问题，但是对这一重要问题的讨论经常被大家忽略（Bartlett et al.，2001）。

样本数量的确认是一个比较复杂的过程，需要研究者对于样本总体的特征参数进行一些预估，有时候还需要在数据收集过程中不断地调整这些参数。一般而言，样本数量的估算需要考虑对准确性的期望和对误差的容忍度、数据形态（如连续型变量或类别变量）、应答率、统计方法的选择等因素。针对连续型变量最低样本数量的确定，Cochran（1977）提出了式（9-1）。在这个公式里，最低样本数量考虑三个因素：可接受的误差幅度（acceptable margin of error）、α 水平，以及样本总体标准差的估计（estimation of variance）。

$$n_0 = \frac{t^2 \times s^2}{d^2} \qquad (9-1)$$

其中，n_0 为最低样本数量；t 是 α 水平对应的 t 值；s 是样本总体标准差的估计；d 是对可接受的误差幅度的估计。我们下面一一解释这些参数的统计意义。

误差估计。可接受的误差幅度和 α 水平都是针对统计误差的估计。可接受的误差幅度是指研究者愿意接受的出现误差的风险水平。对于连续型变量，研究者通常认为 3% 是一个可以接受的误差幅度水平（Krejcie & Morgan，1970）。例如，如果研究者在调查中采用了 7 级量表，那么样本均值落在总体均值 ±0.21 的范围内都是可信的。对于类别变量，一般采用 5% 的标准。在式（9-1）中，t 值对应了不同的 α 水平。在组织管理研究中，我们通常接受 0.05 和 0.01 的 α 水平。假如样本数量在 120 以上，那么其对应的 t 值分别为 1.96 和 2.58。对于大多数研究来说，0.05 的 α 水平是可以接受的，但是对于那些一旦出现错误将会导致非常大的财物损失或人身伤害的时候，研究者应该采用更加保守的 0.01 的 α 水平。

样本总体标准差估计。样本总体标准差是很难直接观测的，但是有多种方法可以对其进行估计。首先，研究者在进行问卷收集的时候可以进行两阶段取样，即在第一阶段取样完成后计算观测到的方差，进而估算第二阶段所需的额外样本。其次，如果先前有研究用到了同样或者近似的样本总体，那么可以将其作为参考来确定标准差。假如以上两种方法都无法做到，我们可以根据样本总体的结构进行一些数学和逻辑上的推测。比如，对于连续型变量，我们可以用变量的尺度变化范围除以在该范围内的样本标准差来确定一个粗略的样本总体标准差（Bartlett et al., 2001）。例如，假设采用 7 级量表，在均值的两边包括各三个标准差（这样能够覆盖到 98% 的数据），那么样本总体的标准差估计为 1.167（由 6 除以 7 得到）。

综上所述，假如我们给定 0.05 的 α 水平，0.03 的可接受的误差幅度，在调研准备使用 7 级量表，则最低的样本数量可由式（9-1）计算得到，即最低样本数量为 118。

$$n_o = \frac{t^2 \times s^2}{d^2} = \frac{1.96^2 \times 1.167^2}{(7 \times 0.03)^2} = 118$$

需要注意的是，我们不能简单地依靠最低样本数量来决定取样目标。在取样过程中经常遇到无应答、缺失、无效作答等问题。因此，我们往往需要大于最低值的样本数量，从而保证样本数量不会因为抽样不足而影响结论。对于样本有效回收率的确定，也可以参照上述确定样本总体标准差的方法，即采用两阶段取样，用第一阶段的回收率来决定还需要收集多少额外样本，或者根据先前用类似研究报告的回收率来决定。如果这些办法难以实施，建议能够按照超出最低样本量 40%—50% 的样本进行数据收集（Salkind, 1997）。此外，当采用多元回归进行数据分析时，我们还需要考虑自变量的数目和样本数量之间的关系。先前的研究表明二者之间有 1∶10 的比例关系，即一个自变量应该至少需要 10 个样本，才能得到比较保守和稳健的估计（Krejcie & Morgan, 1970）。如果我们所确定的最低样本数量为 118，那么我们在进行多元回归分析的时候自变量的数量应该不超过 11 个。

9.3.2 数据收集质量的评估

在取样设计完成后，研究者还应关注问卷调查在数据收集过程中可能产生的各种误差。这些误差的存在会影响数据收集的质量，干扰我们对变量间关系的判断。就这一问题，我们建议研究者注意以下三个方面：

应答率（response rate）。在组织一次问卷调查时，研究者几乎不可能得到全部抽样群体的参与。每次调查都会面临应答率不足的问题。就统计分析而言，较高的应答率可以增大数据样本数量，提高统计功效（statistical power）和统计检验的置信度；而从结果应用的角度，较高的应答率可以确保调查质量，提高调查结果的可信度（Rogelberg & Stanton, 2007）。因此，在所有质量指标中，应答率是研究者普遍关注的一个指标（Baruch & Holtom, 2008）。

研究者对于一项问卷调查应该具备的最低应答率并没有清晰的界定（Rogelberg &

Stanton, 2007)。但是, 当问卷的回答是来自一个非随机群体（这个群体在某个关键变量方面显著不同于其他人）时, 这种差异可能导致"真实"效应的扭曲。例如, Rogelberg et al. (2000)在一项关于不应答者偏差的研究中发现, 不应答者比参与调查的人有更高的离职意愿, 以及较低的组织承诺、工作满意度和对主管的满意度。在这种情况下, 较高的不应答率就可能增加统计误差, 影响研究结果的质量。

问卷完成质量。在评估数据收集质量时, 不仅需要评价应答率, 还需要对应答的质量进行评价。在不同类型的问卷调查中, 研究者用不同的指标来衡量问卷完成质量。例如, 纸笔测验中, 很多人在参与调查时, 会故意忽略其中的某些题目或是没有回答完所有的问题, 这时可以通过完成率（filling-up rate）来评价问卷完成质量。在线调查中, 很多人启动了在线填答程序, 但是中途退出、没有完成整个问卷, 我们将这部分人占总参与人数的比重称为中途退出率（drop-out rate）。在开放式问卷调查中, 参与者回答问题的长度, 以及回答中的新观点数量都是研究者关注的数据质量问题, 这时可以用回答充足率（abundance of response）来评价。

虽然这三个指标稍有不同, 但是它们都测量了参与者在问卷调查中的参与程度, 意味着参与者在回答过程中的参与态度逐渐发生了变化。研究发现, 在使用了开放型问题的问卷调查中, 参与者的中途退出率比较高; 而在线调查中, 中途退出率经常达到15%—20%（Healey et al., 2005）。但是, 实际操作中, 研究者大多将未完成的问卷计入缺失值（missing values）或是计入未应答率中, 并没有对此问题给予足够的关注。这样的处理使得研究者错过了审视、思考为什么参与者一开始同意接受调查、却不愿有效地参与调查, 进而提高问卷完成质量的机会。从提高问卷收集质量的角度, 我们有必要认真思考如何提高参与者的参与程度。

回答多样性。在问卷调查中, 一个经常发生的现象是参与者提供的回答大多集中于某一点上, 即只是在可选择空间中选择很窄的区间。这种情况被称为"没有区分的回答"（no-differentiation answers）（Fricker et al., 2005）。虽然问卷回答完整, 但它同样显示了参与者没有花费精力去思考问卷中的问题, 或者不知道如何回答。因此, 它是描述参与者"反应质量"的另一个重要指标, 值得研究者进一步关注和思考。

9.3.3 提高数据收集质量的方法

从以上的讨论中, 我们可以看出, 参与者对问卷的态度与填答动机会显著地影响数据收集质量, 它是问卷调查中测量误差的一个重要来源。因此, 研究者需要在充分理解参与者问卷填答过程的基础上, 通过控制、完善相关的数据收集过程, 最终提高数据收集质量。

结合Schwarz et al.（2008）分析的问题回应过程, Ganassali（2008）提出了一个影响问卷数据质量的模型（见图9–5）, 以理解人们参与问卷调查的心理过程。首先, 参与者会很快地看一眼问卷的结构和长度, 估计回答问题需花费的时间和精力。其次, 参与者会根据问卷的文字和排版安排, 获得对问卷友好性的整体印象。问卷本身的设计, 例如我们在上文提到的整体设计、问题措辞、填答说明等因素会直接影响到参与者的整体感觉。再次是对问题本身的解读和对措辞的评估。然后，被试者将会试图去理解问卷之间互动的成分，了解填答要求。这部分的设计很有可能影响参与者的意愿，对于纸笔测验和在线调查来说至关重要。最后，参与者会根据回答的格式要求，清晰地了解自己需要做什么任务，以及需要提供什么样的数据等。

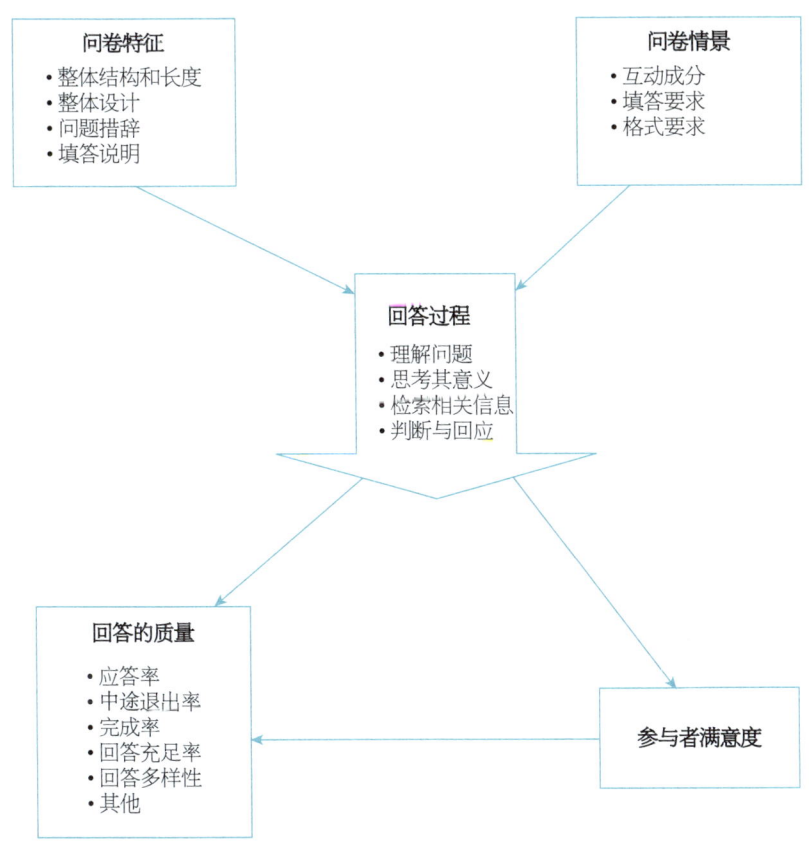

图9-5　问卷数据质量的影响因素

当参与者能以合作或理想的方式回答问题时，回答过程由四个阶段组成：理解问题（comprehension）、思考其意义（meaning）、检索相关信息（retrieval）、判断与回应（judgment response）（Schwarz et al., 2008）。如果研究者希望参与者能够充分地合作，得到他们经过谨慎思考后的最优回答，这四个阶段中的每一步都有可能涉及大量的认知工作。例如，理解问题阶段还可以分解为四个认知步骤：① 参与者把问题带入他们的记忆中。② 参与者把问题表述的语句逐步分解，寻找其中的关键概念，理解它们各自表述的含义。如果这一过程存在多种可能的解释，他们需要暂时选择一个解释，在遇到无法理解或相互矛盾的地方后再进行调整。③ 他们需要通过建立概念之间的联系来解释整个问题的意义。④ 参与者脱离原来的问题表述，开始通过对问题的理解思考自己的回答。从上述的分析来看，问卷调查过程需要消耗参与者大量的认知资源。特别是在实际的操作中，我们的调查往往涉及多种议题，问卷长度大多超出参与者的预期，这时希望他们完全投入地完成回答，实现最优的回答几乎是不太现实的（Krosnick，1999）。因此，研究者有必要在理解问卷回答过程的基础上，充分考虑参与者的参与动机和认知局限，通过完善调研流程，提高问卷数据收集质量。以下我们分三个方面讨论这一问题。

9.3.3.1 提高参与者的应答率

如前所述，应答率是衡量问卷调查质量的一个重要指标。Baruch & Holtom（2008）分析了 2000—2005 年在 17 个组织管理期刊上问卷调查的应答率。在 490 篇使用问卷调查的文章中，他们发现：在个人层面的研究中，平均应答率为 52.7%，标准差为 20.4；而在组织层面的研究中，平均应答率为 35.7%，标准差为 18.8。Fenton-O'Creevy（1996）在他们的研究中进一步调查了企业拒绝参与调查的原因。这一研究中，企业对问卷调查的应答率为 33%，而随机抽样的未应答者给出了各种原因：太忙（28%）、与企业不相关（14%）、问卷提供的回复地址不可用（12%）、企业政策不允许参与（22%），而 24% 的企业没有回复具体的理由。

由以上数据可见，由于问卷调查日益普及，越来越多的领域存在滥用问卷、过度调查的现象，其结果是大量个人或企业感到厌烦，因此他们越来越倾向于拒绝参与非必要的调查（Weiner & Dalessio，2006）。鉴于这种情况，目前很多调查都会使用一些激励措施作为提高应答率的手段。一个提高应答率的常见方法是尽量通过互动引起参与者的兴趣。Groves & McGonagle（2001）发现，针对调查对象修改问卷的引言，引起他们的关注或兴趣，可以提高他们在调研过程中的合作程度。在 Ou et al.（2014）对首席执行官谦逊品质的研究中，研究者不光为每位参与调查的人提供了一份小礼物，还承诺在调查结束后为企业提供一份报告，以及承诺邀请企业管理人员参加为期一天的讨论会，就研究结果以及有关的话题进行深入的探讨。这样的方法显然可以提高企业参与调查的热情，保证较高的应答率。当调查时间过长或对参与者的要求特别繁重时（比如需要提供生物标本），适当的激励措施对补偿其时间和精力的付出可能就是必要的。一定的激励手段可以使参与者将其视为一种义务，这样通过触发社会交往的互惠规范引导参与调查的人将填写问卷视为社会交流的一部分。

9.3.3.2 提高问卷完成质量

在调动了参与者的积极性后，研究者需要进一步避免参与者中途退出的情况。除了前文提到的问卷设计因素，我们建议研究者在正式调查前，通过预测试确认参与者是否能够清晰理解所设计的问题，以了解他们对问卷的整体评价，这是第一种方法。一般的预测试程序是比较简单的：首先，在正式调查之前，可以邀请少量人回答问卷、进行访谈，了解参与者在回答问卷时所遇到的问题（如需要进一步解释的问题或措辞混乱、难以理解的问题），以及他们对整个问卷语言沟通的印象。然后，研究者认真分析、总结这些问题，特别是许多人拒绝回答或无法回答的问题。在此基础上，进一步修改调查问卷，以使每一个问题的含义更清晰，让调研进行得更加顺利。

另一种值得推荐的方法是认知预测试（cognitive pretesting），它要求参与者向研究者报告自己在回答问题时的各种想法，以此来探讨问题回答过程中的认知过程（Krosnick，1999）。这种预测试方式旨在通过评估参与者回答问题的认知过程，洞察每一个问题被理解的方式，来完善设计问卷。通过这一过程，研究者可以准确地评估参与者的反应，从而有针对性地解决应答过程中的各种混淆和误解问题。同时，这种方式可以较为准确地估计参与者回答问题需花费的时间，帮助研究者控制问卷长度。一般而言，只有经过严格开发过程、简洁准确的问卷才有可能得到参与者的充分配合。一份粗糙、没有经过细致思考，甚至是错漏百出的问卷不可能得到参与者的重视，研究者也就无法获得高质量的数据。

9.3.3.3 激发参与者的动机

除了以上提到的应答率和问卷完成质量外，我们还应该关注问卷填答者的动机问题。我们额外提出这一问题，是因为在中国组织中进行调研时，很多参与者根本无意参与。他们之所以参与，很多时候是因为主管出面的干预，或者出于礼貌不愿意当面拒绝研究者的调查请求。可以想象，在这种情况下参与者回答的质量不可能达到最优的状态，因为他们同意的只是提供回答，而没有内在的动力确保回答的质量。因此，我们除了思考应答率和提高问卷质量之外，还必须思考如何激发参与者真正的热情，使得他们充分地认同问卷调查的意义，而不是在消极地应对主管交代的一件不太重要的事情。

从心理学的视角，Groves et al.（1992）提出了"顺从保证"（compliance warrants）的概念，以理解影响人们是否应答问卷调查请求时的六种因素：互惠性（reciprocation，对别人善意的一种回应）、一致性（consistency，与自己的态度、信念、话语和行为保持一致的愿望）、社会趋同性（social validation，与周围人的行为取向相匹配）、权威性（authority，对方的请求是否具有正当性）、稀缺性（scarcity，这种请求是普遍性的还是特殊的）和喜好性（liking，自我的喜好）。从这一概念去理解问卷调查的应答率时，除了之前谈到的激励措施和提高问卷质量外，我们还需要调动参与者对研究问题意义的认知，从根本上激发他们的参与热情，保证他们认真地回答涉及广泛议题的调查问题。在实际操作中，我们可以思考利用这一框架去激发参与者的参与动机，包括强调参与问卷调查有利于表达自我意见或态度、贡献自己的观点和看法、表达自己的利他和亲社会倾向等。同时，研究者也可以使参与者了解问卷调查的社会价值，如帮助企业改善工作条件，帮助企业生产更好的产品，或者帮助政府制定更好的政策等。这些理由都可以帮助激发一个人参与问卷调查的内在动力，鼓励他们真实地表达自己的意见。也正是因为这样，研究者有必要亲自发放和收集问卷，同时认真考虑自己研究问题的现实意义和社会价值（徐淑英，2016）。只有对员工、对企业、对社会真正有意义的问卷调查，才能真正地得到参与者的合作。

9.4 增强问卷调查法的有效性

9.4.1 增强问卷调查法有效性的途径

问卷调查法以它灵活、便捷、快速和便宜的优点，成为组织管理实证研究中最为普及的数据收集方法。与此同时，过度依赖问卷调查也成为一个相当普遍的现象。我们在许多论文的最后都能读到作者提及的不足之处："本研究的弱点之一是所有的数据都通过问卷调查取得，这使我们难以确定变量之间的因果关系。"这一简单的陈述背后代表着问卷调查法在检验变量间因果关系时的诸多缺陷：① 使用问卷调查无法严格地区分变量之间的时间顺序，因此研究者常常不得不依赖自己的逻辑分析去界定变量间的因果关系，而很难从操作层面做出判定。这就是为什么很多人把这一方法称为基于相关性的问卷调查法（correlational survey method）。② 在问卷调查中，如果测量自变量、因变量、其他变量的数据都取自同一个渠道——参与者的自我报告，那么共同方法变异（common method variance）的问题便产生了。共同方法变异是指由于测量方法的单一性（而非所测变量代表的关系）造成的变异（Podsakoff et al., 2003）。由于这一部分的变异会计算进入变量之间的关系，因此共同方法变异的存在往往会夸大变量之间的相关性，从而提高统计结论中产生第二类错误（确认一个本不存在的显著性关系）的可能性。所以，人们常常将共同方法变异视作问卷调查法的天然缺陷。③ 不管研究对象处于何种层次，问卷调查的数据都最终来自参与者个人的态度和判断，而个人的回答不可避免地受到个人角色局限、归因偏差、自我修饰动机等因素的影响（Slater & Atuahene-Gima, 2004）。除此之外，另一个导致问卷测量不准确的可能因素就是个人记忆的衰退（Krosnick, 1999）。即便参与者没有做出虚假陈述，他们提供的信息也有可能因记忆不准确而无法准确、全面反映研究者希望了解的现象。这一问题可能在以研究个体态度和行为为主的组织行为学研究中并不突出，但在以强调客观现象之间联系的战略研究中格外重要。

任何研究方法都有其固有的局限，问卷调查法也不例外。学术界对问卷调查法产生的质疑并不是其本身的过错，而是我们过分依赖问卷调查法的后果。针对以上问卷调查法的缺陷，研究者一直在进行有针对性地努力，以提高数据收集的质量，增强变量间因果推论的可靠性。例如，在最近一段时间的问卷研究中，越来越多的研究者开始采用纵向研究设计，在至少两个不同的时间段，对同一研究样本收集调查数据，以尽力解决数据之间的内生性问题，从时间维度区分自变量与因变量之间的关系。此外，学术界形成了控制和避免共同方法变异的具体方法和设计思路（Podsakoff et al., 2003; Chang et al., 2010）。根据这些指引，研究者基本能够针对具体的研究问题，对至少两个不同的群体（如管理人员和员工）或两个不同的时间点收集数据，在推断变量间关系时避免共同方法变异的影响。在这些进展的基础上，我们在本节着重讨论如何使用多来源（multi-source）数据综合法，从至少两个不同的来源收集数据，以进一步弥补问卷数据的主观局限，增强问卷调查法的有效性。

9.4.2 多来源数据综合法

多来源数据综合法的特点是将研究建立在对自我报告的数据（self-reported data）和非自我报告的数据（non-self-reported data）的综合性收集和分析之上。自我报告的数据主要来自问卷调查。非自我报告的数据来源甚广，大致包括如下三大渠道：

- 企业，如员工工作表现、缺勤、工作性质分析等；
- 社会，如政府统计数据、社会共有资料等；
- 样本，即与研究样本相关的非自我报告数据，如生理健康数据、行为数据等。

企业和社会的数据是客观存在的，研究者可根据自身研究的需要去获取这两类数据。随着数字技术的进步，企业和社会运行产生了大量的客观数据。来自企业和社会的数据的优点在于它独立于研究项目之外，因而避免了问卷数据的主观性。研究者面临的挑战往往是这样的数据不容易获取，研究者只有得到企业或相关部门的信任后才能采集。然而，符合研究需要的客观数据很多时候可能并不存在，研究者还是需要通过问卷调查法采集。因此，研究者需要在满足研究需要的基础上，仔细地选择变量，尽可能选用不同来源的数据，以消除问卷数据的主观性，增加统计结论的可信度和可重复性。以下我们重点讨论三种不同的研究思路——锚点法、共测法和延伸法。

9.4.2.1 锚点法

锚点法的重点在于，在数据收集过程中寻找一个客观的"锚点"，以此为基准来研究主观的心理现象，避免单纯依靠主观评测数据的局限。锚点法对跨文化研究特别有用，这是因为心理现象的外在表现往往受环境制约，而这种制约在跨文化的环境中尤为突出。拥有一个客观的"锚点"，能帮助研究者更好地运用和分析来自问卷调查法的主观数据，从而提升研究的质量。

众所周知，自我偏差是人类共有的心理现象。这种趋势使得人们往往过高地估计自身的能力和成就，即自我从宽趋势（self-leniency tendency）。在以往的文献中，有关自我从宽趋势的研究大都基于单一的问卷调查法或多群体问卷法（研究者要求参与者对自身能力进行评估，再将其自我评估与他人对其的评估进行比较，从而检测参与者是否有自我偏差的趋向）。例如，Xie et al.（2006）研究了文化价值观和个性对自我评估的影响。她们用问卷调查法测量了1687位来自中国内地、中国香港、中国台湾、日本、加拿大的参与者的自我评估、文化价值观念和个性等一系列的变量。与此同时，对每一位参与者的认知能力进行了测试（Raven et al., 1991），以此作为一个客观的锚点，来衡量参与者在自我评估中的自我从宽趋势。在这个研究中，自我评估偏差这一心理现象是用众多的变量来测量和分析的，包括参与者自我报告的认知能力和自我估计的能力测试结果。在研究中加入对每位参与者的认知能力的客观测试数据，则有助于加强研究的客观性。

类似的，Zhang et al.（2015）研究了客户参与程度和跨国企业的国际化绩效之间的关系。

他们认为,进军海外市场的企业通常需要负担当地企业无须负担的附加成本,这被称为"外来者劣势"。这些附加成本主要包含合法性成本(比如歧视性风险)和效率成本(比如市场模糊性,即在海外市场中处理和应用市场相关知识过程中所面临的困难)。因此,一家跨国企业需要付出额外的努力来建立客户参与制度,以弥补自己的"外来者劣势"。为了检验这一命题,他们通过问卷调查了中国175家跨国企业,每个企业至少有3名高层管理人员参与调查,测量问卷包括国际化绩效、合法性压力、市场模糊性和客户参与等。由于这些测量问题跨度大,极易受到参与者个人经验的影响,因此研究者们在问卷中加入一道题目,测量参与者在多大程度上介入了客户参与制度。以此题的回答为基础,他们删去了10家企业的数据。这样的做法虽不能从根本上消除问卷数据的主观性,但是它有助于研究者确立一个"锚点",以判断参与者是否能够提供可靠的数据,最终有效地提高数据质量。

9.4.2.2 共测法

共测法的重点是运用自我报告和非自我报告的数据测量同一个变量,从而达到用主客观数据共同测试、两种数据相辅相成的目的。共测法可以规避过于依赖单一数据源而产生的种种弊端,更加可靠地审视变量之间的联系。下面两个例子可以帮助说明这一方法的应用。

Xie & Johns(1995)研究了工作设计和员工心理健康的关系。研究者预测工作的复杂程度和员工的情绪耗竭及焦虑之间是U型的抛物线关系。换言之,太过复杂或太过简单的工作均会对员工的心理健康产生负面的影响。其研究样本包括从事143种工作的418名加拿大员工,涵盖从事复杂工作的员工(如高层主管)和从事简单工作的员工(如装配线上的工人)。此研究的自变量——工作的复杂程度的数据取自三个独立的数据来源:员工的自我报告(Job Diagnostic Survey)(Hackman & Oldman, 1980)、职业头衔手册(Dictionary of Occupational Titles)(Roos & Treiman, 1980)和职业声誉手册(Occupational Prestige)(Treiman, 1977)。研究者根据每一位被试提供的其从事的工作的信息,取得职业头衔手册和职业声誉手册中有关该工作复杂程度的指标,记录在数据库中,由此形成有关工作复杂程度的多源数据。此研究的结果显示,取自三个独立来源的工作复杂程度变量均与员工的情绪耗竭及焦虑呈现U型的抛物线关系。

Ou et al.(2014)研究了CEO谦逊品质与公司高层管理团队(top management team, TMT)整合、中层管理团队授权感之间的关系。她们的样本是328名TMT成员、645名中层管理人员和63名民营企业的CEO。为了在中国情境中恰当地测量CEO的谦逊品质,她们通过多个样本开发了新的量表,发现了CEO越谦逊,他们就越会表现出授权式的领导行为,从而促进TMT的整合,并提高中层管理人员的授权感,最终提高他们的工作绩效和敬业度。在这项研究中,研究者的核心变量是CEO的谦逊品质。为了提高研究结果的可信度,她们在假设检验结束后,对51位CEO进行深度访谈,询问诸如"人定胜天"、企业面临的挑战和机遇、其他TMT成员的表现等话题。访谈结束后,她们对访谈内容进行了编码加工,发现这些定性材料得出结论和此前的量表测量存在着高度的一致性。虽然研究者并没有像Xie & Johns

(1995)那样把不同来源的数据应用到最终的假设检验中,但是这些定性数据的补充也有效地弥补了单一量表数据的不足,提高了研究结果的严谨程度。

以上这两个例子给了我们重要的启示。首先,基于多个来源的数据的研究结果比产生于单一数据源的研究结果更真实、更可靠、更具有说服力,因为它们的外部效度更高。其次,参与者自我报告的信息与其他数据来源(如专家们在两种手册中所测定的同一工作的复杂程度)呈正相关的关系,且具有相似的预测性。这样的结果提示我们不能低估参与者对工作认识的准确性,也不要贬低问卷调查法的重要性。问题的关键在于,我们在使用问卷调查法的过程中,要尽可能地降低自身的主观性,而运用源自自我报告和非自我报告的数据共同测试同一变量,可有效地达到这一目的。

9.4.2.3 延伸法

延伸法的重点是运用非自我报告的数据延伸研究范畴。在这里,自我报告的数据和非自我报告的数据所测量的不是同一个变量,而是在一个大的构念(construct)中的不同组成部分。

员工健康是一个巨大的构念。在组织行为学领域里,绝大部分的有关工作压力和员工健康的研究将心理健康作为结果变量。这一方面是因为心理学是组织行为学的基础,另一方面也是因为心理健康的数据很容易通过问卷采集。在 Xie et al.(2008)的对国内员工的压力和心理健康的纵向跟踪研究中,有关员工心理健康的数据取自三个独立的来源:①员工的自我报告(心理健康指标,如情绪耗竭;生理健康指标,如上呼吸道感染的发病情况);②免疫机制指标(免疫球蛋白 A;免疫球蛋白 M);③血压。研究者对 496 位参与者跟踪 3 年,从每位参与者那里收集上述 3 种数据,并从企业收集员工的工作表现和缺勤数据,以此建立起相对完整的有关员工工作、压力和心理健康的数据库。这样的数据给予研究者有关员工心理健康的新的知识和感知。而这些知识和感知,对延伸员工心理健康的研究范畴大有助益。从事这样的研究,需要研究者有很大的付出。与付出成正比的是,它赋予研究者许多的灵感。我们学习到人的健康是一个极为繁杂的综合体,而心理健康只是其中的一部分。我们了解到不同的健康指标之间的关系是极为复杂的。而且,心理健康是一个动态的、连续的过程,而数据收集到的只是静态的瞬间现象。我们不能天真地认为一旦拥有了非自我报告的数据,便拥有了研究的客观性。对主客观数据的有效的、综合的运用需要研究者付出心血,刻苦学习,反复摸索,不怕失败,超越自我。

以上我们讨论的锚点法、共测法和延伸法都属于多来源数据综合法,其共同特点是从多个来源采集数据,以弥补问卷数据的单一性不足。锚点法意在寻找一个相对的客观数据形成锚点,以此为基准来研究主观的心理现象;共测法运用自我报告和非自我报告的数据测量来同一个变量,为研究结果增加外部效度;延伸法帮助研究者跨越自己的研究领域,延伸研究的范畴。在问卷调查中,如果研究结论建立在单一的主观数据之上,其结果由于无法明确地判断所预测的因果关系而难免被质疑,这一趋势在近年来的组织管理研究中已经得到越来越明显的体现。因此，当我们将研究基于对自我报告的数据和非自我报告的数据的收集和分析之上后，可使研究结果更为清楚、翔实、丰富。

9.5 中国背景下使用问卷调查法的问题和思考

在过去的三十多年间，中国社会的转型变迁为中国组织管理研究提供了宝贵的历史机遇和研究素材，也引起了国际学术界广泛的兴趣。在这一背景下，中国学者在国际主流管理学期刊发表论文的数量近年来呈现出快速上升的态势。梁建等（2017）针对2006—2015年在11本覆盖组织行为学、人力资源管理和战略管理领域国际期刊发表的文章进行了梳理。他们发现共有406篇文章使用了中国样本，而用问卷收集数据的文章占到了这一总数的57.4%（233/406）。由此可见，问卷调查法在目前为止仍然是中国学者进行组织管理研究时主要依赖的方法之一。鉴于其重要性，我们有必要审视在中国背景下使用问卷调查法的局限和问题。

9.5.1 沿用现有量表的局限和注意事项

许多中国学者在从事问卷调查前，首先想到的是如何利用现有的量表，这是一种相当普遍的现象。毕竟，人生是短促的，学术生涯是有限的，如果能沿用前人留下的宝贵精神财富和学术工具，那就没必要自己重新设计量表。通过将西方学者开发、使用的量表直接翻译成中文，将其运用到中国情景中进行数据收集，研究者不但可以节省开发新量表需要付出的时间和研究成本，而且使用相同的测量工具保障了研究结果在不同情境下的可比性，有利于促进管理学知识的积累和发展。

9.5.1.1 沿用现有量表的有效性

在问卷调查中，沿用现有文献开发的量表从数据收集的角度至少有两点益处。第一，在文献中占有显著地位的量表一般有较高的测量质量。现有的量表，尤其是组织行为学文献中占有一定地位的量表，往往已被不同的研究者在不同的研究环境和不同的群体中使用过。反复的应用确保了这些量表能贴切地测量它们所代表的概念和变量（较高的效度），也证实了这些变量的稳定性和准确性（较高的信度）。因此，使用成熟量表有利于确立调查数据的可信度，避免被质疑的风险。

第二，文献中被反复使用的量表在学术领域的认可度较高。在学术领域中，研究者为社会服务的一个重要途径是发表论文。发表在具有领先地位的期刊上的论文必然经受过严谨的专业审核。使用不可靠的量表绝对不可能得出可靠的研究结果，论文亦无可能在一流的期刊上发表。换言之，在高质量的国际期刊上所发表的实证论文必须建立在翔实的实地研究基础之上，而翔实的实地研究必须基于可靠的量表。这样就造成了一种循环：在高质量期刊中发表的实证论文常常沿用高质量的量表，这些论文的发表又强化了这些量表的权威性，使更多的研究者使用这些量表，而对这些量表的反复使用有助于提升其认可度，从而使用它们的论文更容易在高质量期刊发表。在这样的循环过程中，反复使用的量表在学术领域渐渐产生品牌效应，学者们使用它们，学术界认可它们。

9.5.1.2 沿用现有量表的局限性

在问卷数据收集中，沿用现有量表是一种非常自然的选择。但正是由于这种选择的普遍性，我们必须清醒地认识到这一做法可能存在局限，特别是当我们使用源于西方的量表时。

文化上的局限性。 在目前的组织管理研究中，大多数现有的理论和量表都是基于对西方（尤其是北美洲）组织现象的观察和总结。这些理论在指导和解释西方组织管理想象方面十分有效。但如果将其应用在跨文化的环境中，则需要仔细研究其实用性和可行性。众所周知，我们中国的传统文化与西方有很大差异，民族文化的内涵以及对人的心态和行为的影响仍是不可忽视的。我们在进行组织行为学研究的过程中，要时时注重中国文化的独特性和西方理论及量表的局限性，对西方的理论要学通吃透，对西方的量表要审慎而灵活地采用。

时间上的局限性。 一个量表的发展通常要经过创建—测试—发表传播—进一步测试—成熟化的过程。这个过程往往是漫长的，许多环境因素都可能在这个过程中产生变化，从而对量表的可行性构成挑战。例如我们提到的工作诊断问卷产生于20世纪70年代，在20世纪80年代进入成熟状态。但是随着信息技术的高速发展，许多原有的工作逐渐消失，有些工作虽然没有被淘汰，但其性质产生了许多的变化（如计算机化操作）。同时，高科技的飞速发展和普遍应用也催生了大量新的工作。工作特征模型的五大核心工作特征是否仍能全面地预测和解释当今职场中的工作性质？是不是应该在这类测量中加入体现数字时代工作特征的题目？换言之，当今职场中的工作丰富性与三十年前相比，是否已有长足的发展？其间的发展趋势是否仍能以工作特征模型来表述？这些问题既是理论性的，又是实证性的。我们在沿用现有量表的时候，要常常考虑一系列的问题：此量表所测量的概念是否过时？所依据的环境与中国现在的组织情境有何差异？对同一概念的测量是否已有新的量表？新生量表与原来量表有什么相关性和互补性？

9.5.1.3 沿用现有量表时要注意的问题

考虑以上两点局限性，我们建议研究者在中国背景中使用已有的西方量表时，需要注意以下三个方面的问题：

第一，研究者要确认西方量表在中国背景中收集数据时的适用性（applicability）。适用性可从以下三点进行分析：①概念上的适用性。选用的西方量表是否全面、准确地测量了您想要测量的概念？②文化上的适用性。选用的西方量表能否被国内的员工广泛地理解和接受？③样本上的适用性。选用的西方量表是否可以普遍应用于国内的不同群体，还是只适合于某一特定的群体？如是后者，研究者需仔细审核该量表是否适用于自己的研究将要关注的群体。

第二，一旦选定了现有的量表，研究者应尽量沿用其量表中所有的问题（item），不要任意删改。例如，Xie et al.（2006）研究了文化价值观和个性对自我评估的影响，他们在测量参与者的文化价值观——个人主义（individualism）和集体主义（collectivism）时，使用了Triandis & Gelfand（1998）的量表中全部的16个问题。因为文化价值观是此项目中极为重要的变量，需要尽可能全面地进行测量。同时，Triandis & Gelfrand（1998）指出：在个人主义和集体主义这两文化类价值观中，又各有垂直（vertical）和平行（horizontal）的两种价值取向分布，从而形成四种价值取向（vertical individualism, horizontal individualism, vertical collectivism, horizontal collectivism）。Triandis & Gelfand（1998）用了16个问题测量四个变量，即用四个问题来测量一个变量。如果研究者轻易地删减该量表中的问题，就很难准确地研究这四种独特的价值取向。

在这研究项目中，Xie et al.（2006）在测量与自我评估有关的个性因素时，对量表中的问题进行了取舍。他们从自恋个性量表（Narcissistic Personality Inventory，NPI）（Raskin & Hall，1979）中挑选了5个问题来测量自我优越感（self-perceived superiority）和4个问题来测量自我表现欲望（exhibitionism）。这是因为NPI冗长而细致，对于测量这两个个性因素而言，9个问题已可以达到要求。需要注意的是，他们对问题的删减是经过仔细的理论分析和预测试的。研究者如删减现有量表中所含的问题，要极为小心。因为删减问题很可能会影响该量表的效度和信度。除非有理论上的合理性，否则不应随意删减。即使是建立在有理论依据上的删减，也必须仔细地测试和确认该量表在删减问题之后是否符合心理测量学的要求。

问卷设计的一个重要准则是准确而简约。切不可为追求简约而放弃准确。用少于三四个问题来测量一个变量是很困难的。其一，研究者难以用极少的问题来测评与观察参与者的回答。其二，用太少的问题难以稳定而准确地测评参与者之间的差别性以及参与者本身内在的稳定性（cross-subject variance and within-subject consistency），从而极难达到较高的信度。

第三，研究者要确保翻译的质量。优质的翻译是量表质量的保证。对此，跨文化研究的方法论专家们提供了许多建议，如反向翻译（back translation）（Brislin，1980）已是被广泛接受的一种方法。反向翻译即两组不同的研究者分别翻译同一个量表。比如，在一组研究者将英文量表翻译为中文量表后，由另一组研究者将量表由中文翻译为英文，两组研究者共同研究在双重翻译中产生的差异，并予以解决。反向翻译的重点在于减少在翻译中出现的主观偏差，从而提高翻译的准确性。需要指出的是，即使是最严格的反向翻译或三重翻译，仍不能彻底解决在翻译量表中存在的客观障碍。

客观障碍的来源之一是词汇的外延。每一个词汇都有其内涵和外延。内涵为其具体代表的内容，而外延则是与此词汇相关的情景和概念。即使是最杰出的翻译家，也难以完全"翻译"出词汇的外延，因为对词汇外延的理解是因人而异、因文化而异的。我们中国人在听到"面子"这个词时，可以有极为丰富的联想，"给面子""不给面子""有面子""没面子""丢面子""打肿脸充胖子"，等等，这些有关面子的外延内容来自我们的文化、我们的生活、我们对周遭环境的观察和理解。而"面子"这个词翻译成英语就是"face"，"face"是一个相当准确的翻译，但西方人对"face"的外延理解比中国人要单薄许多。

客观障碍的另一来源是语义上的差异。英文和中文在表达的细腻程度和方式方法上都有差异。中文起源于象形文字，对现象的表达力求精确和细微，几千年历史的沉淀使中文语义极为丰富，相对繁杂。相比较而言，英文是一种更直接、更简约的语言。有些英语词汇翻译成中文，往往可以有多种词意的选择，如"ambition"这个词在中文字典上有着"抱负""志气""雄心""野心""奢望""热望"等多种解释，而不同的词意可给予参与者全然不同的感受。如"雄心""野心"与"奢望""热望"，"雄心"与"热望"是褒义词，而"野心"与"奢望"则含贬义，一个本是中性的英文单词在翻译成中文时居然可以引申出如此多的可能性，迫使研究者在多种可能的译意中做出选择。研究者在这个选择的过程中，必然会代入自己的主观意愿。而这些主观意愿的开启，则源于翻译中的客观障碍。

从以上讨论可以看出，恰当准确的量表翻译并不是一件容易的工作。从事翻译量表的人员应是双料的专业人士：既要精通双语，又要精通学术。更重要的是，翻译者必须认真、负责、对翻译工作有热情，而不是应付了事。如果一个量表已有现成的译本，而该译本已被应用在中国情境中，得到了学术界的认可，则可选用现有的译本，无须另行翻译。在组织管理研究中，任何研究领域发展都是一个复杂的过程，对相关概念的开发、理解、测量、分析和确定不仅是循序渐进的，而且是相辅相成的。在这个过程中，现存的概念和量表永远无法满足研究的需要。当研究者仅靠现有的理论、概念和量表不足以回答自己的研究问题、不能满足研究的需要时，就必须从实地调查开始，设计适用于国内情境的新量表。

9.5.2 中国文化特征对使用问卷调查法的影响

问卷调查的本质是使用简短的语句，通过个体的评价和感知去获取外部信息。从严格意义上看，问卷调查获得的信息是个人某种特定的态度和行为。即使在研究以社会交互为主的现象时，问卷调查获得的信息也只是个人对社会交互的参与解释和评价。这一特点通常被称为方法论的个人主义（methodological individualism）（Risjord，2014）。它使得我们在使用问卷调查法探讨中国某些管理现象时，可能会存在很多漏洞，所以我们建议研究者谨慎使用这一方法。我们提出这一观点基于以下两点判断：

第一，高语境（high context）的沟通特征是中国文化传统的突出特征之一（Hall，1976），而这一特征可能限制了我们通过简单的语句对某些话题在中国情境中进行测量。为了理解沟通方式的跨文化差异，Hall（1976）提出可以从不同社会对维系人际关系的重视来理解沟通规范，并由此区分高语境和低语境（low context）社会。在高语境社会中，个人在社会互动中的语言使用必须关注他人地位和情绪，为所有小组成员保存"面子"，以维系和谐的关系。因此，沟通本身不能与人际关系的很多因素分开，因为人们只有了解互动中的其他人与自己的关系，以及每个人扮演什么样的角色，才能确切地理解某句话特定的含义。而在低语境的社会中，个人希望有效地传递信息，其沟通的目的是交换信息，而不是维系人际关系。高语境特征使得中国人的语言使用往往具有丰富的内涵和外延，同一句话在不同场合可能具有截然不同的含义。例如，在某一个量表中有一道题目："别人请我吃饭，我会尽快找机会回报。"

很显然对这道题目可以有很多不同的理解和判读,离开了具体的社会情境很难让人回答在多大程度上同意这种表述。

第二,在注重人际关系的中国社会中,社会取向是中国人在其生活圈中的运作和适应方式,这种背景使得我们很难割裂地观察个体的态度和行为。产生于北美的组织行为学理论的基础是重视个人发展、个人独立性、个人需求满足,以及尊重个性的差异(Markus & Kitayama, 1991)。西方主流的个性理论一直把个体看成"一个自我调节的、自主的独立个体,由一系列内部特征组成的、与众不同的形态"。外显行为大多是这些内部特征所导致的结果(Markus & Kitayama, 1991)。针对这一特点,杨国枢(1993)曾用社会取向来表述中国人不同于西方人的典型行为倾向。他认为,西方社会科学更多体现的是一种个体取向(individual orientation),即以自主性为重,所强调的是个体如何支配、控制、改变及利用自然环境与社会环境,以满足个体的欲望、兴趣及情绪;而中国的社会科学则更多体现出的是一种社会取向(social orientation),即以融合性为主,所强调的是个体如何经由顺服、配合及融入自然和社会环境,与环境建立及保持和谐关系,甚至与环境融为一体。在社会取向的影响下,中国人特别重视且努力建立和保持和谐的人际关系,容易表现出顺从他人、不得罪人、符合社会预期、顾虑别人意见等行为。从这层意义上看,问卷调查可能有些时候并不能有效、完整地表述中国人的行为倾向。

一个可以说明以上观点的例子就是我们对中国人"关系"的研究。"关系"是中国人家喻户晓的一个概念,也是最早进入组织管理视野、具有鲜明中国文化特征的概念之一。Tsui & Farh(1997)对"关系"的概念及其在中国背景中的应用性进行了深入的分析。从中国传统文化的角度切入,他们分析了关系的文化根源,指出孔子定义了中国传统文化对关系的诠释。正是由于这一概念鲜明的中国文化特征,在过去几十年间研究者陆续使用了多种测量方式,意图通过问卷研究推动这一领域的发展。这其中包括客观特殊关系纽带(particularistic ties,即同学、同乡、同事等)(Farh et al., 1998)、具体的行为(如"在工作之余,该员工与我会一起从事休闲活动")(Law et al., 2000)、关系质量(Chen & Peng, 2008)等研究。虽然这些研究的问卷都有一定的内容效度,属于中国人所理解的"关系"范畴,但是很显然,这些问卷很难完整地测量"关系"或触及这一概念的核心部分。

与此形成对比的一个例子是 Jing & Van de Ven(2014)以"阴阳"视角对中国企业组织变革规律的研究。在过去以西方学者为主要贡献来源的文献中,研究者倾向于把组织变革看成一次性的过程。大多数的组织变革模型反映了变革者的重要性,特别强调他们的意图以及推动变革的计划。而在上述研究中,两位作者以成都公交公司组织变革的过程,归纳描述一个中国管理者如何审时度势,根据情境的变化把变革具体化为连续的、循环的、没有终点的过程。这个建立在阴阳逻辑之上的观点为组织变革理论与实践都提供了一个全新的理论视角。可以想象,如果通过问卷调查法去研究这样一个话题,几乎是不太可能完成的。然而在这个例子中,作者通过具体变革案例提供了丰富的定性材料,为发展组织变革的阴阳模型提供了厚实的描述（thick description），使得中国情境和文化逻辑有效地整合进了研究者的理论发展之中。这个例子提示我们，基于中国文化的某些现象往往具有很强的整体性特征。这时贸然地选择问卷调查法，虽然可以取得一定的成果，但是由于缺乏对这些现象进行系统性的理论研究，最后往往会事倍功半。因此，我们建议研究者在对本土情境化程度比较高的议题进行研究时，谨慎地选择问卷研究法。

9.6 结语

本章的内容重点介绍了实证研究中的问卷调查法。由于其操作简单、便捷，问卷调查法近年来一直是中国管理研究者普遍采用的一种实证研究方法。一份问卷是如此的平常和普通，很少人能真正理解其中凝聚着多少研究者的心血。我们希望这一章的介绍能够使读者更加全面地了解问卷调查法。问卷的质量有天壤之别，直接影响数据的质量。如您有意借助问卷调查法从事组织管理研究，建议思考以下关键环节：

- 设计问卷前，确立研究思想和研究假设，在此基础上，确定研究变量。
- 如沿用现有的量表，确认量表的适用性和可行性。
- 如翻译西方量表，确保翻译质量，并做预测试。
- 如自行设计量表，仔细研究变量以及适用的尺度，尽量采用数据分辨度高的方法，如间隔法或比例法。
- 避免使用双重意义的词句、诱导性的词句以及需依赖记忆回答的问题，避免启动参与者为满足社会期望而提供答案的动机。
- 用简单的语言设计问卷，问卷不宜过长。
- 如可能，亲自发放和收集问卷。
- 在研究道德准则指导下，实施实证研究的每一步骤。

近年来，问卷调查法的主观性得到了越来越多的关注，建议读者采纳多来源数据综合法，以弥补单一问卷数据的不足，请关注以下提醒事项：

- 此研究项目要解决什么理论问题？
- 采用来自不同来源的数据能否帮助解决如上的问题？
- 就此研究项目而言，什么是最理想的非自我报告的数据？
- 我是否了解将要收集的非自我报告的数据的性质？它们的优势和劣势是什么？
- 我是否了解应该如何收集该非自我报告的数据，以确保其信度和效度？
- 我是否了解应该如何分析该非自我报告的数据？
- 我是否已准备好面对收集和分析非自我报告的数据过程中的困难与挑战？

随着问卷调查法的日益普及，这种方法在某种程度上存在因被误用而污名化的问题。不少人认为问卷调查法是一个技术含量低但快捷的数据收集方式。实际上，作为现代实证研究方法的一种，问卷调查法和其他研究方法一样，都需要遵循同样的学术标准，进行系统、扎实的问卷设计、数据收集和统计分析，接受同行专家和杂志主编严格的评审过程。中国管理学者有责任从中国组织情境的角度思考如何恰当地使用问卷调查法，避免产生对这一实证方法的误用和滥用。恰当地使用问卷调查法不仅有利于中国管理研究的健康发展，也必将随着中国改革和工业化进程的逐步深入，最终贡献于全球管理学的知识发展。

思考题

1. 在组织管理研究中，如何恰当地理解问卷调查法的角色？
2. 在编写问卷题目时，应该注意哪些重要的问题？
3. 什么是量表的尺度？不同类型尺度的含义和使用范围是什么？
4. 评价问卷数据采集质量的标准有哪些？如何激发参与者的参与动机，提高数据采集质量？
5. 在数据收集中，问卷调查法遇到的一般挑战是什么？如何在中国组织管理研究中提高问卷数据的可信度和可重复性？

延伸阅读

DeVellis，R. F.（2017）. *Scale development：Theory and application*（4nd edition）. New York，NY：Sage Publications.

Kraut A. I.（1999）. *Getting action from organizational surveys：New concepts，methods and applications*.San Francisco，CA：Jossey-Bass.

Krosnick，J. A.（1999）. Survey research. *Annual Review of Psychology*，50，537–567.

罗胜强、姜嬿.（2014）.管理学问卷调查研究方法. 重庆：重庆大学出版社.

第 10 章

案例研究

郑伯埙　黄敏萍

> **学习目标**
> 1. 了解案例研究的意义与特点，清楚高质量案例研究的效度与信度要求
> 2. 了解案例研究的过程和具体做法，包含工具选择、资料搜集、分析步骤、文献对话等
> 3. 了解案例研究的阶段、步骤及其关键内容，以及如何采用案例研究方法来建构相关概念与创新模型
> 4. 知晓案例研究论文写作可能遭遇的问题及其解决方法
> 5. 通过对研究范例的学习提升自己在案例研究中的洞察力与敏锐度

10.1　案例研究的意义

想象你身处 19 世纪哈佛大学动物学的课堂，你的教授路易斯·阿加西斯（Louis Agassiz）走进课堂，手里拿了一个锡罐，里面游着一只小鱼。他布置了一个作业，要求大家设法研究这只生物，并且向他报告结果。但规定在没有他的允许下，同学们不能询问专家的看法，也不能阅读任何有关鱼类的知识和使用任何辅助工具。在接下来的 100 多个小时的面谈报告中，只听到他不断地挑战学生："你看到了吗？你看到了什么？你还没有看仔细！……"终于，学生十分苦恼地要求教授给予更多的指示，到底该如何进行这项研究。教授于是说道："你有两只眼睛，两只手，以及一条鱼！"（Weick, 2007）

这个小故事基本上把质性研究的特性、过程甚至初学者的苦恼，描绘得淋漓尽致。早在 19 世纪末、20 世纪初，社会科学家便尝试以质性研究取向来建构相关的知识，而案例研究便是其中一种常用的方法。在社会学方面，法国学者黎伯勒（Frédéric Le Play）（1806—1882）认为家庭是社会的基本组成单位，他以家庭作为观察案例，试图找出社会的特征。这一做法也影响了美国的社会学研究，芝加哥学派就是其中的佼佼者（Hamel, 1993）。在心理学方面，西格蒙德·弗洛伊德（Sigmund Freud）（1856—1939）对精神病患者的心理分析，以及心理分析学派所从事的患者案例分析研究，都是重要且典型的案例研究。时至今日，案例研究已是

当代社会科学的重要研究方法之一（Yin, 1989）。

虽然案例受到重视，但案例研究却是难度最高的科学研究方法之一（Yin, 1989）。除了寻找研究案例的难度颇高、大家对整个研究过程与结果的客观性缺乏共识，案例研究还常常受到大众的误解，比如：把案例研究视为案例教学，将案例研究局限于探索研究，分不清案例研究与案例记录，以及将案例研究与民族志（ethnography）研究等质性研究方法混为一谈，等等。了解这些误解，将有助于了解什么才是案例研究。

10.1.1　什么不是案例研究

案例教学是管理学教育中相当重要且不可或缺的一环，案例教学是否能够发挥最大的效用，取决于案例质量的高低。因此，提供优质的案例，是案例教学成功的重要条件。把案例研究视为案例教学，这是第一种误解。教学案例的探讨与撰写，并不是案例研究。教学案例着重于反映实务问题，必须具有启发性，能够激发学习者的学习动机与兴趣，带动学习者进行积极热烈的讨论观点分享。所以，教学案例的性质与严谨、讲求证据的案例研究是不同的。在案例教学中，有时为了更有效地铺陈特定的观点，也可以慎重地修改案例材料，以激发更为精彩的对话；但在进行案例研究时，这种做法是被绝对禁止的。每个研究者都要严守各项规范，呈现严谨而扎实的研究证据（Yin, 1989）。

第二种误解是以为案例研究是一种探索工具，只是进行正式研究前的一种预备研究而已，只能用于现象的初步描绘，而不能用来发展命题（proposition development）或验证假设（hypothesis testing）（Platt, 1992）。事实上，案例研究不仅具有探索功能，而且兼具描述与解释的功能。例如，芝加哥大学社会学教授威廉·F. 怀特（William F. Whyte）1943 年的经典著作《街角社会：意大利贫民的社会结构》（*Street Corner Society: The Social Structure of an Italian Slum*），探讨街角流民的社会结构，是一项典型的案例研究，不但深具探索与描述的功能，而且也极具类推能力——即使是在不同的街头、不同时代所做的类似研究，都一再验证此项研究的发现。另外，Yan & Gray（1994）对中美合资企业的协商权、管理控制及合资绩效的探讨，以及 Ross & Staw（1993）对美国 Shoreham 核电厂浪费公帑与承诺升级的研究，则采用案例研究来检验既有的理论模式。由此显示，案例研究亦可以用来建构理论与验证假设，因此，案例研究并非只是一项探索性的预备研究。

第三种误解是混淆案例研究与案例记录。不管是企业诊断、教育辅导、临床心理还是社会工作，都会针对焦点案例来进行探讨，要求案例揭露自己的特性与面对的问题，广泛搜集与案例有关的资料，并据以提出有针对性的问题解决办法，提供必要的咨询、辅导及诊疗协助。虽然此类案例记录旨在说明问题的解决办法，对案例也有充分的了解，但与案例研究差异颇大：前者旨在助人，解决问题；后者则旨在研究，建构与验证理论。

第四种误解则是将案例研究与民族志研究等混淆，或者认为案例研究需要进行长期的田野观察，强调观察而来的质化证据（Kidder & Judd, 1986）。实际上，案例研究并不只是田野调查中的一种资料搜集技巧而已，也不一定需要进行长期的田野观察，其收集数据的方式视研究问题而定。有时，甚至不必离开图书馆，仅使用电话访问，就可以进行高质量的案例研究。而且，所搜集与分析的资料，也不见得总是质化数据，量化数据也常是搜集与分析的重点。另外，案例研究虽然也可能在进行研究一段时间后更换研究主题，但通常在进入另一个研究场域之前，就具有清楚的问题意识或明确的理论方向。而民族志研究等质性研究是在进入场域之后，才逐渐清楚要探讨什么问题；或是在进入现场之后，问题才逐渐浮现，并随之调整问题的方向。因此，案例研究并不等同于民族志等研究方法。

10.1.2　什么是案例研究

什么是案例研究？其定义为何？虽然在社会科学领域进行案例研究的研究者不少，但直接给案例研究下定义的研究者却不多。其中，Jennifer Platt 是个例外。Platt（1992）在回顾美国案例研究的方法论思潮时，曾认真做了回顾，并试图加以界定，认为："案例研究是一种研究设计的逻辑，必须要考虑情境与研究问题的契合性。"根据其定义，Yin（1989）做了进一步的延伸，强调设计逻辑是指一种实证性的探究（empirical inquiry），用以探讨问题现象在实际生活场景下的状况，尤其是当现象与场景界限不清且不容易作清楚区分的时候，就常使用此类探究策略。此外，案例研究在数据收集与数据分析上，均极具特色，包括：依赖多重证据来源，不同证据必须能在三角检证（triangulation）（或称三角验证）的方式下收敛，并获得相同的结论；通常有事先发展（prior development）的理论命题或具有清楚的问题意识，以指引数据收集的方向与数据分析的焦点。

总之，案例研究是一项周延而完整的研究策略，同时包含了特有的设计逻辑、特定的数据收集方法、独特的资料分析方法（Yin, 1989）。而案例研究的采用与研究问题的性质有关：如果研究目的是希望回答"如何改变""为什么改变""结果如何"等问题，案例研究就是最合适的方法。一般而言，相较于其他研究方法，案例研究能够对案例进行厚实的描述与系统的理解，并对动态的互动历程与所处的情境脉络加以掌握，故而可以获得一个较全面整体的观点（Gummessen, 1991）。另外，凡是研究者无法做正确、直接又具系统性控制的变项，或者探讨的是实际生活现象，不是几分钟的实验就能够追溯完毕的，也是使用案例研究的最佳时机。由于案例研究着重于检视当时事件，不介入事件的操控，而可以保留生活事件的整体性与有意义的特征。因此，案例研究非常有助于研究者产生新的领悟（insight）（Bryman, 1989）。

通常，案例研究可以分为三大类，包括探索性（exploratory）、描述性（descriptive）及因果性（causal）的案例研究（Yin, 1994）。探索性案例研究是指研究者对于案例特性、问题性质、研究假设及研究工具不是很了解时，所进行的初步研究，为正式研究打下基础。描述性案例研究则指研究者对案例特性与研究问题已有初步认识，而对案例所进行的更仔细的描述与说明，以提升对研究问题的了解。因果性案例研究则旨在观察现象中的因果关系，以了解不同现象间的确切函数关系。然而不管是何种类型的案例研究，仍必须讲求研究的严谨性与可靠性等标准，这些要求十分类似量化研究中的效度与信度的概念。

10.2 案例研究的质量

在进行案例研究时，虽然有些后现代的管理学研究者可能较着重于研究结果所揭示的意义以及社会建构的事实，而不讲求研究方法的严谨性与可复制性，但是遵循科学法则的案例研究者却必须严守科学研究中的效度与信度要求，只不过是做了一些调整，与量化研究的做法有一些不同。当然，严格来说，科学研究中的效度与信度也是一种社会建构，其法则是由学术社群所建构出来的，彼此互有共识。在本文中，仍将遵循科学研究的法则，来讨论案例研究所需遵守的标准，包括①构念效度：针对所要探讨的概念，进行准确的操作性测量；②内在效度：建立因果关系，说明某些条件或某些因素会引发其他条件或其他因素的发生，且不会受到其他无关因素的干扰；③外在效度：指明研究结果可以类推的范围；④信度：阐明研究的可复制性，例如，数据搜集可以重复实施，并可以得到相同的结果（Lee，1999）。

10.2.1 构念效度

为了使研究具有构念效度，让概念得到准确的衡量，在案例研究中，可以采取几种有效的操作方法，包括采取多重证据来源的三角检证、证据链的建立、重要信息提供人的审查，以及"魔鬼辩护师"（devil's advocate）的挑战等（Eisenhardt，1989；Yin，1994）。首先，在多重证据来源的三角检证（或多角检证）方面，研究者需要使用各种证据来源，让各种来源的证据能够取长补短、相辅相成。这些来源通常包括文件（如信件、报告、报道、私人笔记等）、档案（如公司数据、官方记录、数据库等）、访谈、现场观察、活动参与及人工器物的搜集等。当不同做法都能获得类似的资料与证据时，则说明案例研究中的概念衡量具有构念效度。显然，构念效度十分类似量化研究中的收敛效度（convergent validity）。

其次是建立证据链，让搜集的数据具有连贯性，且符合一定的逻辑，使得报告的阅读者能够重新建构这一连贯的逻辑，并预测其发展。当逻辑越清晰、越连贯时，构念效度就越高。这种做法类似量化研究中逻辑关系网络（nomological network）的建立。

最后是重要信息提供人的审查。通过重要信息提供人的审阅报告与数据，来确保数据与报告能反映所要探讨的现象，而非只是研究者个人的偏见。由此，可以避免因为研究者个人的选择性知觉，而产生不恰当的诠释。

另外，亦可安排能够挑战数据、证据及结论的"魔鬼辩护师"，要他们针对资料的搜集、分析及结果与报告提出严苛的批评，用以检视研究者的盲点与偏见，以确保搜集的资料能够反映研究构念。这种辩护师通常是持反面意见的人，可以提供对立的观点，以避免产生个人偏见或团体盲思（groupthink）。

10.2.2 内在效度

就内在效度而言，研究者必须确定因变量的改变确实是因为自变量的改变而引起的。为了降低因果关系之外的解释力，案例研究者可以采用模式契合（pattern matching）、建立解释及时间序列设计等，以提升内在效度（Yin，1989）。

第一种做法（模式契合）可以用来检验数据与理论是否搭配与契合，查看各构念间的关系是否能与数据契合。如果契合，则提供了支持的证据。例如，当一组性质不同等的（nonequivalent）因变量可被预测，且得出类似的结果，而未有其他的结果时，即可获得较强的因果推论；同样的，如果一组不等同的自变量均可做相同的预测，亦可推论此因果关系是稳定而坚实的（Campbell，1975；Yin，1989）。根据此种想法，如果所搜集的各种资料，都能肯定原先推论的关系时，则可接受原先发展出来的命题或假设；否则，则需要加以修正。Ross & Staw（1993）中的 Shoreham 核电厂案例研究即采取此类做法，以实际发生例子的自变量（影响持续投资的种种前置因素）来阐明此电厂损失近 55 亿美元（因变量）的理由，用以验证承诺升级（escalation of commitment）的理论模式。结果发现，模式所推衍出来的假设，有些是获得支持的，有些则未获得支持。于是，研究者根据此案例研究的结果，修正原先发展的理论模式。

提升内在效度的第二种做法是建立解释。首先，研究者陈述可能的理论，并提出一连串的命题（propositions）；然后，再检视理论、命题与经验数据是否符合，据以修正理论与命题；接着，再重复以上的过程，直到两者趋近为止。这种过程与冶金很相似，研究就是逐步"精炼"想法，接受可能的对立假设，最后建立较好的解释。通过这种持续迭代（iterative）的调整过程，来提升内在效度。

第三种做法是时间序列设计（time series design），先分析所要观察的变量或事件在时间上是否具有先后顺序，再推论其中的前后因果关系。当某些变量或事件总是发生在先，且导致后续变量或事件的发生（或改变）时，即可推论变量间具有时间上的因果关系。如果经验数据亦证实的确具有此类因果关系，则可提供内在效度的证据。

10.2.3 外在效度

就外在效度而言，由于研究者通常只是在单一时间与地点针对单一类型的案例进行研究，因此，必须确定此研究结果是否可以适用于其他类型的案例或不同的时间与地点，以判断研究结果的类推能力。结果与理论的类推范围越广、所能解释的组织现象越多，就越有信服力（Cook & Campbell，1979）。

在探讨案例研究的外在效度时，通常是采用分析类推（analytical generalization）的概念，而非统计类推（statistical generalization）（Bryman，1989）。统计类推是依据统计抽样的思路，选择具有代表性的样本，再依据概率论的原则，将样本的研究结果类推到母群上，由此说明研究结果的类推范围。然而，分析类推是指案例所得的结果，可以在以后的案例上被重复发现,由此证实该案例所获得的结果确实存在。这种类推根据的是案例与法则相似逻辑(case-law-like logic),通过理论契合或构念契合(fit)的方式,来判断研究的外在效度(Eisenhardt, 1989; Yin, 2003)。其分析概念,就像医生所说的:"我认识他,他是我的'病人',我在每位患者身上都可以看得到他的身影。"(Van Den Berg, 1972)因此,要判断案例研究结果在其他案例中是否适用时,需要在不同时间、地点进行多案例研究,以判断此结果在其他情境、时间及地点上的情形。就此而言,案例研究的外在效度,十分类似量化研究中的生态效度(ecological validity)概念。

10.2.4 信度

案例研究的信度是指研究过程的可靠性和可重复性。因此,案例研究者必须准备周密的案例研究计划草案(protocol),让后来的研究者可以重复进行研究;也必须建构研究数据库,让后来的研究者能重复进行分析(Yin, 1994)。

研究计划草案不仅要说明特定的研究过程、所依循的资料收集与分析原则,而且还必须包括以下内容:

· 研究目标与探讨议题,如研究目的、问题等背景等;

· 研究场所与研究程序,如研究地点的详细描述、信息来源,甚至研究者的保证书等;

· 研究问题,如特定而具体的问题、访谈表的时程与内容、访谈对象、数据分析方式与过程等;

· 研究报告的结构,如研究结果、如何组织的、进行对话的理论及结论如何获得等。

研究数据库则至少包括现场研究笔记、参与观察记录、访谈录音、观察录像、誊写的文稿、档案数据以及数据分析记录等,以便后来的研究者能够进行再检查与再分析。通过这种详细的文字记录与数据文件,来强化案例研究的信度。

案例研究的检验标准、威胁(threat)因素及处理方式如表10–1所示。总之,案例研究者应该系统地搜集数据,并谨慎地研读、严谨地分析,并使研究设计与过程能够符合所要探讨的问题与概念,以满足效度与信度的要求。

表10–1 案例研究的效度与信度

	检验标准	威胁因素	处理方式	步骤
构念效度	准确测量所要探讨的概念	操作性测量不能反映构念,或者反映其他构念	三角检证 建立证据链 重要信息提供人的审查	资料搜集 资料搜集 资料分析
内在效度	确保变量或事件的变化来自因果关系	存有另外的因果解释,或者因果关系受到污染	模式契合 建立解释 时间序列设计	资料分析 研究设计/资料分析 资料分析

（续表）

检验标准		威胁因素	处理方式	步骤
外在效度	研究结果可类推	研究结论可能只局限于特定范围	多案例复制研究分析类推	研究设计资料分析
信度	研究过程可复制	重复实施得不到相同的结果	准备详细的案例研究计划草案建构研究数据库	研究设计/资料搜集数据搜集/数据分析

10.3 案例研究的执行

虽然研究者对案例研究的执行步骤有不同的看法，研究过程也未必完全遵循固定的顺序，但是案例研究仍然有一定的操作步骤供初学者学习。我们可以将案例研究划分为不同的阶段，每个阶段所处理的问题与操作各有重点。本章根据 Eisenhardt（1989）的架构，将案例研究的过程区分为启动、研究设计与案例选择、研究工具与方法选择、数据搜集、数据分析、形成假设与理论化、文献对话及结束八个步骤，这八个步骤又进一步归结为准备、执行及对话三大阶段（如表 10-2 所示）。这些阶段与步骤虽然可以区分且有先后顺序，但在进行实际研究时，各步骤之间却可能呈现循环关系，而不见得总是线性地往前推进。

10.3.1 准备阶段

准备阶段是案例研究者在进入现场搜集数据前，所需进行的活动，如界定研究问题，研究设计，选择案例和研究方法等。所谓"工欲善其事，必先利其器"，准备地越周密、越充分，案例研究成功的概率就越大。

10.3.1.1 启动

在启动案例研究时，研究者必须先确定要探讨的研究问题是什么，其主要的构念有哪些。即使案例研究想检验的理论不见得清晰，研究者仍然要有清晰的方向和聚焦点，用以指引研究者系统地搜集数据并回答问题。否则，研究工作将会失焦。换言之，只有研究问题清楚了，研究者才能进一步明确要采用何种研究设计、选择何种研究案例、如何搜集数据等重要事项。比如，只有当研究问题清楚时，研究者才能决定：是选择多案例还是单案例？分析单位是什么？如何衡量感兴趣的变量与事件？要采用何种方式来系统地搜集数据？也只有当这些后续研究活动都能依循一定方向、严谨地进行时，案例研究的信度与效度才能得到保证。

表10-2　案例研究的执行步骤

阶段	步骤	活动	原因
准备	启动	• 界定研究问题 • 找出可能的前导观念	• 将努力聚焦 • 提供构念测量的较佳基础
准备	研究设计与案例选择	• 不受限于理论与假说,进行研究设计 • 聚焦于特定族群 • 理论抽样,而非统计抽样	• 保持理论与研究弹性 • 限制额外变异,并强化外在效度 • 聚焦具有理论意义的有用案例,如独特性、补充性或批判性的案例
准备	研究工具与方法选择	• 采用多元数据搜集方式 • 精制研究工具,同时掌握质化与量化数据 • 多位研究者	• 通过三角检证,强化研究基础 • 证据的综合 • 采纳多元观点,集思广益
执行	数据搜集	• 反复进行数据搜集与分析,包括现场笔记 • 采用有弹性且随机应变式的数据搜集方法	• 实时分析,随时调整资料搜集的广度与深度 • 说明研究者掌握浮现的主题与独特的案例性质
执行	数据分析	• 案例内的数据分析 • 采用发散方式,寻找跨案例的共同模式	• 熟悉数据,并进行初步的理论建构 • 促使研究者挣脱初步印象,并通过各种角度来查看证据
执行	形成假设与理论化	• 针对各项构念,进行证据的持续复核 • 横跨各案例的逻辑复现,而非样本复制 • 寻找变量关系的原因或"为什么"的证据	• 精炼构念定义、效度及测量 • 证实、引申及精炼理论 • 建立内在效度
对话	文献对话	• 与相似文献互相比较 • 与相异文献互相比较	• 建构内在效度、提升理论层次并强化构念定义 • 提升类推能力、改善构念定义及提高理论层次
对话	结束	• 尽可能达到理论饱和(theoretical saturation)	• 当改善的边际效用越来越小时,则结束研究

资料来源:修改自 Eisenhardt(1989)。

虽然如此,进行案例研究时,问题与方向并不都是从头到尾一成不变的。事实上,案例研究的进行常常充满了弹性。例如,在进行一段时间研究后,如果研究者发现其问题与方向有偏差或搜集的数据与预期差距过大时,是可以改变研究问题与方向的。例如,有不少研究者(如 Bettenbausen & Murnighan, 1985; Gersick, 1988)在开始研究后,发现某些问题更有趣,更适于创新理论,从而将研究焦点由理论验证(theory-testing)转变为理论建构(theory-building)。Bettenhausen & Murnighan(1985)原本要观察群体决策如何影响联盟的形成,但研究者后来却发现各群体的特性更引人注目,于是把研究焦点由联盟的形成转向群体规范的形成。

对目的是建构理论的案例研究者而言，理论与假设也常常不在事先计划之内。理由是当一开始就局限于理论与假设，容易被框定在既有的理论概念内，而难以发挥想象力去提出新的理论方向。因此，理想上，此类案例研究并不鼓励套用现成理论，而保留较大的研究空间与弹性。当然，这种弹性也不是随意发散、漫无目的的，而是有一定限制，且至少不应脱离更大的研究方向与主题。

10.3.1.2 研究设计与案例选择

一般而言，研究者可以根据分析层次（level of analysis）与案例数量来进行研究设计，并区分案例研究的类型（Yin，1993）。分析层次是指研究者有兴趣去分析的研究对象层次。在组织与管理的领域中，分析层次可能是个人、部门、组织或产业，具体视研究者的需要而定。案例数量则指研究者所要研究的案例的数量。依照分析层次与案例数量的多寡，可以获得四种研究设计方式：第一种为单案例单层次，第二种为单案例多层次，第三种为多案例单层次，第四种为多案例多层次（Yin，1989），如图10-1所示。

图10-1 案例研究的四种研究设计

第一种单案例单层次设计，顾名思义案例数量只有一个，而分析层次也只有一种。例如，高阶领导中的研究设计，研究对象只有一个人，而分析层次也以个人为主。郑伯埙（1995）基于对一位家族企业领导人的观察，建立家长式领导模式即是一个例子。第二种单案例多层次设计，案例数量只有一个，但分析层次不止一种。这种设计常见于组织研究当中，以一家组织为案例分析对象，分析层次包括个人、团体、部门及事业部等。如Barker（1993）自我管理团队的研究，他既同时访谈了员工、领导者，又观察团队运作及整个公司的制度变革，再进行分析。第三种多案例单层次设计是第一种设计的复制，分析层次只有一种，但有多个案例。如Yan & Gary（1994）在合资企业的控制形式研究中，分别针对四家合资企业的高级经理人进行深度访谈，以及郑伯埙（2005）针对多家企业高阶主管的家长式领导的探讨。第四种多案例多层次设计是第二种设计的复制，研究案例数量超过一个，分析层次也不止一种。例如，探讨不同组织的制度对各阶层员工的影响等。在Zbaracki（1998）针对全面质量管理（total quality management，TQM）的口号与实际情形的研究中，资料分别来自五家制度不同的公司的高级主管与一般员工。

姑且不论分析层次的多寡，就案例数量而言，单案例设计与多案例设计究竟有何不同？其适用状况又如何呢？一般而言，单案例设计较适用于以下三种案例：第一种是批判性案例，目的是挑战或验证现有的理论；第二种是特殊性案例，案例本身具有独特之处，值得做个别探讨，以建立新的理论模式，或者提高旧理论的类推能力；第三种则是补充性案例，前人的研究由于某些因素未能观察到一些重要现象，如今有机会加以观察，可以补充过去研究的不足。简而言之，单案例设计可以针对一个既存的现象提供厚实的描述，进而引发读者对于某个问题的研究动机（motivation）、激发读者对于现有理论的反思（inspiration），或是将一些现象更清楚地予以揭露和呈现（illustration）。故相较于多案例研究，企图以单案例研究来建立理论也许显得基础过于薄弱，然而若操作得当，单案例研究也可以非常具有说服力，因为一个适当的例证就足以反映出现有理论的缺失或是新的研究方向（Siggelkow，2007）。

至于多案例设计，就像多项实验一样，其结论比单案例研究更有说服力，但所费的时间、所投入的成本及所付出的努力也更多。其主要好处是，除了可以在一项研究中，同时找到正面与反面的证据，还可以探讨同一假设在不同场合中是否成立。然而，多案例研究的案例选择需要十分小心，必须考虑案例间的关联性，以免把不相干的案例拼凑在一起。多案例研究的分析也较为复杂——除了需要进行单案例的分析，还要进行案例间的比较，以查看相似与相异之处。具体而言，在进行单案例分析时，主要是以单一案例为对象，分析其模式契合的状况；而在进行多案例分析时，则是比对各项主题，多方寻找支持与对立证据，互相校准、复核，以形成更为稳健的理论与命题。简而言之，首先，多案例设计可以帮助研究者进行比较，以确认某些研究发现是否普遍存在于不同的案例中；其次，多案例研究的发现是基于不同案例的，故其所建立的构念关系通常更为严谨；最后，由于不同案例间可能存在着差异性，因而，多案例研究可以促使研究者针对研究问题进行更广泛的探索与思考。故相较于单案例研究，以多案例研究来建立理论，通常可以获得更为严谨、一般化及可以验证的理论（Eisenhardt & Graebner，2007）。

一旦确定研究设计的类型之后，就可以考虑案例选择的问题了。在案例选择方面，研究者需要决定选择标准与筛选过程。除了验证理论的案例研究可以采用统计抽样的方法来选择案例，大多数案例研究都采用理论抽样（theoretical sampling）的方法来进行。简而言之，统计抽样是指研究对象有一个清楚的母群，并依据随机方式，来抽取具有代表性的样本为研究之用。理论抽样是根据理论而非统计概念来选择样本（Glaser & Strauss，1967）。例如，为了延展理论，可能会选择较为极端的案例；为了验证理论，可能会选择符合理论要件的案例。因此，理论抽样的目的是有意地选择独特性、补充性或批判性的案例，用以显现或延展构念间的关系。

即使基于理论抽样的原则，在实际操作中，案例选择也并不是一件容易的事。Siggelkow

(2007)对于单案例设计中的案例选择有一段很贴切的描述:"如果你能够找到一只可以说人话的猪,就非常值得写一篇文章来探讨动物说人话的可能性。"也就是说,如果研究者想要以单一案例来激起读者的兴趣或是说服读者,最重要的是先确定手中有一只"可以说人话的猪"!简而言之,单案例设计中的理论抽样,通常是选择不寻常、极端的案例,同时研究者亦有机会近距离接触的案例,以便针对一个独特的现象来进行探讨。多案例设计中的理论抽样则较为复杂,其考虑的不是单一案例的独特性,而是一组案例对于理论发展的潜在贡献(Eisenhardt & Graebner, 2007)。故在多案例设计中,依据理论发展的不同需要,研究者可以选择性质类似的案例,或是相反、极端的案例,或是以案例选择来排除其他可能的解释,以帮助厘清一个现象中各构念之间的可能关系。

前述的几个研究例子,可以进一步说明理论抽样的内涵。郑伯埙(1995)在建构其家长式领导模式时,有意选择符合权威家长条件、掌握实质经营权的家族企业领导人,同时也考虑公司地点、观察难度及配合程度等因素。而 Barker(1993)在探讨自主管理团队的控制时,也是依据研究构念,选择一家由传统团队转变为自主管理团队的公司作为研究案例,并观察自主管理团队控制规范的形成过程,且发现自主管理团队的控制比传统团队更加强而有力。此外,Zbaracki(1998)在探讨推动全面质量管理的公司的口号与实际情形时,也是采取理论抽样的方法,并根据 Scott(1987)的技术环境与制度环境的研究,进行案例的选择,目的是确保案例间的差异性。最后,Zbaracki(1998)选择国防设备承包商、饭店、医院、制造公司及政府机构等作为研究对象(这些对象分别反映了技术与制度力量的差异),再比较各案例实施 TQM 的口号与实际情形。反之,Yan & Gary(1994)为了检验企业中管理控制与合资绩效间的关系,则有意选择了四家性质类似的合资企业,它们均属中美合资、制造产业且合资关系均存在五年以上,目的便是确保案例间的同质性,以便建立研究变量的明确关系。

10.3.1.3 研究工具与方法选择

案例研究通常采用多种方法来搜集资料,除了一般量化方法,大多还包含各种质化方法(De Vaus, 1996)。不少学术书对量化方法讨论颇多,这里姑且不论。质化方法通常包括深度访谈、直接观察及档案调阅等(Patton, 1987)。

深度访谈又可细分为非结构访谈与半结构访谈两种。非结构访谈是研究者邀请受访者畅所欲言,但并未事先准备完整的访谈表,而仅使用一份备忘录来检核访谈内容,查看是否有遗漏的议题。在半结构的访谈中,研究者会准备一份访谈表,并依照表中的内容逐项询问,据以搜集资料。

直接观察可分为参与观察与非参与观察两种。在参与观察中,研究者会置身被观察者的活动场所中,查看被观察者的所作所为,并可能与被观察者进行互动。在非参与观察中,观察者只是一位旁观者,通常以不介入的方式进行观察。

档案调阅,则指研究者搜集并阅读与研究主题有关的各类文件,包括公务信件、备忘录、议程、会议记录、公文、企划书及媒体报道等,也有可能在被研究者同意的情况下,阅读其私人信件或日记。

由于这三种方法，都各有优缺点（如表10-3所示），所以同时使用不同方法来搜集资料是非常重要的，可以取长补短，产生综合效果。当然，量化数据与质化数据亦可以一并搜集，二者相辅相成，就像 Mintzberg（1979）在论及量化数据与质化数据的互补时所强调的：理论建构依赖于对现象的丰富描述，此种描述常来自质化的轶闻或掌故数据（anecdotal data），而非硬性的量化数据；而且量化数据通常会局限在有限的变量当中，而无法处理所有可能的关系，但软性的质化数据则可以进行周延的考虑，给以补足；相反，质化数据虽然生动、丰富，但也可能不够精准，有赖于量化数据的补充。

此外，在案例研究中，亦强调多研究者（multiple investigators）、多数据源（multiple data sources）。首先，多研究者的好处是可以强化研究的创新性。由于每位研究者所擅长领域不同，对数据的搜集、分析及诠释有更为宽广的见解，因此可以集思广益；也更容易发挥想象力，获得新的体会与领悟。其次，当多位研究者的观察都能获得一致的结论时，研究结果较容易收敛，从而提升研究者对结论的信心（Eisenhardt, 1989）。因此，有不少研究者采用团队的方式来进行案例研究。以深度访谈为例，有些研究者负责访谈，有些负责记录，有些则负责观察，彼此互相协助，以求访谈的周延和避免个人偏见。在资料分析时，则由多位研究者负责，通过充分的群体讨论，厘清隐晦不明之处，并逐渐形成共识。也可指派一些人担任魔鬼辩护师的角色，针对资料的搜集、分析及诠释提出批判意见，以提高研究的效度与信度。另外，多数据源也有类似的优势：当数据源广泛时，可以互相佐证，搜集来的数据比较不会偏颇，而有较高的可靠性。总之，多研究方法、多研究者、多数据来源的做法，是案例研究中常见的选择。

表10-3　三种资料搜集法的优缺点比较

研究方法	优点	缺点
深度访谈	・目的清楚，能呼应研究主题 ・可以获得有深度的解释	・重要文件不容易取得 ・不完整时会有偏颇 ・可能反映原作者的偏见 ・被访谈者有回忆偏差或故意迎合访谈者
直接观察	・可以看到直接而实时的事件 ・能查看事件发生时的情境 ・对人际行为与动机具有深刻的了解	・费时费力 ・选择的情境可能有偏颇 ・介入的影响
档案调阅	・可以重复检视 ・不介入案例活动 ・明确的资料与清楚的细节 ・范围广泛，横跨各种人、事、时、地、物	・问题不佳时会产生偏误 ・使用权会受到限制

资料来源：改编自 Yin（1994）。

10.3.2 执行阶段

在进行充分准备之后，即可进入现场建立投契关系（rapport），研究者与研究对象必须彼此互相信任，然后开始搜集数据，进行分析，且形成假设。在此阶段中，数据搜集、数据分析及形成假设是反反复复、来来回回进行的，而不是直线式地一直往前推进。

10.3.2.1 数据搜集

Glaser & Strauss（1967）曾经指出：案例研究中数据的搜集、编码及分析通常是混在一块的，而非彼此分立，这和量化研究的数据搜集与分析程序有很大的不同。在案例研究中，数据搜集与分析常常是重叠在一起的，研究者需要保持敏锐的理论触觉，在此过程当中，现场笔记（field note）可以提供极大的帮助。现场笔记记录了研究时所发生的种种事件，让研究者可以据此进行深刻的反思。研究者需要思考的是：什么是令人印象深刻的事件？这种事件为什么发生？从这些事件中，研究者能学到什么？此事件与其他已经历过的事件有何不同？有何独特之处？通过这些思考，研究者可以更加开放自己的心胸，并随时调整数据搜集的广度与深度。必要时，也可以增加新的问题，或者采取新的数据搜集方法，来应对逐渐浮现的问题。另外则是要定期（或在有需要时）组织团队会议，讨论数据搜集的状况，分享彼此的想法，为下阶段资料搜集方向与做法提供参考（Eisenhardt, 1989）。

在此过程中，研究者必须对自己的偏好与性格倾向有清楚的了解（郑伯埙，1995），以避免个人偏见涉入并产生影响；研究者也需要具备良好的沟通能力，以便能与研究对象、信息提供人及其他有关人员进行顺畅互动；研究者还需要拥有开放的心胸与同理心，能够扩大视野，针对问题进行抽象、系统且具反省性的思考；更重要的是，研究者要具有理论敏感度（theoretical sensitivity），能够察觉现象或事件背后的理论，洞察事物之间的联系（无论相关还是无关）。此外，由于数据搜集的方法不少，且各有优缺点，因此，研究者必须深谙各种方法并对其优缺点有清楚的认识。总而言之，在数据搜集时，常常也夹杂着一些数据分析的工作，必须要有系统且保持弹性；至于研究者，则必须要开放心胸，维持较高的理论敏感度。

10.3.2.2 数据分析

数据分析是案例研究的核心，也是最难说清楚的部分。就像"金炉炼丹"一般，如何从厚达一千页的笔记与数据中，抽丝剥茧，披沙沥金，获得有创意的结论，的确不是一件简单的事（Miles & Huberman, 1984; Strauss & Corbin, 1990）。虽然如此，案例研究中的数据分析，仍有一定的程序可循。研究者如能小心谨慎地遵循研究程序，多加练习，还是得出具有一定水平研究结论的。

简单来说，案例内的数据分析包括以下的步骤：①建立文本（text），即对深度访谈、直接观察及档案调阅等数据的誊写与摘记。②形成编码类别（categories），即研究者详细阅读每一个段落的内容，并参照全文主题，将每一段落分解成小单位，用一句话简述并加以编码；同时，将所分析出的小单位，依内容与性质的相近程度加以整理，以形成自然类别。

如果已有初步理论，亦可根据理论来确定编码类别（Yan & Gray, 1994）。③指出相关主题（themes），即研究者仔细思考每一自然类别的内容与类别之间的可能关系，依照可能的逻辑关系排列出来，并给予命名；接着，审视前一步骤是否有不合适或结果不合逻辑的地方，予以修正。修正时，一方面搬动不合适的小单位，另一方面加入原先未能分类的小单位。④数据聚焦与检定假设，即复核初步假设或发现，让数据主题与初步假设对话，以了解数据与假设配合的状况，作为接受或拒绝假设的依据。⑤描绘深层结构，即整合所有数据、脉络及理论命题，来建构理论架构，作为未来进一步研究的基础；或是与打算验证的理论进行对话，并加以修正（Carney, 1990; Strauss & Corbin, 1990）。案例内的数据分析步骤如图10-2所示。

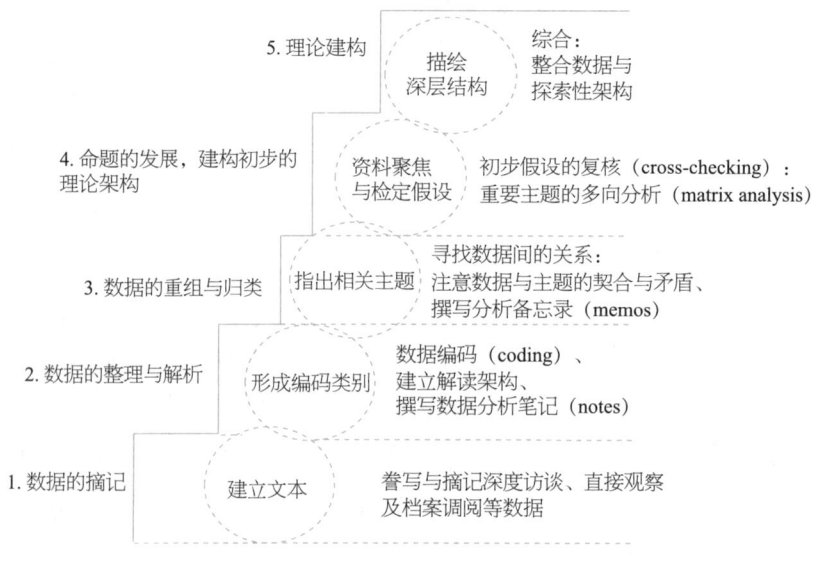

图10-2　案例内的数据分析步骤

资料来源：改编自Carney（1990）、郑伯埙（2005）。

除了案例内的数据分析，在进行多案例研究时，也需要进行案例间的比较，以了解案例间的异同。在进行多案例比较时，由于已进行过单一案例的分析，所以容易产生先见，进而导致产生信息处理偏见（information-processing bias），或者忽略重要的信息，从而获得错误的结论。因此，在进行多案例比较时，必须秉持开放的心态，多方面寻求正反两方面的证据。通常，这种比较可以分为两类：一类为根据研究类别来进行多案例比较，另一类为依照案例的所有性质进行全方位比较（Eisenhardt, 1989）。

就研究类别的比较而言，研究者可以根据研究向度与类别，将案例分类，并比较同一类别的案例是否相似（intragroup similarity），或者不同类别间的案例是否有差异（intergroup difference）。至于向度与类别，则是根据理论或研究问题得出。例如，Bourgeois & Eisenhardt（1988）将所研究的案例按照创办人经营或专业经理人经营、高绩效或低绩效、第一代产品或第二代产品、大型公司或小型公司等加以区分，发现某些案例类别（如产品世代、规模大小）

的策略性决策（strategic decision making）模式不明显，但在其他类别（如绩效高低）上，则显现出类别内相似与类别间差异的特色。

在全方位比较中，研究者将案例予以配对，进行所有特点的全面比较，列出所有的相似点与差异点。通过这种方式，可以发现看起来相似的案例，可能具有不同的特点；而看起来不同的案例，却有着相似的特点。通过上述比较，可以在简单的分析架构上，加入新的类别与向度，并对问题与构念有更进一步的了解。例如，Eisenhardt & Bourgeois（1988）原先以为CEO的权力大小是影响案例企业策略性决策的主要因素，但在进行案例的成对比较后，却发现决策速度也是影响最终决策的重要因素之一。总之，多案例分析的目的在于寻找一连串的证据，或者提供更坚实的内、外在效度基础，或者由此发展更为新颖的观点与研究架构。

10.3.2.3 形成假设与理论化

在经过数据分析之后，所有主题及主题间的关系都会逐渐浮现，接下来首先可以进行系统地比对，查看数据主题、主题间关系与构念架构间的契合程度，逐一形成假设、验证假设，并建立理论。当然，在比对之前，需要先检视数据的构念效度，看数据是否能够代表所要探讨的构念，一方面精炼或重新界定构念，另一方面提供构念效度的证据。当所有来源的数据都显现出某一类型构念的证据时，则可以肯定构念效度的确存在。因此，有些研究者利用构念矩阵的做法，摘记某些构念下的资料证据，来表明案例研究的构念效度（Miles & Huberman，1984）。

其次，则是检视内在效度，考察构念与构念间的关系，是否能与各案例所提供的证据契合：契合则提供了支持的证据，反之则提供了不支持的证据。这一过程虽然与传统量化研究中的假设检验颇为类似，但仍有差异。在案例研究中，假设是根据复现逻辑、通过一连串的案例来逐一检视的，而非简单组合起来。这种做法就像进行了许多次的实验一样，每一个案例都能提供支持与不支持的证据。在许多案例都支持假设的状况下，我们对某一关系的信心就会增强；反之，当不支持时，则提供修正假设的机会，或者提出迥然不同的新颖假设。通过上述过程，案例研究的内在效度可以确保。

除此之外，研究者也会想了解："为什么"各构念间存在如此的确定关系？其理由何在？这就涉及理论基础的提问，而需要进一步思考关系背后的原因。例如，Barker（1993）在观察某家公司工作团队的运作过程之后，认为自主管理团队的控制变得更为强而有力的理由是协和控制（concertive control）——将实质理性与形式理性混合在一起，成为一个"公共理性"系统来发挥作用。换言之，在假设形成的过程当中，研究者需要反反复复地检视其测量是否具有一定的构念效度；所探讨的关系与逐渐浮现的关系是否稳定且与假说一致，以检视内在效度；各种关系背后的理论依据为何，以发展与建构理论。通过这些事项的检视，研究者提供了严谨且具说服力的证据。

总而言之，在执行阶段，不论采用何种资料搜集与分析的策略，都必须讲求数据与分析的质量。首先，数据要多元，尽量避免偏见；其次，数据分析以所有相关资料为基础，尽可能搜集可以取得的一切证据，并进行周延的检视；再次，分析要彻底，应该涵盖所有重要的对立假设，作为进一步分析的基础，并据以修正原先的假设；最后，分析要紧紧扣住研究目的，回答所要探讨的主要问题，朝向最重要的一个目标，以免过于发散而模糊了问题的焦点（Yin, 1993）。而在这整个过程中，理论化无疑是最困难的一个阶段。好的案例研究不能仅仅立足于一堆描述性的内容，还必须能够提供概念上的启发（Siggelkow, 2007）。换句话说，若我们将一个案例研究中的描述性资料抽离后，读者仍然能够被文章中的逻辑论述所说服，这就是理论化工作成功的一个标志，理论化工作的成功也会大大提升这篇案例研究被期刊接受的可能性。此外，多案例研究进行理论化工作时，难处常在于无法同时兼顾一般化、精确化及简单化的理论要求。这是因为某个案例可能比其他案例更令人感兴趣，导致研究者所产生的理论解释可能与这个案例相关性较强，但与其他案例的相关性较弱。针对这个问题，Weick（2005）的建议是：一个理论家不可能完成的事，通常可以由一群理论家来完成。即由多位研究者进行集体三角检验，将有助于理论朝一般化、精确化及简单化的目标趋近（郑伯埙和林姿葶，2011）。

10.3.3 对话阶段

在执行阶段的数据搜集、数据分析、假设形成和理论化工作告一段落之后，研究者需要将先前的研究成果纳入案例研究当中。研究者必须熟悉与该案例有关的研究主题的各种主张与争议，并与现有的文献进行对话：或者提供支持的证据，扩大文献的应用范围；或者提供反对的证据，对文献提出修正的看法。

10.3.3.1 文献对话

文献对话的主要目的是将获得的研究结果与既有的理论或概念进行比较，以促进理论或概念的演化。比较的内容通常包括两项：与现有文献有何相似之处？又有何相异之处？

就相似之处而言，当研究结果与过去研究类似或支持现有理论时，代表证据更为强而有力，理论所具备的内在效度和外在效度更高，同时构念的可信度与正当性也更高。例如，郑伯埙及其团队（郑伯埙，2005；郑伯埙等，2006）在探讨华人组织的家长式领导模式时，于许多案例中都发现了这一领导模式，从而肯定了家长式领导在华人组织中的普遍性。Ross & Staw（1993）则采用模式契合（pattern matching）的方式验证其承诺升级的理论，并发现多数假设都能获得支持。

就相异之处而言，与既有文献相异的研究结果，可以促使研究者进一步寻找原因，打开另一扇思考的窗口，从而可以对理论或构念提出进一步的修正；或产生重大的突破，或掌握重要的调节因素。因此，有时相异的证据反而比支持的证据更有价值。Eisenhardt（1989）就强调：如果研究者忽略了相异的证据，那么读者对研究的信心就会降低。理由是读者会认为研究结果有偏差，内在效度不高；或者研究结果只能局限于少数几个特殊案例，而不能提升外在效度。

更重要的是，相异的证据往往会强迫研究者进行更周详的考虑，提出新的观点，对现象有进一步的洞察，也可对现有理论的类推范围有更深刻的了解。例如，Eisenhardt & Bourgeois（1988）的案例研究发现：中央集权常导致组织政治的发生，但此结果与"地方分权往往导致组织政治的发生"的既有结论是互相矛盾的。为了解决这一矛盾的问题，研究者做了更进一步的分析，并发现了更重要的原因，即不管是地方分权还是中央集权，当权力过度集中或过度分散时，都容易引发人际竞争，从而使得群体成员的挫折感增强，并导致自私自利与组织政治。换言之，权力支配与组织政治呈现的是一种U形的曲线关系，不管是权力集中还是权力分散，都会导致组织政治，而只有在权力分配中等的状况下，才会促进人际合作，并削弱组织内的政治游戏。从以上的例子可以了解，针对相异的研究结果进行更深入的剖析，往往能提升理论的清晰性，并掌握更确切的类推范围。

10.3.3.2 结束

什么时候可以结束案例研究？这个问题涉及两项重要的考虑因素：其一为现实考虑，其二则是为研究考虑。理想上，一个研究没有现实中的限制当然是最完美的，可是案例研究通常费时费力，所以当时间不允许、经费已经用尽或参与者不想再配合时，案例研究就得结束。如果现实条件都能配合，案例研究的结束就得视两个条件而定：其一是案例所提供的信息是否已饱和，其二是资料对理论的改善是否效果有限。前者决定案例数量是否需要再增加，后者则涉及理论与数据的契合分析是否接着进行等问题。

就信息饱和这种情况而言，当新增案例无法提供更多的信息，或者研究者很难从新的案例学到更多新知识时，就是结束案例研究的时机（Glaser & Strauss，1967）。显然，这一原则还不够具体，所以一些经验丰富的研究者往往建议，案例数量4—10个是最为恰当的。理由是当搜集的案例在4个以下时，由于案例数太少，可能无法掌握组织或管理的复杂度，从而无法建构稳健有用的理论；案例在10个以上时，则又因为数据过于庞杂而无法处理，或分析难度太高，以致不知如何下手（Eisenhardt，1989）。

就理论与资料的契合分析而言，当来来回回、反反复复的分析已经逐渐饱和，理论与资料契合的改善十分有限之后，则可以终止数据的分析。换言之，研究者通常会检视案例研究的证据，修正理论假设与命题，再根据新的观点检视证据，反复进行此项过程。当其所带来的改善效果十分有限后，则可以结束数据的分析。事实上，此过程颇类似论文初稿的修改过程，当能够修改的空间越来越有限，改善效果越来越小时，即可以结束修改。

最后的一步则是根据主要的故事轴线或问题焦点，铺陈研究目的、研究过程及研究结果，形成案例报告或相关论文。就此而言，报告或论文最好要有一个清楚、重要且生动的主题，这样才能吸引读者一直阅读下去，并留下深刻的印象。

10.4 案例研究实例

深入了解案例研究最好的方式之一，便是阅读一些高质量的案例研究论文。这里将介绍一个作者曾参与的案例研究《义利之辩与企业间的交易历程：台湾组织间网络的个案分析》，我们将按照前文介绍的执行步骤详尽交代研究过程与关键内容，期望引领读者了解案例研究的实际历程。除此之外，亦挑选了三个典型实例加以分析（参见本章线上资源）。三个案例中，前两个案例都是发表在 ASQ 上的最佳论文，第三个案例是发表在 AMJ 上的论文，通过梳理这三个不同研究目的的案例研究，读者可以了解研究者如何提出问题与进行研究，以确定研究质量与研究目的的达成。

10.4.1　准备阶段

10.4.1.1　启动

20 世纪末期，面对企业经营环境的骤变，许多大型企业纷纷精简人员，重新调整组织设计方向，由过去采用的扩大公司规模、中央集权的做法，转变为专注核心技能、扩大授权范围及分权地方的方式，于是巨型公司逐渐转化为短小精悍的中小型公司；同时，各公司之间形成了组织严密的交易网和价值链，从而导致组织间网络的兴起。由于网络中的每一家企业各有其专长，从网络上游的销售、接单直至下游的零件生产，各分工功能都有相应的独立单位负责，于是就形成了分工细密与营销导向的网络产业体系。

就理论而言，组织间网络的兴起，颠覆了当时左派与右派经济学关于市场与阶层理论的想法，因而成为组织研究的焦点。研究者企图了解：组织间网络为何具有竞争优势？它是如何形成的？结点公司之间彼此是如何互动的？网络中所信奉遵守的交易规范为何？等等。在此背景之下，我们亦企图厘清组织间网络的形成机制，其中的互动本质，以及华人文化价值观所扮演的角色。当时，中国台湾地区的产业体系在台湾当局的经济政策指导下，成为中小型民营企业的温床，并与大型公营企业和岛外企业形成紧密的外销导向组织间网络，为研究者提供了一个良好的研究场域。通过对此类网络的分析，一方面可以了解组织间网络是如何形成的，第三方之间彼此的互动关系如何；另一方面亦可查看交易规范和华人关系主义在其中的作用。

10.4.1.2　研究设计与案例选择

由于探讨的是组织间网络的形成过程，以及其中流通的文化价值，因而，研究者采用历史结构的惯时性观点，检视网络企业间的关系建立与互动历程。也由于此方面的研究仍不够充分，对现象的了解不多，因此选择案例研究法进行模式的建构，也希望为未来的实证研究打下基础（McGrath，1964）。

在研究策略上，此研究选择的是具有组织间网络特色的电子周边产业，并聚焦于三次加工的中小企业网络，从中选出关键的核心工厂，再通过核心工厂的网络关系，找出与其具有密切交易关系的第三方作为研究案例，以掌握此核心企业与其他卫星厂商之间的互动状况与历史演进，以期了解动态网络（dynamic network）的特色（Snow et al.，1992）。本研究的核心公司（A 公司）是一家制造电话与传真机转换器的公司，此公司采取外包的方式，提供原材料给第三方进行来料加工，第三方再将完成的半成品交回公司进行组装，完成最后的产品。其中与此公司来往密切的厂商有 9 家，而零件供货商则有 40 家以上。根据郑伯埙和刘怡君

（1995）的研究，核心公司与主要第三方间的互动关系如图10-3所示。

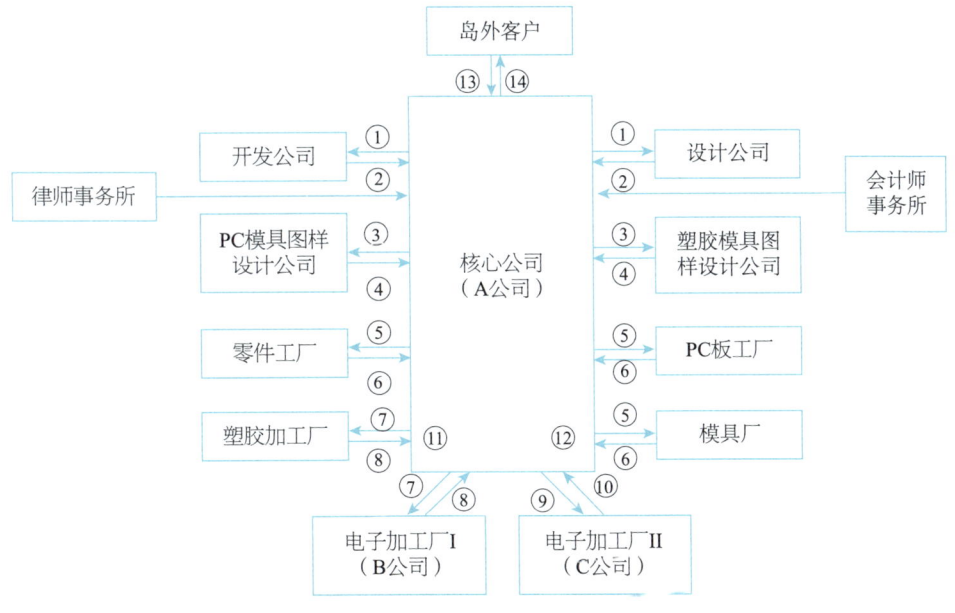

图10-3　核心公司与主要第三方间的互动关系

注：① 核心公司一方面把所构思的功能需求告诉开发公司，另一方面也请设计公司绘制产品外观图。

② 开发公司将线路图交给核心公司测试，若有问题则拿回开发公司修改；如果核心公司对设计公司所绘的外观图不满意，也请设计公司再修改。

③ 一方面将测试通过的线路图，交由PC模具图样设计公司绘制，另一方面也将外观图交由塑胶模具图样设计公司绘制。

④ 两家模具图样设计公司将设计图交回核心公司。

⑤ 核心公司将设计图一份交给模具厂开模，一份交给PC板工厂做板子，也向多家零件工厂买齐所需的零件。

⑥ 模具、PC板与零件交回核心公司。

⑦ 核心公司一方面将PC板与零件交给电子加工厂I安装与加工，另一方面也将模具拿给塑胶加工厂做外壳。

⑧ 电子加工厂I交回加工好的PC板，塑胶加工厂也交回外壳。

⑨ 核心公司将所有的PC板与外壳交给电子加工厂II组合。

⑩ 组合好的机器送回核心公司。

⑪ 核心公司再测试。

⑫ 测试不合格的再修改，合格的由核心公司负责包装，完成产品制造。

⑬ 岛外客户看到广告向核心公司下订单。

⑭ 核心公司向岛外客户交货。

10.4.1.3 研究工具与方法选择

选定核心公司与第三方之后,研究者通过电话与公司负责人预约访谈日期,每次访谈时长原则上是三小时。除了核心公司因与研究者之一具有血缘关系,而持续与公司负责人进行面对面访谈,其余两家均以电话作为后续的追踪方式。由于受访的都是公司负责人,平常都十分忙碌,因此访谈安排得相当紧凑。访谈前,研究者都先将访谈表传真给受访者,让他们有所准备。同时,也请受访者准备公司简介、企业出版物之类的相关文档作为参考。

访谈时,研究者先简短介绍访谈主旨,再开始进入正式访谈;并根据投契关系的原则,先营造友善的访谈气氛,再引导受访者逐渐将话题转移至访谈重点。因而,访谈时,研究者没有谨守访谈表上既定的问题顺序,而是随兴所至,但都触及以下的问题:

① 公司的特性、代表性产品、生产流程,第三方的性质、数量、客户来源与状况。

② 与第三方开始业务往来的时间、方式,与第三方负责人的交情与关系,以及维系关系的方式。

③ 与第三方的来往状况,与第三方是否具有互惠与互信的关系,双方对交易盈亏的看法,以及双方对长期与短期利益的看法。

④ 核心公司与第三方在竞争中制胜的关键、优势,以及可能的弱点。

⑤ 过去曾经合作失败的经历,失败的原因(如结构或双方因素),以及解除关系的过程。

10.4.2 执行

10.4.2.1 数据搜集

研究者主要采用访谈法,辅以参与观察与档案搜集的方式来进行数据搜集。进行访谈时,根据深度访谈法(depth interview)的原则,研究者尽量扮演学习者的角色,从当事人的角度来掌握核心公司与第三方关系建立、互动的情形,以及对此关系的详细说明,并避免掺杂个人主观意见。对于访谈时未能搜集的数据或疑惑之处,则随时厘清或进行后续访谈,以确切了解访谈的问题内容,澄清受访者的观点。每次访谈都必须征得受访者的同意,同时进行录音与书面记录。

数据搜集过程中进行现场分析(analysis in the field)所得到的数据,主要是作为再次深入访谈之用,因此,在数据搜集的过程中,除了将研究焦点集中在更明确的范围(如本研究所关注的网络形成历程),还要尽量发展出有关联且注重过程的分析性问题(而非注重因果关系),研究者也需要写下对数据内容的想法与评论(observer's comment),随时向受访者验证自己想法的正确性。此部分的重点在于怀疑与澄清,并将与以往文献不同或不一致的部分示出来,使往后的内容归类更为容易。在资料搜集结束后,将访谈内容与观察数据誊写成文字稿。

10.4.2.2 数据分析

正式分析的第一个步骤是整理访谈资料,将观察数据誊写成文本。

本研究誊写的访谈资料部分文稿见表10–4。

表10-4 访谈资料的誊写文本（截图）

	文本	行数
问：	您主观上以为，什么是贵公司在商场上制胜的武器？这个武器是如何击败竞争对手的？什么又是贵公司现在不能克服，而希望在未来克服的致命伤？	359 360 361 362
答：	我很重视合作工厂的选择，在选择工厂时，我的做法除了搜寻记	363
	忆中的人际网络，向同行打听也是一个很重要的来源。与其说是	364
	同行，不如说是同业，也就是那些同样从事电子业，却因生产	365
	不同产品而没有竞争威胁的公司。因为好工厂价格低、质量又好，	366
	对本公司有利。他们多半是以前的同事，或是以前有来往，现	367
	在他自己出来开公司而认识的。这些长期关系多半是靠业务往来	368
	在维持的，也就是，今天我卖你的面子，下次就换你算我便宜一	369
	点来还我人情。有时我们可能因为产品因素暂时没有来往，甚至	370
	半年没有通过电话，但对方一直摆在需要时的第一优先顺位。而	371
	每一次的联系，除了带来一笔生意，消息的互换也是联系的重要	372
	目的之一。除此之外，每次拜访时的闲聊，也是关系赖以维持的	373
	重要因素。	374
	打听到某些消息后，付诸行动的查访工作也是随即进行的。	375
	这些工作包括打听该公司负责人的为人，到银行查该公司的信用，	376
	甚至实地到该工厂去探查品管之优良与否。有时，虽然所往来的	377
	是老朋友开的工厂，但一旦发现质量不好，我还是会准备换厂商，	378
	不因友情有所顾忌；这种情形在对方乱涨价时也一样，不然交往	379
	了二十几年还被他吃，那我吃谁啊？因此除了关系和信用，价格	380
	与质量的考虑更重要。相对的，别人在决定要不要和我们做生意	381
	时，或者要不要把我们列为优待客户之一时，别人也会来看我们	382
	公司的营业状况。只要他们认为我们有潜力，很可能第一次交易	383
	就可以有很低的价格。为了这一点，有时我们办公室里会多摆一	384
	张办公桌，充充场面……	385

第二个步骤是将文本编码。最简单的方法是以行数（页数）来编码，只要不重复就可以

了。第三个步骤是小心地把文本从头到尾看好几遍，熟悉文本的内容。需要熟悉到什么程度呢？有个传神的说法是"熟悉到做梦都会出现"。再根据当初的评语，找出文本的可能类别（categories）。第四个步骤是区分主要类别与次要类别，列出归类层级表。第五个步骤是把数据分成许多小单位（units of data），并把标码的类别写在每个小单位的旁边。标码的类别数不能太多，有30—50项即可，但必须要与研究目的密切关联。接着再用较高、较抽象的层次来重新编码，把主要标码与次要标码区分出来，一方面减少类别数，另一方面凸显主要的关键类别及其与附属类别的关系。第六个步骤是将标码整理成一张类别从属表。第七个步骤是重新回到数据中，给每一个小单位数据一个全新的编码。随后，依照档案卡系统（the file card system）的做法，也就是将所有的数据以档案卡的方式表示，内容包括所在的页数、行数及标码类别。有关本研究案例数据分析的详细步骤，如图10-4所示。

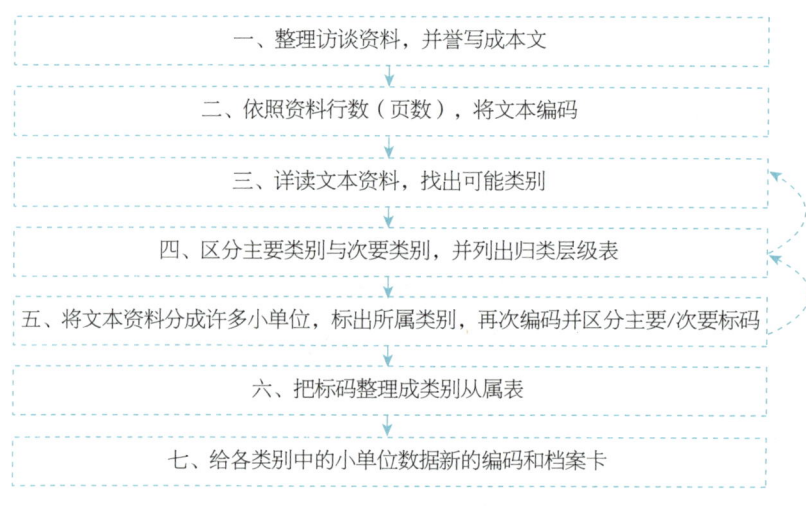

图10-4　数据分析步骤

数据分析时，最关键的部分就是找出要标码的类别，它就像是图书馆借书卡上的索引，目的是给所有的数据以编目与归属。有了类别，就可以将数据加以归类：哪些文字描述了什么事，其他的文字又说明了什么，各属何种类别，等等。借助标码系统，研究者才容易将数据组织起来。此外，在标码时，也要注意随时与文献对话。文献怎样说？实际数据又如何显示？文献与实际数据有出入吗？由于本研究的目的在于探究网络企业间关系的建立互动过程，以及网络中所流行的产业价值观，因此，标码的类别特别着重于公司背景、交往过程、活动事件、合作策略及文化规范等。在所有的分析步骤中，都需要研究者团队反反复复地详细讨论，直至达成共识，以提升数据分析的信度与效度。最后，本研究总共获得112笔重要事例，26类主轴标码（axial coding，也称"主要标码"），以及20类选择标码（selective coding，也称"次要标码"），并列出最终的数据分析结果表，如表10-5所示。接着，进入形成假设与理论化过程，通过标码系统与文献对话，将数据组织起来，以获得有意义的主题，并据以建立初步的理论架构。

表10-5 资料分析的部分结果

类别	行数	关键字	码	相关理论
试误过程				
价格OT1	A 116–117	太贵吃不消	1	市场：价格是决定交易的唯一目标
	387–387	价格合理	2	损益矩阵（payoff matrix）
	395–396	做出东西就贵	3	
	397–398	又便宜	4	
	432–434	太贵	5	
	469–471	涨得太离谱	6	
	B 066–066	合算不合算	7	
	067–068	至少要做四万	8	
	070–070	一天至少要做四万	9	
	C 151–152	输不起一百万	10	
信誉OT2	A 375–377	查访工作	1	网络信任
	B 008–010	提高地位	2	预期长期好处
	A 396–397	排队不能插队	1	关键程度
	397–398	速度又快	2	
	485–486	交期不准	3	
	109–110	先赶我的货	4	
	B 071–073	谁急先做谁的	5	
品质OT4	A 115–118	品质上要求	1	需求法则
	350–352	私下做记号	2	
心理特性P				
义利共生PF	A 110–110	先赶我的货	1	
	117–119	给点面子帮忙	2	网络互惠
	466–467	心中更是内疚	3	互相着想
	368–369	卖你的面子	4	
	369–371	还我人情	5	经济互利
	379–380	不因友情有所顾忌	6	市场价格
	B 069–070	其实很勉强	7	共生策略
	104–105	不好意思	8	人情债、金钱债
	C 043–049	优良"老鼠会"	9	利益与人情的加权法则
	120–122	有情有义	10	
	123–126	不是同情	11	
	128–129	利己不损人	12	共栖策略
	134–135	有感情有机会	13	拉紧网络
	158–159	靠什么过活	14	

（续表）

类别	行数	关键字	码	相关理论
关系取向PR	159–160	对不起上面	15	网络权力
	150–152	没吃饭才会死	16	
	A 452–454	推荐XX给我	1	网络：共同背景者容易信任
	127–128	以前的上司	2	
	B 036–038	推销一下名片	3	
	089–091	认识某厂的谁	4	
	092–092	养鱼哲学	5	预期长期好处
	C 041–042	介绍人来买	6	网络由人际关系开始
	014–015	靠朋友介绍	7	
	018–019	客户即朋友	8	

10.4.2.3 形成假设与理论化

经过资料分析这一过程之后，研究者决定聚焦于两个重要问题：第一，网络中的组织之间，关系是如何建立与维系的，又是如何解除的？第二，当进入关系互惠、情感密切的深度人际信任状态，面对情感义务与工具利益间的矛盾时，要如何调和？就第一个问题而言，我们整理了核心公司与第三方间的关系建立条件与过程，并建构出"穿透模式"，以描述对偶企业间关系的建立、互动及形成信任的过程，如图10-5所示。研究数据显示，在华人组织间网络中，结点公司间关系的建立，一开始是通过人脉关系的助力。接着，检视是否符合交易条件或工具利益的要求，深化交易与信任关系。若符合要求，进入更频繁的互动，便会强化人际情感关系，建立起长期的友谊关系，并兼顾人情与利益。一旦形成此类关系，除非彼此有所背叛，否则关系是不容易解除的。

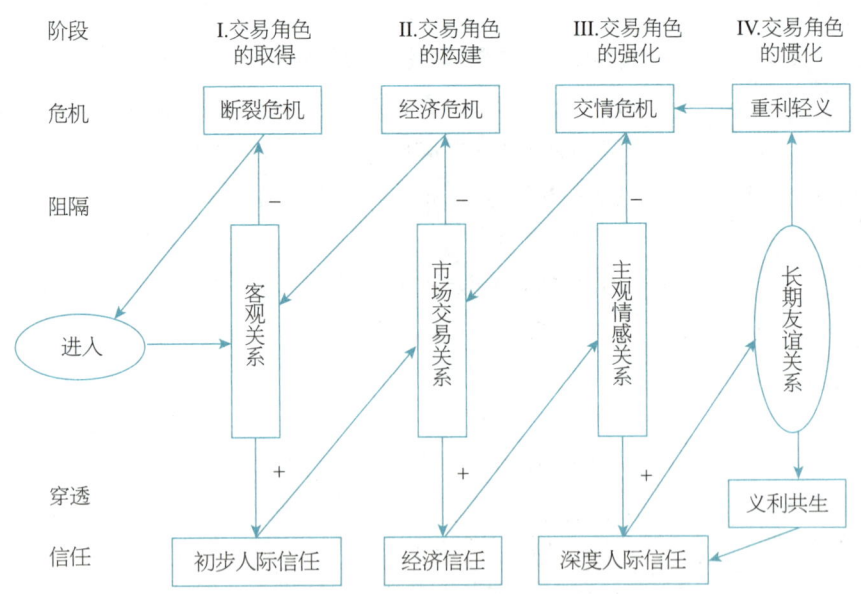

图10-5 长期友谊关系的形成与断裂：穿透模式

长期友谊关系的特色是即使经济或利润条件不佳,但为了情感义务或人情,交易还是会持续下去,从而形成义利共生的互动过程,人情与利益是交织在一起的,其过程如图10-6所示。

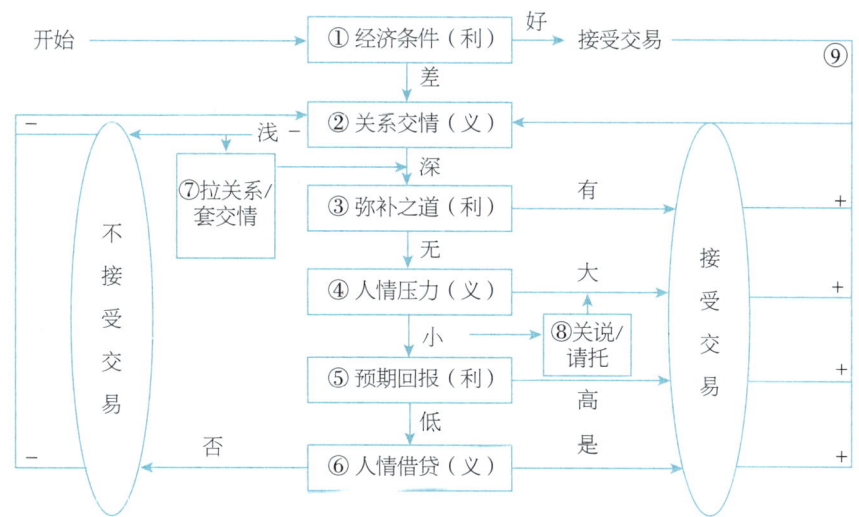

图10-6 长期友谊关系中的义利共生历程

注:事件为委托加工。

① 经济条件:"每天至少要做四万元的生意,但A公司只有三万五千元的价钱,不划算"。

② 关系交情:"二十多年的老朋友,算是深交"。

③ 弥补之道:"设法从别处的生意平衡"。

④ 人情压力:"朋友理当相助,今天不帮势必对关系造成不良影响,将来见面也不好意思"。

⑤ 预期回报:"淡季时也会提供工作"。

⑥ 人情借贷:给予交易的机会,"人情债多一笔"。

⑦ 拉关系/套交情:通过请客、送礼及口头功夫与交易对象建立进一步的关系。

⑧ 关说/请托:请有影响力的人出面施压或说服。

⑨ 与关系交情关系不大。

+表示强化关系交情;-表示削弱关系交情。

10.4.3 对话阶段

10.4.3.1 文献对话

考察网络结点公司间互动的文献,主要有 Larson(1992)、Dollinger(1990)及 Thorelli(1986)三项研究。Larson(1992)以三阶段的考验来说明网络结点公司建立关系的过程,初期着重于个人交情与公司信誉;互动半年至一年半以后,双方的互动由个人层面扩大至组织层面,一方面维持个人情谊,一方面学习对方的规则,调适双方组织运作的状况;接着,建立互信互惠的原则,进展至第三阶段的组织间整合,形成共存共荣的命运共同体。

Dollinger（1990）则认为组织间网络的形成有四个阶段：第一个阶段是两家公司的对偶互动，第二个阶段是找出损益矩阵，如果可以接受，则会发展到第三个阶段，即密切互动关系，如果超越一定的亲近水平，则会达到第四个阶段，即稳定共生关系。

Thorelli（1986）是以语义网络（semantic network）的想法来比拟组织间的网络，认为结点间的连接与强化经过四个阶段，包括进入、定位、再定位及脱离。在进入连接的过程中，组织要先克服进入障碍，然后在网络中定位自己，找到合适位置；再利用内外部的不断变动，寻找优势，重新定位自己；一旦优势消失，就会脱离网络。

显然，本研究结果与 Larson（1992）、Dollinger（1990）的类似，但过程中所重视的因素与机制并不太一样。例如，这两项研究都十分强调市场条件与经济利益的重要性，而忽略了关系因素。在本研究中，除了正式交易与经济信任，还展现出关系取向的特色，包括在建立阶段时，依靠既有的人脉关系来突破进入障碍；在稳定阶段时，依靠深厚的人际交情来稳固交易基础，并发展较长期的关系。然而，只具备初步的人际信任与经济条件的满足，并不足以建立长期的网络关系，所以必须培养私交，成为"圈内人"或"泛家族内的成员"，才能使双方拥有清楚的"自己人意识"。另外，在信任的决定因素上，所讲求的也不太一样，西方文献较强调背景的相似（demographical similarity），但本研究则发现华人的关系中，社会关系与情感义务才是更主要的。

10.4.3.2　结束

从本研究结果可以推论出两种可能的假说：一是穿透与进化假说（penetration-progression hypothesis），用以说明长期关系形成的历程。当客观关系、市场条件、主观关系等障碍因素可以突破时，则可逐渐形成长期的网络关系。二是阻隔与退化假说（obstruction-regression hypothesis），即障碍无法穿透或排除时，则会导致关系的退化，最后造成关系断裂。由穿透进化或阻隔退化原则的互动，可说明华人组织间交易的错综复杂、关系若即若离的奥妙。此外，组织间网络的类型颇多，本研究选取的案例只是其中一种，偏向中小企业间的关系，至于是否能够说明其他大企业的网络类型，仍然值得深究。

总之，通过对组织间网络的发展历程及其中所流通的文化价值信念的探讨，我们可以掌握其中的动态本质，并有助于厘清华人本土组织间网络的内在运作原则与华人中小企业的竞争优势。最后，可以根据本研究的结果，撰写用于投稿的论文。

10.5　案例研究可能遭遇的问题与解决办法

研究者通常能够通过严谨的案例研究获得惊人且具有影响力的研究成果，近年来一些引用率很高的论文（如 Dutton & Dukerich，1991）、评选出的最佳论文（如 Ferlie et al.，2005）、最有趣的论文（如 Elsbach & Kramer，2003），都是采用案例研究法的杰作。如同 Yin（1984）曾经强调的："生动、诱人及魅力，这些都是案例研究难得的特征。唯有研究者醉心研究，且想让其研究结果广为流传时，才容易做出成功的案例研究。事实上，好的案例研究者往往确信其研究结论将会震惊全球，这种热情会持续存在，而且也必然会促使案例研究迈向巅峰！"然而相较于一般常见的量化、理论验证的研究论文，要撰写出一篇可发表的案例研究论文，其难度无疑要高出许多。Eisenhardt & Graebner（2007）便指出，在案例研究的论文投稿过程中，研究者经常会遭遇一些质疑；可喜的是，这些被质疑的问题其实可以依赖事前良好的研究设计和精熟的论文撰写技巧，来逐一加以克服解决。这些常见的问题与解决方法说明如下：

10.5.1 为什么要撰写一篇归纳取向（inductive）的论文？

当使用案例研究法来进行理论建构时，研究者通常必须在论文一开始就努力说服读者，为什么要开展一个理论建构的研究，而非一个理论验证的研究。这是因为一个普遍存在的隐含假设，认为采用案例来建构理论的研究，很可能不够精准、客观及严谨。故研究者的首要任务是厘清这个研究问题的重要性，并且指出为何没有理论可以回答这个问题，或是既有理论的答案是不充分或不适用的。如果在这一点无法成功说服评审人，论文很可能在一开始就遭到退稿。

10.5.2 案例不具代表性，要如何将这个研究结果予以类推？

有些评审人误认为案例研究应该要选择最具代表性的案例，故这个问题的回答涉及如何解释理论抽样的合理性。研究者应该要厘清理论抽样的原则，选择特别适合呈现研究变量间关系的一些案例；并具体说明此研究中的案例选择，是基于呈现一个罕见的现象、检验其他案例的发现、呈现一个与既有知识矛盾的发现，或展现一个正在发生的现象过程。而案例研究的目的在于建立理论、而非验证理论，故案例的理论意涵才是考虑的重点，而非其代表性与可类推性。

10.5.3 研究结果是否只是受访者的回溯释意？

在案例研究中，访谈法是经常被使用的数据搜集方法之一，其可以有效地针对受访者的感受、态度，或是一些不常发生的现象，搜集到丰富与完整的资料。然而通过访谈所得的研究结果也经常受到质疑，特别是受访者可能有的印象整饰与回溯释意问题，使得这些数据的可信度受到挑战。这个问题的解决有赖于事前良好的研究设计，以减少数据搜集所造成的偏误。具体的做法是搜集多重来源的数据、选择对于所关注现象很清楚的受访者，或是搭配其他数据搜集方法一起使用，如观察法等，这些做法都可以帮助研究者有效获得不同的观点、可靠的实证数据。

10.5.4 丰富的故事在哪里？

在撰写案例研究的论文时，研究者常常会面临一个抉择，即要呈现一个"好的故事"、还是一个"好的理论"。在处理一篇单案例研究论文时，研究者通常可以比较容易在发展理论的过程中,同时维持一个故事的丰富性与完整性;但是在一篇多案例研究论文中,既要使理论建构与数据分析密切贴合(well-grounded theory),又要维持故事的丰富性,就是十分困难的任务。较好的策略是将理论建构分成几个段落,或几个命题来进行,如此研究者可以在每个段落或命题中提供各案例的描述性资料,以丰富案例研究的故事性;而所有段落的连结整合,则呈现了整个理论的建构。此外,在多案例研究中,期望各个理论命题被所有的案例数据支持,几乎是一件不可能的事;故研究者若能利用表格与图标,将相关的实证数据与理论发展的关系予以汇总,对于兼顾案例研究论文的理论严谨性与描述丰富性,将会有很大的帮助。

10.5.5 为什么要这样呈现你的理论?

案例研究与大样本、假说验证研究最大的差异,大概在于它没有一种普遍接受的论文撰写格式,让初学者可以直接套用;而且对于同一篇论文,不同的研究者也常有不同偏好的呈现方式。所以一个比较保险的做法是同时使用不同的方法来撰写论文,特别是在论文投稿的初期。例如:在论文介绍段落,先说明所建构理论的轮廓;在论文主体部分,用不同的命题与实证资料来铺陈理论;在结果讨论部分,表明理论是建构在坚实的实证基础上,同时完整讨论相关的理论与争议。有很多案例研究的杰作示范了研究者如何在一篇论文中采用不同的方式来铺陈理论,如 Gilbert(2005)、Maurer & Ebers(2006)等,有兴趣的读者可以进一步参考阅读。

10.6 结语

在哈佛大学阿加西斯教授的课堂上,终于有一位学生向老师报告了他的经验:"在无计可施的情况下,我只好伸出手指摸摸这只鱼……我发现自己开始用手指计算这只鱼的牙齿数目,以及这些牙齿排列的方式……突然间有一个念头闪入我的脑海,我可以勾勒出这只鱼的形状啊!而一直到这样做之后,我才很惊讶地发现,我开始对这个生物有许多全新的发现。"阿加西斯教授露出了满意的表情,说道:"没有错,铅笔是一只最好的眼睛!"(Weick, 2007)。如同阿加西斯给我们的启示,带着训练有素的眼睛与简单的研究工具,研究者就可以逐步深入现象当中进行研究。直到看见了令自己惊讶的发现,研究者才终于体会到案例研究之美:使原来被看见的被重新认识,使原来没被看见的被看见,使原来不能被看见的现形(萧瑞麟,2006)。

思考题

1. 在处理什么类型的研究问题时,最适合使用案例研究法呢?又是什么因素使得案例研究具有这样的优势?

2. 在进行案例研究时,通常会在数据搜集阶段采用三角检证、多重数据源、建立证据链等做法，甚至接受魔鬼辩护师的挑战，其目的为何？

3. 如果要使得案例研究的结果具有外在效度，研究者应该采取哪种类型的研究设计较为合适？

4. 单案例与多案例的研究设计，在案例选择的策略上有何差异？请尝试选择案例加以说明。

5. 案例研究常以"深度访谈"的方式进行资料搜集，可以针对受访者的感受、态度，或是一些比较特殊的现象，搜集到丰富与完整的资料。但在进行论文的投稿发表时，访谈结果可能会受到质疑，尤其受访者可能会有印象整饰与回溯释义的问题，使得搜集的资料的可信度受到挑战。请问这类问题可以什么方法加以解决？

延伸阅读

Bruns, H. C.（2013）. Working alone together: Coordination in collaboration across domains of expertise. *Academy of Management Journal*, 56（1），62–83.

Dutton, J. E. & Dukerich, J. M.（1991）. Keeping an eye on the mirror: The role of image and identity in organizational adaptation. *Academy of Management Journal*, 34（3），517–554.

Eisenhardt, K. M. & Graebner, M. E.（2007）. Theory building from cases: Opportunities and challenges. *Academy of Management Journal*, 50，25–32.

Eisenhardt, K. M.（1989）. Building theories from case study research. *Academy of Management Review*, 14（4），532–550.

Fauchart, E. & Gruber, M.（2011）. Darwinians, communitarians, and missionaries: The role of founder identity in entrepreneurship. *Academy of Management Journal*, 54（5），935–957.

Gibbert, M., Ruigrok, W. & Wicki, B.（2008）. What passes as a rigorous case study. *Strategic Management Journal*, 2（13），1465–1474.

Ross, J. & Staw, B.（1993）. Organizational escalation and exit: Lessons from the Shoreham Nuclear Power Plant. *Academy of Management Journal*, 36（5），701–733.

Yin, R. K.（2011）. *Applications of case study research*（6rd ed.）. Sage Publications.

Yin, R. K.（2017）. *Case study research and application: Design and method*（3rd ed.）. Sage Publications.

简忠仁、周婉茹、郑伯埙.（2015）.使命型创业家的立命与立业：内圣外王的实践历程.本土心理学研究，44，3–71.

第 11 章

二手数据在管理研究中的使用*

周长辉

> **学习目标**
> 1. 本章帮助初学者对于二手数据在管理研究中的使用获得初步了解,掌握其形式特征、使用性能和基本方法论
> 2. 希望通过本章的学习,研究者能对二手数据产生兴趣,增强信心,寻找到或者尝试建立一套属于自己的二手数据库,提高数据使用的严谨性,并在此过程中获得更高的自由感、自在感和成就感

本章聚焦于二手数据(secondary data)在管理学研究中的使用。具体来说,我们将从使用者的角度讨论二手数据的形式特征、使用性能和基本方法论。就使用范围而言,二手数据通常用于宏观层次的管理学研究。宏观层次的管理学研究一般涉及(但不限于)战略管理研究、组织理论研究、国际管理研究、企业家创业研究、创新研究等。本章内容据此定位,目标对象是从事此类宏观层次管理学研究的初学者。

11.1 界定二手数据

所谓二手数据,是相对于一手数据而言的。何谓一手数据(primary data)?一手数据通常具有以下几个特征:① 数据由研究者(或研究者所委托的研究助理、中介服务机构)按照研究者的问题设计直接从被研究对象处搜集而来;② 数据直接用于研究者自己的研究项目;③ 在数据搜集过程中,研究者(或其研究助理、中介服务机构)通常与被研究对象发生直接接触;④ 数据通常为研究者所拥有。

与之相对应,二手数据的形式特征十分鲜明。一般来说,二手数据具有如下四个鲜明特征:① 原始数据是他人(或机构)搜集的;② 原始数据是因其他目的搜集而来,可能是研究目的,也可能是行政管理目的,而不是为本研究专门设计和专门搜集的;③ 研究者在使用二手数据时,通常不与数据中所涉及的研究对象发生直接接触(如访谈、观察、问卷发放与回收、实验室接触);④ 通常可以通过公共和公开的渠道获取。

常见的公开披露的上市公司数据、专利数据、工业企业普查数据、世界银行提供的

---

* 作者感谢刘明坤、曹英慧、李宜轩、王现彪、李璨、李江雁、宋志涓、才让端智、吕渭星、张东芳和肖书锋对本章中有关文献统计和文字校对的协助。

国家和城市年鉴数据、联合国跨国公司委员会提供的各国的对外直接投资（foreign direct investment，FDI）流入和流出数据等，都属于具有上述四个鲜明特征的二手数据。报纸、期刊、年鉴及互联网等，都可以成为获得二手数据的渠道。

二手数据的最初搜集过程有可能包括一手数据的搜集过程。比如上市公司数据，对于广大的经济学、金融学、会计学和管理学的研究者来说，是典型的二手数据。但每家上市公司根据信息披露制度按照标准表格填报有关数据和信息的过程，在本质上与填写调研问卷这样的一手数据搜集过程别无二致。

中华全国工商业联合会曾经邀请一些学者参与它的中国企业家调查项目，组成专家组，共同设计调研问卷。我的一位同事是专家组成员之一，负责某一类调研问题的设计。他说服了专家组把与他正在进行的一项学术研究有关的问题嵌入该调研问卷中。这个便车搭得好。因为有很多类调研问题想在同一套问卷中被囊括，而问卷容量毕竟有限，致使特定的研究问题无法在问卷设计中得以全面铺展，要忍痛做些割舍才行，因此搭便车常常也需要有所妥协。幸运的是，尽管问卷设计有所折扣，毕竟还是通过这个机会获得了宝贵的大样本问卷数据。这套数据对于我的这位同事来说，就是一手数据。这套数据后来公开了，为后来很多管理研究者所采用。对于后来的管理研究者来说，这套有点"包罗万象"的中华全国工商业联合会数据就是二手数据了。这种情况，可称之为一手数据的二手使用，在文献中也并不罕见。

这种一手数据的二手使用，很大程度上需要研究者在原有问卷的研究动机和相应的理论假设模型之外拓展想象力空间，其本质与二手数据的使用如出一辙。

11.2 关于数据"挖掘"与"可挖掘性"

人们通常用"挖掘"一词来形容二手数据的使用方法。有一些研究者认为二手数据挖掘属于数据驱动（data driven）的研究，这种看法是片面和狭隘的。一方面，二手数据的使用完全可以由理论驱动（theory driven）。另一方面，即使是数据驱动，亦无不可。任何数据，无论是何种形式，都是我们所处世界的某种映象。训练有素的研究者可以依据预先的某种理论创意和想象力识别某种二手数据的学术价值，也可以反过来，因受到数据的启发而建立与既有理论的联系，或者拓展想象力，产生新的理论创意。可挖掘性是二手数据的一个基本性能。事实上，可挖掘性也是衡量一个二手数据库丰富性（richness）的重要参数。上文所说一手数据的二手使用，本质上也是一种发掘。对于二手数据，所谓"挖掘"，非但毫无问题，反而是研究者将其用于学术研究并做出贡献的主要方式。数据挖掘，应当理解为研究者与数据的互动过程，是研究者通过与数据进行"交流"而获得启发的过程，本质上也是一个学习过程（a learning process）。

二手数据的可挖掘性，体现在如下几种使用形式：

第一，作为基本的数据来源与形式。

第二，作为辅助性的数据源，旨在增加对实证背景的理解和把握，或者用于对所选取样本数据可靠性的确认。

第三，作为问卷数据的补充信息。比如用资产回报率（return on asset，ROA）和净资产收益率（return on equity，ROE）等客观性绩效指标的二手数据，作为问卷数据中主观性绩效指标的补充。

本章重点讨论第一种使用形式，即二手数据作为基本的数据来源与形式。这又可以分成两类：一类是作为质性研究方法（包括案例研究）的数据搜集方式，例如，Mintzberg & Walters（1982）考察一个零售连锁公司60年的成长历史，对跨度几十年的媒体资料和公司内部记录进行了系统的搜集、整理和分析；另一类是用于较大规模数据样本的假设检验。本书中有一章专门介绍案例研究方法，因此本章聚焦于后者，即利用二手数据来进行基于大样本的假设检验的研究。在这方面，二手数据又可以再简分为两类：一类是像上市公司数据库那样已经以矩阵形式被整理和准备好的量化数据（quantitative data），方便研究者使用；另一类是像报纸杂志那样以文本格式存在的质性数据（qualitative data），需要研究者进一步加工整理和提炼才能使用。

11.3 二手数据的传统与贡献

宏观层次的管理学研究继承了经济学和社会学等领域研究主要依赖二手数据的传统。在组织理论文献中，采用二手数据的例子不胜枚举。比如，Baum & Oliver（1996）从组织生态学和社会学的制度化理论视角来研究组织创立（organizational founding）问题，其实证分析所采用的数据来自1971年1月到1989年12月的多伦多城市地区的幼儿日间看护中心。他们的数据有两个来源：一个来源是多伦多城区的社区信息中心（Community Information Center of Metropolitan Toronto）所提供的《多伦多城区婴幼儿托管中心名录》(*Directory of Day Cares and Nursery Schools in Metropolitan Toronto*)，这是一个包含所有幼儿日间看护中心相关信息的文件；另一个来源是加拿大安大略省的社区与社会服务部（Ministry of Community and Social Services）所提供的日间看护中心业务信息系统（Day Nurseries Information System），这个系统保存了安大略省所有日间看护中心的经营权记录和一些其他信息。作者利用这两个二手数据资源创建了一个实证样本和恰当的分析变量。这两个数据在数据性质上完全符合前文的二手数据的四条特征。

在战略管理研究领域，PIMS数据的贡献是非常具有代表性的一个例子。PIMS数据实际上来自最初由通用电气（General Electric）发起的一个项目（Proft Impact of Market Strategies），故简称为PIMS。该项目是为了对企业战略与绩效的关系进行深入的研究和理解。项目后来转移到战略规划协会（Strategic Planning Institute），由该协会进行协调管理。按照Hambrick et al.（1982）的说明，大约有200家公司每年向PIMS项目提交涉及大约2 000个业务单元（business unit）的信息，这些信息涉及企业业务所处的环境、战略及绩效。这样，经过长期而系统的汇集和整理，PIMS 数据成为研究环境、战略与绩效之间关系的一个宝贵的资源。后来，PIMS 数据向学术界开放。对于战略管理研究者来说，这是一套信息极其丰富的二手数据，在很长一段时间内炙手可热，基于此数据库的研究成果大量涌现，对战略管理学的发展，尤其对该领域早期的发展起到了重要的推动作用。

在国际商务研究领域，二手数据的贡献同样是巨大的。对外直接投资和跨国公司行为是国际商务研究的重要议题。而这方面研究的奠基性工作是 20 世纪六七十年代在哈佛大学进行的。其中，雷蒙德·弗农（Raymond Vernon）教授所创建和领导的"哈佛大学跨国公司项目"为此做出了重要的贡献。1965 年，在哈佛大学任教的弗农教授担任该项目的主任，这个项目的设立是为了更好地研究美国和其他国家跨国公司的全球运营行为。为此，弗农所领导的团队决定创建一个系统的数据样本，他们选择那些至少在 6 个国家有直接投资和运营经验的大企业，系统搜集了这些企业的财务、组织、生产、营销等信息，到 1976 年，他们的数据库已经包含数百家企业的系统数据。这在当时几乎是唯一的关于跨国公司投资和经营的大样本数据库。到 1976 年，基于这个数据库所产生的学术成果包括 19 本专著、28 篇博士学位论文和 184 篇学术期刊文章。

同样值得一提的是加拿大西安大略大学毅伟（IVEY）商学院所创建的"Toyo Keizai 日本企业对外直接投资数据库"及其为国际商务研究所做出的贡献。Toyo Keizai 是日本的专业数据公司，该公司系统搜集、整理和出版多种数据，其中有一套数据是基于日本公司在全球投资和运营的年度信息汇编而成，每年以纸质形式出版发行。1994 年，包铭心（Paul Beamish）教授和他的博士生注意到这个数据库的价值，于是着手通过手工录入的方式把纸版数据转变成电子版数据，然后进一步编码和创建了一系列可供理论分析的变量。后来，包铭心教授研究团队对该数据库进行了持续的更新、补充和改进。据包铭心教授的统计，到 2021 年 10 月，毅伟商学院的教授和博士生们（包括毕业的和在读的）运用此数据库的数据取得了极为可观的学术研究成果，包括 28 篇博士学位论文、156 篇学术期刊文章、2 本专著和 19 篇专著章节。

为了对二手数据的使用与学术贡献获得一个基本面的了解，我曾对 2008—2016 年涉及战略管理领域研究的四个学术期刊进行了考察。这四本学术期刊是《战略管理期刊》（*Strategic Management Journal*，SMJ）、《美国管理学会学报》（*Academy of Management Journal*，AMJ）、《组织科学》（*Organization Science*，OS）、《国际商务研究》（*Journal of International Business Studies*，JIBS）。表 11-1 总结了 2008—2016 年这四个期刊基于二手数据的论文在全部实证研究论文中所占的比例。总体来看，二手数据的使用比例在四个期刊中以 AMJ 为最低，以 SMJ 为最高，OS 和 JIBS 在两者之间。AMJ 是一份兼顾宏观与微观管理研究的学术期刊，而 SMJ 则专门发表战略管理研究论文，所以 SMJ 的二手数据论文占很高的比例就不奇怪了。而且 SMJ 中的二手数据论文所占比例在 2011 年竟然达到 90.6%，意味着每 10 篇发表的实证型战略管理研究论文中，就有 9 篇可能是采用二手数据来进行假设检验的。这足以表明在战略管理研究领域二手数据的学术贡献占有主导地位。

表11-1　各期刊二手数据使用情况（2008—2016）

年度	SMJ			AMJ			OS			JIBS		
	实证论文总篇数	采用二手数据的论文篇数	占比	实证论文总篇数	采用二手数据的论文篇数	占比	实证论文总篇数	采用二手数据的论文篇数	占比	实证论文总篇数	采用二手数据的论文篇数	占比
2008	70	53	75.7%	54	35	54.8%	41	27	65.9%	68	43	63.3%
2009	66	54	81.8%	56	28	50.0%	42	30	71.5%	66	43	65.2%
2010	63	56	88.9%	62	37	59.7%	56	36	64.3%	65	47	72.4%
2011	53	48	90.6%	36	20	55.6%	51	35	68.7%	45*	31	68.8%
2012	70	50	71.4%	59	19	32.2%	78	36	46.2%	31	16	51.6%
2013	75	65	86.7%	74	20	27.0%	78	44	56.4%	37	29	78.4%
2014	100	81	81.0%	67	23	34.3%	79	39	49.4%	41	24	58.5%
2015	105	81	77.1%	68	17	25.0%	90	55	61.1%	45	24	53.3%
2016	130	109	83.8%	84	46	54.8%	87	46	52.9%	39	26	66.7%
加总	732	597	81.6%	560	245	43.8%	602	348	57.8%	392	283	72.2%

注：2011年第五期的JIBS是案例研究专刊，故未纳入此统计；文献计量类的研究论文未纳入此统计。

我在这里报告这个小小的"调研"结果，还有另一个用意，即借此示意一下二手数据的使用，因为这个小调研本身基于并利用的是二手数据资料，其特征完全符合前述二手数据形式特征。这里仅仅进行了描述性的统计分析，而我完全可以用所回顾的期刊论文作为二手数据检验某种理论构想，但这首先需要有理论视角才行。这实际上就触及了"如何"（how）使用二手数据的问题。这一点留到"使用二手数据的'眼、法、工'"一节予以专门说明和阐释。

11.4　文本形式的质性数据

在文献中，很多论文所利用的二手数据就像我上面回顾的已发表的学术论文一样，其原始存在形式实际上就是一堆文本资料，我们可以将其叫作质性数据，而不是直接能让SPSS或Stata等软件读取的量化数据矩阵。试举几篇论文为例。

第一个例子是在SMJ上发表的Nadkarni & Narayanan（2007）。在这篇论文里，作者将行业发展速度（industry clockspeed）、战略动态性及管理者认知这三方面的文献相结合，研究了行业发展速度在战略谋划（strategic schema）、战略灵活性（strategic fexibility）和企业绩效三者关系之间的调节作用。作者将行业发展速度定义为产业在产品更新、流程技术替代及产业内组织的行为和结构变化这三方面的速度。战略谋划反映的是高层管理者的认知、逻辑、知识体系和思维架构，高层管理者通过这些体现自我认知和信息处理方式的战略谋划来进行战略决策，采取战略行动。战略灵活性是指企业能够预知变化，并在资源配置和战略行为两方面根据变化做出相应调整的能力。作者认为，复杂性和专注性是战略谋划的主要特征。作者提出一系列假设，包括：行业发展速度将调节战略灵活性和企业绩效之间的关系；战略谋划的复杂性将促进战略灵活性的提高，在行业发展速度快的行业，这将积极地促进企业绩效的提高；战略谋划的专注性与战略灵活性负相关，即可促进战略稳定性，在行业发展速度慢的行业，这将成为企业成功的关键。

显然，这项实证研究有两个关键点：一是要选取一个合适的研究背景，相应地选取一个合适的样本，以凸显行业发展速度的调节作用；二个是如何测度战略谋划这个理论概念。

在研究背景和样本选取方面，作者首先根据学术文献确定了行业发展速度的衡量标准，然后根据该标准在 1980—1990 年 Compustat 数据库中识别出 7 个高速发展行业和 7 个低速发展行业（基于 4 位 SIC 编码），他们一共获得了 178 个在高速发展行业中的企业、154 个在低速发展行业中的企业。经过进一步的样本筛选（主要是为了控制企业多元化程度、企业成熟过程及年报真实程度对结果的影响），作者最终在高速发展行业中选择了 124 家企业，在低速发展行业中选择了 101 家企业。

针对另一个关键点，作者采取的技术路线是阅读上市公司年报中 CEO 致股东大会的信，进一步来识别和测量"战略谋划"这一反映 CEO 认知的变量。作者利用年报信息，通过识别因果关系陈述、构建因果关系概念、对概念进行编码和分类的方式，创建了因果关系图（causal map）。进一步，作者把这些编码后的概念和概念之间的关系看作点和线，然后利用社会网络分析中对点、线及集中度等指标处理技术，创建并定量测度了"战略谋划"的复杂性和专注性两个具体维度。这样，作者就"顺利地"解决了该研究的一个核心技术问题——对战略谋划的测度。这里"顺利地"加了引号，是想表明这个技术路线的逻辑非常清晰，在此意义上是"顺利"，但具体的识别、编码和计算过程则非常复杂，为了尽可能准确地测度，作者必须倾注足够的耐心。

第二个例子是 Tuggle et al.（2010）一文。这篇论文考察公司治理中的监察问题。作者的想法很简单，就是董事会对管理层的监察不是保持如一，而是会随着不同的组织条件与经营状况发生变化。作者假设：如果公司的绩效低于前期的绩效，董事会对管理层的监察注意力就会增加，反之就会降低；如果董事会主席与 CEO 是同一人，董事会的监察注意力也会降低。为了检验这些假设，作者选取了董事会的会议记录作为二手数据，从中识别和编码董事会对管理层的监察注意力。原始数据包含了 18 个行业的 178 家上市公司 1994—2000 年的董事会会议记录。作者在正文中的研究方法部分和四整页的附录中翔实地报告了他们为什么选用这样的数据，以及是如何获取数据、如何进行编码以及如何进行变量的具体测度的。他们获得的最终的面板数据（panel data）包括 979 个观测点。

第三个例子是 Lee & James（2007）一文。这篇论文研究了企业高层管理者任免公告与股东反应之间的关系。作者特别关注的是性别因素对这一关系的影响。作者提出了一系列的理论假设，包括：由于高层管理者中女性代表的贫乏及人们对性别角色和工作性质的"刻板效应"，女性被任命到CEO这一职位上会伴随更多的负面效应和评价（假设1），同时会受到更多的媒体关注（假设2），而这些评价和关注会较多地强调性别因素（假设3）。相比于女性CEO在CEO中的比例，女性高层管理者在高层管理者中的比例较高，这就使得女性高层管理者的任命所得到的负面效应低于女性CEO任命的负面效应（假设4）。因为高层管理者中女性比例相对较高，所以在这一层面，女性高层管理者和男性高层管理者的任命所引发的股票市场反应没有显著的差异（假设5）。同时，由于内部继任者有对公司了解和认知的优势，所以女性内部继任者相比外部继任者会带来更积极的股票市场反应（假设6）。

为了检验上述假设，作者通过对1990年1月1日至2000年12月31日的《华尔街日报》（The Wall Street Journal）、新闻专线等媒体搜索获得了3 072条职务任免公告的样本。通过一系列样本筛选程序，作者最终选择了1 624条公告，其中529条是关于CEO职务任免的公告。基于这些公告所包含的信息，作者识别了被任命者的性别（1代表女性，0代表男性）和被任命者是否是内部继任者（1代表是，0代表不是），作为该研究的两个自变量。作者通过对文档资料的阅读、提炼和编码，创建了一些控制变量，比如任命原因、是否是行业内人士（industry insider）和经历（previous experience）。拿任命原因来说，如果前任是被迫辞职或者因为绩效很差、公司重组、公司被收购等特殊原因离职，则用1代表；如果没有这些特殊情况，则用0代表。

为了识别和测量媒体报道对CEO或高层管理者关注的程度和内容维度，作者采用了一种叫作CRA（centering resonance analysis）的分析方法进行文本分析（text analysis）。CRA是通过CRAWDAD软件完成的。这个软件可以对词汇在词汇网络中的相距性集中度（betweenness centrality）进行量化，从而可以确定最有影响力和最重要的词汇。研究发现，任命公告发生后报道平均篇数的统计结果显示为男性CEO 2.41篇、女性CEO 2.77篇、t检验结果不显著，因此，可以认为女性被任命为CEO并没有受到更多的媒体关注。但是，对报道内容所进行的CRA分析显示女性CEO报道会较多地强调性别因素。例如，在对女性CEO所进行的报道中，反映性别因素的"女性"和"家庭"等词汇出现在10个影响性最高的词汇列表中，而在男性CEO报道的10个影响性最高的词汇列表中却没有关于性别因素的词汇。对于女性CEO和女性高层管理者影响的研究结果支持了作者的假设4，即相比于女性CEO，女性高层管理者的任命所得到的负面效应要低。因为高层管理者中女性比例较大，所以以这一层面，女性和男性的任命所引发的股票市场反应没有显著的差异。

第四个例子是陈明哲（Ming-jer Chen）与其合作者的一系列关于企业间竞争动态性（competitive dynamics）的研究。他们对竞争攻击与反应的研究也是采用文本分析的方法，把定性形式的二手数据转化为定量数据。利用所创建的同一套数据，他和合作者先后在SMJ和AMJ等多个顶级的组织管理学期刊上发表了数篇关于企业竞争性行为的论文。按照Chen & Miller（1994）所做的描述及说明，他们选择的研究背景是美国国内航空业，之所以做出这样的选择，是因为：① 该行业具有较高的竞争性；② 产业边界清晰；③ 行业竞争者由于多为单一业务企业，因此行业内竞争受到来自公司层的干扰也较少；④ 行业具有丰富的公共信息来源。作者最终选择的是具有 50 年历史的行业杂志《航空日报》（*Aviation Daily*）作为数据来源，因为它提供了最详尽的航空行业内的竞争信息。作者通过回顾该杂志从 1979 年 1 月 1 日到 1986 年 12 月 31 日之间的每一期，来识别和编码有关"攻击行动"和"报复性反应"的变量。

作者依据以往的学术文献把如下竞争行动类型归结为攻击行动：减价（price cuts）、促销（promotional activities）、产品或服务变更（product line or service changes）、分销渠道变更（distribution channel alterations）、市场扩张（market expansions）、纵向一体化（vertical integration）、兼并与收购（mergers and acquisitions）及战略联盟（strategic alliances）。为了识别和编码"报复性反应"，作者在《航空日报》上搜索如下关键词汇："in responding to""following""match""under the pressure of""reacting to"。找到这些词汇后，作者通过倒推的方式追踪（trace）一系列行为中的"初始行动"（initial action），然后确认攻击行动与报复性反应的交互关系。这样，作者一共识别了 780 个攻击行动和 222 个报复性反应。在这个过程中，作者识别并编码了一些变量，如是否有反应（1 代表有反应，0 代表没有反应）和反应的迟滞（response delay）（在杂志上报道的"行动"日期与"反应"日期之间相差的天数）等。

第五个例子是 Gamache et al.（2015）一文。基于调节定向理论（regulatory focus theory），这篇论文考察了 CEO 调节定向与并购之间的关系，尤其关注 CEO 股票期权对这一关系的影响。作者提出了一系列的理论假设，包括：CEO 促进定向（promotion focus）与并购数量和公司并购的价值呈正相关（假设 1），CEO 预防定向（prevention focus）与并购数量和公司并购的价值呈负相关（假设 2）。作者使用了几个数据库，组合并创建了一个独特而有价值的实证分析样本。作者从 Onesource 全球商业信息数据库来识别公开上市公司的样本；从 SDC（Securities Data Company）数据库中收集了 1997—2006 年的公司并购行动数据；从 Compustat 数据库中收集了这些公司的财务数据；从 Execucomp 数据库中收集了高层管理者薪酬数据；作者通过分析"致股东的一封信"，对 CEO 的促进和预防定向进行了评估，这是该研究的主要数据来源。最后的样本分析中总共有 3 250 个观察数据，平均每家公司有 6.3 年的数据。

作者借助语言探索与字词计数软件（LIWC），对"致股东的一封信"文本进行分析，以识别和测量 CEO 的促进定向和预防定向。LIWC 是在 20 世纪 80 年代，由詹姆斯·彭尼贝克（James Pennebaker）等人在研究情绪书写的治疗效果时发明的基于计算机软件程序的文本分析软件，可以对文本内容的词语类别（尤其是心理学类词语）进行量化分析。经过多年的发展，由于 LIWC 的良好信效度，该工具被心理学研究者广泛应用到各个方面。Gamache et al.（2015）通过以下三个步骤开发了 CEO 促进和预防定向的新词典。第一步，他们创建了一个与预防和促进定向相关的词组列表。该列表中的词组来自之前相关研究中使用过的调查问卷（如 Lockwood et al., 2002）和曾捕获过的多个调节定向字词或词组的相关造句（如 Johnson et al., 2012; Johnson & Steinman,

2009）等。但为了突出对信函文本内容的针对性，他们将该词组列表缩减成仅与调节定向理论具有最大一致性的词组，进而创建了捕捉 CEO 调节定向的新词典，其中包括 27 个促进定向词组和 25 个预防定向词组。第二步，他们邀请了几名近期发表过有关调节定向论文的学者，就上述调节定向新词典中的相关词组属性（促进定向或预防定向）进行编码判定。在未告知对方该 52 个词组属性情况下，对方判定的属性与 Gamache et al.（2015）事先判定的属性结果基本一致。第三步，他们招募 174 名管理学专业本科生，对其调节定向词组进行进一步测试。他们首先要求这些本科生写一个段落，同时要求他们填选一项问卷调查。其中，写作部分要求他们写出至少 10 句话来展望其今后学业中可能面临的问题和困难，并分析自己当前的状况，以及打算如何实施相关行动计划等。这些内容与 CEO"致股东的一封信"中通常包含的讨论类型内容相类似。调查问卷参考了 Lockwood et al.（2002）研究所用量表，重点测评被试的调节定向，以及个体人格特征和自我评价特质等。作者把被试通过问卷调查提供的自我报告式调节定向视为显性测度，把用 LIWC 软件对其写作样本内容进行分析后得出的调节定向视为隐形测度。通过相关性分析和回归分析方法，他们评估了其隐性测度的收敛性和判别效度，确认了这些关键词能够用来测量预防和促进定向。

上面介绍的这几项研究的共同特点是，所使用的二手数据的原始形式是文本形式的，都需要通过文本分析方法，或者叫结构性的内容分析方法（structured content analysis），来识别、提取和编码所需要的变量信息。这种分析通常是通过识别关键词汇、主题（theme）、某种陈述（assertion）或者故事描述，然后进行编码转化成量化数据形式的。

对文本形式的质性数据进行编码，需要研究者对编码的标准和步骤非常谨慎。在编码工作开展前，研究者需要对构念有清晰的界定，以及理论文献支持其构建的合理性。并且需要确定资料来源的可靠性，说明该资料来源是否真实可信且具有纵向的一致性。在具体编码时，可以根据资料的特征和变量构造的需求采用人工编码或者计算机辅助的自动化编码。

对于人工编码而言，建议建立编码手册，详细记录数据下载的来源、编码的步骤、分类的原则及实施的时间、参与人员与进度。然后建立统一文档格式，例如，用同一表头的 Excel 文档进行信息的统计。在此过程中，数据的下载、录入及分类编码都需要至少两位助研独立完成，进行对照检验，计算评估者间一致性信度（inter-rater reliability），该指标通常需要在论文中汇报。当编码出现不一致时，可以引入第三人进行协调讨论。通常涉及主观判断的分类编码时，会存在一些模糊的地方，故而在正式编码工作开始前，需要对助研人员进行必要的集体培训，以及试编码，待编码中出现的各种疑问都被解决，且大家的认识都达成一致后，再开展大规模的数据整理与编码。

面对大规模的非结构化文本，人工编码十分耗时，而且在编码过程中难以保持一致性，因此近年来计算机辅助的文本编码技术被广泛使用。现行计算机辅助的编码方式主要依赖于研究者建立变量相关的词典，通过软件辅助进行词频比例的统计，进而构造相应的变量。如上面 Gamache et al.（2015）的例子便是如此。不过，对于一些较为模糊或者新兴的理论构念，研究者难以开发清晰完备的词典。为了解决此问题，战略管理学者也在积极尝试应用机器学习（machine learning）的方法利用文本数据构造变量。例如，Choi et al.（2021）指出，随着新兴业态不断发展和行业边界模糊，利用企业汇报的分行业的财务数据测量出的企业多元化水平与企业实际的多元业态分布情况存在差距，因而他们利用自然语言处理中的主题模型（topic modeling）技术开发了一套新的企业多元化水平测量方式。主题模型技术是一种无监督式机器学习（unsupervised machine learning），可以自发地反映文本中主导性的结构。关于主题模型技术在管理研究中的应用情况，可以参见 Hannigan et al.（2019）所撰写的综述文章。监督式机器学习（supervised machine learning）可以帮助研究者在有一定的理论预设的情况下构造分类变量。例如，Miric et al.（2022）较为全面地介绍了如何应用监督式机器学习基于专利的摘要数据去识别人工智能相关的技术创新。

11.5 矩阵结构化的二手数据

从文献中看，使用现成的、已矩阵结构化的定量形式的二手数据占绝大多数。毕竟，像 Nadkarni & Narayanan（2007）、Lee & James（2007）、Chen & Miller（1994）那样用手工方式处理文本资料来获取可进行回顾分析的数据，太耗时耗力。理论上而言，这几位研究者所做的数据搜集和处理工作完全可以由某些专门的数据机构替代完成，而这正是很多专业数据公司存在的原因。

在我回顾的期刊论文中，Sampson（2007）所使用的数据来自 SDC。SDC 就是一家专门的数据机构，它的工作人员追踪全球范围内的并购、合资和战略联盟的公告信息，然后提取信息并编码，最后整理成矩阵结构化的定量形式的数据库。很多研究者正在使用 SDC 的数据库和类似的数据库。毫无疑问，这样的数据给研究者带来了更大的使用便利。

但像 SDC 这样的数据来源也有它的劣势，主要表现在：①数据不一定都基于企业自报机制；②数据不一定能保证系统性、全面性和客观性；③数据机构会尽可能多地提供变量指标，但因为不是为要进行的研究特别设计和定制的数据，所以变量可能缺乏针对性和适用性；④因为数据搜集、变量识别和提取的过程涉及众多的工作人员，数据的一致性、准确性和可靠性可能会存在问题。

Anand & Khanna（2000）在使用 SDC 数据库研究企业战略联盟与价值创造的关系时，指出，SDC 从公开可得的来源获得信息，这些来源包括提交美国证券交易委员会的文件（SEC 文件）、商业出版物、国际同行、新闻和网络等。尽管数据库可以追溯到 1986 年，但 SDC 在 1989 年左右才开始使用系统的数据搜集程序来追踪这些交易，因此 1990 年以前的交易样本不够全面。他们选取了 1990—1993 年所有美国企业参与的战略联盟作为研究样本。但是，即使在 1990—1993 年的样本期间，由于对公司报告的要求不足，数据显然没有能够追踪所有美国企业参与的交易。所以，在使用这些数据的时候，研究者应该格外小心，要在样本选取、筛选、验证和矫正方面严格把关。为了确保数据在合约类型、行业分类和交易日期等方面的准确性，他们将SDC数据库与其他数据来源（如LexisNexis）进行了比对。以如何确保交易日期的准确性为例，他们在论文里报告如下：

> SDC数据库在交易日期的汇报上存在很多误报的情况。我们尝试搜集每笔交易在不同渠道中的报道，包括新闻和网络、报纸、期刊及商业出版物等，这些关于确切的交易时间的汇报准确性是逐渐下降的。例如，新闻和网络报道特定事件通常比报纸提前1—2天，而报纸通常比期刊等其他来源提前一些。由于我们基于股票价格分析价值创造，能够准确确定交易完成的日期非常重要。因此，我们在此项工作上花费了大量的时间。在多数情况下，SDC汇报的日期误差在1—2月之内，且大部分的误差时间在1—2天。在一些情况下，SDC汇报的日期似乎与签署正式协议的日期一致；在其他情况下，SDC汇报的日期似乎与协议谈判开始的时间一致。因此，我们最终使用的日期与SDC中所提供的日期存在显著差异，我们在大多数情况下采用了经过多种数据源交叉验证过的日期。

这个例子给我们的重要启示是，作为严谨的学者，我们不能在能获得"现成"数据库的时候，就想当然地认为数据足够"干净"和可靠，我们一定要付出额外的努力，确保选取的样本和变量指标是合适而可靠的。

与SDC数据库这类二手数据相比，上市公司数据和专利数据在数据的系统性、可靠性和"干净"程度上更高一些。

上市公司是公共公司（public firms），依照法律，它必须如实公开关于公司的组织、战略、运营和财务方面的数据，所以上市公司的数据具有系统性和客观性。同时，上市公司数据还具有跨行业、跨年代、容易与其他二手数据连接等优势，因而对实证检验的支持力度更为强大。比如，Tong & Reuer（2007）采用实物期权（real options）视角来研究跨国公司的国际化程度（multinationality）对企业风险的影响。他们首先确定从Compustat中选取行业标准代码（SIC）为3 000—3 999的制造业企业，然后结合另外一个数据库Directory of International Affiliations（1985—1996）确定了样本的框架，并从这两个数据库里获得企业的国际化程度、总资产、资产回报、研发投入、销售收入、库存、费用等指标信息。除此以外，他们还利用其他二手数据资源创建了其他变量，比如，他们采用Kogut & Singh（1988）的方法，对吉尔特·霍夫斯塔德（Geert Hofstede）的文化维度进行计算，生成了文化距离这个变量。

专利数据也属于公共数据资源。现有的很多实证研究都采用美国专利数据。研究者可以到美国国家专利局的网站上获取专利数据。注意，这里说的"美国专利"，是指在美国国家专利局申请并获得授权的专利，该专利完全可能源于美国以外的其他国家和地区。美国专利受到偏爱的原因主要有三个：数据获得的便利性；美国既是当今世界上的技术领先国家，同时也是很多技术和产品最大的市场；数据包含的信息丰富，结构整齐，易于维护，便于使用。

原始的专利数据实际上是无数的专利文本。表 11-2 展示的是一个专利文本中的摘要部分。由于专利数据对研究存在价值，已经有专门的研究机构和数据机构（比如 NBER 和 CHI Research Company）对此进行了开发，提供已经矩阵结构化的定量形式的专利数据库。现有的专利数据库基本上是把表 11-2 中的一些关键信息和信息之间的关系进行量化而成的。

表11-2 美国专利文本摘要信息示例

United States Patent		4 937 250	
Bowman et al.		June 26, 1990	
Alpha-heterocycle substituted tolu nitriles（Abstract omitted）			
Inventors:	Bowman; Robert M.（Summit, NJ）; Steele; Ronald E.（Long Valley, NJ）; Browne; Leslie J.（Aesch, CH）		
Assignee:	Ciba-Geigy Corporation（Ardsley, NY）		
Appl. No.:	164 696		
Filed.	March 7, 1988		
Current U.S. Class:			
Intern'l Class:			
Field of Search:			
References Cited			
U.S. Patent Documents			
3 290 281	Jul.,1963	Weinstein et al.	534/567.
3 852 056	Dec.,1974	Draber et al.	71/76.
4 281 141	Jul.,1981	Merritt et al.	548/342.
4 562 199	Dec.,1985	Thorogood	548/335.
4 657 921	Apr.,1987	Frick et al.	514/383.
4 689 341	Aug.,1987	Diamond et al.	514/399.
4 728 645	Mar.,1988	Browne	514/214.
4 766 140	Aug.,1988	Hirsch et al.	514/397.
Foreign Patent Documents			
0 003 796	Sep.,1979		EP.
2 821 829	Nov.,1979		DE.
2 041 363	Sep.,1980		GB.
Other References			
Ikuchi et al., Chem. Abstr.vol.87:201329j(1977).			
Oiji et al., Chem Abstr.vol.87:53093k (1977).			
Mason et al., Biochemical Pharmacology, vol. 24, p.1087 (1985).			
Abstract of SU 1355-126A (1987).			
Abstract of EP 106060A (1984).			
Primary Examiner: Fan; Jane T. *Attorney, Agent or Firm*: Gruenfeld, Norbert			

注：为便于阐述，格式有所调整。

专利的申报由法律授权，评审的标准完全基于技术发明的新颖性，因而专利数据在组织间、行业间、国家间和大跨度的时间范围内具有高度的可比性。专利数据中有如下可识别的信息：专利号、企业、时间、地点、技术领域和引用文献等。专利号是一项专利的"身份证"，企业名称可以用来连接其他数据库。Kotabe et al.（2007）就是把专利数据与 Compustat 及 *Forbes* Top 100 国际公司数据库进行结合。时间、地点和技术领域都是样本选取和统计分析的重要维度，当然，专利数据在目前最为广泛使用的还是它所包含的引文（citation）信息。在表 11–2 中，References Cited 标题下所列举的美国专利、外国专利和其他参考文献都属于引文。

研究者们通常采用的是引文中的美国专利，因为可以通过专利号非常便利地在同一数据库中进行关联和有关技术处理，以创建所需要的变量。Jafe et al.（1993）是一篇广为引用的使用专利数据的经典之作。在这篇论文里，他们认为专利作为发明创新的结果代表了人类知识的结晶，专利之间的引用则在某种程度上体现了这些知识在被创造过程中源于溢出效应产生的联系（linkage）。这个观点为后续的研究者们挖掘专利数据提供了巨大的启发。

Kotabe et al.（2007）的论文就是一例。该论文主要的解释变量都是通过专利引文数据创建的。比如，作者用每年公司所持专利申请引文之中原产地为外国的引文所占比例来测度国际知识转移，用每年公司所持专利申请引文之中原产地为本国的引文所占比例来测度国内知识转移。他们还创建了一个名为知识复杂度的变量，这个变量是用一个专利从申请到被授权之间的年限来测度的（这里隐含的一个假设是：一个专利在专利审查员那里停留的时间越长，知识复杂度越高）。此外还有一个叫作国际知识分散度（international knowledge dispersion）的变量，测度方法如下：如果一家美国跨国公司某年的专利总数为 8 个，其中有 5 个专利的发明地为日本、1 个专利的发明地为意大利，那么国际知识分散度的测度值则为 2。

在利用专利引文数据方面，Ahuja & Lampert（2001）更具创意。这篇论文的因变量是突破性发明（breakthrough inventions），三个自变量分别是新兴技术（emerging technologies）、新颖技术（novel technologies）和领先技术（pioneering technologies）。为了创建因变量，作者首先把企业所在行业（化学行业）的所有专利按照它们被引用的次数排序，把位列前 1% 的专利当作突破性发明。然后，作者把一家样本企业的这类专利按年度加总，即得到了因变量的测度值。几个自变量的创建过程如下：

（1）新颖技术。查看一个企业的专利历史，比较专利的技术分类。如果发现在最近三年有专利曾被归于一个新的技术分类中，即该企业的专利以前不曾被划入的技术分类，那么则可确认为"新颖技术"信息。作者将年度加总的这类新的技术分类数作为新颖技术的最后测度值。

（2）新兴技术。首先计算每一个专利所引用的专利的平均"年龄"，然后按照年度加总那些引文专利的平均年龄小于 3 的专利数目。这个加总值就是新兴技术的测度值。

（3）领先技术。按照年度加总一个企业不曾引用过任何其他专利的引文的专利数目，得到领先技术的测度值。

11.6 二手数据的优越性

通过对上面几篇期刊论文的回顾，我们对二手数据的使用获得了一些大致的印象。从这些论文中，我们或许可以看到使用二手数据具有如下的一些优越性：

11.6.1 二手数据样本量通常很大,甚至具有时间跨度,方便获得面板数据

我们知道,如果采用一手数据的研究方法,因为研究者个人资源(时间、经费和人手)的有限性,通常情况下难以得到很大的样本量,要做到跨时段采样就更困难了。采用二手数据在样本大小和时间跨度上具有明显的优势。例如,Short et al.(2007)从 Compustat 提取 1 165 家从事单一业务的企业作为样本,样本覆盖 12 个行业,时间跨度为 1991—1997 年,作者基于这个样本研究企业层面、战略群组层面和产业层面因素对企业短期和长期绩效的影响。Morrow et al.(2007)从 Compustat 选取 178 家从事单一业务的企业 1982—1994 年的数据,用来分析绩效下滑的企业如何采取战略行动以求满足投资者的期望。

二手数据之所以具有这样的优势,是因为通常有资源和实力的数据机构在系统地搜集和长期地维护数据库。拿 Compustat 数据库来说,Compustat 由美国著名的信用评级公司标准普尔(Standard & Poor's)发行,收录以北美地区为主的公司的运营及财务资料,Compustat 北美版数据库收录近 30 年美国和加拿大 25 000 多家公司的资料,其中约 12 000 多家公司是在纽约证券交易所、纳斯达克证券交易所、多伦多证券交易所等上市的公司。数据的来源包括公司的财务年报、季报,公司按要求提交给美国证券交易委员会的年度财务报表,以及其他各种有关公司经营活动的公开资料。经过系统的搜集、清理和整合,Compustat 数据库具有信息丰富、覆盖面广、数据系统、"干净"、可靠等优势,因此深受学者们的青睐,这也就不奇怪为什么在我之前考察的那个小小的方便样本中,利用 Compustat 数据的论文占了大多数。

11.6.2 二手数据通常具有较高程度的客观性

通常被研究者使用的二手数据都是以反映组织特征、公司经营活动情况和绩效指标的数据为主,基本上不包含主观臆断,或者较少程度地受到主观臆断的影响。研究者从二手数据中识别关于做了什么、发生了什么、谁做的、在哪里、在什么情况下等信息,这些信息通常具有非常高的客观性。试想,如果通过访谈和问卷来获取这些过去的行动信息,其准确性和客观性极有可能会因为被访谈人和答卷人的个人因素——包括掌握信息的多少、一时疏漏、理性反思倾向、迎合心态等——受到很大影响。在 Chen & Miller(1994)的论文里,他们特别说明:"由于期刊旨在报告航空公司的公告和客观行动,因此几乎不受事后合理化的扭曲。"

所以,二手数据与通过访谈和问卷获得的数据相比,通常具有较高的客观性。前面举的例子中,Chen & Miller(2004)的竞争攻击与反应和 Lee & James(2007)的高管任命公告,都是客观的信息。

假如我们研究企业家或者高管团队的认知演变,那么采用访谈或问卷都可能因为被访谈人或答卷人的回忆偏差而导致效度低下。如果我们能够获得一套较为完备的历史数据,比如某些企业家的历史演讲记录或类似于 Tuggle et al.(2010)那样的会议记录数据,就可以通过编码的方式把企业家或高管团队在不同时期的认知挖掘出来。

11.6.3 二手数据具有高度的可复制性,使实证研究更具"他律性"

只要我们不厌其烦,完全可以把前面所列举的任何一项研究再重新做一遍。如果按照原论文的方法描述,提取同样的二手数据并按照相同的步骤去创建样本,那么我们就可以评估原作的严谨性和可信性。简言之,二手数据具有高度的可复制性。

在战略管理研究文献中有这么一段故事,或许可以说明二手数据的可复制性对促进学术研究的特别意义。Amihud & Lev(1981)曾提出一个论点:跨行业合并行为是管理者为了减少自己的"雇佣风险"而作出的。其利用Compustat数据库对20世纪60年代309家公司的跨行业合并行为进行了研究,实证结果支持了这一假设。他们的这项研究把多元化战略与公司治理层面的代理成本联系起来,其观点和实证结果对后来的研究影响很大。然而,17年后,Lane et al.(1998)指出有必要重新检验这一假设和结论。首先,Lane et al.(1998)利用Amihud & Lev(1981)的论文所采用的同样的数据验证Amihud & Lev(1981)的研究,然后又利用20世纪80年代的数据再次进行了验证,两项验证的结果均未支持Amihud & Lev(1981)所得出的结论。基于新的研究发现,Lane et al.(1998)指出,跨行业兼并是非常复杂的组织管理学现象,使用单一的代理理论无法说清楚蕴含在复杂现象中的因果关系。他们同时指出,他们的研究结果与Amihud & Lev(1981)研究结果的显著差异是由于Amihud & Lev(1981)对多元化的不恰当衡量及对合并的不细致分类所导致的。针对这些质疑,Amihud & Lev(1999)再次重申了自己的观点。Lane等人也再次发表文章,坚持认为Amihud & Lev(1981)的研究是基于金融经济学研究视角,其假设、方法、逻辑和解释与战略管理研究是不同的(Lane et al, 1999)。Boyd et al.(2005:367)对这一学术争论进行了总结性评论:

实证研究在确认或挑战特定视角方面有关键性的作用。为了推动各领域的进步,必须有一部分文献致力于批判战略管理中的实证文献。不管主题如何,这些综述对于战略管理研究都有持续性的意义。

这段往事让我们看到学术争论是有益的[①],而Lane et al.(1998,1999)与Amihud & Lev(1981,1999)的争论应该说部分地"归功于"二手数据的高度可复制性。理论上说,对任何一篇采用二手数据的实证论文,只要它对数据选取和变量设置描述清楚,我们就都可以复制它。而这一点对于采用一手数据的论文则不然,除非拥有原来一手数据的研究者愿意分享数据,否则我们不能做到对该研究的"原样"复制。当然,必须说明的一点是:从统计学的原理来看,不同的样本只要适合研究者需要,并满足研究设计的要求,对理论问题说明的有效性和说服力就是一样的。换言之,科学研究的实证基础是有效的样本,而不一定要求完全相同的样本。因此,基于一手数据的研究也可以被"复制"。但是,二手数据所具有的高度可复制性,仍然会为推动研究发展带来一些额外的好处,尤其是在复制研究的发现与原文发现不

---

① 按照Boyd et al.(2005)的统计,自Lane et al.(1998)发表至2004年6月,Amihud & Lev (1981)共被引用88次(从其发表算起则有265次引用),Lane et al.(1998)共被引用27次(包括3次直接由于原文争论和回应所产生的引文)。

同的时候，这时基于一手数据的复制研究所带来的挑战性不如基于二手数据的复制研究。也正因为这一点，我认为，基于二手数据的研究具有更高程度的"他律性"，基于问卷数据的研究次之，而案例研究的他律性可能最低。

管理学领域正在推动"复制性"研究，鼓励学者们共享与公开数据，减少重复性的数据搜集工作，更好地推动学科知识的积累。学者们也在积极搭建数据共享的平台并采取相应的举措。例如，致力于加速在战略、创业和企业与行业演进的研究，达特茅斯学院的康斯坦斯·赫尔法特（Constance Helfat）教授发起了一个名为 FIVES 的项目[①]，在此项目平台上注册的用户可以免费下载相关的研究数据集。MOR 为在在线平台[②]上共享自己研究资料的作者授予"开放资料勋章"（Lewin et al., 2016）。国内的中文学术期刊，如《中国工业经济》，也开始要求发表文章的作者要公开其所采用的数据源。这在一定程度上加强了二手数据的"他律性"。故而，研究者应在数据搜集、整理、清理与分析的过程中更为谨慎，且做好相应的数据处理文档记录。

11.7 使用二手数据的"眼、法、工"

很多学生问我："既然到处都是二手数据的金矿，但为什么我看不到？即便是看到了，也不知如何下手和有效使用。"

我之所以回顾前面那些具有代表性的研究论文，并且复述原文中有关数据使用方法的描述和说明，就是想展现其"庐山真面目"。我认为上面这些研究都是绝佳的示范，能启发我们如何识别、提取和有效使用二手数据。如果非要进行更进一步提炼的话，我愿意用"眼、法、工"来概括二手数据的使用之道。

所谓"眼"，就是需要有理论透镜（theoretical lens）去捕捉、识别和选取合适的二手数据。通过不同的理论透镜，可以看到不同的东西。没有透镜，就什么都看不到。比如，同样是上市公司数据，有人看的是制度影响与代理问题，有人看的是 CEO 继任问题，还有人看的是并购决策问题。同样是专利数据，有人看的是创新，有人看的是实物期权理论（real options theory）的验证，还有人看的是知识流动。

前文中我用简单的描述性统计总结了四本学术期刊的论文发表中使用二手数据的情况。我可以找到某些理论着眼点，即选取理论透镜来重新审视和编码这些以论文形式存在的二手数据。比如，我可以结合社会网络（social network）视角和学习视角（learning perspective）提出关于"什么样的研究者更倾向于使用二手数据及如何使用二手数据"的假设。如果这样，我不但要在我的样本框（sampling frame）内识别每位研究者，编码每位研究者发表的论文是否使用了二手数据，或者是如何使用的二手数据（比如，是否对原始的质性二手资料进行编码并创建自己的二手数据），我还要设法通过其他信息渠道（比如，每位作者发表论文时工

---

① 项目官网：http://five.dartmouth.edu。

② Open Science Framework（https://osf.io/）或 As Predicted（https://aspredicted.org）。

作的院系、之前工作过的院系、博士阶段的院系等）来提炼和创建一套关于这些研究者的社交网络数据。我甚至可以编码弱连接（weak ties）和强连接（strong ties）及网络的中心性、密集度或结构洞等变量。当然，我也可以采取别的理论透镜。比如，我可以像 Tuggle et al.（2010）一样研究"关注力"。比如，我可以提出一个"知识、习惯与信任如何影响探索取向"的假设，即使用二手数据的研究者比使用一手数据的研究者更倾向于引用那些基于二手数据的实证研究论文；使用二手数据的研究者比使用一手数据的研究者更可能具有扩大研究范围的倾向，等等。

那么，怎样才能练就一双具有强大的穿透力的"千里眼"呢？就这个问题，最好的答案莫过于卡尔·韦克（Karl Weick）的比喻。Weick（1989）提出，研究需要规范的想象（disciplined imagination）。他把研究过程比作船在夜晚的海上航行，在这个探索过程中所需要的规范的想象靠的是雷达。船要依靠雷达发出信号，再接收反射回来的信号，进而分析和解读信号，做出调整，然后选择航向。我们的"雷达系统"就是我们接受的理论训练、拥有的文献储备和研究功力。没有理论的"雷达"，我们就不会具备提出关键问题的能力（ability to ask critical questions），就好比船无法发出雷达信号，看到的当然只能是茫茫黑夜了。

有了雷达这只"慧眼"还不够，还需要掌握雷达的操作，分析和解读雷达捕获的信号，即这里讲的"二手数据"。这就是所谓的"法"（methodology）。如果方法不当，那么一定会出错。如果流程步骤是对的，但做得不够用心和严谨，那也会有问题。前文对多篇论文不厌其烦的描述，其实不是想展示研究者们在理论建构、选择数据源和编码方面做得多么优秀，而是想说明优秀的研究者是如何审慎地对待二手数据、如何求实和尽可能地做到无误的。比如，研究者总是要努力确认数据的可靠性和信息识别、提取及编码的准确性。在进行针对研究问题的统计分析前，对二手数据进行预处理与清理是很重要的，它可以避免后期统计研究中可能出现的偏误。

首先，了解二手数据产生的情境与途径，评估二手数据的可靠性、综合性与可能的偏误。研究者没有机会参与二手数据的搜集过程，但在使用二手数据前，至少需要回答以下几个问题：谁搜集了二手数据？搜集的目标是什么？在什么时间进行了数据搜集？采取了何种途径和方法进行了数据搜集？数据的一致性如何？大部分公开的社会调查数据中，对问卷调查的执行过程有详细的阐释。例如，世界银行的企业问卷有独立的数据手册对样本的抽样、问卷发放的时间、地点等进行介绍。

研究者从文本资料中进行编码构建数据时，则需要阐释证明基于该文本资料进行编码的合法性，即该文本资料是全面的且无偏误的。例如，Chen & Miller（1994）为了说明《航空日报》上发表信息的准确性，他们随机抽取了一个包含 20 个战略行动的子样本，将其与其他主要的商业杂志和报纸上的内容进行了比对，结果表明《航空日报》是在同类专业期刊中对于航空公司竞争行动报道最为全面的数据来源。

又例如，Nadkarni & Narayanan（2007）更是用大量篇幅来说明他们是如何确保通过阅读企业年报中 CEO 致股东的信可靠地提取战略谋划信息的，并且逐项讨论了关于准确性的问题（即内容偏差、时间偏差和归因偏差问题）。其中，针对潜在的时间偏差，他们随机抽取了 30 家企业的子样本，然后搜集了《华尔街日报》上 1990—1992 年关于该 30 家企业的 15 项特定的战略行动事件（如高管变动、并购和剥离等）的信息。他们对比了《华尔街日报》中事件的汇报日期与在年报中汇报的日期。如果汇报时间不在同一年，则视为存在"时间滞后"，然后，他们计算了时间滞后事件占总事件的比例，发现这 30 家企业的时间滞后比例均低于 15%，借此说明，时间滞后并不是该数据的严重问题。为了评估归因偏差，即管理者将低绩效归于外部环境、将高绩效归于企业的战略行动，他们计算了子样本企业在所在行业的销售与投资回报率等指标上的标准分数（z-score），然后在 CEO 致股东的信中将组织绩效结果分为内部归因（组织战略行动、结构和流程）与外部归因（外部经济与行业因素），将企业的外部归因与内部归因的比例与其行业标准分数进行了相关分析，通过非相关性证明归因偏差的存在没有显著地影响数据质量。

其次，识别并处理二手数据中的缺失值、异常值和异常分布（abnormal，distribution）。针对一般的二手数据，可以对数据的均值、范围及分布情况进行描述性统计分析，以识别缺失值、异常值和分布异常的情况，并予以处理。处理的方式包括改正、删除或弃用。研究者需要区分这些缺失值、异常值和分布异常是随机性偏误（如录入的错误或遗漏），还是系统性偏误。随机产生的缺失值，可以采取个案删除法（listwise deletion）、平均值填补法或多重填补法（multiple imputation，MI）①进行处理；少量的异常值可以删除。如果不同的数据库或者数据源对目标样本或变量均有覆盖，则可以通过其他数据库补充完善样本。例如，Hallen et al.（2014）的研究样本是 1979—2003 年的企业风险投资。他们首先使用 VentureXpert（该数据库主要基于投资者的调查构建）作为主要数据来源构建了研究样本。然后，他们利用 VentureOne（该数据库主要基于对创业者的调查构建）中的数据对 VentureXpert 的样本进行了交叉验证，补充了 VentureXpert 里的缺失值；当 VentureXpert 与 VentureOne 中的样本数据存在不一致时，他们进一步通过 LexisNexis 中的信息进行了验证和补充。最终，这些数据交叉验证补充的工作使最终样本量增加了 20%。有些系统性缺失值则需要特别注意，例如，在投中数据、清科私募通等投资数据库中，因创投行业早期投资数据的披露较少，故早期投资数据存在系统性缺失，如果研究关注早期投资数据，则会影响假设检验的有效性，此时可以考虑弃用该数据库，考虑其他数据来源。

虽然数据清理工作通常在正式的数据分析前进行。但实际上，数据清理是一个持续迭代的过程，有些数据问题可能是在后期分析阶段发现的，例如，在数据分析中，当有异常的统计结果出现时，需要重新回到样本中进行检查确认。甚至，有些容易被忽视的样本分布问题，是在论文的审稿过程中通过同行评审才被发现和纠正的。在数据清理的过程中，研究者不能直接对原始数据进行更改，需注意数据文档的管理，记录每一步的数据处理工作。

---

① MI 来自贝叶斯估计，是用两个及以上能反映数据本身分布概率的值来填补缺失值的方法。

Weick（1989）借用雷达的比喻，试图说明研究者不论通过什么样的研究方法都只能获得"环境的代表"（representation of environment）。二手数据，不论它以哪种形式存在，也只不过是我们研究对象的代表而已。我们研究的目的是要透过二手数据表象揭示某种本质，但是我们完全可能出错。要尽可能地避免出错，根本出路在于：第一，系统地、持续地更新和改进我们自己的理论"雷达"和软件系统；第二，不懈地改善我们的"雷达"操作方法和"雷达信号"接收、处理和解读的方法，永远保持方法的严谨性。

所谓"工"，指有工夫，有耐心，肯花时间，不怕麻烦。只有这样，才能在金矿中淘出成色上好的金子。当然，有在"诗里"的工夫，也有在"诗外"的工夫。诗外的工夫，用在对数据所指征的真实世界的感受与理解，十分重要，亦是反映科学精神的一项最起码的品质。

11.8 使用二手数据需要特别注意的问题

使用二手数据特别需要注意的是如下几点：

① 切不可一味地贪图利用"现成"的二手数据的便利，把严肃的学术研究变成数字游戏和论文"制作"（fabrication）；

② 切不可无原则地妥协于二手数据的局限，结果变成理论是一回事，实证是另一回事，研究发现和解读似是而非；

③ 切不可盲目地陷入对二手数据的挖掘中，忽视对管理实践的关注，不接现实世界的"地气"，令研究索然无味。

前面我以 SDC 数据库、Compustat 数据库和专利数据为例，说明了"现成"的二手数据在宏观层次的管理研究中的应用。我所举的例子都说明了使用这类二手数据具有很多优势。但是必须指出，不论二手数据多么丰富、系统和"干净"，它一定也存在着一些"与生俱来"的缺点，不容忽视。

第一，变量指标的契合性问题，即构念的效度问题。二手数据里所包含的经济、技术或地理人文信息，对于经济学、社会学的研究常常是有用的，但对于组织管理学而言，我们通常需要一些"战略变量"或"行为变量"，而这通常却是二手数据所缺乏的。Venkatraman 和 Grant（1986）识别了战略管理研究中构念测量的常见问题，包括依赖于分类型变量、采用单一的指标、没有足够的信度分析及存在层次（企业、团队、个人）导致的模糊性。当然，很多情况下，基于二手数据的可得性和形式，研究者不得不做出妥协，采用一些与理论概念有一定关联但契合性并不强的既有指标作为代理指标（proxy indicator）。上面列举的采用专利引文来"测度"知识流动的论文，就是如此。

使用二手数据与基于问卷数据的研究不同，后者可以采用验证性因子分析等手段对于多题项的量表进行构念测量效度的比较评估。而在使用二手数据的战略管理研究中，很多研究仅仅采用单维度指标，对其效度评估更基本的是构念的测量能否契合理论，即满足理论效度

(nomological validity)。下面我试以"国际化"(multinationality)构念的测量与"研发强度"(R&D intensity)作为代理变量来说明二手数据的构念效度问题。

Hennart(2011)回顾了研究国际化与绩效的相关文献,指出"国际化"的不同测量与理论主张并不匹配。具体来说,其识别了五类已有文献中关于"国际化"的不同测量方式,分别是:① 对境外市场的依赖,通过境外销售额占总销售额的比例进行测量;② 对境外生产的依赖,通过境外的资产(雇员数量和收入)占总资产(雇员数量和收入)的比例进行测量;③ 境外销售的分散程度,通过 Compustat 数据库的地理分类计算其境外销售额分散程度的赫芬达尔指数(Herfndahl index)或熵指数(entropy index);④ 进入的境外国家的数量,通过计数测量;⑤ 进入的境外国家的多样性,通过企业员工在不同组(根据政治制度和文化相近进行分组)的国家之间分散程度的熵指数测量。然而,对国际化与绩效之间相关关系的理论主张,即更高程度的国际化可以使企业更好地利用无形资产,更好地套利,同时带来更高的内部与外部绩效,Hennart(2011)认为前四种测量均不能很好地对应到此三类理论主张。例如,无形资产的利用取决于整体市场的规模,而非境外或者本土市场的区别。

Bromiley & Johnson(2005)指出,"研发强度"在交易成本的理论中,可能被用于测量资产专用性;在产业经济学的研究中,"研发强度"被用来指代进入和退出的壁垒;在动态定位的研究中,"研发强度"则用来反映产品差异化的战略。在不同的理论中,采用同样的代理变量为管理知识的积累带来了障碍。Bromiley et al.(2017)进一步思考已有研究中将"研发投入"(R&D spending)或"研发强度"作为企业风险承担(risk taking)的测量方式的合理性。基于美国上市公司的面板数据,他们将"研发投入"和"研发强度"与其他 11 个测量风险的指标进行相关性分析,发现:一方面,"研发投入"和"研发强度"之间的相关性为负,意味着其测量了不同的构念;另外一方面,与其他 11 个风险测量指标之间的分析,也没有发现一致的正相关关系。这在一定程度上表明"研发强度"或"研发投入"并不是企业风险承担的最佳测量方式。

针对二手数据构念效度问题,构念清晰是构建合适的测量指标的基础。在将构念操作化时,可以参考先前文献中的变量测量方式为研究所采取的测量方式提供合理性。但还要做一些额外的工作,尽量保证所采用变量的效度。在充分考虑已有文献中的测量是否很好地契合了理论主张的基础上,可以对不同的测量方法进行相关性分析,检验已有文献中测量方法的一致性。在必要的情况下,还可以引入对研究对象非常了解的业界专家对于构念的测量方式予以评判与建议。

第二,变量指标的准确性问题。安然事件让我们认识到,即使是上市公司也可能虚报数据。当然,我们宁愿相信这只是少数。如果只是少数的话,那么我们通常会相信基于大样本数据的实证检验是可靠的。Compustat 数据库的可靠性已经被广泛认可,其他的数据则不一定总让我们保持这样的乐观。一般地,使用二手数据的误差大概会有如下几种:

· 企业自报数据时由于主观和客观的原因发生的误差;

- 专业机构或数据公司人员在搜集和处理数据所发生的偶然误差；
- 专业机构或数据公司人员在搜集和处理数据所发生的系统误差；
- 研究者使用二手数据时发生的误差。

这里可以用专利引文数据来说明前三种误差。按照美国的法律，专利申请必须列出令此项发明曾经获益的所有专利文献，即所谓的 "prior art"。逻辑上，一项发明的授权是基于该发明的新颖性，而这个逻辑则有可能导致专利申请人具有少申报引文的倾向，因为引文越多意味着该发明的新颖性程度越低。当然，少申报引文也可能事出有因：发明人可能根本就不知道曾有一些已经授权的专利，而这些专利实际上应被列入该发明的专利文献。这就会引起自报误差。鉴于这样的情况，在美国的专利审查制度中，设置专业的专利审查员就是非常必要的。审查员会根据自己的知识、经验及在专利数据库查询的便利，自行判断并添加没有被专利申请人列出、但事实上与该专利具有技术关联的过往专利。然而，这样又会导致数据噪声（noise）。审查员之间业务水平的差异可能导致有的引文补充得多些，有的补充得不够；审查员添加的一些引文可能根本就不是发明人所知道的，那么若利用这些引文来"测度"实际发生的知识转移，势必导致测度的误差。

关于第四种误差，前面介绍的 Lane et al.（1998）与 Amihud & Lev（1981）的争论已经非常清楚地说明了。研究者使用二手数据时可能发生偏差，这种偏差可能带来非常严重的后果。所以，使用二手数据的正确态度必须是坚持严谨求实的原则、一丝不苟。上面所举的几个论文范例启示我们，研究不是简单的回归分析并报告统计结果。论文所报告的统计结果对文献和学术发展是重要的，但那远远不是学术研究的真面目。严谨的学术研究背后实际上是大量艰苦而繁复的修补和清理数据的工作，而这些工作恰恰是学术研究的重要过程。

11.9 结语

中国情境下的二手数据资源非常丰富，可以称之为数据金矿。然而，从现在的情况看，中国本土的研究者在使用二手数据方面还束手束脚，"淘金者"仍太少。大多数已经发表的宏观层次的管理研究论文所采用的数据是上市公司数据。就维护的系统性、信息指标的完备性和可靠性，以及获得的便利性而言，在中国本土目前可利用的二手数据资源中，上市公司数据可能尚无对手。当然，这里说的上市公司数据的几个方面的性能，实际上在逐步提高，这反映了中国资本市场在逐步发育。近两年来，随着监管制度的逐步完善和监管力度的日益加强，上市公司数据的可靠性得到了很大的提高。

上市公司数据的"一枝独秀"引发了两个值得关注的问题：一个问题是关于上市公司数据的挖掘所导致的研究"窄浅化"，另一个问题是关于其他公共数据资源的开发和利用。

就第一个问题而言，大量的已经发表的论文集中在金融和会计学研究领域。在组织管理学领域，研究主要集中在公司治理结构问题上，只有少部分研究涉及多元化和并购等战略问题。研究问题重复、研究面窄、研究多浅尝辄止、深度不够，绝大多数研究都基本停留在简单地复制西方早已经检验过的理论假设的水平上，能深入挖掘反映中国特点的新的理论维度的研究仍然少见。

就第二个问题而言，尚有大量的中国本土的二手数据资源有待进一步开发和利用。以质性形式存在的二手数据资源仍然有待深入开发。中国管理学者或许能从我前面介绍的几篇利用质性数据的范例中获得一些启发。自动化文本分析软件的发展为质性二手数据的编码提供了更大的可能性。同时，为了弥补二手数据难以解释清楚内部机制的局限，管理学领域开始倡导混合研究方法（mixed methods），结合一手数据和二手数据来共同回应研究问题。

其实，随着互联网深入社会和经济生活的方方面面，我们早已身处数据的海洋中。在线交易、社交网络、互联网广告、邮件互动及个人电子终端的传感器化，我们在生活中留下了越来越多的数据痕迹；工业领域智能制造化的推进，也极大地丰富了企业内部物流与生产运营的数据信息。随着新的数据存储和处理技术的发展，"大数据"越来越吸引研究者的注意。这些数据样本大、形式多样（包括文本、图形、声音、视频等）、实时性更强、颗粒度更小（个体层次在特定时刻的行动数据等）。"大数据"可以成为一手数据的来源，例如，组织管理研究者可以借助智能穿戴设备，捕捉员工情绪和压力相关的实时生理数据。然而，更多情况下，企业和政府机构拥有的"大数据"对研究者来说，是潜在的二手数据来源。George et al.（2016）指出：几十年前，Compustat 和 SDC 等商业数据库的出现是一次管理研究的变革。伴随着 Stata 和 UCINET 等软件的普及应用，研究者们由案例研究和简单的 2×2 的框架转向更复杂的模型；而"大数据"的发展代表着下一次的变革，其可以帮助组织管理研究者进入新的研究领域，回应新的研究问题，聚焦更为细致的分析单元，以及更好地探索组织管理现象中的微观机制。

"大数据"时代的到来，给组织管理研究者也带来了新的挑战。首先，"大数据"更加非结构化，在网络中存储的形式更为多样与分散，需要借助新的软件工具（如 Python、SAS 和 R 等）以及机器学习手段，进行数据抓取、转化、生成和利用。其次，在统计分析上，传统的技术手段有可能不完全适用于这样极其复杂的大样本数据检验。这意味着，研究者必须重新学习和适应。已经有一些研究者和机构在合作推动提高"大数据"可获得性，努力降低大数据给研究者造成的门槛，使没有编程背景的研究者依然可以利用大数据开展研究。当然，在获取和利用海量的微观数据时，如何妥善处理隐私问题，还在讨论之中。最后，在技术和伦理层次之上，大数据带给研究者的更重要的挑战是管理理论意义的寻求与发现。研究者在海量的数据中，有被"淹没"的风险。对此，Davis（2015）表达了他的看法："结合我们目前的学术职业奖励制度，大数据的出现很可能会导致大量具有复杂计量模型的新颖论文出现，但对于组织管理研究的知识累积的前景影响并不明显。"我认为，不论"大数据"多么诱人，学术的本质不会改变。研究是研究者的研究。学术性的根本前提是在场性。研究者必须在场，必须对数据有直切的感受，而不能"隔岸观火"。否则，做出的研究只是"很像但不是"而已。

思考题

请在 AMJ/SMJ/OS/JIBS 等期刊中选择一篇最近发表的、基于二手数据的研究论文,剖析作者使用二手数据的方法并尝试借鉴。

二手数据库推荐

1. CSMAR 与 WIND

CSMAR 和 WIND 覆盖了中国上市公司的治理信息、财务信息及投资并购等战略行动的信息。很多高校都购买了 CSMAR 和 WIND。其数据存储形式非常结构化,且正在不断地更新和丰富其所覆盖的变量信息。上市公司有着很好的数据公开性,研究者可以在以 CSMAR 和 WIND 作为数据来源的同时,从公司年报或媒体等其他渠道搜集和编码其他独特的变量。

相关文章举例:Greve & Wang(2017),AMJ;Li & Qian(2013),SMJ;Li et al.(2020),JIBS;Li & Lu(2020),AMJ;Luo et al.(2021),ASQ;Qian et al.(2017),SMJ;Sun et al.(2016),AMJ;Wang & Qian(2011),AMJ;Zhang & Qu(2016),AMJ;Zhang et al.(2020),AMJ。

2. 中国工业企业数据库(Chinese Industrial Enterprise Database)

该数据库由中国国家统计局负责调查统计,涵盖了中国 500 万元产值以上的工业企业的运营信息、股权结构与财务信息等。该数据库的优势在于其覆盖面相对较广。

相关文章举例:Buckley et al.(2002),JIBS;Chang et al.(2013),SMJ;Li et al.(2009),SMJ;Wang & Luo(2019),ASQ;Xu et al.(2014),ASQ;Zhong et al.(2019),JIBS;Zhou & Li(2008),JIBS。

3. 中国私营企业调查(Chinese Private Enterprise Survey,CPES)

中国私营企业调查是目前国内持续时间最长的全国性抽样调查之一。目前由来自中共中央统一战线工作部、中华全国工商业联合会、国家市场监管总局、中国社会科学院、中国民营经济研究会的同志组成的"私营企业研究课题组"主持。每两年进行一次调查。该调查在全国范围的私营企业内按一定的比例(0.05% 左右,每次的比例略有差别)进行多阶段抽样(stratifed sampling)。该数据的优势在于企业家个体层面的数据较为丰富;劣势是每年的数据都是横截面数据,而非面板数据。也有学者尝试根据问卷数据中不变的样本特征信息进行跨年度的匹配,以形成面板数据进行研究(Marquis & Qiao,2018)。目前该数据向国内数据申请者开放 1993—2014 年数据,有条件地开放 2016 年部分数据。申请者可以在 CPES 官网(https://cpes.zkey.cc/index.jsp)注册并申请使用数据。

相关文章举例:Haveman et al.(2017),ASQ;Marquis & Qiao(2018),ASQ;Jia(2014),SMJ。

4. 投中数据(CVSource)和清科私募通(Zero2IPO)

投中数据专注于中国私募股权、战略投资与并购等股权投资市场的在线信息产品。投中数据提供投资市场融资、并购信息、新兴行业研究成果、企业分析数据。

清科私募通涵盖了中国创业投资与私募股权投资行业的有限合伙人、投资机构、基金及其管理人员信息、投资信息、投资组合公司信息、并购和上市数据，数据每日更新。

相关文章举例：Gu & Lu（2013），SMJ；Hu et al.（2021），OS。

5. 锐思数据库（RESSET）

锐思数据库是一个为模型检验和投资研究等提供专业服务的数据平台，包括四个子数据库，分别为：金融类、高频类、特色类和经济类数据库。其中，金融类数据库提供了金融研究、新三板（全国中小企业股份转让系统）、理财产品、量化研究等数据。高频类数据库提供了上海证券交易所和深圳证券交易所上市交易工具的高频数据。特色类数据库是锐思数据库结合时事热点并针对高校、科研机构、行政机关等单位的数字化建设需求而研发的一系列专题特色数据库，包括非上市公司（工业企业）数据库、经济普查数据库、投资事件数据库、海关系列数据库、大别山经济数据库、泛亚数据库、"一带一路"数据库系列、商品流通数据库、国内（际）能源数据库、国内（际）旅游数据库、海洋深度数据库等，为专业教学、专题研究提供全面、准确、快捷的数据支持服务。经济类数据库包括宏观经济数据库、区域经济数据库、海关进出口数据库、行业数据库、国际宏观数据库、国际经济金融数据库等，数据来源为国家统计局、地方统计局、海关总署、国家旅游局、发展和改革委员会、农业农村部、交通运输部，以及美国商品调查局等权威统计、发布部门。该数据库的优势在于其充分参考了国际著名数据库的设计标准，定位于学术研究，提供了大量经过深加工的衍生指标数据。

相关文章举例：Li et al.（2022），JBE；Wang & Song（2016），JOM；Xing et al.（2019），JBE；Zhu et al.（2022），JBE。

6. 巨潮数据库

巨潮资讯网是中国证券监督管理委员会指定的上市公司信息披露网站，创建于1995年，是国内最早的证券信息专业网站，也是国内首家全面披露深沪上市公司公告信息和市场数据的大型证券专业网站。其下巨潮数据库的内容涉及新闻、公告、评论、上市公司基本面、交易统计、机构会员等多种信息，覆盖上市公司、券商、基金、债券等方面，包括汉字、数据、图片、音频、视频、英文等各种表现形式。巨潮数据库为深圳证券交易所旗下数据库，包含大量原始数据，在数据的时效性、全面性和准确度上有一定优势。

相关文章举例：Li et al.（2015），JBE；Tang et al.（2019），EMJ；Wang et al.（2019），AE。

第 12 章

高频率跟踪问卷调查：日记与体验抽样方法

宋照礼　苏涛　祝金龙

> **学习目标**
> 1. 理解日记与体验抽样方法的定义、特点、优势与局限
> 2. 了解日记与体验抽样方法在组织行为学中的三种应用范式以及各自的优劣势
> 3. 掌握日记与体验抽样方法的实施方法
> 4. 了解主流组织行为学期刊中日记与体验抽样法的文章及其发展趋势

日记与体验抽样方法（daily diary and experience sampling methodology，DD & ESM）是一种高频率跟踪问卷调查方法。在管理学研究中，这种方法已经受到越来越多的关注。该方法不仅有助于描述和揭示个体自身与外在的动态过程，如情感、认知、个体行为、人际互动、工作事件等，还可用于评估其他稳定特征对动态过程的影响，如个性对于个体内部动态过程和反应的跨层次影响。本章将系统介绍这一类的问卷调查方法，说明如何设计和实施日记与体验抽样方法的研究。

12.1 日记与体验抽样方法

12.1.1 历史沿革

行为科学主要关注人们的行为模式与规律。除重大事件外，人们的日常行为也是行为科学所研究的对象。与之对应，利用自我报告对个体的日常生活事件与体验进行重复测量（repeated measures）与跟踪记录也日益成为一种主流的研究方法。日记与体验抽样方法是高频率跟踪问卷调查方法的一种，20 世纪初在行为分析领域开始初步应用，例如，弗雷德里克·泰勒（Frederick Taylor）就在工作场所研究并推广对工人行为的观察和分析。在 20 世纪的六七十年代，这一方法逐渐走向成熟，并应用于心理健康、工业与组织心理学、社会心理学等诸多领域（Wheeler & Reis，1991）。Schwarz（1990）、Wheeler & Reis（1991）、Duck（1991）、Reis & Gable（2000）等是 20 世纪使用日记方法（daily diary，DD）或体验抽样方法（experience sample methodology，ESM）比较有影响力的研究。步入 21 世纪，组织管理领域使用日记与体验抽样方法的研究的数量开始快速增长。《职业和组织心理学杂志》（*Journal of Occupational and Organizational Psychology*）、《组织行为杂志》（*Journal of Organizational*

Behavior》和《人际关系》(*Human Relations*)这三本期刊还分别在2005年(第78卷,第2期)、2011年(第32卷,第4期)和2012年(第65卷,第9期)特地出版专刊介绍这种测量方法的相关研究。Ohly et al.(2010)对组织行为学研究领域内采用这种测量方法的23个研究进行了详细介绍。而Beal(2011)则对尤为适合采用日记与体验抽样方法的相关研究主题进行了介绍。Fisher & To(2012)对2002—2011年发表在8本主流组织管理学术期刊上的文章的摘要进行检索,发现采用日记与体验抽样方法的研究数量整体呈现上升的趋势。有关日记与体验抽样方法还可以参考Myin-Germeys & Kuppens(2021)、Beal & Weiss(2003)、Bolger et al.(2003)、Intille(2007)、Hektner et al.(2007)、Belli et al.(2009)、Mehl & Conner(2011)、Bolger & Laurenceau(2013)等。

12.1.2 定义

体验抽样方法是指在日常工作与生活中,对同一调查对象的即时或临近即时的反应,持续予以报告的一种测量方法。被调查者需要在一周或几周的时间内每天数次报告他们当下或临近当下的情感、行为、想法或情境(Fisher & To,2012)。

"体验"一词主要说明该研究方法关注个体当下的或临近当下的经验与感受,试图通过多次测量的方式来反映其日常状态或情况。以前往往将"experience"翻译为"经验"。经验一词主要有两种含义:一是通过亲身经历所获得的知识与技能,二是经历与体验。前一种含义与这一方法所关注的当下的感受是不同的,因此用这一个词容易引起误解。所以,我们建议用"体验"而非"经验"作为"experience"一词的中文翻译。"抽样"指该研究方法需要对个体的体验沿时间轴进行纵向取样,关注个体体验在时间轴上的分布。体验抽样方法研究主要涉及个体自身的各种动态过程。在社会学或医学领域,这种方法也被称为生态瞬时评估法(ecological momentary assessment,EMA)。这种方法之所以被称为"生态的",是因为相较于其他由人工设置实验条件的研究方法,它是在正常的活动和环境中对调查对象进行评估的。医学领域的生态瞬时评估法通常会和心率、血压与活动水平等指标结合,有时也被称为动态取样评估法(ambulatory assessment method,AAM)。

虽然日记方法与体验抽样方法名称不同,但内涵比较接近。依据传统,如果跟踪调查是一日多次取样,便可以称其为体验抽样方法或日记方法。但是如果一天只有一次取样且调查内容是对当天工作经历的回顾,一般只称其为日记方法。很多学者对这两种名称并不做特别区分,如Bolger et al.(2003)。本文中,我们将一天内一次或多次、延续多天的高频率重复问卷调查统称为日记与体验抽样方法。日记与体验抽样方法不同于描述性体验抽样方法(descriptive ESM)(Hurlburt,2006),两者在信息搜集的方式上存在较大差别:日记与体验抽样方法通常使用有标准计分的调查问卷的形式来搜集被调查者的消息;描述性体验抽样方法则通常是在被调查者接受到数次调查信号之后对他们进行深度访谈,通过这一方式来搜集他们非结构化的、质性的即时想法与感受等信息。

12.1.3 特点

与常见的横截面（cross-sectional）研究设计和实验研究设计不同，日记与体验抽样方法有三个显著特征。

一是关注现象的动态性和个体内差异（within-person variance）。许多组织管理研究领域中的现象会在短时间内发生波动变化。例如，人们在工作中的感受和体验（如工作满意度、情绪、工作动机、效能感、睡眠质量等）、工作行为（如情感表达与情绪劳动、组织公民行为和反生产行为等）和工作结果（如绩效等）都会发生波动变化（Beal，2011）。在以往的研究中，上述现象的动态性（dynamics）往往被忽视或被简单归结为测量误差。而日记与体验抽样方法直接针对这些现象的动态性和个体内差异进行研究。例如，人们每天的睡眠质量是波动起伏的。传统的研究关注人们平均水平的睡眠质量并对比个体差异，日记与体验抽样方法则关注同一个人连续多天的睡眠质量，并分析、比较个体在睡眠质量好和睡眠质量差的工作日的行为表现差异。Sonnentag（2003）研究了每天起床后的精神恢复状态对每天主动行为的影响。Ilies et al.（2006）探究了情绪的变化是否会引起组织公民行为的变化，以及这种个体内关系的强弱是否因人而异（即受到人格特质的调节作用）。

二是在自然的状态下，捕捉人们即时的工作和生活体验。其关键点在于"自然"和"即时"。"自然"是指人们在日常工作生活的真实场景中记录和报告自己的体验及工作行为。这里的"自然"是与实验室实验对比而言的。我们知道，实验室的场景与人们日常工作的真实场景是有区别的，实验得到的结论有时不一定能直接反映人们平时工作的真实状态，而现实中的工作场景则是人们更自然的一种存在状态。

"即时"则是在把体验抽样方法与其他传统的问卷调查法比较后得出的一个特点。在体验抽样方法中，我们经常要求被调查者报告他们当时当地的体验和行为，如情绪、工作投入度、助人行为等。而在传统问卷中，例如，横截面研究问卷和一般有数月或数年时间间隔的纵向研究问卷，通常要求被调查者回忆和概括他们过去一段时间的体验和行为。比如，被调查者可能需要回忆过去一个月中他们拥有某种体验或进行某项行为的频率，或者回忆和概括在过去的几年时间里他们通常是如何体验或行动的。这些基于回忆的报告虽然能大致反映被调查者一般状态下的体验和行为，却存在一些问题。其中一个问题就是个体在回忆时往往不能避免回溯偏差（retrospective bias）。比如，个体可能更容易记住一些诱发强烈体验的事情，但对其他相对平淡的事情就难以有准确的记忆。另外，个体对于过去体验的概括很大程度上是一种语义记忆（semantic memory），即个体的记忆是基于一系列抽象的、概念性的理解所形成的。这种记忆与对某种具体场景和某个具体时间片段的记忆很不同，它可能并不是对真实发生的事情的精确反映，而是反映了我们对事情通常应该是什么样的一种认识。这种抽象的认识与现实情况的偏离会随着需要回忆和概括的时间跨度的增加而变大。所以，如果研究者认为回忆的这些特点对于想要捕捉的现象会造成影响，而研究者更想看到在某个具体的场景下人们的真实体验和反应，取样的即时性就变得很重要。

三是高频率重复测量。为了捕捉即时体验（immediate experience）的波动变化，日记与体验抽样方法通常需要高频率重复测量。所谓"高频率"，是与传统的数次重复测量的纵向研究设计相对比而言的，被调查者有可能需要在一天之中填答三次甚至更多次问卷。只有通过这种高频率的测量，研究者才有可能看到那些短时间内会发生波动的变量是怎样变化的，以及与它们瞬时变化有着紧密联系的原因或结果又是什么。尤其对于一些理论上可能时时刻刻都会产生可观测变化的变量（如情绪），测量的频率越高，越能贴近真实的变化；反之，测量频率越低，对于变化的反映就越"粗线条"。表 12-1 总结了日记与体验抽样方法的特征及其与其他研究方法的比较。

表12-1　日记与体验抽样方法的特征及其与其他研究方法的比较

特征	特征说明及示例	与其他研究方法的比较
关注现象的动态性和个体内差异	关注个体体验在时间轴上的分布，并对个体内的差异进行分析和研究。例如，捕捉人们每天睡眠质量、情绪和绩效的波动起伏，分析同一个个体在什么样的情境下有更好的工作绩效	横截面研究关注人与人之间的差异。例如，关注和分析什么样的员工有好的工作绩效
在自然的状态下，捕捉人们即时的工作和生活体验	在真实的工作场景中，让被调查者报告当下的感受或最近几个小时的工作或生活体验。例如，报告当前积极情绪的程度	在实验室实验中报告体验，或者通过一般的问卷报告在过去一个月中所拥有某种体验或进行某项行为的频率。例如，报告过去六个月中体验积极情绪的频率
高频率重复测量	每天多次重复测量。例如，每天在工作开始前、工作中、工作结束后各做一次测量	横截面一次性测量，一般的纵向调查问卷可能间隔几周、几个月或几年才做追踪测量

12.1.4　优势与局限

日记与体验抽样方法有几个突出的优势。首先，该方法能够探明个体自身随着时间推移包括波动和成长在内的各种动态过程（Beal，2011；Fisher，2007；Klumb et al.，2009）。通过分析这些动态过程，可以重新检验和拓展理论。其次，该方法能减少回溯偏差。已有研究表明，人对于过去的情感、信念和行为的回溯报告会被记忆误差、记忆有效性、新近记忆、突出记忆、内隐观点和当前情感所影响（Schwarz et al.，2009）。Robinson & Clore（2002）发现，真实事件与报告之间的时间间隔会导致回忆中信息的缺失。而对现有情感和体验的即时报告比基于记忆的回溯报告更为准确（Schwarz et al.，2009）。

但是，日记与体验抽样方法也有一定的局限。首先，该方法的实施难度较高。其难点主要包括研究的设计、变量的测量、被调查者的招募和激励、数据的搜集和分析等方面。相较于其他研究方法，由于其高频率、高密度的特点，使用该方法开展研究可能需要花费更多的时间、经费和努力。其次，日记与体验抽样方法也可能带来方法效应，即参加问卷填答这一行为本身，可能会改变被调查者对于所研究现象或事件的认知或体验。该方法要求被调查者对日常生活状况进行一定程度的监测，这可能会让人感觉不适应。参与研究可能会让人用不一样的方式看待他们自己的行为，甚至引起他们行为的改变。例如，由于参与研究，被调查者意识到自己与配偶之间的互动较少且不令人满意，他可能会尝试去改善与配偶的关系。这种方法效应是值得研究者关注的。

12.2 日记与体验抽样方法的类型

根据触发抽样（让被调查者填答问卷）的因素不同，日记与体验抽样方法可以分为基于时距的体验抽样方法（interval-contingent ESM）、基于信号的体验抽样方法（signal-contingent ESM）和基于事件的体验抽样方法（event-contingent ESM）这三种类型（Wheeler & Reis，1991）。在实践应用中，这三种不同类型的体验抽样方法也在相互融合，从而形成结合上述两种或三种类型的混合体验抽样方法（mixed ESM）（Bolger et al.，2003）。

12.2.1 基于时距的体验抽样方法

基于时距的体验抽样方法要求研究者设定好问卷填答之间的时间间隔，并要求被调查者在预先设定的时间点上进行报告。重复调查时间点一般根据理论或逻辑进行选择，如每天早上起床后、每天上班前、每天下班的时候、晚餐结束后等（Wheeler & Reis，1991；Fisher & To，2012）。被调查者需要报告从上个调查时间点到当下调查时间点之间所发生的事情，也有可能需要报告在那一刻的体验。因此，日记法可以被视为一种基于时距的体验抽样方法（Reis & Gable，2000）。关于早期采用这种方法的研究可以参考 Bolger & Schilling（1991）、Campbell et al.（1991）、Emmons（1991）、Larsen & Kasimatis（1991）、Zautra et al.（1991）的研究。

基于时距的体验抽样方法有两点优势：第一，使用这种方法时，每天填答问卷的时间一般都是固定的，被调查者仅需记住在约定的时间自行报告，方法直接，对被调查者的要求不复杂，对被调查者的工作和生活干扰小；第二，对于研究者而言，这种方法操作起来比较容易，研究者知道问卷填答的时间，可以在约定的时间或者稍早发送调研提醒，作为辅助提升问卷填答率的手段，问卷回收率通常较高。

而这种方法也存在三点不足：第一，当指导语是让被调查者报告当下的体验时，被调查者只捕捉到了一些时间点上的即时体验，而忽视了那些在其他时间点的体验；第二，在预先设定的时间区间，研究者关注的事件（如辱虐管理）可能没有发生或多次发生；第三，当时间间距较长且让被调查者报告从上一个时间点到当前的体验时，也会产生回溯偏差。社会认知领域有大量关于情境与事件特征对回忆影响的相关文献。例如，研究被调查者的即时/新近体验或情感意义就会影响回忆（Kahneman & Tversky，1982；Schwarz，

1990）。Hedges et al.（1985）在一天中的 4 个时间点（9:00、13:00、16:00、19:00）分别记录被调查者的瞬时情绪，在 22:00 的时候被调查者还会报告他们当天的整体情绪水平。该研究发现，被调查者晚上报告的当天的整体情绪水平与当天测量到的情绪的峰值水平相近，但是高于之前 4 个时间点报告的情绪水平的平均值。这意味着，当对一天的情况进行总结的时候，相较于一天情绪的真实平均水平，被调查者会更多受到当天情绪极端值的影响。至于影响的程度，则取决于所评估现象的特征（例如，是否容易记忆或是否容易受影响等）以及事件发生时点与报告时点之间的时间间隔长度，报告越频繁，回溯偏差越小（Fisher & To，2012）。

在组织管理领域内，Jones et al.（2007）、Liu et al.（2009）、Song et al.（2011）、Liu et al.（2021）等研究是采用基于时距的体验抽样方法的例子。以 Liu et al.（2009）为例，该研究在连续 5 个星期（25 个工作日）的时间内，以北京 4 家企业的 37 名员工为研究样本（总共获得 794 份报告），采用电话询问的方式，验证了每天的工作压力对被调查者饮酒量和饮酒欲望有显著的正向影响。并且，神经质和工作投入对每天的工作压力与被调查者饮酒量和饮酒欲望的个体内关系有显著的调节作用。该研究固定在每天 16:00 至 19:00 对被调查者进行电话询问。之所以选择这个时间段，是因为正常情况下，员工会在这个时间段内结束一天的工作，而且这个时间段处于他们开始夜晚生活之前。

12.2.2　基于信号的体验抽样方法

基于信号的体验抽样方法要求被调查者在收到预先设置或随机生成的信号后立即进行问卷填答。收到信号后，被调查者需要报告在那一刻的体验，或者报告从收到上个信号到当下时间点所发生的事情。信号的时间间隔往往是随机设定的，也可能是在固定时间间隔内随机产生。例如，以每两个小时作为一个时间段，在每个时间段内随机选择一个时间点进行调查。这种方法具有一定的随机性，可以获取被调查者经历事件和体验的代表性样本，因此，一些学者把这种依据信号释放时间点的体验抽样方法视为最正宗的体验抽样方法（Fisher & To，2012）。

基于信号的体验抽样方法的问卷填答时间更接近实际体验的时间，这正是这种方法相较于基于时距的体验抽样方法的主要优势。而且，如果基于信号的体验抽样的研究的时间间隔是随机选择的话，那么行为或感觉在时间轴上分布的特定规律导致的问卷系统性偏差就可能被减少或排除。例如，人们在早上起来之后可能会不太清醒，在睡觉之前会昏昏欲睡，固定在起床或睡觉时间点上的问卷填答就有可能受到身心状态的影响。另外，被调查者对填答问卷时间没有预期，其经历和体验较少地受到问卷填答的影响。

当然，这种体验抽样方法也存在不足：第一，对被调查者的正常生活和工作存在侵入性或干扰性。当采用基于信号的体验抽样方法时，无论是采用震动提醒的方式还是声音提醒的方式，某种程度上都会扰乱被调查者正在进行的活动。第二，研究所关注的事件越少发生，信号的作用就越小，即信号和事件其实没有多少一致出现的机会。相关研究发现，即使对于学生学习这样一个常见的事件，参与研究的学生平均每天也只报告了三四次（Wong & Csikszentmihalyi，1991）。太少的数据也难以得出可靠的、有代表性的统计分析结果。而且，还可能存在的问题是，基于信号的报告会"抹去"这些相对较少发生的事件的变化。如果研究者想对比好友间互动效应与恋人间互动效应的区别，随机信号就难以获得足够可供研究的事件的数据。换言之，获得足够数量的数据就需要花费相当长的调查时间。

Alliger & Williams（1993）、Song et al.（2008）、Hülsheger（2016）、Ilies et al.（2017）是组织管理领域采用基于信号的体验抽样方法的例子。以 Song et al.（2008）为例，该研究以 50 对双职工家庭夫妻连续 8 天的瞬时情绪报告作为研究样本，验证了积极和消极的瞬时情绪均能在工作与家庭之间及夫妻之间传递。该研究还发现，工作导向能够调节从工作传递到家庭的消极情绪，家里有小孩也能削弱夫妻之间的消极情绪传递。另外，当夫妻在一起且夫妻双方进行报告的时间间隔较短的时候，积极和消极的瞬时情绪均能在夫妻之间传递。在该研究中，研究者会在每个工作日的早晨、上午、下午和傍晚这四个时间段的随机时间点上，通过短信（即信号）通知夫妻进行报告；而在非工作日，研究者则仅会在上午、下午和傍晚这三个时间段通知夫妻进行报告。每次的调查约在两分钟内完成。该研究通过线上的形式进行问卷的发放与回收。这种操作不仅让被调查者随时打开、回答问卷成为可能，还让他们能比较方便地将填写好的问卷反馈给后台。而且，研究者也可以清楚地知道被调查者回答、提交问卷的具体时间。值得注意的一个细节是，这个研究是利用夫妻来做的配对调查，每一次随机发送信号给丈夫和妻子的时间间隔 5 分钟，避免对正常生活造成负面的影响。

12.2.3　基于事件的体验抽样方法

基于事件的体验抽样方法要求被调查者在某一预先设定的离散事件出现时进行报告。由于需要被调查者在遇到特定事件的时候主动报告，所以研究开始之前，被调查者需要接受识别调查事件的培训，这样才能保证他们能够准确识别什么事件是值得报告的，什么事件是不值得报告的（Moskowitz & Sadikaj，2011）。

基于事件的体验抽样方法的问卷填答时间更接近事件发生的时间，可以捕捉事件的即时影响，这正是这种方法的主要优势。如果研究者关注的是很少发生的事件（如工作场合的冲突），那么使用基于信号的体验抽样方法要获得足够数量的事件几乎是不可能的。这时，采用基于事件的体验抽样方法能更有效地获取有效数据。

当然，基于事件的体验抽样法也存在不足：第一，研究者通常不能提前知道事件是否发生及事件发生的时间，这依赖于被调查者的报告。但被调查者可能会漏报或延迟太久才报告。在这种情况下，如何保证问卷填答率就是一个棘手的问题，用这种方法搜集数据通常较难获得较高的问卷填答率。第二，具有对被调查者正常生活和工作的侵入性或干扰性。当采用这种体验抽样方法时，被调查者会被要求在事件发生后立即主动报告，某种程度上，被要求填写问卷这种"侵入"行为还是破坏了被调查者的自然状态。而且被调查者对被测量行为有所预期，有可能产生行为上的反应，因而这种方法也受到一定的质疑（Hormuth，1986）。第三，如果研究者关注的是对比多种事件的发生情况和特点，如学习、聚会、运动、聊天、购物等，如果采用基于事件的体验抽样方法去一一报告经历的事件，任务就会过于繁重。这时，基于信号的体验抽样方法则可能更具实操性。

在具体的研究实践中，基于事件的体验抽样方法在社会互动的研究领域应用最为广泛（Duck et al.，1983; Liao et al.，2019; Reis & Wheeler，1991）。这种方法对冲突、不公、压力、冲击事件、人际反馈、反馈寻求、性别/种族骚扰、毒品/酒精的使用、疼痛、情绪爆发等相关研究也有帮助。这种方法的关键在于使被调查者明确对事件进行报告的标准和报告的有效时间范围。

Russell et al.（2007）、Liao et al.（2019）、Lehmann-Willenbrock & Allen（2014）、Liu et al.（2017a）是组织管理领域采用基于事件的体验抽样方法的例子。以 Liu et al.（2017a）的研究为例，基于"情绪也是社会信息"的理论视角和 85 对领导—下属的 640 份瞬时报告，该研究探索了领导的情感是否、为什么及如何影响下属的建言行为这三个重要的问题。该研究在 10 个工作日内连续观测这 85 对领导—下属的行为表现，只要当领导与下属的会谈时间超过两分钟，那么，"领导与下属之间的交流"这个事件就被视为发生，被调查者就需要用手机完成记录。该研究验证了领导的积极情绪对于下属建言的促进作用。这种促进机制不仅通过领导的积极情绪直接影响下属的积极情感，进而影响下属的心理安全感发挥作用（情感蔓延机制），还通过领导的积极情绪间接影响下属对于领导积极情感的评价，进而影响下属的心理安全感发挥作用（信号机制）。另外，领导的消极情感能削弱下属的建言行为，但是情感蔓延机制和信号机制在这当中并未发挥作用。这个研究是领导与下属的配对研究。实施的难点是如何保证配对双方都能在沟通发生后及时填答问卷。该研究利用及时性高的电子问卷，以及人工适时跟踪问卷填答的方式，监控配对双方问卷填答的状况。一旦有一方报告沟通行为，研究助理就会向另一方发送提示填答问卷的短信。这一种提示方法很大地提高了有效配对的问卷填答率。

Klinger（1971）有关梦的研究可能有助于理解这三种体验抽样的方法。基于时距的体验抽样方法是指在每天早上询问被调查者梦见了什么；基于信号的体验抽样方法则是指在晚上预先设定的时间唤醒被调查者，询问他们梦见了什么（Berrien，1930; Calkins，1893）；基于事件的体验抽样方法跟基于信号的体验抽样方法类似，但是通过快速眼动（rapid eye movement，REM）和脑电图（electro-encephalogram，EEG）推断出被调查者正在做梦，并将其唤醒，询问他们梦的内容（Aserinsky & Kleitman，1953）。

表 12-2 总结了这三种方法的优势、劣势及使用建议。

表12-2 三种不同类型的体验抽样方法的优势、劣势及使用建议

方法类型	问卷填答触发因素	优势	劣势	使用建议
基于时距的体验抽样法	按照预先设定的时间点填答问卷；一般每天填答问卷的时间点是固定的，被调查者可能被要求报告相邻两个时间点之间的体验，也可能被要求报告当下时间点的体验	·填答时间是固定的，被调查者可在预先设定的时间点自行填答问卷。对研究者提醒的依赖性小 ·数据搜集的难度相对较小，可以获得较高的问卷填答率 ·研究者提前知道问卷填答时间，可以准确判断被调查者是否按时填答了问卷	·当指导语是让被调查者报告当下的体验时，只捕捉到了一些时间点上的即时体验，而忽视了那些发生在其他时间的体验 ·在预定的时段，关注的事件或体验可能多次发生，或者没有发生 ·当时间间距较大时，可能存在回溯偏差问题	·可以根据自然的时间分别制定时距（例如，早晨对起床后的感受进行报告，中午对上午的工作体验进行报告，下午下班时对下午的工作体验进行报告） ·如果根据自然的时间制定时距，需考虑到被调查者上班时间是否固定，考虑轮班和加班对调研造成的干扰等问题
基于信号的体验抽样法	收到研究者发送的信号后开始填答问卷；一般信号发送时间具有随机性，被调查者可能被要求报告当下时间点的即时体验，也可能被要求报告两次信号之间的体验	·当指导语是让被调查者报告当下体验时，能捕捉到即时体验，回溯偏差小 ·通过随机发送问卷提醒信号，可以对于一些变化非常快的现象进行代表性的随机抽样 ·被调查者对填答问卷没有预期，从而对被调查者的工作和生活体验的影响较小 ·研究者能提前知道问卷填答的时间，可以准确判断被调查者是否按时填答了问卷	·填答时间不确定，被调查者如果没有注意到或没有收到信号提醒，可能会漏填或延时填答 ·对被调查者的工作和生活造成干扰 ·当指导语是让被调查者报告从上一个信号到现在的体验时，存在基于时距的体验抽样方法样的问题。而当被调查者没有收到上一个信号时，被调查者报告的时间区间会出现偏差 ·数据搜集的难度大、要求高，较难获得高的问卷填答率	·选定一个时间区间后，在时间区间内随机发放信号 ·须确保被调查者能够收到信号（如提醒被调查者随身携带手机且手机不能静音） ·需确保研究者能够快速、批量地发出问卷填答信号（如短信、微信）
基于事件的体验抽样法	事件发生触发问卷填答；一般报告事件发生时的体验，亦可报告从事件发生到填答问卷之间的体验	·问卷填答时间更接近事件发生的时间，可以捕捉事件的即时影响 ·在事件发生后及时搜集事件信息，减少回溯偏差 ·如果事件发生的频率较低，仍可以获得足够数量的事件	·研究者通常不能提前知道事件发生的时间，需要依赖被调查者的报告。被调查者可能会漏报或者延迟报告 ·数据搜集的难度大，较难获得高的问卷填答率 ·被要求填写问卷这种"侵入"行为可能会破坏被调查者的自然状态，而且被调查者对被测量行为有所预期，有可能产生行为上的反应 ·如果事件过于频繁，每天填答问卷的任务量可能会过重	·对事件给出清晰的界定，从而可以清楚地识别事件是否发生 ·事件发生的频率不宜过高或过低 ·采用日记或者周记来补充记录事件的发生

12.2.4 混合型体验抽样方法

混合型体验抽样方法其实就是结合了上述几种方法的体验抽样方法。例如，Shifman（2007）就同时结合了基于事件的体验抽样方法和基于时距的体验抽样方法，用来比较一个较少发生的事件在发生时被调查者的反应，以及他们在事件没有发生时的反应。Shifman（2007）的研究还通过两种体验抽样法的结合搜集了突发性事件的原因和结果变量。

12.2.5 其他数据搜集方法

除了让被调查者报告，还可以通过一些设备辅助记录数据，比如用手环等可穿戴设备来记录运动、睡眠、心率等，还可以通过血压仪来测量被调查者每天的血压，等等。可穿戴设备等技术的进步，使结合其他生理或客观事件测量的取样方法更容易了。比如，在 Intille（2007）中，当被调查者的心率超过 150 次/分的时候，仪器就会发出填答问卷的信号。

12.3 日记与体验抽样方法的实施

12.3.1 制订数据搜集的计划

采用日记与体验抽样方法开展研究前，需要确定被调查者每天进行报告的次数以及数据搜集的天数。以下三个点为关键：首先，统计功效（statistical power）。日记与体验抽样方法需要保证被调查者提供足够次数的报告用来检验研究假设。一般而言，虽然增加被调查者数量会比增加每个被调查者报告的次数更能提升统计功效，但每人填答数量与被调查者数量对于多层次分析的统计功效都很重要。有关多层次设计的功效可以参考 Scherbaum & Ferreter（2009）、Bolger et al.（2011）。其次，除了需要确定每天需要报告的次数，还需要兼顾研究开展的时间范围。最后，研究者还需要考虑被调查者日复一日进行重复报告的意愿。

当每天信号出现较多的时候，研究持续的天数通常就会比较少；反之，当每天信号出现较少的时候，研究持续的天数就可以更多一些。在持续天数较多的研究中，随着时间的推移，问卷填答率会降低，数据质量也会变差。分段密集测量是改善这种情况的一种方法。它将高强度的数据搜集期与不需要报告期结合起来，从而能够在更长的时间范围内和更具变化的情境中不中断测量，也减少了被调查者长时间参与研究的过度疲乏感（Gunthert & Wenze, 2011）。例如，Foo et al.（2009）对企业家的研究在连续的 6 个时间周期（每 4 天为 1 个时间周期）内每天释放 2 次信号，而每 2 个时间周期之间会暂停 1 个星期。Moskowitz & Sadikaj（2011）建议应该保证每个被调查者能够提供 30 个事件。关于日记与体验抽样方法更为详细的抽样处理方法，可以参见 Moskowitz & Sadikaj（2011）及 Shifman（2007）。

12.3.2 测量方法

日记与体验抽样方法研究通常使用一份较长的问卷，用以测量那些稳定的个人变量或环境变量（如性格与工作特征），同时使用多份较短但需要每天或随时进行报告的问卷。有些研究在每一次问卷调查都重复测量同样的变量，另一些研究则在一天中的不同时间测量不同的变量。但无论是哪种形式，明晰研究所关注的变量以及精确地测量这些变量至关重要。确定被调查者需要进行报告的时间框架也很重要。时间框架包括即刻、一个具体的时间范围（例如，过去的30分钟或过去的2个小时）、当天等类型。测量的题项能够清晰、明确地指出所需要的时间框架。当使用没有准确时间框架的题项时，一定要注意对这些测量题项进行改写，保证与调查时间框架的一致性。例如，对一道没有明确时间框架的题目"通常情况下您对自己工作的满意度如何"，日记与体验取样方法可以根据特定的时间框架，将其改编为"现在您对自己工作的满意度如何""从上次接收信号到现在您对自己工作的满意度如何""今天您对自己工作的满意度如何"等。

每一个测量题项时间框架的选择取决于研究问题本身，以及常态下所研究的状态与行为变动的时间周期。例如，睡眠质量每天测量一次即可；而情绪作为一种在一天中持续变化的精神状态，需要更为频繁的测量和更多基于"现在"的指导语。而离散性的行为（如创新行为）的测量通常需要较长的时间跨度（如过去半天）。通常测量设置的时间范围越广，回溯偏差和重构偏差存在的可能性也就越大，特别是对那些常见的体验或持续的体验更是如此（Schwarz，2011）。

为了将被调查者多次报告的倦怠感控制在一定范围内，同时激励他们按时报告，日记与体验抽样方法的问卷要尽可能简短。一般而言，每天进行一次报告的问卷填答时间约为5—10分钟，而在一周时间内每天多达5次报告的每份问卷填答时间则约为2—3分钟（Hektner et al.，2007）。为了与上述时间跨度设置保持一致，并且避免被调查者对大量的测量问题感到厌烦，在日记与体验抽样方法中，研究通常的做法是缩减现有量表的题项数目。由于在其他方法中需要进行整体性测量的变量在日记与体验抽样方法中测量往往更为简单和明确，缩减题项数目也是可以接受的。以一个人在当天工作中所经历的角色冲突和这个人整个工作中的角色冲突相比较为例，相比于后者，评估前者所需要用到的题项更少。

日记与体验抽样方法中一般很少完整使用那些经过检验的多题项量表，研究者需要认真考虑应该把哪些题项纳入缩减版的量表中。第一种筛选方法是在现有测量量表中选取那些因子载荷值较高的题项；第二种筛选方法是尽可能完整地体现多维度结构的所有相关方面；第三种筛选方法是根据在两次报告之间变动的程度来选取那些更反映行为/体验动态性的题项。需要注意的是，尽管那些在时间框架内变动不大的题项有助于测量人际之间较为稳定的差别，但对测量个体自身内部的变动却帮助不大（Shrout & Lane，2011）。一般而言，日记与体验抽样方法的每一个变量最好用三个以上题项进行测量（Shrout & Lane，2011）。

问卷文本应该尽量简短，特别是当测量的题项是以手机或平板电脑呈现的时候。为了避免研究被调查者生搬硬套地回复，研究者可以采用下面一些方法：①在不同的报告时间，使用计算机程序打乱题项的顺序；②在不同的报告时间，采用不同的报告形式；③还有一些计算机程序能够让分叉式或可选式提问成为可能，通过这些程序，下一道题项的呈现会基于前一道题项的回复。一些研究者可能会质疑，重复性的自我报告可能会改变现象本身或者影响被调查者的感知。频繁的自我报告有时候被视为一种"干预措施"（Barta et al.，2011）。例如，对工作—家庭冲突的定期报告可能会导致被调查者报告更多的工作—家庭冲突，这是因为频繁的报告增强了被调查者的这种意识；但也有可能导致其报告更少的工作—家庭冲突，这是因为被调查者受报告影响从而调整他们的生活方式。在"行为被有意识地正向或负向报告（如反生产行为）""仅报告一件事情""采用基于事件的报告方法""被调查者被鼓励进行改变"等情况下，产生"测量反应"（measurement reactivity）的可能性更高。尽管很多研究已经发现，重复报告并不会引起测量反应或测量反应比较微弱，但 Barta et al.（2011）还是建议采用日记与体验抽样方法的学者对此保持警惕。研究者最好评估并报告测量期间日记与体验抽样方法所搜集数据均值的时间趋势。

12.3.3 技术手段

日记与体验抽样方法的实施需要两个相互关联的技术平台：问卷平台和通知平台。

12.3.3.1 问卷平台

早期的一些日记与体验抽样方法的研究采用了纸质问卷的形式。但是当使用纸质问卷时，研究者难以评估被调查者是否及时填答问卷；数据录入也是一个耗时且可能存在错误的过程。随着移动互联网的发展，现在日记与体验抽样方法的一个常见做法是将调查问卷编制成网络问卷。

现在已经有非常多的平台可以用来编制网络问卷。例如，Qualtrics（https://www.qualtrics.com）、Survey Monkey（www.surveymonkey.com）、问卷星（https://www.wjx.cn）、问卷网（https://www.wenjuan.com）、华觉（http://huajuetech.cn）、见数（https://www.credamo.com）、微调查（http://www.weidiaocha.cn/）等。网络问卷可以采用电脑、平板电脑和手机等多种工具来填答。其中，网络媒介的优势在于，被调查者通常自己拥有这些设备，也熟悉如何使用这些设备，并且，经常随身携带这些设备（Raento et al.，2009；Uy et al.，2010）。

除了网络问卷，还可以通过开发体验抽样研究的 App 来进行数据搜集。App 的优势在于，在没有无线数据网络的情况下也能填答问卷。而且 App 可以便捷地获取手机中其他应用程序的信息（如天气、温度等环境信息，运动、心率等个人信息）。但是，使用 App 搜集数据也存在一些问题。一个常见的问题是，App 与某些型号的手机可能无法兼容（如无法打开、无法下载数据、数据乱码等）。因此，在调研开始前，需要在多种常见型号的手机上进行反复测试。另一个常见问题是有些被调查者可能会对安装 App 有所顾虑（如担心 App 是否会窃取个人隐私信息）。

12.3.3.2 通知平台

在开展日记与体验抽样方法的研究时，研究者通常需要高频率地批量发送调研通知和提醒。这里需要解决两个技术问题：批量发送和按时发送。批量发送要求同时发送几条甚至数十条信息。按时发送要求研究者在预定的时间点准时发送信息。为了准时发送信息，通常需要定时发送。

过去的提醒方式包括使用带铃声的手表或电脑。当前，发送调研通知和提醒的常见途径有邮件、短信和微信。邮件的优势在于可以定时且批量发送，但劣势在于被调查者可能不会及时查阅邮件。短信的优势在于可以定时发送，而且被调查者收到短信后及时查阅的可能性比较高，但劣势在于可能不能及时批量发送，而且批量发送的信息有可能被屏蔽，从而出现被调查者不能及时收到信息的情况。微信的优势在于可以在微信群中便捷地发送批量信息；但是一些被调查者的手机收到微信后并不会以铃声或震动提醒被调查者查阅，而且微信暂时还不能定时发送。因此，需要研究者在预定的时间点准时发送信息，如果研究者偶尔忘记了，则可能出现被调查者不能及时收到信息的情况。

12.3.4 被调查对象的招募、培训和激励

日记与体验抽样方法研究的被调查者需要在比较长的时间内密集地填答问卷。要招募到愿意在两周或更长时间内连续每天进行报告的员工（被调查者）及愿意让他们的员工这么做的企业是很难的。开始日记与体验抽样方法研究的时候，培训是非常重要的环节。这是因为，被调查者需要理解题项的意思、清楚何时作答（如对什么样的事件进行报告或信号接收之后需要多快反馈）、知道错过信号时该如何处理、学会操作设备、设置突发事件（如生病请假、设备故障）联络人等。在开展日记与体验抽样方法研究的时候，研究者需要和被调查者保持定期联系，与他们建立良好的关系，及时了解问卷填答中被调查者遇到的困难，并帮助其解决。

开展日记与体验抽样方法研究的学者通常使用某些形式的奖励或报酬来招募和激励被调查者。比如，在研究开始时给被调查者发送微信红包或者赠予小礼物（如购物券、电影票），结束时支付相应的现金报酬或提供抽奖的机会等。

12.4 研究流程示例

由于这类研究比较复杂，研究者需要对整个过程有很好的把握和控制，所以构建一套合理的、适合自己的操作步骤将对研究者大有裨益。

经过反复的实践，我们逐渐总结出了日记与体验抽样方法的十个执行步骤，并进一步归结为准备和执行两个阶段（见表12-3）。准备阶段主要包括针对研究问题选择研究方法、选择样本并与企业达成合作意向、针对样本特征和企业配合情况调整和优化研究设计、编制问卷和将研究方案和问卷提交学术伦理审查委员会（Institutional Review Board，IRB）审查这五个步骤。实施阶段主要有宣讲、预测试、正式实施高频率跟踪问卷调查、整理数据和发放被试费这五个步骤。值得说明的是，这些步骤虽然有先后顺序，但在实际进行研究时，有些步骤可能会循环进行，也有可能会同步。还有，不同的研究者在实施日记与体验抽样方法研究时

采用的步骤可能有所不同,不一定完全遵循固定的顺序。

表12-3 日记与体验抽样方法研究操作流程示例

步骤	具体操作内容	目标
针对研究问题选择研究方法	• 界定研究问题 • 针对研究问题,对比选出合适的研究方法 • 提出一个理想的研究设计	研究方法与研究问题相匹配
选择样本并与企业达成合作意向	• 向企业管理层介绍研究(主题、意义和要求) • 评估企业提供的支持与我们的期待之间的差距,判断是否在此企业开展调研 • 找到尽可能合适的样本,与企业达成合作意向	找到适合此研究的样本
针对样本特征和企业配合情况调整和优化研究设计	• 进行企业访谈,深入了解企业情况及员工填答问卷可能存在的问题(如上班时是否可以带手机) • 与企业详细沟通调研设计和具体安排,并根据实际情况优化和细化研究设计方案 • 由企业提供可能参与调研的人员名册(包含姓名和电话),由专人对可能参与调研的人员编号,生成姓名—编号对照表(需严格保密)	提出一个既能满足研究需求,又具有可行性的研究方案
编制问卷	• 编制好文字版问卷,建立对应的编码簿(codebook)(明确各题项对应的变量、题项名缩写、量表来源) • 利用网络问卷平台建立网络问卷	准备好纸质问卷及网络问卷
将研究方案和问卷提交IRB审查	• 准备文件,提交给IRB • 根据反馈建议修改、完善研究设计	获得IRB批准
宣讲	• 与企业管理层协商宣讲时间和地点 • 组织宣讲(宣讲分批进行) • 在宣讲的同时统计参加调研的人员联络方式、参与率 • 在宣讲的同时建立调研被试群(微信群和邮箱联系组) • 在宣讲结束后,当场完成基线问卷调研	号召员工及其主管参与调研,让他们明确调研编码、填写方式、填写时间、填写要求和奖励方式
预测试	• 在多种手机系统(如安卓系统、苹果系统)上反复测试,确保问卷在不同型号的手机上都能清楚显示 • 发放预测试通知,确认每个被调查者都能收到通知 • 调研问卷填答测试,确认每个被调查者都知道如何填答问卷 • 红包发放预测试	保证操作流程一切正常

（续表）

步骤	具体操作内容	目标
正式实施高频率跟踪问卷调查	• 在调研开始前一天，发放调研通知 • 从调研开始的当天起，每天在预定的时间发放问卷链接并说明填答要求 • 实时监控问卷填答情况 • 及时处理突发事件	按照操作方案，保质保量地实施调研
整理数据	• 下载数据 • 建立数据清理规则，清理重复数据，标记无效数据 • 进行数据配对 • 统计问卷填答率	整理出一份可以用于分析的数据
发放被试费	• 根据激励方案和问卷填答情况，计算每名被调查者（用调研编号来代表）应得的填答奖励和被试费总额（含红包和完成填答奖励） • 由专人进行编号和姓名转换，生成被试费发放清单（含姓名、联系方法、总额等信息） • 被调查者领取奖励/报酬，并在发放清单上签字确认	按照激励方案发放奖励/报酬，获取被试费发放凭证

12.4.1 研究准备阶段

准备阶段是研究者在正式开展问卷调研前所需进行的活动。准备阶段思考越周详、准备越充分，研究实施就越顺利，研究成功的机会也就越大。

12.4.1.1 针对研究问题选择研究方法

清楚界定研究问题是思考是否进行日记与体验抽样方法调查的前提。比如，我们现在要研究动态绩效，根据理论和现有文献，首先分析出主要变量（绩效）的变化特征。我们发现绩效变化主要是一种上下波动变化，两天之内有变化，一天之内也有变化。假设员工当天所经历的一些积极或消极的工作事件是影响个人随后的短时间内绩效水平的重要因素，而现在的研究就是要验证这一假设，并探究这些工作事件对绩效的影响机制，这时就需要来对比不同的研究方法，看看用哪种方法能比较好地解决我们的问题。通过分析，我们觉得用基于固定时间间隔的体验抽样方法可以较好地捕捉这种变化，因此我们便选择基于时距的体验抽样作为本研究的研究方法。

接下来，基于理想的情境，按照实证研究严谨性的要求来规划研究设计。例如，我们计划在一天中的不同时间点测量自变量、中介变量和结果变量，获取主管对员工的绩效评价。

12.4.1.2 选择样本并与企业达成合作意向

有了初步的研究设计后，就搜寻有可能开展调研的企业，向其管理层介绍研究和要求。通过沟通，了解管理层的支持意愿强弱以及所能提供何种程度的支持。通过评估企业支持力度与我们期待值之间的差距，判断是否适合在此企业开展调研。这一阶段的努力方向是找到一家愿意全力配合并能提供充足样本的企业，并与管理层达成合作意向。

12.4.1.3　针对样本特征和企业配合情况调整和优化研究设计

达成合作意向后，就需要深入了解企业具体情况。通常需要通过正式会议与企业管理层代表详细沟通调研设计和安排，然后根据实际情况优化和细化研究设计方案。需要重点交流员工填答问卷可能存在的问题，例如，是否每位员工都有智能手机，上班时是否可以带手机，某些区域的网络信号是否稳定，等等。

基本确定研究方案后，就需要企业提供可能参与调研的人员名册，并由专人对可能参与调研的人员进行编号。

12.4.1.4　编制问卷

根据研究方案先编制好文字版问卷，再利用网络问卷平台建立网络问卷。

12.4.1.5　将研究方案和问卷提交 IRB 审查

有的学校要求所有研究都需要经过 IRB 审查批准才能开始。因此，研究者需要根据要求准备文件并提交，以获得 IRB 的批准同意。

12.4.2　研究执行阶段

12.4.2.1　宣讲

与企业管理层协商好宣讲时间和地点后，就可以去企业进行宣讲了。由于参与研究的员工通常不能同时全部有空或全部离开工作岗位，所以很有可能需要进行分批宣讲。宣讲时，要重点让被调查者明确调研编码、填写方式、填写时间、填写要求和奖励/报酬发放方式。请企业管理层代表到场帮助动员员工并强调调研的重要性是十分有必要的。

宣讲的同时还需要搜集参与调研人员的联络方式，建立调研被试群（微信群和邮箱联系组）。此外，在宣讲结束后可以请被调查者当场完成基线问卷。

12.4.2.2　预测试

在正式开始每日追踪调研前，需要进行预测试。通过发放一个通知，让被调查者填一次问卷并领取红包，确认每个人都能收到通知、每个人都知道如何使用手机填答问卷、每个人都知道如何用微信领取红包。

12.4.2.3　正式实施高频率跟踪问卷调查

在调研开始前一天，一般要再次发放问卷填写通知，强调问卷的填写方式、填写时间、填写要求和奖励方式，让被调查者做好参加调研的心理准备。

从调研开始的当天起，每天在预定的时间给被调查者发放问卷链接，并说明填答要求。同时，研究者需要在后台实时监控问卷填答情况，以及时处理干扰调查的突发事件。

12.4.2.4　整理数据

在完成数据搜集后，要对数据进行整理。这时，通常需要清理一些重复填答的数据，让每个人每天在每个问卷上只有最多一套数据。基于调研要求，对不符合填答时间要求的数据进行识别和标记。

清理完数据后，可以将一天中的几次问卷进行数据配对，然后基于配对好的问卷统计填答率。

12.4.2.5　发放被试费

可以设计一个奖励计划，包括填答问卷的实时红包奖励和完成填答奖励。根据奖励方案和被调查者填答情况，计算每名被调查者应得的被试费总额。由专人进行编号和姓名转换、生成被试费发放清单（含姓名、联系方法、总额等信息）。

为了高效准确地完成被试费的发放，有条件的情况下可以请企业安排专人负责被试费的领取和签字确认工作。签收单即可作为被试费的发放凭证。

12.5　数据分析

使用日记与体验抽样方法时，被调查者报告了多次重复测量的数据。这些数据嵌入被调查者个体，形成了一个多层的数据结构。因而研究者在分析中需要考虑数据的多层次结构：层次一是在个体自身内部；层次二是个体与个体之间；有时也可能用到三层次模型，例如，当被调查者被嵌入不同的工作团队时，就需要用到三层次模型。

研究者可以用多层次数据（multi-level data）分析的方法，如多层次回归模型（hierarchical linear model）和多层次结构方程模型（multi-level structural equation model）来分析数据。

能够用于分析多层次数据的常用软件有 HLM、Mplus、Stata 和 R。更多关于多层次分析的理论逻辑和实际操作方法可以参考 Hox（2010）、Nezlek（2011）、Raudenbush & Bryk（2002）、Snijders & Bosker（2012）等[①]。Nezlek（2001）为初学者提供了一个非常好并且容易入门的指导。

在数据分析之前，研究者应先对搜集的数据进行认真清理。例如，清除超出时间范围的报告和重复报告等无效填答（McCabe et al.，2011）。研究者同样应该确定数据究竟属于系统性缺失还是随机性缺失，并仔细考虑如何处理缺失数据（Black et al.，2011；Little & Rubin，2002）。

使用多层次模型分析的第一步是在层次一上的变量设置一个没有限制条件的模型（即没有预测变量），执行这一步骤是为了找出个体自身内部和个体与个体之间的方差。如果在两个层次上都有足够的方差，使用多层次模型就是合适的。第二步加入层次一和/或层次二两者的预测变量。当层次一的系数显示为随机时，就意味着每一个个体的均值和斜率是不同的，则层次二的变量能用于预测每一个个体的均值和斜率。而更为复杂的模型设置也让检验个体自身内部复杂的瞬时动态成为可能。例如，更为复杂的模型设置能够检验滞后效应（如昨天的压力影响今天的工作满意度）、一种情境到另一种情境的溢出（如工作到家庭）、体验的累积效应（如重复性的压力）、一个变量的变化引起另一个变量的变化等，还可以检验多

---

① 英国布里斯托大学（University of Bristol）的多层次模型研究中心整理了多层次数据分析的参考书单和其他一些学术资源。感兴趣的读者可以访问http：//www.bristol.ac.uk/cmm/learning/support/books.html。

层次的中介效应（Zhang et al.，2009）。关于变异和变化更为高级的模型，可以参考 Bliese & Ployhart（2002）、Mehl & Conner（2011）、Ployhart & Vandenberg（2010）等。

数据中可能存在趋势和循环，需要在模型中专门设置。一种情况是趋势和循环属于研究假设的一部分，另一种情况是在下一步的分析中控制趋势和循环的影响（Beal & Weiss，2003；West & Hepworth，1991）。序列的独立性，也就是同一个人相邻时段的问卷填答有相关性，会给日记与体验抽样方法的数据分析带来问题。一种常用的分析方法是评估因变量是否能被它前一期的值甚至更多期前的值（Lag1、Lag2等）显著地预测。与当期观测值显著相关的滞后值（Lag）随后会被纳入模型当中（Beal & Weiss，2003；West & Hepworth，1991）。当观测值之间的区间不等距或变化的时候，正如基于信号的体验抽样方法和基于事件的体验抽样方法，当期与滞后期区间的长度和滞后期的观测变量也可能会被包含在模型当中。Beal & Weiss（2003）的研究提供了针对这个问题的比较详细的说明。一些多层次统计软件包能够提供研究所设置的相关误差结构（correlated error structures）的额外均值（additional means）。

12.6 日记与体验抽样方法在组织管理领域的应用

12.6.1 发表情况

将"experience sampling""ecological momentary""daily diary""daily survey""daily process research""ESM""ambulatory assessment""EMA"等作为关键词，在电子数据库 Web of Science Core Collection 上进行主题检索（检索时间为 2023 年 5 月 29 日 12:11），同时限定组织行为学和人力资源管理（OBHRM）领域的 102 本 SSCI 期刊[①]，初步获得 591 篇文献；接着，剔除 1 篇重复和 2 篇更正类型（correction）文献后，最终获得 588 篇文献（见图 12-1）。

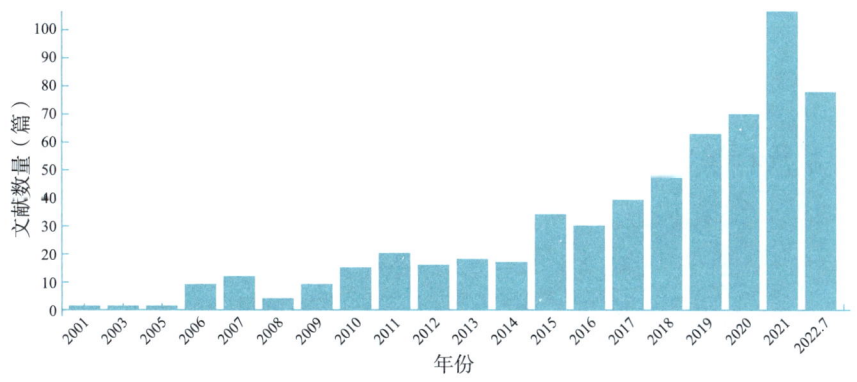

图12-1　OBHRM领域102本SSCI期刊使用日记与体验抽样方法的研究发表情况

（2001—2022.7）

---

① 2022年OBHRM领域的SSCI期刊信息来源于www.obhrm.net。

如图 12-1 所示，2001 年[①]至 2022 年 7 月，采用日记与体验抽样方法在该领域的 102 本期刊的文献发表数量变化基本遵循了如下三个阶段：①第一阶段（2001—2007 年）为引入传播期。文献发表数量普遍较少，平均每年不足 5 篇，而且呈现波动变化态势。②第二阶段（2008—2015 年）为稳步增长期。发表数量有了可观的提升，每年均有近 15 篇，发表数量上了新的台阶，而且基本趋于稳定。③第三阶段（2016 年至今）为快速增长期。文献发表整体数量提升更为可观，呈现快速增长态势。

对 1991 年至 2022 年在 JAP、AMJ 和 PP 这三本组织管理学或应用心理学的顶级学术期刊上使用日记与体验抽样方法公开发表的论文进行专项检索，结果发现，从 1991 年到现在，这三本期刊总共发表 176 篇该类论文。其中，JAP 最多（101 篇）、AMJ 次之（40 篇）、PP 最少（35 篇）。如图 12-2 所示，三本期刊使用这种方法的研究发表数量在 2008 年后呈稳步增长态势，2014 年后呈快速增长态势，与前文 OBHRM 领域的 102 本 SSCI 期刊研究发表数量的发展态势基本一致。这意味着，经过三十多年的发展，日记与体验抽样方法越来越被组织管理研究者所接受，学术影响力也正在快速增强。可以预测的是，未来在组织管理领域内，这种方法的应用仍将持续增长，很有可能会更具影响力。

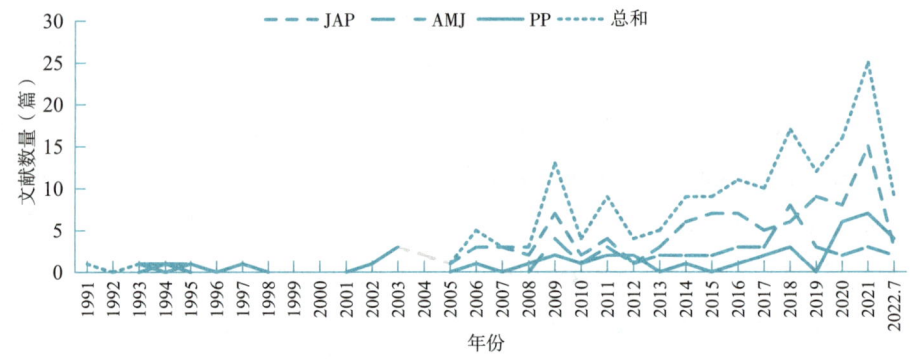

图12-2　JAP、AMJ和PP使用日记与体验抽样方法的研究发表情况
（1991—2022.7）[②]

12.6.2　研究主题的变化趋势

按照不同的研究主题，作者对 JAP、AMJ 和 PP 这三本期刊上发表的使用日记与体验抽样方法的研究进行了归类。如表 12-4 所示，使用该方法的研究主题包括情感、情绪、情绪劳动、压力/负担、疲惫/休息/精力恢复、工作—家庭关系、领导行为、睡眠、身体

---

① 2001年之前OBHRM领域102本SSCI期刊必然也发表了一定数量的该类研究，但由于Web of Science Core Collection收录年份的问题，并未将这些文献纳入本次统计中；另外，由于2022年数据库收录存在滞后性，可以预见2022年全年的真实发表数量要比2021年有较大幅度的增长。图12-2同理。

② 相比于图12-1，图12-2补充了2001年之前发表的文献数量，由作者专门在这三个期刊的官网检索所得。

指标、组织公平、创造力/创新绩效、组织公民行为、帮助行为、反生产行为、工作投入、幸福感、工作满意度、生活/婚姻满意度、饮食、人格特征等。其中不少的研究还同时涉及多个研究主题，比如，Bono et al.（2013）的研究同时涉及工作—家庭关系、身体指标、压力/负担等研究主题；Koopman et al.（2016）的研究同时涉及情绪、工作满意度和工作绩效等研究主题；MacGowan et al.（2022）的研究同时涉及疲惫/休息/精力恢复、幸福感、心理超脱等研究主题。

上述三种期刊上使用日记与体验抽样方法的研究最初主要关注情感、情绪、压力/负担、工作—家庭关系、组织公民行为、工作满意度等职场中的一些"常规变量"。但近些年，随着这种测量方法的普及和应用，一些更贴近被调查者的工作与生活、更"接地气"的变量开始被关注，比如电子邮件需求（Roson et al.，2019）、夜晚网络休闲（Liu & Dust，2021）、脱产放松（Ouyang et al.，2019）等，这也让组织管理领域的研究变得更生动和有趣。

2020 年春季以来，新冠疫情给人们的生活、工作、学习等诸多方面带来巨大冲击。在此大背景下，组织管理研究领域的学者也采用日记与体验抽样方法来聚焦组织管理领域中和此次疫情密切相关的重要话题，包括远程办公和工作地点（Shao et al.，2021）、疫情带来的死亡提醒和焦虑情绪（Hu et al.，2020）、疫情新闻和焦虑情绪（Yoon et al.，2021）、副业对全职工作的冲突（Sessions et al.，2021）、正念（Hülsheger et al.，2021）等重要议题。与此同时，以往日记与体验抽样方法关注较多的"常规变量"，如压力、焦虑情绪等，在嵌入疫情的情境后又再次获得关注。此外，其他一些更为小众的研究主题，比如，职场女性哺乳（Gabriel et al.，2020）、体育活动（Calderwood et al.，2021）、佩戴防蓝光眼镜（Guarana et al.，2021）也开始涌现出来。希望表 12-4 的总结能够对后续推进相应主题的研究有所帮助。

12.7 结语

本章对日记与体验抽样方法的历史、特征和应用进行了简要介绍。这一高频率跟踪问卷调查的方法特别适用于日常现象的动态与变化的相关研究。近年来，这一研究方法在管理研究领域被越来越多地采用。研究也从情绪或压力这些偏心理状态的内容，扩展到如领导力、情绪劳动、创造力等偏管理行为的内容。数据搜集平台也在不断发展中。目前的趋势是以手机为主导，辅以其他随身携带的客观连续数据搜集工具，例如手环、血压计等。相信中国学者也会越来越多地采用这一方法，并结合中国社会、文化、技术的特点或优势，在研究内容与方法上有所创新。

表12-4 JAP、AMJ、PP使用ESM/DD测量方法的研究归类（1991—2022）

主题	JAP 109	AMJ 40	PP 35
情感	Sonnentag et al.（2017）、Spieler et al.（2017）、Lanaj et al.（2016a）、Lanaj et al.（2016b）、Yang et al.（2016）、Parke et al.（2015）、Beal et al.（2013）、Wang et al.（2013）、Bledow et al.（2011）、Gabriel et al.（2011）、Gross et al.（2011）、Rodell & Judge（2009）、Foo et al.（2009）、Ebner-Priemer et al.（2009）、Daniels et al.（2009）、Sonnentag et al.（2008）、Jones et al.（2007）、Ilies et al.（2007）、Beal et al.（2006）、Heller & Watson（2005）、Judge & Ilies（2004）、Totterdell et al.（2004）	Hill et al.（2021）、Uy et al.（2017）、Liu et al.（2017）、Koopman et al.（2016）、Harrison & Wagner（2016）、Butts et al.（2015）、Bledow et al.（2013）、Scott et al.（2012）、Scott & Barnes（2011）、Rothbard & Wilk（2011）、Wang et al.（2011）、Wanberg et al.（2010）、Dalal et al.（2009）、Ilies et al.（2009）、Trougakos et al.（2008）、Ilies et al.（2006）	Bartels et al.（2021）、Koopman et al.（2020）、Zhan et al.（2016）、Spence et al.（2014）、Sonnentag & Grant（2012）、Ilies et al.（2010）、Judge et al.（2009）、Judge et al.（2006）
情绪（如高兴、生气、焦虑、嫉妒、厌恶等）	Andel et al.（2021）、Fu et al.（2021）、Sabey et al.（2021）、Yoon et al.（2021）、Yu & Duffy（2021）、Hu et al.（2020）、Lennard et al.（2019）、Ouyang et al.（2019）、Liang et al.（2018）、Oerlemans & Bakker（2018）、Sonnentag et al.（2017）、Spieler et al.（2017）、Diestel et al.（2015）、Huang et al.（2015）、Hülsheger et al.（2015）、Hunter & Wu（2016）、Liu et al.（2015）、Parke et al.（2015）、Trougakos et al.（2015）、Beal et al.（2013）、Fisher et al.（2013）、To et al.（2012）、Rodell & Judge（2009）、Song et al.（2008）、Bono et al.（2007）、Jones et al.（2007）、Beal et al.（2006）、Judge et al.（2006）、Fuller et al.（2003）、Zohar et al.（2003）、Williams et al.（1991）	Methot et al.（2021）、Gabriel et al.（2020）、Koopman et al.（2020）、Lin et al.（2019）、Song et al.（2018）、Matta et al.（2017）、Uy et al.（2017）、Koopman et al.（2016）、Butts et al.（2015）、Wang et al.（2011）、Rothbard & Wilk（2011）、Trougakos et al.（2008）、Williams & Alliger（1994）	Li et al.（2021）、Tang et al.（2021）、Scott et al.（2020）、Umphress et al.（2020）、Lanaj et al.（2018）、Zhan et al.（2016）、Glomb et al.（2011）、Ilies et al.（2010）、Judge & Diefendorff（2009）、Yang & Diefendorff（2009）、Judge et al.（2006）、Alliger & Williams（1993）
情绪劳动	Chong et al.（2020）、Diefendorff et al.（2019）、Lennard et al.（2019）、Diestel et al.（2015）、Huang et al.（2015）、Hülsheger et al.（2015）	Uy et al.（2017）、Scott et al.（2012）、Scott & Barnes（2011）	Zhan et al.（2016）、Judge et al.（2009）
压力/负担	Shao et al.（2021）、Anicich et al.（2020）、Lin et al.（2019）、Liu et al.（2017）、Diestel et al.（2015）、Zohar & Polachek（2014）、Beal et al.（2013）、Gross et al.（2011）、Song et al.（2011）、Kammeyer-Mueller et al.（2009）、Rodell & Judge（2009）、Ilies et al.（2007）、Bono et al.（2007）、Fuller et al.（2003）、Potter et al.（2002）	Mitchell et al.（2019）、Matta et al.（2017）、Bono et al.（2013）、Williams & Alliger（1994）	Koopman et al.（2020）、Zhou et al.（2017）、Ilies et al.（2010）、Liu et al.（2009）
疲惫/休息/精力恢复	MacGowan et al.（2022）、Shockley et al.（2021）、Chong et al.（2020）、Anicich et al.（2020）、Chawla et al.（2020）、Kim et al.（2018）、Hunter & Wu（2016）、Hülsheger（2016）、Debus et al.（2014）、Hülsheger et al.（2014）、Beal et al.（2013）、Gross et al.（2011）、Sonnentag et al.（2008）、Sonnentag & Zijlstra（2006）、Sonnentag（2003）、Totterdell et al.（1995）	Trougakos et al.（2014）、Trougakos et al.（2008）	
工作-家庭关系	Spieler et al.（2017）、Ilies et al.（2017）、Liu et al.（2015）、Song et al.（2015）、Wang et al.（2010）、Sonnentag et al.（2008）、Song et al.（2008）、Jones et al.（2007）、Ilies et al.（2007）、Heller & Watson（2005）、Judge & Ilies（2004）、Williams et al.（1991）、Lin et al.（2021）	Gabriel et al.（2020）、Dumas & Perry-Smith（2018）、Courtright et al.（2016）、Harrison & Wagner（2016）、Butts et al.（2015）、Bono et al.（2013）、Ilies et al.（2009）、Williams & Alliger（1994）	Lanaj et al.（2018）、Zhou et al.（2017）、Barnes et al.（2012）、Sonnentag & Grant（2012）、Judge et al.（2006）、Alliger & Williams（1993）

（续表）

主题	JAP 109	AMJ 40	PP 35
领导行为（零虐、滥用监督）	Lanaj et al.（2021）、Liao et al.（2021）、Yu & Duffy（2021）、Hu et al.（2020）、Matta et al.（2020a）、Rosen et al.（2019）、Liao et al.（2018）、Lanaj et al.（2016a）、Dong et al.（2015）、Bono et al.（2007）、Zohar & Polachek（2014）	Foulk et al.（2018）、Lin et al.（2019）、Schilpzand et al.（2018）、Tepper et al.（2018）、Courtright et al.（2016）、Barnes et al.（2015）、Butts et al.（2015）	Bush et al.（2021）、McClean et al.（2020）
睡眠	Guarana et al.（2021）、Liu et al.（2021）、Liu et al.（2017）、Hülsheger（2016）、Diestel et al.（2015）、Hülsheger et al.（2014）、Sonnentag et al.（2008）、Totterdell et al.（1995）、Sayre（2022）	Schilpzand et al.（2018）、Song et al.（2018）、Barnes et al.（2015）	Barnes et al.（2012）
身体指标（如血压）	Baethge et al.（2020）	Bono et al.（2013）	Ilies et al.（2010）
组织公平	Matta et al.（2020a）、Matta et al.（2020b）、Johnson et al.（2014）、Loi et al.（2009）、Judge et al.（2006）	Hill et al.（2021）、Scott et al.（2014）、Matta et al.（2017）、Sherf et al.（2019）	Watkins & Umphress（2020）、Yang & Diefendorff（2009）、Baer et al.（2018）
创造力/创新绩效	Parke et al.（2015）、To et al.（2012）	Harrison & Wagner（2016）、Bono et al.（2013）、Bledow et al.（2013）、Kühnel et al.（2022）	
组织公民行为	Hülsheger et al.（2021）、Guarana et al.（2021）、Yang et al.（2016）、Lam et al.（2016）、Hunter & Wu（2016）、Trougakos et al.（2015）、Johnson et al.（2014）、Woolum et al.（2017）	Hill et al.（2021）、Methot et al.（2021）、Koopman et al.（2016）、Dalal et al.（2009）、Ilies et al.（2006）	Jennings et al.（2021）、Tang et al.（2021）、Spence et al.（2014）、Glomb et al.（2011）
帮助行为	Ilies et al.（2017）、Lanaj et al.（2016b）、Trougakos et al.（2015）、Lee et al.（2019）、Lin et al.（2019）	Uy et al.（2017）	Gabriel et al.（2018）、Yue et al.（2017）
反生产行为	Liao et al.（2021）、Yu & Duffy（2021）、Rodell & Judge（2009）、Rosen et al.（2016）	Hill et al.（2021）、Matta et al.（2017）、Dalal et al.（2009）	
工作投入	Andel et al.（2021）、Fu et al.（2021）、Guarana et al.（2021）、Zhu et al.（2021）、Vogel et al.（2020）、Lanaj et al.（2019）、Kim et al.（2018）、Parke et al.（2018）、Diestel et al.（2015）、Bakker & Xanthopoulou（2009）、Sonnentag（2003）、Williams et al.（1991）	Uy et al.（2021）、Barnes et al.（2015）、Methot et al.（2021）、Dumas & Perry-Smith（2018）	Mcclean et al.（2021）、Liu et al.（2009）、Umphress et al.（2020）、Yang & Diefendorff（2009）、Alliger & Williams（1993）、Zhong et al.（2022）
幸福感	MacGowan et al.（2022）、Lanaj et al.（2021）、Anicich et al.（2020）、Chawla et al.（2021）、Diefendorff et al.（2019）、Lee et al.（2019）、Kim et al.（2018）、Oerlemans & Bakker（2018）、Spieler et al.（2017）、Hülsheger et al.（2014）、Sonnentag & Zijlstra（2006）、Potter et al.（2002）、Cho & Kim（2022）	Methot et al.（2021）	Ilies et al.（2010）、Scott et al.（2020）、Jennings et al.（2022）
工作满意度	Calderwood et al.（2021）、Hunter & Wu（2016）、Loi et al.（2009）、Bono et al.（2007）、Judge et al.（2006）、Heller & Watson（2005）、Judge & Ilies（2004）、Fuller et al.（2003）、Williams et al.（1991）	Matta et al.（2017）、Koopman et al.（2016）、Scott et al.（2012）、Ilies et al.（2006）	Judge et al.（2009）、Judge et al.（2006）、Alliger & Williams（1993）
生活婚姻满意度	Heller & Watson（2005）、Calderwood et al.（2021）		Judge et al.（2006）
饮食	Sonnentag et al.（2017）、Liu et al.（2017）、Wang et al.（2010）、Streufert et al.（1997）、Cho & Kim（2022）	Ilies et al.（2009）	Liu et al.（2009）

（续表）

主题	JAP 109	AMJ 40	PP 35
人格特征	Judge et al.（2014）、Wang et al.（2013）、Minbashian et al.（2010）、Kammeyer-Mueller et al.（2009）、Bakker & Xanthopoulou（2009）	Harrison & Wagner（2016）、Ilies et al.（2006）	Glomb et al.（2011）、Huang & Ryan（2011）、Judge et al.（2009）、Liu et al.（2009）、Yang & Diefendorff（2009）、Judge et al.（2006）
工作绩效	Lanaj et al.（2021）、Sabey et al.（2021）、Zhu et al.（2021）、Bindl et al.（2018）、Kim et al.（2018）、Parke et al.（2018）、Lam et al.（2016）、Yang et al.（2016）、Trougakos et al.（2015）、Lehmann-Willenbrock & Allen（2014）、Cho & Kim（2022）	Hill et al.（2021）、Sessions et al.（2021）、Koopman et al.（2016）、Rothbard & Wilk（2011）、Dalal et al.（2009）、Tang et al.（2022）	Jennings et al.（2022）
目标	Rosen et al.（2019）	Schilpzand et al.（2018）	
信任			Bush et al.（2021）、Baer et al.（2018）、Lanaj et al.（2018）
正念	Hülsheger et al.（2021）、Liu et al.（2021）、Liang et al.（2018）	Song et al.（2018）	Foulk et al.（2020）
权力	Sabey et al.（2021）		
工作时间的闲聊、哺乳行为、体育活动	Calderwood et al.（2021）	Methot et al.（2021）、Gabriel et al.（2020）	Outlaw & Baer（2022）、Zhong et al.（2022）
反思	Lanaj et al.（2019）		Jennings et al.（2021）
工作地点、工作环境、远程办公	Shao et al.（2021）、Shockley et al.（2021）、Chong et al.（2020）、Vogel et al.（2020）		
夜间网络休闲、脱产放松	Liu et al.（2021）、Ouyang et al.（2019）		
新冠疫情	Andel et al.（2021）、Fu et al.（2021）、Shao et al.（2021）、Yoon et al.（2021）、Zhu et al.（2021）、Anicich et al.（2020）、Chong et al.（2020）、Hu et al.（2020）		
其他	·Lanaj et al.（2021）领导认同 ·Guarana et al.（2021）佩戴防蓝光眼镜 ·Foulk et al.（2019）日常努力 ·Lee et al.（2019）感恩 ·Rosen et al.（2019）电子邮件需求 ·Bindl et al.（2018）个人需求、工作重塑 ·Oerlemans & Bakker（2018）激励工作 ·Parke et al.（2018）时间管理计划、应急计划 ·Sayre（2022）薪酬波动	·Sessions et al.（2021）副业对全职工作的冲突 ·Foulk et al.（2018）心理权力 ·Kühnel et al.（2022）生物钟 ·Tang et al.（2022）智能制器	·Jennings et al.（2022）工作中的自我认同 ·Liao et al.（2022）领导−成员交换平衡 ·Mcclean et al.（2021）日常干扰 ·Li et al.（2021）包容性 ·Rosen et al.（2021）情绪发泄 ·Koopman et al.（2020）内在动机

注：读者可通过链接 https://glxy.gdut.edu.cn/info/1184/14337.htm 获取表中所列文献信息或联系 sutao@gdut.cn 获取。

思考题

1. 与常见的横截面（cross-sectional）或者时间滞后（time-lagged）研究设计相比，日记与体验抽样方法有哪些显著特征？

2. 为什么使用日记与体验抽样方法时，需要多次重复测量？

3. 基于时距的体验抽样方法、基于信号的体验抽样方法和基于事件的体验抽样方法各有哪些特点？在实践中，该如何选择？

4. 组织公平是组织管理领域中的一个重要话题。组织公平既有人与人之间的差异，也有个体内的差异。请运用日记与体验抽样方法，以"组织公平"为主题设计一项研究。

5. 在日记与体验抽样方法研究的数据收集过程中，有哪些注意事项？

延伸阅读

Alliger, G. M. & Williams, K. J.（1993）. Using signal-contingent experience sampling methodology to study work in the feld: A discussion and illustration examining task perceptions and mood. *Personnel Psychology*, 46（3）, 525–549.

Beal, D. J.（2015）. ESM 2.0: state of the art and future potential of experience sampling methods in organizational research. *Annual Review of Organizational Psychology and Organizational Behavior*, 2（1）, 383–407.

Bolger, N. & Laurenceau J. P.（2013）. Intensive longitudinal methods: An introduction to diary and experience sampling research. New York: Guilford Press.

Fisher, C. D. & To, M. L.（2012）. Using experience sampling methodology in organizational behavior. *Journal of Organizational Behavior*, 33（7）, 865–877.

Hektner, J. M., Schmidt, J. A. & Csikszentmihalyi, M.（2007）. *Experience sampling method: Measuring the quality of everyday life*. Thousand Oaks, CA: Sage.

Liu, W., Song, Z., Li, X. & Liao, Z.（2017）. Why and when leaders' affective states influence employee upward voice. *Academy of Management Journal*, 60（1）, 238–263.

Mehl, M. R. & Conner, T. S.（Eds.）.（2012）. *Handbook of research methods for studying daily life*. New York: Guilford Press.

Moskowitz, D. S. & Sadikaj, G.（2011）. Event-contingent recording. In M. R. Mehl & T. A. Conner（Eds.）, *Handbook of research methods for studying daily life*. New York: Guilford Press.

Myin-Germeys, I. & Kuppens, P.（Eds）（2021）. *The Open Handbook of Experience Sampling Methodology: A step-by-step guide to designing, conducting, and analyzing ESM studies*. Independently published by the center for Research on Experience sampling and Ambulatory methods Leuven, Belgium.

Ohly, S., Sonnentag, W., Niessen, C. & Zapf, D.（2010）. Diary studies in rganizational research: An introduction and some practical recommendations. *Journal of Personnel Psychology*, 9（2）, 79–93.

Rothbard, N. P. & Wilk, S. L.（2011）. Waking up on the right or wrong side of the bed: Start-of-workday mood, work events, employee affect, and performance. *Academy of Management Journal*, 54（5）, 959–980.

Song, Z., Foo, M. D. & Uy, M.A.（2008）. Mood spillover and crossover among dual-earner couples: A cell phone event sampling study. *Journal of Applied Psychology*, 93（2）, 443–452.

Trougakos, J. P., Beal, D. J., Green, S. G. & Weiss, H. M.（2008）. Making the break count: An episodic examination of recovery activities, emotional experiences, and positive affective displays. *Academy of Management Journal*, 51（1）, 131–146.

Wang, M., Liao, H., Zhan, Y.& Shi, J.（2011）. Daily customer mistreatment and employee sabotage against customers: Examining emotion and resource perspectives. *Academy of Management Journal*, 54（2）, 312–334.

Wheeler, L. & Reis, H. T.（1991）. Self-recording of everyday life events: Origins, types, and uses. *Journal of Personality*, 59（3）, 339–354.

第 13 章

元分析研究法

姜铠丰　胡佳

> **学习目标**
> 1. 理解元分析的基本原理和在管理学研究中的作用
> 2. 了解元分析的基本流程
> 3. 了解两种常见的元分析方法。根据本章提供的公式，能够针对两个变量之间的相关系数进行基本的元分析
> 4. 掌握元分析中对调节变量的检验。能通过分组比较分析和加权元回归分析两种方法对两个变量之间可能存在的调节变量进行检验
> 5. 掌握如何将元分析和结构方程模型相结合来检验元分析结果
> 6. 了解常用的元分析软件和辅助学习资料

元分析的英文是 meta-analysis，在中文里，曾经有学者将其翻译为荟萃分析、聚合分析、综合分析等。但随着这一统计技术在中国研究者中的普及，人们基本上把"元分析"认定为 meta-analysis 的中文译名（毛良斌和郑全全，2005；张翼等，2009；魏江等，2012）。元分析在很多研究领域都有着广泛的应用，如医学、教育学、心理学等。在组织和管理科学的研究中，元分析近年来也得到了越来越广泛的应用。Aguinis et al.（2011）曾经对发表在五个管理学顶级期刊中的文章进行了统计，发现 20 世纪 80 年代以来，这五个期刊一共发表了近 200 篇元分析文章，其中涉及对 5 500 多个关系进行的总结归纳。我们对中文管理期刊中的元分析文章也进行了简单搜索，发现 2008—2017 年，研究人员已经发表了 110 多篇元分析文章，并且文章数量有逐年递增的趋势。由此可见，元分析已经成为组织和管理科学领域的重要研究方法，并且受到了国内外学术期刊的普遍重视。

为了帮助更多的中国学者了解和使用这一方法，我们将在本章中对元分析的基本原理和实际应用进行介绍。我们本身并不是专门研究元分析理论和技术的学者，但是曾经有过一些在英文期刊上发表和审阅元分析研究的经验。鉴于此，在本章的撰写中，我们侧重于对元分析的流程和实际操作的介绍。这一思路跟 Rosenthal（1991b）和 Lipsey & Wilson（2001）有

些类似，更有助于初学者了解和掌握这一方法。同时，我们也把自己和同行在发表元分析文章的过程中注意的一些技术细节拿出来跟大家分享，希望对一些已经有经验的同行也有所帮助。另外，我们想强调的是，本章中介绍的很多内容（如公式等）并非由我们原创，我们会尽可能对重要内容的出处进行标注，但受章节篇幅所限，遗漏之处请原作者和读者理解。

13.1 元分析的背景和作用

元分析是一种对以往的实证研究结果进行归纳总结的统计方法。元分析最先在医学领域得到应用，然后在心理学和教育学等领域得到进一步发展。Pearson（1904）第一次采用元分析的思路，对发表在医学期刊上的关于伤寒接种问题的多篇文章进行了汇总。Pratt et al.（1940）第一次采用元分析的方法对 145 篇关于超感知（extrasensory perception）的文章进行了归纳总结。吉恩·V. 格拉斯（Gene V. Glass）在 20 世纪 70 年代最早明确提出了元分析的概念，并对元分析的基本方法做出了奠基性的贡献，之后这一方法在多个领域得到了广泛应用。在组织和管理科学中，拉里·V. 赫吉斯（Larry V. Hedges）、约翰·E. 亨特（John E. Hunter）、雅各布·科恩（Jacob Cohen）、罗伯特·罗森塔尔（Robert Rosenthal）和弗兰克·L. 施密特（Frank L. Schmidt）等人对这一统计方法的发展起到了重要作用。

在对这一方法进行具体介绍之前，我们首先想谈一下元分析这种方法对我们的研究有什么帮助。在 Hunter & Schmidt（2004）这一关于元分析的经典之作中，作者用工作满意度和组织承诺之间的关系作为例子对这一问题进行了讨论。假如，我们想通过以往的实证研究结果来了解工作满意度与组织承诺到底有什么样的关系。通过文献搜索，我们找到了 30 篇对这一关系进行研究的文章，其中，有的文章基于比较大的样本，有的基于比较小的样本；有的样本来自大公司，有的则来自小公司；有的样本中年人较多，有的则年轻人较多；有的样本中女性比例较大，有的则男性比例较大，等等。通过仔细观察，我们发现，尽管这 30 篇文章都是对同一关系进行的研究，但是他们得到的结论并不一致，有的甚至差距很大。比如，有的研究发现这两个变量的线性回归系数是 0.20，在统计上是显著的；而有的研究则发现二者的线性回归系数是 0.40，但是在统计上是不显著的；还有的研究发现，这两者的线性回归系数是 –0.10，在统计上是不显著的。针对这些并不完全一致的结果，我们很难明确地知道工作满意度和组织承诺之间的线性回归系数究竟有多大、在统计上是不是显著。如果没有元分析的话，我们在进行文献综述的时候很可能会得出一个模棱两可的结论。而元分析这一方法能够通过统计技术对以往基于不同特点的样本得出的结论进行定量分析，从而对两个变量之间的真实关系进行准确估计。

除了能对两个变量的关系有更准确的估计，元分析还能告诉我们这二者之间的关系在不同的研究中存在怎样的差异。由于样本选择的随机性，来自不同样本的研究结果不可避免地存在一定程度的差异。元分析可以帮助我们了解两个变量的相关关系在不同研究中的基本分布情况，同时还能通过一些统计量来告诉我们这些差异在多大程度上受样本误差和其他一些常见误差（如测量误差）的影响，是否还受到这些误差以外的其他因素的影响。在此基础之上，元分析能够进一步地帮助我们判定两个变量之间的相关关系是否会受到某些调节变量的影响。比如，Meyer et al.（2002）汇报了组织承诺和满意度之间相关关系的元分析结果，他们发现情感承诺和薪酬满意度之间的关系要显著地弱于情感承诺和工作满意度之间的关系，在这里，满意度的类型就成了一个能够对组织承诺—满意度关系在不同研究中的差异进行解释的调节变量。

此外，一般的实证研究通常只针对某一变量和少数几个其他变量之间的关系，因此我们不太可能从一个单一的实证研究中知道这一变量跟其他变量之间的整体关系是什么样的。但是，我们可以借助元分析同时对多个变量之间的相关关系进行估计，并将相关分析的结果跟其他统计方法（如结构方程模型）结合来对变量之间的整体关系或中介过程进行研究。例如，Colquitt et al.（2000）对培训动机的前因和后果变量进行了研究，通过元分析和结构方程模型的结合，他们检验了一个包含16个变量的中介模型。而对于一个一般的实证研究来说，这是很难实现的。

综上所述，我们把元分析的基本作用总结为三点：

第一，针对某一具体的相关关系，对来自不同研究样本的结果进行整合，从而得出对这一关系更接近样本总体的估计。

第二，对某一相关关系在不同研究样本间的差异进行分析，进而找出能对这些差异进行解释的调节变量。

第三，将元分析结果和其他统计方法结合，对某一变量与其他多个变量直接的整体关系进行分析。

尽管不同的学者对于元分析的作用有着不同的看法，但是上述这三点是我们在自己的研究中、跟同行的交流中体会到的最重要的三点。这三点往往也成为许多学者对某一研究开展元分析的出发点。

13.2 开展元分析的步骤

在跟一些发表过元分析文章的同行的交流中我们发现，很多人在一开始都会觉得掌握元分析的统计技术是最重要的，但却忽略了数据分析之前的步骤。在经过不断摸索之后我们才逐渐明白，数据分析之前的准备工作实际上在很大程度上决定了一项元分析的理论贡献和质量。因此在这一部分，我们简要介绍一下元分析的基本步骤。总体来说，我们将元分析的基本步骤分为四个：选题、文献搜索、数据编录和数据分析。

13.2.1 选题

我们对于元分析选题的一个基本建议是：不要仅仅为了做元分析而开展一项元分析研究。

元分析只是众多研究方法中的一种，只有当这种方法比其他研究方法能够更好地回答我们的研究问题的时候，才考虑采用这种方法。换言之，在一篇元分析的文章里，我们不要过分强调元分析作为一种研究方法的优势，而要强调研究题目和元分析方法特点之间的契合。例如，在我们关于高绩效工作系统的元分析中（Jiang et al., 2012），我们检验了一个关于人力资源管理系统的三个维度如何影响公司绩效的中介模型。在最初投稿时，我们只是检验了一个基本的从人力资源管理系统到员工结果、再到公司绩效的中介模型，我们认为，这一模型还未曾用元分析研究过，所以进行元分析是有价值的。然而，这一研究模型是战略人力资源管理的一个基本模型，很多基于问卷调查和一手数据的研究已经从某些方面检验了这个模型，所以即使我们的元分析结果可能比单一研究的结果更接近样本总体的情况，在理论上也没有太多新意，整个研究做下来给人一种"为赋新词强说愁"的感觉。于是，在接下来的修改中，我们重新从理论出发，并考虑有什么是以前的理论模型没有完全解释，同时又很难被单一的实证研究所解决的问题。在期刊评审的提示下，我们开始对人力资源管理系统进行细分，并将其与员工相关的研究结果进行了细分，在此基础上发现了不同的管理措施对应着不同的研究结果。经过这样的修改，元分析成了解答这一问题最好的选择，它不仅让研究在实证方法上有优势，而且在理论建构上亦有所创新。

元分析的选题一般有以下几个主要的角度。第一，如果能够找到一个研究变量从来没有被发表过任何元分析的研究，那么可以考虑是否有必要用元分析的方法对现有的研究结果进行一下总结。在2000年以前，英文期刊中发表过的元分析文章有很多都是通过这种角度来提出研究问题的。然而，随着元分析研究方法的普及，在组织和管理科学领域已经越来越难找到一个还没有进行过元分析的研究变量了。即使有这样的变量，简单地总结归纳这个变量与其他变量之间的相关关系也很难做出重要的理论贡献。

第二，我们可以考虑以往关于某个关系的研究是否存在不一致甚至是相互矛盾的结论，然后从结论出发去探讨是否存在一些可以解释这些差异的调节变量。如果能够找到有意义的调节变量，那么对这个关系的理解通常能够有理论上的贡献。举例来说，曾经有三个不同的研究团队同时对离职率和组织绩效的关系进行了元分析（Hancock et al., 2013; Heavey et al., 2013; Park & Shaw, 2013），在他们各自的研究中，都找到了一些能够对这一关系的差异进行解释的调节变量，如离职的类型、绩效的类型、行业的类型、组织的大小、样本所在的区域等。

第三，我们可以考虑通过元分析来构建一个结构方程模型来检验与某一变量相关的中介机制。例如，Liu et al.（2016）对个体创造力的作用机制进行了元分析，发现个体特征和情境因素会通过不同的作用机制对个体创造力产生影响，同时还发现了一个在以往文献中并未强调过的中介变量。

第四，最近发表的一些研究还尝试将元分析与其他研究方法相结合来回答彼此关联的研究问题。比如Huang et al.（2017）开展了三项研究来探讨责任心和亲和度这两种人格特质与员工公平感之间的关系。他们首先提出了一个复杂的中介模型，在这个模型中，人格特质和员工公平感分别是自变量和因变量，二者之间还有两个处于不同阶段的中介变量。第一项研究是对这两种人格特质与员工公平感之间的关系进行了元分析。第二项研究包含了三项实验研究，对两种人格特质与中介变量的关系进行了检验。第三项研究是一个问卷调查研究，通过问卷的方式测量了理论模型中的所有变量，并通过结构方程模型对整个模型进行了检验。Huang et al.（2017）提供了一个将元分析与其他研究方法相结合的范例。

13.2.2 文献搜索

在确定选题之后，我们可以开始选取一些关键词来搜索相关的文献。因为元分析旨在对所有与选题相关的实证研究进行归纳总结，所以在这个步骤我们要尽可能地搜索以往发表过的或已完成但还未发表的文章。搜索已发表的文章可以通过以下途径来完成：① 通过搜索引擎或文献数据库进行搜索；② 手动搜索主要期刊；③ 参考以前发表过的关于该选题的综述文章的参考文献列表。搜索已完成但还未发表的文章可以通过以下途径来完成：① 搜索近期的会议文章；② 搜索硕博论文数据库；③ 询问经常在该领域发表文章的学者是否有还未发表的研究；④ 通过专业领域的邮件群发列表来查找未发表的研究。在这里我们想强调的是，搜索已完成但还未发表的文章对于一项元分析来说是很重要的。如果在一项元分析中我们只包含了发表过的文章，那么元分析的结果可能不会真实地反映样本总体的情况。这是因为有的学者（如 Dickersin et al., 1992；Hedges, 1984）发现，显著的结果比不显著的结果更容易获得发表的机会。因此，如果一项元分析没有包含这些未发表的研究的话，就有可能受到所谓的发表偏差（publication bias）的影响（Banks et al., 2012）。

通过初步的文献搜索，我们通常会得到很多不相关或无法直接用于元分析的文章。因此，我们需要设定一些标准对初步的搜索结果进行筛选。这些基本的标准是：① 必须是实证研究；② 必须汇报了样本数量；③ 必须汇报了相关系数或均值差（针对实验研究而言），或者其他能够转换成相关系数或均值差的统计量（如 t 值、z 值、F 值和 R^2 值，有些元分析还会使用回归系数或偏相关系数）。这些基本标准决定了被筛选进来的文章能够提供元分析所必需的数据。另外，研究者也可以根据选题设定一些其他的标准，比如，有的研究只关注组织层面的关系而排除个体层面或跨层次的研究，有的研究只研究工作场所的关系而排除来自学生样本的研究，还有的研究为避免共同方法偏差对结果的影响而排除有数据同源问题的研究，等等。另外，如果我们断定两篇或多篇文章使用了同一个数据库，那么我们就只考虑那个提供了最多数据信息的研究；而如果一篇文章包含了多个独立的样本，我们则把它们当作独立的研究来对待。在确定好文献选用的所有标准以后，研究者可以制作一个简单的流程图，来说明文献搜索和文献筛选过程是怎样的。这样的流程图有助于提升元分析的透明度，并便于以后的研究人员遵循同样的操作流程来验证元分析的结果。这种做法也已经成为做系统性的文献综述和元分析的标准做法。PRISMA（Preferred Reporting Items for Systematic Reviews and Meta-Analyses）的网站[①]提供了详细的示例和说明供研究人员参考。

---

① 网址为https://prisma-statement.org/prismastatement/flowdiagram.aspx。

13.2.3 数据编录

Lipsey & Wilson（2001）对数据如何编码和录入有着详细的介绍。不同的学者可能会采用不同的录入方式，但包含的基本信息可以归结为以下几类：① 研究的基本信息（如作者姓名、年份、期刊名称等）；② 录入者的编码（为了保证数据录入的准确性，通常建议至少有两名录入者）；③ 基本数据信息（如样本大小、相关系数、量表的信度等）；④ 可能的调节变量（如国家、行业、样本类型、变量类型、研究设计等）。有的元分析还可能涉及对一些含义相似的概念的整合，比如前面所提到的人力资源管理的元分析（Jiang et al., 2012）将不同的管理措施分成三个大的维度，在录入的时候就需要研究者对分类进行判定和标记。

在确定了初步的录入模板之后，研究者可以随机选取5—10篇文章进行录入，以便发现在制定模板时没有考虑到的一些问题。比如，在录入的时候可能会发现新的研究变量，此时就需要对模板进行扩展。再比如，如果录入的操作需要依据录入者的主观评价（如变量合并），就需要确定录入标准是明确而统一的。对录入模板进一步修订之后，可以由两名及以上的录入者独立完成剩余的数据录入，并检查录入结果的一致性。在实际操作中，我们经常发现，对于客观数据（如相关系数、样本大小等）的录入一般不太会出现录入偏差，但有些需要录入者主观判断的内容则需要额外注意。比如，有些时候需要录入者判定研究样本是否来自某一特定类型的组织（如非营利性组织或营利性组织），样本中被调查者的工作性质（如复杂工作或简单工作），等等。这一类信息需要在录入之前进行详细的说明，以便录入者在输入信息时有所参考。一旦在录入中出现了之前录入说明中没有包含的情况，就要及时对录入说明进行调整，并根据新的标准来完成接下来的录入工作。其最终目的是确保所有的录入信息是准确无误的。为了方便他人验证分析的结果，研究者们通常要整理好录入的数据，并将其作为研究的附录。

13.2.4 数据分析

在完成了基本信息的搜集之后，我们就可以开始对数据进行分析。我们把具体分析的细节放在本章后续部分介绍。在这里，我们想先强调和区分一下元分析的主要分析对象。元分析主要是通过对来自各个实证研究的 "effect size" 的分析来对以往的实证研究进行汇总。"effect size" 这个词在中文里曾经被翻译成 "效果量"（魏江等，2012）或 "效应值"（王永贵和张言彩，2012），其基本含义是用一个数据统计量来表示某一种现象的强度。方便起见，我们在接下来用 "效应值" 来表示它。在组织和管理科学的元分析中，比较常见的效应值有两种：第一种是针对两个连续变量之间的相关系数，也就是我们通常所说的 r 值；第二种是实验研究中用来比较两组实验对象均值差距的 d 值。r 值和 d 值与其他常见的假设检验统计量（如 t 值、z 值、F 值和 R^2 值）之间可以相互转换。因此，如果一篇实证研究没有直接汇报 r 值和 d 值的话，我们可以通过转换来得到其他统计量。*Practical Meta-Analysis* 一书的作者之一大卫·威尔逊（David Wilson）在其网站①上提供了一系列可以对不同效应值进行转换的工具，在这里我们推荐给大家作为参考。当然，元分析可以处理的效应值还包括其他类型，比如回归系数等（王永贵和张言彩，2012），在这里我们就不做详细介绍。

13.3　元分析的基本分析模型与方法

元分析的主要目的是通过对不同实证研究的效应值进行整合来得出对样本总体的估计。简单来说，对样本总体的估计是基于对各个实证研究的效应值进行加权平均（weighted mean）。之所以采取加权平均的方法是因为统计学家们通常认为大样本比小样本更能够准确地反映样本总体的情况，所以来自大样本的效应值在元分析中应该被赋予更高的权重。虽然这个基本原理不难理解，但是在元分析的发展历程中，有很多学者提出了不同的模型和方法来进行加权平均（如 Hedges & Vevea，1998；Hunter & Schmidt，2004；Rosenthal & DiMatteo，2001）。在这里，我们不讨论各种方法的利弊，而是具体介绍一下在组织和管理科学中经常被用到的那些模型和方法。

13.3.1　元分析的两种估计模型

元分析对于样本总体的效应值估计有两种不同的估计模型：固定效应模型（fixed-effect model）和随机效应模型（random-effect model）。固定效应模型假设元分析中包含的研究都来自同一个样本总体，由于这个总体的平均效应值是固定的，那么来自这个总体的不同研究所得出的效应值在理论上是同质的（homogeneous）（Hunter & Schmidt，2004）。与此相反，随机效应模型假设元分析中的研究反映不同的样本总体，这些不同的样本总体可以被看成一个更大的总体的样本，由于这些样本总体的平均效应值是不同的，那么不同实证研究的效应值在理论上就是异质的（heterogeneous）（Hedges，1992）。这两种估计模型的主要区别在于它们对于平均效应值误差来源的看法不同。固定效应模型认为误差主要是由来自同一样本总体的抽样误差造成的；而随机效应模型除了包含抽样误差，还考虑了样本总体均值间的差异。

根据 Aguinis et al.（2011）对发表于五个英文管理期刊的 196 篇元分析文章的统计结果，87.5% 的文章采用了随机效应模型。这表明，大多数的组织管理研究者们都假设来自实证研究的效应值反映了多个不同的总体。Hunter & Schmidt（2004）更是直接指出，随机效应模型反映了社会科学（包含组织和管理科学在内）的常态，因此他们提出的元分析的方法只针对随机效应模型。然而，有些学者（如 Field & Gillett，2010）认为，固定效应模型也有它适用的情况。比如，如果我们把元分析的研究问题限定为北京市三甲医院的护士的工作强度与工作压力之间的关系，那么来自不同实证研究的结果就很有可能反映了同一个样本总体。在这种情况下采用固定效应模型进行分析也是有道理的。针对这种情况，Hedges 等提出的方法（Hedges，1984，1992；Hedges & Olkin，1985；Hedges & Vevea，1998）同时考虑了固定效应

---
①　网址为http://cebcp.org/practical-meta-analysis-effect-size-calculator/。

和随机效应模型。但随之而来的问题是，固定效应模型得出的结论就只能适用于这个特定的样本总体，而无法适用于更广泛的总体（如全国的护士）。鉴于这两种模型的特点，我们建议大家认真地考虑选题的对象和范围，然后决定相对应的估计模型，并以此为依据选择具体的分析方法。

13.3.2 元分析的两种常见方法

在组织和管理科学的研究中，两种最常见的元分析的方法是 Hunter & Schmidt（2004）的方法和 Hedges 等的方法。根据 Aguinis et al.（2011）的统计，Hunter & Schmidt（2004）的方法在组织和管理研究中的应用更为普遍（有 83.5% 的研究使用了这一方法），而仅有 3.2% 的研究使用了 Hedges 等的方法。在这里，我们用相关系数 r 为例，对两种方法的基本分析思路进行介绍。如果有对这两种方法比较感兴趣的同行，可以参考 Field（2001，2005）、Hafdahl & Williams（2009）等文章。

13.3.2.1　Hunter & Schmidt（2004）的方法

首先我们看一下，Hunter & Schmidt（2004）的方法是如何计算加权平均后的平均效应值的。我们用 r_i 代表来自第 i 个研究里的效应值，用 n_i 来代表第 i 个研究的样本大小，那么加权平均的效应值（$\bar{r}$）为：

$$\bar{r} = \frac{\sum_{i=1}^{k} n_i r_i}{\sum_{i=1}^{k} n_i} \tag{13-1}$$

相对应的，来自各个样本的效应值方差（variance of sample）$\hat{\sigma}_r^2$ 如式（13-2）所示，开平方后得到效应值的标准差（standard deviation）SD_r。

$$\hat{\sigma}_r^2 = \frac{\sum_{i=1}^{k} n_i (r_i - \bar{r})^2}{\sum_{i=1}^{k} n_i} \tag{13-2}$$

根据这两个公式及元分析所包含的研究数量 k，我们可以进一步计算出加权平均效应值 $\bar{r}$ 的置信区间（confidence interval）。通过对置信区间的检验，我们能够知道平均效应值在某个统计水平下是否显著不等于 0。式（13-3）给出的是 $\bar{r}$ 的 95% 置信区间的上限和下限。其中 $\sqrt{\frac{\hat{\sigma}_r^2}{k}}$ 代表的是 $\bar{r}$ 的标准误差（standard error）。

$$\begin{aligned} 置信区间上限 &= \bar{r} + 1.96\sqrt{\frac{\hat{\sigma}_r^2}{k}} \\ 置信区间下限 &= \bar{r} - 1.96\sqrt{\frac{\hat{\sigma}_r^2}{k}} \end{aligned} \tag{13-3}$$

前文中我们提到，这一方法采用的是随机效应模型的假设。在随机效应模型里，样本效应值的方差有两个来源：抽样误差方差（sampling error variance，$\hat{\sigma}_e^2$）和效应值的样本总体方差（variance in population，$\hat{\sigma}_p^2$）。

抽样误差方差的公式为：

$$\hat{\sigma}_e^2 = \frac{(1-\bar{r}^2)^2}{\bar{N}-1} \tag{13-4}$$

在这里，$\bar{N}$ 指的是包含在元分析里的平均样本大小。如果我们把抽样误差方差从样本效应值方差 $\hat{\sigma}_r^2$ 中减掉之后，得到的就是效应值的样本总体方差 $\hat{\sigma}_\rho^2$，公式为：

$$\hat{\sigma}_\rho^2 = \hat{\sigma}_r^2 - \hat{\sigma}_e^2 \tag{13-5}$$

使用效应值的样本总体方差，Hunter & Schmidt（2004）推荐计算加权平均效应值的信用区间（credibility interval）。与置信区间用来判定平均效应值的显著性水平不同，信用区间代表的是总体均值的分布情况。式（13-6）给出了 80% 的信用区间的上限和下限，其中 $\sqrt{\hat{\sigma}_\rho^2}$ 是总体效应均值的标准差。80% 的信用区间指的是有 80% 样本效应值都分布在这个区域。

$$\text{信用区间上限} = \bar{r} + 1.28\sqrt{\hat{\sigma}_\rho^2}$$
$$\text{信用区间下限} = \bar{r} - 1.28\sqrt{\hat{\sigma}_\rho^2} \tag{13-6}$$

以上是 Hunter & Schmidt（2004）关于如何计算样本总体加权平均效应值及其相关统计量的基本计算公式。这些公式给出的结果只校正了抽样误差（sampling error）的影响，通常被称为基本校正整合分析（bare bones meta-analysis）的结果。然而，Hunter & Schmidt（2004）强调实证研究中观测到的效应值会受到多种误差的影响，除了抽样误差，效应值还可能受到测量误差（measurement error）、二元化（dichotomization）和全距变异误差（range variation error）等 11 类误差的影响。因此，他们还提供了对各种误差进行校正的计算公式。因为测量误差是在组织和管理科学中最常见的一种误差，所以我们在这里只介绍如何在元分析中校正测量误差。

测量误差是一种由于测量结果无法完全反映测量对象而导致观测到的效应值比真实效应值偏小的一种误差。如式（13-7）所示，通常来说，要用量表的信度系数来对观测到的效应值进行校正。这里的 r 代表观测到的效应值，ρ 代表校正后真实的效应值［在 Hunter & Schmidt（2004）中也用 r_c 来表示］，r_{xx} 和 r_{yy} 分别代表自变量 x 和因变量 y 的信度水平。这里需要指明的是，对于一般的变量而言，我们可以用内部一致性信度（Cronbach's α 系数）来作为变量的信度水平。而对于在个体层面测量但最终加总到更高层次的变量来说，我们可以考虑用组间信度（interrater reliability，ICC2）来对测量误差进行修正。例如，Combs et al.（2006）在对高绩效工作系统的元分析中就采用了这种信度对测量误差进行修正。

$$r = \sqrt{r_{xx}}\sqrt{r_{yy}}\rho \tag{13-7}$$

Hunter & Schmidt（2004）把 $\sqrt{r_{xx}}\sqrt{r_{yy}}$ 看作一个削弱因子（attenuation factor）A，如果我们需要考虑其他误差的影响，也可以将这些误差的影响以乘积的形式整合到削弱因子 A 里。接下来，我们用这个削弱因子 A 来对前面提到的公式进行校正。对于校正后的效应值，我们不能直接采取加权平均的方式来进行计算，而是需要先计算一个权重值 w_i。通过这个权重值，我们可以对校正后的效应值进行加权平均。在这里，我们用 $\bar{\rho}$ 来代表校正后的加权平均效应值（有的已发表的文章中用来 $\bar{r}_c$ 指代）。ρ_i 指的是第 i 个研究中校正后的效应值。

$$w_i = (n_i - 1) A_i^2 \tag{13-8}$$

$$\bar{\rho} = \frac{\sum_{i=1}^{k} w_i \rho_i}{\sum_{i=1}^{k} w_i} \tag{13-9}$$

相对应的，校正后的效应值方差为：

$$\hat{\sigma}_o^2 = \frac{\sum_{i=1}^{k} w_i (\rho_i - \bar{\rho})^2}{\sum_{i=1}^{k} w_i} \tag{13-10}$$

校正后的抽样误差方差的公式为：

$$\hat{\sigma}_e^2 = \frac{\sum_{i=1}^{k} w_i \sigma_\rho^2(e)_i}{\sum_{i=1}^{k} w_i} \tag{13-11}$$

式（13-12）中的 $\sigma_\rho^2(e)_i$ 是第 i 个研究中修正后的抽样误差的方差，其计算公式为：

$$\sigma_\rho^2(e)_i = \frac{(1 - \bar{r}^2)^2}{\dfrac{n_i - 1}{A_i^2}} \tag{13-12}$$

如果我们把抽样误差方差从样本效应值方差 $\hat{\sigma}_o^2$ 中减掉之后，得到的就是校正后效应值的样本总体方差 $\hat{\sigma}_\rho^2$。

$$\hat{\sigma}_\rho^2 = \hat{\sigma}_o^2 - \hat{\sigma}_e^2 \tag{13-13}$$

95% 置信区间和 80% 信用区间的公式分别为：

$$\begin{aligned}\text{置信区间上限} &= \bar{r} + 1.96 \sqrt{\frac{\hat{\sigma}_o^2}{k}} \\ \text{置信区间下限} &= \bar{r} - 1.96 \sqrt{\frac{\hat{\sigma}_o^2}{k}}\end{aligned} \tag{13-14}$$

$$\begin{aligned}\text{信用区间上限} &= \bar{r} + 1.28 \sqrt{\hat{\sigma}_\rho^2} \\ \text{信用区间上限} &= \bar{r} - 1.28 \sqrt{\hat{\sigma}_\rho^2}\end{aligned} \tag{13-15}$$

13.3.2.2 Hedges 等的方法

Hedges 等的方法跟前者主要有三个方面的区别：① Hedges 等的方法考虑了固定效应模型和随机效应模型，而前者只是针对随机效应模型；② Hedges 等的方法使用了费舍尔的 Z 转换（Fisher, 1921），首先将效应值转化成 Z，而前者不需要转换；③两种方法采用了不同的方式来决定权重的大小。接下来，我们介绍 Hedges 等对于固定效应模型的加权平均效应值的计算方法。

Hedges 等的方法首先需要通过费舍尔的公式将效应值从相关系数 r 转换成 Z。如果用 r_i 来代表第 i 个研究中的效应值的话，其转换方法如式（13-16）所示。经过转换的效应值服从均值为 $\bar{Z}_\rho$、方差为 $1/(n_i - 3)$ 的正态分布（Field, 2005）。Z 值可以通过式（13-17）再转换为

相关系数 r。

$$Z_{r_i} = \frac{1}{2} \ln \left(\frac{1+r_i}{1-r_i} \right) \quad (13-16)$$

$$r_i = \frac{e^{(2z_i)} - 1}{e^{(2z_i)} + 1} \quad (13-17)$$

转换后的 Z 可以通过式（13-18）来计算加权平均效应值 $\overline{Z}_r$，不同于 Hunter & Schmidt（2004）的方法，Hedges & Olkin（1985）建议在固定效应模型中使用的权重值是研究内方差（within-study variance）即 $1/(n_i-3)$ 的倒数。$\overline{Z}_r$ 的具体计算公式为：

$$\overline{Z}_r = \frac{\sum_{i=1}^{k}(n_i-3)Z_{r_i}}{\sum_{i=1}^{k}(n_i-3)} \quad (13-18)$$

Hedges 等还介绍了一个 Q 统计量，对效应值的同质性进行检验（Hedges & Olkin, 1985）。Q 统计量服从的是以 $k-1$ 为自由度的卡方分布，如式（13-19）所示，后文中我们还将介绍如何通过 Q 统计量来判定是否存在调节变量的情况。

$$Q = \sum_{i=1}^{k}(n_i-3)(z_{r_i} - \overline{z}_r)^2 \quad (13-19)$$

在对随机效应模型的平均效应值进行估计的时候，Hedges 等建议要在权重值中同时考虑研究内方差和研究间方差（between-study variance）。前面我们提到了，研究内方差是 $1/(n_i-3)$。这里，我们用 τ^2 来代表研究间的方差，其估计值 $\widehat{\tau}^2$ 的计算公式为：

$$\widehat{\tau}^2 = \frac{Q-(k-1)}{\sum_{i=1}^{k}(n_i-3) - \frac{\sum_{i=1}^{k}(n_i-3)^2}{\sum_{i=1}^{k}(n_i-3)}} \quad (13-20)$$

我们把转换效应值的研究内方差 $1/(n_i-3)$ 和研究间方差的估计值 $\widehat{\tau}^2$ 相加之后取其和的倒数，就能够得到在随机效应模型中使用的权重值，并通过权重和转换后的效应值计算随机效应模型中的加权平均转换效应值。在实际的计算过程中，$\widehat{\tau}^2$ 的结果有可能是一个负数，在这样的情况下，Hedges 等建议将其作为 0 来处理。

$$w_i^* = \left(\frac{1}{n_i-3} + \widehat{\tau}^2 \right)^{-1} \quad (13-21)$$

$$\overline{Z}_r^* = \frac{\sum_{i=1}^{k} w_i^* Z_{r_i}}{\sum_{i=1}^{k} w_i^*} \quad (13-22)$$

最后，Hedges 等还提供了计算置信区间所需要的均值标准误差的公式：

$$SE(\overline{Z}_r^*) = \sqrt{\frac{1}{\sum_{i=1}^{k} w_i^*}} \quad (13-23)$$

相对应的，我们就可以得到置信区间的公式，以 95% 的置信区间为例：

置信区间上限 $= \overline{Z}_r^* + 1.96 SE(\overline{Z}_r^*)$

置信区间下限 $= \overline{Z}_r^* - 1.96 SE(\overline{Z}_r^*)$

$$(13-24)$$

接下来，再使用式（13-17）对式（13-22）和式（13-24）的结果进行转换得到相关系数。

以上就是我们对最常见的两种元分析的基本分析方法的介绍。其中涉及的很多计算公式虽然看起来有些烦琐，但能够帮助我们理解每一种元分析的基本思路。在实际操作中，我们不一定需要根据这些公式自己动手计算，在后面我们会介绍一些已有的针对元分析的统计软件和程序。对应用元分析这种方法的研究者来说，只要明白在元分析中需要关注哪些统计结果，以及它们各自代表的意思即可。

13.4 元分析中调节变量的检验

除了对样本均值进行估计，元分析的另一个重要作用就是对可能影响效应值的调节变量进行判定和检验。首先，我们需要做的是根据初步分析的结果来判定调节变量是否存在。有些学者（Sagie & Koslowsky, 1993; Steel & Kammeyer-Mueller, 2002）曾经对不同的调节变量的判定方法进行了比较。这里，我们主要介绍三种比较常见的方法：

第一，前文提到的 Q 统计量，如式（13-19）所示，是对效应值的同质性进行检验的统计量，若该统计量显著，则预示着效应值可能受到潜在的调节变量影响（Hedges & Olkin, 1985）。

第二，Hunter & Schmidt（1990）提出一个"75%法则"。具体来说，我们需要计算校正后的效应值方差有多少比例是可以被抽样误差（sampling error）或其他误差（如测量误差）解释的。如果这个比例少于75%，那么就认定有潜在的调节变量存在。式（13-11）和式（13-10）的结果的比率就反映了这一点。

第三，我们还可以通过信用区间来判定是否有潜在的调节变量存在。如果信用区间很宽，包括0，那么也预示着潜在的调节变量的存在（Hunter & Schmidt, 2004）。

在我们得出调节变量有可能会影响效应值大小的结论之后，接下来我们就开始考虑如何对具体的调节作用进行检验。通常来说，研究者们应该考虑一些有理论依据的变量（比如，行业类型有可能影响人力资源管理系统和公司绩效的关系）和一些跟实证研究特点有关的变量（比如，测量工具的类型、关系是否存在共同方法偏差）。而这些可能的调节变量又通常分为两类：一类是类别变量（比如，在美国进行的研究和在中国进行的研究、个体层次和团队层次的研究），另一类是连续变量（比如，女性在各个样本中所占的比例、有效样本的回收率）。

针对类别变量，研究者们通常会采用分组比较分析（subgroup analysis），这是我们要介绍的检验调节变量的第一种方法。也就是说，对元分析中包含的所有样本根据某一类别的调节变量进行分类。比如，Combs et al.（2006）对高绩效工作系统和公司绩效的关系研究中，就将行业类型作为一个具有调节效应的类别变量，从而将搜集到的实证研究分为来自制造业的研究和来自服务业的研究。分组之后，通过我们上面介绍的元分析基本方法，对各个组内的研究分别计算加权平均效应值，然后对效应值的差异进行比较。Chiaburu et al.（2013）提供了一个对效应值均值差异进行比较的 z 统计量计算方法，如式（13-25）所示，研究者们可以通过 z 统计量的显著性水平来判定调节变量的作用是否显著。Hunter & Schimidt（2004）指出，分组比较分析比其他检验调节变量的方法在统计上有更大的功效去发现显著的调节作用的结果，因此在组织和管理科学的元分析中得到广泛应用。但是分组比较分析每次只能针对一个调节变量进行，为了确保某一个调节变量的作用不被其他调节变量所影响，有时候研究者需要不断地对组别进行细分。用高绩效工作系统的例子来说，效应值可能同时受到行业类型和公司规模的影响，为了确保二者的调节作用不会彼此影响，研究者可在制造业和服务业内部再细分出中小企业和大企业。

$$z = \frac{(\bar{\rho}_1 - \bar{\rho}_2)}{\sqrt{(SE_1^2 + SE_2^2)}} \quad （13-25）$$

$$SE = \frac{\bar{\rho}}{r} \times \frac{SD_r}{\sqrt{k}}$$

还有一种对调节变量进行检验的方法是加权元回归分析（weighted meta-regression analysis）。从原理上来说，研究者们把来自每个样本的效应值或者校正后的效应值当作因变量，把潜在的调节变量当作自变量，同时根据样本大小来对每一个研究在回归分析中占的权重进行赋值。如果调节变量在回归方程中的系数是显著的，那么就说明调节变量的调节作用得到了验证。加权元回归分析的好处在于，可以直接对连续的调节变量进行分析，并且能同时考虑多个调节变量的共同作用。然而，Hunter & Schimidt（2004）指出，元分析中包含的研究的数量通常比较小，因此可用于加权回归分析的样本量会比较少，有可能造成结果不准确或很难发现显著的调节作用。

Steel & Kammeyer-Mueller（2002）对两种方法进行了比较，发现加权元回归分析的方法更不容易受到多重共线性（multicollinearity）和异方差（heteroscedasticity）的影响，因此得出的结果比分组比较分析的结果更准确。我们的建议是，如果有足够多的样本，就首选加权元回归分析的方法，同时对于发现显著结果的调节变量再进一步采取分组比较分析的方法。这种模式类似于一般统计分析中先检验交互作用是否显著，再比较在调节变量不同取值时的斜率大小。两者结合能更具体地反映调节变量是否显著及作用方式。

13.5 元分析与结构方程模型的结合

Viswesvaran & Ones（1995）提出了一种将元分析和结构方程模型（structural equation modeling）或路径分析（path analysis）相结合的方法。简单来说，就是把元分析的结果用于估计结构方程模型。学者们（Becker，2009；Cheung & Chan，2005；Viswesvaran & Ones，1995 等）通常把这种方法叫作元分析结构方程模型（meta-analytic structural equation modeling，

MASEM）。MASEM 分为两个基本的阶段（Cheung & Chan，2005）：第一阶段，研究者需要通过元分析来构建变量之间的相关矩阵（correlation matrix）或协方差矩阵（covariance matrix）。第二阶段，用相关矩阵和协方差矩阵来估计结构方程模型。举例来说，Harrison et al.（2006）研究了工作满意度和组织承诺与五种工作行为之间的关系。为了检验这一关系，他们首先用元分析的基本方法构建了一个 7×7 的相关矩阵，然后用相关矩阵中的系数来估计结构方程模型。根据 Aguinis et al.（2011）的统计，有 52.8% 的元分析都采用了这种用相关矩阵来估计结构方程模型的做法，而且这种方式越来越流行。

然而，有学者（Cheung & Chan，2005）指出，这种用相关矩阵估计结构方程模型的做法有两个主要的局限性：第一，普通的结构方程模型都是基于同一个样本得出的矩阵来进行分析的，因此矩阵中各个关系所基于的样本量都是相等的。然而，在 MASEM 矩阵中的元分析效应值都是基于不同的研究得出的，因此每个研究的样本量并不相同。尽管 Viswesvaran & Ones（1995）建议使用调和平均数（harmonic mean）来作为结构方程模型的样本大小，但这种做法有可能会带来不准确的估计结果。第二，一般的结构方程模型都是基于协方差矩阵而不是相关矩阵的。使用相关矩阵来替换协方差矩阵也会造成估计误差。因此，研究者们在使用 MASEM 时要注意这两方面的局限性。Cheung（2015）在后续的研究中提出了一个二阶段元分析结构方程模型的方法，由于篇幅的局限我们不做详细介绍，推荐感兴趣的研究者参阅 Cheung（2015）。

此外，Yu et al.（2016）指出，传统的 MASEM 中只使用了元分析以后的相关系数，但是并没有考虑用来计算相关系数的效应值是有差异的。因此，他们提出了一种全信息的元分析结构方程（full information MASEM，FIMASEM）。通过同时考虑元分析得出的相关系数和效应值的差异来对变量之间的关系进行更为准确的估计，这种方法也成为检验元分析结构方程模型最常见的一种方法。

另一种将元分析与结构方程模型进行结合的方式是通过回归方程的形式来比较不同自变量对因变量影响的相对大小。例如，Chiaburu et al.（2011）对大五人格（big five personality）和组织公民行为之间的关系进行了元分析。他们用大五人格和三种组织公民行为之间的元分析相关系数作为回归方程的数据，发现开放性人格和随和性人格与组织公民行为的关系比它们与任务绩效的关系更强。Jiang et al.（2012）也用了类似的方式发现，以提升能力为导向的人力资源管理措施对人力资本的影响要比以提升动机和表现机会为导向的人力资源管理措施更大。通常这样的分析需要比较回归系数在不同回归方程之间的差距是否显著，同时可以计算每个自变量在解释因变量时候的相对权重（Johnson，2000）。

13.6 元分析中的其他技术细节

前面我们介绍了元分析中常见的一些分析方法，接下来将讨论一下我们在文章评审和发表过程中遇到的一些需要研究者注意的技术细节。

13.6.1 合并同一篇文章中关于同一关系的不同效应值

在数据编码和录入的过程中，我们有时候会看到一篇文章包含对同一个关系的不同效应值。比如，一篇文章可能汇报了外向性人格和两种组织公民行为（如帮助个人和帮助组织）之间的关系，从本质上来说，这两个相关关系都反映了外向性人格和组织公民行为之间的关系，所以在进行元分析之前，我们需要把这两个反映同一种关系的效应值进行合并。合并的主要理由在于，这两个效应值来自同一篇文章，它们之间的关系不是相对独立的，因此如果把它们单独包含进来的话，就违背了样本独立性的原则。因此，Hunter & Schmidt（2004: 435-439）对这一问题进行了讨论，并给出了具体公式，将多个关于同一个关系的效应值进行合并，在最终的元分析中，针对某一个具体关系，一个实证研究只提供一个合并以后的效应值。如式（13-26）所示，r_{xy} 代表合并后的两个变量之间的关系，$\sum r_{x_i} r_{y_j}$ 代表所有关于这两个变量的效应值之和，n 和 m 分别代表反映同一个自变量 X 和因变量 Y 的变量数，$\bar{r}_{x_i x_j}$ 代表所有自变量 X 之间的相关系数均值，$\bar{r}_{y_i y_j}$ 代表所有因变量 Y 之间的相关系数均值。

$$r_{xy} = \frac{\sum r_{x_i} r_{y_j}}{\sqrt{n + n(n-1)} \sqrt{m + m(m-1)}} \qquad (13-26)$$

13.6.2 将意思相近的变量进行归类

近年来，有很多元分析尝试将意思相近的变量归入一个大类，进而分析两个含义更为广泛的变量之间的关系。例如，Harrison et al.（2006）曾经建议，将工作满意度和组织承诺合并为工作态度，将五种不同的工作行为合并为工作行为，将使对两者关系进行分析的预测效度更高。Jiang et al.（2012）也将不同类型的人力资源管理措施笼统地分为三大类：以提升能力为导向、以提升动机为导向和以提升表现机会为导向的人力资源管理措施。在战略管理方面，Karna et al.（2016）曾经把几十种不同的变量归类在一起，并统称为组织拥有的能力，以此来研究组织能力和财务绩效之间的关系。针对这样的做法，不同的学者持不同的观点。比如，Eysenck（1984）将这种做法称作把苹果和橙子放在一起来数数，得出的结论是没有意义的。但是有的学者认为，在一定程度上的合并是有意义的。比如，Rosenthal & DiMatteo（2001）认为，把苹果和橙子合并在一起来看是有意义的，尤其是当人们想研究的是水果这一大的种类时。我们认为这两种观点都有一定的道理，关键在于变量合并的方式是否有理论意义，以及是否与研究问题相符。比如，如果有学者想研究工作态度和离职意向之间的关系，那么就很有必要将工作满意度、组织承诺、组织认同感、组织支持感和离职意向区别对待，看离职意向是如何受到其他工作态度影响的。但是如果有的学者想研究员工对组织的依附感（attachment）和工作绩效之间的总体关系，那么我们就可以把离职意向反向记分后跟组织承诺合并为依附感，然后看它跟工作绩效之间的总体关系。除此之外，我们还建议在将意思相近的变量合并之前，可以单独计算它们与某一个结果变量之间的加权平均效应值，比较效应值之间是否有显著的差异，作为一个辅助的证据来支持变量的合并。

13.6.3 发表偏差

前文提到了在文献搜索的时候要尽量包含已完成但还未发表的文章，以避免发表偏差对研究结果的影响。Hunter & Schmidt（2004）中有单独一章介绍了如何检验和校正发表偏差对结果的影响。对发表偏差进行检验的方法通常有两种。第一种是Rosenthal（1979）提出的文件柜分析法（file drawer analysis），简单来说就是估计一下还需要存在多少未发表的文章才能将现有的研究结果从显著变得不显著。这里将未发表的文章的估计称作fail-safe N。第二种是由Light & Pillemer（1984）提出的漏斗图法（funnel plot）。简单来说，漏斗图是使用效应值和样本量作为坐标系，并将各个研究绘制成坐标系里的散点图。样本量越大的研究，它的效应值的估计也就越准确，反之其误差就越大。这样，漏斗图里样本量大的研究集中在图的上方，即平均效应值周围；样本量小的研究则散落在图的底部，离平均效应值较远。通过观察漏斗图的形状，我们可以来确定发表偏差是否存在。如果图形呈现一个倒着的漏斗（或者正着的火山）的形状，则预示着发表偏差可能不存在；但是如果图形有缺角（或不对称），则表明发表偏差可能存在。基于这一图形检测方法，Duval & Tweedie（2000）提出了迭代（trim and fill）的方法，对不对称的漏斗图中的研究进行删减使其变得对称，并对校正后的样本重新计算。在利用元分析对效应值的调节变量进行分析的时候，研究者还可以将研究的发表状态作为一个类别变量，看其是否对效应值有影响，并以此来判断是否存在潜在的发表偏差。

13.6.4 样本大小

元分析中涉及两个样本大小。第一个是元分析所搜集的研究的数量（通常用k来表示），第二个是所有研究包含的样本总量（通常用N来表示）。对于一篇成功的元分析文章来说，我们通常会希望两个样本数量都比较大，这样说明所选定的研究问题已经积累了足够多的研究，值得我们对其进行一项元分析的研究。然而，从元分析方法本身而言，并没有一个绝对的判断标准来指明究竟需要搜集多少篇关于某一主题的文章才能开展一项元分析研究。从论文发表的经验来看，我们见过在顶级管理学期刊发表的元分析只包含了不到50个独立样本（如Wang et al., 2014），也见过包含了400多个独立样本的元分析（如Judge et al., 2013）。因此，我们觉得只要研究者能够找到足够大的k对他们的研究问题提供稳定的估计，那么进行这些元分析就是有意义的。另外，样本大小对于元分析中不同分析所起到的作用也是不同的。比如，对于检验调节作用而言，总体研究数量k在很大程度上决定了分组比较分析结果的稳定性，以及加权元回归分析中调节变量的显著性。对于这样的分析来说，我们会建议k越大越好。但是对于元分析结构方程而言，我们需要构建一个包含所有变量在内的元分析相关矩阵，对于相关矩阵中的每一个元分析相关系数来说，我们一般会建议至少有三个来自不同研究样本的效应值，来确保对于该相关系数的估计是相对稳定的。

13.6.5 多种语言情境下的元分析

随着学者间的合作不断地深入，现在出现越来越多来自不同国家的研究人员共同开展一项元分析的机会。随之而来的一个问题就是：如果研究团队中的成员熟悉多种语言，是否一定要把元分析的对象限定为英文发表的文章呢？在这里，我们假定中国的研究者想把元分析的结果发表在英文期刊上。我们觉得至少在以下两种情况下，研究者是可以考虑把多种语言发表的文章整合在一起的。第一，元分析的目的是想对来自不同国家或文化的研究结果进行比较，这样尽可能地囊括来自不同国家的研究结果对实现元分析的目的是有帮助的。举例来说，Rabl et al.（2014）研究了高绩效工作系统的作用是如何受到国家文化的调节的。除包含英文发表的文章外，他们的研究还包含了用巴基斯坦语和德语发表的文章，因为他们的研究团队中刚好有熟悉这两种语言的成员。此外，Oh et al.（2014）对个人和环境的匹配与工作态度和行为的关系进行了跨文化的元分析。他们在研究中也包含了韩国语发表的文章。对于这两个例子来说，包含其他语言的文章对于实现他们的研究目的本身是非常有必要的。第二，针对某一研究关系的英文文章数量不够，需要其他语言的文章进行补充。Liu et al（2016）对个人创造力的中介机制进行了元分析。他们的模型中需要估计亲社会动机和个人创造力之间的相关关系。但是针对这一关系的英文文章很少，研究者为了让估计结果更加稳定，也考虑加入了以中文和韩国语发表的文章。除了上述提到的两种情况，我们建议研究者在进行元分析的时候要谨慎考虑是否要加入以中文发表的文章。一个可能的问题是，如果包含了中文文章，那么不了解中文的研究者可能没有办法去重复或者检验元分析的结果。但是不管选择什么方式处理，我们都建议在文章的方法部分将文章搜索的过程和结果详细地汇报出来，让文章的评审和期刊主编来做出他们的判断。

在元分析中还有很多需要处理的技术细节，鉴于篇幅的关系，我们无法一一展开介绍，但我们鼓励对这一方法感兴趣的同行能够参阅相关的材料来解决他们在实际操作中遇到的其他问题。

13.6.6 元分析结果在文章发表中的呈现

以往发表的元分析研究经常会汇报不同类型的结果，比如有的只汇报加权平均后的相关系数，但是并没有汇报相关系数的方差等。这种情况带来的影响就是以后的学者很难对元分析的结果进行验证并进行二次分析（Oh，2020）。针对这一情况，很多管理学和应用心理学的期刊开始呼吁并要求研究者在汇报元分析结果时遵循一定的标准。比如，美国心理科学学会（American Psychological Association）专门出版了元分析汇报标准（meta-analysis reporting standards，MARS）。[①] 该标准严格规定了一项元分析从标题到结论部分应该汇报哪些具体的内容。

---

① 见http://www.apastyle.org/manual/related/JARS-MARS.pdf。

13.7 常见的元分析工具介绍

在本章的最后一个部分，我们介绍一下元分析常用的分析工具。

13.7.1 付费软件

Windows-Based Meta-Analysis Software Package 是弗兰克·施密特（Frank Schmidt）和他的学生编写的一个统计程序，现在是 2.0 的版本。这个软件包含了所有 Hunter & Schmidt（2004）中涉及的统计分析方法。Roth（2008）曾对这一软件进行了评估，对其结果的准确性和分析的全面性进行了推荐。非常难得的是，这一软件从 2008 年之后售价一直保持在个人版本 150 美元和学院版本 350 美元的水平。感兴趣的读者可以联系 http://www.hunter-schmidt-meta-analysis.com/ 进行购买。

Comprehensive Meta-Analysis（CMA）是基于 Hedges 等人的方法开发的元分析软件。因此，用 CMA 进行分析得出的结果跟施密特的软件得出的结果是有一些差异的。其中 Meta-regression 的模块对于检验元分析中的调节变量非常方便，值得推荐。相比施密特的软件来说，CMA 采用公司模式运营，软件的售卖分不同的对象和版本。高配置的版本允许研究者在分析中包含更多的变量，同时进行更复杂的分析。感兴趣的读者可以参阅其官方网站（https://www.meta-analysis.com/index.php? cart=B338898796）。

13.7.2 免费软件

Stata 和 R 是两种常用的可以进行元分析的软件。Stata 软件本身并不免费，但考虑到很多学校都会订购这一软件，我们将它归为免费软件。有些对统计方法感兴趣的研究人员将自己编写的 Stata 代码与同行分享，其中就包括针对元分析的代码。乔纳森·斯塔尔（Jonathan Sterne）编写的 *Meta-Analysis in Stata: An Updated Collection from the Stata Journal* 一书对这些代码进行了详细介绍。但需要指出的是，这些代码的编写者并没有管理学或者心理学的背景，很多都是医学背景。因此他们的分析方法并不是基于 Hunter & Schmidt（2004）或者 Hedges 等的方法，在组织管理科学的研究中应用较少。感兴趣的读者可以参阅其官方网站（http://www.stata-press.com/data/mais.html）。

R 是近年来比较流行的开放共享型统计分析软件。R 里的软件包都是由来自不同领域的研究者自己编写并与他人共享的。其中有多位研究者都上传了各自的软件包，比如 Dewey（2017）、Viechtbauer（2016）和 Schwarzer（2017）。我们需要首先下载 R 的应用程序，再下载各自的元分析软件包，根据其中的语句要求进行分析。比如，Viechtbauer（2016）编写的 metafor 软件包能够提供本文中提到的大部分分析，并提供了具体的示例和 R 语言的代码。感兴趣的研究者们可以参见这个软件包的网站（https://www.metafor-project.org/doku.php/features）。Cheung（2017）也编写了 MASEM 的 R 软件包，感兴趣的同行可以参阅其文章（https://cran.r-project.org/web/packages/metaSEM/vignettes/metaSEM.pdf）。

13.7.3 学者网站

除软件以外，还有一些元分析的专家根据前文提到的公式编写了可以应用在 SPSS、SAS、Stata 等软件里的编码。比如，*Practical Meta-Analysis* 一书的作者之一威尔逊就在其个人网站上给出了用来计算元分析的代码。安迪·菲尔德（Andy Field）也在其网站（https://www.discoveringstatistics.com/repository/feldgillett/how_to_do_a_meta_analysis.html）上给出了包括估计加权平均效应值、检验调节变量及校正发表偏差在内的 SPSS 代码和 R 代码。Yu et al.（2016）也为他们提出的 FIMASEM 提供了一个服务网站（https://mgmt.shinyapps.io/masem/）。此外，如果有熟悉 Excel 的同行，也可以根据我们在本章提供的公式在 Excel 里自己编写语句，并将分析结果与上述软件的结果进行比对，以此作为自己进行元分析的工具。

13.8 结语

在本章中，我们对元分析的基本用途、原理、方法和分析软件进行了介绍。随着实证研究在组织和管理科学中的快速发展，元分析技术也将得到越来越广泛的应用。我们希望本章的介绍能够帮助对这一方法感兴趣的同行更快地理解和掌握元分析的基本方法，并将这种方法应用到自己的研究中去。元分析本身是一个系统的研究方法，限于篇幅，我们对这一方法的介绍无法做到面面俱到。在此，我们鼓励大家在自己的研究中不断摸索更多的使用元分析的经验并与同行分享，共同推进元分析研究法在中国组织与管理科学中的应用。

思考题

1. 元分析与传统文献综述的主要区别是什么？
2. 元分析在组织管理研究中最常见的应用是什么？
3. 请根据你的研究兴趣，提出一个可以被元分析解答的研究问题，并且考虑应该使用什么样的关键词才能搜索到可能被包含在元分析里的研究。尝试使用这些关键词来搜索文章。针对搜索出来的文章，你会用什么样的标准来决定是否把一篇文章纳入后续的分析？
4. 在编码的过程中，如果一个独立样本中包含了多个关于某一关系的相关系数，应该如何处理？
5. 参见本章线上资源获取文献编码的基础模板，请根据本章中提供的公式来计算如下的统计量：
   （1）样本加权平均相关系数。
   （2）相关系数的方差和标准差。
   （3）平均相关系数的 95% 置信区间。
   （4）抽样误差方差。
   （5）真实相关系数的方差。

（6）校正过测量误差后的样本加权平均相关系数。

（7）校正过测量误差后的相关系数方差。

（8）校正过测量误差后的抽样误差方差。

（9）校正过测量误差后相关系数的样本总体方差。

（10）校正过测量误差后平均相关系数的95%置信区间。

（11）校正过测量误差后平均相关系数的80%信用区间。

（12）测量误差和抽样误差方差占相关系数总体方差的比例。

延伸阅读

Lipsey, M. & Wilson, D.（2001）. *Practical meta-analysis.* Thousand Oaks, CA: Sage.

Schmidt, F. L. & Hunter, J. E.（2015）. *Methods of meta-analysis: Correcting error and bias in research findings.* Thousand Oaks, CA: Sage.

第三部分
管理学研究中的测量和统计

第 14 章

理论构念的测量

梁建　姜嬿　樊景立

> **学习目标**
> 1. 了解测量在组织管理实证研究中的角色和作用
> 2. 充分理解实证研究中理论构念与测量指标的关系
> 3. 掌握评价测量质量的信度和效度等基本概念
> 4. 理解构念测量的一般过程，以及每个阶段的主要任务和关键点
> 5. 充分了解研究情境对构念测量的影响，能够在中国管理研究中恰当地选择或发展测量工具

14.1 测量与组织管理实证研究

组织管理实证研究通常是从提出科学的研究问题开始的。针对某个特定的社会现象，一旦确认现有文献不能完全解释我们的疑惑，我们就可以从中提炼出需要解释的具体科学问题。在此基础上，研究者根据自己对社会现象的观察，遵循严格的逻辑推理，尝试对这一现象提出解释，发展具体的观点或假设。一项实证研究的目的就在于通过制订研究计划去收集和分析相关的信息，检验自己的观点或假设是否可以得到数据的支持。一项实证研究的过程通常包括：① 确定研究问题的内容与性质；② 对所观察的现象进行理论建构（theorizing），并通过变量之间的关系表达出来，提出假设；④ 确定需要的样本类型（如个体、团队或组织）；④ 操纵或测量用于解释的变量——自变量，并控制可能影响结果的、但不属于主要研究兴趣的变量；⑤ 观察结果的变化——因变量的变化；⑥ 通过适当的统计方法来分析数据、检验假设、得出结论。这一过程的主要目的在于把基于个人逻辑推理的抽象命题，转变成一个可以进行量化和验证的研究假设。而通过对变量的测量，研究者可以把一个抽象的概念转化为直观的数字，进而实现对变量之间的关系进行直观的、量化的推断。所以，准确测量相关变量是一项实证研究的核心环节之一，它直接决定着实证研究的质量和研究结论的可靠程度。

Stevens（1968）将测量定义为：研究者根据一定的规则，用量化的方式描述研究对象所具备的某种特征或行为。测量的首要目标就是使测量得到的数值能够准确地反映测量对象的特征，数值与所要测量的特征一一对应。一个最直观的例子就是我们对重量或温度的测量，

在刻度表上总有一个数字与物体的重量或外界的温度是一一对应的。在组织管理研究中，我们对实证研究对象的测量通常有两种方式：实验操纵和问卷。在实验研究或准实验研究中（见本书的第6章和第7章），我们对自变量的测量大多是通过改变被试周边环境的方式而实现的，如改变物理环境（如温度、照明）、角色要求（如工作职责）、情绪状态（如诱导不同的心情）等。而在非实验法的研究（如问卷调查）中，我们对研究对象的测量主要是应用各种形式的量表。相对实验操作中通过对被试周边环境的干预来改变自变量的水平，量表更多依赖的是问卷填答者对测量问题的主观判断。因此，测量的准确性和稳定性对问卷调查至关重要，本章对测量的讨论也就主要集中于问卷调查时的测量质量问题。围绕这一主题，我们将主要讨论三个方面的问题：测量的基本概念和测量质量的评估标准，量表开发的一般步骤，以及中国组织管理研究中的量表开发与使用。

14.2 测量的基本概念和测量质量的评估标准

测量不是实证研究的最终目的，而是研究者考察变量间关系的手段。任何测量都服务于特定的研究目的，我们对研究对象的理解不仅决定了我们需要测量哪些特征，而且也决定了我们应该如何去测量（Pedhazur & Schmelkin, 1991）。在测量中，研究者需要根据对研究对象的理解和认识，用高度抽象的语言去定义、概括所要研究的现象，并把这一定义中涵盖的概念特征进一步操作化（operationalization），使之变成可以量化的测量指标。为了确保测量质量，我们需要在构念操作化过程中思考两个方面的问题：我们选用的测量指标与构念的关系是什么？这些指标能够准确、充分地实现对构念的测量吗？研究者对这两个问题的处理往往直接决定了后续的测量质量。

14.2.1 理论构念（construct）

组织管理研究就是用抽象的构念、以理论的形式把具体管理现象表示出来。实际上，组织管理研究中的每一个概念都是一个构念。虽然构念是一种概念，但它"还有另一层意义，人们创造并使用一个构念是为了科学研究中某个特别的目的"（Kerlinger, 1986: 27）。Nunnally & Bernstein（1994: 85）认为构念是一种变量，"它是抽象的、潜在的，而不是具体的、可观察的"。研究者创造出很多构念，是因为这些构念有助于把组织管理现象概念化。与自然科学的构念（如重力、温度、电磁场、速率等）类似，组织管理研究中也有一些常用的构念，比如组织承诺、工作满意度、组织支持感、领导—成员交换（leader-member exchange, LMX）和组织认同（organizational identification）等。需要注意的是，构念有以下两个主要的特征：

第一，构念是研究者创造出来的，是抽象的、不可直接观察的。虽然我们对受热程度不同的水有不同的冷热感受，但是现实中却没有一个具体的、可直接观察的概念来描述它。为了描述这个现象，科学家创造出了"温度"这个抽象的构念。同样道理，组织管理研究者们创造出"组织承诺"这个构念，用它来描述一个员工与他所在组织的关系。这里要强调，现实世界中是没有一个叫做"组织承诺"的东西的，它是研究者们为了做研究而构造出来的。我们为了发展理论而构造出一些变量，这类特殊的变量就被称作"构念"。也正是因为构念是研究者提出的抽象概念，它就特别容易引起关于其边界和含义的争议。所以，研究者在提出和使用每个构念时，都需要给出清晰明确的定义，界定清楚该构念的边界和性质。

第二，构念是与理论和模型相联系的。如前所述，构念是用于建构理论的。如果没有任何一个理论用"温度"这个构念来解释观察到的现象，那么这个构念就没有什么意义了。我们提出"组织承诺"这个构念，就是因为我们发现一些员工对于他们所在的组织比其他员工有更强的心理依赖感。既然构念是人们创造出来的，就有可能纯粹是研究者幻想出来的东西，而根本没有反映出事物本身的真相。例如，我们都知道声波可以用空气作为媒介进行传播，在这个观点的基础上，物理学家曾提出"以太"（ether）这个构念来表示一种普遍存在于宇宙中的不可见物质，想以此来解释光波和电磁波在太空中是如何传播的。然而，这个构念后来被证明是错误的。现在，我们知道光波和电磁波可以在没有任何传播媒介的真空中传播。于是，理论上就不再需要"以太"这个构念了。从这个角度看，只有当构念被用于一个理论中，可以解释和预测我们观察到的现象时，这个构念才是"有用的"。组织管理研究中也是如此，如果一个管理构念被用于建构一个理论，并且这个理论可以用来解释和预测组织管理现象，那么这个构念对于我们的研究就是有用的；相反，如果解释和预测一个组织管理现象并不需要使用某个构念，那它对于这个特定的理论就是没有用的。

我们举个例子来说明什么是有用的构念。在20世纪80年代中期，阿尔伯特·班杜拉（Albert Bandura）提出了"集体效能感"（collective efficacy）的构念。它最早源于"自我效能感"的构念，是其在团体层面的扩展和延伸，指团体成员对于团体成功完成特定任务或取得特定成就的能力的共同信念（Bandura，1997）。从产生过程看，集体效能感是通过团体互动和集体认知的过程建立起来的，这与自我效能感的形成过程完全不同。并且，集体效能感与个体的自我效能感的低相关性也说明这两个构念在很大程度上是相对独立的。另外，集体效能感这一构念可用于教育、社区、政治、体育、工业与组织行为等领域的研究中，因为它可以解释并预测一些原有构念不能解释和预测的现象。所以我们可以称"集体效能感"为有用的构念。

14.2.2　构念与测量指标（indicator）

实证研究的根本目的在于探究变量间的关系。既然管理构念都是抽象的、不可直接观测的，如果无法用直观的测量方法来表示它们，那么我们就不能够使用这些构念做研究。前面提到关于温度的例子，它本身是一个物理学的抽象构念，可是，即使有了这个构念，如果无法直接观察和测量，我们还是不能进行关于温度的任何研究。于是，科学家又发明了温度计来测量温度。虽然温度（构念）是抽象的、不可直接观测的，但是温度计（测量）上的刻度和数字是客观而具体的。这样，人们就可以用温度计上的读数来代表被测物的温度并研究温度与其他变量之间的关系了。同样的，大多数的管理构念往往都是不可直接观测的，如人格、成就动机、组织结构、核心能力等。因此，我们用"构念"一词来描述、抽象概括这些特质或属性。这些构念不仅是我们对外界现象一种高度精确的概括，而且有助于研究者之间进行有效的沟通交流。研究者根据对这些理论构念的定义和理解，把抽象的概念具体化，找到合适的测量指标，从而对这些构念所代表的社会现象进行科学的描述、解释乃至预测，这就是我们常说的操作化过程。构念与其指标之间的关系可以用图 14-1 表示。如图所示，我们对各种组织管理构念的测量往往不是直接的，而是通过与之相连的外在指标体系加以推论的。根据理论构念与测量指标的内在逻辑关系（Edwards，2011），我们可以应用两种不同的指标测量构念：反映型（或效果型）指标（reflective or effect indicators），以及构成型（或原因型）指标（causal or formative indicator）。这两种指标代表着研究者对理论构念与测量指标关系的不同理解和在测量中不同的操作思路。

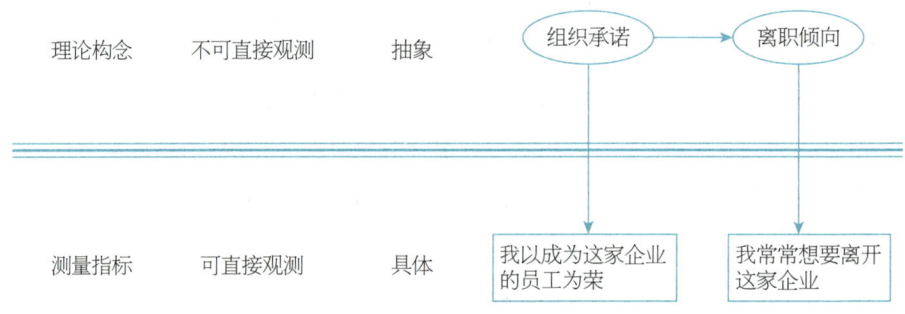

图14-1 理论构念和测量指标的关系：以"组织承诺"为例

反映型指标 在反映型测量模型中，测量指标被认为是构念外在的表现形式。当构念发生变化时，测量指标也随之发生变化。与客观经验主义（empiricism）相一致，反映型测量模型认为理论构念代表了现象界的某种抽象的客观存在（entity），而使用的测量指标则是这种客观存在的外在表现形式。在这类测量中，测量指标是基于理论构念提出的。但是，我们不能混淆"效果"（effect）与"结果"（outcome）。一个构念的结果，是因这个构念而产生的另外一个构念；但反映型指标是利用这个构念的效果，而成为它的测量指标。构念与其反映型指标的本质是一样的，唯一的分别是构念是抽象的概念，而反映型指标是可观测的管理现象。如果员工的高离职倾向（构念 A）是由于他们组织承诺（构念 B）水平较低引起的，那么员工离职倾向就是组织承诺的一个结果。这里的因果关系发生在构念 A 和构念 B 之间，这两个构念都是不可直接观测的。一个反映型指标（如"我常常想要离开这家企业"）和它所代表的构念（离职倾向）之间的关系是可直接观测的指标与不可直接观测的构念之间的关系。所以，反映型指标不是由它们所表示的构念产生的结果。图 14-2 表示的就是这样一种关系。其中：ξ 表示构念，λ 表示测量构念时该指标所占的权重，χ 表示测量指标，δ 表示测量指标的真实值。

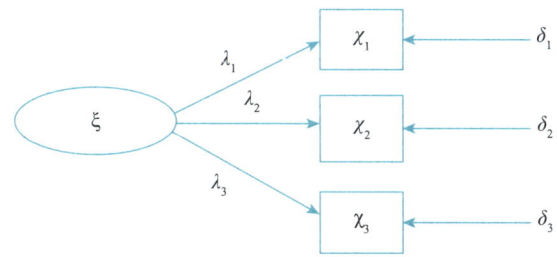

图14-2 反映型指标与构念的关系

资料来源：Edwards（2011）。

在上面的例子中，组织承诺和离职倾向都是不可直接观察的抽象构念。调查中的题目"我以成为这家企业的员工为荣"（得分记为 x_a）和"我常常想要离开这家企业"（得分记为 x_b）则分别是测量两个构念的反映型指标。例如，我们用李克特5级量表测量，员工A的回答也许分别是 $x_a = 3$ 和 $x_b = 5$。但事实上，员工A的组织承诺的真实水平（θ_a）可能是4，离职倾向的真实水平可能也是4。在这里，观测值与真实值之间的差异是由测量的随机误差引起的。这一关系可以用表14-1来表示。

表14-1 古典测量模型中观测值与真实值之间的关系

	A	B	C
	理论构念（不可直接观测的）	反映型指标（可以直接观测的）	误差（不可直接观测的）
	真实值（θ）	观测值（x）	随机误差（ε）
组织承诺	4	3	+1
离职倾向	4	5	−1

在表14-1中，列A和列C中的值都是不可直接观察的，想要通过观测值来估计出真实值和随机误差，研究者首先需要假设它们三者之间的关系。研究者对它们三者关系的假设，我们称为测量模型。最常见的两种模型是古典测量模型（classical measurement model）和同属测量模型（congeneric measurement model），它们对于指标与构念的关系的假设是不同的，因此用来评估指标质量的信度指标的计算也是不一样的。

古典测量模型是传统的测量模型，它假设观测值与真实值之间的差异完全是由测量的随机误差引起的。这里随机误差的意思就是，误差项服从随机正态分布（均值为0，标准差为1）。这时，观测值与真实值之间的关系就可以用式（14-1）的测量模型来表示。

$$x = \theta + \varepsilon \quad \theta = 真实值；x = 观测值；\varepsilon \sim N(0, \sigma) \quad (14-1)$$

古典测量模型假设每个指标都可以同样程度地代表一个构念，是最为简化的测量方式。有了随机误差项的假设，我们就可以通过多次重复测量来减少随机误差，并通过计算多次测量的平均值来估计真实值。在量表设计中，我们使用多个项目（指标）来测量同一构念，以此来实现重复测量的目的。这与我们在实验室测量温度时，需要至少测量三次，记录度数并计算均值是同一原理。另外，在古典测量模型中，随机误差在观测值中所占的比例还决定了一个测量工具的稳定程度，这也是"信度"传统定义的来源，我们到后面的部分再详细介绍。

古典测量模型并不是描述观测值与真实值之间关系的唯一模型。我们也可以假设每个反映型指标不同程度地反映了真实值。换句话说，每个指标在反映真实值时，除了随机误差外，都存在着固定的偏差，一些指标能够更准确地反映构念的真实值。在这样的假设下，我们可以通过同属测量模型来理解构念与指标之间的关系。式（14-2）用数学的方式描述了同属测量模型，让我们可以更直观地理解其与古典测量模型之间的区别。

$$x_1 = \lambda_1 \theta + \varepsilon_1$$
$$x_2 = \lambda_2 \theta + \varepsilon_2 \qquad (14\text{-}2)$$
$$x_3 = \lambda_3 \theta + \varepsilon_3$$

在式（14-2）中，λ_1、λ_2 和 λ_3 表示每个指标在测量构念时的权重（λ 范围为 0—1；1 代表指标完全反映构念的真实值，0 代表指标完全不能反映构念的真实值，权重越高说明这个指标能够越好地代表我们想测量的构念）。因此，我们也可以把古典测量模型视为同属测量模型的简化形式（假设所有 λ 都相同时）。同属测量模型也是结构方程模型中默认的测量模型。

不论是古典测量模型还是同属测量模型，都存在随机误差的部分。通过用多个指标去重复测量一个共同的构念，将有利于减少随机误差，使得测量结果更加稳定可靠。这就是 DeVellis（2017）所说的"有益的重复"（useful redundancy）。同时，古典测量模型与同属测量模型之间也存在一些细微的差异。前者假设每个指标都在测量构念整体，只是各自的测量误差不同，研究者使用的指标都是同质的。后者假设每个指标都只是部分地测量了构念所涵盖的内容，分别测量了构念中不同的部分，第一个指标（x_1）就不能代替第二个指标（x_2）和第三个指标（x_3）。也正因为这个原因，研究者们在使用那些发展成熟的量表（即经过严谨的开发过程得到的量表）时，应尽量保持原有量表的完整性，而不要挑出部分题目来测量要研究的构念。

构成型指标　不同于反映型指标，构成型指标是指测量指标代表了一个理论构念的不同方面，而这些不同的测量指标通过互补整合最终生成某个构念的理论意义（Edwards，2011）。与主观建构主义（constructivism）相一致，构成型测量模型认为各个测量指标通过一定的组合，作为一个整体共同构建了构念的意义。换句话说，不可直接观测的构念是由这些可直接观测的指标引起的。在构成型测量模型中，每个测量指标都只是"不完全地"代表了它们所测量构念的一部分。只有把所有指标一同考虑，才能得到我们所要的理论构念。如果在测量中缺少了某个指标，则我们对构念的理解和测量就是不完整的。图 14-3 说明了这样一种关系。其中：χ 表示测量指标，γ 表示测量指标构成构念的权重，η 表示构念，ζ 表示构念的真实值。

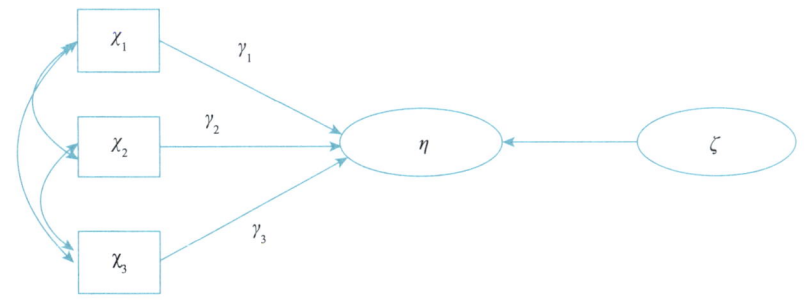

图14-3 构成型指标与构念的关系

资料来源：Edwards（2001）。

一个常见的例子是社会经济地位（social economic status）。这个构念被用来表示一个人的社会阶层、财富或经济地位。MacCallum & Browne（1993）认为一个人的收入和教育水平决定了他的社会经济地位。因此，可以通过这些指标从不同的方面来测量评估一个人的社会经济地位。一个构念与其构成型指标之间的关系可以用式（14-3）表示：

$$\theta = \gamma_1 x_1 + \gamma_2 x_2 + \varepsilon \tag{14-3}$$

上式中，θ 是不可直接观测的构念——社会经济地位，x_1 是个人收入水平；x_2 是教育水平；γ_1 是收入水平（x_1）影响社会经济地位（θ）的权重；γ_2 是教育水平（x_2）影响社会经济地位（θ）的权重；ε 是随机误差。

另一个例子是社会再适应（social readjustment）（Holmes & Rahe，1967）。这个构念是表示当一个人面对生活变化事件带来的压力时所需要做的重新适应。用来测量这个构念的"社会再适应量表"（Social Readjustment Rating Scale，SRRS）一共包括了43个不同权重的生活变化事件，如丧偶、结婚、怀孕、子女离开家庭和退休等。

从这个例子中可以看出，每个指标都是"不完全地""有偏差地"代表了它们所表示的构念。也正是因为这个原因，构成型指标之间可以完全没有关系。以SRRS为例，"丧偶"这一指标与另一个指标"怀孕"可以完全没有关系。当然，一个人可以同时丧偶和怀孕，但两者之间并不存在任何必然关系。另外需要注意的是，构成型指标并不是所测量构念的前因。"因果关系"一般发生在两个不可直接观测的构念之间。例如，如果父母的社会经济地位会影响子女成年后的社会经济地位，那么就可以说父母的社会经济地位（构念A）是子女社会经济地位（构念B）的前因。而构成型指标与它们所测量的构念之间是可直接观测的指标与不可直接观测的构念之间的关系。所以，构成型指标不是构念的前因，它们只是共同表示一个构念而已。

在实证研究中，选择什么类型的指标对构念进行测量是我们在研究中需要考虑的问题。在组织管理研究领域，构成型测量模型并没有被广泛使用。我们现有的用构成型指标测量的构念大多是在社会学、心理学，以及市场研究和战略研究中发展出来的。有的学者认为构成型指标在使用中存在一些问题，如概念含义的模糊性、信度评估方法的局限、对项目测量不存在误差的假设等，可能会影响测量质量（Edwards，2011）。

由以上讨论可见，研究者可以使用两种指标中的一种完成对构念的测量。这两种测量指标描述了构念与其测量指标的不同关系，而与构念本身的性质无关。没有一个理论构念要求必须只能通过两种指标中的一种来进行测量。例如，我们提到的社会经济地位和工作满意度完全可以通过反映型指标来进行测量。由于管理学中的大多数构念都是反映型指标，所以我们随后讨论的测量问题也大多与反映型指标相关。如果读者因某种特殊的研究需要，希望采用构成型指标测量目标构念，我们建议进一步阅读 MacKenzie et al.（2011）、罗胜强和姜嬿（2014）相关章节的详细讨论。

14.2.3 多维构念

我们在构念测量中经常遇到的一个情况是，构念的定义中包含了多个子维度，每个子维度都是一个抽象的概念，这时我们就需要使用多维构念和相应的测量工具了。与单维构念（unidimensional construct）相比，多维构念及其各个维度都是不可直接观测的概念。组织研究中组织承诺（organizational commitment）三维度构念就是这样的一个例子。Meyer et al.（1993：539）提出"员工对组织的承诺有三种形式：出于对组织情感依属的忠诚，出于离开组织所花费成本的考虑而继续留下的忠诚，以及出于责任感或道德约束的忠诚"。组织承诺的这三种形式分别被称为情感承诺（affective commitment）、继续承诺（continuous commitment）和规范承诺（normative commitment）。在验证组织承诺三维度构念的过程中，Meyer et al.（1993）所用题目的数量分别为 6 个、6 个和 5 个。比如，情感承诺量表的一道题目是"这个组织对于我个人有着重大的意义"；继续承诺量表的一道题目是"即使我愿意，现在要离开这个组织也是非常困难的"；规范承诺量表的一道题目是"如果我现在离开这个组织，我会感到很内疚"。在这个例子中，组织承诺是一个不可直接观测的抽象构念，它的三个维度也是不可观测的抽象概念，而只有各维度中用来测量的题目才是具体的、可直接观测的指标。

根据多维构念与其各个维度的关系，Law et al.（1998）提出了三种类型的多维构念。

第一类多维构念是潜因子型多维构念（latent multidimensional constructs，LMC）。在这类构念中，各个维度都是同一个构念的不同表现。在数学上，LMC 可以表示为各个维度背后的一个潜因子（或共同因子）。LMC 的一个经典例子就是一般智力能力（general mental ability，GMA）。查尔斯·斯皮尔曼（Charles Spearman）在 1927 年提出智力二因素理论（two-factor theory of intelligence）时，就是把 GMA 描述成众多智力类型（如语文能力、数量计算能力、记忆和推理能力等）背后的一个共同因素。管理学中常用的组织公民行为（organizational citizenship behavior，OCB）也是一个这样的例子。Organ（1988：4）把 OCB 定义为"由员工自发进行的，在组织正式的薪酬体系中不会得到明确的或直接的回报，但就整体而言有益于组织运作的功能和效率的个体行为总和"。基于这一定义，Organ（1988）提出了五个维度的组织公民行为：① 利他行为（altruism），指自愿地帮助组织中的其他同事解决一些工作中的问题；② 勤勉正直（conscientiousness），指在工作中表现出超出组织对自己的最低要求的行为；③ 公民道德（civic virtue），指表现出对组织的深切关心，自愿将组织的问题视为自己的问题，主动参与组织相关的事务；④ 谦恭有礼（courtesy），指自愿地采取行动，以避免与组织中其他同事发生冲突；⑤ 运动员精神（sportsmanship），指当组织面临不理想的状况时，自愿地接受和服从，而没有抱怨。如果 OCB 是一个 LMC，那么 OCB 与其五个维度之间的关系就应该是：

$$利他行为 = \omega_1 \times OCB + \delta_1$$

$$勤勉正直 = \omega_2 \times OCB + \delta_2$$

$$公民道德 = \omega_3 \times OCB + \delta_3$$

$$谦恭有礼 = \omega_4 \times OCB + \delta_4$$

$$运动员精神 = \omega_5 \times OCB + \delta_5$$

其中，ω 是权重，δ 是误差。如果用因子分析的术语来说，OCB 就可以定义为其五个维度的共同性（commonality）。需要注意的是，这些维度本身也是不可直接观测的抽象构念。为了测量这些抽象的维度，我们还需要为每个维度设定一些可直接观测的指标。例如，可以用 3 个题目来测量"利他行为"：

$$x_1 = \lambda_1 \times 利他行为 + \varepsilon_1 \ (x_1：他经常化解同事间的矛盾)$$

$$x_2 = \lambda_2 \times 利他行为 + \varepsilon_2 \ (x_2：他愿意替代因病请假的同事工作)$$

$$x_3 = \lambda_3 \times 利他行为 + \varepsilon_3 \ (x_3：他乐意帮助同事解决工作上的问题)$$

对潜因子型多维构念 OCB 的测量包括两个步骤：第一步是用 OCB 各维度的指标分别对五个维度做出估计；第二步才是估计五个维度背后的潜因子，也叫二阶潜因子（second-order factor）。当然，我们是否需要用二阶潜因子对构念进行估计，取决于研究者如何定义这个构念，以及是否对子维度层面的变量有兴趣。如果研究者把一个构念定义为单维构念，或者即使有维度区分，但研究者仅对多维构念整体有兴趣，也可以直接基于所有指标背后的共同因子来进行估计。用以上两种方法估计的结果是差异不大的。

第二类多维构念是合并型多维构念（aggregate multidimensional construct，AMC）。如果说 LMC 的各维度是同一个多维构念的不同表现，那么 AMC 的各个维度就是多维构念的不同组成部分。AMC 可以定义为其各个维度的函数。AMC 的一个经典例子是工作满意度，Locke（1969）和 Lawler（1983）都曾把工作满意度定义为对工资、工作本身、直接上级、晋升和同事等各方面满意度的简单总和，即等权重的线性组合。

另一个 AMC 的典型例子是工作特征模型。Hackman & Oldham（1976）提出，有五个核心因素会影响一份工作对工作者的激励性，分别是技能多样性、工作完整性、工作重要性、自主性和工作反馈。Hackman & Oldham（1976）还明确为一份工作的激励潜能分数（motivation potential score，MPS）定义了计算方式：

$$MPS = \frac{技能多样能 + 工作完整性 + 工作重要性}{3} \times 自主性 \times 工作反馈$$

在这个例子中，一份工作的激励潜能是其五个维度的非线性组合。与前面 OCB 作为潜因子型多维构念的定义相比较，不难看出两种类型构念的差异：在合并模型（aggregate model）

中，多维构念是各个维度按某种方式组合的产物或结果；而在潜因子模型中，多维构念是其各个维度产生的根源。必须指出的是，这一部分我们讨论的是"潜因子型多维构念与合并型多维构念"的问题，与前面讨论的"反映型指标与构成型指标"有些相似，但却是不同的问题。潜因子型多维构念与合并型多维构念是指多维构念与其维度之间的关系；反映型指标与构成型指标则是指抽象构念与具体的可观测指标之间的关系。图14-4比较了潜因子型多维构念与合并型多维构念中维度与构念的关系。

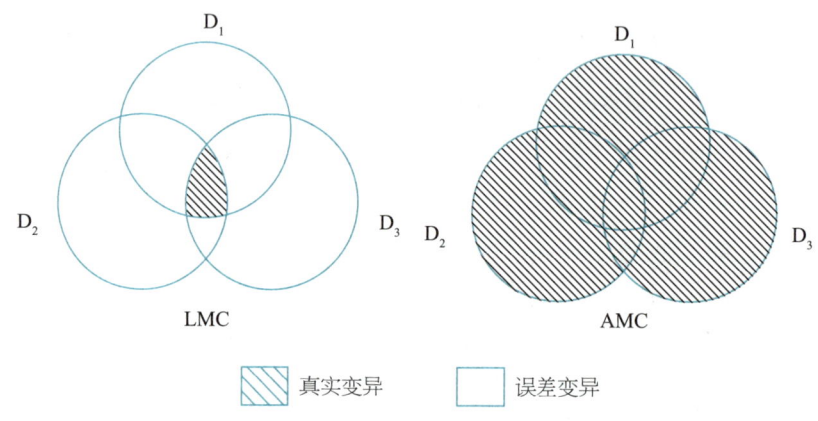

图14-4　潜因子型多维构念与合并型多维构念中维度与构念的关系

注：D_1、D_2和D_3表示多维构念的各维度。

第三类多维构念是组合型多维构念（profile multidimensional constructs，PMC）。这类多维构念既不能用潜因子模型来定义，也不能用合并模型来定义，需要同时用几个维度来描述。例如，Tsui et al.（1997）提出了组织中可能存在四种类型的雇佣关系。这四种雇佣关系是由两个维度相互交叉组成的。这两个维度分别是企业对员工"提供的诱因"（provided inducements）和企业对员工"期望的贡献"（expected contributions）。前者是指雇主为了引导和激励员工表现所做出的努力，比如为员工提供好的培训机会、职业发展咨询、就业保障等。后者是指雇主期待员工做出的表现，比如绩效目标的实现、工作质量的标准等。如果我们在每个变量中分出两个等级，"员工—组织关系"这个构念就可以被定义成一个二维的构念，两个维度分别是"提供的诱因"和"期望的贡献"。这样，员工—组织关系就可以分为四种类型：①"提供的诱因"和"期望的贡献"都高时，叫作"相互投资型"（mutual investment）；②"提供的诱因"和"期望的贡献"都低时，叫作"准现货合同型"（quasi-spot-contract）；③"提供的诱因"高、"期望的贡献"低时，叫作"过分投资型"（overinvestment）；④"提供的诱因"低、"期望的贡献"高时，叫作"投资不足型"（underinvestment）。如果一位研究者假设员工在"相互投资型"关系的组织中的绩效较高，在"准现货合同型"关系的组织中绩效较低，那我们首先需要知道以什么标准来划分一个组织类型的。很清楚，如果"提供的诱因"和"期望的贡献"两个维度都在起作用，我们就不能只用一个潜因子来代表"员工—组织关系"这个构念；如果把"提供的诱因"和"期望的贡献"两个维度合并起来代表这一构念，也不合适。实际上，这个构念最好的表示方法就是用由两个维度组成的四种组合表示，如图14-5所示。

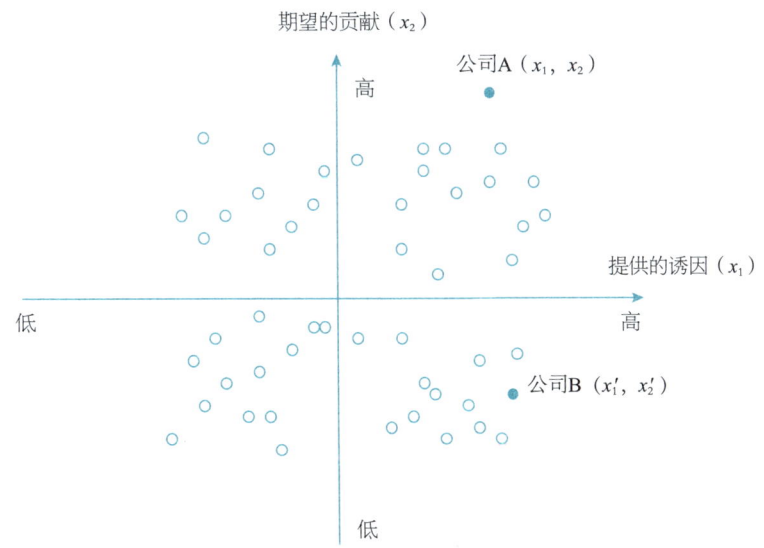

图14-5 组合型多维构念图示：以员工—组织关系为例

在上图中，每个点代表一家公司，公司 A 的 x_1（提供的诱因）和 x_2（期望的贡献）都较高，也就是公司为员工提供了较多的诱因，同时也期望员工有较高的贡献。所以，综合这家公司在两个维度上的得分，我们可以把这家公司的员工—组织关系归类为相互投资型。在研究中，我们除了希望知道一家公司的员工—组织关系属于哪一类，还需要量化它在这一类中的典型程度，以进行进一步的数据分析。有关具体的分析和计算方法，有兴趣的读者可以进一步参考 Law & Wong（1999）和 Wong et al.（2008）中的讨论。

综上所述，以上三类多维构念基本概括了目前管理学中使用的大多数多维构念类型。关于几种多维构念详细的估计和使用方法，读者可以参考罗胜强和姜嬿（2014）书中相关章节的详细介绍。我们建议如果研究者提出的假设中包含了一个多维构念，为了使这个假设逻辑清晰并且可检验，研究者首先需要定义多维构念本身与其各维度之间的关系。否则，研究者将无法得到关于该构念与相关构念理论网络中其他构念的科学结论。

14.2.4　测量工具的评估：效度与信度

实证研究的关键环节在于应用各种指标对所感兴趣的理论构念进行测量。一个低质量的测量工具会直接导致研究者得出错误的结论。因此，研究者必须对发展或使用的量表进行评价，以确保它能够稳定地、准确地反映所要研究的对象。总的来说，我们对于量表最重要的要求有两个：首先，这个量表能够准确反映我们希望它测量的构念；其次，这个量表是稳定可靠的。前者被称为效度，后者被称为信度。效度和信度与测量工具的误差有关：系统误差会降低测量工具的效度，而随机误差则会同时降低测量工具的效度和信度。下面我们简单介绍一些常用的评估测量工具效度与信度的指标，有兴趣的读者还可以参考心理测量学中的相关内容，以获得更全面的了解。

14.2.4.1 效度

理论构念与其测量结果（即分数）之间的一致程度称为效度（Schwab，1980）。为了评估测量工具的效度，我们可以通过几种不同的效度指标对测量工具进行评估。

① 内容效度（content validity）

内容效度是指测量内容在多大程度上反映或代表了研究者所要测量的构念（Haynes et al., 1995）。就测量的内容效度而言，三种情况特别值得我们关注：一是遗漏了一些反映构念内容的测量指标；二是包含了一些与构念内容无关的测量指标；三是测量指标的分配不能反映构念中不同成分的重要性（Haynes et al., 1995）。只有对一个构念的测量准确地涵盖了它的关键特征，我们才认为所进行的测量是具备内容效度的。为了开发出具有内容效度的测量问卷，研究者必须依循一定的理论架构，选择能够完整涵盖研究范围的测量指标。在目前的实践中，研究者可以通过定性或定量的方法去评价一个测量的内容效度。详细过程请见后面的量表开发部分的讨论。

② 结构效度（structure validity）

测量工具的结构效度是指用测量工具所得到的数据是否与我们预期的构念的理论结构相一致。所谓结构，指一个构念是一维还是多维，包含哪些维度，哪些指标测量哪些维度等。对于单维构念，我们必须确认被试在所有测量指标上的回应反映了同一个理论构念，即测量指标的单一维度性（uni-dimensionality）（Gerbing & Anderson, 1988），这时得出的观测值才有意义。对于多维构念，我们需要检验数据观测值所体现的结构是否与该构念的理论结构相一致。

因子分析是检验结构效度的重要工具，其中包括探索性因子分析（exploratory factor analysis，EFA）和验证性因子分析（confirmatory factor analysis，CFA）。当研究者对一个测量的内部结构缺乏清楚的理论预期，或者在开发量表的初期，研究者还无法确切判断测量指标能否代表所测量的理论构念，就可以采用探索性因子分析探索构念内部可能的结构：让一组被试回答所有指标的问题，将其得分进行因子分析，再由得到的因子负荷（factor loading）值来探索维度结构。如果测量同一维度或成分的各个指标能够聚合在一起，其因子负荷值通常较高（通常需要高于0.4），同时在其他维度或成分上的因子负荷值越低，就表示该测量的内部结构越清楚。

当研究者对构念内部的结构及其与指标的关系有了清楚的预期，或是在使用成熟量表时，就应该使用验证性因子分析。相对于探索性因子分析，验证性因子分析具有两个明显的功能：第一，验证性因子分析程序强调研究者对测量模型的限定，就测量中包括的构念数目以及构念与测量指标的关系进行非常清楚的界定；第二，验证性因子分析程序是在控制测量误差的情况下，观察测量指标得分与假设理论测量模型之间的契合程度（model fit）。如果假设的理论模型与抽样测量的数据得到很好的契合，我们就认为量表的结构效度得到了支持。因此，验证性因子分析是一种带有假设检验性质、检验测量质量的统计方法。而在探索性因子分析中，构念数目以及构念与测量指标之间的关系往往需要借用一些统计量加以主观判断。在组织管理研究中，研究者一般不会在使用问卷时对构念与题目之间的关系一无所知，所以如果不是在发展新测量指标或是在一个新情境进行测量，我们应该选择验证性因子分析检验测量结构，而不是选用具有探索性的分析方法（Podsakof et al., 2003）。

近年来，数据的嵌套性受到组织管理研究者的普遍关注。在嵌套数据结构里，观测值出现了相互关联的问题，从而违反了数据之间的独立性假设（independence assumption）。在这种情况下采用传统的统计分析（如验证性因子分析）会导致估计的偏差增大以及统计效力的下降（Kenny & Judd, 1986）。如果存在数据的嵌套性问题，研究者在检验测量结构时，就需要应用多层次验证性因子分析（multilevel confirmatory factor analysis，MCFA）程序。多层次验证性因子分析程序旨在通过同时在低层次和高层次对数据结构进行估计，从而得出准确和无偏的参数估计（Dyer et al., 2005）。该方法分为五个步骤：第一步，对数据进行传统的验证性因子分析，不考虑数据的复杂嵌套结构。第二步，估计变量在高层次的变异。通过对测量题目的变异来源进行分析，判断是否适合进行多层次验证性因子分析。如果第二步发现变异确实有一部分来自高层次，则第三步和第四步将把这些变量的变异分层进行验证性因子分析。第一步到第四步均是在提供一些基础性的信息，以及检验当前模型是否适合进行多层次验证性因子分析。第五步则是对模型进行正式的多层次验证性因子分析，即在一个模型中将潜变量在不同层次上进行区分，并且采用多层次分析方法对各层的因子负荷值等进行同时估计。举一个例子，Li et al.（2017）检验团队建言对团队生产率和团队安全绩效的影响。他们假设促进性团队建言（表达改善团队工作的新想法和建议）有利于促进团队创新，从而提高团队生产率，而抑制性团队建言（针对影响组织效率的各种工作实践、事件或员工行为表达自己的观点）有利于强化团队监督，从而提高团队安全绩效。为了检验这样的假设，他们必须首先表明促进性团队建言和抑制性团队建言是两个从测量上可以区分的变量，然后检验它们对生产率和安全绩效的不同影响。由于建言既具有团队特征（由领导方式、团队互动等因素造成），也具有个体特征（由个体经历、性格特征等因素造成），作者就采用了多层次验证性因子分析，在控制个体层次促进性和抑制性团队建言的区别基础上，检验了团队层次两个概念之间的区分程度。现有的一些统计软件（如 Mplus）均可实现这样的统计分析。有关探索性和验证性因子分析的介绍本书在后面的章节中有进一步的介绍。

③ 基于该构念与其他构念之间关系的效度

为了检验一个测量工具的效度，我们除了直接判断它的测量内容、检验它的测量结构是否与理论符合，还可以通过检验它的观测值与其他有关变量的关系是否与理论关系相一致来检验该工具是否能反映出目标构念的真实变异量。

效标效度（criteria validity）也称为效标关联效度。它的测量方法是，找一个理论上能够被待检验的测量工具测量的构念 A 预测的另一个构念 B 作为效标，用可靠的测量工具来测量 B。通过检验两个测量工具观察值的关系是否与理论关系相符，为 A 的效度提供证据。背后的逻辑很简单，A 与 B 在理论上高度相关，那么我们只有看到两者的观察值也如预期一样高度相关，才能够说明测量工具是有效的。

逻辑关系网（nomological network）的方法也能够为发展测量工具的过程提供丰富的效度信息。在量表开发过程中，通过逻辑分析和文献回顾，我们可以对变量间的关系做出符合理论预期的假设，构建变量间的逻辑关系网络。如果观测数据得出的研究结果与假设一致，就意味着使用新开发的量表可以得到预期的结果,从效果上说明这一测量具备构念效度。可以看出,逻辑关系网络的建立侧重于从变量间的因果联系中推论一个量表的构念效度高低,而非单纯地评价测量指标的质量。

在量表开发过程中,研究者大多通过提供这方面的证据来支持其量表的构念效度。如在开发组织公民行为量表时,研究者将个性特征、工作满意度、组织公平感等作为前因变量,将组织绩效作为检验量表质量的结果变量(Organ et al.,2006)。Law et al.(2003)用学生的生活无助感、员工的任务绩效、工作奉献(job dedication)和人际促进(interpersonal facilitation)来检验情绪智力(emotional intelligence)在不同环境中的作用。在这些例子中,研究者通过构建变量间逻辑关系网络的方式,用成熟的构念及其测量去检验新量表(如组织公民行为和情绪智力)的构念效度。

聚合效度(convergent validity)和区分效度(discriminant validity)这两个概念在研究中常常被误用。这两个概念是 Campbell & Fiske(1959)提出的。在这篇文章中,为了进一步了解观察值的变异量中到底有多少来自所测量的特质,有多少来自测量方法本身,作者提出用"多质多法"(multi-traits multi-methods,MTMM)来检验构念测量工具效度。用不同的方法(例如,自评或同伴评分,问卷或二手资料)同时测量两个或以上不同的特质,由多种特质、多种测量方法得到的相关矩阵,就构成了 MTMM 矩阵。

聚合效度是指在使用不同方式测量同一构念时,由于反映同一构念,所得到的测量分数之间具有高度相关性。例如,在评价员工职业能力时,无论使用笔试还是口试的测量方式,所得到的分数应该高度一致。而区分效度则是指在应用不同的方法测量不同构念时,所得到的测量分数之间具有的可区分性。也就是说,当我们用不同的方法去测量两个不同的构念(如焦虑和内向)时,它们之间的相关性不应该高于用不同方法测量同一特质时得到的分数之间的相关性。在得到聚合效度和区分效度的证据后,就可以推断我们在测量中得到的分数主要来自构念本身,而不是由于测量方式本身带来的变异。

如上所述,通过 MTMM 矩阵的方式推断测量效度,需要研究者从多种来源,通过多个方式收集数据。一个例子就是 Law et al.(2003)开发的情绪智力量表。为了说明他们开发的量表测量的是一个人的情绪智力,而不是某种个性特质,他们分别使用了学生样本和员工样本检验量表的聚合效度和区分效度。在使用学生样本时,他们采用了两种测量方式(学生自评和家长评价),同时测量了六种特质(情绪智力和"大五人格"①)。表 14-2 是测量后得到的 MTMM 矩阵。在表 14-2 中,在细线三角形内的数字表示了由不同特质—相同方法(heterotrait-monomethod)得到的相关系数,这些相关系数有助于我们估计共同测量方法对测量结果的影响。粗体的数字表示了相同特质—不同方法(monotrait-heteromethod)得到的相关系数。在这个例子中,我们发现学生自评与家长评价的情绪智力相关系数为 0.28,不是太高,但仍达到了统计上的显著性水平,可以说明该测量具有一定的聚合效度。在粗线三角形内带下划线的数字则表示了由不同特质—不同方法(heterotrait-heteromethod)得到的相关系数。我们可以发现,这些相关系数均低于 0.28,从而为其量表的区分效度提供了证据。

---

① "大五人格"指神经质、外倾性、开放性、宜人性、责任心五种人格类型。

表14-2 MTMM矩阵

	平均值	标准值	学生自评						家长评价					
			情绪智力	神经质	外倾性	开放性	宜人性	责任心	情绪智力	神经质	外倾性	开放性	宜人性	责任心
学生自评														
情绪智力	3.60	0.46	(0.78)											
神经质	3.67	0.93	−0.39	(0.77)										
外倾性	4.74	0.94	0.15	−0.08	(0.80)									
开放性	4.93	0.95	3.30	−0.12	0.45	(0.82)								
宜人性	5.21	0.74	0.26	−0.36	0.29	0.14	(0.83)							
责任心	5.04	0.77	0.55	−0.46	0.10	0.27	0.47	(0.86)						
家长评价														
情绪智力	3.57	0.45	**0.28**	−0.12	0.00	0.01	0.02	0.22	(0.81)					
神经质	3.56	0.98	−0.18	**0.34**	0.04	−0.02	−0.18	−0.20	−0.30	(0.79)				
外倾性	4.65	1.04	0.06	−0.02	**0.37**	0.21	0.02	−0.02	0.00	0.08	(0.83)			
开放性	4.28	1.10	0.15	−0.04	0.14	**0.32**	−0.10	0.08	0.15	0.08	0.55	(0.85)		
宜人性	5.34	0.88	0.07	−0.14	0.01	−0.02	**0.20**	0.14	0.16	−0.16	0.28	0.09	(0.85)	
责任心	5.13	0.95	0.17	−0.11	−0.13	−0.02	0.05	**0.34**	0.42	−0.21	0.11	0.24	0.58	(0.90)

资料来源：Law et al., 2003。

MTMM 矩阵充分反映了组织管理领域实证研究强调推论证据、多来源数据相互验证（triangulation）的思想。

14.2.4.2 信度

一个测量除了要在内容结构上符合概念定义和理论预期，还必须能够稳定地、精确地测量我们感兴趣的构念。如果一个测量在使用过程容易受到各种随机因素的干扰，测量分数必然是不稳定的、不可靠的。在测量中，我们用"信度"来评价测量结果的一致性、稳定性及可靠性。美国心理科学学会把信度定义为"测量结果免受误差影响的程度"（American Psychological Association，1985：19）。依据这一定义，信度被理解为一个理论构念的真实分数（true score）在观测分数中所占的比例。在古典测量模型中，随机误差（random error）决定了测量的"信度"。这些误差都是随机误差，在每一个项目的测量中，随机误差都可能大于 0 或小于 0。测量中的随机误差越大，观测值与真实值之间的差距越大，所得到的测量结果也就越容易出现随机波动，测量的信度也就越低。

虽然信度的定义很明确，但由于研究者无法直接获得一个构念的真实值及其测量误差，也就不能基于定义来直接进行计算信度。但是，研究者可以通过各种间接推断测量误差的方式实现对信度系数的估计。

① 复本信度（parallel-form reliability）

第一种方式是同时开发两个内容等效、但题目不完全相同的平行测量（parallel forms）量表。两个平行测量需要满足一些条件：测量相同的构念；能够反映相同的真实分数；有相同的平均值；有相同的方差；有相同的正态分布随机误差。当满足这些条件时，两个观测值之间的相关，就等价于一个测量与其自身的相关，因此能够反映出信度。用公式表示，即 $r_{xx} = r_{x1x2}$，这里 r_{xx} 表示测量的信度，r_{x1x2} 表示两个观测值之间的相关系数。我们在这里不做数学的详细推导，有兴趣的读者可以尝试自己推导了解原理。

这种方法需要研究者发展两套量表，而被试也需要更多的时间和精力去完成测量。实施起来有一定的困难。所以，这种方式大多应用在教育学领域，在组织管理领域中并不常见。

② 再测信度（test-retest reliability）

第二种计算信度系数的方式是在两个不同的时间点，使用同一个量表，对同一组被试进行施测，两次测量所得结果的相关系数就是再测信度。两次测量结果的相关性越高，反映了不同时间点的测量效果越一致，也就是该测量的稳定性越高。再测信度的原理与复本信度是完全一样的，只是前面的平行测量在这里就是在不同时间点进行的同一个同一个测量。我们仍可以用 $r_{xx} = r_{x1x2}$ 表示，这里 r_{xx} 表示测量的信度，r_{x1x2} 表示两个时间点观测值之间的相关系数。

现在组织管理研究更加注重因果关系推论的严谨程度，因此我们在研究设计中往往需要考虑变量的时间维度（Sonnentag，2012；温忠麟，2017）。这时，评价这些指标在时间维度上的稳定性就成为估计测量误差的一个必要程序。但重测信度经常会受到一些干扰，例如由于两次测量的间隔时间过短，被试在第二次测量时回答了和第一次测量时相同的答案，从而可能产生被高估的信度系数。或者间隔时间过长导致了所测量的变量内容发生了变化，因而产生被低估的信度系数。根据变量的性质进行恰当的研究设计是准确估计重测信度的关键环节之一。

③ 分半信度（split-half reliability）与内部一致性信度（internal consistence reliability）

除了利用平行测量，学者也尝试把一个测量拆成等效的两半来实现同样的估计信度的目的，得到的信度系数被称为分半信度，即把一个测量的问题平均分为数目相等的两半（如奇数题组和偶数题组），各自独立计分，然后计算这两组题目得分的相关性，由此推断测量的信度系数，这是基于选择题型的一种信度计算方法。另一种是针对非选择题型（如答对计 1 分，答错计 0 分的二元计分法）的信度计算方法，得到的信度叫作库李信度（Kuder-Richardson reliability）。在式（14-4）中，ρ 是指库李信度，μ 是指由样本得出的平均值，σ^2 是指由样本得出的方差，K 是指问题的数量。由于这种非对即错的二元计分法丧失了很多变量信息，这种计算信度的方式近年来很少出现在组织管理研究中。有需要的读者可以参见 Saupe（1961），以进一步了解这种方法。

$$\rho = \frac{K}{K-1}\left[1 - \frac{\mu(K-\mu)}{K\sigma^2}\right] \qquad (14\text{-}4)$$

在组织管理研究中，目前最常用的信度评价是针对李克特量表开发的克朗巴哈系数（Cronbach's α）（Cronbach，1951）。它的主要思路是应用多个指标对目标构念进行重复测量，以方差分析的方式，从整体测量得分中区分出由构念本身造成的共同变异量（between-subject variance，视为一个测量的真实值）和由被试个体差异造成的变异量（within-subject variance，视为测量过程的各种随机误差），以此来计算该测量的信度系数。由于这个系数也反映了一个量表内部的项目在测量值上的一致程度，也被称作内部一致性系数。计算方法如式（14-5）所示。

$$\alpha = \frac{k}{k-1}\left[1 - \frac{\sum \sigma_i^2}{\sum \sigma_i^2 + 2(\sum \sigma_{ij})}\right] \qquad (14\text{-}5)$$

在这个公式中，$\sum \sigma_i^2$ 代表测量指标 i 的变异量，$\sum \sigma_{ij}$ 代表测量指标 i 与 j 的共同变异量，k 代表测量所包含的指标数。当这些指标完全不相关时，它们的共同变异量为零，测量分数的变异完全来自外界各种无关因素，测量的信度为零；测量指标间相关性越高，它们的共同变异量越大，测量的信度也越高。在测量应用中，我们一般引用 Nunnally（1978）的标准，认为克朗巴哈系数达到 0.7 即可，但这实际上是一种误读（Lance et al.，2006）。Nunnally（1978）强调信度要求应该与一个测量的使用目的相一致：在研究初期，由于测量的目的只是为了检验理论构念测量的可行性，出于节省时间和精力的考虑，测量信度达到 0.7 即可；在一般的基础研究或具有应用性质的研究中，信度要求应该达到 0.8；而当我们把测量分数用于重要的决策时，信度应该高于 0.9，以尽量控制测量误差对研究结论的影响。测量中的随机误差会减弱变量之间的相关性、增大参数估计时的标准误（standard error），从而影响研究者在推断变量间因果关系时的结论。因此，我们在研究中不应该以 Nunnally（1978）强调的、适用于探索性研究中的 0.7 作为衡量信度系数的最低标准，而应该尽最大可能去控制测量过程的各种误差，以提高测量的信度系数。在测量中，随着项目或指标数目的增加，误差的均值将会越来越小。因此，采用多个指标来测量一个构念可以增加该测量的信度。

在强调内部一致性信度系数临界值（reliability cutoff）的同时，我们应该注意内部一致性系数也不是越高越好。在发展一个测量时，研究者应该注意平衡内部一致性和内容完整性之间的关系。这一问题经常被比喻为"准确性"（accuracy）和"音宽"（bandwidth）之间的关系。当一个测量的内部一致性系数过高时，可能会削弱测量的内容效度（Clark & Watson, 1995）。这是因为过高的内部一致性系数不仅来自测量误差的减少，还可能来自测量指标之间在内容上的简单重复。因此，过高的内部一致性系数可能意味着研究者在发展测量时并没有充分地选取内容样本。这种情况常见于有些研究者为了获得较为理想的内部一致性系数，而删除很多在内容上符合概念定义的测量指标。这种以牺牲测量内容完整性为代价来提高内部一致性的做法是不可接受的。当无法获得理想的内部一致性系数时，研究者应该首先检查测量指标的内容是否清楚、数量是否足够等。如果这些检查无法奏效，很有可能意味着研究者对构念内容的概念分析存在缺陷。这时应该仔细梳理构念的内部结构，进一步考虑针对异质性的指标重新发展测量题目。如果确有必要，可以考虑将原有的单维测量发展成多维测量。这样，我们就可以实现通过提高测量的精准度，而不是通过舍弃测量内容完整性来提高信度系数。

④ 组合信度（composite reliability）与平方差析出量（average variance extracted）

前面讲的内部一致性信度是最常用的信度系数，它基于古典测量模型的模型假设，即每一个指标都能够"无偏"地测量构念的真实值，所以才需要它们尽可能一致。但在同属测量模型的假设中，每一个指标可以测量构念的不同部分，这时我们就不能再用指标间的一致程度来估计信度了。根据同属测量模型，假设我们用三个项目测量 t，那么我们有 x_1、x_2 和 x_3 与 t 的关系如下：

$$x_1 = \lambda_1 t + \varepsilon_1$$
$$x_2 = \lambda_2 t + \varepsilon_2$$
$$x_3 = \lambda_3 t + \varepsilon_3$$

也可以用一个式子表示为：

$$x_k = \lambda_k t + \varepsilon_k$$

根据信度的定义，我们需要知道观测值 x 的方差和真实值 t 的方差，为了得到两个方差，我们做如下的推导：

$$\sum_k x_k = t \sum_k \lambda_k + \sum_k \varepsilon_k$$
$$\mathrm{Var}\left(\sum_k x_k\right) = \mathrm{Var}\left(t \sum_k \lambda_k\right) + \mathrm{Var}\left(\sum_k \varepsilon_k\right)$$

$$\text{Var}\left(\sum_k x_k\right) = \left(\sum_k \lambda_k\right)^2 \text{Var}(t) + \text{Var}\left(\sum_k \varepsilon_k\right)$$

假设我们设定潜变量 t 的方差为 1，即 $\text{Var}(t) = 1$，并且各指标的随机误差之间彼此独立不相关，那么我们就有：

$$\text{Var}\left(\sum_k x_k\right) = \left(\sum_k \lambda k\right)^2 + \sum_k \text{Var}(\varepsilon_k)$$

根据定义，信度是真实值的方差与观测值方差的比值，因此有：

$$r_{xx} = \frac{\left(\sum_k \lambda_k\right)^2}{\left(\sum_k \lambda_k\right)^2 + \sum_k \text{Var}(\varepsilon_k)} \quad (14\text{-}6)$$

得到的这个信度系数我们称为组合信度。

除了上面的方法，我们也可以先求每一个测量项目的方差，再对它们加总。基于此种逻辑，Fornell & Larcker（1981）提出了平均抽取变异量（average variance extracted）的方法。

$$x_k = \lambda_k t + \varepsilon_k$$

$$\text{Var}(x_k) = \lambda_k^2 \text{Var}(t) + \text{Var}(\varepsilon_k)$$

如果 $\text{Var}(t) = 1$，那么：

$$\sum_k \text{Var}(x_k) = \sum_k \lambda_k^2 + \sum_k \text{Var}(\varepsilon_k)$$

根据信度的定义，有平均抽取变异量的公式：

$$r_{xx} = \frac{\sum_k \lambda_k^2}{\sum_k \lambda_k^2 + \sum_k \text{Var}(\varepsilon_k)} \quad (14\text{-}7)$$

在计算平均抽取变异量之前，我们需要将观察的测量与其他相关测量一起进行验证性因子分析。在式（14-7）中，分子是各个测量指标在其对应潜变量上的因子权重平方之和，而分母则是因子权重平方之和加上相对应的随机测量误差。从公式中可以看出，抽取变异量代表的是由潜变量解释各个测量指标观测变异量的大小。抽取变异量越大，则随机测量误差越小，测量指标越能代表潜变量。Fornell & Larcker（1981）建议抽取变异量一般不能低于0.5，否则该测量的聚合效度就应该受到质疑。在计算抽取变异量的基础上，Fornell & Larcker（1981）提出可以观测该潜变量与其他变量的相关系数（剔除测量误差以后的相关系数，即 LISREL 结果中报告的 phi 矩阵）来推断该测量与其他测量之间的区分度。如果平均抽取变异量大于各个潜变量之间相关的平方，则证明我们对于该变量的测量可以与其他测量很好地区分。

问卷研究中，在检验变量间关系之前，我们希望看到这些变量在测量上是符合我们理论预期的，被试可以区分同一问卷中包括的不同测验。很多组织管理研究就采用了这种方法来报告变量测量的质量（如 Wang et al., 2005; Liang et al., 2012）。本书第 15 章对结构方程模型进行了详细的讨论，有兴趣的读者可进一步阅读。

14.3 量表开发的一般步骤

如前所述，由于组织管理研究中构念的特殊性，一个测量的效度和信度无法通过直接观测得出，而是基于对测量结果的推论而得出的。为此，研究者需要通过一系列的操作步骤去逐步推断一个测量的效度和信度。这一过程称为测量工具的验证（validation），其中得到的支持证据越多，我们就越能保证目标构念得到了恰当的测量。下面我们就逐一讨论测量的开发步骤，以及每一步骤中应该注意的关键事项。

14.3.1 构念说明（construct explication）

开发一个测量的首要任务是准确地定义所要测量的目标构念，明确这一构念在现象界的核心特征。一个好的构念说明应该准确地阐明构念的理论边界，既明确测量中应该包括的内容，也应该与相关的构念有所区分，明确需要将哪些内容排除在外。这是我们开发出高质量量表的前提条件。对于一个构念，只有当其他研究者都能够了解并同意它包含的内容时，我们才能推断其构念效度，并进一步讨论这一构念的研究发现带来的管理学意义。但是不少研究者在发展测量时往往忽略构念说明的重要性，他们以为提出变量的名字就已经做出了定义（MacKenzie et al., 2011）。如何才能发展出一个准确而充分的构念说明呢？

从语言方面的要求看，一个好的定义必须精确简练，不能使用晦涩难懂、带有歧义甚至带有比喻等修辞手法的语言。同时，一个好的定义不能使用"类似""相近"一类的词作为构念定义的一部分。除了这些语言方面的要求外，我们认为一个好的定义还应该具备以下四个方面的特征：

第一，清晰地界定目标构念的性质。在定义一个构念时，我们需要明确该构念对应的社会现象。例如，需要测量的理论构念究竟是一种客观的组织特征，还是人们对这种特征的主观感知。很多时候正是因为我们还没有充分理解构念的性质，就开始选择测量指标，才造成语义上的混乱，导致测量结果与目标构念之间的不一致（Schwab, 1980）。为此，MacKenzie et al.（2011）建议在开发量表前，研究者需要说明所测量构念属于下列哪种性质：想法（如认知、价值观、行为意图等）、感情（如态度、情绪等）、感知（如公平感、组织支持感等）、行为（如组织公民行为、领导行为等）、结果（如工作效果、组织绩效等）或是固有的特质（如能力、个性/组织特征、个体差异等）。这些界定有助于我们明确测量目标的性质，从而选择合适的语义表达，准确地测量目标构念。

第二，准确地说明所测量构念的理论边界，明确哪些内容应该包括在目标构念中，哪些内容又应该排除在目标构念之外。一个好的定义不能过于宽泛，也不能过于狭隘。当一个定义包含了无关因素，可能会"污染"发展出的测量时，它就过于宽泛；但如果剔除了应该包含的因素，可能会使发展出的测量有"缺陷"时，它就过于狭隘。例如，在组织承诺和组织认同的理论基础上，我们可以提出一个叫作"组织关系"（organizational relationship）的新构念，来概括一个员工与所在组织的整体关系。因为它的含义非常宽泛和概括，这个新构念也许会有很高的预测能力，能够解释很多组织现象。但是，它最大的局限在于不精确和很难进行精确测量。"组织关系"是什么意思呢？我们讨论的具体是哪种关系？它可能包括员工与组织之间正式的合约关系，也可能包括那些没有写在纸上的心理契约。"员工与组织的关系"指的是员工和同事的关系，还是员工与主管的关系？员工的工资、职位、投入度、满意度、升迁的机会等，都可以算作员工与组织的关系。"组织关系"的含义中可能还包括了一些已有的构念，如组织支持感、组织—成员交换、组织承诺、组织认同、忠诚和离职倾向等。这样看来，组织关系不是一个好的管理构念，因为我们很难使用这个构念来发展一个精确的管理理论来解释组织现象。为了避免这种情况，我们需要在开发量表之前，充分地理解目标构念的核心特征，详细地区分目标构念与现有的相近构念。这种努力能够有效地说明目标构念的特殊性，使该构念易于被其他研究者接受和采用，也为后续的构念效度检验奠定基础。

第三，清楚地界定理论构念的层次。构念的层次是指我们在描述管理现象时基于的研究对象，也是我们希望得出研究结论的层次。例如，如果研究的目的在于了解员工组织公平感对其离职倾向的影响，我们感兴趣的构念就在个体层次，那么相应的测量就应该反映个体对组织公平的认知和判断；但如果我们关心的是团队公平气氛的作用时，我们感兴趣的构念就处于团队层次，这时的测量必须能够反映该团队内所有成员对组织公平的评价。在测量中，我们需要用"我们认为……"这样的句式来说明测量的指向对象，反映构念的层次（Chan,1998）。在一致性的证据支持下，将每个员工的评分进行整合，最终形成与构念层次相匹配的测量分数。由此可见，我们对构念的定义和说明决定了测量的层次，以及收集和分析研究数据的方式（Klein et al.，1994）。

第四，在构念说明时，我们需要确认它应包含的核心特征。核心特征是将一个构念和其他构念进行区分的重要标准，也会影响后续选择相应的测量指标。如果我们可以通过可观测的、同质性的测量指标完成对目标构念的测量，所发展出的测量就是单一维度（unidimensional）的。如果所研究的构念比较复杂，无法在单一维度下实现这种操作，我们就需要在测量中使用多维构念。在明确构念内部结构的基础上，说明与目标构念逻辑相关的前因变量与结果变量。如前所述，组织管理研究中的很多构念大多是研究者根据一定的社会现象经过理论抽象而成，它们并不存在一个可以让我们直接进行测量的客观实体。所以，我们对一个测量构念效度的考察主要依据其测量分数与其他变量之间的关系进行推断。为了更好服务于这一目的，我们应该在发展构念时就界定说明目标构念与其他构念间的因果关系。这是构成研究假设、推断测量构念效度的一个必要步骤。一个经典的例子就是 Organ（1988）对 OCB 的定义。Organ（1988：4）首先把 OCB 定义为"一种自愿性质的个人行为。组织内的正式奖励机制虽并没有正式地或直接地认可这种行为，但这种行为在整合后可以促进企业整体的有效运作"。在这一定义的基础上，Organ（1988）进一步阐明 OCB 作为一种亲社会行为（pro-social behavior），在日常工作中有五种常见表现形式：勤勉正直、利他行为、运动员精神、谦恭有礼和公民道德。在这个例子中，Organ（1988）清楚地说明了 OCB 是一种个体具体的工作行为，它区别于一般的绩效概念。同时它是多维度的，有多种表现形式。就整体效果而言，它对企业运作绩效有积极作用。这样的构念说明清楚地定义了 OCB 的理论边界，为开发与之相应的量表奠定了很好的基础。

14.3.2　确定测量题目（item generation）

确定了构念的边界后，以此为基础，我们就可以进行具体操作了。一般而言，我们可以遵循两种不同的思路开发测量题目，即演绎法（deductive approach）和归纳法（inductive approach）。

在使用演绎法时，研究者基于整合已有的文献给出清晰的构念说明，确认测量指标应该涵盖的范围。由此，研究者基于自己对构念的理解发展或改编现有量表的题目就可以实现对构念的操作化。因此，这是一种"由上而下"的测量开发模式（Hinkin，1998），研究者的主要任务是根据现有的文献，确立目标概念的理论边界，以此为基础发展出与之相匹配的测量题目。

在使用归纳法时，通常现有的文献并不能支持研究者完全厘清目标构念的内部结构，以及在将构念操作化时所需的关键测量指标。在这种情况下，研究者需要通过定性方法去了解构念的结构，确定测量指标。因而，这是一种"由下而上"的测量开发模式（Hinkin，1998），研究者需要通过各种方法收集关于构念内容的描述，广泛地征求符合这些定义的例子，在此基础上再进行筛选、分类，进而发展出初步的测量题目。相对于演绎法，研究者在使用归纳法发展测量题目时需要付出更多的精力。但由于发展的测量题目直接来自被调查者，所以测量本身往往具有较高的表面效度（face validity），因而有利于发展适合中国管理情境的量表，近年来受到了很多关注。

一般而言，利用归纳法开发测量题目需要经过六个步骤：① 根据研究问题的性质，选择代表性样本，收集原始素材。研究者可以借助五种途径来收集信息，即关键事件（critical incident）、焦点小组面谈（focus group interview）、个人面谈（personal interview）、开放式问卷（open-ended survey）和二手资料（secondary data）。在收集材料时，为了指导被调查者准确地提供有用的信息，研究者需要清楚地定义研究问题。如有可能，研究者还可以向他们提供几个例子，以此来约束和引导被调查者，使得收集的信息符合研究者的需要。② 分析原始信息，删除不符合要求的描述，将同类的描述进行合并整理。在这一阶段，研究者应该仔细分析每一条描述，确保收集的这些信息能够准确地描述自己的研究问题。由于被调查者往往并不能完全了解研究者的需求，因而他们提供的信息不能不经过检验直接进入下一阶段的分析。如果这一阶段不能及时删除无关的内容，我们对构念的操作化很有可能出现偏差，导致最后发展出的测量题目受到污染。③ 确定编码分类原则，根据一定的语义标准将整理后的描述进行归类，在概括性说明的基础上，对分类的一致性进行检验，以控制内容分析过程中的主观性。④ 根据分类结果，以及其代表性特征，确定构念描述的内在结构维度。⑤ 为每个维度进行定义说明。需要注意的是，在这一阶段中，我们不能直接从被调查者提供的信息中发展测量项目。因为这样的题目往往来源于某一具体的情境，不具有普遍的适用性。研究者需要有效地整合相关信息，发展出具有较高抽象水平的代表性描述。⑥在确定分类系统的客观性后，在维度定义说明的基础上，发展与之匹配的测量题目。以上六个步骤及每个步骤的关键问题如图 14-6 所示。

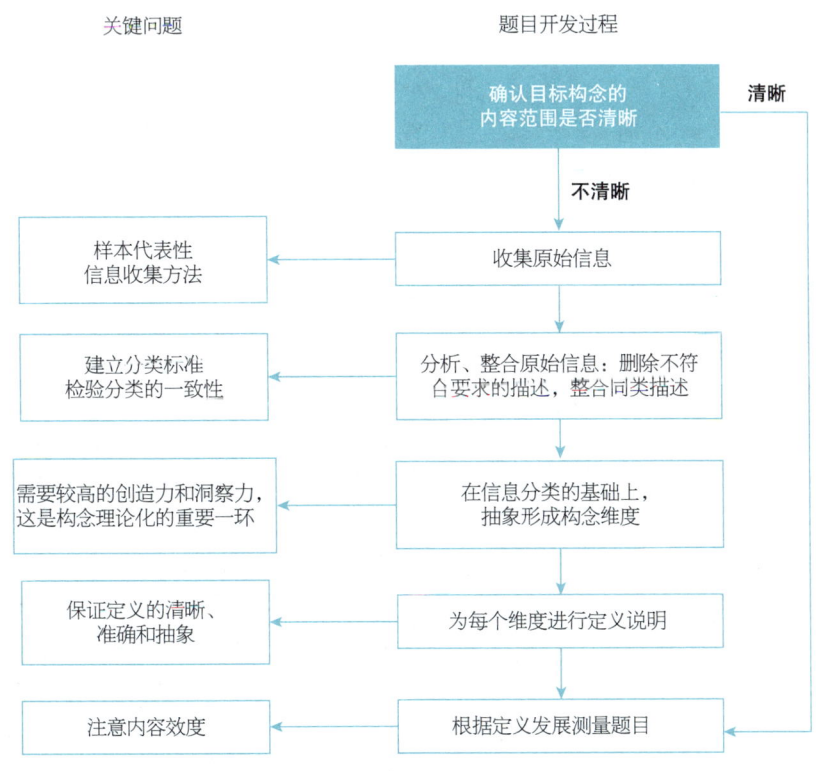

图14-6　开发测量题目的步骤

注：第二步与第三步已作合并处理。

需要强调的是，无论是演绎法还是归纳法，都可以帮助研究者开发出高质量的量表。研究者可以根据对研究现象的了解程度选择合适的方法。为了进一步说明这两种量表开发思路在实际中的应用，我们在表 14-3 整理了《美国管理学会学报》（*Academy of Management Journal*）近年来发表的代表性测量，对其开发步骤进行了分析，供各位读者借鉴。从表 14-3 中可以看出，研究者在开发测量题目时大多结合使用了两种方法：一是通过访谈等定性方法收集与研究问题相关的事件（incident）；二是基于以往的相关研究，自行开发测量题目。这样的做法既保证了测量的内容效度，同时也提高了测量在应用时的表面效度，值得我们学习借鉴。

表14-3　测验题目开发范例

构念	提出者	年份	构念定义	测量题目的开发过程	方法
矛盾性领导行为（paradoxical leader behavior）	Zhang等	2015	矛盾性领导行为是指为了应对工作场所中有冲突的工作任务，领导所表现出的有矛盾但相关的行为	• 明确构念的边界后，阅读现有关于领导行为测量的文献 • 对28名被试进行了访谈，搜集了86个相关事件 • 整合以上两个来源，得到了26个题目。由3名组织行为学专家评价其清晰程度、内容效度和完整性，并最终达成一致 • 通过探索性因素分析和验证性因子分析，最终得到26个题目	归纳法和演绎法
促进性和抑制性建言（promotive and prohibitive voice）	Liang等	2012	促进性建言是为提高企业效率而提出新观点和新方法；抑制性建言指的是组织中的阻碍变革的问题提出预防性的观点和措施	• 经过阅读文献，收集整理了12个促进性建言的题目和16个抑制性建言的题目 • 通过整理以往定性材料，收集了38个促进性建言题目和18个抑制性建言的题目 • 消除内容重复的题目，并请10名博士研究生评价题目与建言定义的匹配程度，最终留下12个代表性题目 • 经过239人的样本分析，删去了质量不合格的题目，最终保留10题	归纳法和演绎法
产品开发和探索（product exploitation and exploration）	Voss等	2008	产品开发是指基于现有的产品能力进行彻底性的变革；产品探索是指对现有的产品能力进行适销或适当改进	• 对24名某领域的专家进行小组访谈，讨论在该领域内的创新，开发和冒险尝试，了解产品开发和探索在该领域的具体表现形式 • 根据专家反馈和构念的定义，作者设计最初的题目，并请4名管理者评价其清晰程度、内容效度和完整性 • 在管理者反馈的基础上，最终确定了6个题目	归纳法
高绩效人力资源管理实践（high-performance HRM practices）	Sun等	2007	高绩效人力资源管理系统是一系列能够共同影响公司绩效的人力资源实践，反映了一个组织在管理雇佣关系方面的战略选择	• 确定人力资源实践的范围 • 经过阅读文献，搜集整理了高绩效人力资源实践的相关条目，构建了原始的指标（item pool） • 通过对人力资源经理进行采访保证条目的相关性，并由这些经理提供人力资源管理实践的条目 • 通过预调研，进行探索性因子分析和验证性因子分析，最终保留27个题目	归纳法和演绎法
工作角色绩效（work-role performance）	Griffin等	2007	工作角色绩效包括以工作内容为主的业务熟练程度、对不确定环境的适应度和主动性	• 收集整理现有的量表，发展测量题目 • 基于研究者的理解，根据构念定义自行设计题目 • 整合以上两个来源，得到了40个题目以测量9维度的工作角色绩效模型 • 进行预测试，通过探索性因子分析，排除不合格的题目，最终形成27个题目	演绎法

(续表)

构念	提出者	年份	构念定义	测量题目的开发过程	方法
基于承诺的人力资源管理实践（commitment-based HRM practices）	Collin和Smith	2006	建立在共同、长期组织一员工交换关系基础之上的人力资源管理实践	·整理以往文献，研究者从前人研究中找出了相关的题目，并进行了修改 ·3名人力资源经理对上述题目的适用性进行了评估，产生了16个题目，3个维度 ·通过因子分析和信度分析，最终保留了这16个题目	演绎法
创造力自我效能（creative self-efficacy）	Tierney和Farmer	2002	个体对拥有创造能力的一种信念	·通过回顾文献，建立了初步的问题集 ·46名工作在各部门的被试检测了问题的清晰程度，将题目减少到13个 ·233名员工回答了这13个题目，通过探索性因子分析最终留下3个题目	演绎法
社会破坏（social undermining）	Duffy等	2002	妨碍他人建立和维持积极的人际关系，取得工作上的成功和良好名声的行为	·从相关文献中得到初步的测量题目；修改和调整这些题目，使得题目符合工作场所中的社会破坏行为 ·通过焦点小组面谈，要求被试列出反映在工作场所中消极社会行为的例子。研究团队挑选出与定义相一致的例子，并加以修改 ·结合两项来源，共得到72个题目。通过探索性因子分析和验证性因子分析，最终保留了26个题目	归纳法和演绎法
工作嵌入（job embeddedness）	Mitchell等	2001	阻止个体离开现在工作岗位的各种因素	·根据构念定义，选择采用一些客观指标评估工作嵌入程度，如婚姻状况、孩子数量、住房的所有权、工作年限等 ·传统的态度测量表经修改后得到题目 ·作者们对访谈进行讨论，阐明其构成成分并形成新的题目 ·通过在两家杂货商店和一家医院进行访谈，设计适合定义的题目 ·通过预调研，对题目进行检验，最终包括6个维度，40个题目	归纳法和演绎法

无论采用哪种开发思路，研究者在这一阶段的目的是发展出足够多的测量指标，使得它们足以涵盖构念的理论边界。为了达到这一目的，Clark & Watson（1995）推荐了开发测量题目的两条指导原则：① 这个阶段发展的测量指标库涵盖的范围应该比目标构念更广；② 在没有充分把握时，测量指标库可以包含一些最后被证明是无关紧要的，或者甚至与目标构念不太相关的内容。Clark & Watson（1995）之所以提出这两条原则，是因为如果研究者无法在这个阶段发展出充分体现理论构念的测量题目，任何随后的基于心理测量学的定量分析都于事无补。而那些无关的测量指标，却可以通过后续的定量分析方法加以删除。所以在发展测量题目时，充分捕捉构念内涵是我们应该坚持的首要原则。

14.3.3 量表检验与修订

在发展出测量指标库后，研究者的任务是对这些指标进行基于心理测量学的评价，以删除容易引起误解、影响测量质量的题目，最终得到高效度和信度的量表。

14.3.3.1 效度检验中的一般性问题

一般而言，三种情况会影响一个测量问卷的效度：研究者的操作性定义包含了本来不属于构念定义的内容，目标构念的内容没有在测量内容中被充分反映，以及测量问卷缺乏信度。为了便于理解，我们通过图14-7来表示这些影响因素与构念效度之间的关系。

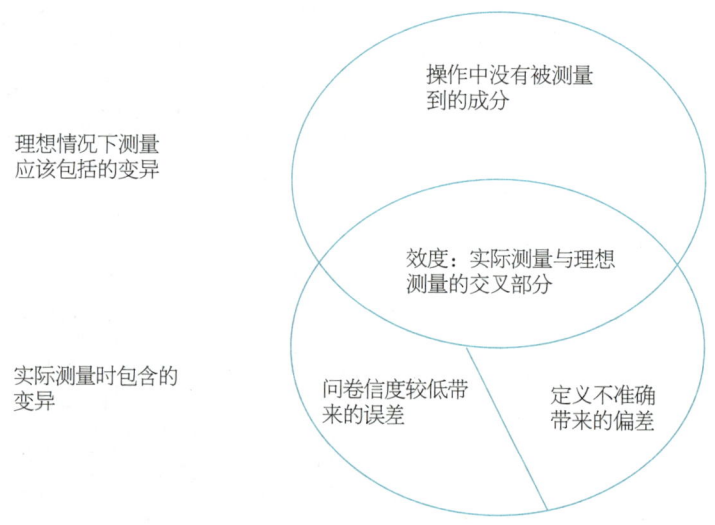

图14-7　测量的构念效度及其影响因素

在图14-7中，上面圆圈包含的区域表示一个测量在应用到某个样本时，准确测量目标构念时应该得到的变异量，也就是目标构念在现象界表现出的客观差异。下面圆圈包含的区域则表示在实际测量中观察值的变异量。一个测量的效度就取决于两者交叉的共同部分。两者交叉部分越大，就意味着一个测量越能捕捉到它想要测量的理论构念，其效度就越高。而当一个测量没有完整包含构念应该测量的成分时（即圆圈交叉的上面部分），我们称它没有充分地反映理论构念、在测量内容上是有"缺陷"（deficiency）的。例如我们发现中国背景下的

OCB 概念包含了注重人际和谐的成分，而这个成分在西方开发出的测量中是观察不到的。这时如果我们在中国样本中使用了西方的量表，其测量分数由于没有包含人际和谐的成分而无法充分反映 OCB 这个构念在中国组织中应该包含的内容（请参见 Farh et al.，1997；Farh et al.，2004）。

除了测量不充分的问题，实际测量分数还有可能因操作不当而受到"污染"（contamination）。测量分数受到"污染"一般有两种可能：①测量中的随机性误差变异（random error variance）。一个测量分数包含的随机误差成分越大，测量结果的稳定性也就越差，该测量的信度就越低（14.2.4 部分对信度有较为详细的讨论）。②测量内容包含了除目标构念外的其他系统性变异（systematic variance）。这一部分变异主要是由于研究者对理论构念的界定不精确，在测量中加入了与其定义不符的其他内容，Mowday & Steer（1979）的组织承诺（organizational commitment）量表就是这样的一个例子。在开发这一量表时，研究者设计的测量内容包含了三个成分：接受组织目标和价值观，愿意为组织的发展努力工作，希望保留组织成员的身份。其中第三项成分与我们常用的离职倾向（turnover intention）高度相关。这样，在测量组织承诺时，就同时包含了离职倾向的内容，造成了测量上的混淆，以及推断变量间关系时的模糊。意识到这一问题后，现在研究者在应用组织承诺量表时一般会将这一部分内容排除在外。

根据上面的讨论，我们可以得出提高测量效度的三条基本原则：第一，充分了解研究现象，准确地定义由现象抽象出的理论构念，使测量内容最大可能地包括理论构念中的所有成分。第二，清晰界定理论构念的边界，发展出清楚的测量指标，避免把其他不属于该构念的一些相关指标纳入测量范围；第三，最大可能地控制各种随机因素对测量结果的影响，如测量时的物理环境、被试的心情等。

14.3.3.2 内容效度的检验方法

基于上述讨论，在量表检验的过程中，我们首先要评价的就是测量指标的内容效度。内容效度的评价可以采用定性或定量方法。定性评价的方法是指邀请一组相关领域专家就特定构念的测量是否符合他们对此构念的认识和该构念的定义范围进行主观判断。例如，Organ et al（2006）曾就内容效度评价了 Van Dyne & LePine（1998）开发的建言行为量表。Van Dyne & LePine（1998）将建言行为定义为"即使有时遭到其他人的反对，员工也为变革提出创新性建议，或者为现行程序提出修改意见"，并据此发展了 6 道题目来测量这一构念。Organ et al.（2006）认为 Van Dyne & LePine（1998）发展的题目过于宽泛，已经超出构念定义的边界。例如，有的题目（如"该同事参与影响科室工作生活质量的事务""该同事提出并鼓励其他人参与到影响团队的事务中"）泛指员工参与与团队有关的各种事务，但是这种参与可能仅限于参加相关会议、积极听取并实施大家的想法，并不一定通过提建议的方式实现。有的题目（如"我很清楚自己的建议在那些问题上可能对生活有帮助"）则过于强调行动的结果，而不是仅仅提建议。基于这种判断，Organ et al.2006）认为即使 Van Dyne & LePine

（1998）发展的量表符合心理测量学的相关要求，也应该对其测量内容进行修订。Organ et al.（2006）的分析为我们树立了一个评价内容效度的范例。

除了定性方法，研究者也尝试讨论了如何从定量的角度检验一个测量的内容效度。两种简单易行的方法值得推荐：第一种方法是直接评价测量题目与构念定义的匹配程度（Schriesheim & Hinkin，1990）。在这一方法中，研究者让一组评价者阅读构念的定义和测量题目，并逐一判断测量题目是否反映了构念定义。如果一个测量指标能够在所要测量的构念上得分超过60%，就可以认为它具有良好的内容效度。由此，研究者可以判断哪些测量指标比较清楚地反映了所要测量的构念，应该予以保留；哪些指标没有反映所要测量的构念，应该予以删除。这种方法简单且容易操作，评价者仅仅需要从语言认知的角度判断构念定义和测量指标间的匹配关系，并不需要特殊的专业知识，大学生群体即可胜任评价工作。第二种方法是通过评价测量题目区分度的方法实现对内容效度的定量评估（Hinkin & Tracey，1999）。与第一种方法类似，这种方法同样只需要评价者在李克特量表上评价构念与测量指标的匹配程度。但是这种方法的基本假设是，一个指标在目标构念的得分应该显著地高于它在其他相关构念上的得分。如果它在所要测量的构念上的得分显著地高于在其他构念上的得分，就证明这个测量指标是有内容效度的。因此，这种方法需要同时包括多个构念，根据某个测量指标在这些构念上的得分，应用方差分析比较其在多个构念上的得分来判断它的内容效度。可见，与第一种方法的主观评价不同（60%作为临界值），这种方法对某一测量指标的内容效度进行了具有假设检验性质的判断。值得指出的是，这些定量分析方法只能从测量指标库找出那些缺乏内容效度的指标，并不能识别已有测量指标在内容上的缺陷。因此，在评价内容效度的时候，我们不应过分依赖这些定量的方法。

14.3.3.3　结构效度的检验

经过内容效度评估的指标就可以继续进行结构效度的检验。我们前面介绍了几种检验因子结构的工具：探索性因子分析、验证性因子分析、多层次验证性因子分析等。读者需要理解各种工具的原理和目的，以便在合适的阶段合理使用它们。一般来说，探索性因子分析适合在测量开发的初期使用，帮助研究者识别可能的结构以及不清晰的条目。由于探索性因子分析本身的探索性质，它不能够直接提供结构效度的证据。但通过探索性因子分析，我们可以发现不能充分反映理论构念的指标（因子负荷值非常低），或者测量指标语义模糊、存在多种可能解释的指标（如出现负的因子负荷值，或者最大的负荷值没有落在所测量的因子上等）。根据这些信息，研究者可以确认一个测量的内部结构，明确哪些指标应该被剔除，哪些维度上应该增加指标等。在剔除了不合格的测量指标后，研究者需要重新收集数据，进行验证性因子分析程序以进一步确认测量的内部结构。

当我们对构念内部的结构及其与指标的关系有了清楚的预期时，我们可以进一步使用验证性因子分析来检验结构效度。如果预期的构念结构与抽样测量的数据匹配度较高，我们就认为量表的结构效度得到了支持。如果测量具有嵌套结构，则应该考虑使用多层次验证性因子分析。

在结构效度检验阶段，对于因子负荷值达不到要求的项目，我们需要细致地讨论分析每一个指标因子负荷值出现异常的原因，而不能直接删去。如果是字词歧义的原因，可以修改字词让意思表达更加清楚。这个过程中需要把所有删改的过程记录下来作为参考。

14.3.3.4 构念效度的评估

除了结构效度，量表开发者还需要通过新量表与其他相关构念的关系检验量表的构念效度（如效标效度、逻辑关系网、区分效度、聚合效度等）。研究者并不一定要完成以上所有效度的检验，而是需要根据目标构念的性质和目前文献发展的程度来选择合适的构念效度指标。例如，一个构念在既有文献中已经被测量过，并有一些概念上相近的构念，那就需要通过 MTMM 来检验新工具与它们之间的区分效度和聚合效度。如果研究者是为某个领域的一个新构念开发量表，过去没有被测量过，就不需要进行 MTMM 检验了。在检验构念效度的过程中，如果新量表无法达到要求（如观测到的关系与已有的理论关系不符），仍然需要讨论后进行修订再重复进行检验。

14.3.3.5 信度检验

我们前面介绍过，由于信度无法根据定义直接计算，我们可以用不同形式的信度来反映测量工具的稳定程度。但需要注意的是，每一种信度所反映的工具稳定性的方面是不同的，也适用于不同类型的测量工具。比如，再测信度反映量表在不同时间点的稳定程度，但不适用于有练习效应的测试，比如能力测试。复本信度则需要首先检验两份量表确实是完全相互对应的才可以操作。分半信度和内部一致性信度关注的都是量表内部的一致性，也就是所有题目背后是否反映的是同一构念，因此就不适用于构成型指标。另外，对于多维构念，一般应对每个维度分别检验内部一致性信度。只有对潜因子模型多维构念，才可以检验所有题目的内部一致性程度。以上只是一些例子，如果读者清楚理解了每种信度的内涵，就可以在研究中灵活处理，应用自己认为更加合理的指标。

综上，研究者在开发量表的过程中并不一定要提供以上所有证据，而需要根据构念的性质和理论基础选择合适的信度效度指标，尽可能充分地对量表进行检验。另外，由于每一次的预测试都不能使用同样的样本，而且每一次结果都需要经过几名研究者共同讨论决定修订方案，所以量表开发的过程可能要持续很长时间。计划开发新量表的研究者，需要对时间和工作量有一个合理的预期。

14.4 中国组织管理研究中的量表开发与使用

除了以上讨论的一般性测量问题，中国学者在应用量表时大多还会面临两个问题：第一，我们是需要自行开发新量表，还是翻译、修改国外研究中已经使用的量表？第二，我们测量的构念及其表现形式是具有跨文化的普遍适用性，还是受到了中国管理情境的特殊影响，因此需要在测量内容中考虑与情境有关的因素？很显然，针对这两个问题的回答，将直接影响研究者对量表的选择和使用。据此，Farh et al.（2006）将中国组织管理研究中量表开发取向分成四种（见表14–4）：翻译取向（translation approach），这种思路强调文化适用性的原则，将国外的量表直接翻译成中文；修改取向（adaptation approach），是指在翻译国外量表的过程中，修改其中不适合中国情境的部分，以使它们能够与我们研究的背景相统一；去情境化取向（de-contextualization approach），这种思路强调在中国组织管理研究中发展出能广泛适用于各种文化情境下的量表；情境化取向（contextualization approach），这种思路强调开发能够准确反映、描述中国管理情境特殊性的量表。

表14–4 中国组织管理研究中量表开发的四种取向

量表来源	对文化特殊性的预期	
	文化适用性	文化特殊性
使用或修改已有量表	翻译取向	修改取向
发展新量表	去情境化取向	情境化取向

资料来源：Farh et al.（2006）。

以上四种取向均在中国组织管理研究中发挥了很大的作用（梁建等，2017）。根据它们的使用情况，表14–5中列出了这四种取向的关键假设、优点，以及局限。我们下面就这四种取向进行逐一探讨，以便读者能够根据自己研究问题，选择合适的使用思路，高质量地完成对目标构念的测量。

表14–5 中国组织管理研究中四种量表开发取向的关键假设、优点和局限

量表开发取向	关键假设	优点	局限
翻译取向	・目标构念的定义、测量内容及测量采用的指标在不同的文化背景下是相同的 ・所翻译的国外量表是高质量的，并且没有文化偏差	・节省时间和成本 ・可以直接就研究结果进行跨文化比较	・翻译时很难实现测量在语义上的对等性 ・很难在国外文献中找到完全没有文化偏差的量表
修改取向	・目标构念的定义和测量内容在不同的文化背景下是相同的 ・所翻译的国外量表是高质量的	・相对而言，省时省力 ・比较容易地就研究结果进行跨文化沟通	・很难进行跨文化的比较和研究 ・修改过大的量表将变成一个新工具，要求重新验证它在中国情境中的效度
去情境化取向	・所测量的构念适用于多种文化背景，或者文化背景对其影响不大 ・缺乏一个心理测量指标良好的量表	・能够开发出广泛适用的量表 ・比较容易地就研究结果进行跨文化沟通	・需要较长的开发时间和较高的成本 ・测量指标需要有较高的抽象水平，限制了所包含的文化环境的特殊性
情境化取向	・所测量的构念与文化环境密不可分 ・缺乏一个心理测量指标良好的量表	・能够开发出高度适合中国情境的量表 ・能够开发出直接应用于且适合中国组织管理研究的知识	・需要较长的开发时间和较高的成本 ・开发出的量表有地域的局限性 ・很难进行跨文化比较和沟通

14.4.1 翻译取向

翻译取向是指将国外研究者开发、使用的量表直接翻译成中文，将其应用于中国情境中。由于这些量表在开发时并没有考虑在中国情境下的适用性问题，翻译取向需要两个假设作为前提条件：① 所测量的理论构念在不同文化背景下是对等的，至少在研究的实施地（中国）和量表来源地是对等的。构念的对等性（construct equivalence）有不同的表述方式。我们强调的主要是构念的定义、测量的内容以及测量采用的具体指标在不同文化背景下是相同的。② 我们翻译的量表须是经过严格程序开发的，已有证据支持它在不同文化背景（特别是中国背景）下的构念效度。在满足了以上两点假设后，我们通过翻译使用具有较高效度的量表，不仅可以省去量表开发所需的时间、精力和资源，而且相同的测量工具保障了研究结果在不同情境下的可比较性，有利于促进普遍性管理学知识（universal management knowledge）（Tsui，2004）的积累和发展。但由于国内和国外的深层差异可能会体现在双方语言的差异上，研究者在翻译国外的量表时可能会遇到很多困难。如果没有恰当地解决这些问题，研究结论的可靠程度有可能会受到影响。

首先，由于文化差异，有时我们很难实现两种语言间恰当的翻译。现在普遍应用的翻译方式是首先将量表翻译成中文，然后由其他对测量内容不熟悉的人将中文翻译成起初的语言（Brislin，1980），这被称为"翻译—回译法"。但是在翻译过程中，由于要考虑测量内容需要被再次翻译的问题，研究者在第一阶段的翻译往往过分拘泥于字面的意思，而较少关注翻译得是否恰当。例如：

原文：With the last hours of the afternoon went her hopes, her courage and her strength.

译文 1：随着那天最后的几个小时过去，一起消失了她的希望、勇气和力量。

译文 2：她的希望、勇气和力量都随着那天下午的最后几个小时一起消失了。

在这个例子中，与译文 2 相比，译文 1 严格地按照英文单词次序来翻译，但是这些翻译并不符合汉语表达习惯，致使句子不通顺。导致这一问题的原因在于，中文语法一般遵循着"主语 + 谓语 + 宾语（表语）"的语序，而英文的语序有着更加灵活的变化，在感叹句、疑问句、否定句、强调句当中，英文可以出现语句倒装。因此，过多地顾及翻译后的中文能否被重新翻译成原来的英文，会导致研究者机械地根据英文的语言习惯进行翻译，而不太敢根据中文表达习惯进行创造性翻译，最后研究者往往选择的并不是最适当的中文表达。这些不符合中国语言习惯的、晦涩难懂的翻译很有可能在数据收集中带来很多误解，从而使得被试给出很多没有实质意义的回答。在过去的研究中，一些研究者已经开始尝试弥补翻译—回译法的不足。例如，Sun et al.（2007）在研究高绩效人力资源管理实践、组织公平行为和组织绩效的关系时，在完成翻译—回译步骤后，他们将中英文版本的量表交给一名中国的翻译学教授去检查中文版本是否实现了对于英文版本的无偏翻译。这种尝试在翻译—回译法的基础上进行了改进，在解决语言方面的差异的基础上，有助于实现中英文版本量表之间的概念对等性。

其次，翻译过程可能只能实现语义的对等性，而无法解决理论构念在不同情境下概念内涵的不对等性（Hambleton & Patsula，1998；Harkness，2003）。由于研究中发表的量表最初大多并不是用于跨文化研究，所以这些量表可能只含有适合特定文化的某些特质。如果将这些特质通过简单翻译的方式引入我们的研究，就会成为测量误差的来源之一。因此，我们在翻译这些量表时，应该报告支持概念内涵对等性的证据，以保证量表在中国情境下的构念效度。一个值得推荐的例子是 Liao et al.（2010）的研究。在研究社会交换关系对个体创造力的影响时，Liao et al.（2010）为了保证翻译后的量表题目在中国情境中的对等性，开展了四个步骤的工作：① 邀请调研公司员工和具有中英文能力的管理学家判断量表的语义对等性；② 在文献回顾的基础上，确认研究中所涉及的量表曾在中国组织的背景中得到应用，并具有良好的心理学测量指标；③ 对每个量表进行探索性因子分析和验证性因子分析，并确认它们得出的因子结构和国外是一致的；④ 通过一系列验证性因子分析程序检验变量之间的区分效度。这些程序都或多或少地应用在目前的中国组织管理研究中，但并不是每一个研究都对这一问题给予了足够的重视。我们推荐这一例子正是希望研究者能够从中得到启发，在使用翻译量表时积极寻找支持语义和概念内涵对等性的证据，特别是在将国外量表第一次引入中国情境时更应该关注这一问题。

14.4.2 修改取向

为了克服翻译取向的缺陷，我们可以通过对国外量表进行部分修改的方式使得它们适用于中国的研究情境。不同于翻译取向，在应用修改取向时，研究者并不坚持认为量表中的指标或题目可以适用于不同的文化背景。他们往往会通过一些定性研究的方式（如焦点小组面谈等）来考察测量内容在中国情境中的适用程度，并根据需要对不适用的内容进行修改，如改变指标中的文字、剔除不合适的指标、增加新的指标等。

修改取向意味着研究者选择修改已经发表的成熟量表。因此，研究者必须给出充分的说明以论证修改的合理性。换言之，采用修改策略必须要基于现有文献或经验数据，证实源自国外的部分测量题目不适用于中国情境。Hom et al.（2009）对工作嵌入量表的修改就是一个很成功的例子。在以工作嵌入视角去研究员工—组织关系对员工的影响时，他们发现原来的量表通过一些具体的指标来衡量一个人如何嵌入其工作中，而这些指标需要修改才能适合中国情境。通过对一些 MBA 同学的访谈和开放式问卷调查以及其他研究者的帮助，他们不仅修改了部分题目（如以午餐补贴、交通费等清晰地定义中国情境中的津贴类别），还增加了一些中国人较为看重的人际关系因素（如与中高层管理者和客户建立的良好关系）。此外，Gong et al.（2009）是值得推荐的另一个例子。在测量销售人员的创新绩效时，他们并没有直接翻译国外的量表，而是首先进行了焦点小组面谈，以此了解创新绩效的本土化表现形式，并最终增加了 3 道题目，实现了对量表的情境化操作。在这两个例子中，研究者并没有改变原有的概念定义，而是通过修订原有的测量指标，将研究的情境因素有意识地整合在自己的测量中，从而保证了结果的构念效度，也增加了研究结果的情境关联性。

值得指出的是，由于不同国家的学者在设计测量题目时的着眼点不同，在量表经过修改后，新、旧测量题目很可能存在着某种内容上的不一致。为了避免这一问题，我们建议研究者在修改原有量表时，应该首先详细了解原有量表的开发过程，充分理解概念定义和原有的测量题目，以确保补充的题目与原有的题目在测量属性上保持一致。而如果我们对测量指标修改过多，修改后的量表与最初量表存在很大的差异，这时我们就需要遵循前面讨论的步骤，通过内容效度检查、探索性因子分析等程序检验新、旧量表之间的结构一致性。

14.4.3 去情境化取向

在翻译和修改国外量表的同时，中国组织管理研究者近年来也开发了若干较有影响的量表。这些量表既包括采用了去情境化取向、适用于各种文化情境的量表（如高绩效人力资源管理实践量表，Sun et al.，2007；员工建言量表，Liang et al.，2012；谦逊型领导量表，Ou et al，2014 等），还包括了意在捕捉中国情境特殊性、采用了情境化取向开发的量表（如关系紧密性量表，Chen & Peng，2008；矛盾性领导行为量表，Zhang et al.，2015 等）。在开发新量表时，研究者通常有两种不同的选择：文化普遍性（etic）和文化特殊性（emic）。文化普遍性是指研究者认为所要测量的理论构念适用于多种文化背景，或者文化背景对测量内容影响不大；而文化特殊性则是指研究者相信所要测量的理论构念是有情境局限的，或者属于某一背景下特有的管理现象。我们所指的去情境化取向，指的就是研究者在量表开发中认同文化普遍性的选择或假设。在这一取向中，研究者认为中国组织管理情境的特殊性并没有影响量表内容，因而在操作过程中将研究背景进行了中性化处理，在量表的开发过程中尽量避免使用与研究情境有关的题目，以提高量表本身在多种文化背景下的适用性。

遵循去情境化取向进行的探索是研究者创造普遍性管理学知识的一个重要来源（Tsui，2004）。例如，研究者在测量高绩效人力资源管理实践（Sun et al.，2007）和谦逊型领导（Ou et al，2014）时，所依据的概念框架均基于西方的文献得出，他们的主要动机在于针对当时文献的缺陷，开发出一个高质量的测量问卷，以推动相关领域的研究，并没有讨论中国情境的特殊性。在 Liang et al.（2012）对于促进性建言和抑制性建言的研究中，虽然他们使用了从中国情境归纳整理的测量题目，但他们将这些题目与西方文献的相关题目进行了整合，并没有将之明确区分。在这几个例子中，中国组织情境只是为开发量表提供了实证样本，研究者并没有讨论中国情境因素对于构念内容的影响，在设计题目时，他们也没有特别讨论目标构念的具体表现形式会因情境的变化而有何不同。

在使用去情境化取向时，研究者认为所研究的主题在不同文化背景下享有一个共同的概念框架（Schaffer & Riordan，2003）。在这一前提下，研究者在设计问卷题目时不会讨论中国组织情境对构念定义和测量内容的影响。但值得注意的是，社会科学研究中有很多构念一开始被认为是不受文化背景影响的，但最后却被证明是有文化局限的（Smith & Bond，2003）。因此，在开发、使用量表时，我们不能轻易地假设所操作的构念是与研究情境无关的。为了开发出高质量的量表、准确回答研究问题，研究者需要对研究情境进行深入了解，厘清确定目标构念的性质以及其与研究情境的关系。这些工作不仅关系到量表内容的外部适用性，而且还有可能影响量表的理论价值。

14.4.4　情境化取向

情境化是指我们在研究感兴趣的管理现象时，识别并整合与研究问题有关的、有意义的情境因素（Tsui，2012）。具体到量表开发过程中，情境化取向的核心思想就是：在不同文化背景下使用不同的量表，这样才能最为准确地测量有关构念，从而解释和预测人们的行为（Sinha，1997）。持这种观点的研究者通常认为管理学中很多概念是与文化环境密不可分的。因此，我们只有在理解当地经济、文化、历史背景的前提下，才能准确地测量在这种背景下人们的心理和行为。

如上所述，持情境化观点的研究者通常认为他们提出的构念来自中国情境，而就这一概念而言，各个文化之间不太可能存在共同的认知框架（Schafer & Riordan，2003）。基于这种认识，相对应的量表开发过程需要研究者充分理解中国组织情境中内部人的观点，以归纳他们特有的认知思维模式。例如，Yang et al.（1989）开发的传统性量表就充分体现了儒家思想中的"五伦"观念和行为准则。君臣、父子、兄弟、夫妻、朋友五种人伦关系和忠、孝、悌、忍、善的行为准则构成其量表题目的主要内容来源。同样，家长式领导量表的开发也遵循着同样的逻辑：研究者在对中国组织中领导行为的观察基础上，尝试分析了这些行为特征的文化来源，最后以三维度的理论模型作为量表开发的基础（Farh & Cheng，2000）。一个最近的例子是Zhang et al.（2015）开发的矛盾性领导量表。这个量表开发的基础是建立在阴阳逻辑之上的矛盾认知观点。作者认为这一特征直接反映在了中国领导行为方面，并以此为基础通过定性归纳的方式开发了量表题目。在这些例子中，中国情境被整合进了研究者的概念发展之中，并以之作为开发测量题目的理论基础和内容来源。这种情境化的努力最终贡献的是特有的管理学知识（context-specifc management knowledge）（Tsui，2004）。

由于在情境化取向中，研究者首先需要了解中国情境因素对测量的影响，所以这类量表开发大多遵循了"自下而上"的归纳法。正是因为这一特征，我们需要了解这种思路面临的各种挑战。

第一，在采用归纳法开发情境化量表时，我们不能过分地依赖被调查者的信息，而应该注意对这些信息进行深层次的加工和提炼。在使用归纳法时，研究者一般倾向于认为他们缺乏对理论构念及其测量内容的认识，所以他们往往选择依赖被调查者提供的信息，选取那些被提及次数较多的指标去测量目标构念。但事实上，最常被提起的指标不一定反映事件的频率或重要性，可能只反映了人们最容易想到的部分，即存在可用性启发式偏差（availability heuristics bias），更不足以描绘理论构念的整体范围。因此，我们不能让被调查者的信息主导我们的构念定义和测量内容,而是应该在这些调查信息的基础上,提出对现象的解释,并在此基础上归纳目标构念的内容结构,用其指导开发出本土化的量表。这是量表开发的基础,而开发出的量表由于融合了不同的研究背景,从而有助于加深我们对研究相关现象的了解。

我们建议研究者有必要遵循一系列的定性评价步骤,以确定被调查者提供的信息可以恰当诠释所要测量的理论构念。其一,研究者只有在清晰地阐述了构念的边界后,才能判断哪些被调查者提供的信息符合测量要求、哪些信息应该删除。例如,Wang & Kim(2013)研究员工主动社会化行为时,根据构念定义采用了三条标准对测量指标进行筛选:指标在中国语境下是否有清晰明确的含义;指标是否是描述员工的行为;指标是否和构念定义相一致,并且和其他构念没有重复之处。可见,如果研究者在使用归纳法时没有发展一个清晰的构念定义,他们就无从评估其测量指标的内容效度。

其二,在整合吸收被调查者提供的信息、设计出测量题目后,研究者有必要采用类似焦点小组面谈的方式,请一组与该研究主题相关的"专家"对题目进行评价。这是因为仅仅依赖研究者的判断可能是不正确的或是不完整的,因为他们会无意识地根据自己的预期对测量题目进行诠释(Podoelefsky & Brown,1999)。针对这一问题,一个值得推荐的例子是Zhang et al.(2015)对矛盾性领导行为量表进行的内容效度分析:由两位专家先分别对指标进行修改和评价,然后由第三位专家对比他们的相似之处和不同之处,并对他们的结果进行整合、修正或删除,再将结果返回给之前的两位专家,两位专家再修改之后返回给第三位专家。这个过程一直持续到三位专家的意见达成一致为止。研究者将这个版本的量表交给3组研究生,每组包含5—6名成员,由这3组研究生判断附加的修改是否有必要。在这个过程中,多名专家以及学生的参与可以帮助研究者克服自身的认知局限,更好地判断通过归纳法得到的指标是否符合测量要求。

第二,在发展情境化量表时,我们需要关注量表内容的完整性。如前所述,在使用归纳法时构念的测量范围是通过"自下而上"的模式确定的:研究者通过收集相关信息以确定描述构念的核心特征(Hinkin,1998)。因此,选择合适的样本是使用归纳法的关键,研究者获得的信息越完整充分,就越有可能开发出一个准确、有效的量表(DeVellis,2017;Haynes et al.,1995)。随着中国社会的转型,不同年龄层的员工拥有着不同的价值观和工作态度(侯烜方等,2014)。这种多元化特征是研究者使用归纳法开发量表时可能遇到的一个挑战。

许多研究者倾向使用MBA学生作为开发量表的样本。这可能是因为搜集MBA学生的数据更加容易,沟通成本较低。但是,MBA学生均具有较高的教育水平,年龄相仿且经历类似。这样过于同质化的样本很显然不利于研究者获得描述构念的多元化信息。较为成功的量表开发过程大多以多元化的样本作为信息归纳、设计测量题目的基础。因此,我们建议研究者可以考虑以下三种措施:① 努力获取多元化的信息来源。通过多元化的信息来源,量表开发者更容易找到理论构念在现实生活的完整表征,从而增强量表的情境化特征与内容效度。

例如，传统性量表（Yang et al., 1989）和员工—企业关系量表（Tsui et al., 2002）在开发时都运用了多种数据收集方式，不仅包括焦点小组面谈、开放式问卷，还包括了许多其他数据来源，如杂志、报纸等。除直接询问被调查者外，新媒体和出版物也是研究者在开发量表时一个非常有用的信息来源。② 积极寻求多方专家的协助。例如，Ou et al.（2014）在发展谦逊型领导量表时，使用了一个由 17 位专家组成的小组去归纳测量指标，包括 8 位领导力领域内的管理学教授、3 位有丰富行业咨询经验的管理顾问和 6 位企业员工。这种信息收集方式可以将领域内专家和企业员工的意见有机地结合起来，从而获得关于研究现象的丰富描述。③ 使用多个样本进行数据收集。在 Xin et al.（2002）研究组织文化时，在通过一组员工的样本生成了组织文化的类别后，她们还对另一组员工进行了焦点小组面谈。这次焦点小组面谈的目的不是收集收据，而是检验通过归纳法进行的分类是否充分且具有普遍性。这一过程无疑对发展一个内容完整的高质量量表是非常重要的。

第三，在开发本土化量表时，我们需要针对不同研究现象的复杂程度，选择合适的信息收集方法。在 14.3.2 节，我们提到了小组/个人面谈法、关键事件法、开放问卷法以及二手资料法。很显然，在提供关于研究现象厚实的描述方面，不同方法之间存在明显的差异。我们需要根据研究现象的特征，有选择地应用信息搜集方法。如在研究组织公民行为时，我们可以用开放式问卷要求员工列出这些行为的例子（如 Farh et al., 1997; Farh et al., 2004）。但在我们研究复杂的组织现象（如组织规范与文化）时，被调查者很难通过一句话来完成对现象的描述。这时，我们就应该选择个人访谈或焦点小组面谈去深入地了解目标构念的内涵及其表现形式。在中国学者的实践中，有以下两个值得推荐的例子。Su et al.（2009）使用了焦点小组面谈的方式开发了关系取向量表。他们分别组织了与供应商和零售商的焦点小组讨论，以了解描述关系取向的两个核心思想——仁和义。作者通过整理焦点小组面谈提供的信息生成了衡量关系取向的 15 个题目。Liu et al.（2015）对社会化中黑暗面与新员工绩效之间的关系进行了研究。为了测量社会化中的黑暗面，他们提出了三个构念：老员工饮酒规范（veteran alcohol use norms）、客户饮酒规范（client alcohol use norms）以及饮酒的绩效动机（performance drinking motives）。为了测量这三个概念，他们在 7 家中小企业组织了焦点小组面谈，要求访谈对象描述他们与客户喝酒或观察客户喝酒的场景，以及与客户喝酒的理由，在这些信息的基础上设计测量题目；随后，他们组织了另外 6 家中小企业的焦点小组面谈，要求访谈对象判断之前生成的题目是否能够反映所要测量的构念，以及是否还需要补充其他的题目。在这两个例子中，焦点小组面谈的形式有助于研究者深入地了解所研究的管理现象，弥补研究者对特定管理情境的知识缺陷，从而有效地提升测量内容的代表性和充分性，保证研究质量。

14.5　结语

在本章中，我们介绍了测量的概念、量表的质量评估，以及在发展一个高质量量表时应该注意的问题。我们对中国组织管理研究中常见的量表开发取向进行了逐一评价，并给出了一些相应的建议。在本章结束时，我们需要强调的是，开发高质量的量表并不是一蹴而就、一劳永逸的。在组织管理研究中，对一个重要概念的定义和测量，经常需要随着我们对研究现象认识的深入而不断地进行修改、以臻完善。特别在当今的中国社会，人们的信念和行为随着社会的工业化和现代化转型而不断发生变化。研究者需要经常评价、更新使用的测量指标，以使得这些指标能够准确、充分地反映所要研究的管理现象。

第 15 章

结构方程模型

张伟雄　胡昌亚　王畅

> **学习目标**
>
> 1. 了解结构方程模型的优点，以及与其他相关技术（如探索性因子分析及多元回归分析）的差异
> 2. 了解如何应用测量模型分析测量工具的心理计量特性（psychometric properties）
> 3. 了解如何应用路径模型、全模型与均值结构模型考验研究模式
> 4. 了解如何使用Mplus、lavaan、JASP等软件进行结构方程模型分析，并能正确解读分析结果
> 5. 了解结构方程模型发展的新趋势与应用，如测量等同、潜在中介作用与潜在交互作用的分析

15.1　什么是结构方程模型？

从统计学的角度来说，模型就是以系统的方式来描述多个变量间的关系。而本章要向大家介绍的结构方程模型（structural equation modeling，SEM）是用来检验关于观察变量（observed variables）和潜变量（latent variables）及潜变量与潜变量之间假设关系的一种多重变量统计分析方法，即以所搜集数据来检验基于理论所建立的假设模型。所以，SEM 是一种检定理论模型的统计方法。

理论研究中会涉及许多变量，而我们熟悉的回归方程一般只能一次解释一个因变量（dependent variable）和几个自变量（independent variable）之间的关系。假如我们有一个以上的因变量，便需要做多次的回归分析，这个方法的缺点是未能考虑各个因变量之间的关系。这时，包含了一连串回归方程的结构方程却恰恰可以同时分析多个因变量与多个自变量之间的复杂关系。可见，传统的统计方法需要多次处理这些变量之间的关系，而结构方程则可以做到同时、同步分析，这样，研究的准确性就会大大提高。

15.2 结构方程模型的优点

简单来说，结构方程具有以下优点：

（1）在管理学、社会学、教育学、心理学的研究中，许多变量都是不可直接测量的，一般被称为构念。例如，人的态度、认知、心理等，我们称这些变量为潜变量。传统的做法是以观察变量来间接度量潜变量，比如用数个问卷题目答案的平均值作为潜变量的数值，之后代入回归分析来计算。但这些可观察的变量可能包含了测量误差，从而影响回归分析的参数估计。一般而言，从问卷题目得来的观察变量都是由真实值和测量误差所组成的，在有两个变量（bi-variate）的情况下，测量误差对估计各参数之间相关性的影响可以用公式表示为：

$$r_{xy} = r_{xy}^* \sqrt{r_{xx} r_{yy}} \qquad (15-1)$$

式中，r_{xy} 是 X 与 Y 观察值的相关系数；r_{xy}^* 是 X 与 Y 真实值的相关系数；r_{xx} 是 X 的信度；r_{yy} 是 Y 的信度。其中，由于 r_{xx} 和 r_{yy} 的最大值取 1，所以我们可以得到 $r_{xy} \leq r_{xy}^*$ 的结论。在只有两个变量的情况下，倘若已知 r_{xy}=0.64，r_{xx} 和 r_{yy} 都取 0.8，便可应用以上的公式还原计算出 r_{xy}^*=0.8，这种方式称为减弱校正（adjustment for attenuation）。可是，在多个变量（multi-variate）的情况下又怎样呢？当自变量的个数多于一个时，测量误对参数之间相关性的影响是不可预测的，即有可能使其变大，也可能使其变小，因此不能做减弱校正。这时，结构方程可以帮助我们准确估计出测量误差的大小，在分析潜变量之间的结构关系时，结构方程可以剔除随机测量误差，从而大大提高了整体测量的准确度。

（2）当我们用问卷题目或其他观察变量测量潜变量时，我们可以使用验证性因子分析来判断观察变量与潜变量之间的假设关系是否与数据吻合。若结果证明我们的假设是正确的，那么其收敛效度（convergent validity）也得到了相应的证明。至于判别效度（discriminant validity），我们可以通过检测各个潜变量之间的相关系数来判断。

（3）结构方程可同时计算多个因变量之间的关系，特别是应用于存在中介效应（mediating effect）的研究，如在组织理论相关研究中，变量 A 不是直接影响变量 B，而是通过中介变量 C 实现对变量 B 的影响。这时，结构方程便会给予这些问题以综合、恰当的分析。

（4）在研究中，我们也会遇到一些多层构念（multi-dimensional/mega construct）的测量问题。什么是多层构念？即同时包含了不同的概念的统领因子。例如，工作满意度就是一个多层构念，因为它还同时包括像对上司、同事、工作环境、薪酬、工作性质等满意程度的多重内涵。而结构方程可以通过高阶因子（higher-order factor）分析此类构念。

15.3 测量基本概念

如前文所述，我们称那些在研究中抽象的、不可直接测量的变量为潜变量，潜变量是要通过一系列的观察变量来间接体现的。概括来说，结构方程一方面在描述观察变量是如何测量潜变量的，另一方面也是在表达各个潜变量之间的关系。

构念是当我们与人沟通时所表达的一个抽象的概念，如对一家餐厅的满意程度。它是由许多具体的、易于观察的变量所构成的，如餐厅的食物质量、价格水平、服务质量、环境因素等。基于方便沟通的考虑，我们通常使用构念来代表所有观察变量。当然，随着时间和环境的改变，一个构念代表的各个观察变量也会发生变化。那么，这时我们就要考虑到这个潜变量要用什么新的观察变量来体现。因此，这里涉及两个方面的问题：一是不同的观察变量代表了何种构念，二是一个构念又是由哪些观察变量所构成的。

以上的测量概念基于古典真实分数模型（classical true score model），是结构方程的基本测量概念，一般被称为反映型测量（reflective measure），以潜变量来推算观察变量的值，并以推算观察变量值的误差来计算测量的信度，而一个潜变量以下的多个观察变量通常需要有高的相关系数。相反，形成型测量（formative measure）是以观察变量来推算潜变量的值，推算潜变量值的误差不能用来计算测量的信度。严格来说，在这种情况下观察变量形成的并不是一个潜变量，而只是一个指数（index），观察变量间并不需要有高的相关系数，这与古典真实分数模型和结构方程的基本测量概念是相抵触的。

15.4　测量误差

古典真实分数模型是以真实分数及误差分数的观点来解释信度的，即观察分数（observed scores）是以真实分数与误差分数两部分的和组成的。它们之间的关系可以表示为：

$$X=T+E \tag{15-2}$$

X 是观察分数，T 是真实分数，E 是误差分数。

实际上，只有在完美的测验条件下才能获得无误差的真实分数，可是这种情况很少存在。因此，我们说任何一个观察分数都包含了部分的误差成分。这个误差是由系统误差（systematic error）和随机误差（random error）两部分组成的。但其中的系统误差只有在一些特定的研究设计中才可以被检测出来。因此，一般来说，我们假定系统误差的分数等于零，但其实它被包含在真实分数中未能体现出来。

其中，对于随机误差的特性，有以下三点假设：

① 由于随机误差完全是随机的，所以一个总体的误差分数的平均分数应该是零；

② 一个总体的真实分数和误差分数之间的相关系数为零；

③ 任何两项随机误差之间的相关系数为零。

我们在结构方程中依旧保持对以上第一点和第二点的假设，而第三点的假设则不一定需要。那么，在何种情况下第三点假设不需要存在呢？一般来说，两项随机误差之间存在相关性是由于在真实分数以外，有另外一个因素同时影响两个观察分数。例如，当相同试题在同一结构方程中出现的次数大于一次时，随机误差之间便可能存在相关性。简单归纳，有以下两种情况：

① 同一试题语句对不同受访者引起的误差。即不同受访者使用相同试题测量同一个指标时，对试题语句理解产生的误差会使其结果误差之间产生相关性。例如，在进行360度绩效评估时，不同人会利用相同的测量工具（同一份问卷）对指定的对象进行工作表现评估（Cheung，1999）。这时，我们便会假设来自不同受访者（如调查对象本人和其上司）的评价结果误差之间是有一定相关性的。而这恰恰是结构方程可以测定、但一般的回归分析不能测定的误差。

② 同一试题在不同时间对同一受访者引起的误差。这时除了有语句引起的误差，还包括同一受访者这一误差的不断重复。所以，相同试题在不同时间对同一个测量对象产生的误差之间会产生相关性，如纵向时间序列研究（longitudinal time series study）就会产生这样的问题，这正是传统的方法所不能很好处理的情况之一，而结构方程却可派上用场。

就像前面谈到的一样，我们不可以在任何情况下都假设随机误差之间相关性为零，但是同时也应时刻注意以下两点的影响：第一，随机误差之间的相关性不可随意添加，一定要有强有力的理论支持作为前提；第二，基于理论支持，如果随机误差之间真正存在相关性，而我们却恰恰忽略了此相关性的存在，这时，我们的测量结果便会对其他参数的估计产生很大的影响。

15.5 结构方程模型理论和逻辑

接下来我们详细地介绍一下结构方程的概念。如图15-1所示，虚线上面的部分代表的是总体（population）信息，是虚构的，而虚线下半部分则是来自样本（sample）的真实信息。

首先我们来介绍虚线以上的总体信息。从左上角开始看起，这是来自总体数据的一些变量，此时虽然不知道它们之间的相互关系，但是这些变量间的关系可用相关矩阵来表示，即总体协方差矩阵Σ_0，而右手边则是在基于不同假设模型所产生的描述各变量之间关系的不同模型，即模型$k-1$、k、$k+1$。根据不同的假设模型可以估算每个模型的总体近似协方差矩阵，即Σ_k。这时，比较Σ_0与Σ_k的差异可得到Δ_{pop}，即总体不一致处（population discrepancy）。Δ_{pop}越小，说明Σ_0与Σ_k之间越接近，继而进一步说明了之前所假设的代表变量之间关系的模型k越接近真实总体变量之间的相互关系，即最初的操作模型（operating model）。

下面我们再来谈谈虚线以下来自样本的真实信息。就像图15-1左下角展示的那样，由总体到样本要经过抽样的过程，并且伴随误差的产生，即总体数据（population data）+抽样误差（sampling error）=样本数据矩阵（Y）。从Y中我们可以计算出样本的协方差矩阵S。相应地，基于假设的模型，可以产生样本拟合协方差矩阵$\hat{\Sigma}_k$。由于总体中的Σ_0、Σ_k及Δ_{pop}都是虚构的，实际上我们是要比较样本中的S与$\hat{\Sigma}_k$的差异，即Δ_{est}。在结构方程中用不同的契合指数（fit index）来代表Δ_{est}的大小，其中最经常使用的拟合指数为χ^2（chi-square）。经过比较，χ^2（即Δ_{est}）越小，则说明样本拟合协方差矩阵越接近样本协方差矩阵S，从而说明了我们前面所提出的假设模型与数据的拟合程度越高。

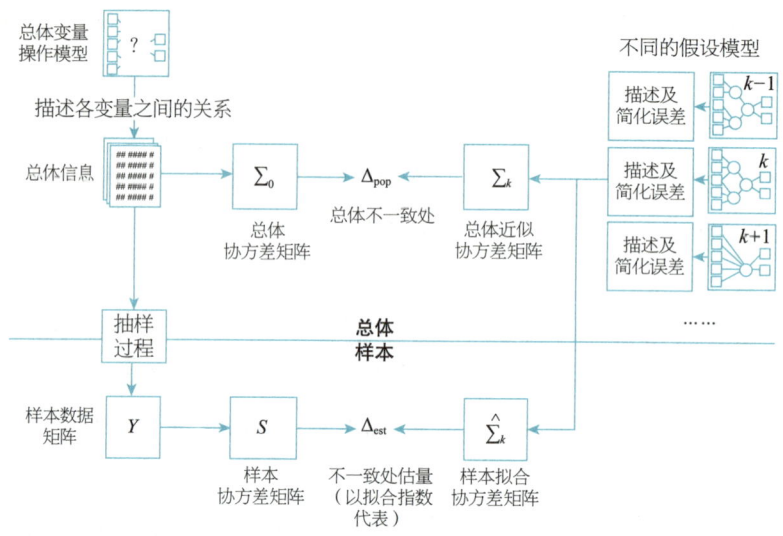

图15-1 结构方程模型概念图

资料来源：Cheung & Rensvold（2001）。

15.6 结构方程模型的基本类型

简单来说，结构方程模型可以分成以下四大类：测量模型（measurement model）、路径模型（path model）、全模型（full model）和均值结构模型（model with mean structures）。

15.6.1 测量模型

图 15-2 基本构造了测量模型的面貌，这里，我们用八个观察变量（$X_1 \cdots X_8$）来测量两个潜变量（ξ_1、ξ_2）。其中，前四个观察变量测量第一个潜变量，而后四个观察变量测量第二个潜变量。如图 15-2 所示，这两个潜变量是相关的，而潜变量与观察变量之间的关系可用因子负荷（factor loading）即 λ 来表示，并且用 δ 来代表每个观察变量的测量误差。我们还用协方差矩阵（ϕ_{12}）来设定这两个潜变量之间的关系。另外，在结构方程模型常用图标的表示法中，圆或椭圆表示潜变量（或因子），而正方形或长方形表示观察变量（或指标）。其实，测量模型的主要用途是通过验证性因子分析来帮助我们检验心中的假设，即检验图 15-2 的测量模型是否与数据吻合，并同时对各因子间的参数做出合理估计。这其实对应了我们前面提到的对构念效度的检测。

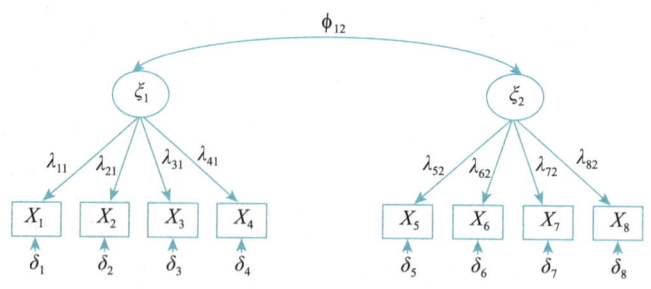

图15-2 测量模型

15.6.2 路径模型

图 15-3 中的路径模型包含三个自变量（X_1、X_2、X_3）和两个因变量（Y_1、Y_2），它们之间有着复杂的相互关系。简单来说，结构方程模型可同时将所有这些关系一起估算，从而避免了当考虑一个因变量时，忽略了其他因变量存在及其影响的情况。路径模型的主要作用是想了解各变量之间的关系，这其中包括直接关系（direct effect）和间接关系（indirect effect）两大类。间接关系是指某一变量对另一变量的影响是通过中间变量而形成的。这个中间变量被称为中介变量，如图 15-3 示，X_1 是通过 Y_1 而影响 Y_2 的，Y_1 就是这一关系的中介变量。而直接关系是指某一变量并没有通过模型中任何中介变量而对另一变量产生影响，如图 15-3 中从变量 X_1 到变量 Y_1，或者从变量 X_3 到变量 Y_2。综上所述，总效果（total effect）是指某一变量对另一变量的直接效果（由直接关系产生）加上间接效果（由间接效果产生）的总和。例如，X_3 与 Y_2 之间存在直接关系 γ_{21}，同时通过 Y_1 也存在着间接关系 $\gamma_{13}\beta_{21}$，那么 X_3 对 Y_2 的总效果就是直接效果和间接效果之和（$\gamma_{13}\beta_{21}+\gamma_{21}$）。虽然传统的回归分析可以将变量间复杂的关系拆分成直接关系和间接关系，但是过程烦琐。结构方程模型为我们提供了一个简单的方法，它可以同时分析各种变量之间的关系。

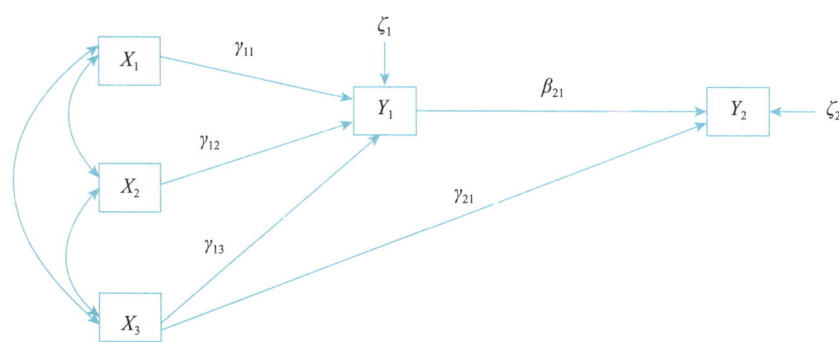

图15-3 路径模型

15.6.3 全模型

如图 15-4 所示，全模型结合了测量模型和路径模型，同时包含外源变量和内生变量，也被称为完整模型（complete model）。图 15-4 中的全模型包含四个自变量（$X_1\cdots X_4$）、八个因变量（$Y_1\cdots Y_8$）、一个外生潜变量（ξ）和两个内生潜变量（η_1，η_2），以及八个基础参数矩阵：因子负载矩阵 Λ_x 和 Λ_y，路径系数矩阵 B 和 Γ，外生潜变量 ξ 的方差协方差矩阵 Φ，残差项 ζ 的方差协方差矩阵 Ψ，以及观测误差 δ 和 ε 的方差协方差矩阵 Θ_δ 和 Θ_ε。

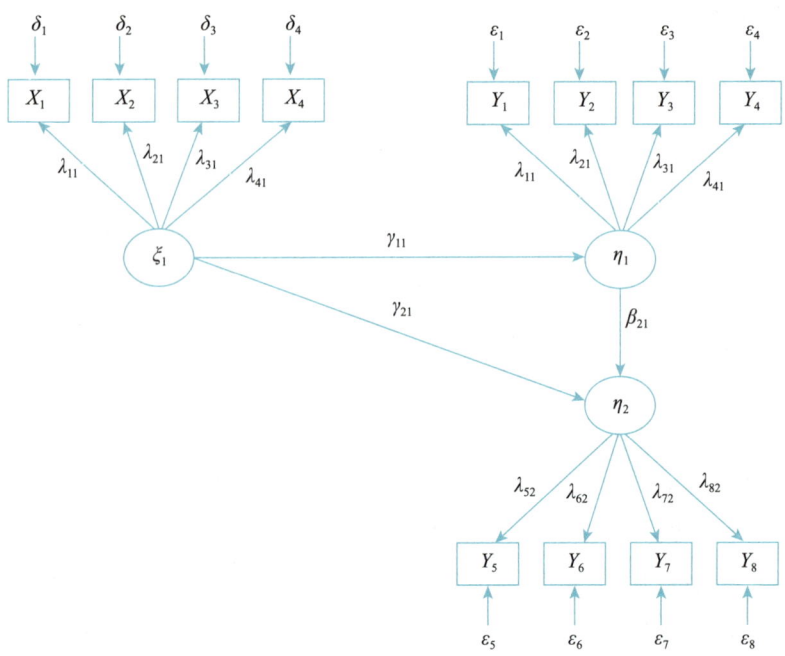

图15-4 全模型

我们可以根据结构方程模型的四个基本矩阵方程式，写出八个基础参数矩阵的具体关系：

$$X = \Lambda_x \xi + \delta \quad (15\text{-}3)$$

$$\sum = \Lambda_x \Phi \Lambda_x' + \Theta_\delta \quad (15\text{-}4)$$

$$Y = \Lambda_y \eta + \varepsilon \quad (15\text{-}5)$$

$$\eta = B\eta + \Gamma\xi + \zeta \quad (15\text{-}6)$$

15.6.4 均值结构模型

三十多年前，学者们对结构方程的认识只局限于协方差矩阵的形式，而现在的研究已扩展到了增加对潜变量均值的分析。均值结构模型附加了两个基础参数向量：截距 τ 和潜变量均值 k，它们的关系可以用式（15-7）的矩阵方程式表示：

$$\mu_x = \tau_x + \Lambda_x k \quad (15\text{-}7)$$

对单一组别的结构模型来说，由于潜变量的度量单位（scale）及其截距（intercept）都是随意设定的，因此，潜变量的均值没有很大的意义（Bollen，1989）。但是在跨组别（cross-group）比较研究中，均值结构模型可用于比较各组别潜变量均值的大小。

15.7 Mplus程序撰写

目前，有多种软件可以用来分析结构方程模型，这里要详细介绍的是近年比较流行的Mplus软件，其他流行的软件包括AMOS、EQS、R（lavaan 和 JASP）和 LISREL。在附件中展示了各个例子的 Mplus，JASP 及 lavaan 的指令和输出结果。首先，我们介绍一下潜变量的度量单位。开篇我们提到过,潜变量是个虚拟的概念,那么当我们要度量诸如认知、态度等因子时,就必然无法取用像度量距离的千米或度量重量的千克这样被大家一致认可的单位。然而,在结构方程模型中,因子一定要有自己的单位方能计算,所以,我们通常采取以下两种方法设定单位:① 固定因子方差法,即将潜变量标准化,设定其方差(φ_{11})为 1。② 固定负荷法,即任取一个观察变量(X_1)为参照指标,设定其因子负荷(λ_{11})为 1。这样一来,潜变量一个单位的变化就会相应导致其观察变量一个单位的变化。这是大部分结构方程模型软件的默认设置。

虽然图 15-5 两种方法在数字的表述上是不同的,但是殊途同归,本质上是相同的。如图 15-5 所示,模型 1 采用的是固定因子方差法,将因子标准化后,四个观察变量都有其相应的因子负荷。而模型 2 采用的是固定负荷法,即选择了 X_1 为参照指标并且将其因子负荷 λ_{11} 设定为 1。换个角度分析,将模型 1 中所有的因子负荷值全部除以第一个指标(即参照指标)的因子负荷值(即 0.44)从而得到模型 2 的各个因子负荷值,相应的,此时模型 2 中因子的方差也变成了 0.44 的平方,即 0.1936。综上所述,无论我们用哪一种方法来设定潜变量的单位,所要估计的目标参数数量都是不变的,具体到本例,模型 1 和模型 2 同样需要得到对八个参数的估计结果,这一点是不变的。这里再特别强调一点,当我们进行跨组别比较(multiple-group comparison)研究,特别是跨文化比较(cross-cultural comparison)研究时,则必须采用固定负荷法来完成对潜变量单位标准化这一步骤。因为在固定因子方差法中,两组构念的方差(φ_{11})被假设为是相等的,而这个假设在跨文化比较研究中是不恰当的,所以我们选择无此假设的固定负荷法(Cheung & Rensvold,1999)。

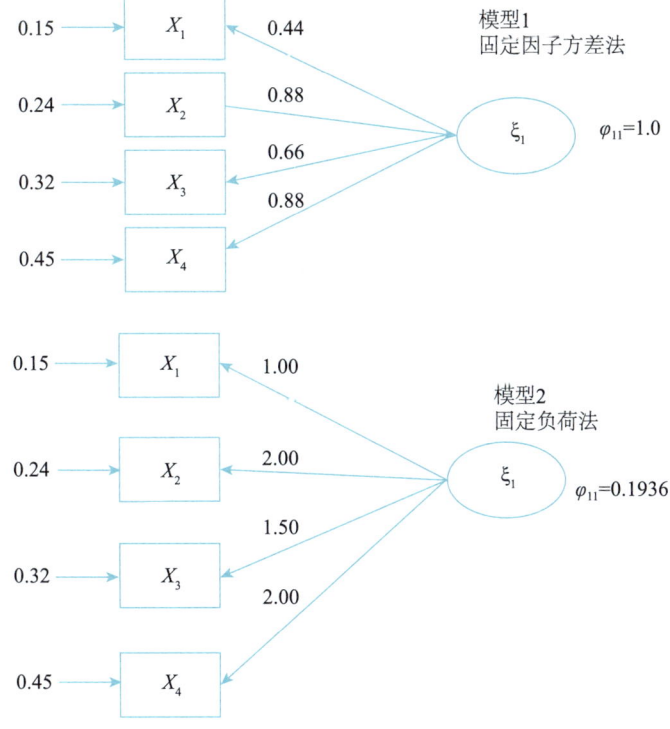

图15-5 设定潜变量单位的方法

具体解释之前，我们需要阐释清楚一个概念：模型识别（model identifcation），即衡量有无足够的方程来解决参数的估测问题。这个规律是这样的：假设模型涉及 k 个观察变量，则协方差矩阵是一个 k 阶的对称矩阵，总共有 $p=k(k+1)/2$ 个不重复元素。而 q 则代表所需估计的参数个数。模型的自由度（degrees of freedom, df）$=p-q$。在图 15-2 的例子中，该模型需要估计 8 个因子负荷、2 个因子方差、1 个因子间相关系数和 8 个观察变量的误差方差，共需估计 $q=19$ 个参数；因为有 8 个观察变量，所以 $p=8\times(8+1)/2=36$。这样一来，此模型的自由度 df$=36-19=17$。若一个模型的自由度为 0，即观察变量协方差矩阵中不重复元素的个数 p 等于所需估计参数个数 q，我们称这样的模型为仅限识别模型（just-identifed model）。它的卡方值（chi-square）等于 0，即是完全吻合模型，同时表示我们无法衡量这个假设的模型与原始数据的拟合程度。换个角度来说，如果任意两个结构方程的自由度都是 0，那么在这种情况下，它们的拟合程度都是完全吻合的，也证明了理论上不同的模型可以得到相同的拟合指数。反过来，这更加说明了我们一直强调的要给予假设模型以坚实的理论依托的道理。如果自由度小于 0，则该模型被称为未识别模型（under-identifed model），这时我们的估计得不到任何结果。只有在自由度大于 0 时，才能衡量假设模型与原始数据的拟合程度。

在介绍了单位设定和模型识别概念之后，接下来，我们简单介绍一下建立结构方程模型的五个步骤：

第一步，正如前面所谈到的，结构方程中的分析统称为检定分析，即对假设模型的一种检定，所以我们首先应当建立一个基于理论基础的假设模型。

第二步，根据理论所表达的各变量之间的相互关系，用路径图（path diagram）的方式呈现整个模型。

第三步，将前面所陈述的关系一一表达为程序语言，然后运行结果。除了 Mplus，其他软件如 AMOS、EQS、R（lavaan 和 JASP）和 LISREL 都可以起到同样的作用（但 lavaan 与 JASP 未能有效分析潜在交互作用与跨层次效果）。

第四步，结果输出。这时我们要着重观察几个方面的因素：① 参数估计的可行性；② 假设模型与样本数据的拟合程度；③ 参数估计的显著性；④ 分析 X 的 R 平方。

第五步，解释输出结果。

下面，我们以验证性因子分析为例来详细解释以上步骤：

在理论基础上建立假设模型是建立结构方程模型的第一步，也是最重要的一步。建立结构方程模型首先是以理论基础来为各个构念之间的关系做出假设，再设定量表中各观察变量与各潜变量之间的关系。结构方程模型只是一种统计方法，用以检验样本数据与假设模型的拟合程度。由于不同的模型有可能得出相同的拟合协方差矩阵，因此与样本数据也有相同的拟合程度。在这种情况下，结构方程模型不能辨别各假设模型的优劣，而必须依赖理论基础来选择适当的模型。

如果经过第一步的理论架构而得出两个潜变量之间存在相关性，那么，第二步就是要以路径图的形式将理论呈现出来，就像图 15-2 一样。

做好了以上的准备工作，我们终于开始第三步——撰写 Mplus 程序了（本章重点介绍 Mplus 程序，lavaan 与 JASP 程序请参考线上附件）。

Mplus 程序可主要分为下列四个部分：

（1）输入指令（TITLE，DATA，VARIABLE 和 DEFINE command）。

TITLE 是标题句，是对整个程序的描述，可超过一行；DATA 指令提供了数据输入文件的名称和位置；VARIABLE 指令提供了数据输入文件中变量的名称，如图 15-2 例中有八个变量，分别称作 X_1、X_2、X_3、X_4、X_5、X_6、X_7、X_8；DEFINE 指令用以将现有的变量换算成新的变量，就如 SPSS 的换算（transform）功能。

（2）分析指令（ANALYSIS command）。

ANALYSIS 指令提供了分析时所需要的一些基本分析以外的特别分析功能，如分析的类型、特别的模型估计方法、自助抽样（bootstrap）的数目、多层次模型、潜变量的交互分析（latent interaction）和其他特别的运算方法。

（3）模型指令（MODEL command）。

模型指令描述了各个变量之间的关系。在测量模型中潜变量与观察变量之间的关系以 BY 来代表，例如，"F1 BY X1 X2 X3 X4；"代表了潜变量 F_1 以四个观察变量 X_1、X_2、X_3、X_4 来测量。在路径模型和全模型中各个变量之间的回归关系是以 ON 来代表，例如，"Y3 ON Y1 X2；"代表了变量 Y_3 以 Y_1 和 X_2 来估计。

（4）输出指令（OUTPUT，SAVEDATA 和 PLOT command）。

OUTPUT 指令是用来要求基本结果以外的输出的，如各个估算值的标准值（STDYX 和 STDY）；SAVEDATA 指令是用来要求将各个输出结果储存在特定档案中的；PLOT 指令是用来要求将估算结果以图像的方式来表达的。

现在，我们不妨一起以测量模型和全模型为例，看看前面所讲到的 Mplus 指令是如何应用于实际分析的。

例一：测量模型

研究及模型简述　我们以 Wagner & Benoit（2015）为例。该文作者研究了 8 个潜变量之间的关系，每个潜变量用 3 个观察变量来测量，样本数目是 527。我们模拟了他们的研究数据（见附件 Example_A.dat）作为例子。

Mplus 软件程序分析和解释　在附件 Example_1.inp 中，我们可以清楚地看到，在标题句后，DATA 指令开始了真正的指令程序。Mplus 每一行的指令都是以分号（；）为完结，而感叹号（！）以后的只是评论，并不是真正的指令。

DATA：FILE=EXAMPLE_A.DAT；

（DATA 是输入数据指令，指出了数据输入文件为 EXAMPLE_A.DAT。）

VARIABLE：NAMES ARE X1-X24；

（VARIABLE 指令指出了数据输入文件中变量的名称为 X1 至 X24。）

```
MODEL: BE BY X1–X3;      ! Brand equity
       MS BY X4–X6;      ! Merchandising support
       MM BY X7–X9;      ! Margin maintenance
       ST BY X10–X12;    ! Special treatment
       CA BY X13–X15;    ! Customer advocacy
       RV BY X16–X18;    ! Relationship value
       BGI BY X19–X21;   ! Business growth intention
       RMI BY X22–X24;   ! Relationship maintenance intention
```

（MODEL 指令指出了各个潜变量是以哪些观察变量来测量的。）

OUTPUT: STDYX;   ! Request standardized coefficients

（OUTPUT 指令除了要求输出基本结果，还要求输出各个估算值的标准值。）

建立结构方程模型的第四步和第五步是 Mplus 程序分析结果输出及解释。通过输入的 Mplus 软件程序运行之后，我们会得到一大串输出结果（见附件 Example_1.out）。如何对其进行有效合理的分析呢？通常，我们会从以下四大方面着手：

第一，分析参数估计的可行性。结构方程模型本质上是个反复迭代（iterative）测量的过程，即在中间环节通过不断改变各个参数的估值，从而尽可能使得 Δ_{est}，即 S 与 $\hat{\sum}k$ 之间的差异最小。在改变参数大小时，有可能会出现不合理值。例如，各观察变量的残差方差和各因子的方差都应分别大于零，如果任意一方有小于零的数值即不合理的数值出现，就可以全盘否定该结构模型。此外，各个因子间的相关系数都应该小于 1。

第二，分析假设模型与样本数据的拟合程度。我们会选择不同的拟合指数进行衡量，一般包括卡方（χ^2）、近似误差的均方根（root mean square error of approximation，RMSEA）、比较拟合指数（comparative fit index，CFI）和标准化均方根残差（standardized RMR，SRMR）。稍后会逐一介绍。

第三，分析参数估计的显著性。在输出的结果中，除了每个参数的估计值，还有标准误差和 t 值的估计。如果选取第一类错误（type I error）的概率小于 0.05，那么我们要求合理 t 值应大于 1.96。

第四，分析 X 的 R 平方（R-SQUARE）。在结构方程模型中，每个观察变量 X 都有一个 R 平方，就像回归方程中的 R 平方一样，我们同样希望这个 R 平方越大越好，因为如果它变小，则说明观察变量与潜变量之间的关系也相应变弱了。

下面我们一起来分析上文例子中的 Mplus 输出结果，如附件 Example_1.out 所示，看看有何发现。首先各观察变量的残差方差和各因子的方差都分别大于零，可以判断其中并无不合理参数出现，然后检查在因子负荷表中（BY 指令）每个参数所对应的四个数值分别是参数估计值、标准误差、t 值和显著性几率。其中，所有显著性几率都小于 0.05，这说明因子负荷相关系数都是显著的。

15.8 拟合指数

在结构方程中，当我们谈到拟合度时，其实是指如何尝试改变各参数值的大小，从而使得拟合协方差矩阵更接近样本协方差矩阵，即 Δ_{est} 更小。一般我们会采用拟合函数（fit function）来衡量 Δ_{est} 的大小。该值越小，说明两个矩阵之间的拟合程度越好。结构方程有多种估计方法，我们一般用的方法是最大概度（maximum likelihood，ML），其拟合函数（f_{ML}）的计算公式为：

$$f_{ML} = \log|\Sigma^{(g)}| + \mathrm{tr}(S^{(g)}\Sigma^{(g)-1}) - \log|S^{(g)}| - p^{(g)} + (\bar{x}^{(g)} - \mu^{(g)})' \Sigma^{(g)-1} (\bar{x}^{(g)} - \mu^{(g)}) \tag{15-8}$$

其中，$\mu^{(g)}$ 为第 g 个样本的模型估计均值向量，$p^{(g)}$ 为第 g 个样本的观测变量数量。

而整体拟合程度的最基本测量指标就是 χ^2，其公式为

$$\chi^2 = (N-1)F \tag{15-9}$$

其中，N 为样本数量，F 为拟合函数的最小值。

伴随 χ^2 一起的，我们还要同时考虑自由度和 p 值的大小。在众多不同的拟合指数中，χ^2 是其中少数有已知分布情况的。另外，还有拟合指数 RMSEA。由于分布情况已知，我们可以检测 χ^2，即 Δ_{est} 是否有统计显著性。相对于每一个 χ^2 及其自由度（DF）值，我们可以找到显著的 p 值。χ^2 越小，p 值越大，则说明拟合协方差矩阵与样本协方差矩阵的差异越不显著，最初假设的模型越不容易被推翻；反之，χ^2 越大，p 值越小，则说明拟合协方差矩阵与样本协方差矩阵的差距越显著，这时，我们最初假设的模型就可能要被推翻了。

然而，许多学者都特别注意到了一点，即 χ^2 值对样本数量相当敏感。样本数量越大，χ^2 值也就越容易变得显著，从而使假设值越容易遭到拒绝。其实，我们从式（15-9）中也可以发现，χ^2 值是非常依赖样本数量的，因为计算时用到了样本数量 N。通常在结构方程研究中我们都需要大的样本数量，那么这时就会导致即使拟合协方差矩阵与样本协方差矩阵的差异不大，也可能使假设模型被拒绝。这个矛盾也就合理解释了为什么学者们都在不断找寻更合适的拟合指数。现在，一般的软件都会同时产生超过 30 个的拟合指数。下面，我们再简单向大家介绍几个经常应用的拟合指数：

第一个是 RMSEA，计算公式为

$$\mathrm{RMSEA} = \sqrt{\frac{\chi^2}{(N-1)(DF-1)}} \tag{15-10}$$

这个概念最早是由 Steiger & Lind（1980）提出的，并由 Browne & Cudeck（1993）命名。当 RMSEA 等于或小于 0.05 时，代表假设模型拟合程度好；当 RMSEA 介于 0.05 和 0.08 之间时，代表拟合程度可以接受；当 RMSEA 介于 0.08 和 0.10 之间时，代表拟合程度不高；当 RMSEA 大于 0.1 时，则代表了模型与数据拟合程度很差。总体来说，RMSEA 越小，代表拟

合程度越高。除此之外，还提供了 Probability RMSEA ≤ 0.05 的判断标准，即用 p 值测定这个假设。当 p 值大时，说明不显著，则不拒绝假设模型；当 p 值小时，说明显著，则要拒绝假设的模型。

第二个经常使用的拟合指数是 CFI，它的特征是比较基线（baseline）模型的 χ^2 和假设理论模型的 χ^2（Bentler，1990）。计算公式为

$$\mathrm{CFI} = 1 - \frac{\max(\chi^2 - DF, 0)}{\max(\chi_b^2 - DF_b, 0)} \tag{15-11}$$

CFI 公式中 χ_b^2 指基线模型中的 χ^2，DF_b 指基线模型中的自由度。这里所谈到的基线模型是只包含观察变量和误差项，忽略了潜变量和因子负荷间所有关系的一种模型。CFI 得到的值越大，代表拟合程度越高。一般的规律是取值大于 0.9，若 CFI 大于 0.95，则代表假设理论模型与数据的拟合程度非常高（Hu & Bentler，1999）。

第三个经常使用的拟合指数是 SRMR，计算公式为：

$$\mathrm{SRMR} = \sqrt{\sum_{g=1}^{G} \left\{ \sum_{i=1}^{p_g} \sum_{j=1}^{j \leq i} (\hat{s}_{ij}^{(g)} - \sigma_{ij}^{(g)}) \right\} \Big/ \sum_{g=1}^{G} p^{*(g)}} \tag{15-12}$$

SRMR 是标准化的值，因此不会受到量度单位的影响，一般的规律是：SRMR 小于 0.08，则代表假设模型与数据的拟合程度较高。

另外，一些过去常用的拟合指数，如相对卡方（relative chi-square）、拟合度指数（goodness of fit index，GFI）和调整后拟合度指数（adjusted goodness of fit index，AGFI），因为被不少模拟研究发现都有缺陷，比如对样本大小的依赖度过高等，目前已经很少再被使用。

我们现在回到先前的模拟例子中来看看拟合度的结果。如 Example_1.out 所示，degrees of freedom=224，minimum fit function chi-square=342.056（p=0.0000），RMSEA=0.032，probability RMSEA ≤ 0.05=1.000，CFI=0.980，SRMR=0.038。其中，虽然卡方的 p 值小于 0.05，但是其他的指标也显示了高的拟合度，所以经过综合判断，我们认为此例中假设模型与样本数据拟合程度较高。

例二：全模型

研究及模型简述　　Wagner & Benoit（2015）的研究包含了多项假设，可简要总结如下：关系价值（relationship value）受到供应商的品牌资产（vendors' brand equity）、销售支持（merchandising support）、利润保证（margin maintenance）、销售代表提供的特殊待遇（special treatment by sales representative）及客户是否拥护销售代表（customer advocacy of sales representative）的影响；业务增长意向（business growth intention）受到品牌资产、销售支持、利润保证及关系价值的影响；关系维护意向（relationship maintenance intention）受到销售代表是否提供特殊待遇、客户是否拥护销售代表及关系价值的影响。

Mplus 程序分析和解释　　在附件 Example_2.inp 中，我们可以看到 Mplus 是以 ON 作为各个变量间因果关系的指令。全模型的程序是在测量模型的基础上，加入了以下三行指令：

RV ON BE MS MM ST CA；

BGI ON RV BE MS MM；

RMI ON RV ST CA；

如 Example_2.out 所示，degrees of freedom=229，minimum fit function chi-square=380.612（p=0.0000），RMSEA=0.035，Probability RMSEA ≤ 0.05=1.000，CFI=0.974，SRMR=0.047。除了卡方的 p 值小于 0.05，其他指标也显示了此例假设的全模型与样本数据有良好的拟合效果。根据各个参数的显著性几率，得出关系价值受到品牌资产（b = 0.197，p= 0.019）、利润率维持（b = 0.107，p= 0.030）及客户是否拥护销售代表（b = 0.444，p= 0.000）的影响达到统计上的显著性。业务增长意向受到关系价值（b = 0.315，p= 0.000）及品牌资产（b=0.589，p= 0.000）的影响也达到统计上的显著性。关系维护意向只有在客户是否拥护销售代表（b = 0.083，p= 0.022）这一变量上是显著的。

15.9 结构方程模型发展的新趋势

第一个人的新趋势是以测量模型进行验证性因子分析，通过检测来判断各个潜变量的信度和效度。检测信度的传统方法是利用克朗巴哈系数，看其是否大于 0.7，但使用克朗巴哈系数的前提假设是所有的观察变量与潜变量之间的因子负荷都是相同的，这在实证研究中并不多见。Fornell & Larcker（1981）提出了在运用结构方程模型时，应该以没有假设因子负荷相同的变量信度系数（construct reliability，CR）来判断各个潜变量的信度。计算变量信度系数的公式为：

$$\mathrm{CR} = \frac{\left(\sum_{i=1}^{k} \lambda_i\right)^2}{\left(\sum_{i=1}^{k} \lambda_i\right)^2 + \left(\sum_{i=1}^{k} e_i\right)} \qquad (15-13)$$

从本章附件中 Example_1.out（见本书数字资源）的 Mplus 输出结果中我们可以计算供应商的品牌资产（vendor's brand equity）的 CR：CR=（0.685+0.765+0.861）^{2}/[（0.685+0.765+0.861）^{2}+（0.531+0.414+0.258）]=0.816。由于变量信度系数大于 0.7，结论为供应商的品牌资产有足够的信度。

Fornell & Larcker（1981）也提出了以观察变量的平均方差提取值（average variance extracted）是否大于 0.5 来检测收敛效度，即判断潜变量是否解释了观察变量一半以上的方差。从附件中 Example_1.out 的 Mplus 输出中最后部分的 R-square 结果，我们可以计算供应商的品牌资产的平均方差提取值：

AVE=（0.469+0.586+0.742）/3=0.599

由于平均方差提取值大于 0.5，结论为供应商的品牌资产有足够的收敛效度。

但以平均方差提取值来检测收敛效度的一个缺点是，可以有一个或一个以上的观察变量与潜变量间的关系并不密切，因此我们也应检测是否所有的因子负荷值都大于 0.5（Hair et al.，2009）。

最后，Fornell & Larcker（1981）提出了两个潜变量之间的判别效度应以两个平均方差提取值是否大于两者相关系数的平方来检定，即一个潜变量对其观察变量的方差的解释度，比对另一个潜变量的解释度是否更高。从附件中 Example_1.out 的 Mplus 输出中最后部分的 R-square 结果，我们可以计算关系价值（relationship value）的平均方差提取值：

$$AVE=(0.860+0.716+0.789)/3=0.788$$

供应商的品牌资产与关系价值的相关系数为 0.199，其平方为 0.0396。由于供应商的品牌资产的 AVE 和关系价值的 AVE 都大于 0.0396，结论为供应商的品牌资产与关系价值具有判别效度。

第二个大的新趋势是以结构方程模型做中介效应（mediating effect）分析的发展。过去的中介效应分析以 Baron & Kenny（1981）为基础，检测自变量到中介变量的参数估值是否显著，以及中介变量到因变量的参数估值是否显著。尽管所有的结构方程模型都能计算出中介效应值的标准误差，MacKinnon et al.（2002，2004）在回归分析的基础上指出中介效应非常态分布，因此一般的标准误差并不适用，他们建议以自助法（bootstrap method）来推算中介效应值的置信区间（confidence interval），并以此估计参数是否显著。Cheung & Lau（2008）将 MacKinnon et al.（2004）建议的方法应用于结构方程模型，演示了怎样以自助法来推算潜变量间中介效应的置信区间，从而检测中介效应的统计显著性。特别需要一提的是，不少学者在分析中介效应时，没有将直接效应加入模型。但是，就算直接效应的值非常小，忽略了直接效应的模型，会将直接效应加于中介效应上，使中介效应的估值不当地膨胀。因此无论研究的假设有没有包括直接效应，都应该将直接效应加入分析的模型。

附件中的 Example_3.inp 展示了以 2000 个自助法样本来分析中介效应的程序。在全模型程序（Example_2.inp）的基础上，加入了以下自助法的指令：

ANALYSIS: BOOTSTRAP = 2000;

并且加入了以下估计中介效应的指令：MODEL INDIRECT:

BGI IND BE;

BGI IND MS;

BGI IND MM;

RMI IND ST;

RMI IND CA;

最后加入了输出置信区间的指令：

OUTPUT: CINTERVAL（BCBOOTSTRAP）;

由输出结果 Example_3.out 可以看到，由品牌资产通过关系价值对业务增长意向的中介效应（$b=0.062$）95% CI（置信区间）= [0.008, 0.140]，并不包含 0，因此得出这个中介效应达到统计上显著性的结论。由于品牌资产对业务增长意向的直接效应（$b=0.589$，$p=0.000$）也有统计上的显著性，因此，由品牌资产通过关系价值对业务增长意向的中介效应为部分的中介效应（partial mediation）。由利润保证通过关系价值对业务增长意向的中介效应（$b = 0.034$，95% CI = [0.004，0.070]）也达成统计上显著性的结论。由于利润保证对业务增长意向的直接效应（$b = 0.073$，$p = 0.129$）未能达到统计上的显著性，因此，由利润保证通过关系价值对业务增长意向的中介效应为完全的中介效应（full mediation）。

Lau & Cheung（2012）更将他们建议的方法推广到估算特定的中介效应值和比较两个特定中介效应值的差异上面。方法是以 Mplus 的 MODEL CONSTRAINTS 指令，以组成中介效应路径的路径值相乘而得出中介效应值。附件中的 Example_4.inp 展示了以 2000 个自助法样本来分析中介效应的程序。

第三个大的新趋势是测量等同（measurement equivalence/invariance，ME/I）概念的拓展与延伸。过去要进行跨组（cross-group）比较研究，例如比较潜变量的均值或潜变量之间的关系在各组别之间是否存有差异时，一般是以数条问卷题目答案的平均值作为潜变量的数值，再以变异数分析或回归分析来计算跨组差异。这种方法最大的问题是其假设观察变量与潜变量之间的关系在各组别之间没有差异。但实际上，特别是在跨文化的研究中，观察变量与潜变量之间的关系时有不同，因此需要进行测量等同检测来比较结构方程模型中的各个参数值是否存在跨组差异，以确定比较潜变量的均值或潜变量之间的关系在各组别之间的差异并不是由测量差异而来。进行跨组比较研究时，最基本的要求是结构不变性（configural invariance），即测量模型中潜变量与观察变量之间的形态在各组别中相同。当研究的目的是比较潜变量之间的关系在各组别之间的差异，例如在分析调节效应（moderating effect）时，假如调节变量是一个类别变量（categorical variable），便可通过多组分析（multi-group analysis）来验证潜变量之间的关系在各组别之间是否相同，这时便需要先确定量尺不变性（metric invariance），即因子负荷在各个组别中相同。当研究目的是比较潜变量的均值时，则需要同时先确定量尺不变性和题项截距不变性（scalar invariance），即因子负荷和题项截距在各个组别中均相同（Cheung & Rensvold，2000）。

特别值得我们关注的是测量等同在以下实际操作中的具体应用：

① 将结构方程模型在不同文化组别之间进行比较，可对跨文化的研究工作大有裨益。

② 在教育学领域，结构方程模型有助于比较拥有不同水平学术成就或不同主修范围的研究对象之间的异同。

③ 跨性别研究，因为男性和女性对某些问题的看法会有所差异，如对"大减价"这个事件所体现出的分歧。

④ 在心理学试验研究中，结构方程可帮助测量实验组和对照组对同一份调查问卷题目的不同看法。

⑤ 在 360 度绩效评估中，研究表明，工作持有者与上司对其本人的工作表现评价会有所出入，从而导致一系列问题的产生。经验证明，结构方程模型在以上这些研究分析方面，都有它擅长的一面。

传统的测量等同分析是以不受限模型（unconstrained model）的卡方与限制了因子负荷（或同时限制了题项截距）在各组别中相同的受限模型（constrained model）的卡方做比较。假如两个模型卡方值的差是显著的，测量等同便会被推翻。由于卡方值的差会受到样本数目的影响，Cheung & Rensvold（2002）提出假如受限模型的 CFI 值比不受限模型的 CFI 值低不足 0.01，测量等同便得到证明。Mplus 提供了进行测量等同分析的简易方法，只要在 MODEL 指令后加上以下的分析指令即可：

ANALYSIS：MODEL=CONFIGURAL METRIC SCALAR；

附件中 Example_5.inp 展示了以这方法进行测量等同分析的程序。从 Example_5.out 中发现，结构不变性模型和量尺不变性模型的卡方值相差 10.59（degrees of freedom= 9，p= 0.3056），由于两个模型的卡方值相差未能达到统计显著性，而且 CFI 相差只有 0.001，因此，量尺不变性便成立。相反，量尺不变性模型和截距不变性模型的卡方值相差 75.27（degrees of freedom = 9，$p < 0.0000$），由于两个模型的卡方相差达到统计显著性，而且 CFI 相差 –0.015，结论为截距不变性模型不成立，即有些题项的截距在各个组别中并不相同。

这些方法的不足之处是只能得到拟合指数的差，但却没有计算因子负荷或题项截距的跨组差异。Cheung & Lau（2012）提出了直接估算因子负荷和题项截距在不同组之间的差异，并以自助法来推算各差异的标准误差来分析统计显著性。附件中的 Example_6.inp 展示了以这方法进行测量等同分析的 Mplus 程序。测量等同的详细叙述可参考 Vandenberg & Lance（2000），多层构念的测量等同检测可以用高阶因子分析进行，详细叙述可参考 Cheung（2008）。

第四个大的新趋势是潜增长模型（latent growth model）的发展。有许多研究是观察研究对象随着时间轴的变化程度，如人们的认知和态度的发展及变化。比如，一个员工在步入职场之前对未来的工作会抱有一定期望；步入职场两个星期之后，当他有了一些初步认识之后，期望也会变得实际些，同时对公司的观念也会有所改变；六个月之后，他的改变应该逐渐趋于稳定。所以，我们说一个人对一家机构的认知和观念会随着时间的流逝而发生变化。同样，许多相似的概念和理论都是关于发展的，如上司与下属的关系、培训的效果等。潜增长模型以高阶（higher-order）结构方程模型来推算构念的增长模式，更重要的是可以检测特定变量对增长模式的影响。

附件中的 Example_7.inp 展示了一个潜增长模型分析的 Mplus 程序例子。在分析潜在增长模型的时候，必须先确立截距不变性，详细叙述可参考 Chan（1998）。Mplus 是在 MODEL 指令下加入对截距（intercept）和斜率（slope）的估算：

i s | f1@0 f2@1 f3@2 f4@3；

将各时间点的因子负荷定为 0，1，2，3 可以估算线性增长（linear growth），也可以改变各时间点的因子负荷来估算非线性增长（non-linear growth）。

第五个大的新趋势是多层次模型（multilevel model）的进展。多层次模型与高阶因子模型的最大差异在于高阶因子模型用以检测非独立的构念，而多层次模型则用以检测非独立的样本。如图 15-6 所示的一个多层次数据的例子，它包括四个样本（subject），每个样本由三个题目（item）来测量，这四个样本又同时属于一个大组别（group）。例如，在人力资源管理的研究中，我们经常从员工中搜集数据，有些员工属于同一工作单位，或者有共同的上司，所以这些样本之间是相关的。这个例子充分说明了有时我们搜集来的数据之间不是互相独立的，虽然分为四个样本，但其实互相之间都存在着一定关系。那么，这种情况在分析时也需要特别处理。假如研究者的目的并不是分析不同层次变量之间的关系，而只是想去除数据的非独立性，那么 Mplus 提供了简易的方法去处理样本误差的非独立性，只要在 VARIABLE 指令加上组别变量的名称：

CLUSTER=GroupID；

并加上以下的分析指令便可：

ANALYSIS：TYPE=COMPLEX；

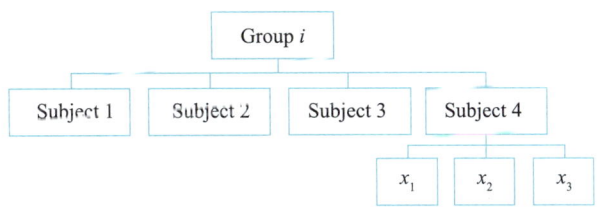

图15-6　多层次数据示例

近年很多研究都涉及不同层次的变量，如上司的领导方法会影响小组内各员工的个性与工作表现的关系。早年的多层次分析以回归分析的多层线性模型（hierarchical linear model）为基础，详细叙述可参考 Hofmann（1997）与 Klein & Kozlowski（2000）。简单来说，首先在每组内以回归分析估算每组的截距（intercept）和斜率（slope），再找出高层变量 G 对每组的截距和斜率的影响。如式（15-14）至式（15-16）所示（Hofmann，1997：727—728）：

$$Y_{ij}=\beta_{0j}+\beta_{1j}X_{ij}+r_{ij} \quad (15-14)$$

$$\beta_{0j}=\gamma_{00}+\gamma_{01}G_j+U_{0j} \quad (15-15)$$

$$\beta_{1j}=\gamma_{10}+\gamma_{11}G_j+U_{1j} \quad (15-16)$$

r_{ij} 是残余值，其方差是 σ^2，U_{0j} 及 U_{1j} 的方差及协方差为 τ_{00}，τ_{11} 和 τ_{10}。

近年以结构方程模型来分析多层次理论有很大的发展，我们可将观察变量之间的协方差矩阵分拆成为两个水平研究，即变量组间协方差矩阵（between-group covariance matrix）和变量组内协方差矩阵（within-group covariance matrix），从而便可对组间和组内的模型进行分析，进一步可比较这两个水平之间的异同。以结构方程模型来分析多层次理论的优点是能在推算变量组间协方差矩阵时，考虑到高层次变量的测量误差，因此可以更准确地推算高层次变量之间的关系。附件中的 Example_8.inp 展示了以 Mplus 估算式（15-14）至式（15-16）当中各个变量的程序。Example_8.out 显示 σ^2=0.976，γ_{11}（跨层次调节效应的估值）= 0.558，

γ_{01}=0.965，γ_{00}=1.911，γ_{10}=0.883，τ_{00}=0.839，τ_{11}=0.229，τ_{10}=0.231。Mplus 也提供了简易的方法进行多层次中介效应分析，Preacher et al.（2010）提供了清楚的介绍。

第六个大的新趋势是以结构方程模型做交互作用（interaction effect）分析的发展，其中以交互作用来分析调节效应（moderating effect）最为重要。当以回归分析来检测调节效应时，可以两个观察变量值的积（product term）作为回归方程上的一个自变量，并以此估计参数来检测调节效应是否显著（Preacher et al.，2007）。但这方法的缺点是两个观察变量值之积的信度比较低，因此参数会被大幅度低估（Cheung et al.，2021）。但以结构方程模型来检测调节效应时，潜变量值的积并不容易计算出来，最初 Hayduk（1989）以多个方程来界定潜变量值的积，其后又有不少学者提出各种方法来简化 Hayduk（1989）的方程，Cortina et al.（2001）对这些方法提供了清楚的总结和比较。这些方法要么非常复杂，要么就是推算存在问题。直到近年 Mplus 提供了简易的方法来建立潜变量值的积，这一问题才得以解决。其方法是基于 Klein & Moosbrugger（2000）的潜变量调节效应结构方程（latent moderated structural equations，LMS）来进行，当中没有估计两个潜变量值的积，而是通过矩阵的运算来估计潜变量值的积对其他变量的影响。附件中的 Example_9.inp 展示了一个用以分析调节效应的 Mplus 程序，当中有三个潜变量 *X*、*Y* 和 *Z*，每个潜变量由四个观察变量来测量。*X* 是自变量，*Y* 是因变量，*Z* 是调节变量，即 *X* 对 *Y* 的效果受到 *Z* 的影响。LMS 是以数字积分（numerical integration）的形式来进行的，因此需要在 Mplus 程序中加入以下的分析指令：

ANALYSIS：TYPE=RANDOM；

ALGORITHM=INTEGRATION；

在 Model 指令中，可以用下面的指令来建立 *X* 和 *Z* 的潜变量积 XZ：

XZ | X XWITH Z；

最后，在 Model 指令中，加入以下的指令来估计 *X*、*Z* 和 *XZ* 对 *Y* 的影响：

Y ON X Z XZ；

要注意的是，LMS 分析的结果并不提供一般的拟合指数，因此需要先运算没有潜变量积的结构方程模型，得到了满意的拟合指数后再加入潜变量积。Cheung et al.（2021）提供了 LMS 分析的详尽教程，不单介绍了二路交互效应（2-way interaction）的分析过程，还介绍了三路交互效应（3-way interaction）、二次效应（quadratic effect）、被调节的二次效应（moderated quadratic effect）、多项式回归分析（polynomial regression）和曲线的三路交互效应（curvilinear 3-way interaction）的分析指令。虽然近年 Cortina et al.（2021）提倡以指标积方法（product-indicator）来推算交互效应，但指标积方法除了未能分析上述较为复杂的交互效应，也未能分析包含多于一个交互效应的模型。而且当潜变量有多个观察变量时，指标积方法变得非常复杂，因而需要将多个观察变量结合为较少数量的包裹（parcels）来分析，这样又引申出将多个观察变量结合为较少数量的包裹的问题。LMS 分析除了可以解决以上所叙述的问题，还可以分析高阶因子的相互效应。

最近学者所提出被调节的中介效应（moderated mediation）和被中介的调节效应（mediated moderation），Cheung & Lau（2017）演示了怎样以结构方程模型的 LMS 来分析被调节的中介效应，并对所需 Mplus 程序做出了详细解释，其具体在实证研究中的应用可参考 Wayne et al.（2017）的文章。Cheung & Lau（2017）也展示并说明了以回归分析来推算被调节的中介效应值及其置信区间均存有很大的误差。本书后面章节也会对此进行介绍，感兴趣的读者也可参考 2017 年 10 月刊发的 *Organizational Research Methods*，当中有多篇论文谈到以结构方程模型来检测被调节的中介效应。

15.10 结语

综上所述，虽然近年来结构方程的应用日益广泛，但是人们对其本质概念仍存在某些误解。其实简单来说，结构方程是基于假设模型，将拟合协方差矩阵与观察协方差矩阵相比较，当二者差距缩小时，则说明假设模型与样本数据拟合程度较高。所以，我们认为，只有清楚并深刻了解结构方程的内涵，才能使其成为帮助我们进一步探索的更得力的助手和工具。

延伸阅读

张伟雄、彭台光.（2013）.《组织研究方法论文精选》. 台北：智胜文化事业有限公司.

侯杰泰、温忠麟、成子娟.（2004）.《结构方程模型及其应用》. 北京：教育科学出版社.

胡昌亚、杨文芬、游琇婷，等.（2022）.《用 JASP 完成论文分析与写作》. 台北：五南出版社.

第 16 章

单层与多层不同类型的中介与调节模型：理论构建与实证检验*

刘东　张震　汪默

> **学习目标**
> 1. 掌握单层与多层中介、调节、被中介的调节、被调节的中介效应的理论意义
> 2. 了解如何从理论上构建以及区分不同类型的单层与多层中介、调节、被中介的调节、被调节的中介模型
> 3. 能在单层或多层的不同情境中使用统计方法检验中介、调节、被中介的调节、被调节的中介模型

在本文中，我们将系统梳理单层与多层中介、调节、被中介的调节、被调节的中介效应相关的管理研究文献。通过文献总结与延伸，我们将为那些对构建与检验此类模型感兴趣的学者们提供相应的指导。具体而言，本章节将涵盖五个主要部分。第一，介绍中介与调节的理论意义以及检验方法。第二，界定被中介的调节效应的两种主要形式，为如何发展理论框架提供相应的建议。第三，运用已发表的文章作为实例来讲述被调节的中介效应的三种形式，并归纳一些有效途径来构建相应的理论模型。第四，在单层及多层情境中，讨论相应的统计方法，用以检验被中介的调节作用。第五，在单层及多层情境中，介绍三种统计方法，用以检验被调节的中介作用。总之，本文旨在阐明单层与多层中介、调节、被中介的调节和被调节的中介效应的本质，清晰地探讨它们的理论界定及统计检验的相关问题，为研究者在具体研究中应用此类模型提供有用的指导。在本章中，我们用 X 代表自变量，M 代表中介变量，W 代表调节变量，Y 代表因变量。相较于单一的中介或调节模型，被调节的中介与被中介的调节模型能更加完整、深入地揭示变量间的关系，已成为近年来的主流模型。因此，我们将在本章重点介绍单层与多层被调节的中介与被中介的调节模型的构建与检验。

16.1　构建与检验中介与调节模型

许多研究个人、团队与组织的理论试图描述中介过程和调节机制，例如，事件系统理论（event system theory）（Morgeson et al.，2015）、情感事件理论（affective event theory）（Weiss & Cropanzano，1996）、社会认知理论（social cognitive theory）（Bandura，2002），以及企业资源观理论（resource-based view of firms）（Barney，1991）。在相关理论指导下，在单层和多层

---

* 本章由中国社会科学院工业经济研究所高中华教授翻译。

实证研究中，学者们通过构建与检验中介和调节模型，来探索变量之间关系的潜在解释机制与调节机制，为理论与实践发展做出贡献。因此，提出假设，检验中介与调节变量的作用是为了使研究产出重要的理论与实践意义，而绝不是为了把模型复杂化，增加论文发表机会。

16.1.1 中介作用

中介变量（mediator）可以解释、传递自变量对因变量的影响（见图16–1）（Baron & Kenny，1986；Hayes，2022）。正如 Whetten（1989）所言，中介变量阐明了两个变量之间的关系是"如何"（how）以及"为何"（why）产生的。例如，为了扩展积极人格（proactive personality）和个体—环境匹配（person-wwenvironment fit）方面的研究，Zhang et al.（2012）用领导者与追随者之间的社会交换关系质量（leader-member exchange quality）作为中介变量，来解释领导者—追随者积极人格之间一致性（或不一致性）为何能对追随者工作满意度、情感承诺与工作绩效产生影响。有时候，为了更加深入展示自变量是如何一步步影响因变量，学者们会检验序列中介变量（sequential mediators）。如Huang et al.（2016）发现领导者创造力自我效能（自变量）首先会使领导者去激发下属创造力（中介变量1），接下来员工会投入创造力产生过程中（中介变量2），最终员工会更有创造力（因变量）。总之，管理学者检验中介变量的目的是为了能更加清楚地揭示自变量是通过什么机制来影响因变量的。

图16–1 中介作用

根据变量关系的新颖性，可以有以下几个思路提出中介假设。研究者可以先提出 X 与 M 关系的假设，以及 M 与 Y 关系的假设，接着提出中介假设。如采用这种思路，X 与 M 的关系假设，以及 M 与 Y 的关系假设应是新颖的。如果 X 与 M 的关系新颖，而 M 与 Y 的关系已被前人研究所验证，研究者可以在提出 X 与 M 的关系假设之后，直接提出中介假设。如果 X 与 M 的关系，以及 M 与 Y 的关系都不够新颖，研究者可以直接提出中介假设。无论是采用哪种思路提出中介假设，在构建中介关系的理论推导过程中，研究应该包括以下几个推理步骤：第一步，研究者应该依托相关理论以及实证证据，清楚解释 X 为什么会影响 M。第二步，研究者依然要依托相关理论与实证证据，解释为什么 M 和 Y 之间存在显著关系。第三，研究者需要在第一步与第二步的基础上，讨论为何中介变量可以传递自变量与调节变量交互效应对因变量的影响。需要说明的是，讨论 X 与 Y 之间的关系，从理论与统计的意义上看都不是必需的。这是因为中介假设本身就是在解释 X 为什么会影响 Y（参见16.6讨论部分考虑的第一个理论问题）。

16.1.2 调节作用

调节变量可以改变自变量与因变量之间的关系强度和方向（见图16–2）（Baron & Kenny，

1986；Murphy & Aguinis，2022）。根据权变视角（contingency perspective），变量之间关系经常会受到情境因素（如外部事件、相关实体的内部特征）的调节。在管理实践中，管理者也需要经常考虑情境因素对某项政策与制度的调节作用。所以，通过建立模型、检验调节作用具有重要的理论与实践意义。无论是微观组织行为学研究，还是宏观战略研究，都有很多针对调节作用的研究（Aguinis et al.，2017；Jiang et al.，2021）。例如，Liu et al.（2021）提出，工作意义（work meaningfulness）会调节员工感受到的新冠肺炎危机严重性（perceived COVID-19 crisis strength）对员工的工作投入度（work engagement）以及担当行为（taking charge at work）的影响。通过对负责医治新冠肺炎病人的医护人员的研究，Liu et al.（2021）发现，当医护人员越认为他们的工作有意义，他们感知到的新冠肺炎危机严重性对员工的工作投入度以及担当行为的负面影响就越小。Hitt et al.（1997）检验了产品多元化（product diversification）对国际多元化（international diversification）与企业绩效之间关系的调节作用。在产品多元化程度较低的企业，国际多元化对企业绩效有显著的负向影响；在产品多元化程度较高的企业，国际多元化对企业绩效有显著的正向影响；在产品多样化程度中等的企业，国际多元化与企业绩效则呈曲线关系。总之，通过研究调节作用，学者们可以揭示两个变量之间的关系"何时"和"为谁"而增强或减弱，这就是研究调节作用的主要理论意义（Whetten，1989）。

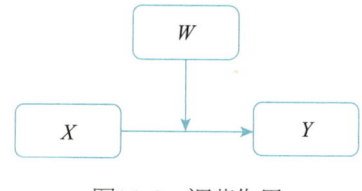

图16-2 调节作用

在构建调节关系模型时，如果理论上 X 与 Y 存在显著关系，且二者关系还没有被前人所检验，研究者可以先提出 X 与 Y 主效应关系的假设。接着，研究者可以提出 W 对 X 与 Y 关系的调节作用假设。如果理论上 X 与 Y 不存在显著关系，或者二者关系不够新颖、重要，研究者可直接提出 W 对 X 与 Y 关系的调节作用假设。无论是采用哪种思路提出调节假设，在构建调节关系的理论推导过程中，研究者应该包括以下两个推理步骤：第一步，研究者应该依托相关理论以及实证证据，清楚阐述当 W 变高（强）时，X 对 Y 的影响是正向的还是负向的，影响强度变强还是变弱。第二步，研究者应该依托相关理论以及实证证据，清楚阐述当 W 变低（弱）时，X 对 Y 的影响是正向的还是负向的，影响强度变强还是变弱。

16.1.3 检验中介作用

在单层与多层研究中，都有不少学者使用 Baron & Kenny（1986）的分步回归模型方法去检验中介作用[①]。具体来讲，根据 Baron & Kenny（1986），验证中介作用需要满足四个条件：

---

① 参见David A. Kenny建立的网页，http://davidakenny.net/cm/mediate.htm（登录时间：2023年4月15日）。

①X与Y有显著关系；②X与M有显著关系；③当X与M同时放入模型去预测Y，M与Y有显著关系；④X与Y的关系变得不显著（完全中介）或者相比于条件①X与Y的关系减弱了（部分中介）。

在 Baron & Kenny（1986）的基础上，Mathieu & Taylor（2007）进一步探讨了如何检验跨层次中介作用（如X在团队层次，M与Y在个体层次）。他们提出检验完全中介作用的步骤与 Baron & Kenny（1986）一致。但如果检验部分中介，只须满足X与M有显著关系、X与M同时与Y有显著关系这两个条件。

MacKinnon et al.（2002）比较了 14 种验证中介作用的方法。得出的结论是，传统的 Baron & Kenny（1986）分步回归模型方法的统计效力（statistical power）相对较低，也就是本来存在的中介作用不一定能被验证出来。他们提出的系数乘积（product-of-coefficients）方法能较好地检验中介作用。这种方法不再区分完全中介与部分中介，而是直接测验"X对M作用的系数"和"M对Y作用的系数"的乘积。需要注意的是，在生成M对Y作用的系数时，需要同时控制X对Y的影响。如果"X对M作用的系数"和"M对Y作用的系数"的乘积不为零，则可得出存在中介作用的结论。近年来，系数乘积方法已被广泛用于检验单层与多层模型的中介作用。学者们使用 Sobel test[①] 与 Monte Carlo simulation[②] 等方法来检验"X对M作用的系数"和"M对Y作用的系数"的乘积是否为零。Hayes（2022）发展的 PROCESS macro[③] 可以被方便地应用于 SPSS、SAS 与 R 软件中，来验证中介作用是否存在。

16.1.4　检验调节作用

对单层与多层调节作用的检验主要有两个步骤，第一个步骤是看以下方程中在控制了X与M的主效应之后，X与M的乘积对Y的作用是否显著（见下面这个式子）。如果是有两个调节变量（M_1与M_2），也是要控制X与M_1、M_2的主效应下，看X乘以M_1M_2对Y的作用是否显著。

$$Y=b_0+b_1X+b_2M+b_3XM$$

第二个步骤是画出调节作用图（俗称"筷子图"），并进行斜率检验（slope test）。画调节作用图的目的是要去看在调节变量取高值（通常是"1 standard deviation above the mean of moderator"，即平均值以上 1 单位标准差的范围）与取低值（通常是"1 standard deviation below the mean of moderator"，即平均值以下 1 单位标准差的范围）时，自变量与中介变量二者之间的关系走向如何。比如，如果X对Y有正向作用，M正向调节二者的关系，调节作用图会展示在M取高值的时候，X与Y的关系图线更加向上扬（steep）。斜率检验的目的是在M取高值或低值的时候，计算X与Y关系的显著性与大小。杰里米·道森（Jeremy Dawson）提供了非常便捷的工具用于画调节作用图和进行斜率检验[④]。另外，OBHRM 百科上也有画

---

① 具体步骤参见 https://quantpsy.org/sobel/sobel.htm （登录时间：2023年4月15日）。
② 具体步骤参见 http://quantpsy.org/medmc/medmc111.htm （登录时间：2023年4月15日）。
③ 详情参见 https://www.processmacro.org/index.html （登录时间：4月15日）。
④ 参见 http：//www.jeremydawson.co.uk/slopes.htm （登录时间：2023年4月15日）。

图与斜率检测的工具[①]。Rönkkö et al.（2022）提供了在多种回归命令（如 linear、log、logit、probit）下，画线性与非线性图的工具网站[②]。Murphy & Aguinis（2022）详尽讨论了如何画交互图、报告效应量（effect size）、解析交互作用等重要问题。

虽然，单层与多层分析有不同的统计程序与估计方法。但基本上都是遵循以上两个步骤来验证调节作用。如果读者对使用 Mplus 等软件运行 SEM 来检验中介与调节作用感兴趣，可以参考本书第 15 章。如果读者对使用 HLM 等软件开展多层数据分析感兴趣，可以参考本书第 17 章。另外，Hayes（2022）的 PROCESS macro 也可以用来验证单层调节作用，甚至更为复杂的被中介的调节作用与被调节的中介作用等模型，缺点是无法考虑测量误差对理论模型检验的影响。因此，我们推荐采用 Mplus 软件检验中介与调节作用（参见本章 16.6.2 统计问题）。

16.1.5 小结

以上，我们介绍了如何从理论上构建中介与调节作用，并阐述了如何来从统计方法上检验中介与调节作用。我们强烈建议读者在学习提出更加复杂的模型之前，务必要弄清楚中介与调节作用的理论基础、实证步骤。近些年来，学者们逐渐开始发展同时包括中介与调节作用的模型，以便能更完整地揭示变量之间的关系。早期研究倾向于构建并分开检验中介与调节作用（Chen & Aryee，2007）。在一项跨层次研究中，Liu et al.（2009）首次发现了导师个人学习（mentors' personal learning）在其对学徒所提供的指导（provision of mentoring functions）与工作绩效之间的中介作用，同时也检验了导师社会交往（mentors' social interaction）在其对学徒所提供的指导与社会地位（social status）之间的中介作用。之后，他们把团队层次的概念——团队凝聚力（team cohesiveness）作为调节变量，分析了在个体层次，其对导师对学徒所提供的指导与个体学习（personal learning）及社会交往之间的调节作用。然而，研究者经常无法通过这种零散的方式（piece-meal approach）清晰地描绘组织现象中可能同时存在的中介与调节机制（例如，中介关系会不会随着某调节变量发生变化，或者调节关系会不会由某个中介变量所解释），从而无法最大化地展示其研究的贡献。

因此，组织研究学者和定量心理学研究者们开始以更为综合的方式发展和检验研究模型，提出了一些同时包括中介和调节作用的模型（Edwards & Lambert，2007；Muller et al.，2005；Preacher et al.，2007）。近年来，研究方法学者倾向于在单层和多层研究中，检验不同类型的被中介的调节（mediated moderation）和被调节的中介（moderated mediation）效应（例如 Alterman et al.，2021；Hu et al.，2019；Liao et al.，2010；Liu et al.，2017；Reina et al.，2017；Zhou et al.，2012）。此外，研究者们也在不断探索如何有效地整合中介与调节作用，并更加准确地检验不同类型的中介与调节模型（例如 Cheung & Lau，2017；Cortina et al.，2021；Holland et al.，2017；Sardeshmukh & Vandenberg，2017）。目前，几种主流检验方式都有着各

[①] 参见 http://www.obhrm.net/index.php/ModFigure（登录时间：2023 年 4 月 15 日）。

[②] 参见 https://mronkko.shinyapps.io/PredictionPlots/（登录时间：2023 年 4 月 15 日）。

自的局限，在结果解释方面会给研究者带来不少困惑（Edwards & Lambert，2007；Hayes et al.，2017；Hayes & Rockwood，2017）。所以，我们需更加清晰地解释被中介的调节效应和被调节的中介效应的不同理论意义及相应的检验方式，以帮助研究者们更有效地发展理论模型，进行统计检验。以下，我们将着力厘清主要的几种被中介的调节模型与被调节的中介模型的内涵、构建与检验思路。

16.2 构建被中介的调节模型

Edwards & Lambert（2007：7）把被中介的调节界定为"自变量和调节变量通过交互作用（moderation）影响中介变量，中介变量进而对因变量产生影响"。同样，Preacher et al.（2007）以及 Baron & Kenny（1986）认为，当自变量和调节变量对中介变量产生交互作用，并且此交互作用通过中介变量来对因变量产生影响时，被中介的调节就产生了。这些定义揭示了第一种类型的被中介的调节作用（后面将其称作类型 I）。如 Hayes（2022）所强调的，第一种类型的被中介的调节作用的核心是，中介变量作为桥梁把自变量和调节变量的交互作用传导至因变量。

除了以上定义，一些学者最近提出了另外一种类型的被中介的调节作用（后面将称作类型 II）。这类被中介的调节作用的核心是调节关系（即调节变量对自变量和因变量之间关系的影响）。同时，调节变量与中介变量有显著线性关系，中介变量调节自变量与因变量之间的关系，且中介变量能传递调节变量对自变量和因变量的调节作用，那么被中介的调节就产生了（如 Grant & Berry，2011；Wang et al.，2015）。下面将对以上两种被中介的调节模型进行详细分析。

16.2.1 类型 I 被中介的调节作用（被中介的交互作用）

尽管此类被中介的调节作用常常被表示为图 16-3a，但图 16-3b 可以更准确地描述其理论意义。这一类型严格符合被中介的调节的传统定义（Baron & Kenny，1986；Edwards & Lambert，2007；Muller et al.，2005）。研究者们在单层和多层研究中，广泛应用了这种被中介的调节模型（Chen et al.，2021）。例如，在 Lam et al.（2007）进行的一项员工反馈寻求行为（feedback seeking behavior）的单层研究中，他们采取了三个步骤来构建类型 I 的被中介的调节作用。第一步，假设员工反馈寻求行为（X）和领导成员互动质量（M）之间存在正向关系。第二步，假设领导对员工寻求反馈的动机归因（supervisor-attributed motives for feedback seeking，W）对员工反馈寻求行为（X）和领导成员互动质量（M）之间正向关系存在调节作用。第三步，根据员工反馈寻求行为（X）和员工工作绩效（Y）之间的正向关系、领导成员互动质量（M）的中介作用、领导对员工寻求反馈的动机归因（W）对员工反馈寻求行为（X）—员工工作绩效（Y）之间关系存在调节作用，提出类型 I 被中介的调节模型。

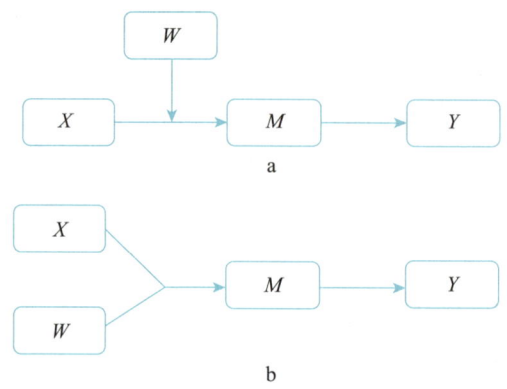

图16-3 类型 I 被中介的调节作用

作为多层研究中被中介的调节作用研究的一个实例，Liu & Fu（2011）通过四个步骤来发展了他们的研究模型。第一步，假设了导师自主性支持（mentors' autonomy support，个体层次自变量 X_1）、学徒自主性倾向（protégés' autonomy orientation，个体层次自变量 X_2）以及自主性团队支持氛围（autonomy-supportive team climate，团队层次调节变量 W）与学徒个人学习（protégés' personal learning，个体层次中介变量 M）之间的关系。第二步，提出了自主性团队支持氛围（W）会调节导师自主性支持（X_1）和学徒自主性倾向（X_2）对学徒个人学习（M）的影响。第三步，假设了学徒个人学习（M）对因变量——学徒组织公民行为（OCB）（Y_1）和工作投入（job involvement）（Y_2）有正向的影响。第四步，提出自主性团队支持氛围（W）分别与导师自主性支持（X_1）和学徒自主性倾向（X_2）的交互作用会对学徒组织公民行为（Y_1）和工作投入（Y_2）产生显著影响。根据以上推导，研究者又假设学徒个人学习（M）对这种交互作用的中介机制，也就是中介团队自主性支持氛围分别与导师自主性支持、学徒自主性倾向交互，对后续因变量（学徒组织公民行为和工作投入）产生影响。Liu et al.（2017）构建了更为复杂的包括三项交互的被中介的调节模型。

根据类型 I 被中介的调节的含义及实例，在单层及多层研究中构建被中介的调节模型时，有三个关键步骤需要考虑：第一步，有两个选择。第一个选择是，如果研究者希望区分自变量与调节变量，那么需要先解释调节变量为何及如何（加强/减弱）改变自变量和中介变量之间的关系。即在调节变量取高值时，自变量与中介变量的关系会是如何；在调节变量取低值时，自变量与中介变量的关系又会如何。在模型检验过程中，需针对调节变量对自变量与中介变量的调节作用进行斜率检验①，去看在调节变量取高值与取低值（通常 1 standard deviation above/below the mean）时，自变量与中介变量二者之间的关系。构建此类被中介的调节模型并不一定要对主效应进行假设（MacKinnon et al.，2007；MacKinnon et al.，2002；Shrout & Bolger，2002），重点是建立好自变量与调节变量对中介变量的交互作用假设。第二个选择是，如果研究者的研究假设只强调两个变量相互作用，共同影响中介变量，则在发展

---

① 参见http://www.jeremydawson.co.uk/slopes.htm 所提供的斜率检验与画交互图程序（登录时间：2023年4月15日）。

此类理论模型的过程中,无须区分自变量与调节变量。第二步,研究者应该依托理论,阐明中介变量和因变量之间为何存在显著关系。第三步,研究者可以整合上述两个步骤,讨论为何中介变量可以传递自变量与调节变量交互效应对因变量的影响。当然,为了通过这三个步骤构建理论模型,研究者应该建立可靠的理论框架,提供有充分说服力的论据,从而阐释自变量、调节变量、中介变量、因变量以及彼此之间关系的合理性。需要说明的是,研究者也可以应用理论来假设自变量与因变量之间的直接关系,以及二者之间的关系如何随着调节变量的高与低而发生变化。但是,从统计意义上而言,这一步对构建第一种类型的被中介的调节模型并不是必要的(参见 16.4 小节中类型 I 被中介的调节模型的检验方法,以及 16.6 小节中考虑的第一个理论问题)。

16.2.2 类型 II 被中介的调节作用

图 16-4 描绘了第二种类型的被中介的调节作用:中介变量针对调节变量对自变量与因变量之间关系的调节作用起中介作用。在研究亲社会动机(prosocial motivation)对工作绩效的影响时,Grant & Sumanth(2009)构建了此种被中介的调节模型。首先,他们提出管理者可信赖性(manager trustworthiness)(W)和员工任务重要性感知(employees' perceptions of task signifcance)(M)之间的关系;其次,他们假设管理者可信赖性(W)会调节员工亲社会动机(X)和绩效(Y)之间的关系;再次,他们提出员工任务重要性感知(M)可以中介员工亲社会动机(X)和绩效(Y)之间的关系;最后,根据上述假设和推理,提出一个被中介的调节模型:任务重要性感知(M)中介管理者可信赖性(W)对员工亲社会动机(X)和绩效(Y)之间关系的调节作用。在近期的一些其他研究中,学者们也构建了此类模型,如绩效反馈(performance feedback)(Wang et al.,2015),追随力(followership)(Wee et al.,2017),工作压力与健康饮食行为(Liu et al.,2017)等研究。

根据以上的理论构建程序,在单层和多层研究情境下,研究者可以根据以下三个步骤来建立被中介的调节模型:第一步,研究者应该使用具体理论来说明调节变量在自变量和因变量之间可能存在的调节作用。请注意,尽管 Grant & Sumanth(2009)构建类型 II 的被中介的调节模型时包括了这个步骤,但是在统计分析时这个步骤并不是非常必要的(参见 16.4 小节对类型 II 被中介的调节模型的统计说明,以及 16.6 小节中考虑的第一个理论问题)。第二步,研究者应该提供有说服力的理论来说明调节变量对中介变量的影响。第三步,研究者需要阐明为何中介变量也能显著调节自变量和因变量之间的关系,并传递调节变量对自变量和因变量二者关系的调节作用。根据研究的关注焦点及理论主线,研究者可以改变前面两个步骤的顺序,但是第三个步骤应该放在最后,来整合前面几个理论发展步骤。

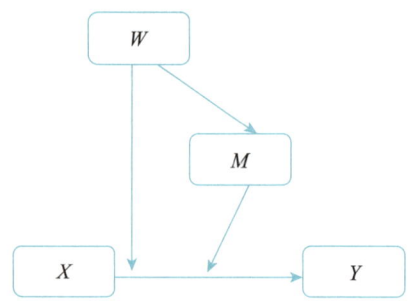

图16-4 类型Ⅱ被中介的调节作用

16.3 构建被调节的中介模型

当由中介变量（M）连接自变量（X）和因变量（Y）之间关系的中介过程（即X—M—Y）受到调节变量影响时，便存在被调节的中介作用（Baron & Kenny，1986；Edwards & Lambert，2007；Muller et al.，2005；Preacher et al.，2007）。应该注意的是，当调节变量显著调节自变量与因变量之间关系，或者调节变量显著调节总效应（即直接效应和中介效应之和），并不代表调节变量必然会调节中介作用（即存在显著的被调节的中介作用）。证明中介作用的存在会随着调节变量发生变化才是关键（Preacher et al.，2007）。换言之，当研究者比较调节变量取值较高和较低的情况时（具体的取值方法请参见16.6小节考虑的第二个统计问题），中介作用应该随之发生显著改变。根据中介过程受到调节方式的不同，文献中存在三种被调节的中介作用。

16.3.1 第一阶段被调节的中介作用（first-stage moderated mediation）

第一阶段被调节的中介作用是指调节变量对中介过程的影响，源自调节变量增强或减弱了自变量和中介变量之间的关系（见图16-5）。应该注意的是，尽管类型Ⅰ的被中介的调节（见图16-3a）和第一阶段被调节的中介图解基本相同，但是却拥有截然不同的理论含义。正如前面所讨论的，类型Ⅰ被中介的调节强调中介变量在传递两个或三个变量对因变量交互影响的中介作用（如Lam et al.，2007；Liu & Fu，2011；Liu et al.，2017）。相比而言，第一阶段被调节的中介强调，调节变量改变了自变量和中介变量之间关系（即X—M）的强度，进而调节了整个中介作用（即X—M—Y）（如Li et al.，2022；Liu et al.，2015；Van Dick et al.，2008；Zhou et al.，2012）。

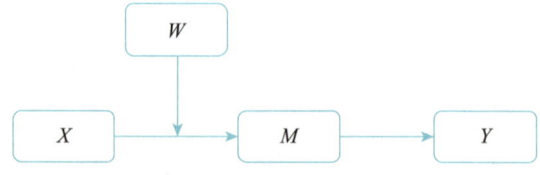

图16-5 第一阶段被调节的中介作用

为了阐明第一阶段被调节的中介作用，我们引用了 Van Dick et al.（2008）在群体多样性（group diversity）和群体认同感（group identification）方面的研究。他们首先预测了群体成员多样性信念（individuals' diversity beliefs）（W）对主观多样性（subjective diversity）（X）与群体认同感（M）之间关系的调节作用。然后，他们假设群体认同感（M）与信息阐述（information elaboration）（Y_1）、群体成员留职意愿（desire to stay in their groups）（Y_2）之间呈正向关系。最后，他们提出第一阶段被调节的中介模型来扩展上述关系，即群体成员主观多样性（X）通过群体认同感（M）对群体成员信息阐述（Y_1）和留职意愿（Y_2）产生的间接效应，依赖于群体成员多样性信念（W）。他们发现，如果群体成员多样性信念（W）越强，这种中介效应就越强。

在单层及多层研究中构建第一阶段被调节的中介模型时，研究者需要注意三个关键步骤。第一步，研究者需要详细说明为何自变量和中介变量之间的关系会因调节变量取值水平的高低而发生变化。第二步，研究者应该阐明中介变量和因变量之间存在显著关系。需要注意的是，由于调节变量的存在，本来显著的中介作用在调节变量取高值或低值时，有可能会变得不显著；也有可能中介作用本来不显著，但因为调节变量的存在，在调节变量取高值或低值时中介作用变得显著（参见 16.5 小节对第一阶段被调节的中介作用的统计分析，以及 16.6 小节考虑的第二个理论问题）。第三步，研究者应该基于以上两个步骤，论述为何当调节变量取值较高或较低时，中介作用会增强、减弱甚至变化方向，即自变量对因变量的间接效应会随着调节变量对中介、因变量之间关系的调节，而发生变化。

16.3.2 第二阶段被调节的中介作用（Second-stage moderated mediation）

第二阶段被调节的中介作用是指中介过程受到的调节作用，源自调节变量增加或者减弱了中介变量对因变量（即 M — Y）的影响（见图 16-6）。

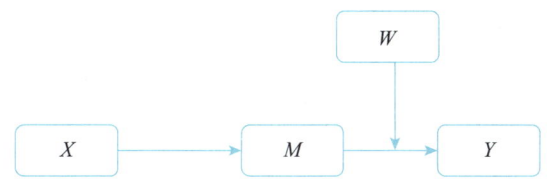

图16-6 第二阶段被调节的中介作用

为了阐明第二阶段被调节的中介作用，我们引用了 Menges et al.（2011）对绩效联系（performance linkages）、机制（mechanisms）以及组织层次变革型领导氛围边界条件（boundary conditions of transformational leadership climate）的最新研究。第一，他们论证了组织变革型领导氛围（X）和积极情感氛围（positive affective climate）（M）之间的关系。第二，他们提出组织积极情感氛围（M）与总体员工生产率（overall employee productivity）（Y_1）、整体任务绩效行为（aggregate task performance behavior）（Y_2）以及整体组织公民行

为（aggregate organizational citizenship behavior）（Y_3）之间存在显著关系。第三，他们提出组织信任氛围（organizations' trust climate）（W）调节组织积极情感氛围（M）与总体员工生产率（Y_1）、整体任务绩效行为（Y_2）以及整体组织公民行为（Y_3）之间的关系。上述条件构成了第二阶段被调节的中介模型，变革型领导氛围（X）通过积极情感氛围（M）对三个因变量（总体员工生产率 Y_1、整体任务绩效行为 Y_2 以及整体组织公民行为 Y_3）间接地产生影响，这些间接影响（中介作用）的强弱又依赖于信任氛围（W）的高低。Menges et al.（2011）假设在较高的信任氛围下，积极情感氛围会在这些关系中起到中介作用，但是在较低的信任氛围下，则没有这种中介作用。

这样，在单层及多层研究中构建第二阶段被调节的中介模型，需要包括三个关键步骤。第一步，研究者需要论证自变量通过中介变量对因变量产生的间接关系。需要注意的是，研究者需要详细说明该中介作用包含的每个关系（自变量和中介变量之间的关系，中介变量和因变量之间的关系）。此外，根据他们研究的理论需要，研究者也可以论述中介变量是否在自变量和因变量之间起到中介作用（即 $X—M—Y$ 是否显著）。尽管从统计上而言，这个步骤不是必须的（参见 16.5 小节对第二阶段被调节的中介作用的统计说明，以及 16.6 小节中对第二个理论问题的探讨）。第二步，研究者需要解释中介变量和因变量之间关系如何随着调节变量的不同水平而变化。第三步，研究者利用以上两个步骤来证明第二阶段被调节的中介模型，即自变量对因变量的间接效应会随着调节变量对中介、因变量之间关系的调节，而发生变化。

16.3.3 两阶段被调节的中介作用（dual-stage moderated mediation）

两阶段被调节的中介作用指因为调节变量增强或减弱了自变量和中介变量之间关系，同时也增强或减弱了中介变量和因变量之间关系，中介作用会随着调节变量的变化而变化（见图 16-7）。

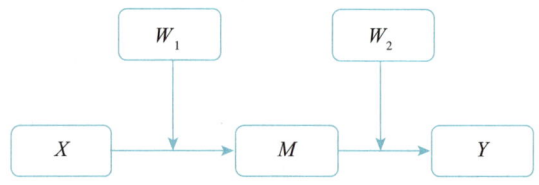

图16-7　两阶段被调节的中介作用

我们引用了 Liu et al.（2012）有关辱虐式指导（abusive supervision）对团队成员创造力（creativity）所产生的"滴流效应"（trickle-down effect）的多层次研究，来解释如何构建两阶段被调节的中介模型。第一，他们提供了理论依据，来证明团队领导辱虐式指导（M）与团队成员创造力（Y）的负向关系。第二，他们提出中介作用假设：部门领导辱虐式指导（X）会引发团队领导辱虐式指导（M），然后对团队成员创造力（Y）带来破坏。第三，他们提出第一阶段调节作用假设：团队领导归因动机（team leader-attributed motives）（第一阶段 W_1）

对部门领导辱虐式指导（X）与团队领导辱虐式指导（M）之间正向关系起到调节作用。第四，他们提出第二阶段调节作用假设：团队成员归因动机（team member-attributed motives）（第二阶段 W_2）对团队领导辱虐式指导（M）和团队成员创造力（Y）之间负向关系起到调节作用。第五，他们综合以上理论依据，构建了两阶段被调节的中介作用模型。也就是，通过改变部门领导辱虐式指导（X）与团队领导辱虐式指导（M）之间的关系，团队领导归因因果动机（W_1）对部门领导辱虐式指导（X）通过团队领导辱虐式指导（M）对产生团队成员创造力（Y）的间接效应起到调节作用。此外，由于团队成员归因因果动机（W_2）会对团队领导辱虐式指导（M）与团队成员创造力（Y）之间关系起到调节作用，同样也会对部门领导辱虐式指导（X）通过团队领导辱虐式指导（M）对团队成员创造力（Y）产生的间接效应起到调节作用。

概括而言，学者们在单层和多层研究中构建两阶段被调节的中介模型时，需要注意三个关键步骤。第一步，他们应该阐明第一阶段调节变量对自变量和中介变量之间关系起到的调节作用。第二步，他们还应该阐明第二阶段调节变量对中介变量和因变量之间关系起到的调节作用。尽管研究者们有时认为有必要提出一个中介作用假设（自变量通过中介变量对因变量产生影响），但是从统计角度而言，这并不是必须的（参见 16.5 小节对两阶段被调节的中介的统计解释，以及 16.6 小节的第二个理论问题）。第三步，研究者可以基于以上分析提出两阶段被调节的中介模型。（因为第一阶段的调节变量能调节自变量与中介变量之间关系，第一阶段的调节变量能进而调节自变量对结果变量的间接效应；因为第二阶段的调节变量能调节中介变量与结果变量之间关系，第二阶段的调节变量进而能调节自变量对结果变量的间接效应）

16.4 检验被中介的调节作用

本节中，我们将介绍被中介的调节作用的检验方法，用以检验之前提出的两种类型的被中介的调节作用。具体而言，我们将介绍使用回归方法（regression-based approach）与结构方程模型/路径模型方法（structural equation modeling，SEM/path modeling-based approach）来检验单层被中介的调节作用。在后面小节中，我们还介绍使用多层次结构方程模型/路径模型方法来检验多层被中介的调节作用。如果采用回归方法来检验单层被中介的调节或单层被调节的中介，安德鲁·海斯（Andrew Hayes）已在其网站（http://www.processmacro.org/index.html）提供了可下载、安装的适用 SPSS、SAS、R 的 Process Macro 软件包，操作简便、易懂。但如需要了解 PROCESS macro 以及其他基于回归方法的模型检验步骤的统计含义，应认真理解本章节的公式推导过程。

还需要注意的是，与回归方法相比，结构方程模型/路径模型方法能更加准确地检验被中介的调节作用（MacKinnon，2008；Preacher et al.，2011；Preacher et al.，2010）。这是因为：第一，结构方程模型或路径模型可以同时检验多个变量间的关系，并展示整个模型的拟合程度。这样通过模型对比，来比较检验假设模型与其他备选模型的优劣。第二，在同一模型中检验多个变量间的关系，可以减少对模型参数和标准误估计的偏差。当进行复杂多层次关系估计时，情况更是如此（Preacher et al.，2011）。第三，当一个或多个变量中存在缺失值时，同时估计多重关系也有利于对缺失值进行估计，促进模型的构建。第四，在模型估计时，结构方程模型（潜变量模型）考虑了测量的误差，这样可以更为准确地估计变量之间的关系。如果采用结构方程模型/路径模型方法来检验单层被中介的调节或单层被调节的中介，可以在网站 http://www.ofbeat.group.shef.ac.uk/FIO/mplusmedmod.htm 下载具体的 Mplus 语句（Mplus Syntax），因此本章不再重复给出这些单层模型的基本代码。但是，透彻理解本章节的公式推导过程，有助于读者将这些基本代码灵活运用到研究分析中。

16.4.1 单层次类型I被中介的调节作用

16.4.1.1 回归检验

当研究者运用回归方法检验时，需要根据前面所讲述的步骤来检验以下几个方程：

$$Y=b_0^1+b_1^1X+b_2^1W+b_3^1XW \quad (16-1)$$

$$M=b_0^2+b_1^2X+b_2^2W+b_3^2XW \quad (16-2)$$

$$Y=b_0^3+b_1^3X+b_2^3M+b_3^3W+b_4^3XW \quad (16-3)$$

在以上方程中，上标数字代表方程次序。运用式（16-2）来替代式（16-3）中的 M，从而得到了以下扩展方程：

$$Y=(b_0^3+b_2^3b_0^2)+(b_1^3+b_2^3b_1^2)X+(b_3^3+b_2^3b_2^2)W+(b_4^3+b_2^3b_3^2)XW \quad (16-3')$$

为了支持类型 I 被中介的调节作用，间接效应（$b_2^3b_3^2$）的95%置信区间应该显著（即不包括零），或者交互效应的减少量（$b_3^1-b_4^3$）显著不为零。式（16-1）用来检验调节变量对自变量和因变量之间直接关系的调节作用。然而，当研究者直接检验间接效应（$b_2^3b_3^2$）时，式（16-1）这个步骤并不是必需的。也就是说，在构建理论时并不需要直接提出假设来说明自变量和调节变量如何对因变量产生交互效应。

需要注意，不论是被调节的中介还是两种类型的被中介的调节，我们都是在用合适的系数（或者系数组合）来构造出一个间接效应：$a \times b$，其中 a 和 b 分别是第一段和第二段对应的量化指标。对于单层次类型 I 被中介的调节作用，a 和 b 分别是 b_3^2 与 b_2^3。由于间接效应（$b_2^3b_3^2$）一般都不遵循正态分布，因此运用重新抽样自助法（re-sampling-based bootstrapping）或者参数自助法（parameter-based bootstrapping）生成 $b_2^3b_3^2$ 的置信区间更为合适。单层模型中，重新抽样自助法优于参数自助法。克里斯托夫尔·J. 普里彻（Kristopher J. Preacher）及其同事运用 R 软件包提供了蒙特卡罗模拟（Monte Carlo）的计算方式来创建参数自助法的抽样分布和置信区间，以回归系数和标准误为基础来检验单层次间接效应。[①] 这种基于蒙特卡罗

---

① 参见 http://quantpsy.org/index.htm（登录时间：2023年4月15日）。

模拟的参数自助法是当前在多层次模型检验中比较好的自助方法。不论用重新抽样还是蒙特卡罗模拟，当间接效应的95%置信区间中不包含零时，研究者就可以确认类型Ⅰ的被中介的调节作用得到了统计结果的支持。

16.4.1.2 结构方程模型或路径模型检验

当研究者运用结构方程模型或路径模型方法时，可以基于式（16-2）和式（16-3）设定模型（在结构方程模型中，需对潜变量的测量误差结构进行设定）。当间接效应的置信区间不包括零时，类型Ⅰ被中介的调节作用便得到了支持。

16.4.2 单层次类型Ⅱ被中介的调节作用

16.4.2.1 回归检验

尽管式（16-1）不是必须的，但依然可以作为本节回归检验的第一步，与下面两个方程结合起来。

$$M = b_0^4 + b_1^4 W \tag{16-4}$$

$$Y = b_0^5 + b_1^5 X + b_2^5 M + b_3^5 W + b_4^5 XW + b_5^5 XM \tag{16-5}$$

运用式（16-4）替代式（16-5）中的 M，从而得到以下扩展方程：

$$Y = (b_0^5 + b_2^5 b_0^4) + (b_1^5 + b_5^5 b_0^4) X + (b_3^5 + b_2^5 b_1^4) W + (b_4^5 + b_5^5 b_1^4) XW \tag{16-5'}$$

在式（16-5'）中，系数 b_4^5 代表 W 对 X 与 Y 之间关系的直接（或者说是考虑到间接调节作用以后剩余的）调节作用，系数 $b_5^5 b_1^4$ 代表 W 通过 M 对 X 与 Y 之间关系的间接调节作用。这样，为了支持这种类型的被中介的调节作用，间接效应（$b_5^5 b_1^4$）需要有不包括零的95%置信区间，或者从式（16-1）到式（16-5）中 W 调节作用的减少量（$b_3^1 - b_4^5$）显著不为零。此外，式（16-1）可以用来表明调节变量对自变量和因变量之间的直接关系的调节作用。当研究者直接检验间接效应（$b_5^5 b_1^4$）时，式（16-1）这个步骤便不再需要。与类型Ⅰ被中介的调节作用相似，研究者可以运用重新抽样或者基于蒙特卡罗模拟的参数自助法生成间接效应（$b_5^5 b_1^4$）的抽样分布和置信区间。

16.4.2.2 结构方程模型或路径模型检验

与类型Ⅰ被中介的调节相似，研究者们可以运用结构方程模型或路径模型来同时检验式（16-4）和式（16-5），并且运用重新抽样自助法或者基于蒙特卡罗模拟的参数自助法来检验间接效应的置信区间。单层模型中，前者是更好的方法。

16.4.3 多层次被中介的调节模型

16.4.3.1 多层次类型Ⅰ被中介的调节作用

本文的多层次模型特指两层次模型，但是我们的分析逻辑，例如需要区分群体内（within-group）与群体间（between-group）的方差和协方差的处理方法，可以很容易地扩展到三层或更多层的模型中。将单层次模型拓展到两层次情境中，我们下面介绍多层次类型Ⅰ被中介的调节模型的几种可能形式，如图 16-8 所示。如果研究者在分析中排除任何自下而上的关系（即低层变量影响高层变量，现有统计软件与方法还无法估计这类自下而上的模型），那么两层次情境中的类型 I 被中介的调节作用有以下三种类型。

第一种类型（见图 16-8a）为处于 level 1（较低层次）的中介变量对两个 level 2（较高层次）变量之间交互的中介作用，这个中介变量在 level 1 进行测量但同时在 level 2 也具备群体间方差（between-group variance）。严格而言，此情况下的"真实"中介变量是该中介变量的群体间方差部分。

第二种类型（见图 16-8b）与第一种类型相似，只是中介变量是在 level 2 进行测量。

在第三种类型中，所有变量都是在 level 1 进行测量，但是又都在 level 2 具备群体间方差。例如，当运用来自群体成员的数据来检验假设时，尽管所有变量都是在个体（群体成员）层次构建和测量，但是数据仍嵌套于不同群体。因此，所有变量的群体间方差都应该考虑。具体而言，研究者可以在群体内部检验类型 I 被中介的调节作用（使用组别平均数中心化），同时允许变量在 level 2 部分彼此自由相关。本章线上资源中的附录 A16-1 提供了用来检验图 16-8a 的 Mplus 程序实例。对这些程序可以较为容易地进行改写，来检验图 16-8b 和图 16-8c。

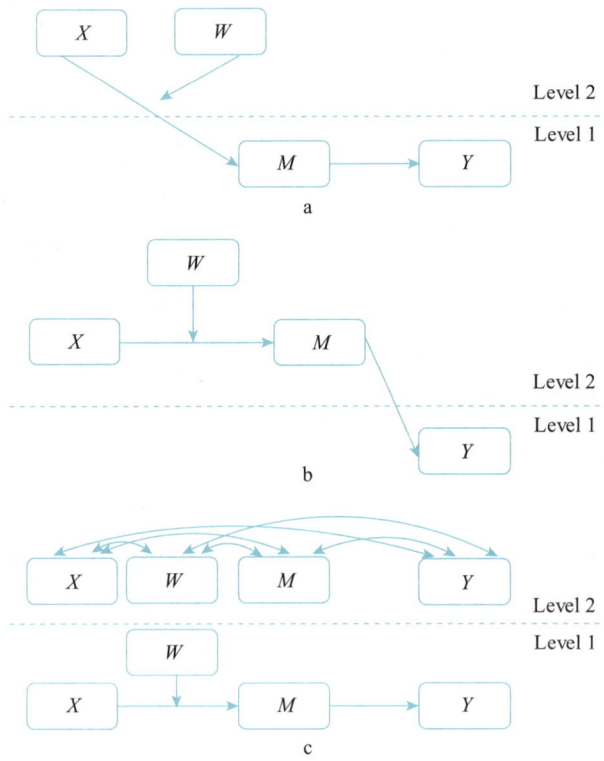

图16-8　两层次类型 I 被中介的调节作用

16.4.3.2 多层次类型 II 被中介的调节作用

图 16-9a 和 16-9b 表明在多层次情境中，类型 II 被中介的调节作用具有两种可能形式。线上资源中的附录 A16-2 提供了用来检验图 16-9a 的程序语言。这些程序很容易进行调整，用来检验图 16-9b 中的模型（见附录 A16-3）。如果自变量、调节变量、中介变量都处于 level 2，但因变量处于 level 1 时，这个模型事实上预测的是 level 1 因变量的群体间方差。换言之，这个模型可以看作在 level 2 的单层次研究（Preacher et al.，2010，2011）。我们提供了 R 的开源程序代码，使用附录 A16-2 中 Mplus 程序生成的参数，进行基于蒙特卡罗模拟的参数自助法，以此生成复合系数（compound coefficient）的置信区间，用来从统计上检验被中介的调节作用。同样，这些 R 代码都很容易进行调整，用来检验其他类型的多层次被中介的调节作用。在多层次模型的检验中，由于软件和方法的限制，现阶段无法使用重复抽样自助法来生成置信区间。

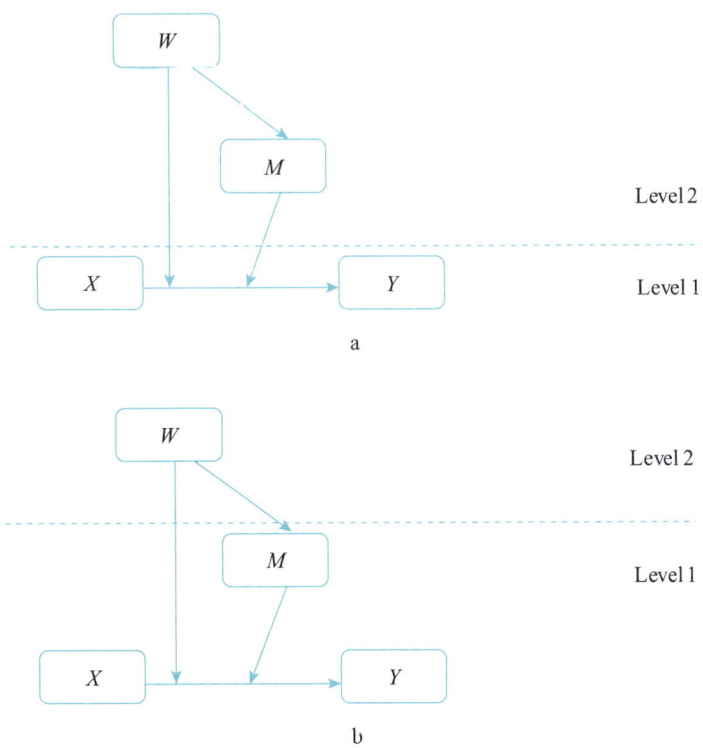

图16-9　两层次类型 II 被中介的调节作用

16.5　检验被调节的中介作用

16.5.1　单层次被调节的中介作用

根据 Edwards & Lambert（2007）的建议，单层被调节的中介作用可以运用回归方法和结构方程模型 / 路径分析方法进行检验。

16.5.1.1 单层次第一阶段被调节的中介（single-level first stage moderated mediation）

运用回归方法，我们提供以下方程来检验第一阶段被调节的中介作用。由于类型 I 被中介的调节作用和第一阶段被调节的中介作用之间具有一定的相似性，下面方程实际上就是方程 2 和方程 3 的重复。

$$M=b_0^2+b_1^2 X+b_2^2 W_1+b_3^2 XW_1=b_0^2+(b_1^2+b_3^2 W_1)X+b_2^2 W_1 \qquad (16\text{-}6)$$

$$Y=b_0^3+b_1^3 X+b_2^3 M+b_3^3 W_1+b_4^3 XW_1 \qquad (16\text{-}7)$$

W_1 代表第一阶段关系中的调节变量。运用式（16-6）替代式（16-7）中的 M，我们得到了以下方程：

$$Y=(b_0^3+b_2^3 b_0^2)+[b_1^3+b_2^3(b_1^2+b_3^2 W_1)]X+(b_3^3+b_2^3 b_2^2)W_1+b_4^3 XW_1 \qquad (16\text{-}7')$$

整体中介作用（依赖于 W_1）的效应规模（effect size）是 $b_2^3(b_1^2+b_3^2 W_1)$。如果当 W_1 取值较高与较低时，两种条件下的间接效应的差异，也就是 $[b_2^3(b_1^2+b_3^2 W_{1H})-b_2^3(b_1^2+b_3^2 W_{1L})]$ 的 95% 置信区间不包括零，那么第一阶段被调节的中介作用便得到了支持。Edwards & Lambert（2007）的文章以及他们提供的一些辅助文件提供了很好的实例（使用重复抽样自助法）来介绍如何检验这种差异是否具有显著性[①]。

研究者也可以使用结构方程模型的方法，以式（16-6）和式（16-7）为基础构建结构方程模型和路径模型，并使用重复抽样自助法直接检验 $[b_2^3(b_1^2+b_3^2 W_{1H})-b_2^3(b_1^2+b_3^2 W_{1L})]$ 的置信区间[②]。

本文在检验被调节的中介效应的时候，采用的方法是研究当调节变量取较高与较低的值时（均值 ±1 SD），两个对应的中介效应的差值的置信区间。Hayes（2015）提出另外一种方法，他建议直接检验修正的调节指数（index of moderated mediation）。例如，对于单层次第一阶段的被调节的中介效应，Hayes（2015）建议直接检验乘积项（$b_3^2 b_2^3$）的置信区间来判断被调节的中间效应是否成立。但是这种检验非常容易与单层次类型 I 被中介的调节作用相混淆，所以本文不推荐使用。而且 Hayes（2015）的修正的调节指数与本文建议的方法是等价的：简化 $[b_2^3(b_1^2+b_3^2 W_{1H})-b_2^3(b_1^2+b_3^2 W_{1L})]$ 可以得到 $b_2^3 b_3^2(W_{1H}-W_{1L})$，也就是修正的调节指数与一个非零常数项的乘积。所以，当 $b_2^3 b_3^2(W_{1H}-W_{1L})$ 的置信区间不包括零的时候，（$b_2^3 b_3^2$）的置信区间也不包括零，反之亦然。这两种方法的等价性可以推广到第二阶段和两阶段的被调节的中介效应检验。

16.5.1.2 单层次第二阶段被调节的中介（single-level second stage moderated mediation）

下面的方程是以回归方式检验第二阶段被调节的中介作用。

$$M=b_0^6+b_1^6 X \qquad (16\text{-}8)$$

[①] 参见 http://public.kenan-flagler.unc.edu/faculty/edwardsj/downloads.htm（登录时间：2023年4月16日）。

[②] 读者可以在 http://www.offbeat.group.shef.ac.uk/FIO/mplusmedmod.htm 参考其提供的Mplus基本代码（登录时间：2023年4月16日）。

$$Y=b_0^7+b_1^7X+b_2^7M+b_3^7W_2+b_4^7MW_2=b_0^7+b_1^7X+(b_2^7+b_4^7W_2)M+b_3^7W_2 \quad (16-9)$$

W_2 第二阶段关系的调节变量。运用式（16-8）替代式（16-9）中的 M，我们得到了以下方程：

$$Y=(b_0^7+b_0^6b_2^7)+(b_3^7+b_4^7b_6^6)W_2+[b_1^7+b_1^6(b_2^7+b_4^7W_2)]X \quad (16-9')$$

中介作用（依赖于 W_2）的效应规模是 $b_1^6(b_2^7+b_4^7W_2)$。与取值较低相比，当 W_2 取值较高时，这两种条件下的间接效应应该存在差异，也就是 $[b_1^6(b_2^7+b_4^7W_{2H})-b_1^6(b_2^7+b_4^7W_{2L})]$ 的 95% 置信区间不包括零，则第二阶段被调节的中介作用得到支持。研究者可以借鉴 Edwards & Lambert（2007）的文章及其提供的辅助文件（使用重复抽样自助法）来检验这种差异的置信区间。研究者也可以使用结构方程模型，以式（16-8）和式（16-9）为基础构建结构方程模型或路径模型来利用重复抽样自助法直接检验 $[b_1^6(b_2^7+b_4^7W_{2H})-b_1^6(b_2^7+b_4^7W_{2L})]$ 的置信区间。

16.5.1.3　单层次两阶段被调节的中介（single-level dual-stage moderated mediation）

运用回归方法，我们提供以下方程来检验两阶段被调节的中介作用。

$$M=b_0^8+b_1^8X+b_2^8W_1+b_3^8XW_1=b_0^8+(b_1^8+b_3^8W_1)X+b_2^8W_1 \quad (16-10)$$

$$Y=b_0^9+(b_1^9X+b_3^9W_2)M+b_2^9W_2+b_4^9X+b_5^9W_1+b_6^9XW_1 \quad (16-11)$$

由于方程表述非常复杂，因此我们在此没有提供扩展方程。基于式（16-11）和式（16-11），中介作用是 $(b_1^8+b_3^8W_1)(b_1^9+b_3^9W_2)$。当 W_1 和 W_2 取不同值（高或低）时，如果间接效应的差异的 95% 置信区间不包括零，则两阶段被调节的中介作用得到支持。例如，当 W_1 取值较高而 W_2 取值较低时（与之相对，当 W_1 取值较低而 W_2 取值较高），间接效应的差异 $[(b_1^8+b_3^8W_{1H})(b_1^9+b_3^9W_{2L})-(b_1^8+b_3^8W_{1L})(b_1^9+b_3^9W_{2H})]$ 的 95% 置信区间应不包括零。

研究者也可以使用结构方程模型方法，以式（16-10）和式（16-11）为基础构建结构方程模型或路径模型，并使用重复抽样自助法直接检验置信区间，例如 $[(b_1^8+b_3^8W_{1H})(b_1^9+b_3^9W_{2L})-(b_1^8+b_3^8W_{1L})(b_1^9+b_3^9W_{2H})]$。①

16.5.2　多层次被调节的中介作用

多层次被调节的中介模型具有多种不同类型，下面我们介绍几种最常见的形式。第一，调节变量（阶段一、阶段二或两阶段）处于 level 2，自变量、中介变量和因变量都处于 level 1。需要说明的是，如果 level 2 的变量与 level 1 的变量交互预测 level 1 的中介变量，进而来预测 level 1 的因变量，考虑到数据的嵌套特点，level 2 变量必须作为跨层次调节变量，来调节 level 1 变量对中介变量的预测作用。而且此情况下，level 1 的预测效应将无法以固定斜率形式（固定斜率是指斜率在 level 2 所有单位之间保持相同，不会随着任何 level 2 的变量发生变化）表示，而应是一种随机斜率（斜率随着 level 2 的单位的改变而发生变化）。这样，为了从理论上构建这种模型，研究者需要假设 level 2 变量的跨层次调节作用。此处问题的核心是 level 2 变量和 level 1 变量之间交互作用不具备系统对称性。具体从统计角度而言，level 1 变量的效应可以

---

① 两阶段模型的程序实例请参考 http://www.ofbeat.group.shef.ac.uk/FIO/mplusmedmod.htm（登录时间：2023年4月16日）。

随着 level 2 变量发生改变（即跨层次调节作用），但是反之却不行；level 2 变量的作用只能随着 level 1 变量在 level 2 上的差异发生改变。感兴趣的读者可以参考 Preacher et al.（2016：193）中对 Example D 的解释。

第二，调节变量处于 level 2，自变量或自变量及中介变量处于 level 2，但因变量处于 level 1。第三，两个调节变量可能处于不同层次，例如自变量和第一阶段调节变量处于 level 2，但是中介变量、第二阶段调节变量和因变量处于 level 1。正如 Preacher et al.（2010）、Zhang et al.（2009）所主张的，对于第二种和第三种形式而言，中介关系实际上仅存在于 level 2。因此，在第二种与第三种形式的多层次被调节的中介作用中，调节变量在不同取值时的间接效应需要在 level 2 进行计算。当调节变量在 level 1 进行测量时（如第三种形式），该调节变量的群体间方差，即该调节变量在 level 2 的潜在均值才是所要用到的真正调节变量。

对于第一种类型的多层次被调节的中介，Bauer et al.（2006）提供了详细的说明，来检验 level 2 调节变量对较低层次中介关系的调节作用。Bauer et al.（2006）采用了以多层线性模型（HLM）为基础的方法。但是正如 Preacher（2010）所发现的，与多层线性模型相比，多层结构方程模型或路径分析方法可以减少偏差。在线上资源中的附录 A16-4，我们提供了 Mplus 程序实例，检验 level 2 调节变量对 level 1 自变量和中介变量之间第一阶段关系的调节作用。这些程序非常容易进行调整，可以用来检验调节变量存在于 level 2 时，所形成的第二阶段或两阶段被调节的中介模型。

当调节变量存在于 level 2 时，研究者感兴趣的是 level 2 调节变量对较低层次群体内部中介关系的影响。因此，他们应该围绕群体均值中心化（group-mean centering）level 1 的自变量和中介变量，同时允许调节变量、中介变量及因变量的群体间方差部分自由相关（Preacher et al., 2010）。我们提供了 R 的开源程序代码，使用附录 A16-4 中调节变量在两种不同条件的取值下 Mplus 程序所生成的参数，进行蒙特卡罗模拟参数自助法重新抽样。以此生成复合系数的置信区间，用来从统计上检验被调节的中介。同样，这些程序都可以进行调整，以检验其他类型的多层次被调节的中介作用。

16.6 讨论

在本章中，我们综述了用来检验不同类型被中介的调节和被调节的中介模型的理论构建步骤和统计分析方法。如上所述，不同模型需要不同步骤来构建理论，同样也需要不同统计方法进行检验。更为复杂的是，被中介的调节和被调节的中介模型都可以呈现为单层次和多层次研究模型，从而给研究者带来不少理论和统计方面的困扰。因此，以下我们将针对研究者在运用这些模型时可能遇到的理论和统计问题，进行进一步讨论，并提供解决这些问题的一些方案。

16.6.1 理论问题

第一，当检验被中介的调节作用模型时，研究者经常争论是否有必要提出理论假设来描

述 X 和 W 对因变量 Y 产生的交互效应（参见图 16-3 和图 16-4），以作为建立被中介的调节模型的前提条件。从统计上而言，这种假设并不是必需的，因为式（16-1）不是必需的，除非间接效应需要作为直接效应的一部分来进行检验（也就是 Baron & Kenny（1986）的因果步骤）。这个问题的产生应该归因于 Baron & Kenny（1986）早期提出的用来检验中介模型的因果步骤途径（causal step approach），这个途径要求自变量能够显著影响因变量。不少学者对是否有必要检验此步骤进行了质疑（例如 MacKinnon et al., 2007; MacKinnon et al., 2002; Shrout & Bolger, 2002），他们认为检验此步骤将严重地降低统计效力（statistical power）。所以，近年来学者们的基本共识是在检验中介作用时不必再考虑自变量对因变量的显著影响（MacKinnon et al., 2007）。而且，在理论上中介变量 M 就是在解释为何自变量 X 会对因变量 Y 产生影响，所以再单独提出 X 会影响 Y 的假设就如同画蛇添足。而且在此类假设的相关争议中，如果作者引入了其他没有被检验的中介机制，读者也会质疑作者已提出的中介变量是否能完整解释 X 为何会影响 Y。因此，当提出类型 I 被中介的调节作用时，研究者们只需用一个假设表示 X 和 W 对 M 的交互影响，再用另外一个假设表示 M 对 Y 产生的效应，从而推演出类型 I 被中介的调节作用。同样，当提出类型 II 被中介的调节作用时，用一个假设表示 W 对 M 产生的效应，再用另外一个假设表示 M 对 X 和 Y 之间关系的调节作用，从而推演出类型 II 的被中介的调节作用。

但是，在以下几种情形，研究者可从理论上提出 X 和 W 对 Y 产生的交互作用假设。①当检验类型 I 被中介的调节作用时，研究者可能会预测 M 的部分中介作用。换言之，研究者可能有很好的理论依据，相信 X 和 W 对 Y 产生的交互作用并不能全部通过 M 传递。这样，除了被中介的调节假设之外，提出假设阐明 X 和 W 对 Y 产生的直接交互效应也非常重要。然而，当提出直接交互作用假设时，研究者应该避免使用有关 M 的理论机制，因为被中介的调节作用假设已经包含了这些机制。②当检验类型 II 被中介的调节作用时，研究者可能也有很好的理由相信，W 对 X 和 Y 之间关系的调节作用不会完全被 M 所传递。这样，除被中介的调节作用假设之外，提出假设阐明 W 对 X 和 Y 之间关系的直接调节作用也非常重要。同样，当提出这种直接调节作用假设时，研究者应该避免使用有关 M 的理论机制，因为这些机制已经由被中介的调节假设所包含。③有时候建立被中介的调节作用假设之前，提出 X 与 W 对 Y 的直接交互、调节作用假设具有一定的理论价值。例如，直接交互或调节作用以前没有被发现，因而代表着重大的理论贡献。所以，研究者想首先确立直接交互作用或调节作用，之后再通过中介变量来解释此作用。在这种情况下，我们建议研究者不要简单地检验直接交互/调节作用，而对中介变量却不加考虑。当然，整体交互/调节作用（直接和间接交互/调节作用的总和）应该被检验，来为整体交互/调节作用假设提供正确的支持。研究者可能还会思考如何判断他们得到的调节作用是被完全中介还是被部分中介。如果对因变量的直接和间接交互效应都非常显著，那么就认为是部分被中介的调节。如果直接交互效应不显著，但是间接交互效应非常显著，那么则认为是完全被中介的调节。

第二个理论问题涉及如何构建被调节的中介模型。关注被调节的中介的研究者经常不得不判断是否有必要提出理论假设来描述 X 通过 M 对 Y 产生的中介作用。从统计角度而言，这种假设并不是必需的。这是因为由于存在潜在调节变量（W），平均中介作用可能并不显著（参见图 16-5、图 16-6 和图 16-7）。这样，当检验被调节的中介模型时，研究者仅仅需要建立三组假设。第一组假设阐明 W 的调节作用（即从 X 到 M 的第一阶段被调节，或者从 M 到 Y 的第二阶段被调节，再或者两阶段均被调节）。第二组假设解释 M 和 Y 之间的显著关系。第三组假设综合以上两个假设，来提出第一阶段、第二阶段或两阶段被调节的中介模型。对于提出被调节的中介假设而言，这三组假设在理论上已经提供了足够的基础。但是，在某些情形下，研究者可能仍然希望提出单独的中介作用假设。例如，研究者仅仅期望调节变量增强或减弱间接效应，而并非改变间接效应的方向。但是，在这种情况下，中介作用依然可以不作为检验被调节的中介的必要前提条件，正如 X 对 Y 的直接效应可以不作为检验中介作用的前提条件一样。

在检验被调节的中介作用时，另外一个理论可能性是，有时候研究者们也可能对检验 X 和 Y 之间直接效应（X 对 Y 的影响不通过 M）是否受到 W 的调节影响感兴趣。如果是这种情况，那就需要在被调节的中介假设之外，提出另外的假设来阐明 W 对 X 和 Y 之间直接效应的调节作用。当提出这种假设时，研究者应该避免使用与 M 相关的理论机制，因为被调节的中介作用假设已经包含了此类机制。

第三，尽管在单层次和多层次模型中，发展被中介的调节和被调节的中介理论需要遵循相同的理论构建步骤，但是由多层次模型引发的统计处理可能会带来另外的理论问题。一个典型的例子是如 Preacher et al.（2010，2011）所言，当检验多层次模型中的中介作用时，如果 X、M 和 Y 中的任一变量存在于 level 2，那么中介作用可能仅仅存在于 level 2。比如，X 是 level 2 变量，M 与 Y 是 level 1 变量，那么中介作用实际上代表着 X 通过 M 的群体均值对 Y 的群体均值产生影响。因此，在这种情况下，研究者也许会犯 M 和 Y 之间关系假设的提出与统计检验不一致的错误。具体而言，研究者或许会在 level 1 建立 M 和 Y 之间的关系，而不去考虑它们在 level 2 群体均值的理论含义，尽管 level 2 的理论机制可能与 level 1 的机制完全不同。这样，当中介作用仅存于 level 2 时，为了保持理论发展与统计检验的一致性，研究者需根据 Chan（1998）提出的直接一致成分模型（direct consensus composition model）明确地解释 level 1 变量群体均值的理论含义。

第四，需要注意的是，研究者应该以对现有文献进行的深度回顾与严谨的理论设计为基础，来选择并发展出不同类型的被中介的调节及被调节的中介模型，而不是通过统计分析结果来发展模型。例如，研究者可能有时理论上仅仅关注第一阶段或第二阶段被调节的中介作用，然而却发现统计结果还支持两阶段被调节的中介作用。例如，在 Liao et al.（2010）对领导成员交换（LMX）及团队成员交换（TMX）质量（quality）和差异化（diferentiation）的多层次研究中，以社会认知理论为基础证明了第一阶段被调节的中介作用。也就是说，领导成员交换质量（X_1）及团队成员交换质量（X_2）通过一般自我效能（general self-efficacy，M）对创造力（Y）的间接效应受到领导成员交换差异化（W_1）和团队成员交换差异化（W_2）的调节影响，这是因为这两种类型的差异化（W_1 与 W_2）分别增大了领导成员交换（X_1）和团队成员交换质量（X_2）对一般自我效能（M）的影响。然而，他们运用参数自助法进行的统计检验却支持两阶段被调节的中介作用：领导成员交换差异化（W_1）和团队成员交换差异化（W_2）不仅对领导成员交换质量（X_1）和团队成员交换质量（X_2）各自与一般自我效能（M）之间的关系起到调节作用，而且还对一般自我效能（M）与创造力（Y）之间的关系起到调节作用。

16.6.2 统计问题

在这里，我们要解决的第一个统计问题是有关检验被中介的调节作用和被调节的中介作用的基础统计方法。在本文中，我们重点讨论了使用两种重新抽样方法来构建非对称置信区间（asymmetric confidence intervals），并且能够在完成检验时明确地考虑乘积项的偏态分布（skew of product distributions）（Van der Leeden et al., 2008）。当检验单层次模型时，我们依赖重新抽样自助法，通过重新抽样观测变量（observed variables）的全部"样本"生成新数据（同时对 X、M、W 和 Y 进行重新抽样）（Van der Leeden et al., 2008）。通过对来自重复抽样的大量样本进行反复参数估计，来揭示复合系数的值域分布，以构建置信区间。Edwards & Lambert（2007）运用相同的样本自助法在回归框架下检验被调节的中介。但 Mplus 软件的样本自助法更易操作，而且通过同时分析测量模型与理论模型，解决了 Edwards & Lambert（2007）与 PROCESS macro（Hayes，2022）方法的一个重要缺陷——无法考虑测量误差对理论模型检验的影响。当检验多层次模型时，因为重新抽样自助法不再适用于构建多层次模型，我们依赖参数重新抽样法（parameter-based resampling method）（Hox，2002；Pituch et al., 2006；Van der Leeden et al., 2008）。具体而言，我们在正态分布中，把均值当作参数估计值（parameter estimates），把标准误差（standard errors）当作参数估计值的标准偏差（standard deviations），对多层次模型中估计的参数进行蒙特卡罗模拟重新抽样。

在检验间接效应时，因为能够有效、准确地通过提供复合系数的分布，进而描绘被中介的调节作用和被调节的中介作用，这两种重复抽样方法优于正态分布显著性检验（Shrout & Bolger，2002）。复合系数代表的效应并不属于正态分布，并且很难判断这些分布的统计形式（Shrout & Bolger，2002）。因此，与重复抽样方法相比，其他统计检验方法（例如 Sobel 检验）只能用来检验特定复合系数，因为这些方法通常都是以该系数属于正态分布这个错误假设为基础进行的。因此，我们建议研究者运用以上重复抽样方法来检验被中介的调节作用和被调节的中介作用。

第二个统计问题是有关被调节的中介的效应规模（effect size）。需要注意的是，所有类型被调节的中介作用都是以调节变量 W 的条件取值（conditional values）为基础的。在研究中比较常见的做法是选择均值加一个单位的标准差（+1 SD）和均值减一个单位的标准差（-1 SD）

作为 W 较高的取值和较低的取值，并且检验在这两个取值条件下中介作用之间的差异。如果这两种条件下中介作用之间差异的置信区间中不包括零，那么一般认为被调节的中介作用是显著的。但是，显著性检验的结果显然依赖于我们用来计算不同条件中介作用的条件取值。当我们为 W 选择更为极端的较高和较低值时（例如，$\pm 2\,SD$），不同条件下的中介作用之间差异将会变得更显著。这样，当检验第一阶段被调节的中介作用时，如果 W 确实显著调节 X 和 M 之间的关系，并且 M 和 Y 之间的效应也非常显著，那么被调节的中介作用是否显著仅仅是一个效应规模的问题。如果该调节作用规模足够大，那么我们可能观察到在程度较低的条件取值下（例如，$\pm 1\,SD$），不同条件下中介作用之间的显著差异。然而，如果一个调节的效应值较小（但是不为零），我们可能需要运用较为极端的取值（如 $\pm 2\,SD$），以增加被调节的中介作用检验的统计效力。与此相关，很多研究者开始使用重要区间（regions of signifcance）来观察当调节变量的取值连续变化时，简单斜率或间接效应的显著性怎样随之变化。①

检验第二阶段和两阶段被调节的中介作用也同样如此。因此，使用均值加/减一个单位的标准差（$\pm 1\,SD$）作为常规取值（conventional values）来检验效应规模较小的被调节的中介作用的有效性引人质疑。所以，除了把（$\pm 1\,SD$）作为条件取值，我们建议研究者使用调节变量 W 的最大和最小观测值（observed values），来检验被调节的中介作用（Grace & Bollen, 2005）。当然，这里的最大和最小观测值不应该包括样本中的离群值（outliers）。与样本标准差相比，变量观测值的区间提供了更为现实的、更具理论意义的取值范围。当调节变量的最大和最小观测值被用作条件取值时，如果被调节的中介作用仍不显著，那么我们可以认为该效应规模太小，不具备实际意义。传统上研究者们使用 $\pm 1\,SD$ 作为常规取值来检验交互作用，主要是受 Aiken & West（1991）的影响。在 Aiken & West（1991）中，作者们选用了 $\pm 1\,SD$ 作为常规取值，来示范如何在回归模型中使用简单斜率检验（simple slope tests）的方法来检验连续型调节变量的调节作用。但是，简单斜率检验实际上只在检验类别性变量的调节作用中才有确定的理论解释，因为类别型变量的取值是确定的（Pedhazur, 1997）。所以，简单斜率检验可以告诉我们在各个特定的类别值上（比如男女性别），自变量和因变量的关系如何并且是否显著。在调节变量是连续型变量的情况下，简单斜率检验只能告诉我们在调节变量的某个特定值上，自变量和因变量的关系如何。所以使用常规取值来检验连续型变量的调节作用很可能犯以偏概全的错误。另外，很多时候我们对变量的测量受值域限制（restriction of range）和偏态分布（skewed distribution）的影响，所以只使用靠近分布中心的常规取值（如 $\pm 1\,SD$）来做简单斜率测试并不能告诉我们调节作用的全貌。

最后一个关于统计的问题，是如何把本章讲的多层模型应用到纵向的、重复测量的数据（longitudinal repeated-measures data）的分析中。本章的很多例子，是多个员工嵌套在一个团队/领导下的数据结构。这样的结构本质上与纵向数据的结构是相似的，就是说同一个变量的多个测量点嵌套在一个员工下（例如用体验抽样方法，对每个变量每天测量 1 次，连续测

---

① 感兴趣的读者可以参见网页http://www.quantpsy.org/interact/（登录时间：2023年4月16日）。

量 10 个工作日）。这种纵向数据结构中，员工位于 level 2，每个时间点的测量位于 level 1。我们在本章中建议的组别平均数中心化和对多层中介效应的理解与检验，都可以直接应用在纵向数据分析中。我们认为，纵向数据的最重要的不同点，在于 level 1 观测点之间的时序和可能存在的自相关。举例来说，员工嵌套于团队的结构中，每个员工都是可以互换的，不存在谁先谁后的问题。但是纵向数据中，时间点 1 就是应该先于其他时间点，而且相邻两个测量点的协方差，通常大于不相邻的两个测量点之间的协方差。也就是说，在 level 1 的协方差矩阵，不应该再是普通的多层模型分析中用的矩阵（对角线是一个正的值，其他非对角线位置全是零），而应该是考虑到自相关的矩阵，例如使用 AR1 或者 ARH1 协方差矩阵等。需要注意的是，Mplus 软件中对 level 1 协方差矩阵的重新设置，目前还很难实现。但是其他软件例如 STATA、SAS 和 R 等基于多级回归（multilevel regression）的方法，都可以很方便地改变 level 1 协方差矩阵。处理自相关问题的另一个更常用的办法是，研究者可以把被预测变量在前一个时点的取值作为控制变量进入分析，例如当用时点 1 的 X 预测时点 2 的中介变量时，应该控制时点 1 的中介变量。关于组织研究中纵向数据的理论建模和一般统计处理方法，有兴趣的读者可以参阅 Wang et al.（2016）。

16.7 结语

尽管一些研究对被中介的调节作用和被调节的中介作用进行了界定，并且证明它们对推动组织研究有理论与实践价值（例如 Baron & Kenny，1986；Edwards & Lambert，2007；Hayes，2022；Muller et al.，2005），但是研究者们并非都清楚地知道中介和调节应以何种组合出现，如何构建理论并检验这些组合。这可能是由于人们试图简单地提出一揽子分析框架，而这类框架可能又无法有效解决在单层次或多层次背景下，每种中介和调节组合形式带来的具体问题。例如，在 Edwards & Lambert（2007）中，运用调节路径分析的一般分析框架非常具有启发性，但是没有对构建不同类型被中介的调节和被调节的中介模型所应依据的具体理论推导步骤给出明确的指导；以 SPSS/SAS PROCESS macro（Hayes，2022；Hayes & Rockwood，2017；Preacher et al.，2007）为基础检验间接效应（中介效应）的样本自助法也无法应用于多层次情境。为了解决被中介的调节和被调节的中介模型带来的困惑，本章对中介和调节的组合采取了更为细微的考察，介绍了在单层次和多层次背景下被中介的调节和被调节的中介的各种可能形式，详细地描述了发展相应理论模型的基本步骤，并且为每种形式开发了相应的统计检验方法。为了提供更多有益信息，我们也总结了一些建立这些模型时可能遇到的较大的理论和统计问题。总之，本文致力于通过对各类中介和调节组合的详细阐述，来帮助研究者们更为清晰、准确地解开单层次和多层次组织现象中的潜在中介和调节机制。最后需要指出的是，根据谷歌学术，截至 2022 年 11 月，本章节已经被近一百多篇英文文章引用。读者们可以通过阅读本章节引用的英文文章，继续深入学习相关知识。

思考题

1. 构建被中介的调节类型 I 和类型 II 有什么不同?

2. 根据类型 I 被中介的调节的含义及实例,有哪三个关键步骤需要考虑?

3. 什么是第一阶段被调节的中介作用?研究者如何测试第一阶段被调节的中介作用?

4. 多层次被调节的中介模型最常见的形式有哪些?

5. 当检验被中介的调节作用模型时,研究者是否有必要提出理论假设来描述 X 和 W 对结果变量 Y 产生的交互效应,以作为建立被中介的调节模型的前提条件?

6. 当在测试被调节的中介作用时,研究者如何选择 W (moderator) 的取值?

第 17 章

多层次理论模型的建立及研究方法

廖卉　庄瑷嘉　刘东

学习目标
1. 理解多层次理论模型的定义、内涵及意义
2. 熟悉多层次理论模型的重要要素
3. 掌握构建不同类型多层次理论模型的方法
4. 掌握验证多层次理论模型的方法
5. 掌握使用多层线性模型分析多层次数据的方法
6. 了解多层线性模型的延伸应用和局限性

组织是一个多层次的、层层相扣的复杂系统。比如，个人存在于团队之中，团队存在于部门之中，部门存在于公司之中，公司存在于产业之中，产业存在于一定的文化之中。个人、团队、部门、公司、产业及文化相互影响与结合，以创造产出。因此，研究者必须视组织为一个整合的系统。然而，传统的组织研究已将组织切割成个人、群体与组织层次，研究者要么倾向于强调宏观（macro）的观点，要么倾向于微观（micro）的观点。微观的观点主要来自心理学，强调个人心理与行为的差异；而宏观的观点主要来自社会学，强调集体共同的心理与行为反应。

正如组织研究学者多年来所注意到的，只采用宏观的观点或只采用微观的观点无法精确、全面地解释组织行为（Hitt et al., 2007）。宏观的观点不重视个人之间的差异，且忽略个人的人格、情感、行为及互动可能提升到更高层次的现象的过程；微观的观点不重视个人所处的情境，可能忽略该情境对个人的影响。

在过去二十多年的组织研究中，多层次（multilevel）的观点逐渐发展成熟，确认了组织既属于宏观层次，又属于微观层次，而且在综合方法上应该考虑两种情形：一是群体、组织及其他情境因素如何由上而下（top-down）影响个人层次（individual-level）的结果变量，二是个人知觉、态度及行为如何由下而上（bottom-up）以形成群体、单位与组织的现象。许多组织学者对多层次整合方法的理论及方法论的发展已经有长足的贡献。对多层次研究感兴趣的读者可以参考 Klein & Kozlowski（2000）这本方法学专著。

本章的目的是说明多层次理论的建立与统计方法上的一些重要元素，将从简要综述多层次的研究开始，再进入单位层次（unit-level，或称群体层次）构念与聚合议题（aggregation issues，或称加总议题）的介绍，接着使用一个真实的样本数据来介绍多层线性模型（hierarchical linear model，HLM）的分析流程，并讨论 HLM 的延伸应用，以及其局限性。

17.1 多层次理论的建立、模型的类型与分析策略

17.1.1 建立多层次理论的重要问题

Kozlowski & Klein（2000）对于多层次理论的建立提供了很详尽的指导方针，并极力主张研究者思考下列问题：

（1）什么（what）是多层次理论的建立与研究所应重视的？具体来说，研究者想研究的是什么内生构念（endogenous construct）或因变量？因变量（而不是自变量）是用来驱动分析层次、选择自变量、决定理论模式中构念间的相关形态的。

（2）如何（how）连接不同层次间的现象？理论必须解释较高层次的情境因素对较低层次的过程与结果的由上而下的直接或调节效果，或者解释较低层次的构念如何由下而上形成较高层次的现象，又或者是两个皆解释。

（3）由上而下与由下而上的过程是从哪里（where）开始，又在哪里结束？具体来说，什么才是模型中适当的构念分析层次？

（4）何时（when）会发生由上而下与由下而上的过程？效果何时会显现？

（5）为什么要或为什么不（why or why not）在模型中建立一些假设？为什么这个模型要以多层次理论为基础？为何有些变量间的关系是由下而上（或由上而下）的？例如，为何模型中的安全气氛（safety climate）这个变量是群体层次的变量而不是个人层次的变量？若视之为群体层次的变量，我们需要做出什么样的假设？

Kozlowski & Klein（2000）强调，在建立一个多层次理论的过程中，研究者应该说明上述问题，并且实现构念的理论层次、测量、研究设计与数据分析之间的一致。

17.1.2 多层次模型的类型

接下来，我们将简要地说明在多层次研究中，已经被广泛使用的多层次模型。

（1）跨层次直接效果模型（cross-level direct-effect model）是检测在较低层次（如个人层次）的结果变量（因变量）上，较高层次（如团队层次）自变量的主效果（main effect），或者同时分析较高层次与较低层次的主效果，Klein et al.（1994）称之为混合因子模型（mixed-determinants models）（如 Campbell et al., 2017; Liu & Fu, 2011; Liu et al., 2012a; Raub & Liao, 2012）。例如，Siebert et al.（2004）发现，团队层次的授权气氛（team-level empowerment climate）与员工层次的心理授权（employee-level psychological empowerment）相关，且心理授权中介于团队层次的授权气氛与个人层次的工作满意度及工作绩效。图17-1为 Siebert et al.（2004）的模型。学者们也可以构建由下而上的理论模型（bottom-up model），即较低层次的变量去影响高层次的结果变量。现今的多层统计分析方法均局限于检验把结果变量放在最低层次或是同层次的模型，使用统计方法检验由下而上模型的文章较为少见。当然，学者们可以开展质性研究建立和检验由下而上模型。近年来，学者们已开始采用潜变量

模型（latent variable model）以及开发 R 软件包去生成低层次预测变量的组别平均值的最佳线性无偏预测因子（the best linear unbiased predictors of the group means），来预测高层次结果变量（Croon & van Veldhoven，2007）。[①]

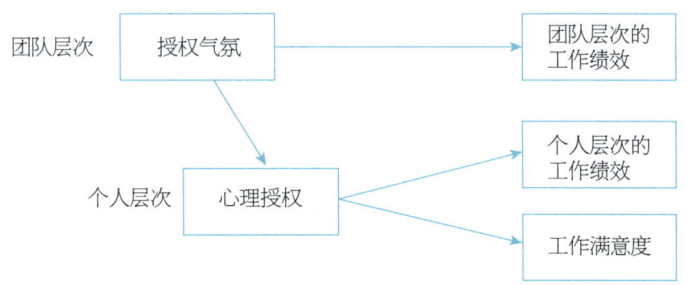

图17-1　Siebert et al.（2004）使用的跨层次直接效果模型

（2）跨层次调节模型（cross-level moderator model）检测两个较低层次构念之间的关系如何被较高层次的构念调节（如 Li & Liao，2014；Dong et al.，2015；Liu et al.，2017）。例如，Hofmann et al.（2003）检验了团队层次的安全气氛（safety climate）对个人层次的领导者部属交换（leader-member exchange，LMX）与员工的安全公民角色定义（safety citizenship role definitions）之间关系的调节效果，结果发现，当正面的安全气氛存在时，领导者部属交换与安全公民角色定义之间的相关性更高。图 17-2 为 Hofmann et al.（2003）的模型。

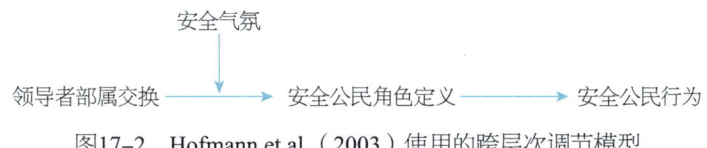

图17-2　Hofmann et al.（2003）使用的跨层次调节模型

（3）跨层次青蛙池塘模型（cross-level frog-pond model）是说明较低层次的个人在较高层次中的相对位置对较低层次的结果变量有何影响。同样的一只青蛙，若池塘很大，这只青蛙看起来可能会很小；若池塘很小，这只青蛙看起来就可能很大。例如，假设我们要检测工作满意度与薪资之间的关系，个人的工作满意度可能就会取决于其相对于群体成员的平均薪资。图 17-3 为该模型的概念化，X_i 为自变量，Y_i 为结果变量，$X_{\text{group mean}}$ 是表示相对位置的变量。相关研究可见 Liu et al.（2012a）、Harris et al.（2014）、D'Innocenzo et al.（2016）。

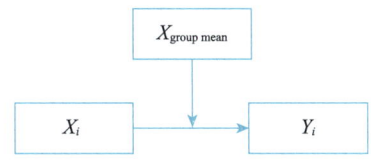

图17-3　跨层次青蛙池塘模型

[①] 感兴趣的读者可以进一步参考杰克逊·卢（Jackson Lu）教授的R软件包，网址为https://www.jacksonlu.net/micro-macro-multilevel（登录时间：2023年4月18日）。

（4）一致的多层次模型（homologous multilevel model）说明的是构念以及连接构念间的关系是可被概化到不同组织实体上的。在这种模型中，两个或两个以上变量之间的关系可能同时存在于个人、群体及组织等多个层次中（如 Liu et al., 2012a; Schaubroeck et al., 2012; Tu & Lu, 2013; Dietz et al., 2015）。例如，DeShon et al.（2004）检验一个多重目标绩效模型在个人和团队层次上的一致性，结果发现 79% 的假设在个人与团队层次皆成立，支持他们所提出的关系可同时存在于不同层次的多层次模型。图 17-4 为 DeShon et al.（2004）的模型。

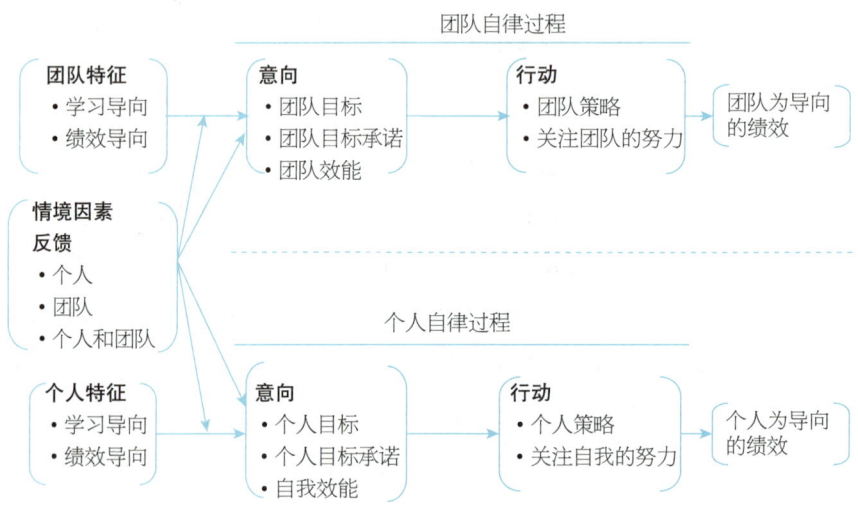

图17-4　DeShon et al.（2004）使用的一致的多层次模型

17.1.3　多层次模型的分析策略

现已有许多可行的多层次分析技术，包括协方差分析（analysis of covariance, ANCOVA, 或称共变量分析）、使用普通最小二乘回归 (ordinary least squares regressions, OLS, 或称最小平方回归）的情境分析（James & Williams, 2000）、组内与组间分析（Dansereau et al., 1984; Dansereau & Yammarino, 2000）、使用 HLM 分析多层次随机系数模型（Bryk & Raudenbush, 1992）、多层次共变结构分析（multilevel covariance structure analysis）（Muthen, 1994）、多层次结构方程模型（structural equation modeling, SEM)(Curran, 2003; Mehta & Neale, 2005）。由于篇幅的限制，无法详细介绍所有类型的多层次模型与分析技术，因此，本章重在数据聚合（data aggregation）与 HLM 的介绍，前者是将混合因子模型中较低层次构念的数据聚合的重要议题，后者是使用日益广泛的多层次模型分析方法。读者可参考 Snijders & Bosker（2011）进一步学习多层次分析理论与方法。

17.1.4　非线性多层次模型

在多层次研究中，研究者可以建立非线性多层次模型来检验不同层次变量间的非线性关系（Debus et al., 2014; Gonzalez & Denisi, 2009; Qin et al., 2014; Shaw et al., 2011; Škerlavaj et al.,

2014；Tangirala & Ramanujam，2008）。依照 Aiken & West（1991）的非线性关系检验步骤，研究者可以使用统计软件 HLM（参见本章后面对 HLM 的介绍）检验非线性多层次模型。例如，为了检验 X 与 Y 之间的非线性关系，应同时把 X 与 X^2 放入 HLM 去预测 Y。当 X^2 的回归系数显著且为正时，X 与 Y 存在 U 形曲线关系。当 X^2 的回归系数显著且为负时，X 与 Y 存在 ∩ 形曲线关系。杰里米·道森（Jeremy Dawson）的网站① 提供了可以用于非线性关系作图的 Excel 模板。研究者也可以检验被调节的非线性关系（moderated non-linear relationship）。如为了检验 X 与 Y 的曲线关系是否被 M 调节，应同时把 X、X^2 与 X^2M（X^2 与 M 的乘积项）放入 HLM 去预测 Y。当 X^2M 的回归系数显著时，X 与 Y 的曲线关系被 M 所调节。道森的网站也提供了可以用于被调节的非线性关系作图的 Excel 模板。研究者也可以使用 Stata 的 margins 命令来画图、进行斜率检验（slope test）。研究者也可以检验更为复杂的三重交互作用模型，即 X 与 Y 的曲线关系能否被两个调节变量（M_1 与 M_2）同时调节。这种情况下，X、X^2、M_1、M_2、XM_1、XM_2、X^2M_1、X^2M_2、M_1M_2、XM_1M_2、$X^2M_1M_2$ 都应该放入模型。当 $X^2M_1M_2$ 的回归系数显著时，可以推断 X 与 Y 的曲线关系被两个调节变量（M_1 与 M_2）同时调节。

17.2　多层次分析的构念与单位层次构念的数据聚合

Kozlowski & Klein（2000）认为构念是多层次理论的组成要素，因此，建议研究者明确说明假设理论模型中构念所在的层次。多层次模型常包含个人层次与单位层次的构念，例如，个人的人格、认知、情感与行为是典型的个人层次构念，而组织气氛、组织文化与团队绩效是典型的单位层次的构念。然而，一个变量在某些理论模型中是个人层次的构念，但在其他模型中却有可能是单位层次的构念。例如，正向情感（positive affect）通常被认为是个人层次的构念，且与个人的乐观心态、被喜爱程度、社交能力、主动性、活力等特质有关。George（1990）认为，经过吸引—甄选—留任的程序（Schneider，1987）与群体社会化的程序，同一群体的成员可能会有相似的情感反应。因此，她将正向情感语调（positive affective tone）作为群体层次的构念，并将其定义为同一群体内成员一致的正向情感反应，发现该构念与群体层次的旷工行为呈现负相关关系。所以，研究者必须明确解释一个构念被放置在某层次的理论根据。

个人层次的构念是以个人层次来衡量的，其操作比较直观简单。然而，对处于更高分析层次的单位层次构念的操作就比较复杂。学者们（如 Chan，1998；Harrison & Klein，2007；Kozlowski & Klein，2000）对单位层次构念的类型有详尽的探讨，并说明他们在操作上的不同。这些学者提出，单位层次构念的类型可分为共享单位特性（shared unit properties）、总体单位特性（global unit properties）及形态单位特性（configural unit properties）。接下来，我们将简单地叙述这三种类型的构念，并介绍证明聚合（由个人层次到单位层次）合理的统计方法。

---

① http://www.jeremydawson.com/slopes.htm，登录时间：2023年4月18日。

17.2.1 单位层次构念的类型

17.2.1.1 共享单位特性

此类型的构念来自组织内单位成员共享的经验、态度、知觉、价值观、认知及行为等，且被假定在吸引—甄选—留住的程序、群体社会化及其他心理历程的作用下，会体现为一个单位层次的构念。例如，组织气氛就是组织成员共享组织内的惯例、政策及程序等。所以，操作此构念的关键在于将相同单位内个别成员的回答分数进行一定计算，结果作为单位平均数，以聚合为单位层次，而聚合的方法需要理论与实证的支持。在理论上，研究者需说明单位内成员回答的同意度和一致性如何从个人层次的特征浮现而来；而在实证上，研究者需证明满足了聚合的统计前提。后续将会对聚合分析有详细的探讨。此外，为了操作共享的构念，研究者需要取得一个具有代表性的样本，以取得构念的相关信息。根据参考点（referent）的不同，共享单位特性还可分为两种类型：

第一，直接一致构念（direct consensus constructs，或称直接共识构念），如同共享单位特性，此构念来自个别团体成员，并借由聚合团队个别成员的分数而取得。此构念呈现出团体成员分享他们个别的知觉或特质，如认知能力、风格、人格、智力及行为变量（Chan, 1998）。正如前面提到的，George（1990）衡量工作团体的情感语调是将个别情感的测量聚合到团体层次，并检测团体内情感的一致性而产生了两个聚合后的变量：正向的团体情感语调及负向的团体情感语调。此构念描述的是团体属性（group attribute）而非个人心理属性（individual psychological attribute）。研究者需要计算ICC（1）（intra class correlation（1），组内一致性）、ICC（2）（intra class correlation（2），组间一致性）、$r_{wg(j)}$（观测方差），来确认是否可以把从个人层次搜集的数据聚合到单位层次上，创建这类变量（详见本章17.2.2小节）。

第二，移转参考点共识构念（referent-shift consensus constructs），如同直接一致构念，此构念来自个别团体成员，并借由聚合团队个别成员的分数而取得。然而，不同于直接一致构念的是，移转参考点共识构念是询问成员对团体所有人对某属性的想法，所以只有在成员共享他们团体属性的知觉时才有意义。这种构念的测量题目可能是"我有信心我的团队可以做好此项任务"。此构念描述的是团体集体的属性（group collective attribute），而非团体属性或个人心理属性。Ehrhart（2004）将移转参考点共识模型应用于检测部门的程序正义气氛（procedural justice climate），其要求员工去思考在工作部门中获得奖酬的程序，其测量题目包含："这些程序有一贯地在你的部门中实行吗？"这个例子中的参考点为部门，用以了解团体的集体程序正义。同样，研究者需要计算ICC（1）、ICC（2）、$r_{wg(j)}$，来确认是否可以把从个人层次搜集的数据聚合到单位层次上。

17.2.1.2 总体单位特性

此类型的构念相对而言是客观的、描述性的、易于观察到的单位特征。总体的构念不同于共享单位特性,其直接来自单位层次而非个人层次,如公司的年龄、规模大小、位置、策略等。总体的构念取决于单位的结构或功能,而非取决于个别成员的知觉、经验、态度等,而操作总体单位特性的关键在于尽可能地向主题专家(subject matter experts,SME)取得精确的信息或档案数据。因为在评估总体单位的特性时,主题专家丰富的知识可能有助于降低测量误差,而主题专家之间的回答共识和一致性可由后续会讨论到的聚合验证统计方法处理。但如果使用档案数据(如团队销售数据来衡量团队表现)而非人为打分,则通常不需要使用聚合验证统计方法。

17.2.1.3 形态单位特性(configural unit property)

此类型的构念是指在单位中个人特征的形态或配置情形。如同共享的构念,配置的构念也是来自个人层次,然而,其并不假设单位成员之间会趋于一致,例如,年龄多样化与性别多样化是两个形态单位的构念,且分别描述了单位成员的年龄与性别的分布,因此,成员间不必有相同的年龄或性别。理想上,研究者在操作形态构念时,必须向单位中的所有成员取得构念的信息(如年龄),若无法达到理想的应答率(response rate),研究者必须证明回答的样本具有足够的代表性。此外,研究者不必评估个别成员之间的一致性,无需计算ICC(1)、ICC(2)、$r_{wg(j)}$,因为形态构念的分数可借由个别成员分数的最小值、最大值、方差或标准差等数值来计算。例如,Lindell & Brandt(2000)以领导者、团队、角色及工作特性为特征来衡量组织气氛,并使用组织气氛的方差来推测气氛的一致性,在此例子中,方差被视为群体的一个概括的特征或形态。又例如,Hong et al.(2021)使用 r_{wg} 来代表 store-level LMX(单位层次领导者部属交换)共有的部分,并将它当成领导者部属交换和情绪劳务之间的调节变量。

在上述的单位层次构念的类型中,对共享单位特性(不论是直接一致构念还是移转参考点共识构念)与主题专家所评估的总体单位特性而言,聚合个人层次的回答是必需的。因此,下面我们将探讨常被用来评估是否可以将个人层次聚合到单位层次上的统计验证方法。

17.2.2 聚合的统计验证方法

在将个人的回答聚合到单位层次上之前,研究者必须确认聚合是有理论与实证支持的。而在实证的验证上,既有文献中有一些讨论(如George & James,1993;Yammarino & Markham,1992)。Bliese(2000)在其著作中详细说明了有关聚合的许多同意度与信度指标,我们接下来将介绍三个在多层次研究中常用的指标,即组内同意度(within-group agreement)、ICC(1)和ICC(2)。

17.2.2.1 组内同意度

首先,研究者必须确认是否有高度的组内同意度。组内同意度是指回答者(如相同单位的个别成员)对构念有相同反应的程度(Kozlowski & Hattrup,1992)。如Bliese(2000)所提到的,在组织文献中常用来衡量组内同意度的有适用于单一题项量表的 $r_{wg(1)}$ 或适用于多

题项量表的 $r_{wg(j)}$（James et al., 1984, 1993）。

James et al.（1984）对组内同意度的衡量是使用观察到的群体方差与期望的随机方差相比较。单一题项量表的公式为：

$$r_{wg(1)} = 1 - (S_{x^2}/\sigma_{EU}^2) \tag{17-1}$$

式中，$r_{wg(1)}$ 是群体中 k 个回答者对单一题项 X 的组内同意度，s_{x^2} 是观察到的 X 方差，σ_{EU}^2 是假设所有回答者只存在随机测量误差下所期望的 X 方差。

多题项量表的公式为：

$$r_{wg(j)} = \frac{J[1-(\overline{s_{xj}^2})/\sigma_{EU}^2]}{J[1-(\overline{s_{xj}^2}/\sigma_{EU}^2)] + (\overline{s_{xj}^2}/\sigma_{EU}^2)} \tag{17-2}$$

式中，$r_{wg(j)}$ 是在 J 个平行的题项上所有回答者的组内同意度，$\overline{S_{xj}^2}$ 是在 J 个题项上所观察到的方差的平均数，σ_{EU}^2 是假设所有回答者只存在随机测量误差下所期望的方差。

以上两个公式可用来计算每个群体的组内同意度。在组织文献中，基本法则是呈现各群体的 r_{wg} 中位数或平均数，若 r_{wg} 值大于 0.70，表示聚合有足够的同意度。LeBreton & Senter（2008）详细指出了 r_{wg} 不同区间值的含义：0—0.30 表示缺乏组内同意度（lack of agreement），0.31—0.50 表示弱组内同意度（weak agreement），0.51—0.70 表示中度组内同意度（moderate agreement），0.71—0.90 表示强组内同意度（strong agreement），0.91—1.00 表示非常强的组内同意度（very strong agreement）。需要指出的是，在一些情况下，虽然 r_{wg} 值大于 0.70，但某些群体可能存在相当低的同意度，在此情形下，研究者可使用回归或 HLM 去分析在有或没有这些群体的情况下，结果是否会有显著的不同。若确实有显著不同，则必须进一步研究是否适合将高组内同意度与低组内同意度的样本结合在一起。然而，将低 r_{wg} 值的群体去除很可能会删除某些存在于群体中的现象。例如，当有子气氛（subclimates）存在时，服务气氛的 r_{wg} 值可能很低，但这不一定意味着完全没有同意度存在（Lindell & Brandt, 2000）。在此例子中，研究者可探究子群体间在个人层次或群体层次变量上的差异性，而不是将这些群体去除。

James et al.（1984）提出了 σ_{EU}^2，即期望随机方差（expected random variance）的选择之一是假设群体成员的回答呈现均匀分布（uniform distribution）下所得到的方差。均匀分布是指群体成员在每一个回答选项都有相同的回答人数的分布状态，例如，假设有 10 个人来回答一个 5 点量表的构念，分别有 2 个人回答 1，2 个人回答 2，2 个人回答 3，2 个人回答 4，2 个人回答 5。在均匀分布下，$\sigma_{EU}^2 = (C^2-1)/12$，$C$ 为答案选项的数目，在李克特量表中的 5 点量表、7 点量表与 9 点量表的 σ_{EU}^2 分别为 2、4 和 6.67。

然而，均匀分布可能不是一个代表实际期望分布的选择，因为多数个人的回答都存在回答偏误。例如，在正向反应偏差（positive response bias）情况下，回答者更可能会去选择正面的选项（如 3、4 或 5），此种回答范围的限制将会降低组内方差（within-group variance）（相较于均匀分布的方差），造成群体成员之间同意度较高的幻觉。James et al.（1984）针对期望分布提出了一些限制与建议方案，例如，研究者可以使用偏态分布（skewed distribution）的方差作为计算 r_{wg} 时的期望方差，至于选择正偏态（positive skew）还是负偏态（negative skew），取决于所要衡量的变量。然而，Bliese（2000）提到因为有无穷个偏态分布可选择，所以偏态程度的选择可能会较武断，这也是研究者要做的决定，而以回答偏误来调整过的 r_{wg} 则提供了更谨慎的组内同意度的衡量方法。James et al.（1984）提供了三个负偏态期望分布的选择，以模拟不同的偏态程度。例如，在小偏态（small skew）的情形下，5 点量表每个回答选项的几率可设定为：1 为 0.05，2 为 0.15，3 为 0.20，4 为 0.35，5 为 0.25，此例中，σ_{EU}^2=1.34，将其代入上述公式即可算出 r_{wg}。

Kozlowski & Hults（1987）提出了另一个期望方差的选择。他们建议：首先，使用有独立数据点的数据库的分布方差来设定组内同意度的下限，再使用均匀分布的方差来设定组内同意度的上限，而真实的同意度便会介于以上两者之间。

有学者建议使用随机群体再抽样（random group resampling，RGR）来估计期望随机分布（如 Bliese & Halverson，1996；Bliese et al.，1994）。RGR 是随机地分派个体到数个与真实群体一样大小的假性群体（pseudo group）中，假性群体方差的分布是期望分布，它的方差被用来与真实群体方差做比较，以确定真实群体方差是否显著地小于或大于假性群体方差，假若真实群体方差显著地小于假性群体方差，表示具有组内同意度。此外，Bliese（2000）建议使用平均假性群体方差作为计算 r_{wg} 时的期望随机方差。使用 RGR 计算同意度的 S-PLUS（Statistical Sciences，1997）算法可去信询问 Paul Bliese 教授（南卡罗来纳大学拉摩尔商学院）。

在组织管理领域的研究中，多数学者仍采用均匀分布的期望分布，但是因为被试的回答多少都会有偏误，所以我们建议至少采用小偏态的分布。LeBreton & Senter（2008）进一步拓展了 James et al.（1984）的研究，提供了多种期望分布下的方差值及 σ_{EU}^2 值。

迈克尔·科尔（Michael Cole）根据 Biemann et al.，（2012），在其个人网站①上提供了可以方便计算 r_{wg} 的 Excel 工具。在 OBHRM 百科网站②上也有用于计算 r_{wg} 的 SPSS 程序。LeBreton & Senter（2008）一文中也提供了用于计算 r_{wg} 的 SPSS 程序。

17.2.2.2　ICC（1）

除了验证个别的回答具有充分的组内同意度，研究者还必须在聚合个别回答到群体（单位）层次之前，先检测是否有足够的组间差异，组间方差的存在是检测群体层次构念与其他构念之间关系的要素。例如，为了检测服务气氛（是由个别员工的回答算出平均数，以作为单位（店）层次的构念）与店销售量之间的关系，我们必须得知员工们对服务气氛的知觉，在店与店之间是否有显著的变异，假若店与店之间在服务气氛上没有差异（但在销售量上有差异），则服务气氛与销售量之间没有显著关系存在。

---

① http：//www.sbuweb.tcu.edu/mcole/articles.html（登录时间：2023年4月18日）。
② http：//www.obhrm.net/（登录时间：2023年4月18日）。

对于某一个变量在个人层次的回答，例如服务气氛，我们可通过 HLM 分析将其方差分为组间方差与组内方差。服务气氛在个人层次的回答的总方差为"组间方差+组内方差"，如此，我们可由式（17-3）计算出服务气氛的 ICC（1）或是店与店之间在服务气氛上的变异程度：

$$ICC（1）=组间方差/（组间方差+组内方差） \quad (17\text{-}3)$$

HLM 的零模型（null model，或称虚无模型）可被用于计算 ICC（1）（参见本章 17.3.3 小节），零模型也使用卡方检验（chi-square test）来检测组间方差（τ_{00}）是否具有统计上的显著性。

我们也可以通过 SPSS 的方差分析（ANOVA）获得组间方差（SPSS 输出结果中的 MSB）与组内方差（SPSS 输出结果中的 MSW），来计算 ICC（1）。公式为

$$ICC（1）=（组间方差-组内方差）/[组间方差+（k-1）×组内方差] \quad (17\text{-}4)$$

其中，k 为平均群内人数。ANOVA 的 F 检验（组间方差/组内方差）可以验证组间方差是否具有统计上的显著性。

以上这些计算方法和检验都与组间差异有关，但是只有以上两个 ICC（1）的公式才能计算出 ICC（1），可惜我们不能检验 ICC（1）的显著性。如果要检验显著性，可以用上述 HLM 零模型中针对 τ_{00} 的卡方检验或是 ANOVA 的 F 检验，但前者只是组间方差，后者是组间方差/组内方差，都不是 ICC（1）本身。因此，我们建议在报道 ICC（1）时，可以同时使用多个证据来支持一组数据的组间差异。以上述的范例而言，假若服务气氛的组间方差是显著的，且 ICC（1）是有意义的，那么我们便另有不同的证据显示将个别的回答聚合到店这一层次是可行的。

至于要如何判定 ICC（1）是否有意义呢？James（1982）回顾了组织研究，发现 ICC（1）的范围为 0—0.50，而中位数为 0.12，但 Bliese（2000）认为这个范围可能被高估了，因为 James 将 eta-squared[①] 与 ICC（1）视为等同。当群内人数很大时（群内有 25 人或更多），eta-squared 等同于 ICC（1），然而，当群内人数很小时（群内少于 25 人），相较于 ICC（1），eta-squared 显著地被高估了。LeBreton & Senter（2008）、Murphy & Myors（1998）指出 ICC（1）可以被理解为衡量变量群体效应大小（group effect size）的一个指标：0.01 表示小的群体效应，0.05 表示中等的群体效应，0.25 表示大的群体效应。当 ICC（1）=0.05 时，就意味着存在一个比较显著的群体效应，如果 r_{wg} 也达标，就可以把数据聚合到组层级上。

17.2.2.3 ICC（2）

ICC（2）是指群体平均数的信度（reliability）（如 Bartko，1976），即将个人层次变量聚合成群体层次变量时此变量的信度。ICC（2）也和 ICC（1）一样与群内人数有关。用公

---

① eta-squared（η^2）=组间平方和/总平方和，其是通过 ANOVA 的数值计算，用 F 检验来判断显著性，以检验组间是否有差异，即了解个别分数的变异有多少是来自组间差异。然而，F 检验易受群内人数的影响：当群内人数较大时，eta-squared 容易变得显著；反之，群内人数过少时，则有高估的倾向。

式表示为

$$\text{ICC}(2) = \frac{k\text{ICC}(1)}{1+(k-1)\text{ICC}(1)} \quad (17\text{--}5)$$

或

$$\text{ICC}(2) = (组间方差 - 组内方差)/组间方差 \quad (17\text{--}6)$$

式（17-5）中，k 表示群内人数；式（17-6）中的方差由 ANOVA 取得。正如 Bliese（2000）提到的、ICC（1）、ICC（2）与群内人数之间的关系为：ICC（1）可以被视为一个信度的测量值，而这个测量值和单一群体平均数有关（James, 1982），当 ICC（1）很大时，单一群体成员的回答可能就足以提供相对稳定的群体平均数，而当 ICC（1）很小时，就必须以多个群体成员的回答来估计；Bliese（1998）指出，在检测群体层次构念与其他构念之间的关系时，有可信的群体平均数或较大的 ICC（2）是必要的。如 Bliese（2000）认为，当 ICC（2）很大时，即使因变量与自变量的 ICC（1）为 0.01，即较低层次的回答只有 1% 来自组间方差，依然能够在群体层次检测出因变量与自变量之间的关系。

要想获得较大的 ICC（2）就必须要有很多的群内人数，犹如为了要有可信的量表，我们必须使用多个相同意思的题项来测量，因此，为了获得可信的群体平均数，必须取得更多样本数的回答。在 ICC（1）固定之下，群内人数越多，ICC（2）就越大。传统经验建议 ICC（2）最好是达到 0.70（Lance et al., 2006），但在组织研究中，尤其是小群体的研究，通常无法有很多的群内人数，因此，在多层次组织研究中，ICC（2）通常小于 0.70。针对此议题，有学者认为，即使有相对小的 ICC（2），若聚合是获得理论支持且有高的 r_{wg} 及显著的组间方差，则聚合也是可行的（Chen & Bliese, 2002; Kozlowski & Hattrup, 1992）；但若 ICC（2）很小，研究者必须承认低群体平均数的信度可能已阻碍了聚合后变量效果的检测，而且相较于较大的 ICC（2），较小的 ICC（2）所观察到的变量效果可能被低估了。作为范例之一，在 Liao & Chuang（2007）中，作者检验了两个群体层次的变量：转换型领导和服务气氛。因为该研究的群内人数不多，所以这两个变量的 ICC（2）也不大，分别为 0.44 和 0.55。然而，该研究理论支持转换型领导和服务气氛都可能为群体层次的现象，ICC（1）分别为 0.17 和 0.25，ANOVA 中的 F 检验也都显著，在实证上支持良好的组间差异；另外，r_{wg} 分别为 0.85 和 0.91，表示有适当的组内同意度。作者据此推论将这两变量聚合到群体层次是适合的，并继续进行假设检定。另一个范例是 Chen & Bliese（2002）的研究，感兴趣的读者也可以参考他们的解释。前述迈克尔·科尔的个人网站也提供了可以方便计算 ICC（1）与 ICC（2）的 Excel 工具。

17.3　HLM

接下来，我们将介绍一个多层次模型的统计分析程序，其中，结果变量（因变量）是个人层次的变量，自变量则包括个人层次和群体层次的变量，所使用的分析方法与软件为 HLM。在 Bryk & Raudenbush（1992）与 Raudenbush & Bryk（2002）中对 HLM 有很详尽的说明，许多学者也针对组织研究者使用 HLM 方面有清楚的介绍（如 Hofmann，1997；Hofmann & Gavin，1998；Hofmann et al.，2000；Yaremych et al.，2021）。在此，我们仅做简要的讨论，强烈建议有兴趣的读者参考上述学者的著作。

在使用 HLM 时，自变量可能是来自较低层次的构念（如个人层次，可称为 Level-1 变量）或是较高层次的构念（群体层次，可称为 Level-2 变量）。而这些变量之间的关系可由以下的模型求得：

$$\text{Level-1 模型}: Y_{ij} = \beta_{0j} + \beta_{1j} X_{ij} + r_{ij} \quad (17-7)$$

$$\text{Level-2 模型}: \beta_{0j} = \gamma_{00} + \gamma_{01} G_j + U_{0j} \quad (17-8)$$

$$\beta_{1j} = \gamma_{10} + \gamma_{11} G_j + U_{1j} \quad (17-9)$$

Y_{ij} 是个人 i 在 j 群体中的结果变量，X_{ij} 是个人 i 在 j 群体中的自变量，β_{0j} 与 β_{1j} 则是每个 j 群体分别被估计出的截距项与斜率，r_{ij} 为 Level-1 的残差项，G_j 是群体层次的变量，γ_{00} 与 γ_{10} 为 Level-2 截距项，γ_{01} 与 γ_{11} 则是连接 G_j 与 Level-1 公式中的截距项与斜率项的斜率，U_{0j} 与 U_{1j} 为 Level-2 的残差项。因此，在 Level-1 模型中，可检验出 Level-1 变量和 Level-1 变量间的关系；而在 Level-2 模型中，可检验出 Level-2 变量和 Level-1 变量间的关系，以及 Level-2 变量如何调节两个 Level-1 变量间的关系。

17.3.1　HLM的优点

许多学者提到，普通最小二乘回归忽略了同一个单位中不同层次数据的相互依赖性，因此，普通最小二乘回归可能会产生偏误与无效的估计标准误差（如 Bryk & Raudenbush，1992；Hofmann，1997），并且会增加第一类错误与第二类错误出现的概率（Bliese & Hanges，2004），所以，相较于普通最小二乘回归，HLM 在分析阶层性的数据上有许多优点。

第一，HLM 能够明确地分析嵌套（nested）性质的数据（比如，个人嵌套于团队之中，团队嵌套于部门之中，部门嵌套于公司之中）。HLM 除了可以同时估计不同层次的自变量对个人层次的结果变量有何影响，还能将这些自变量保持在适当的分析层次（Bryk & Raudenbush，1992）。此外，HLM 也有助于多层次理论的发展（Kozlowski & Klein，2000），因为在使用 HLM 时，研究者必须清楚地表明每一个构念的分析层次（例如，要放在 Level-1、Level-2 甚至 Level-3 或 Level-4 中）与各层次构念间的关系为何（如前因、中介或调节）。

第二，HLM 能够改善 Level-1 或个人层次效果的估计。如同 Bryk & Raudenbush（1992）、Raudenbush et al.（2004）所提到的，HLM 针对随机变化的 Level-1 系数，产生实证贝氏估计值（empirical Bayes，EB）。实证贝氏估计值是通过全部的资料来估计参数。更进一步地说，Raudenbush et al.（2004：9）认为每个单位 j 的 Level-1 系数的实证贝氏估计值是来自两个最佳组合：其一是基于该单位的数据所计算出来的估计值，其二是基于其他相似单位的数据所计算出来的估计值。直觉上，我们借用整体数据的优势来改善每个单位 j 的 Level-1 系数估计值。因此，Level-1 系数的估计不是在每个单位 j 中独立的计算，而是基于全部数据所提供的信息。Level-1 系数估计方式的改善是相当重要的，因为 Level-1 系数是要被用来估计 Level-2 的固定效果（fixed effects）的。

第三，HLM 在估计 Level-2 固定效果时，使用广义最小二乘法（generalized least squares，GLS）。固定效果可被视为跨群体 Level-1 系数的加权平均，且通常被视为自变量与结果变量之间关系的估计值（Hofmann，1997）。广义最小二乘法优于普通最小二乘回归之处在于，其考虑到每个群体所提供的信息精确度不一，即有较可信和较精确的 Level-1 估计值的群体，会获得更高的权重。

第四，HLM 提供了稳健的（robust）标准误差估计值，即使 HLM 的假设被违反（仅限小程度的违反），此标准误差估计值仍是一致的。因此，基于这些标准误差估计值所做的假设检定统计推论是可信的，尤其当 Level-2 的样本数很大时（Bryk & Raudenbush，1992）。

第五，HLM 借由不平衡数据（unbalanced data）（即每个群体的员工人数不同）的交互式计算（interactive computing）技术，提供了方差协方差成分（也称变异共变因子）（variance-covariance components）的有效估计值，这是传统的分析方法（如 ANCOVA）所无法达到的（Bryk & Raudenbush，1992）。

17.3.2 研究问题与资料

Liao & Chuang（2004）应用了 HLM。该论文认为，服务业中顾客满意度与组织绩效息息相关，而服务人员在服务过程中与顾客的互动会影响顾客所感受到的服务品质，因此，只有了解了什么原因会影响员工服务绩效（employee service performance），才能有效地提升服务绩效与顾客满意度。为此 Liao & Chuang（2004）建立了一个多层次的研究架构，来验证个人层次的因子与单位（店）层次的因子分别对员工服务绩效的影响，以及店层次的因子如何调节个人层次的因子与员工服务绩效之间的关系；同时，也将个人层次的员工服务绩效聚合为店层次的服务绩效，以分析店层次的服务绩效与顾客满意度的关系。我们在此以该篇文章的部分数据，依据 Hofmann（1997）所提出的 HLM 分析程序来进行实际操作分析。由于原始文章的研究架构较复杂，变量也较多，因此，分析结果可能与原始文章的研究结果不完全相同。图 17-5 为其研究架构图。

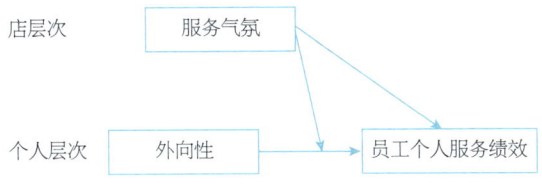

图17-5　Liao & Chuang（2004）的研究架构

在本例中，假设我们要检测的是影响员工个人服务绩效的自变量，此服务绩效是指员工在服务与帮助顾客的过程中，其所表现出满足顾客需求的行为，因此，因变量为个人层次的服务绩效。概念上，员工服务绩效取决于员工个人差异与情境因子，本例中，个人层次的因子即为外向性（extraversion），而情境层次的因子则为服务气氛（service climate）。外向性是五大人格之一，与善于社交、合群、健谈、积极的特质有关（Barrick & Mount，1991），而服务气氛是指员工们对于策略、惯例及受到奖励、支持与期望的顾客服务程序的共同知觉（Schneider et al.，1998），因为服务气氛是员工们"共同的"知觉，所以将其设定为群体层次的构念，必须由同一群体中个别员工的知觉聚合而得。在此，我们假定分析的数据具有高组内同意度，且员工对气氛的知觉有显著的组间差异，所以聚合是有其理论依据的。

基于人格和服务管理的文献，我们可以假设个人层次的外向性人格与群体层次的服务气氛会正向地影响员工服务绩效。进一步而言，已有学者认为，人格与工作绩效之间的关系并不一定对所有情境中的所有员工都是相同的，所以，员工表现绩效时所处情境的强度也被认为会调节人格与员工行为之间的关系（如 Barrick & Mount，1993；Mischel，1977）。在强情境（strong situations）之下，对于员工如何表现出令人满意的行为会有较一致、清楚的规范。然而在弱情境（weak situations）之下，则缺少一致、清楚的规范（Mischel，1977）。因此，相较于员工在强情境中的行为，员工在弱情境之下，个人在人格上的差异更可能会影响其所表现的行为。此外，可以通过主管在日常管理上不断地表现出对服务品质的重视，来创造出鼓励服务的氛围，营造正向的服务气氛，因此，强情境，则限制了个人人格的表现。基于以上所述，我们假设服务气氛将会调节外向性与员工个人服务绩效之间的正向相关性，服务气氛越正面，此正向相关性就会越弱。在此，提出以下三个假设：

假设1：个人层次的外向性与员工个人服务绩效呈现正相关。

假设2：群体层次的服务气氛与员工个人服务绩效呈现正相关。

假设3：群体层次的服务气氛调节外向性与员工个人服务绩效之间的关系，越正面的服务气氛，越会降低其正向的相关性。

接下来我们将使用在美国中西部的25家连锁餐厅所搜集到的257位员工的样本，来探讨用以检验假设的 HLM 方程式与统计检验法。

17.3.3　HLM的分析程序

17.3.3.1　零模型（步骤Ⅰ）

由于我们假设个人层次的员工服务绩效可由个人层次与群体层次的变量来预测，所以必须显示出服务绩效在个人层次与群体层次上皆有变异存在，因此，第一个步骤要使用 ANOVA，将服务绩效的方差分成组内方差与组间方差。在此使用的 HLM 估计的零模型是没有自变量的，其模型为：

$$\text{Level-1 Model：服务绩效}_{ij} = \beta_{0j} + r_{ij} \tag{17-10}$$

$$\text{Level-2 Model：} \beta_{0j}=\gamma_{00} + U_{0j} \tag{17-11}$$

上述模型中，β_{0j} 为第 j 个群体的服务绩效平均值；γ_{00} 为服务绩效的总平均值；r_{ij} 的方差 σ^2 为服务绩效的组内方差；U_{0j} 的方差 τ_{00} 为服务绩效的组间方差。

由于服务绩效的总方差 $=\sigma^2 + \tau_{00}$，我们可依此计算出 ICC（1），即服务绩效组间方差的百分比，其公式为：

$$\text{ICC（1）}=\tau_{00}/(\sigma^2+\tau_{00}) \tag{17-12}$$

此步骤分析结果为 τ_{00} =0.35，且卡方检验的结果表示组间方差是显著的：χ^2（24）=58.45，p<0.001。此外，σ^2 =2.52，故 ICC（1）= 0.12，表示员工服务绩效的方差 12% 来自组间方差，而 88% 来自组内方差。

由于服务绩效具有显著的组间方差，接下来便可进行假设检验。

17.3.3.2 检验假设 1 和 Level-1 的主效果（步骤Ⅱ）

为了检验假设 1，我们将外向性加入 Level-1，并估计以下的模型：

$$\text{Level-1 Model：服务绩效}_{ij}=\beta_{0j} + \beta_{1j}(\text{外向性}_{ij})+r_{ij} \tag{17-13}$$

$$\text{Level-2 Model：} \beta_{0j}=\gamma_{00} + U_{0j} \tag{17-14}$$

$$\beta_{1j}=\gamma_{10} + U_{1j} \tag{17-15}$$

模型中，γ_{00} 为跨群体截距项的平均值；γ_{10} 为跨群体斜率的平均值（用来检验假设 1）；r_{ij} 的方差 σ^2 为 Level-1 残差的方差；U_{0j} 的方差 τ_{00} 为截距的方差；U_{1j} 的方差 τ_{11} 为斜率的方差。

在上述模型中，γ_{00} 与 γ_{10} 分别代表 Level-1 的系数（即 β_{0j} 与 B_{1j}）跨群体的平均数，其中 γ_{10} 是表示外向性与服务绩效跨群体的关系，因此可用来检验假设 1。另外，HLM 也对 γ_{00} 与 γ_{10} 进行 t 检验，如此便可检测这两个参数的统计显著性。此步骤的分析结果为 γ_{10}=0.58，t-value（24）=43.68，p<0.001，因此，假设 1 得到支持。

在 Level-1 的模型中，可透过加入外向性后组内方差减少的程度来计算 R^2（此为 pseudo R^2，即准决定系数），换言之，我们可计算出零模型中的组内方差有多少可被外向性解释，公式为：

$$R^2 \text{ for Level-1 Model} = (\sigma^2 \text{ from Step I} - \sigma^2 \text{ from Step II})/\sigma^2 \text{ from Step I} \tag{17-16}$$

在这个例子中，Level-1 的 R^2 =（2.52-2.23）/2.52=0.12，表示服务绩效的组内方差（非总方差）有 12% 可被外向性解释。

此外，在加入外向性后，τ_{00} =4.52，卡方检验的结果显示此组间方差达到显著：χ^2（24）=33.24，p <0.10，表示在 Level-2 模型中有可能存在群体层次的因子，因此，我们接下来检验假设 2。

17.3.3.3 检验 Level-2 的主效果（步骤Ⅲ）

为了检验假设 2，我们将服务气氛加入 Level-2，并估计以下的截距作为结果变量（intercepts-as-outcomes）的模型：

$$\text{Level-1 Model：服务绩效}_{ij}=\beta_{0j}+\beta_{1j}(\text{外向性}_{ij})+r_{ij} \tag{17-17}$$

$$\text{Level-2 Model:} \beta_{0j}=\gamma_{00}+\gamma_{01}(\text{服务气氛}_j)+U_{0j} \quad (17\text{-}18)$$

$$\beta_{1j}=\gamma_{10}+U_{1j} \quad (17\text{-}19)$$

模型中，γ_{00} 为 Level-2 的截距项；γ_{01} 为加入外向性后服务气氛对服务绩效的影响效果（用来检验假设 2）；γ_{10} 为外向性对服务绩效的影响效果（用来检验假设 1）；r_{ij} 的方差 σ^2 为 Level-1 残差的方差；U_{0j} 的方差 τ_{00} 为截距残差的方差；U_{1j} 的方差 τ_{11} 为斜率的方差。

上述模型中，γ_{01} 是表示控制了 Level-1 的外向性后，服务气氛与员工服务绩效之间关系的估计数，对 γ_{01} 进行 t 检验可用来检验假设 2。此步骤的分析结果显示：$\gamma_{01}=0.74$，t-value（23）=0.74，$p=0.012$，因此，假设 2 得到支持。

同 Step II，我们可以计算服务绩效组间方差有多少可以被服务气氛解释，其公式为：

R^2 for Level-2 main effect Model=（τ_{00} from Step II−τ_{00} from Step III）/τ_{00} from Step II

$$=(4.52-4.09)/4.52=0.10 \quad (17\text{-}20)$$

结果显示，有 10% 的服务绩效组间方差（非总方差）可以被服务气氛解释。

此外，HLM 也估计了斜率（τ_{11}）的方差，并以卡方检验来判断此方差的显著性。结果显示：$\tau_{11}=0.19$，χ^2（24）=22.23，$p>0.10$，表示外向性与员工服务绩效之间的关系在各群体间没有显著的差异，换言之，假设 3 将无法得到支持，因为检验假设 3 的前提是斜率的方差要达到显著。然而，为了示范的目的，我们仍然进行调节效果的检验。

17.3.3.4 检验假设 3 和调节效果（步骤 IV）

一般来说，为了检定 Level-1 变量与 Level-2 变量的交互作用，我们可以估计一个斜率作为结果变量的模型，换言之，我们可以将 Level-2 的变量作为斜率系数（β_{1j}）的自变量，以得知此 Level-2 的变量是否可以解释斜率的变异。其模型为：

$$\text{Level-1 Model:} \text{服务绩效}_{ij}=\beta_{0j}+\beta_{1j}(\text{外向性}_{ij})+r_{ij} \quad (17\text{-}21)$$

$$\text{Level-2 Model:} \beta_{0j}=\gamma_{00}+\gamma_{01}(\text{服务气氛}_j)+U_{0j} \quad (17\text{-}22)$$

$$\beta_{1j}=\gamma_{10}+\gamma_{11}(\text{服务气氛}_j)+U_{1j} \quad (17\text{-}23)$$

模型中，γ_{00} 为 Level-2 的截距项（以 Level-1 的截距为因变量）；γ_{01} 为 Level-2 的斜率；γ_{10} 为 Level-2 的截距项（以 Level-1 的斜率为因变量）；γ_{11} 为 Level-2 的斜率，即服务气氛对外向性与员工服务绩效关系的调节效果（用来检验假设 3）；r_{ij} 的方差 σ^2 为 Level-1 残差的方差；U_{0j} 的方差 τ_{00} 为截距残差的方差；U_{1j} 的方差 τ_{11} 为斜率残差的方差。

假设 3 是预测服务气氛与外向性之间有负向的交互作用，以至于当存在高程度的服务气氛时，外向性与员工服务绩效之间的正向相关会降低。上述模型中，γ_{11} 是表示服务气氛与外向性之间交互作用项的估计数，对 γ_{11} 进行 t 检验可用来检测假设 3。此步骤的分析结果显示：$\gamma_{11}=-0.25$，t-value（23）=−0.864，$p>0.10$，虽然交互作用的效果与假设 3 预测的方向一致（即为负向的交互作用），但并未达到统计显著性，因此，假设 3 未得到支持。

若读者想要计算斜率方差被服务气氛解释的程度，同样可以比较步骤 IV 与步骤 III 的斜率残差方差。其公式为：

R^2 for Level-2 moderating Model=（τ_{11} from Step III-τ_{11} from Step IV）/τ_{11} from Step III

$$=（0.19-0.19）/0.19 = 0 \quad (17-24)$$

结果显示，调节效果的 R^2 为 0，此结果并不令人感到意外，因为交互作用的效果未达到显著。

根据以上统计结果，HLM 的分析结果为假设 1 与假设 2 成立，假设 3 不成立（见表 17-1）。

表17-1　HLM的分析结果[1]

变量	步骤I	步骤II	步骤III	步骤IV
截距项（γ_{00}）	9.33**	7.32**	4.86**	1.77
Level-1自变量				
外向性（γ_{10}）		0.58**	0.59**	1.40
Level-2自变量				
服务气氛（γ_{01}）			0.74*	1.68
交互项				
外向性 × 服务气氛（γ_{11}）				−0.25
方差				
σ^2	2.52	2.23	2.22	2.23
τ_{00}	0.35**	4.52†	4.09†	4.22
τ_{11}		0.20	0.19	0.19
R^2				
$R^2_{\text{level-1}}$ [2]		0.12		
$R^2_{\text{level-2 截距式}}$ [3]			0.10	
$R^2_{\text{level-2 交互作用效果}}$ [4]				0

注：N（员工）=257，N（店）=25；[1] 预测变量所对应的数值为在稳健的标准误差下的固定效果的估计值（γs）；[2] $R^2_{\text{level-1}}$ =（σ^2 from step I−σ^2 from step II）/σ^2 from step I；[3] $R^2_{\text{level-1 截距式}}$ =（τ_{00} from step I−τ_{00} from step III）/τ_{00} from step I；[4] $R^2_{\text{level-2 交互作用效果}}$ =（τ_{11} from Step III −τ_{11} from Step IV）/τ_{11} from step III；† 代表 $p<0.10$；* 代表 $p<0.05$；** 代表 $p<0.01$。

需要注意的是，在计算复杂的 HLM 模型的 R^2 时（同时包括多个位于不同层次的自变量，跨层次调节作用），研究者也可以把 σ^2、U_{0j}、U_{1j} 及其他斜率残差的方差加总，通过计算各层级总残差的变化得出 R^2。以上述分析结果为例，服务气氛的 R^2 为：

$$1-\frac{(\sigma^2+\tau_{00}+\tau_{11})_{\text{Step III}}}{(\sigma^2+\tau_{00}+\tau_{11})_{\text{Step II}}}=1-\frac{(2.22+4.09+0.19)}{(2.23+4.52+0.20)}=0.06 \quad (17-25)$$

此数值代表服务气氛解释了 6% 的服务绩效总方差。读者可以参照 Rights & Sterba（2019，2020），详细了解如何计算不同类型多层次模型的 R^2。

17.3.4 HLM的中心化议题

在 HLM 中，对于 Level–1 的自变量有三个处理方法：

（1）原始尺度（raw metric），即 Level–1 的自变量是使用其原始的分数尺度。当所有 Level–1 自变量的值为 0 时，Level–1 的截距项即为结果变量的期望值。此外，截距项的方差（τ_{00}）即表示在控制住 Level–1 自变量的效果之下，已调整过的结果变量组间方差。

（2）总平均数中心化（grand-mean centering），即将每个人的分数减去 Level–1 自变量的总平均数。当所有 Level–1 的自变量减去其各自的总平均数时，Level–1 的截距项即为在 Level–1 自变量做总平均数中心化时，结果变量的期望值。此外，截距项的方差（τ_{00}）即表示在控制住 Level–1 自变量的效果之下，已调整过（adjusted）的结果变量组间方差。

（3）组别平均数中心化（group-mean centering），即将每个人的分数减去相对应的 Level–1 自变量的组别平均数。当所有 Level 1 的自变量减去其各自的组别平均数时，Level–1 的截距项即为在 Level–1 自变量做组别平均数中心化时结果变量的期望值。此外，截距项的方差（τ_{00}）即表示在没有控制住 Level–1 自变量的效果之下，未调整过的（unadjusted）结果变量组间方差。

HLM 的中心化处理是个比较复杂的议题，且已有许多研究者探讨过中心化会如何影响 HLM 的统计估计与解释（如 Bryk & Raudenbush, 1992；Enders & Tofghi, 2007；Hofmann & Gavin, 1998）。例如，Hofmann & Gavin（1998）及 Enders & Tofghi（2007）对于 Level–1 的自变量使用以上三种中心化的处理方法上的含义有很详细的说明，我们鼓励有兴趣的读者详阅他们的著作。基于过往学者的研究，在此列出关于 Level–1 的自变量在中心化处理上的一些基本知识及建议：

① 使用原始尺度与总平均数中心化这两种方法，会产生两个等同的模型，但组别平均数中心化的处理结果却不等同于这两种方法。

② 假若要检测 Level–1 自变量的主效果，对 Level–1 自变量使用原始尺度或总平均数中心化都是适当的处理方法。在我们的例子中，为了检测假设 1，我们可以选择使用原始尺度或总平均数中心化来处理 Level–1 的外向性，以估计外向性对服务绩效的影响效果。在检测 Level–1 自变量的主效果时，要将个人与团队中的其他人进行比较，也就是所谓的蛙池效应（frog pond effect）。Enders & Tofghi（2007）建议采用组别平均数中心化，这样可以完全消除自变量的组间方差，能够估计到纯粹的组内回归系数（即 Level–1）；若采用总平均数中心化，则会同时估计到组内与组间的效果。

③ 若要在控制住 Level-1 自变量的效果之下，检测 Level-2 自变量的主效果，对 Level-1 自变量使用原始尺度或总平均数中心化来处理都是适当的。在我们的例子中，为了检测假设 2，我们可以选择使用原始尺度或总平均数中心化来处理 Level-1 的外向性，以估计在控制住外向性的效果之下，服务气氛对服务绩效的影响效果。

④ 在估计 Level-2 自变量的主效果时，假若对 Level-1 的自变量使用组别平均数中心化来处理，则 HLM 将无法控制住 Level-1 自变量的效果。所以，为了能够适当地控制住 Level-1 自变量的效果，必须将 Level-1 自变量的组别平均数加入 Level-2 作为控制变量。在我们的例子中，假若使用组别平均数来中心化 Level-1 的外向性，则必须将外向性的组别平均数与 Level-2 的服务气氛一起加入 Level-2 作为控制变量，如此才能体现在控制了外向性的影响之后，服务气氛对员工服务绩效的效果。此外，如果 Level-1 的变量只是作为控制变量，而 Level-2 的变量才是主要焦点时，Enders & Tofghi（2007）建议采用总平均数中心化，如此才能控制住 Level-1 变量的效果；若使用组别平均数中心化，会使 Level-1 与 Level-2 的变量变成正交关系，便不能互相控制，则 Level-2 变量的系数估计会不准确（Hofmann & Gavin，1998），故采用组别平均数中心化还要将 Level-1 变量的平均数引回 Level-2，方能预测 β_0。

⑤ 若要检测 Level-1 自变量与 Level-2 自变量之间交互作用的效果，使用原始尺度或总平均数中心化来处理 Level-1 的自变量皆可。然而，因为在这两个处理方法之下所产生的 Level-1 斜率包含了组内与组间的关系，如此，跨层次交互作用（cross-level interaction）的效果可能会是假性的（spurious）。所以，为了估计到真实的跨层次交互作用的效果，Hofmann & Gavin（1998）建议的较好的处理方法是估计下列模型，在该模型中，Level-1 的自变量是使用组别平均数中心化来处理，并将组别平均数加入 Level-2 作为控制变量。另外，我们明确地控制组间交互作用的效果。在我们的例子中，即是将"外向性的组别平均数 × 服务气氛"视为 Level-2 的控制变量，以能控制住组间交互作用的效果，其模型为：

Level-1 Model：服务绩效 $_{ij}$ = β_{0j} + β_{1j}（外向性组别平均数中心化 $_{ij}$）+ r_{ij} （17-26）

Level-2 Model：β_{0j} = γ_{00} + γ_{01}（外向性的组别平均数 $_j$）+ γ_{02}（服务气氛 $_j$）+ γ_{03}（外向性的组别平均数 × 服务气氛）$_j$ + U_{0j} （17-27）

$$\beta_{1j} = \gamma_{10} + \gamma_{11}(\text{服务气氛}_j) + U_{1j} \quad (17\text{-}28)$$

模型中，β_{1j} 是外向性与服务绩效之间组内关系的估计值；而 γ_{11} 是在外向性与服务气氛的主效果被适当的解释下，所估计到的真实的跨层次交互作用效果值。

Hofmann & Gavin（1998）建议在实际操作时，可在估计跨层次交互作用的效果时，对 Level-1 的因子使用原始尺度或总平均数中心化来处理，接着再使用组别平均数中心化来重新估计一次模型（组别平均数需在 Level-2 中作为控制变量），然后观察这两个模型所估计到的 γ_{11} 参数值是否相同，若是，研究者就可以呈现使用原始尺度或总平均数中心化处理后的分析结果，并注明已使用组别平均数中心化双重确认过，以证明分析结果不是假性的。而我们认为，只要在 Level-2 控制住"外向性的组别平均数"和"外向性的组别平均数 × 服务气氛"，即使 Level-1 的自变量是使用总平均数中心化，γ_{11} 所估计到的还是真实的跨层次交互作用效果的估计值。模型为：

Level-1 Model：服务绩效 $_{ij}=\beta_{0j} + \beta_{1j}$（外向性总平均数中心化 $_{ij}$）+ r_{ij} （17-29）

Level-2 Model：$\beta_{0j}=\gamma_{00} + \gamma_{01}$（外向性的组别平均数 $_j$）+ γ_{02}（服务气氛 $_j$）+ γ_{03}（外向性的组别平均数 × 服务气氛）$_j$ + U_{0j} （17-30）

$\beta_{1j}=\gamma_{10} + \gamma_{11}$（服务气氛 $_j$）+ U_{1j} （17-31）

模型中，既然组间交互作用（即 γ_{03}）已被明确地控制住，γ_{11} 所代表的应该是真实的跨层次交互作用效果的估计值。以上方法的另一个优点是，如 Hofmann & Gavin（1998）所指出的，既然我们一般会使用原始尺度或总平均数中心化来检测主效果，那么如果以相同的方法来检测交互作用的效果，分析步骤更能保持一致性，且对读者而言应该是比较容易理解的。Liao & Chuang（2007）也使用以上方法来检测个人体验到的领导风格与店层次服务气氛的跨层次交互作用对员工服务绩效的效果。在他们的例子中，Level-1 的自变量即领导风格，使用的是总平均数中心化；他们在 Level-2 控制领导风格的组别平均数，以及"领导风格的组别平均数 × 服务气氛"。

此外，Enders & Tofghi（2007）认为总平均数中心化只适用于组间交互作用；而在检定跨层次交互作用时，他们建议采用组别平均数中心化。原因是在检验跨层次交互作用时，虽然在模型同时包含跨层次与组间交互作用的情况之下，采用总平均数中心化或组别平均数中心化的假设检验结果都是一样的（equivalent parameter estimate），但对于系数本身（如两个中心化法的 γ_{01}）却是不一样的。然而，采用组别平均数中心化时，Level-1 的系数估计是精确的，也就是只包含组内效果（这非常重要，因为 Level-1 系数是要被调节的），而且此时跨层次与组间交互作用是互相独立的，所以在检验跨层次交互作用时，Enders & Tofghi（2007）仍建议采用组别平均数中心化。

总体而言，选择以总平均数或组别平均数来做中心化处理，应该要有理论的支持（Kreft et al., 1995）。

此外，HLM 对 Level-2 的自变量亦有两个中心化处理方法：

（1）原始尺度，即 Level-2 的自变量是使用其原始的分数。

（2）总平均数中心化，即每一群体平均的分数减去 Level-2 自变量的总平均数。

对于 Level-2 中心化处理的估计与解释含义很少被探讨，而 Bryk & Raudenbush（1992）认为 Level-2 自变量的中心化处理议题并不如 Level-1 那样重要，他们同时也提到"使用总平均数来对所有 Level-2 的自变量进行中心化处理通常也是很实用、方便的"。另外，Enders & Tofghi（2007）针对 Level-2 自变量的中心化处理提出以下建议：

（1）由于 Level-2 的中心化处理议题比 Level-1 简单，而且 Level-2 变量的分数在每一群组内是固定的，因此，只需考虑采用原始尺度或总平均数中心化即可。

（2）倘若在 Level-2 的方程式中仅包含一阶项，则采用原始尺度或总平均数中心化的差

异只在于 γ_{00}。

（3）在 Level-2 模型中若包含更高阶项，例如 Level-2 变量间的交互作用或二次效果模型（quadratic effect model），此时建议采用总平均数中心化，以去除变量间可能存在的共线性问题。

（4）采用总平均数中心化时，同时也可让某些变量保持原始尺度，例如虚拟变量、效果编码变量（effect coded variable）等。

17.3.5　HLM的统计假设

Bryk & Raudenbush（1992）提到典型的二层线性模型必须有下列的统计假设：

（1）在每个 Level-2 单位中的每个 Level-1 单位，Level-1 的残差项彼此独立、呈常态分布，且有均值为 0、方差为 σ^2。

（2）Level-1 的自变量与 Level-1 的残差项互相独立。

（3）Level-2 的随机误差项呈现多元常态分布，且皆有零均值、方差 τ_{qq} 及共变量 $\tau_{qq'}$，并且彼此独立。

（4）Level-2 的自变量与 Level-2 的残差项互相独立。

（5）Level-1 的残差项与 Level-2 的残差项互相独立。

Bryk & Raudenbush（1992）对上述基本假设与违反假设的可能影响有一些探讨。因为 HLM 仍是一个正在发展的分析方法，所以学界对于违反 HLM 基本假设会产生多大影响尚无清楚结论。

17.3.6　HLM分析所需的样本数

HLM 与其他统计分析方法一样，样本数越大，估计值越精确，统计检验力越高。若要进行二层次的线性模型分析，不仅需要很大的群体样本数，且每个群体中还要有足够的个人样本数，但要取得大样本数是耗时又费力的，因此，我们必须了解进行 HLM 分析所需的样本数。然而 Hofmann et al.（2000）提到，对于究竟要多少样本数，才能达到适当的统计检验力与无偏误的分析结果，仍然有许多问题要探讨。Hofmann & Bassiri（1988）与 Van der Leeden & Busing（1994）认为在检测跨层次交互作用的效果时，为了达到 0.90 的统计检验力，必须有 30 个群体样本，且每个群体样本中要包含 30 个个人样本。然而，在典型的组织管理研究中，群体数通常比较小，但比较欣慰的是有较大的 Level-2 样本数，可以弥补 Level-1 小样本数在统计检验力上的不足。例如，如果有 150 个群体样本，在维持相同的检验力之下，则每个群体中所需的个人样本数就可以适当降低。

Maas & Hox（2005）的模拟研究检测 Level-2 与 Level-1 在不同样本数的情况之下，对多层次分析中的估计值（指回归系数与方差）与其标准误差的影响。结果显示，只有在 Level-2 为小样本（样本数小于或等于 50）时，会导致对第二个层次的标准误差有偏误的估计，而在其余的模拟情况下（如 Level-1 为小样本），回归系数、方差及标准误差的估计皆无偏误且正确。

17.3.7　HLM模型的延伸应用

接下来，我们将讨论五个HLM的延伸模型。

17.3.7.1　被试内设计

HLM可以在资料为嵌套状时使用，商店服务氛围如何影响员工服务绩效是一个很典型的例子，因为员工被嵌套在商店之中，这是一种类型的嵌套数据。另一种嵌套数据较为少见，但日渐受到重视，是对被试重复施测（repeated measure），这些重复衡量则被嵌套在被试之中，可称为被试内设计（within subject design）。被试内设计的数据形态系以一段期间追踪、纵贯面（longitudinal）或重复施测的模式来呈现，所以每位被试必须接受两次或以上的测量，有别于每位被试只接受一次测量的被试间设计。因此，若想研究被试的情绪、心理状态、态度、行为等变量是否在不同情境下有不同的表现，是否受其他因素的影响而在一段时间内有不同的变化，是否因时间点变化而影响其他变量等，则可采用被试内设计（Ilies et al., 2011; Wang et al., 2016）。例如，每个人每天的情绪表现与感受到的工作压力会有所不同，进一步可能导致每天有不同的工作满意度，所以被试只有每天接受情绪、工作压力及工作满意度的测量，才能搜集到这三个变量在一段期间的动态变化，此研究设计即为被试内设计。

举例来说，Yang et al.（2015）研究员工的一般正负向特质和每日的正负向情绪是否会影响对谈判冲突框架的认知和冲突管理策略，作者追踪研究被试12天，每天测量他们的情绪，并让他们阅读谈判相关的剧本，结果显示正向特质和情绪经由认知到的冲突框架，最后影响了冲突管理策略的选择。

Ilies et al.（2006）探讨正向情感、工作满意度与组织公民行为间的关系是否会被人格特质（亲和性与勤勉审慎性）调节。其中，毋庸置疑的是正向情感会随着时间变化，至于工作满意度，过去也曾被其他研究视为随时间变化的一个变量，且Locke（1976）也将工作满意度定义为一种正向情绪的状态，再者，根据Weiss & Cropanzano（1996）的建议，若自变量会随时间变化是研究的焦点，结果变量也须以动态模式来探讨，因此，Ilies et al.（2006）便以被试内设计的方式来衡量正向情感、工作满意度与组织公民行为。该研究以教育、信息科技及行政等职业的全职上班族为样本，且分为两个阶段来搜集资料。第一阶段采取时距式经验抽样（interval-contingent experience sampling），被试须于连续的15个工作日中，每天早上十点半在网络上填答正向情感、工作满意度与组织公民行为量表，非上班时间填答的数据将被删除，最后共有63位被试完整填答。第二阶段则请被试填答人格特质量表，共形成62个有效样本。由于样本数据结构呈现嵌套性，包含了个体内层次的经验抽样与跨层次交互作用两种数据，因此须采用HLM软件进行分析。结果发现，个体层次的正向情感与工作满意度会显著正向地影响组织公民行为，此外，亲和性确实会调节个体内层次的正向情感与组织公民行为之间的关系，即相较于低亲和性的人，具有高亲和性的人更容易表现出组织公民行为，且不易受随时间变化的正向情感所影响。

17.3.7.2 多层次中介效果

根据 Baron & Kenny（1986）检验中介效果的方法，若在中介变量（M）被控制的情况下，原本自变量（X）与结果变量（Y）之间显著相关的关系不再显著，则被称为完全中介；若 X 与 Y 之间显著相关的关系变弱但仍然显著，则被称为部分中介。Mathieu & Taylor（2007）与 Zhang et al.（2009）即将此中介分析的概念应用在多层次模型中，形成多层次中介效果模型，下面分别予以介绍。

第一，Mathieu & Taylor（2007）提出以下五个中观中介研究（meso-mediation）的模型，其中包含了部分中介的关系：① 个体层次中介模型，即 $x \to m \to y$；② 团队层次中介模型，即 $X \to M \to Y$；③ 跨层次中介效果团队层次中介变量模型（cross-level mediation-upper mediator），即 $X \to M \to y$；④ 跨层次中介效果个体层次中介变量模型（cross-level mediation-lower-level mediator），即 $X \to m \to y$；⑤ 跨层次中介效果复杂模型（cross-level mediation-complex），即 $X \to M_1 \to m_2 \to y$、$X \to M_1 \to M_2 \to y$ 与 $X \to M_1 \to m_3 \to y$。在进行中观中介研究模型的假设检验时，其步骤为：

（1）一般步骤：

步骤 1：针对不同层次分别采取适当的分析方法，即在个体层次（Level-1）与跨层次分析上采取随机系数模型法（random coefficient model，RCM），而在团队层次（Level-2）则采取最小二乘法。

步骤 2：计算 Level-1 中介变量与结果变量的 ICC。

步骤 3：检验层次内的中介效果。

另，跨层次的中介效果的检验步骤如（2）或（3）。

（2）部分中介的检验步骤：

步骤 4a：将 X 与 M 同时置于预测 Y 的模式中，两者皆须达到显著。

步骤 4b：检验 $X \to M$，X 须达到显著。

（3）完全中介的检验步骤：

步骤 5a：检验 $X \to Y$，X 须达到显著。

步骤 5b：检验 $X \to M$，X 须达到显著。

步骤 5c：检验 $M \to Y$，M 须达到显著。

步骤 5d：将 X 与 M 同时置于预测 Y 的模式中，X 须不显著。

第二，Zhang et al.（2009）提出的多层次中介效果模型有三个。① 2-1-1 模型：X 为 Level-2 的变量，M、Y 则为 Level-1 的变量；② 2-2-1 模型：X、M 为 Level-2 的变量，Y 为 Level-1 的变量；③ 1-1-1 模型：X、M 与 Y 皆为 Level-1 的变量。在检测多层次中介效果时，步骤如下：

在此以 2-1-1 模型为例，并采用组别平均数中心化或 CWC（M）（centered within context with reintroduction of the subtracted means），于 Level-2 加入组别平均数：

步骤 1：检验 $X \to Y$

$$\text{Level-1 Model}: Y_{ij} = \beta_{0j} + r_{ij} \quad (17\text{-}32)$$

$$\text{Level-2 Model}: \beta_{0j} = \gamma_{00} + \gamma_{01}X_j + U_{0j} \to \gamma_{01} = c \quad (17\text{-}33)$$

步骤 2：检验 $X \to M$

$$\text{Level-1 Model}: M_{ij} = \beta_{0j} + r_{ij} \quad (17\text{-}34)$$

$$\text{Level-2 Model}: \beta_{0j} = \gamma_{00} + \gamma_{01}X_j + U_{0j} \to \gamma_{01} = a \quad (17\text{-}35)$$

步骤 3：控制 X，检验 $M \to Y$

$$\text{Level-1 Model}: Y_{ij} = \beta_{0j} + \beta_{1j}(M_{ij} - M_j) + r_{ij} \quad (17\text{-}36)$$

$$\text{Level-2 Model}: \beta_{0j} = \gamma_{00} + \gamma_{01}X_j + \gamma_{02}M_j + U_{0j} \to \gamma_{01} = c';\ \gamma_{02} = b \quad (17\text{-}37)$$

$$\beta_{1j} = \gamma_{10} \quad (17\text{-}38)$$

其中，M_j 为组别平均数。

若以下两个方法之一达到显著，中介效果即成立：①系数乘积法（product-of-coefficients method），$(X \to M) \times (M \to Y)$，即 $a \times b$。②系数差异法（diference-in-coefficients method），即 $c - c'$。

17.3.7.3 多层次调节式中介效果

我们已经分别介绍过 HLM 如何应用在中介效果与调节效果的分析上，在此将介绍中介与调节的组合效果中的一种——调节式中介效果。调节式中介效果是指一个中介效果被其他变量所调节。Bauer et al.（2006）提出如图 17-6 所示的多层次调节式中介效果模型，其中 W 为调节变量，调节式中介效果可以发生在任何一个直接或/和间接的中介效果上。

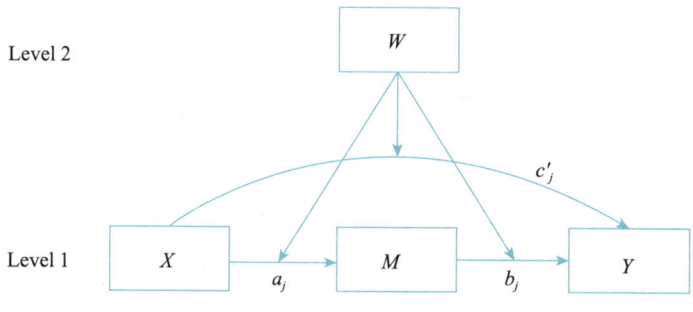

图17-6 多层次调节式中介效果模型

在检验多层次调节式中介效果之前，必须先检验多层次中介效果是否成立。过去很多学者曾提出多层次中介效果的检测步骤，然而，这些检测方法皆假设因果效果是固定效果而非随机效果，因此，Bauer et al.（2006）采用随机效果模式，并应用在检验多层次调节式中介效果之中，其根据图 17-6 提出以下阶层模型：

$$\text{Level-1 Model}: M_{ij} = d_{Mj} + a_j X_{ij} + e_{Mij} \quad (17\text{-}39)$$

$$Y_{ij} = d_{Yj} + b_j M_{ij} + c'_j X_{ij} + e_{Yij} \quad (17\text{-}40)$$

$$\text{Level-2 Model}: d_{Mj} = \gamma_{d_{M_0}} + \gamma_{d_{M_1}} W_j + U_{d_{Mj}} \quad (17\text{-}41)$$

$$a_j = \gamma_{a0} + \gamma_{a1}W_j + U_{aj} \qquad (17\text{-}42)$$

$$d_{Yj} = \gamma_{dy_0} + \gamma_{dy_1}W_j + U_{dyj} \qquad (17\text{-}43)$$

$$b_j = \gamma_{b0} + \gamma_{b1}W_j + U_{bj} \qquad (17\text{-}44)$$

$$c'_j = \gamma_{c'0} + \gamma_{c'1}W_j + U_{c'j} \qquad (17\text{-}45)$$

间接效果的条件期望值如下，若要检验间接效果的调节效果，则可分别或共同检测 γ_{a1} 与 γ_{b1} 的显著性：

$$E(a_jb_j|W_j=w) = (\gamma_{a0}+\gamma_{a1}w)(\gamma_{b0}+\gamma_{b1}w) + \sigma_{U_{aj},\,U_{bj}} \qquad (17\text{-}46)$$

直接效果的条件期望值如下，若要检验直接效果的调节效果，则可检测 $\gamma_{c'1}$ 的显著性：

$$E(c'_j|W_j=w) = \gamma_{c'0} + \gamma_{c'1}w \qquad (17\text{-}47)$$

以 Bauer et al.（2006）的方法检验研究假设的论文尚不多，下面举一个例子。在 Mueller & Kamdar（2011）的研究架构中，其有关多层次调节式中介效果的假设为内在动机与个人层次创造力之间的关系被寻求帮助行为（指向团队成员寻求解决创意问题的帮助）中介，而给予帮助行为则会调节内在动机对创造力的正向间接效果，也就是说给予团队成员的帮助程度越高，寻求帮助行为的间接中介效果会减低。此研究的样本为一家跨国精炼厂的工程师，共搜集291位员工、55个团队的资料，其中包含性别、年薪、教育、创造力人格、社会地位及帮助接受等控制变量。虽然研究变量都是个体层次，但所搜集的数据具有嵌套性、非独立性的特点，所以在进行分析时，必须采用多层次模型来控制组间（团队层次）的随机变异量。结果发现，寻求帮助行为会正向地影响创造力且中介于内在动机与创造力之间的关系，而给予帮助行为也确实会调节此中介关系。可参见本书第16章内容，进一步了解如何建立与检验单层或多层被调节的中介及被中介的调节模型。

17.3.7.4 三阶层 HLM 分析

我们已讨论过外层线性模型的二阶层分析，而拓展二阶层模型的方法之一就是增加另一个阶层。例如，假若我们所搜集的样本数据是个体被包含在不同的团队中，而这些团队又被包含在不同的组织中，即会呈现一个三阶层的数据结构。HLM 软件也可以进行三阶层的分析（Dong et al., 2015; Liu et al., 2012b; Schaubroeck et al., 2012; Hong et al., 2016）。

举例来说，Joshi et al.（2006）从《财富》全球500强企业中的一家挑选出46个业务单位，再针对这46个单位的437个团队中的3 318位业务员进行样本数据的搜集，并使用三阶层的 HLM 来分析，以检测工作团队的人口统计特征（性别与种族）组成与工作单位的管理人口组成会如何调节个人的人口统计特征与薪资水平之间的关系。结果发现，团队中有色人种的比例越高，因种族而衍生的薪资水平不平等现象越少；而工作单位中的管理阶层为女性与有色人种的比例越高，因性别与种族而衍生的薪资不平等现象越少。此外，绩效会部分中介于人口统计特征、团队人口组成及管理人口组成与薪资水平之间的关系。

另举一例，Ilies et al.（2007）探讨个人情绪状态是否会受到团队成员情绪状态的影响（个体内层次），并检验两者之间的关系是否会被个人的情绪易受感染特质与个体主义—集体主义倾向调节（个体层次），由于团队绩效会影响团队成员之间的情绪联结，所以将团队绩效纳入研究架构作为控制变量（团队层次）。此研究在美国一所大学的一个课程中进行，共有 201 位大学部学生参与，并分为 43 个团队，每个团队有 4—6 位成员，每个团队会和其他团队进行计算机模拟游戏竞赛。在资料的搜集上，研究者于第一周课程中即让被试填答情绪易受感染特质与个体主义—集体主义倾向量表，而情绪状态量表则横跨三个模拟游戏来衡量（采用被试内设计），即分别在开始调查后的第 8 周、第 10 周、第 13 周让所有被试填答问卷，此填答分数反映个人情绪状态，团队成员的情绪状态分数则由同一模拟游戏中其他成员填答分数的平均值来表示。最后，每个团队在每一个模拟游戏的团队绩效由计算机软件计算出。由于样本数据结构呈现三阶层的特性（个体内、个体、团队），因此须采用三阶层 HLM 分析。结果发现，在控制住团队绩效之后，个体内层次的个人情绪状态仍然会被团队其他成员的情绪状态所影响，且会随时间改变，而两者之间的关系在个人具有高度情绪易受感染性与集体主义倾向的情况之下更加强烈。

17.3.7.5　多层广义型线性模型

前述二阶层与三阶层 HLM 分析适用于在每一个阶层的随机效果呈现常态分布的阶层数据，然而，在某些例子中，Level-1 呈现常态分布的假设是不真实的且不容易通过变量的转换来实现。以下为四个违反常态分布的典型例子：

（1）结果变量为二值变量（binary variable）。例如，员工是否在职（1= 离职，0= 仍在职），这是在研究员工流动率时典型的结果变量。在此例子中，Level-1 的残差项只会产生两个值中的一种，因此无法呈现常态分布，而 Level-1 的残差项也无法有齐质方差（homogeneous variance）。再者，在标准模型中，Level-1 结果的预测值并没有范围限制，因此，我们可能会得到大于 1 或小于 0 的预测值，与真实情况不符，因为 Y 不可超过 0—1 这个区间。

（2）结果变量包含计数数据（count data）或非负整数（non-negative integers），以及数据中有许多的 0 值。例如，在研究工作场所的安全时，典型的结果变量为受到职业伤害的员工人数。此例子中，因为存在许多 0 值（即许多员工都没有受到职业伤害），常态分布无法通过变量的转换来呈现，且 Level-1 的残差项不会有齐质方差，相反，必须视预测值而定（高预测值将会有大的方差），同样，预测值也有可能会超出范围（即可能会有负的预测值）。

（3）结果变量为多项式变量（multinomial variable）或包含两个以上的类别。例如，业务员有多个不同的计薪方式可以选择：1= 纯粹时薪制；2= 纯粹佣金制；3= 时薪制与佣金制结合。犹如先前所讨论过的二值变量模型，使用标准的 HLM 来分析多项式模型会不太恰当。

（4）结果变量为序数变量（ordinal variable）或包含多个次序类别。例如，顾客再度购买的意愿：1= 不会，顾客不会再购买此产品；2= 不确定；3= 会，顾客会再购买此产品。在此例子中，顾客再度购买的意愿是从负的、中立到正的，因此是有次序的，所以，如同二值变量模型，使用标准的 HLM 来分析序列模型也不太适当。

在 HLM 软件中，使用者可以设定为非线性分析或多层广义型线性模型（HGLM），以能适当地分析二值的、计数的、多项式的以及序数的数据形态的模型（如 Liu et al., 2012a），而这些模型相当于在非阶层统计分析中所探讨的 logit 模型（logit model）、泊松模型（Poisson model）、多项式模型（multinomial model）以及序数模型（ordinal model）。讨论 HGLM 的细节已超出本章范围，有兴趣的读者可以参考 Raudenbush et al.（2004），其对 HGLM 的概念、统计背景及分析的例子皆有详细说明。

17.3.8 HLM的局限性

虽然 HLM 在分析多层次的数据上已相当成熟且有许多优点，但如同其他统计分析方法一样，HLM 也有一些局限性。Bryk & Raudenbush（1992）、Hofmann et al.（2000）、James & Williams（2000）等学者已探讨过这些局限性。例如，James & Williams（2000）认为当样本数很大、方程式设定正确且变量是有信度的时候，HLM 可以比传统的回归分析更有效地估计参数。然而，若前述条件有一个或多个未被满足，则估计可能会有问题，分析结果可能无法复制，而且其中一个方程式的设定误差（specification errors）可能会影响整个模型。因此，需要做更多的研究来判断 HLM 参数估计的稳健性，有更多的检测等着去完成。此外，James & Williams（2000）主张，"有些时候使用较简单的分析程序（如 OLS）会更好，因为这些分析方法较稳定，且能够使方程式的设定误差不影响其他方程式"。回归分析与 HLM 都无法像多层次结构方程那样考虑变量的测量误差的影响（参见本书第 15 章相关内容）。所以，学者们也可以考虑使用 MPlus 来运行多层次结构方程（参见本书第 16 章中关于 MPlus 的部分内容），这样在估计模型的时候，能同时考虑测量误差的影响。而且，多层次结构方程还能同时把多个结果变量同时放入模型中进行检测。所以，结构方程可以一次性检验复杂模型（例如有多个中介与结果变量的模型）。而 HLM 分析中，每次只能加入一个结果变量。但需要指出的是，当多层次结构方程中放入太多变量时，模型也许会出现不能拟合的问题。而 HLM 除了每次分析只能有一个结果变量的限制，没有其他变量数目的限制。

总结而言，HLM 最适合用来检验自变量跨越许多阶层和模型（目前 HLM 可以分析到四阶层模型[①]，但结果变量仍然在最低层次，即第一层次。如 Hofmann et al.（2000）所提到的，HLM 无法有效地检测较低层次的自变量对较高层次的结果变量的影响。针对此类由下而上的模型，如前文所述，学者们可以采用 R 软件包来检验。

17.4 结语

随着近来管理与组织行为研究在理论和方法论上的进展，我们发现有越来越多的研究综合微观与宏观的观点，以检测多层次的变量在不同分析层次时，如何相互影响或结合起来影响结果变量（例如 Liu et al., 2021; Liu et al., 2020）。发展与检验由下而上跨层模型的论文也开始出现（Akinola et al., 2016）。此类的多层次研究提供了"对组织生命更深入、更丰富

[①] 参见http://www.ssicentral.com/hlm/（登录时间：2023年4月23日）和Dai et al.（2015）。

的描述，也就是承认组织情境会影响个人的行为与知觉，而个人的行为与知觉也会影响组织情境"（Klein et al., 1999：243）。在本章，我们先对多层次理论的建立、多层次模型的不同类型及多层次分析技术的关键要素进行了简要的介绍，然后详细探讨了多层次分析中的数据聚合问题，且以 HLM 为例做了跨层次模型的分析。最后，基于几年来从事多层次研究和教学的经验，提出几点心得供读者参考：第一，学者们常对使用多层次进行研究的时机有疑问，这可分为理论导向和数据导向两种时机。理论导向是指，当研究的架构是多层次模型，也就是说其目的是在探讨高层次构念对低层次构念的影响时，即可使用 HLM；而数据导向是指，当理论架构只有单一层次（即预测因子与结果变量都是在较低分析层次、没有涵盖高层次的构念）时，若数据是嵌套结构（例如，员工嵌套于组织中），也可使用多层次分析来解决数据违反普通最小二乘法独立性假设（independence assumption）的问题。我们呼吁对多层次研究有兴趣的学者，不要因为多层次分析看似繁杂而放弃使用它——其实它只是回归方法的延伸。然而，由于多层次研究是近来受青睐的研究方向，许多学者将原本只是单一层次的研究架构或数据，以多层次的手法处理，这样的结果可能会无法解释原本的研究问题。所以我们建议学者分析数据时应使用最适合的工具，而非最近流行的工具。第二，多层次研究的理论与模型的应用并不仅限于组织管理领域，它已经在教育和医学领域行之有年，且其他管理领域（如营销管理、战略管理）也有学者在使用。在此，我们鼓励学者将多层次理论与方法应用在中国情境下的不同管理研究科目上，也希望本章能够对多层次理论与方法的推广有些帮助。

思考题

1. 如果一组数据是嵌套的，可以选择不做多层次分析吗？

2. 一般而言，做多层次研究时，要考量三个与层次相关的要素：理论层次（level of theory）、测量层次（level of measurement）和分析层次（level of analysis）。在图 17-7 中，这些变量的理论、测量和分析层次各是什么？

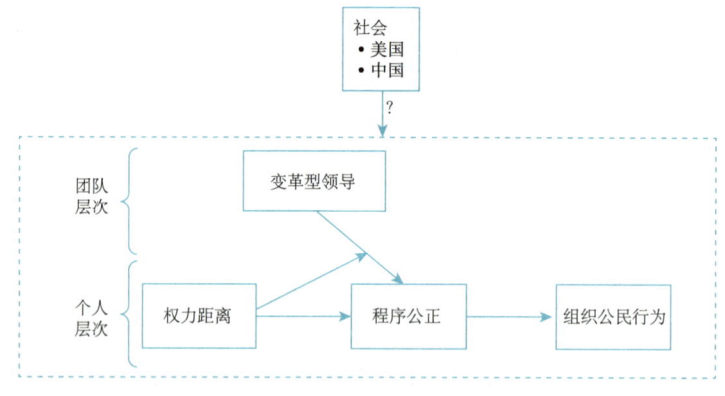

图17-7　多层次研究示例

资料来源：Kirkman et al.（2009）。

3. 一般多层次模型局限于检验把结果变量放在最低层次或是同层次的模型，较少包含由下而上的理论模型，即较低层次的变量去影响高层次的结果变量。然而，在组织中，的确存在由下而上的影响现象。请思考以下两个问题：

a. 团队中某一个人的特质，是否会影响到团队整体绩效？

b. 一个员工上周每天的工作满意度，会影响他这周某一项工作的绩效吗？

延伸阅读

Bliese, P. D.（2016）. Multilevel modeling in R（2.6）: *A brief introduction to R, the multilevel package and the nlme package.* Retrieved from https://cran.r-project.org/doc/contrib/Bliese_Multilevel.pdf.

Finch, W. H., Bolin, J. E. & Kelley, K.（2019）. *Multilevel modeling using R.*（2nd edition）. Boca Raton: Chapman and Hall.

Humphrey, S. E. & LeBreton, J. M.（2019）. *The handbook of multilevel theory, measurement, and analysis.* American Psychological Association.

LeBreton, J. M. & Senter, J. L.（2008）. Answers to 20 questions about interrater reliability and interrater agreement. *Organizational Research Methods*, 11（4）, 815–852.

Rights, J. D. & Sterba, S. K.（2019）. Quantifying explained variance in multilevel models: An integrative framework for defining R-squared measures. *Psychological Methods*, 24, 309–333.

Rights, J. D. & Sterba, S. K.（2020）. New recommendations on the use of R-squared differences in multilevel model comparisons. *Multivariate Behavioral Research*, 55, 568–599.

Akinola, M., Page-Gould, E., Mehta, P. H. & Lu, J. G.（2016）. Collective hormonal profiles predict group performance. *Proceedings of the National Academy of Sciences*, 113（35）, 9774–9779.

第 18 章

纵向研究设计和分析

朱洪泉　赵雁飞　李明璇

> **学习目标**
> 1. 了解不同类型的二手数据，以及面板数据（panel data）的优势
> 2. 了解最小二乘法的假设以及违背假设会导致的问题
> 3. 掌握分析面板数据的不同方法，并了解如何选择合适的模型
> 4. 在计量软件Stata中尝试使用固定效应模型、随机效应模型和广义最小二乘法进行数据分析
> 5. 了解内生性产生的原因及常用的解决方法

本章首先介绍实证研究中被广泛使用的面板数据，讨论这种数据的性质以及主要的分析方法，包括固定效应模型、随机效应模型和广义最小二乘法。为增强实用性，我们会引入实例来说明在计量软件 Stata 中如何进行面板数据分析。其次介绍近年来实证研究越来越关注的内生性问题，讨论其来源并介绍主要的解决方法。

18.1　数据类型及面板数据的优势

用于实证研究的数据总体上可以分为横截面数据（cross-sectional data）和纵向数据（longitudinal data）。横截面数据只包括对多个观测体在单一时期内的观测值，如 2017 年福布斯全球 500 强企业的销售额。纵向数据通常也叫作长期数据，总体上分为时间序列数据（time-series data）和面板数据（panel data）两种。时间序列数据是对单一的观测体进行长期观测的结果。比如，一个国家的国内生产总值（GDP）每个季度的变化，一个人的身高随时间的变化，等等。面板数据是对多个观测体进行长期观测的数据。比如，100 个企业在过去 10 年里每年的绩效，500 名员工过去 3 个月中每天的情绪表现等。面板数据综合了时间序列数据和横截面数据的共有属性，是管理学领域（尤其是宏观管理学领域）中应用越来越广泛的数据类型，也是我们这一章中集中讨论的对象。

使用面板数据一般具有三个最主要的优势（Wooldridge，2010）。第一个优势是可以更加充分地考虑不同的观测体的特性对回归的影响。比如说，当我们用横截面数据分析 100 个企业的时候，我们最后只能得到适合这 100 个企业的一组回归系数，反映出自变量和因变量间

的系统性关系。而当我们有面板数据的时候,我们就可以允许每个企业都有自己独特的回归系数,截距项(intercept)也可以根据每个企业的特性而有所不同。这样的话就可以更加充分地利用信息,让我们的数据分析更有效,从而帮助我们得出更有针对性的统计结论。

第二个优势是面板数据可以帮我们控制一些难以观测的因素对结果的影响。比如,当一个企业做决策的时候,很大程度上都是受企业文化影响的。可是企业文化这一变量很难被观测,当企业文化跟其他自变量相互关联的时候,我们所进行的回归分析的结果就可能有偏差。在使用面板数据的时候可以用一些统计方法来控制遗漏变量对回归结果的影响,实现无偏估计。

第三个优势是可以更加好地得出变量间因果关系的结论。在使用横截面数据的时候,我们只能观测到两个变量之间的相关关系,不能观测到两个变量之间相互影响的先后顺序,而有了面板数据,我们就可以观测到原因是否发生在结果之前。

虽然使用面板数据具有多种优势,但如果不能理解掌握这种数据的分析方法,就很容易在分析中犯错,甚至得到错误的结论。接下来我们以普通最小二乘法模型的假设为基础,来阐明面板数据分析应注意的主要问题。

18.2 普通最小二乘法模型的相关假设

分析面板数据时,因变量有时会是非连续型的变量,比如,虚拟变量(dummy variable)或者排序的变量。由于篇幅所限,对这些非连续型变量的分析在本章中我们并没有涉及。也就是说,我们将集中探讨对连续型的因变量进行面板数据分析的常用方法。由于面板数据在宏观管理中的应用非常多,为了方便沟通,我们就假定我们所谈到的数据是企业层面的、跨年份的数据。我们用 i 来代表一个具体的企业,用 t 来代表一个观察的年限,用 Y_{it} 来代表因变量,用 X_{it} 来表示自变量,用 β 来表示 X 的回归系数,用 e_{it} 来表示残差项。当然我们所谈到的统计原理既适合分析其他层面的数据,比如员工、行业层面的数据,也适合其他的时间观察单位,比如月份或天数。由于篇幅限制,我们将不对各个模型进行系统的数学描述。感兴趣的读者可以参考本章参考文献来理解具体的数学推理过程。

我们建议对普通最小二乘法还不熟悉的读者,在学习本章内容之前先去熟悉一下这个分析方法。因为本章的内容是在读者对它的假设非常熟悉的基础上编写的。普通最小二乘法里面有几个关键的假设,包括残差项的分布符合正态分布,自变量和因变量之间的关系可以用线性的方式表达出来,不存在多重共线性(multicollinearity)的问题,等等(Cohen et al., 2002)。这里我们集中探讨两个非常关键的假设:第一个假设是每个自变量跟残差项之间都是相互独立的,它们之间的相关性(correlation)是零。当这个假设被违背的时候,通过普通最小二乘法得到的回归系数就是有偏差的。在宏观管理研究中这个假设常常会被违背,因为无论是组织还是个人,做出的决定很多时候都会受到一些组织和个人特有的属性的影响,而这些属性又很难被观测。比如,上面例子中说到的企业文化,很多时候会影响企业各个方面的决策,而当这些决策作为自变量被放到模型里面的时候,这个观测不到的变量(企业文化)和其他自变量之间就会有比较明显的相关性。这就反映出残差项和自变量之间的非独立性,从而导致回归系数的偏差。在使用面板数据时,采用固定效应模型可以很大程度上缓解这个问题,但在使用横截面数据时就需要考虑其他解决方法。这些方法我们在稍后讨论固定效应模型和内生性问题的时候会具体讨论。

普通最小二乘法中的残差项代表因变量不能够被自变量解释的部分。其第二个关键假设是残差项的方差符合独立同分布,也就是说任何两个观测点的残差项都是独立同分布的。比如,两个不同的企业在相同时点或不同时点的残差项都是不相关的,而同一个企业在不同时点的残差项也是不相关的。另外,所有企业在所有时点的残差方差都是一样的。当这一假设被违背的时候,我们就不能得到合适的统计结论,也就是说,在解释回归系数是不是在统计上显著的时候会犯错误。同一个企业在不同时点的残差项之间存在相关性,通常会被叫作自回归(autocorrelation);而不同企业在同一时点的残差之间也有可能具有相关性,被叫作残差的横向相关。另外,不同观测点的残差的方差可能是不一样的,也就是说会呈现异方差(heteroskedasticity)的问题。我们接下来会集中探讨一下固定效应模型、随机效应模型和广义最小二乘法模型是如何处理这些问题的。

18.3 固定效应模型

为了方便讨论,我们先把固定效应模型和随机效应模型用公式来表达:

$$固定效应模型:Y_{it}=\alpha_i + \beta_1 X_{1it} + \beta_2 X_{2it} + \cdots + \beta_k X_{kit} + e_{it} \quad (18\text{-}1)$$

$$随机效应模型:Y_{it}=\mu_i + \beta_1 X_{1it} + \beta_2 X_{2it} + \cdots + \beta_k X_{kit} + e_{it} \quad (18\text{-}2)$$

在这里,Y_{it} 代表企业 i 在年限 t 的因变量的观测值,α_i 代表固定效应模型中企业 i 的截距项,μ_i 代表随机效应模型中企业 i 的截距项,$X_{1it} \cdots X_{kit}$ 代表可能影响因变量的各个自变量,$\beta_1 \cdots \beta_k$ 代表相应的回归系数,最后是残差项 e_{it}。

可以看出,固定效应模型和随机效应模型关键的区别在于对截距项的处理。固定效应模型里面,每个截距项都是一个常数(用 α_i 表示)。而在随机效应模型里面,截距项却被处理成为一个随机变量(用 μ_i 表示)。除此之外,两个模型的设定基本一模一样(Wooldridge,2010)。

固定效应模型假定,每个观测体,比如说每个企业,都会存在一些固定的、不随时间变化的属性,这些属性能够影响其他的自变量 X 或因变量 Y,或者同时影响 X 和 Y。而这些观测不到的又很相关的因素,我们必须在统计上进行控制。如上所述,当存在这些观测不到的属性时,用普通最小二乘法直接来分析数据得到的回归系数是有偏差的,因为残差项在这种情况下包含了与 X 相关的遗漏变量(omitted variable)(也就是观测不到的属性)。

18.3.1 固定效应模型的优点

因为固定效应模型假定那些观测不到的相关因素都是不随时间而变化的,而且反映了每个企业独特的属性，所以我们在统计上可以用一组代表每个企业的虚拟变量来控制这些因素的影响。具体而言，也就是在普通最小二乘法模型里面加上一组代表每一个企业的虚拟变量，每一个企业都会有一个相应的0、1变量。而这代表每一个企业的虚拟变量也就抓住了所有的、有关既定企业的、不随时间变化的属性，这样就控制了那些难以观测到的、不随时间变化的相关因素对回归分析的影响，把这些因素从残差项中提出来，保证残差项与自变量间不再有相关性，帮助研究人员得到无偏回归系数。

感兴趣的读者可以自己试验一下，用Stata里xtreg、fe的指令得到的固定效应模型的结果和用regress的指令加上一组代表每个企业的虚拟变量的结果是一模一样的。也就是说，在统计原理上，分析面板数据所常用的固定效应模型实际上就是先在模型里加入代表每个企业固有属性的一组虚拟变量，然后用普通最小二乘法进行分析。当然，固定效应模型的原理还可以从其他角度去理解，这里不再一一罗列（Wooldridge，2010）。

18.3.2 固定效应模型的局限性

第一，它只能控制那些不随时间变化的遗漏变量，而不能够控制那些随时间变化的、观测不到的因素对结果的影响。

第二，固定效应模型除了在控制遗漏变量上有优势，在对残差的处理方面跟普通最小二乘法没有任何区别，它既不处理自回归问题，也不处理残差横向相关的问题或异方差的问题。当然，大多数的统计软件里面是允许人家使用稳健标准误差（robust standard error）的，在某种程度上也就可以弥补固定效应模型这方面的缺陷。这个问题在下面讨论实例的时候，我们会再具体讨论。

第三，固定效应模型需要自变量和因变量随着时间的变化是比较显著的。当自变量或者是因变量随时间的变化非常小甚至不变化的时候，这个模型就不适用。比如，当一个研究者对CEO的性别如何影响企业决策感兴趣的时候，他就要谨慎考虑是否可以使用固定效应模型。因为CEO的性别通常是不会随时间发生显著变化的，当固定效应模型用一个虚拟变量来抓住所有的不随时间变化的企业属性的时候，CEO的性别也就会被吸入这个虚拟变量（也就是说CEO的性别和代表这个企业的虚拟变量之间会是完全相关的，只有一个最后会留在模型里面）。除非有CEO的变更而且出现CEO性别的变化，否则这样的研究问题就没有办法用固定效应模型来进行数据分析了。另外，用固定效应模型得到的统计结论不能适用于样本之外的其他企业。如上所述，回归系数只反映了对既定企业而言自变量和因变量之间的关系。

18.3.3 固定效应模型应用操作实例

下面我们按照Stata里面的指令给出一些固定效应模型应用操作实例供读者参考。在Stata界面，基本的固定效应模型可以按以下指令执行：

$$\text{xtreg } Y \ X_1 \ X_2 \cdots X_k, \ \text{fe}$$

当然在执行此指令之前，要首先指定代表观测体（如 firmid）和时间序列（如 year）的变量：

$$\text{xtset firmid year}$$

观测体变量需要是数值格式。如果是字符串格式，应该先转换成数值格式：

$$\text{encode stringid, gen（firmid）}$$

这里我们额外强调三点。第一，可以在 xtreg 这个指令里面使用稳健标准误差。Stata 指令为：

$$\text{xtreg Y } X_1 \, X_2 \cdots \, X_k, \text{ fe vce（robust）}$$

这样可以帮助纠正异方差造成的偏差。此外，vce（cluster firmid）还可以帮助纠正自回归造成的偏差。当然我们也可以通过一些检验方法来首先确定异方差和自回归的严重性。相应指令分别是 xttest3 和 xtserial。要注意的是，xttest3 用在 xtreg 之后，而后者指令可以写为 xtserial Y $X_1 \, X_2 \cdots \, X_k$。两者分别在 $p<0.05$ 的情况下证明有异方差和自回归的存在。

第二，解释固定效应模型中的回归系数时需要小心谨慎。每个自变量 X 的回归系数 β 的意义是，对一个给定的观测体而言，当自变量 X 随时间变化一单位时，因变量 Y 增加或减少 β 单位。

第三，固定效应模型还可以进行扩展，通过加入代表时间的虚拟变量来控制那些对每一个具体的时间所特有的而又很难观测到的因素对结果的影响。当然我们也可以通过指令 testparm i.year 来确定加入代表时间虚拟变量的必要性。这里的年份时间变量可以根据具体的数据格式来更换，比如，可以是月份（month）或者天（day）。

18.4 随机效应模型

如上所述，固定效应模型和随机效应模型从数学表达方式来看，最主要的区别就是对截距项的处理。固定效应模型把截距项作为每个观测体特有的一个常数，反映为代表每一个观测体的虚拟变量的回归系数。相对比而言，随机效应模型则把截距项作为一个随机变量来处理。

18.4.1 随机效应模型的优点

与普通最小二乘法相对比，随机效应模型在对数据信息的使用上比较有效，它既考虑了不同观测体之间的区别，也考虑了同一观测体内随时间不同而产生的区别。从技术上说，随机效应模型得到的回归系数相当于对观测体之间和观测体内分别使用最小二乘法得到的回归系数的一种加权平均（Wooldridge，2010）。相较于普通最小二乘法，这样的处理方法考虑到了不同观测体之间的不同特性，允许不同的观测体有不同的回归系数（即作为随机变量的截据项），对信息的使用更加有效。固定效应模型只考虑了同一观测体内部随时间的变化，而没有考虑不同观测体之间的差异对结果的影响。所以，相对于固定效应模型而言，随机效应模型对信息的使用是更有效的,它既考虑了同一观测体内部随时间的变化,也考虑了不同观测体之间的差异对结果的影响。

具体而言,相对于固定效应模型,随机效应模型还有两个明显的优势。第一,在随机效应模型里面,研究人员可以系统地检验不随时间发生显著变化的自变量和因变量之间的关系。固定效应模型要求自变量和因变量随时间的变化都比较显著,当两者中之一随时间变化很小的时候就不再适用,而随机效应模型在这方面没有限制。

第二,随机效应模型可以处理等同性自回归(interchangeable autocorrelation)的问题,它假定同一观测体不同时间点之间的残差项之间都有相同的相关性。比如,它假设一个企业今年的残差和去年的残差之间的相关系数是 a,那么这个企业今年的残差和十年前残差之间的相关系数也是 a。这种对自回归的假设虽然比较基础,但是相对于固定效应模型而言仍然是一个进步,能够满足一些数据处理的要求。

18.4.2 随机效应模型的局限

随机效应模型中最强的一个假设就是这个随机的截距项和模型中其他自变量是独立的,也就是说,截距项与所有自变量之间的相关性都为零。这在统计上就要求模型中包括所有的可能对因变量产生影响的因素。这个要求在很多情形下都不容易被满足。如上所述,经常有一些研究人员观测不到的因素能够影响自变量,同时这些因素也会对结果产生影响,这样的遗漏变量是很难被完全地观测和控制的。固定效应模型能帮助研究者控制那些观测不到且不随时间变化的因素对结果的影响。由于随机效应模型对遗漏变量的假设非常强,假定模型中没有遗漏变量,但当遗漏变量确实存在的时候,回归的结果会出现偏差,所以很多研究人员对使用随机效应模型持非常谨慎的态度,认为固定效应模型会更加可靠,因为固定效应模型在处理遗漏变量方面具有优势。另外,随机效应模型对异方差没有进行额外处理,这点和固定效应模型类似,必要时可以使用稳健标准误差予以纠正。

18.4.3 随机效应模型应用操作实例

在 Stata 界面,基本的随机效应模型可以按以下指令执行:

$$\text{xtreg } Y \ X_1 \ X_2 \cdots X_k, \ \text{re}$$

这里有三个问题需要强调:

第一,在 xtreg 这个指令里面,选择 re 选项的时候,实际上给出的是广义最小二乘法回归模型的结果。也就是说,随机效应模型是一种特殊的广义最小二乘法回归模型。具体而言,随机效应模型得到的回归系数相当于对观测体之间和观测体内分别使用最小二乘法得到的回归系数的一种加权平均。

第二,当我们担心有异方差的时候,可以在随机效应模型里使用稳健标准误差。固定效应模型和随机效应模型都没有对异方差进行处理,所以使用稳健标准误差在很多情况下是非常合适的。

第三，当解释随机效应模型得到的回归系数的时候，比较准确的解释方法如下：当自变量 X 随着时间和观测体变化一个单位的时候，平均而言因变量 Y 会增加或减少 β 单位。

18.4.4 固定效应模型还是随机效应模型

到这里，我们已经介绍了固定效应和随机效应的一些基本概念和对应的 Stata 指令。下面简要总结一下如何选择合适的模型来分析面板数据。

第一，固定效应模型的一个主要优势是排除不随时间变化的、观测体特有的遗漏变量对因果推断的影响。因此，当有比较明显的不随时间变化而又很难观测的遗漏变量时，使用固定效应模型可以有效地控制这些因素对结果的影响，帮助研究者得到无偏的回归结果；相反，当对遗漏变量的顾虑比较小的时候，随机效应模型可能会更合适。

第二，随机效应模型的基本假设是残差项和所有的自变量之间都是不相关的，也就是说假设并不存在主要的遗漏变量。当不能很好地满足这个假设的时候，随机效应模型得到的回归结果是有偏差的，此时，使用这个模型就要格外谨慎。

第三，当自变量和因变量都随着时间显著变化的时候，使用固定效应模型比较合适；相反，当自变量或者因变量随时间变化很小的时候，使用固定效应模型就不合适。

第四，固定效应模型分析得到的结论只适用于样本。当不是强烈需要把结论推广至样本之外的时候，固定模型也比较合适。

第五，当面板比较短、观测体又比较多的时候，使用固定效应模型时虚拟变量会消耗很大的自由度，所以此时使用随机效应模型可能会更合适。

除了可以在概念上判断是固定效应模型合适还是随机效应模型更合适，在统计分析上还有一个经常使用的办法，即豪斯曼检验（Hausman test）。它检验的实际上就是随机效应模型中的残差项和其他自变量之间是否存在着显著的相关性。如上所述，这也是随机性效应模型里面最关键的一个理论假设。豪斯曼检验默认的假设是，残差项和自变量之间不存在相关性，随机效应模型是合适的。当这个默认的假设被拒绝的时候，随机效应模型就不再合适。我们后面将给出在 Stata 里面进行豪斯曼检验的实例。

18.5 广义最小二乘法模型

在普通最小二乘法模型的前提假设不能被完全满足的情况下，可以利用方差和协方差矩阵对原有模型的等号两边同时进行线性的转换，一系列的线性转换使得方差和协方差矩阵得以满足普通最小二乘法的要求，从而得到无偏的回归系数。这就是广义最小二乘法（Dobson & Barnett，2008）。

广义最小二乘法模型在对原有的模型进行线性转换的过程中，可以对方差和协方差矩阵的属性进行具体的假设。比如，当假设不同观测体之间的残差是独立分布、同一观测体在不同时点的残差的相关性是相同的时候，这个模型得到的结果也就是随机效应模型得到的结果。广义最小二乘法模型可以做出更多、更复杂的假设，也就可以满足更多种情况下对数据处理的要求。本章只就个别较常见的情况进行讨论。

当残差项呈现非等同性的自回归时，如一阶自回归、二阶自回归或移动自回归，固定效应模型和随机效应模型都不能很好地处理，如上所述，固定效应模型假设不存在任何形式的自回归，随机效应模型假设只存在着等同性的自回归。另外，固定效应模型和随机效应模型都不能处理具体的异方差，而只能够依靠稳健标准误差来部分地处理这个问题。相比而言，广义最小二乘法模型能够比较系统地处理各种形式的自回归及相当程度的异方差。

上面我们给出了在 Stata 软件中，检验自回归是否存在及其严重性的方法。当使用指令 xtserial 后，我们判断在数据残差项存在一阶自回归的情况下，固定效应模型和随机效应模型都不是最理想的模型，而选择广义最小二乘法模型却能够比较好地处理这样的数据。另外，广义最小二乘法模型还可以精确地报告异方差存在与否，并进行相应的处理和纠正。

相比固定效应模型和随机效应模型，横面的残差相关问题即横面相关（cross-sectional dependence）问题也可以在广义最小二乘法模型中得到更好、更系统的处理。一般而言，当面板数据的长度少于 30 年的时候，不需要特别担心横面相关问题，但是当面板数据的长度超过 30 年的时候，广义最小二乘法模型就更加适用。Stata 里面检验横面相关的方法可以通过 xttest2 或 xtcsd 指令来执行。前者适用于观测时间远大于观测体数目的情况，而后者更适用于观测体数目远大于观测时间的情况。

下面我们先简单列出 Stata 里面常用的一些广义最小二乘法分析的指令，下一小节将给出相应的具体实例分析。

处理异方差：xtgls Y X_1 X_2... X_k, panels（hetero）

处理异方差和横面相关：xtgls Y X_1 X_2... X_k, panels（correlated）

处理异方差、横面相关和一阶自回归：xtgls Y X_1 X_2... X_k, panels（correlated）corr（ar1）

18.6　Stata面板数据分析实例

前面我们介绍了三种常用的面板数据分析方法，并对它们进行了概括和对比。为了帮助读者更直观、更深入地理解这几种方法在 Stata 中的实际应用，我们接下来将围绕一个具体的、虚构的数据库提供一些简单易懂而又系统的分析步骤，并提供相应指令和运算结果。

假设我们搜集了一个私营企业的面板数据。在这个数据库中，共有 595 家私营企业。对每家企业，我们每年观测一次，共观测七年。观测项目包括企业业绩（年收入、净收入等以千美元为单位，并经过对数转换）、企业年龄（按年份计）、员工数量和企业创始启动资金（以百万美元为单位）。注意这只是个虚构的例子，具体数据单位和数值并不一定符合实际，所以我们不建议读者深究对以下分析结果的解释，读者应该集中精力理解各个分析步骤和如何使用相应的 Stata 指令。为使读者对面板数据有一个直观认识，表 18-1 截取了数据库的一部分。

表18-1 数据库部分数据

firmid（企业代码）	year（观测年限）（年）	lperformance（企业业绩）（千美元）	firmage（企业年龄）（年）	employee（员工数量）（人）	originalfund（企业创始启动资金）（百万美元）
1	1	5.56068	3	32	9
1	2	5.72031	4	43	9
1	3	5.99645	5	40	9
1	4	5.99645	6	39	9
1	5	6.06146	7	42	9
1	6	6.17379	8	35	9
1	7	6.24417	9	32	9
2	1	6.16331	30	34	11
2	2	6.21461	31	27	11
2	3	6.2634	32	33	11
2	4	6.54391	33	30	11
2	5	6.69703	34	30	11
2	6	6.79122	35	37	11
2	7	6.81564	36	30	11
3	1	5.65249	6	50	12
3	2	6.43615	7	51	12
3	3	6.54822	8	50	12
3	4	6.60259	9	52	12
3	5	6.69580	10	52	12
3	6	6.77878	11	52	12
3	7	6.86066	12	46	12

进行面板数据分析的第一步，要使用如图 18-1 所示的指令先指定面板数据的观测体和时间变量：

```
. * Set Data as Panel Data
. xtset firmid year
       panel variable:  firmid (strongly balanced)
        time variable:  year, 1 to 7
                delta:  1 unit
```

图18-1 面板数据分析指令和显示结果（截图）

firmid 代表观测体，需要注意的是，如果 firmid 是字符串变量，要先转换成数值变量，指令为"encode firmid, gen（firmid1）"，然后在上述 xtset 指令中用 firmid1 代替 firmid，否则会显示错误信息。

year 代表时间变量。strongly balanced 告诉我们数据是平衡的，也就是说所有企业在所有年份都有观测数据。如果一个企业某一年或某几年有数据缺失，那么数据就是不平衡的。不平衡的面板数据一般都可以使用固定效应模型和随机效应模型进行分析，也可以使用广义最小二乘法进行分析。有兴趣的读者可以参考其他资料进一步了解处理不平衡面板数据的具体方法。

假设我们的研究问题是企业年龄、员工数量和企业创始启动资金对企业业绩有何影响。最简单的方法是将面板数据视为混合截面数据，并使用混合普通最小二乘法（pooled OLS），指令和显示结果如图 18-2 所示。

```
. * Pooled OLS estimator
. regress lperformance firmage employee originalfund

      Source |       SS       df       MS              Number of obs =    4165
-------------+------------------------------           F(  3,  4161) =  467.07
       Model |  223.425816     3   74.4752721           Prob > F      =  0.0000
    Residual |  663.479085  4161   .159451835           R-squared     =  0.2519
-------------+------------------------------           Adj R-squared =  0.2514
       Total |  886.904902  4164   .212993492           Root MSE      =  .39931

-------------------------------------------------------------------------------
 lperformance |     Coef.   Std. Err.      t    P>|t|     [95% Conf. Interval]
--------------+----------------------------------------------------------------
      firmage |  .0131608   .0005786    22.75   0.000     .0120264    .0142951
     employee |  .0064961   .0012073     5.38   0.000     .0041292     .008863
 originalfund |  .0765796   .0022746    33.67   0.000     .0721202    .0810391
        _cons |  5.127268   .0667767    76.78   0.000     4.99635    5.258186
-------------------------------------------------------------------------------
```

图18-2 混合普通最小二乘法指令和显示结果

使用混合普通最小二乘法的一个重要假设是各个观测体之间没有显著差异，即没有面板效应。在 Stata 中可以通过 xttest0 指令来检测这个假设是否正确。但执行这个指令之前，我们要先执行随机效应模型的分析指令（见图 18-3）。

```
. * Random effects estimator
. xtreg lperformance firmage employee originalfund, re

Random-effects GLS regression              Number of obs     =      4165
Group variable: firmid                     Number of groups  =       595

R-sq:  within  = 0.6503                    Obs per group: min =         7
       between = 0.1524                                   avg =       7.0
       overall = 0.1626                                   max =         7

                                           Wald chi2(3)      =   2792.35
corr(u_i, X)   = 0 (assumed)               Prob > chi2       =    0.0000

------------------------------------------------------------------------------
lperformance |      Coef.   Std. Err.      z    P>|z|     [95% Conf. Interval]
-------------+----------------------------------------------------------------
     firmage |   .0570861   .0011033    51.74   0.000     .0549236    .0592486
    employee |   .0015308    .000753     2.03   0.042     .0000551    .0030066
originalfund |   .1142181   .0062162    18.37   0.000     .1020346    .1264016
       _cons |   4.004136   .0946092    42.32   0.000     3.818705    4.189566
-------------+----------------------------------------------------------------
     sigma_u |  .32612592
     sigma_e |  .15346359
         rho |  .81871127   (fraction of variance due to u_i)
------------------------------------------------------------------------------
```

图18-3 随机效应模型

图 18-4 的 xttest0 指令的结果显示我们应该拒绝这个零假设,也就是说,各观测体之间确实存在重要差异,那么这种情况下随机效应模型就比混合普通最小二乘法更适用。

```
. * Breusch-Pagan LM test for random effects versus OLS
. quietly xtreg lperformance firmage employee originalfund, re

. xttest0

Breusch and Pagan Lagrangian multiplier test for random effects

        lperformance[firmid,t] = Xb + u[firmid] + e[firmid,t]

        Estimated results:
                         |       Var     sd = sqrt(Var)
                ---------+-----------------------------
                lperfor~e|    .2129935       .4615122
                       e|    .0235511       .1534636
                       u|    .1063581       .3261259

        Test:  Var(u) = 0
                             chibar2(01) =  5169.64
                          Prob > chibar2 =   0.0000
```

图18-4 xttest0指令和显示结果

我们上面讨论过随机效应模型的一个重要假设是观测体的残差和自变量之间是没有相关性。当这个假设不成立的时候,我们应该倾向于使用固定效应模型。豪斯曼检验可以帮助我们在固定效应模型和随机效应模型之间做出选择。

在豪斯曼检验之前,我们要先执行固定效应模型并保存估计值,然后执行随机效应模型并保存估计值,最后在这些保存的估计值的基础上进行豪斯曼检验(见图 18-5)。

```
. * Hausman test for fixed versus random effects model
. quietly xtreg lperformance firmage employee originalfund, fe

. estimates store fixed

. quietly xtreg lperformance firmage employee originalfund, re

. estimates store random

. hausman fixed random

                 ---- Coefficients ----
              (b)          (B)            (b-B)         sqrt(diag(V_b-V_B))
             fixed        random        Difference              S.E.

  firmage   .0969388     .0570861        .0398527            .0004431
 employee   .0011433     .0015308       -.0003876                 .

                       b = consistent under Ho and Ha; obtained from xtreg
           B = inconsistent under Ha, efficient under Ho; obtained from xtreg

    Test:  Ho:  difference in coefficients not systematic

                 chi2(2) = (b-B)'[(V_b-V_B)^(-1)](b-B)
                         =     8089.66
               Prob>chi2 =     0.0000
               (V_b-V_B is not positive definite)
```

图18-5 豪斯曼检验

这里的结果告诉我们随机效应的假设（残差和自变量之间没有相关性）不成立，那么这种情况下固定效应模型就更加适用（见图 18-6）。

```
. * Fixed effects estimator
. xtreg lperformance firmage employee originalfund, fe
note: originalfund omitted because of collinearity

Fixed-effects (within) regression            Number of obs      =      4165
Group variable: firmid                       Number of groups   =       595

R-sq:  within  = 0.6508                      Obs per group: min =         7
       between = 0.0251                                     avg =       7.0
       overall = 0.0440                                     max =         7

                                             F(2,3568)          =   3325.13
corr(u_i, Xb)  = -0.9142                     Prob > F           =    0.0000

------------------------------------------------------------------------------
lperformance |   Coef.    Std. Err.      t     P>|t|     [95% Conf. Interval]
-------------+----------------------------------------------------------------
     firmage |  .0969388   .001189     81.53   0.000     .0946077    .09927
    employee |  .0011433   .0006033     1.90   0.058    -.0000396   .0023262
originalfund |         0  (omitted)
       _cons |  4.698224   .0369345   127.20   0.000     4.62581    4.770639
-------------+----------------------------------------------------------------
     sigma_u |  1.0575523
     sigma_e |   .15346359
         rho |   .97937676   (fraction of variance due to u_i)
------------------------------------------------------------------------------
F test that all u_i=0:       F(594, 3568) =    54.34         Prob > F = 0.0000
```

图18-6 固定效应模型

值得一提的是，固定效应模型中企业创始启动资金的估计值被省略掉了。这是因为企业创始启动资金在企业创始之初就是确定的，不会随着时间推进而改变。由于固定效应模型中自变量的估计值是建立在自变量在各观测体内部不同时间变化的基础上而得出的，固定效应模型就无法对不随时间变化的自变量给出估值。

在固定效应模型中，我们可以同时加入时间固定效应来控制那些对每一个具体的时间所特有的而又很难观察到的因素对结果的影响。在 Stata 中我们可以通过指令（testparm）来确定加入时间固定效应的必要性。如图 18-7 所示，这里加入时间固定效应确实是有帮助的。

```
. * Test whether time fixed effects are necessary
. xtreg lperformance firmage employee originalfund i.year, fe
note: originalfund omitted because of collinearity
note: 7.year omitted because of collinearity

Fixed-effects (within) regression              Number of obs      =       4165
Group variable: firmid                         Number of groups   =        595

R-sq:  within  = 0.6546                        Obs per group: min =          7
       between = 0.0251                                       avg =        7.0
       overall = 0.0445                                       max =          7

                                               F(7,3563)          =     964.68
corr(u_i, Xb)  = -0.9123                       Prob > F           =     0.0000

------------------------------------------------------------------------------
lperformance |     Coef.   Std. Err.      t    P>|t|     [95% Conf. Interval]
-------------+----------------------------------------------------------------
     firmage |   .0959014   .001476    64.97   0.000     .0930076    .0987953
    employee |   .0009485   .0006024    1.57   0.115    -.0002325    .0021295
 originalfund|          0  (omitted)
             |
        year |
           2 |  -.0065641   .0082285   -0.80   0.425    -.022697     .0095689
           3 |   .0290156   .0078212    3.71   0.000     .0136811    .0443501
           4 |   .0323372   .007685     4.21   0.000     .0172699    .0474046
           5 |   .0270289   .007817     3.46   0.001     .0117026    .0423552
           6 |   .0089387   .0082194    1.09   0.277    -.0071765    .0250538
           7 |          0  (omitted)
             |
       _cons |   4.714973   .0404877  116.45   0.000     4.635592    4.794355
-------------+----------------------------------------------------------------
     sigma_u |  1.0472049
     sigma_e |   .15273695
         rho |   .9791703   (fraction of variance due to u_i)
------------------------------------------------------------------------------
F test that all u_i=0:       F(594, 3563) =     45.22         Prob > F = 0.0000

. testparm i.year

 ( 1)  2.year = 0
 ( 2)  3.year = 0
 ( 3)  4.year = 0
 ( 4)  5.year = 0
 ( 5)  6.year = 0

       F(  5,  3563) =     7.81
            Prob > F =    0.0000
```

图18-7　加入时间固定效应指令及结果

下一步我们给出异方差、自回归和横面相关的检验方法，如图 18-8 所示。

```
. * Test heteroskedasticity
. quietly xtreg lperformance firmage employee originalfund, fe

. xttest3

Modified Wald test for groupwise heteroskedasticity
in fixed effect regression model

H0: sigma(i)^2 = sigma^2 for all i

chi2 (595)  =   1.6e+08
Prob>chi2 =    0.0000

. * Test serial correlation
. xtserial lperformance firmage employee originalfund

Wooldridge test for autocorrelation in panel data
H0: no first-order autocorrelation
     F(  1,     594) =     26.756
           Prob > F =      0.0000

. * Test cross-sectional dependence/contemporaneous correlation
. quietly xtreg lperformance firmage employee originalfund, fe

. xtcsd, pesaran   //this is suitable for the context of small T and large N

Pesaran's test of cross sectional independence =      12.830, Pr = 0.0000
```

图18-8　异方差、自回归和横面相关的检验结果

结果显示，在这个面板数据中确实存在异方差、自回归和横面相关的问题。我们上文讨论过在异方差、自回归和横面相关存在的情况下，广义最小二乘法模型可能比固定效应模型和随机效应模型更适用。图 18-9 是使用广义最小二乘法的结果，可见通过在指令中加入"panels(correlated) corr(ar1)"，同时考虑到和纠正了异方差、自回归和横面相关存在的问题。

```
. * Correlation and heteroskedasticity across panels and autocorrelation within panels
. xtgls lperformance firmage employee originalfund, panels(correlated) corr(ar1)

Cross-sectional time-series FGLS regression

Coefficients:  generalized least squares
Panels:        heteroskedastic with cross-sectional correlation
Correlation:   common AR(1) coefficient for all panels  (0.8716)

Estimated covariances      =   177310        Number of obs      =      4165
Estimated autocorrelations =        1        Number of groups   =       595
Estimated coefficients     =        4        Time periods       =         7
                                             Wald chi2(3)       =      6.72
                                             Prob > chi2        =    0.0813

------------------------------------------------------------------------------
lperformance |   Coef.   Std. Err.      z    P>|z|     [95% Conf. Interval]
-------------+----------------------------------------------------------------
     firmage |  .0435333   .0203626     2.14   0.033     .0036234    .0834433
    employee |  -.01194    .01219      -0.98   0.327    -.0358319    .0119519
originalfund |  .3095296   .1344988     2.30   0.021     .0459168    .5731423
       _cons |  2.302243   1.996757     1.15   0.249    -1.611329    6.215814
------------------------------------------------------------------------------
Note: when the number of panels is greater than or equal to the number
      of periods, results are based on a generalized inverse of a
      singular matrix.
Note: you estimated at least as many quantities as you have observations.
```

图18-9　广义最小二乘法应用

18.7 内生性问题及其来源

前面我们提到,最小二乘法的一个假设是每个自变量跟误差项之间都是相互独立的。若违背这个假设,也就是说如果模型中的一个或多个自变量与误差项存在相关关系,用公式表达即 $\text{Cov}(X, \varepsilon) \neq 0$,会导致内生性问题。内生性问题会导致 OLS 的估计系数有偏(biased),进而影响因果推断(causal inference)。图 18-10 直观地对比了存在内生性和不存在内生性时解释变量、被解释变量与误差项的关系。

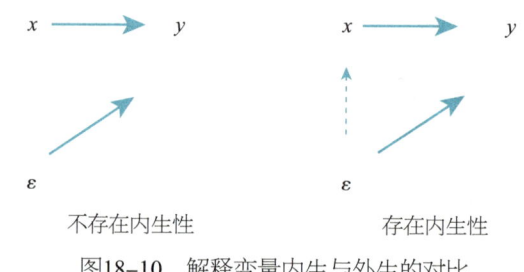

图18-10 解释变量内生与外生的对比

内生性可能由多种原因导致,本节我们主要介绍管理学领域常见的内生性来源:遗漏变量偏差、选择偏差、双向因果和测量误差(王宇和李海洋,2017;Hill et al.,2021)。

18.7.1 遗漏变量偏差

考虑如下理论模型:

$$y=\beta_0+\beta_1 x_1+\beta_2 x_2+ \varepsilon \tag{18-3}$$

假设 x_2 是遗漏变量,则我们估计的模型中 x_2 被留在误差项中。当解释变量 x_1 与遗漏变量 x_2 相关时,也会与残差项 $e_2=\beta_2 x_2+ \varepsilon$ 相关。此时,x_1 成为内生解释变量,而只进行回归分析就会得到有偏差的回归系数,可能得出错误的结论。在管理学中遗漏变量误差是造成内生性问题的一个典型原因。比如说,无法观测的、同时影响解释变量和被解释变量的因素会导致内生性问题,让观察到的解释变量和被解释变量间的关系无效。

18.7.2 选择偏差

选择偏差包括自选择偏差(self-selection bias)和样本选择偏差(sample-selection bias)。自选择偏差是指由个体(例如个人、家庭或公司)做出的某些选择影响了样本的代表性,进而影响因果推断的准确性。在经济学领域,一个典型例子是研究女性的受教育情况对女性收入的影响。通常我们会搜集部分女性的受教育情况、收入及其他个人特征数据做回归。不过这样做有一个问题,只有选择参加工作的人,才能被观测到其收入数据。但是许多女性出于种种原因可能选择做家庭主妇,因而没有被包括在样本内。当选择是否参加工作的原因和教育情况或者收入水平相关时(比如,很多受到高等教育的女性选择在家教育孩子),观测到的有收入数据的样本就会失去代表性。自选择偏差在许多管理学学者感兴趣的话题中也很常见。比如研究企业研发投入或企业社会责任投入相关问题时，由于研发投入和社会责任投入属于企业自愿披露的内容，因此研究样本中只包括自愿披露的企业。当披露这些信息的原因可能与分析中的自变量或因变量相关时，自选择偏差就可能会影响回归分析的结论。

样本选择偏差是指因变量的观察仅仅局限于非随机的有限样本。比如，研究中国中小企业创新表现时只在作者所在城市搜集了有关数据，如此得到的样本便不能系统地代表中国中小企业。除去数据搜集过程中抽样方法导致的问题，样本选择偏差还可能是由自选择偏差导致的。换句话说，样本选择偏差在很多情况下是由于个体做出的某些选择使抽样失去随机性，造成所搜集到的样本不能代表总体，正如以上所给的有关女性薪酬、研发投入和企业社会责任投入的例子所示。总的来说，无论哪种情形，选择偏差造成被选择的样本无法代表总体。当影响样本选择的因素与分析中的自变量或因变量相关，却没有被纳入回归分析时，就等同于回归分析中遗漏掉了一些变量（Heckman，1979），便可能得出有偏的回归系数甚至错误的结论。这些情况下，我们需要对选择偏差进行修正，以得到准确的估计结果。

18.7.3 双向因果

双向因果（simultaneous causality）是指解释变量和被解释变量互为因果。这样会使解释变量与误差项相关，造成内生性问题（Antonakis et al.，2010）。比如我们要估计以下模型：

$$y_1=\beta_0+\beta_1 y_2+\beta_2 z_1+\varepsilon_1 \tag{18-4}$$

根据内生性的定义，我们知道当 y_2 与 ε_1 相关时，得到的估计参数将是有偏的。我们将存在互为因果表示成

$$y_2=\alpha_0+\alpha_1 y_1+\alpha_2 z_2+\varepsilon_2 \tag{18-5}$$

其中，z_1、z_2 是外生变量。将式（18-4）代入式（18-5）可以得到

$$y_2=\alpha_0+\alpha_1(\beta_0+\beta_1 y_2+\beta_2 z_1+\varepsilon_1)+\alpha_2 z_2+\varepsilon_2$$

即

$$y_2(1-\alpha_1\beta_1)=\alpha_0+\alpha_1(\beta_0+\beta_2 z_1+\varepsilon_1)+\alpha_2 z_2+\varepsilon_2$$

显然，当 $1-\alpha_1\beta_1 \neq 0$ 时，与 y_2 与 ε_1 相关，即存在双向因果的问题。举例来说，企业研发投入和创新绩效可能存在双向影响。

10.7.4 测量误差

顾名思义，测量误差（measurement error）是指由于对变量测量不准确而导致的误差。解释变量存在测量误差可能会导致内生性问题。比如，我们要估计以下模型

$$y=\beta_0+\beta_1 x+\varepsilon$$

其中，自变量的真实值为 x，观测值为 x^*。则测量误差 $e=x^*-x$。我们可以将方程改写为

$$y=\beta_0+\beta_1(x^*-e)+\varepsilon$$

也即

$$y=\beta_0+\beta_1 x^*+\varepsilon-\beta_1 e$$

当自变量的观测值 x^* 与测量误差 e 相关时，就会产生内生性问题。

18.8　内生性问题的解决方法

前面我们提到，固定效应模型可以解决面板数据分析中由特定的遗漏变量（即观测体固有的、不随时间变化的遗漏变量）造成的内生性问题。但是当我们没有面板数据，或者不可观测的遗漏变量随时间改变时，固定效应模型就不再合适。以下我们介绍几种常用的解决内生性问题的方法。其中除双重差分法外，其他方法均不要求有面板数据。

18.8.1　工具变量法

回到式（18-3），即 $y=\beta_0+\beta_1 x_1+\beta_2 x_2+\varepsilon$，假设这个是我们的理论模型。其中，$x_2$ 无法被观测到，因此在实际估计的模型中被留在误差项 ε 中，而 x_1 是我们关注的、内生的自变量。假定我们能够找到一个额外的可观测变量 z，它需要满足以下两个条件：

① 外生性：z 与 ε 不相关，即 $\text{Cov}(z, \varepsilon)=0$；
② 相关性：z 与 x_1 相关，即 $\text{Cov}(z, x_1) \neq 0$。

我们可以将 z 作为 x_1 的工具变量。对于第一个条件，由于通常无法检验 z 与无法观测的误差的关系，一般通过经济行为或反思来维持这一条件。对于第二个条件，我们可以检验 z 与内生解释变量 x 的相关性。如果工具变量和内生变量相关性很弱，则将其称为弱工具变量，它会导致工具变量估计结果有偏。

在实际应用中，找到有效的工具变量并不是一件容易的事。举例来说，在估计教育水平对收入的影响中，我们提出以下模型：

$$\log(\text{wage})=\beta_0+\beta_1 \text{edu}+\beta_2 \times \text{abil}+\varepsilon \tag{18-6}$$

其中，能力（abil）是无法直接观测的遗漏变量。为了找到教育水平的工具变量，我们首先可能会想到智商。虽然智商可能与教育水平相关，但由于它和个人能力相关，导致其与误差项也相关，便违反了外生性假定。为此，我们需要考虑其他与教育水平可能相关的变量，比如兄弟姐妹的数目，或者父母的教育水平。如果在满足与教育水平（内生变量）相关的同时，与个人能力（遗漏变量）不相关，就可以用它作为教育水平的工具变量。

传统的工具变量估计一般通过两阶段最小二乘法（two stage least square，2SLS）实现。从理论上来说，第一阶段将内生解释变量 x 作为因变量，将工具变量 z（和原有模型中的外生变量）作为解释变量，进行回归，得到 x 的预期值 $\hat{x}$。第二阶段用因变量 y 对 $\hat{x}$（和模型中的外生变量）进行回归，得到修正的估计量 $\hat{\beta}_{2\text{SLS}}$。

在 Stata 中，两阶段最小二乘法的指令为 ivregress 2sls。比如，在一个模型中，y 是被解释变量，x_1、x_2 是外生解释变量，x_3、x_4 是内生解释变量，z_1、z_2 是工具变量，我们可以用以下指令一步实现 2SLS 估计：

ivregress 2sls y x₁ x₂（x₃, x₄=z₁, z₂）

这里的第一阶段分析是将 x_3 和 x_4 分别作为因变量，z_1、z_2、x_1、x_2 作为解释变量进行回归，并得到 x_3 和 x_4 的预期值。第二阶段则将 x_3 和 x_4 的预期值以及 x_1 和 x_2 作为自变量，对 y 进行回归。一个检验弱工具变量的方法是检查两阶段最小二乘法第一阶段回归的 F 统计量，如果小于 10，则工具变量则通常被看作较弱的。Stata 中可以下载外部指令 ivreg2 进行弱工具变量检验。为便于读者理解，我们结合在 Stata 中使用 ivregress 指令的实例进行简要说明。有兴趣的读者可以查阅附录中工具变量部分的示例。

在这个例子中，我们研究的是个人的教育水平、工作经验和工作经验的平方项如何影响收入。我们使用父亲和母亲的教育程度作为内生变量教育程度的工具变量。图 18-11 显示了使用 ivregress 2sls 指令得出的估计结果（指令中 first 选项报告 2sls 中第一阶段的回归结果，用 robust 表示使用稳健标准误）。从图中可以看出，在第一阶段使用工具变量后，在第二阶段回归中个人的教育水平、工作经验和工作经验的平方项都对收入有显著影响。

```
. ivregress 2sls lwage exper expersq (educ=motheduc fatheduc),robust first

First-stage regressions

                                                   Number of obs   =      428
                                                   F(  4,   423)   =    25.76
                                                   Prob > F        =   0.0000
                                                   R-squared       =   0.2115
                                                   Adj R-squared   =   0.2040
                                                   Root MSE        =   2.0390

                           Robust
        educ |     Coef.   Std. Err.      t    P>|t|     [95% Conf. Interval]
-------------+----------------------------------------------------------------
       exper |   .0452254   .0419107     1.08   0.281    -.0371538    .1276046
     expersq |  -.0010091   .0013233    -0.76   0.446    -.0036101    .0015919
     motheduc|   .157597    .0354502     4.45   0.000     .0879165    .2272776
     fatheduc|   .1895484   .0324419     5.84   0.000     .125781     .2533159
       _cons |   9.10264    .4241444    21.46   0.000    8.268947    9.936333

Instrumental variables (2SLS) regression       Number of obs   =      428
                                               Wald chi2(3)    =    18.61
                                               Prob > chi2     =   0.0003
                                               R-squared       =   0.1357
                                               Root MSE        =   .67155

                           Robust
       lwage |     Coef.   Std. Err.      z    P>|z|     [95% Conf. Interval]
-------------+----------------------------------------------------------------
        educ |   .0613966   .0331824     1.85   0.064    -.0036397    .126433
       exper |   .0441704   .0154736     2.85   0.004     .0138428    .074498
     expersq |  -.000899    .0004281    -2.10   0.036    -.001738    -.00006
       _cons |   .0481003   .4277846     0.11   0.910    -.7903421    .8865427

Instrumented: educ
Instruments:  exper expersq motheduc fatheduc
```

图18-11　用ivregress实现工具变量法估计

图 18-12 显示了弱工具变量检验的结果。在输出结果中，我们关注两个统计量，分别代表两种检验工具变量有效性的指标。第一个是偏 R^2（partial R^2），代表扣除了其他外生变量后工具变量的解释力度。若 F 统计量大于 10，一般认为不是弱工具变量问题（这里 F=49.5266）。第二个是最小特征值统计量（minimum eigenvalue statistic），一般大于 2SLS Size of nominal 5% Wald test 中 10% 对应的临界值时认为不是弱工具变量（这里最小特征值统计量 =55.4003>19.93）。

```
. estat firststage, all forcenonrobust
First-stage regression summary statistics
                        Adjusted    Partial     Robust
 Variable    R-sq.       R-sq.       R-sq.     F(2,423)    Prob > F
   educ     0.2115      0.2040      0.2076     49.5266      0.0000

Shea's partial R-squared
              Shea's          Shea's
 Variable  Partial R-sq.  Adj. Partial R-sq.
   educ      0.2076           0.2020

Minimum eigenvalue statistic = 55.4003
Critical Values                        # of endogenous regressors:    1
Ho: Instruments are weak               # of excluded instruments:     2
                                    5%       10%      20%      30%
2SLS relative bias                          (not available)
                                   10%      15%      20%      25%
2SLS Size of nominal 5% Wald test  19.93    11.59    8.75     7.25
LIML Size of nominal 5% Wald test   8.68     5.33    4.42     3.92
```

图18-12　弱工具变量检验

18.8.2　双重差分法

解决内生性的另外一种重要方法是双重差分法（difference in difference，DID）。双重差分法是一种常用的评估政策效应（比如法律、法规的调整）的方法，其基本思想就是通过比较因变量 y 在两个维度（比如空间和时间）上的差来进行因果推断。设想现在出台一条新修铁路的政策，我们如何能知道被新铁路穿过的城市的经济增长是不是更快了呢？如果能观察到被铁路穿过城市修铁路前（$t=0$）和修铁路后（$t=1$）的经济增长，我们可能会想到比较这些城市在不同时期的经济增长率。然而，这可能会受到政策实施前后变化的其他因素的影响。比如说，整个经济在观察期间出现了显著的衰退，从而导致观察到的经济增长变化不一定是由于修铁路导致的。要解决这个问题，我们可以使用没有被铁路穿过的城市的经济表现作为对照来"区分"这些混杂因素，以此来获得更准确的政策效应估计。

一个基本的双重差分模型可以由以下公式表述：

$$y_{it}=\alpha+\gamma \times \text{treated}_i+\lambda \times \text{post}_t+\delta \times \text{treated}_i \times \text{post}_t+\varepsilon_{it} \quad (18\text{-}7)$$

其中，treated_i 为分组虚拟变量：若个体 i 受政策实施的影响，则属于处理组，对应的 treated_i 取值为 1；否则属于控制组，对应的 treated_i 取值为 0。post_t 为时间虚拟变量，政策实施之前的 treated_i 取值为 0，政策实施之后的 treated_i 取值为 1。$\text{treated}_i \times \text{post}_t$ 为分组虚拟变量与时间虚拟变量的交互项。分组虚拟变量 treated_i 控制了处理组与控制组固有的差异（也就是说即使没有外生冲击，也存在此差异）。时间虚拟变量 post_t 控制了处理前后两期固有的差异（即使没有冲击，也存在此时间趋势）。交互项的系数 δ 则捕捉了实际的政策效应（即图 18-13 中的 $\bar{\beta}_{\text{DID}}$）。

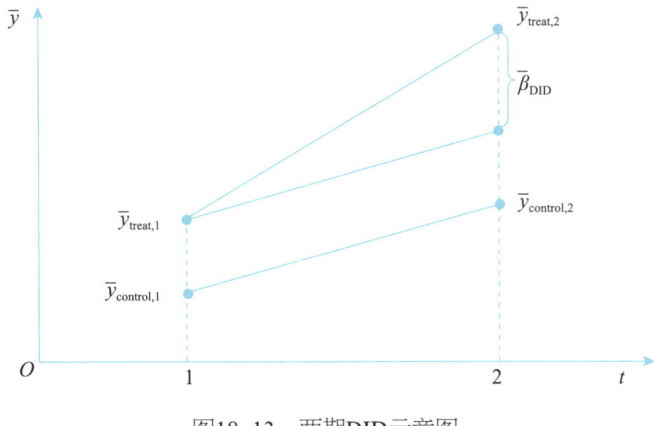

图18-13 两期DID示意图

如图 18-13 所示，最基本的双重差分法只需要两组个体在政策实施前后两个时间点的数据。一个经典例子是 Card & Kruger（1994）关于最低收入法案的实施是否会降低对低技能工人的需求的研究。1992 年 4 月，美国新泽西州通过最低收入法案，将最低收入从时薪 4.25 美元提高到 5.05 美元，而相邻的宾夕法尼亚州的最低收入保持不变。研究人员将新泽西州作为处理组，将宾夕法尼亚州作为控制组，搜集了两个州不同快餐店在实施新法前后雇用人数的数据，并采用双重差分法进行估计。在 Stata 中实现 DID 的指令为：

reg fte t treated t*treated

其中，t是时间虚拟变量（0表示1992年2月，1表示1992年11月）；treated是组别虚拟变量（1表示新泽西州，0表示宾夕法尼亚州）。因变量为 fte（full time employment 的缩写），用以刻画快餐店的雇用人数。

DID 最为重要和关键的前提假设是平行趋势（parallel trend）。也就是说，处理组如果未受到政策干预，其时间效应或趋势应该与控制组一样，因为控制组的表现被假定为处理组的反事实（counterfactual）。在仅有两期的 DID 模型中，较难观察到这个假设是否成立。对于多期面板数据，我们可以观察处理发生前不同组别的时间趋势是否大致相同。常见的检验平行趋势假设的方法主要有两个：

（1）画图：画出因变量在不同组别的时间趋势图，如果两条线在政策发生前的走势完全一致或基本一致，说明平行趋势假设是满足的。

（2）回归：生成多个表示观测期间时间点虚拟变量，并将它们分别与组别虚拟变量相乘得到的交互项加入原来的方程中进行回归，若处理发生前（政策实行前）的交互项系数不显著，则表明存在平行趋势。我们将本节中提到的两期 DID 的例子、多期 DID 和平行趋势检验的实例及对应的 Stata 代码放在了附录中，有兴趣的读者可以查看线上资源。

18.8.3 断点回归分析

断点回归设计（regression discontinuity design，RDD）被认为是最接近随机实验的检验方法，能够缓解参数估计的内生性问题，已经在许多领域被广泛使用。在管理学研究中，断点回归的使用相比上文介绍的方法还不是很普遍，在此我们只进行简要介绍。断点回归的基本思想是，存在一个连续变量，使得不同个体在一个截止点（或阈值）左右被划分成两个组别。而刚好低于阈值和刚好高于阈值的个体在除因变量之外的其他方面（尤其是不可观测特征上）大致相等，从而达到近似随机试验分组的条件。在这个基础上，我们便可以通过在断点左右两侧邻域分别回归并比较两侧回归系数差异来估计处理效应。

举例来说，我们想要研究在中国上一本院校的回报率。直接比较一本院校和非一本院校毕业生的收入并不能令人信服，因为收入可能受学生个人能力的影响，而高考时的分数差异并不能完全反映学生的个人能力差异。一个解决方法是用断点回归。将高考录取中人为划定的一本录取分数线（比如500分）视为断点，我们可以比较断点左右（499分和501分）学生未来在职场中的表现。之所以使用断点回归，是因为我们相信在高考中获得499和501分的学生在能力上并没有本质差别，但是却因为录取线的存在进入了不同级别的学校。这样把考试分数接近500分的考生包括在回归分析中，以毕业后的工资为因变量，以是否从一本院校毕业为自变量进行回归，就可以较好地解决由能力和其他难以观测的因素造成的内生性问题，得到一本院校教育对毕业生收入影响的较可信的发现。

使用断点回归有几个重要的前提。首先，因变量在断点处应存在跳跃，而除因变量之外的其他变量在断点附近应相对平滑，这一点可以通过画图检验。其次，样本在断点左右的分配应是随机的，而不能出于个体的主动选择，这一点我们通常通过观察解释变量在断点处的分布是否均匀检验。尽管断点回归的思路不难理解，研究者在实际使用时还要考虑许多细节，比如多项式的选择、断点邻域（也叫作带宽）大小等。在 Stata 中常用的进行断点回归分析的指令有 rdrobust、rdcv 等，这些指令也提供了计算最优带宽和阶数的工具，可以帮助我们进行选择。在附录中我们提供了简单的断点回归 Stata 实例，同时我们也建议感兴趣的读者查阅相关论文进行更深入的了解。

18.8.4 倾向得分匹配

在许多情况下，我们的样本来自不满足随机分配条件的观察研究，而选择效应的存在可能会影响因果推断。比如说，想要研究大学教育对收入的影响，我们不能仅对比读大学与没读大学两组同学毕业后的收入，因为能否进入大学本身已经是个体选择的结果，而这些选择背后的影响因素很多是观测不到但却可能对收入有很大影响的（比如，个人的家庭背景、年龄、性别等）。针对非随机分配的个体，如果能根据可观测特征为处理组的每个个体找到在控制组中最相近的个体，我们就可以估计处理效应（treatment effect）了，因为两个被匹配的个体的结果差异只取决于有无接受处理，这就是匹配（matching）的基本原理。在上面的例子中，我们把是否读大学作为处理效应，而在创建样本时可以根据家庭背景、年龄、性别等可观测特征的相似性为上过和没上过大学的人配对，这样的话回归分析时就可以更准确地观察到大学教育对收入的影响了。

倾向得分匹配（propensity score matching method，PSM），顾名思义，就是根据倾向得分（propensity score）进行匹配。倾向得分是被研究个体在控制多个可观察到的变量影响的情况下，接受某种干预的条件概率。在上面读大学的例子中，可以用家庭背景、年龄、性别等因素对是否读大学进行回归分析，并根据分析结果预测每个人读大学的概率，即倾向得分。通过计算倾向得分，我们可以把许多可观察到的变量对分组的影响整合成一个指标，以此为标准来对处理组和控制组中的个体进行匹配。相比于简单的匹配，倾向得分匹配的一个优势就是可以把多个维度合成一个维度（降维）。这个特性使其获得了广泛应用，因为在大部分情况下，选择的结果都是由多种因素决定的，而按多维特性进行样本匹配很多时候可行性很低。比如说，如果上过大学的人家庭背景都比较好，就很难通过家庭背景加上性别、年龄等因素一起寻找匹配的个体。而如果我们能搜集到多个可观测因素的数据，通过计算倾向得分就可以获得在多个维度上最接近的个体，从而获得与自然实验最相近的结果。回到大学教育对收入的影响的例子，倾向得分匹配能从样本中对每个人读大学的概率进行估计，然后选出与 A 同学有相似的读大学倾向得分却没有去读大学的同学 B 作为 A 同学的对照，从而估计出读大学对工作的影响。

在实际应用中，倾向得分匹配有以下几个关键步骤。首先，我们需要确定影响结果变量（如收入）和选择变量（读大学）的协变量（covariates）。然后，用 Probit 或 Logit 模型获得选择变量的倾向值（读大学的倾向），并据此配对生成处理组和控制组：匹配的方法有最近邻匹配、半径匹配、核匹配等。匹配完成后，我们需要检验匹配后的处理组和控制组协变量的均值是否接近，保证在接受处理之前，处理组和控制组之间没有差异。如果数据平衡，便可以用匹配后的样本进行回归分析，更好地观察因果效应。

尽管倾向得分匹配已经成为一个实证研究中广泛使用的计量方法，但它也存在一些局限性。首先，匹配成功的前提是处理组和控制组样本特征分布有一定的重叠，当样本量较小或者样本特征很分散时可能不能满足这个条件。其次，研究者只能根据可观测的特征来匹配，而内生性问题常常正是由不可观测的变量导致，因此匹配并不能彻底地解决内生性问题。从这个角度来说，匹配的本质和在 OLS 中使用控制变量的方法原理类似，都是在控制可观测变量的基础上估计处理效应来进行因果推断。在实际应用中，相比于直接在模型中控制协变量，使用经过匹配处理的样本进行回归可能会观测到更明显的主效应，因为经过匹配的处理组和控制组在除解释变量以外的其他方面都是近似相同的（找不到合适匹配的样本会在匹配过程中被剔除）。值得一提的是，尽管单独使用匹配不能完全解决内生性问题，把匹配和其他方法结合使用却能够达到比较好的效果，比如，DID+PSM 就是文献中一种常见的做法。

18.8.5 海克曼两阶段法

最后我们介绍一个解决样本选择问题的方法——海克曼两阶段法（Heckman two-step

model）。第一阶段是用选择方程模型分析样本的选择行为。具体来说，研究者用 Probit 模型估计一个观察点被选入最终样本中的概率（如女性是否选择去工作）。这里要注意，解释变量中需要包括至少一个不会影响因变量（如女性收入），但却会影响被选入最终样本概率的变量（如丈夫是否工作、是否有子女等），以满足排斥在外限制条件（exclusion restriction）。另外，还要关注 Probit 模型中的排斥在外限制条件变量是否对预测样本选择有显著效应，以及其他代表样本选择偏差存在的指标（详细内容可参考 Certo et al., 2016）。第二阶段是根据第一阶段估计结果，研究者计算出逆米尔斯比率（inverse Mills ratio）并将其作为额外的控制变量纳入结构方程模型，用于消除样本选择偏差，从而得到参数的无偏估计。在 Stata 中，这两步操作可以通过 heckman 指令完成，请感兴趣的读者参考附录中的实例。

18.9 结语

近年来，管理学领域对于定量研究严谨性的关注日益增加。本章围绕面板数据分析与内生性两大主题介绍了使用面板数据进行研究需要注意的问题以及对应的解决方法。对于面板数据的分析，本章介绍性地讨论了最常见的固定效应模型、随机效应模型和广义最小二乘法模型。然后我们围绕一个具体的、虚拟的数据库，利用 Stata 提供了一些简单易懂而又系统的分析步骤，并提供了相应指令和运算结果。对于内生性问题，我们介绍了内生性问题的主要来源以及文献中常用的解决方法。希望这些讨论会对读者有益。

思考题

1. 假设你要进行一项研究，以确定较小的班级规模是否会提高学生的期末成绩。

（1）如果没有任何限制，你想如何进行研究设计以判断因果关系？

（2）假设你能搜集到某市某年级几千名学生的观测数据。你能得到他们班级规模和学生期末标准化考试成绩的数据，并发现二者成负相关关系。这一定意味着较小的班级规模会提高学生的期末成绩吗？请解释。

2. 假设我们有一个面板数据要进行分析。

（1）最常用的估计模型有哪些？

（2）如何选择合适的模型？

3. 假设我们想要研究高管死亡作为一种突发事件是如何影响企业社会责任履行的。我们有上市公司绩效的面板数据，并观察到 2010—2020 年共发生了 200 起高管死亡事件。

（1）假定我们将高管死亡视为外生冲击，请写出 DID 模型并解释关键变量的含义。

（2）DID 模型的一个假设是控制组和处理组除了是否受冲击之外无明显差别。你认为这个假设是否成立？如果不成立，可以如何改进使我们的估计更精确？

注：本例取自 Chen et al.（2020），更多信息请参照原文。

4. 假设你想研究大学生出勤率对期末考试成绩的影响。一个基本模型是：

$$score = \beta_0 + \beta_1 \times atndrte + \beta_2 \times priGPA + \beta_3 \times ACT + \varepsilon$$

其中，score 是期末考试分数，atndrte 是出勤率，priGPA 是上一年的平均成绩点数，ACT 是大学入学考试成绩。令 dist 是学生住处到教学楼的距离。

（1）要成为 atndrte 的一个有效工具变量，dist 需要满足什么假设？

（2）假设我们认为对于过去成绩不同的学生出勤率对成绩的影响不同，我们还应该在模型中加入一个交互项。若出勤率与 ε 相关，则一般认为交互项 atndrte×priGPA 与 ε 也相关。此时我们应怎么解决这个问题呢？

5. 假设你要使用以下基本模型研究教育的回报率：

$$income = \beta_0 + \beta_1 \times education + \varepsilon$$

一个问题是，模型中可能存在遗漏变量（如个人能力）。假设我们没有面板数据，但除此以外没有数据限制，请举例说明如何使用不同方法解决可能存在的内生性问题。

延伸阅读

Chen, G., Crossland, C. & Huang, S.（2020）. That could have been me: Director deaths, CEO mortality salience, and corporate prosocial behavior. *Management Science*, 66（7）, 3142–3161.

Wooldridge, J. M.（2015）. *Introductory econometrics: A modern approach*. Cengage learning.

第 19 章

事件研究法

仲为国 杨海滨 刘东

> **学习目标**
> 1. 掌握事件研究法的应用前提、实施原理,以及各项检验指标
> 2. 系统了解基于事件研究法的经典研究,了解该方法应用的前沿方向,识别新的应用场景
> 3. 能够识别恰当的研究情境,独立设计并实施事件研究
> 4. 掌握事件系统理论的核心内涵,了解该理论下的经典研究与前沿问题
> 5. 熟悉事件系统理论的内涵与应用,并能开展相关研究

19.1 什么是事件研究法?

事件研究法(event study)是一个强大的工具,它可以帮助我们评估一项事件所造成的财务影响。我们可借助此方法确定是否存在与意外事件相关的"异常"(abnormal)股票价格效应。所谓"异常",是指在一定的事件窗口期内,真实股票收益与预期股票收益之间的差值。其中,真实股票收益就是我们观察到的窗口期股票收益,预期股票收益是假设不发生该事件时通过一定的资产定价模型估计得来的收益。根据以上数据结果,我们可进而推断该事件的效应及其严重性。事件研究法已经在经济、会计和金融领域得到了广泛应用,经常用于衡量某些外生事件或企业政策变化所带来的影响。在管理学研究中,事件研究法也逐渐受到重视,被用来判断企业内部事件和外部事件的可能影响。例如,内部事件可能包括更换 CEO、推出新产品、进入或退出某市场、企业控制权变动、企业裁员、客户服务变更、工厂倒闭、企业并购、违法行为、产品召回、多元化计划、战略投资决策及组建合资企业等;外部事件可能涉及重大法案通过、政府加强或放松管制、行业规定变更、第三方机构评价、竞争对手公告/行为及高管婚变或离世等。

在做研究的时候,我们大多依赖传统的基于会计方法的各种指标,例如销售量、利润率、投资收益率等,来衡量企业绩效。然而,传统绩效指标过于笼统,有其不可克服的缺陷,即

无法真实地反映企业的各类活动究竟在多大程度上影响了企业的最终绩效。具体来说：第一，这些指标都是事后总结，不是事前的逻辑设计；第二，这些指标属于低频指标，往往是以季度、年度的形式呈现，这使我们很难将外部事件和企业政策带来的绩效效应和企业其他活动的绩效效应区分出来；第三，企业人员可以通过很多合理合法的手段操纵会计利润，从而使得传统的财务指标往往不能反映企业真实情况。

事件研究法弥补了传统方法的缺陷和不足，因此受到越来越多的研究者的欢迎。事件研究法的优势体现在以下三点：第一，事件研究法依赖不受制于内幕操纵的股票价格信息。第二，它允许研究者以一种事前设计的逻辑预测在不发生某项事件的情况下企业可能的收益，以此区分出某项事件对企业绩效的影响。因为股票价格综合所有相关的信息，应当反映未来现金流的贴现价值，因此它反映企业的真实价值。相较基于会计收益的方法，基于股票价格变动的事件研究应当能够更为有效地反映因企业政策、领导层或所有权变动而造成的财务影响。第三，事件研究法相对容易实施，因为仅仅需要上市企业的名称、事件日期和股票价格等数据。

为了更好地认识事件研究法在管理学研究中的现状，我们系统地收集了在中英文主要期刊上发表的使用事件研究法的文献，总结如表 19-1。

从表 19-1 中可以看出，国内外学者在管理学领域已经利用事件研究法开展了卓有成效的研究。在企业内部事件中，较多的集中在并购类事件（如李善民等，2019）、联盟类事件（如 Yang et al., 2015），以及股票相关事件（股利政策、财务违规事件等，如 Paruchuri & Misangyi, 2015）。尽管 CEO 离职和继任是一个研究热点，但是利用事件研究法的研究在我们有限的样本中较少。此外，企业的新产品推出、经营业务范围变动等也常用事件研究法进行研究（如 Brauer & Wiersema, 2012; Girotra et al., 2007）。

在外部事件中，我们发现大致包括以下主体：管制机构、竞争者或合作者，以及第三方机构。这些主体引发的事件通常都超出企业所能控制的范围，大多属于外生性事件。比如，监管机构颁布的旨在控制政府官员及一定级别企事业单位人员担任企业董事的《关于进一步规范党政领导干部在企业兼职（任职）问题的意见》（以下简称"18 号文"）（龙小宁等，2016），政府提倡的股权分置改革（刘玉敏和任广乾，2007；晏艳阳和赵大玮，2006），同行业企业的丑闻事件（沈红波等，2012）和新产品推出公告（Fosfuri & Giarratana, 2009），以及第三方机构的各种榜单发布，如投资评级（朱彤和叶静雅，2009）、企业社会责任报告（Shiu & Yang, 2017），以及股东财富披露（Johnson & Ellstrand, 2005）等。

表19-1 使用事件研究法文献汇总

作者	年份	事件关键词	资产定价模型	样本数量（个）	时间窗口	统计检验方法
Panel 1: 企业内部事件						
1.1 并购类事件						
李善民等	2019	异地并购	市场模型	1086	[-5, 5]	t检验；Z检验
顾露露和Reed	2011	海外并购	市场模型	157	[-1, 1]	Z检验
翟进步和贾宁	2010	收购兼并	市场模型	191	[-10, 10]	t检验
张新	2003	并购重组事件	市场模型	1216	[-60, 30]	t检验
李善民和陈玉罡	2002	并购事件	市场资产定价模型	196	[-10, 30]	t检验
Jin & Li	2022	并购中的战略噪音	市场模型	7575	[-1, 1]	t检验
Chondrakis et al.	2021	并购事件	市场模型	8193	[-1, 1]	t检验
Blagoeva et al.	2020	并购事件	市场模型	462	[-1, 1]	t检验
Feldman et al.	2019	家族与非家族企业并购公告	市场模型	1105 1235	[-1, 0]	t检验
Greve & Zhang	2017	并购公告	市场资产定价模型	24151	[-1, 1]; [-1, 2]; [-1, 5]; [0, 1]; [0, 2]	t检验
Graffin et al.	2016	并购中的不良事件回应	市场模型	758	[-1, 1]	t检验
Rhee & Fiss	2014	毒丸计划实施	市场模型	789	[-2, 2]	t检验
Arikan & Mcgahan	2010	IPO后兼并事件	市场调整模型	1450	[-60, -20]	t检验
Haleblian & Finkelstein	1999	之前的兼并行为	市场调整模型	449	[-5, 5]	t检验
Gubbi et al.	2010	海外兼并	市场模型	425	[-5, 5]	t检验
Ransbotham & Mitra	2010	新技术的兼并	市场调整模型	140	[-1, 1]	Z检验
Aybar & Ficici	2009	跨境兼并公告	市场模型	433	[-10, 10]	Z检验

（续表）

作者	年份	事件关键词	资产定价模型	样本数量（个）	时间窗口	统计检验方法
Capron & Shen	2007	兼并信息	市场模型	101	[−20, 10]	t检验
Uhlenbruck et al.	2006	兼并事件	市场调整模型	798	[−5, 5]	Z检验
Capron & Pistre	2002	兼并事件	市场模型	101	[−20, 1]	t检验
Holl & Kyriazis	1997	收购竞价	市场模型	178	[−3月, 2月]	t检验
1.2 联盟类事件						
Liu & Kalaignanam	2015	之前的联盟经历	市场模型	1030	[−2, 2]	t检验
Yang et al.	2015	研发联盟	市场模型	610	[−1, 0]	t检验
Wassmer & Dussauge	2012	联盟投资组合	市场模型	256	[−1, 0]	F检验
Kumar	2010	合资宣告	市场模型	344	[−1, 0]	t检验
Zaheer et al.	2010	之前的联盟行为	市场模型	403	[−5, 5]	t检验
Oxley & Sampson	2009	公司间联盟公告	市场模型	6345	[−1, 0]; [−1, 1]; [−3, 3]	t检验
Kalaignanam & Shankar	2007	非对称产品开发联盟	市场模型	167	[−1, 1]	卡方检验
Meschi	2005	合资公司出售	市场模型	151	[−5, 5]; [−10, 10]	t检验
Park	2004	跨国联盟	市场模型	241	[−1, 1]	t检验
Das & Sen	1998	技术联盟宣告	市场模型	119	[−3, 3]	t检验
Madhavan	1995	合资宣告	市场模型	108	[−2, 2]	Z检验
Koh & Venkatraman	1991	合资公司成立	市场模型	239	[−1, 0]	t检验；Z统计量的威尔科克森秩检验
1.3 股票相关事件						
石阳等	2019	上市公司随意停牌	市场模型	3937	[−10, 10]	t检验

（续表）

作者	年份	事件关键词	资产定价模型	样本数量（个）	时间窗口	统计检验方法
陈名芹等	2017	上市公司股利方案公告	市场风险调整模型	9079	[-1, 1]	Z检验
张倩	2014	披露套期保值投机损益	市场模型	221	[-2, 2]	t检验
付雷鸣等	2010	发行公司债	市场模型	31	[-5, 5]	威尔科克森秩检验
饶育蕾和张媛媛	2008	对子公司担保	市场模型	386	[-5, 5]	t检验
刘力和俞乔	2002	财务年报公告	市场模型	334	[-3, 3]; [-7, 7]	t检验
陈浪南和姚正春	2000	股利政策	市场模型	403	[-1, 0]	t检验
邵新建和巫和懋	2009	IPO配售股份解禁	市场模型	398	[-15, 85]; [-15, 25]	Z检验
Paruchuri et al.	2021	财务重述	市场模型	935	[-2, 2]	t检验
Paruchuri & Misangyi	2015	金融违规	市场模型	725	[-1, 0]	t检验
Kang	2008	财务报告欺诈	市场模型	45	[-1, 0]	t检验
1.4 高管类事件						
罗宏和黄婉	2020	高管减持	市场模型	20508	[-150, -31]	t检验
张龙和刘洪	2006	CEO继任及其形式	投资者预期股票收益率	301	[-3, 3]	t检验；邹检验
Jeong et al.	2021	黑人高管任命	市场模型	57	[-1, 1]	t检验
Quigley & Crossland	2017	CEO去世	市场模型	240	[0, 3]; [0, 1]	t检验
Dixon-Fowler & Ellstrand	2013	女性首席执行官公告	市场调整模型	33	[-1, 1]	Z检验
Tian & Haleblian	2011	新首席执行官选举	市场模型	208	[0, 1]	t检验
Hillman & Zardkoohi	1999	高管离职赴任官员	市场模型	31	[-2, 2]	Z检验
1.5 企业其他业务相关事件						
王汉民和游慧光	2006	企业聚焦活动公告	市场模型	33	[-5, 5]	t检验

(续表)

作者	年份	事件关键词	资产定价模型	样本数量（个）	时间窗口	统计检验方法
Miller & Toh	2022	互朴型部件披露	市场资产定价模型	2732	[-1, 1]	t检验
Liu et al.	2021	不负责任社会行为披露	市场模型	1369	[-1, 0]	Z检验
Raithel & Hock	2021	产品召回	四因素模型	443	[-1, 1]	t检验
Baker et al.	2019	来组织不道德行为	市场调整模型	158	[-1, 1]	Z检验
Ridge et al.	2019	国会听证会	四因素调整模型	622	[-1, 1]	Z检验
Nicolae et al.	2017	航空行李要价	市场模型	11	[-1, 1]	t检验
Riley et al.	2017	员工培训投资	市场模型	219	[-15, 1]	Z检验
Brauer & Wiersema	2012	业务剥离公告	市场模型	225	[-3, 3]	F检验
Benson & Ziedonis	2009	企业风险投资	市场模型	242	[-1, 0]	t检验
Vaaler & Schrage	2009	所有制转变	股东报酬模型	196	[-1, 1]	t检验
Girotra et al.	2007	产品研发失败	市场模型	116	[-4, 4]	t检验
Hendricks & Singhal	1997	推迟新产品推出	市场模型	101	[-1, 0]	F检验
Panel 2：外部事件——管制机构						
吴怡俐等	2021	"留抵退税"改革	市场调整模型法	2891	[-1, 1]	t检验
陈运森等	2021	中小投资者服务中心设立	资产定价模型法 五因素模型	202	[-1, 1]	t检验；威尔科克森秩检验
方颖和郭俊杰	2018	环境处罚信息披露	市场模型 市场调整模型	212	[-7, 7]	t检验
孔东民和刘莎莎	2017	政策要求公开网络投票	五因素模型 市场模型	4412	[-3, 3]；[-10, 10]	t检验
龙小宁等	2016	"18号文"	市场模型	1759	[-5, 5]	t检验

（续表）

作者	年份	事件关键词	资产定价模型	样本数量（个）	时间窗口	统计检验方法
李婉丽和鄢姿俏	2014	反倾销或反补贴公告	市场调整法	97	[−1, 0]	威尔科克森秩检验
吴溪和张俊生	2014	违反法规立案公告	风险调整	157	[0, 1]	t检验；威尔克森秩检验
刘王敏和任广乾	2007	股权分置改革	市场模型	939	[−20, 20]	Z检验
晏艳阳和赵大玮	2006	股权分置改革	市场调整模型	45	[−30, 30]	t检验
Schuler & Shi	2017	政府高层领导人访问	市场模型	84	[0, 1]	t检验
Eden et al.	2005	转让定价惩罚	市场模型	24	[−1, 0]; [−1, 1]	Z检验
Mahoney et al.	1993	企业反收购章程修正案	市场模型	408	[−50, 10]	Z检验
Oxley & Schmietz	2001	国会否认总统谈判	市场模型	170; 103	[0, 1]	t检验
Panel 3: 外部事件——竞争者或合作者						
沈红波等 (2012)		紫金矿业污染	市场模型	6	[−10, 10]	t检验
王永钦等	2014	信任品市场丑闻	市场模型	16	[−1, 1]	t检验
许荣等	2015	中资银行国际化	市场调整模型	55	[−1, 1]	t检验
Lavie et al.	2022	联盟伙伴并购事件	市场模型	1008	[−1, 0]	F检验
Naumovska et al.	2021	同行财务丑闻	市场模型	2759	[−1, 1]	F检验
Oh et al.	2020	金属与矿业污染	市场调整模型	303	[−1, 4]	t检验
Diestre & Rajagopalan	2014	有毒化学药品事件	市场模型	11858	[0, 4]	卡方检验
Fosfuri & Giarratana	2009	竞争对手新产品发布	市场调整加权模型	2816	[−5, 5]; [−3, 3]; [−1, 1]	Hansen检验
Panel 4: 外部事件——第三方机构						
彭情和唐雪松	2019	正面传闻，负面传闻	市场模型	20150	[−6, −1]	t检验

(续表)

作者	年份	事件关键词	资产定价模型	样本数量（个）	时间窗口	统计检验方法
郦金梁等	2018	被"百度股市通"热点选中	市场调整模型	5406	[−10, 10]	t检验
蔡庆丰和陈娇	2011	证券分析师研究报告	市场预测模型	5998	[−5, 5]	t检验
朱彤和叶静雅	2009	投资评级发布日	市场模型	2380	[0, 1]	F检验
Durand et al.	2019	企业社会责任指数披露	市场模型	2240	[−1, 0]; [−1, 1]	t检验
Hawn et al.	2018	道琼斯可持续发展指数披露	市场模型	2157	[−1, 0]	Z检验
Joe & Oh	2017	信用评级变化	市场模型	359	[0, 1]; [0, 4]	t检验
Shiu & Yang	2017	企业社会责任	市场模型	395	[−2, 2]; [−5, 5]; [−10, 10]	F检验
Werner	2017	企业政治活动披露	市场模型	45	[0, 1]	t检验
Knittel & Stango	2014	泰格·伍兹丑闻	市场模型	605	[0, 15]	威尔科克森秩检验
Flammer	2013	企业社会责任披露	市场模型	273	[−1, 0]	t检验
Ramchander & Schwebach	2012	企业社会责任	市场模型	166	[−3, 3]	Z检验
Yeung & Lo	2011	ISO 9000证书	市场模型	138	[−2年, 1年]	t检验
Godfrey et al.	2009	企业社会责任	市场模型	254	[−1, 0]	Z检验
King & Soule	2007	媒体抗议事件	市场模型	274	[−20, 5]	Z检验
Corbett et al.	2005	ISO 9000证书	市场模型	554	[−3年, 3年]	t检验；WSR检验
Johnson & Ellstrand	2005	股东财富披露	市场模型	1240	[0, 2]	t检验
Hendricks & Singhal	1996	质量奖获奖公布	市场调整模型 均值调整模型	91	[−1, 1]	t检验
Cosset & Rianderie	1985	政治风险新闻	市场调整模型	52	[−30周, 30周]	t检验；威尔科克森秩检验

注：若未标注，时间窗口以"天"为单位。

与此同时，我们也通过表 19-1 发现，现有文献在利用事件研究法时存在着一些值得探讨的问题。比如，学者们对于事件研究法的研究设计仍然缺乏共识。首先就是原始数据如何收集与处理，这体现在研究者使用的事件时间窗口期长短上。在我们有限的样本中，最长的事件时间窗口是 6 年，最短的是 1 天。其次，对于使用哪种模型估计预期的股票收益这一问题，也存在较大分歧。有的学者使用市场模型，有的学者使用市场调整模型，也有学者使用投资者预期股票收益率。不同的计算方法得到不同的预期股票收益。再次，对于事件研究法的解读，不同的学者也有不同的观点。有些研究对结果的解读，并非建立在有效市场假说的基础上。很少有研究考虑在多大程度上投资者对于事件的发生是真正感到意外的、不可预见的（Warren & Sorescu, 2016）。一个典型的例子是，假设一个企业推出了新产品却引发了投资者的负面反应，但这个新产品的推出未必就不能增加企业未来的现金流，有可能投资者的负面反应仅仅是因为对该企业的创新有很高的预期（Sorescu et al., 2017）。投资者是否对事件的发生有预期，直接影响了事件的发生能否改变投资者对企业未来价值的判断，也就影响了研究者对预期股票收益的估计。

而且目前的事件实证研究主要是把事件当成实证研究情境（empirical context），也就是去比较研究者所关心的某事件出现前后，该事件所造成的结果变量的变化（如企业业绩、股票价格的变化）。在事件实证研究中，研究者仍然甚少深入考察事件的内在特质，把事件的内在特质作为变量引入模型与研究假设之中。针对以上问题，Morgeson et al.（2015）提出了事件系统理论。该理论指出，通过分析事件属性，如事件强度（事件新颖性、颠覆性、关键性）、事件空间（事件传播方向、起源、扩散、距离）、事件时间（事件时长、时机、变化），研究者可以把事件本身引入模型建立与验证之中，从而更加深入、全面地考察事件的作用。此外，研究者还可以通过考察事件相关实体（如投资者、企业高层、相关利益者）对以上事件属性的感知、评价，更为透彻地解释事件对结果变量产生影响的具体原因与机制。

本章将通过对事件研究法与理论的系统性梳理，尽可能地帮助研究者设计和使用事件研究法，保证我们得到的结论有足够的可信度（McWilliams & Siegel, 1997）。事件研究法在管理学研究中的逐渐普及，将会给管理研究和实践带来较大的影响。因此，我们认为有必要进行文献梳理。接下来，在本章中，借鉴 McWilliams & Siegel（1997）、Sorescu et al.（2017）以及其他关于事件研究理论与方法（如事件系统理论）（Morgeson et al., 2015）的探讨，我们将对事件研究法的基本原理与方法、核心假定、研究设计和实施等作一个简要介绍，并为感兴趣的学者提供未来研究的一些方向性参考。

19.2 事件研究法的基本原理

19.2.1 基本原理与方法

事件研究法可以追溯到 20 世纪 30 年代，其诞生是为了分析股票分割对股票价格的影响

(Dolley, 1933)。在金融学研究中,现代意义上的事件研究法更多是为了检验市场有效性假说(Fama, 1991),也就是检验证券市场上的股票价格对某项公共信息或意外事件的响应速度。标准方法是通过估计各企业的市场模型,来计算异常收益率,而这些异常收益率就反映了投资人对新信息的解读和反应。

理解事件研究法的关键是熟悉这个方法所涉及几个关键时间节点,具体见图19-1:

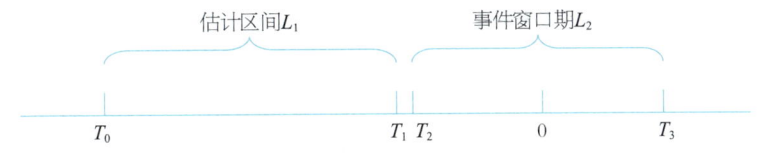

图19-1 事件研究法关键节点

图 19-1 中第 0 天表示事件发生的当天,T_0 表示事件发生前的 T_0 天,T_1 表示事件发生前的 T_1 天,T_2 表示事件发生前的 T_2 天,T_3 表示事件发生后的 T_3 天。其中,$T_2-T_1=1$。T_3-T_2 是事件窗口期,也叫事件区间(我们会在后文详细讲述),在这个区间我们可以计算发生事件时,相关上市企业的股票真实收益。T_1-T_0 是估计区间,我们用来估计如果没有发生事件,在事件窗口期上市企业应该有的股票收益,也就是预期股票收益。事件窗口期的股票真实收益和估计区间的预期股票收益(abnormal return)之间的差异,就是异常股票收益。如果在估计检验之后,我们发现异常股票收益显著不等于零,我们就可以说事件对上市企业的股票价值产生了实质性影响。

我们可以用公式做更为准确的表述。企业 i 在第 t 天的股票价格收益率 R_{it} 可表示为

$$R_{it}=\alpha_i+\beta_i R_{mt}+\varepsilon_{it} \quad (19-1)$$

其中:R_{mt} =某一市场股票组合在第 t 天的指数收益率。比如,如果随机抽取的对象是沪市A股,取上证指数作为指数收益率的度量;如为深市A股,取深圳成分指数作为指数收益率的度量;如为两市A股,则取考虑现金再投资的综合日市场收益率作为指数收益率的度量(等权平均法)。α_i = 截距项;β_i = 股票 i 的系统性风险;ε_{it} = 误差项,E(ε_{it}) = 0。

根据上述方程的估算,再使用下列等式,我们可以估算出企业 i 每天的异常收益率(AR_{it}):

$$AR_{it}=R_{it}-(\alpha_i+b_i R_{mt}) \quad (19-2)$$

其中,α_i 和 b_i 是通过 R_{it} 对 R_{mt} 回归,在事件发生之前的估计区间内(T_1-T_0)所得出的普通最小二乘参数估计值,例如,事件发生前 250 天—前 50 天。异常收益率(AR_{it})表示调整了"正常"收益过程之后,企业所获得的收益。也就是说,股票的收益率是通过减去实际收益中的预期收益来进行调整的,任何显著差异均视为异常(或超额)收益。随后,依据各种统计量判断异常收益率或累计异常收益率是否显著为零。如果显著不为零,则假设累计异常收益率反映了意外事件对这 n 家企业的平均影响。也就是说,我们可以根据异常收益率的显

著性推断出某事件对企业价值的显著影响。只要所得出的某一事件导致的异常收益率是真实有效的，我们就可以相信事件研究的结论。

19.2.2 核心假定

很显然，我们判断平均累计异常收益率是否显著不为零是建立在一定的理论假设上的。基本的理论假设是：市场为有效市场；事件为意外事件；事件窗口期无混淆效应。只有当上述假设有效时，我们才可以使用此方法。下面我们来看一下这三个假设的具体要求。

（1）市场为有效市场。该假设是事件研究法的应用基础。只有在有效市场中，股票价格才可能反映投资者可获得的所有相关信息。在这个假设的基础上，市场上发生的任何事件或传播的消息，都应该及时地反映在股票价格上。从这个假设可以延伸出两个重要的概念，一个概念是事件的定义——只要能带来新信息的事物都可以称为事件。能给股票价格带来很大影响的事件是重大事件，不能产生影响的事件为无关事件。另一个概念是事件窗口期，也就是在一定的期限内衡量事件的影响。如果一个事件产生影响需要很长的窗口期，我们认为，这样的做法实际上违背了市场效率假设——事件窗口期越长，越可能反映出市场是无效的，因为不能将新信息产生的影响及时地反映到股票价格上。在某些情况下，可合理地认为投资者需要通过一定的时间才能获得信息。例如，对于收购事件，一般需要经过相当长的一段时间，潜在收购者的数量和目标评估等信息才会流出（McWilliams & Siegel，1997）。在这种情况下，学者有必要解释为什么要选取一个较长的事件窗口期。否则，则不应当使用事件研究法。

（2）发生的事件必须是意外事件，即投资者不可能在公开市场之外提前得知事件有关消息。有学者认为，这项假设成立的前提是事件信息必须由第三方独立机构（媒体）公布，这样就可以相对有信心地认为异常收益率是股票市场对新信息产生响应而导致的结果。然而，很多时候，尤其是在管理学研究中，投资者可能通过其他渠道提前知道相关事件的信息。企业内部相关事件，比如企业控制权变更、高管变动等信息，都可能在正式公布之前泄露到市场中。一个明显的例子是，中国上市企业的大股东存在择机减持股份的现象，而且往往是在减持股份之后，市场上开始出现相应上市企业如财务、资金占用等方面的负面信息。这种信息的泄漏就违反了意外事件假设，导致我们无法判断投资者是在什么时候获得了事件的相应信息，也就降低了事件研究法研究结论的可靠性。

（3）事件窗口期无混淆效应。这是事件研究法最关键的假设。它意味着学者可以区分出某一事件与其他事件对股票价格的真实影响，也就是假设没有其他事件的混淆效应。如果在事件窗口期同时发生了其他相关的事件，我们就很难区分出某一特定事件的影响。任何能提供新信息的事件都可能在事件窗口期内对股票价格产生影响。显然，事件窗口期越长，我们越难以控制混淆效应。

19.2.3 研究设计和实施

接下来，我们讨论事件研究法设计的具体实施以及其中需要注意的问题，主要涉及以下五个方面。

19.2.3.1 事件的定义和样本选取

事件研究法的第一步就是要定义一个包含新信息而且能够影响企业股票预期收益的事件、消息或公告。事件的选择标准包括：第一，尽量选择那些在事件窗口期内能够影响较大范围内企业的事件。第二，事件可以被足够明确地定义，以便清晰地界定研究的范围和边界。例如，旨在限制官员在上市企业兼职的"18号文"，自然灾害（如地震），以及第三方独立机构发布各种榜单等，这些事件都是可以被明确定义的。而有些事件却不那么容易被明确定义，这些事件往往和企业内部产生的事件有关。比如，企业进入新市场，这是一个事件，但这个事件指向的企业具体行动却不一定一致，可能是企业发布了新产品，也可能是企业在新的区域建立了子企业，需要进一步明确事件指代的是怎样的具体事件。

在界定好事件之后，下一步就是要构建一个有代表性的样本。此处需要注意的是，我们必须选择一个合适的数据和信息来源，以保证我们能够尽可能多地搜集到事件的报道，从而可以准确地确定事件被披露的时间，尤其是首次公开披露的时间。数据和信息来源的确定通常是非常困难的。最主要的原因在于，上市企业可以选择正式的新闻披露渠道，比如企业年报、美国的道琼斯通讯社、中国的"三报一刊"（《中国证券报》《上海证券报》《证券时报》《证券市场周刊》）、特定网站（www.sse.com.cn; www.szse.cn; www.cninfo.com.cn）等，也可以选择非正式渠道，有的是可能是企业承认的，比如企业高管在与公众交流过程中释放消息，有的可能是未经企业确定的、泄露出来的消息，甚至是"小道消息""传闻"和"流言蜚语"等。

事件首次公开披露时间的准确性能显著影响事件研究法得到的结论。Sood & Tellis（2009）的研究发现，股票市场对企业新产品推出时的股票价格反应仅仅是该新产品对企业价值贡献的一小部分，而早期产品研发阶段的信息能够解释价值贡献的大部分。为了克服首次公开披露时间错误导致的结论偏差，学者通常的做法是尽可能寻找有更多新闻报道的数据和信息来源。例如，美国数据库 Factiva and Lexis-Nexis 提供的新闻报道，国内 CNKI 的中国重要报纸全文数据库，WIND 和 CSMAR 等大型数据库的新闻报道板块，也能提供较为全面的数据和信息。目前，更为综合和强大的此类数据库是 RavenPack，它提供全球 100 多个国家和地区的新闻报道，并且能提供情感分析和事件数据，此数据库在 Wharton WRDS 的数据平台上也可获取。

构建一个有代表性的样本还需要考虑样本量的问题。事件研究法的框架中使用的检验统计量是基于大样本量下的正态分布假设。但在管理学研究中，我们通常使用的样本量都比较小，比如在表 19-1 中，我们选择的相关研究平均样本数量为 690 个，样本数量最小的研究仅包含 6 个样本。当使用小样本时，我们可以使用不需要基于大样本的正态分布假设的自助法（bootstrap）来进行估计检验。McWiliiams & Siegel（1997）中有一例子：假设一名研究者计算了 15 家样本企业在 200 天估计区间内（事件发生之前的一段时期，用于估算参数 α 和 β）的日平均异常收益率（AR）与负收益率（PRNEG）的比例。因此，已经产生了 15 组 200 天日异常收益。从这 15 个分布中逐一随机抽取一个异常收益，并计算得出 AR 和 PRNEG。研究者重复进行 3000 次此过程，确定了 AR 和 PRNEG 的 bootstrap 分布。AR 和 PRNEG 的显著性检验是基于其概率值与 bootstrap 分布的比较：

$$\text{概率值}(AR_t) = (AR_S \leq AR_t) \text{ 的数目} / 3000 \quad (19\text{-}3)$$

$$\text{概率值}(PRNEG_t) = (PRNEG_S \geq PRNEG_t) \text{ 的数目} / 3000 \quad (19\text{-}4)$$

尽管这个过程简单、易于操作，但是很多小样本的事件研究文章并没有汇报相应的处理过程和 bootstrap 检验。McWiliiams & Siegel（1997）选择的 29 项研究中仅有 4 例公布了与异常收益率分布相关的统计数据，没有任何研究提及 bootstrap 检验。我们选择的 104 项研究中也没有任何研究提及如何处理小样本问题（见表 19-1）。

19.2.3.2 混淆效应的处理

在一定时期内，企业不可能仅仅发生单一事件，而是通常会同时或在间隔很短的时间内发生多个事件，或者发布多个消息。上市企业大多是大型、横跨多个行业的企业，这种情况更加普遍。比如，企业在发布季度或年度财务报告的时候，同时宣布一项战略举措（如推出新产品、重要联盟或并购），如果财务报告的发布和战略举措的宣布恰好发生在事件窗口期，那么异常收益率的计算实际上可能包含了多个事件带来的股票价格影响。

显然，控制混淆效应的第一步是选择一个合适的事件窗口期。大量的管理学研究都是基于长时间的事件窗口期（McWilliams & Siegel，1997）。一方面，长事件窗口期可能带来 Z 检验统计量严重变小，导致对事件显著性的推断出现错误；另一方面，长事件窗口期很容易带来混淆效应。这样我们实际上就陷入两难境地：事件窗口期需要足够长，方便捕捉到事件的重要影响，但也要足够短，以排除混淆效应。一般的建议是，根据所研究的事件的性质来选择事件窗口期的长度。比如，当可能存在信息泄露的情况下，事件窗口期应当包括事件公布之前的一段时间，从而捕捉到与信息泄露相关的异常收益率。当难以确定信息是何时真正进入市场时，则不应采用长事件窗口期。同时，我们在文章需要报告选择事件窗口期长度的理由，供读者判断我们的选择是否合理。

我们还可以通过一些方法来控制混淆效应。Foster（1980）给出了几种选择：在样本中剔除存在混淆事件的企业；对遇到相同混淆事件的企业进行分组、抽样；剔除样本中在当天遇到混淆事件的企业；以及在计算异常收益率时剔除混淆效应的影响。其中，第一种是最常见的控制混淆效应的方法。例如，张龙和刘洪（2006）为研究上市企业经营者继任的效应，剔除了包含盈余和股利公告、并购、设立合资企业等在内的 266 个混淆事件，最终得到 114 个有效样本。

尽管删除混淆事件的方法看起来比较有效，但也给我们研究带来了一定偏差。一般而言，大企业更有可能发生混淆事件，这就导致我们最终保留的样本有可能大多集中在小企业，因此带来了样本选择偏差。Sorescu et al.（2017）认为那些采用较短事件窗口期的研究大多直接删除混淆事件，而采用较长事件窗口期的研究很少这么做。与之相反，事件窗口期较长的研究，尤其是金融学中的研究，大多假设长事件窗口期内（6 个月到 3 年不等）很有可能发生混淆事件，但是这些混淆事件对窗口期末的股票异常收益率的影响应该服从均值为零的分布，因此不会实质性地影响我们感兴趣的核心事件导致的平均异常收益率。有意思的是，通过 RavenPack 对 3 892 家美国上市企业 2000—2013 年的 296 346 篇新闻报道的研究，Sorescu et al.（2017）发现 31 546 篇（约占总数的 10.6%）报道存在混淆事件，但是这些混淆事件即使是在较短的事件窗口期（如 3 天）内也不会对累计异常收益率产生实质性的影响。

无论剔除混淆事件是否影响最后的估计结果，也不管事件窗口期是短还是长，负责任的研究者一般会将两种情况的数据结果都呈现出来，以便读者能更清楚地判断，由此也可以提高结论的可信度。

19.2.3.3 资产定价模型的选择

当事件和样本确定之后，我们就可以选择合适的估计模型来度量异常收益率。不论是怎么样的模型，最基本的模型都是估计股票预期收益和真实收益之间的差值，如式（19-5）：

$$\text{AR}_{it} = \frac{P_{it} - \text{E}(P_{it})}{P_{it-1}} = R_{it} - \text{E}(R_{it}) \quad (19\text{-}5)$$

AR_{it} 是企业 i 在 t 时期的股票异常收益率；P_{it} 是企业 i 在 t 时期股息调整后的股票价格；P_{it-1} 是企业 i 在 $t-1$ 时期股息调整后的股票价格；R_{it} 是企业 i 在 $t-1$ 到 t 期已实现的股票收益率，$\text{E}(R_{it})$ 是企业 i 在 $t-1$ 到 t 期已实现的股票收益率的期望。

通过式（19-5），可以衍生出其他多种较为常用的资产定价模型。

（1）当 $\text{E}(R_{it}) = R_{ft} + \beta(R_{mt} - R_{ft})$ 时，就是资产定价的市场模型。$\text{E}(R_{it})$ 是企业 i 在 $t-1$ 到 t 期已实现的股票收益率的期望，R_{mt} 是市场上流通股票在时间 t 的平均收益率，R_{ft} 是在时间 t 的无风险收益率，β 是利用事件发生前 100 天或更多天数回归估计出来的风险因子。可以看出，我们最初介绍的资产定价模型式（19-2）就是一种基础模型。

（2）当 $\text{E}(R_{it}) = R_{mt}$ 时，就是资产定价的市场调整模型，R_{mt} 是市场上流通股票在时间 t 的平均收益率。

（3）当 $\text{E}(R_{it}) = R_i$ 时，就是资产定价的均值调整模型，R_i 是企业 i 股票在事件窗口期内的日平均收益率。

Brown & Warner（1985）的研究发现，在短事件窗口期的研究中，市场模型、市场调整模型和均值调整模型三种方法对异常收益率的估计效果是没有显著差别的。但在长事件窗口期的研究中，上述模型的估计效果较差，需要考虑使用不同的方法估计股票预期收益。虽然目前管理学研究中使用的大多是短事件窗口期，但是学者在具体的实践中经常会遇到需要研究长事件窗口期的情况。比如，对于并购行为对企业未来价值的影响，不能完全被并购公告的短事件窗口期所解释，并购整合的整个过程更加重要，所以需要利用长事件窗口期来研究该问题。为此，我们介绍长事件窗口期的研究最经典的Fama-French模型，而其他方法（如BHARs和CTARs）则留待感兴趣的读者在延伸阅读中寻找答案。

（4）当$E(R_{it})=R_{ft}+\beta_1(R_{mt}-R_{ft})+\beta_2(SMB_T)+\beta_3(HML_t)$时，就是资产定价的Fama-French模型，即三因素模型。与市场模型相比，此处增加两个风险因子：SMB_t是规模因子，代表在时间t大市值和小市值资产组合的收益差；HML_t是价值因子，代表在时间t高市净率和低市净率资产组合的收益差。在Fama-French模型基础上，Carhart（1997）提出四因素模型，增加了动量因子UMD_t，代表高现有股票收益的资产组合与低现有股票收益的资产组合之间的差。四因素模型中，$E(R_{it})=R_{ft}+\beta_1(R_{mt}-R_{ft})+\beta_2(SMB_t)+\beta_3(HML_t)+\beta_4(UMD_t)$。在利用三因素模型和四因素模型的时候，我们需要注意这个模型要求按照月度来采集数据，同时事件窗口期要足够长（如若干年），并且需要非常谨慎地在短事件窗口期的研究中使用。

异常股票收益可以建立在每日或每月的基础上，取决于研究者使用的事件窗口期。平均而言，在我们选择的样本中，短事件窗口（两个月内）的研究一般使用事件前的4天和事件后的4天，也就是8天作为事件窗口期。使用事件前的4天，可以尽可能地考虑到消息泄露带来的问题，而使用事件后的4天，可以考虑到事件信息在不同的投资者之间充分传播。而对于长事件窗口（两个月以上）的研究一般使用事件前的257天和事件后的192天，也就是468天作为事件窗口期。当事件窗口期大于1天的时候，我们就利用累计异常收益率作为事件或消息产生的股票价格效应。计算如式（19-6）：

$$CAR_{it}=\sum_{t-k}^{t+l}AR_{it} \tag{19-6}$$

CAR_{it}是企业i在t时期的股票累计异常收益率，AR_{it}是企业i在t时期（天）的股票异常收益率，k是在t之前的天数，l是在t之后的天数。

19.2.3.4 事件效应估计检验

在得到了事件效应之后，我们需要对事件效应进行估计检验。我们的原假设是异常收益（或累计超额收益）与零没有显著区别。通常情况下，学者大多用t检验来判断（陈信元和江峰，2005）。具体的统计量如下：

考虑了事件日异常收益率横截面数据之间的相关性，统计量的表达式为：

$$t_1=\frac{\overline{A_t}}{S(\overline{A_t})}$$

其中，

$$\overline{A_t}=\frac{1}{N_t}\sum_{i=1}^{N_t}AR_{it}$$

$$S(\overline{A_t})=\sqrt{\frac{\sum_{T_0}^{T_1}(\overline{A_t}-\overline{\overline{A}})^2}{T_1-T_0}}$$

$$\overline{\overline{A}}=\frac{1}{(T_1-T_0)+1}\sum_{t=T_0}^{t=T_1}\overline{A_t}$$

N_t 为在 t 日样本中该日收益率非缺失的股票个数。如果 $\overline{A}_t$ 满足独立、同分布和正态分布的条件，那么在原假设成立的情况下，待检验的统计量服从 t 分布。T_0、T_1 的含义见图 19-1。

若不考虑事件日异常收益率之间的相关性，并且假设事件日异常收益率满足独立、同分布有限方差的条件，根据中心极限定理，在样本量大于 30 时，异常收益率的均值近似服从正态分布，从而有第二个检验统计量：

$$t_2 = \frac{\overline{A}_t}{S(\overline{A}_t)}$$

其中，

$$\overline{A}_t = \frac{1}{N} \sum_{i=1}^{N_t} AR_{it}$$

$$S(\overline{A}_t) = \sqrt{\frac{\frac{1}{N_t-1} \sum_{i=1}^{N_t} (AR_{it} - \overline{A}_t)^2}{N_t}}$$

以上两个检验方法都是参数检验，我们还需要进行非参数方法检验。考虑这一检验的原因主要是：其一，t 检验需要满足较强的假设。比如，异常收益率是正态分布的，异常收益率的变异在企业间是相同的，而且异常收益率之间没有相关关系。如果异常收益率存在异方差或相关关系，t 检验就可能失效。其二，事件研究中的检验统计量往往对异常值十分敏感。小样本可以放大任何一家企业的收益对样本统计量的影响。因此，在小样本的情况下，显著性的判断会存在问题。对于异常值，McWilliams & Siegel（1997）给出的建议是，最好不要直接从样本中删除，而是进行非参数检验并汇报相应的统计量。这样做的话，我们不仅能控制异常值，而且可以更严格地进行统计量检验。主要需要汇报的应包括二项式 Z 统计量，$Z_p = (\text{PRNEG}_t - p^*)/[p^*(1-p^*)/N]^{1/2}$，测试正负收益比例是否超出了市场模型的预期量，其中，PRNEG_t 是第 t 天负异常收益的比例，p^* 是 PRNEG_t 的期望值，N 是企业数量。同时，考虑异常收益率符号和数量的非参数统计量。

此外，也可以根据异常收益率在时间序列数据中相对顺序关系来考察异常收益率是否显著不等于零（陈信元和江峰，2005）。在此方法下，首先要将每只股票异常收益率时间序列数据转为秩，$k_{it} = \text{rank}(AR_{it}, t = -244, \cdots, 5)$，统计量表达式为

$$t_3 = \frac{\frac{1}{N_t} \sum_{i=1}^{N_t} (k_{i0} - E(k_i))^2}{S(k)}$$

其中 $E(k_i)$ 表示第 i 只股票秩期望值，等于 $0.5 + 0.5T_i$，T_i 表示为第 i 只股票估计区间和事件窗口期非缺失日收益率的个数。

$$S(k) = \sqrt{\frac{1}{T_3 - T_0 + 1} \sum_{T_0}^{T_1} \left(\frac{1}{N_t} \sum_{i=1}^{N_t} (k_{it} - E(k_i)) \right)^2}$$

如果我们用的是累积异常收益率（CAR）的统计检验时，我们也可以使用 Z 统计量。此时，我们可以使用标准异常收益率（SAR），用标准差来表示异常收益率：

$$SAR_{it} = AR_{it}/SD_{it} \tag{19-7}$$

$$SD_{it}=\sqrt{S_i^2[1+1/T(R_{mt}-R_m)^2/\sum_{i=1}^{T}(R_{mt}-R_m)^2]} \quad (19\text{-}8)$$

其中，S_i^2 是企业 i 市场模型的剩余方差，R_m 是估计区间内市场组合的平均收益率，T 是估计区间内的天数。

标准异常收益率累积 k 天（事件窗口期），则各企业的累计异常收益是：

$$CAR_i=(1/k)^{0.5}\sum_{t=1}^{k}SAR_{it} \quad (19\text{-}9)$$

标准假设认为 CAR_i 值是独立的，且恒等分布。在此假设下，我们用 CAR_i 除以其标准差，即 $\sqrt{(T-2)/(T-4)}$，从而将这些值转换为恒等分布变量。

因此，在事件窗口期内，n 家企业的平均标准累计异常收益率（ACAR）可计算为：

$$ACAR_{it}=1/n\times 1/\sqrt{(T-2)/(T-4)}\sum_{i=1}^{n}CAR_{it} \quad (19\text{-}10)$$

可使用下列检验统计量表达式来评估平均累计异常收益率是否明显不为零：

$$Z=ACAR_t\times n^{0.5} \quad (19\text{-}11)$$

如果 Z 明显不为零，则累计异常收益率反映了意外事件对这 n 家企业的平均影响。

19.2.3.5 异常收益率的解释

对异常收益率的解释应当是建立在一定的理论基础之上。在判断了 CAR 的显著性之后，学者应该通过证明不同企业的收益截面差异与给定理论保持一致来解释异常收益率（McWilliams & Siegel, 1997）。比如，龙小宁等（2016）的研究尝试发现"18 号文"颁布的政策效应。从理论出发，作者首先假设政策颁布后，官员兼职的企业受到负面消息的冲击，在事件窗口期内其股票累计异常收益率将低于无官员兼职的企业。利用这个意外事件，作者首先验证了确实"18 号文"的颁布给官员兼职企业带来了负面冲击，股票累计异常收益率相对于对照组明显下降。更进一步，作者利用回归分析进一步研究企业特征和区域制度环境等变量与异常收益率之间的关系。

19.3 事件研究法实践指南

只有当假设是有效的并且研究设计被正确地执行时，事件研究法才能就某一事件的财务影响提供真实的测量。基于我们对国内外相关文章的分析，我们发现管理学研究中的事件研究法运用还存在着一些问题。为了使管理学研究的学者更熟悉事件研究法，并确保设计、实施和报告是适当的、充分的，结合 McWilliams & Siegel（1997）的建议，我们把事件研究法的步骤以及每一步需要注意的问题总结如表 19-2。

表19-2 事件研究法的实施步骤

第一步	明确向市场提供新信息的事件。 **注意事项**：事件必须清晰地定义；能覆盖较大范围的企业。
第二步	使用理论、逻辑解释该事件对股票市场反应的可能影响。 **注意事项**：理论预测必须是清楚的、有方向性地提前假设。
第三步	确定一组经历该事件的企业并确定事件日期。 **注意事项**：选择一个尽可能多地覆盖相关新闻的数据库或信息来源；样本量需足够大。
第四步	选择长度适当的事件窗口期，并且若超过两天，还需阐明其合理性。 **注意事项**：根据事件的性质选择事件窗口期的长度；尽量选择短事件窗口期，同时需考虑信息提前泄露的可能性，将事件窗口期提前到合理区间；阐明理由。
第五步	剔除或调整在事件窗口期内经历其他相关事件的企业。 **注意事项**：无论是剔除混淆事件，还是调整混淆事件，都要汇报两种情况的数据结果。
第六步	计算事件窗口期内的异常收益率并测试其显著性。 **注意事项**：选择合适的估计模型，短事件窗口期时，市场模型、均值调整模型和市场调整模型之间差异不大；长事件窗口期时，不应使用上述模型，而应该选择三因素或四因素之类的模型。
第七步	报告负报酬率的百分比以及二项式Z或威尔科克森符合秩检验统计结果。
第八步	对于小样本，使用自助方法并讨论异常值的影响。
第九步	利用理论解释异常收益率在企业间存在差异的原因，构建异常收益率与解释变量之间的关系，并利用合适的计量模型检验理论假设。
第十步	在数据附录中报告企业名称和事件日期。

第一步是确定什么时候使用事件研究法是合适的。当某一事件有可能会产生财务影响，无法被市场预见，并向市场提供新的信息时，使用该方法就是合适的。

第二步从理论和逻辑出发阐述新发生事件和新信息对市场股票价格的影响。这一步包括基于所使用的理论对影响的方向性进行提前预测。

第三步是确定事件的日期以及经历该事件的一组企业。

第四步是选择适当长度的事件窗口期。对于那些显然未被预见并于确定日期发生的事件，窗口期应该是非常短的，通常为1—2天。对于某一意外事件，市场能够基于该信息进行交易的首日即是事件日本身。例如，大地震就是意外事件。大地震的消息很快就会被公布出来，而且如果该消息被断定为相关信息，那么能够预料到市场会很快做出反应。这一事件的窗口期将是1天（假设这是一个交易日）。大多数新闻消息都会在公开之前被提供给指定的信息披露机构。因此，一些投资者可能会在确定事件公开宣布之前就收到了与之相关的信息。对于该类事件，交易可能会发生在事件日之前。由于我们可能无法确定消息是何时发布的，所以标准的事件窗口期是2天，假设其是交易日的情况下，即事件发生当日和前一日。如果某一窗口期超过了标准的2天时间，那么研究者需阐明其合理性，比如我们谈到的并购事件，并非一天就可能产生影响。在这种情况下，将合并之前的规划期包括在窗口期之内可能是合理的。尽管如此，我们还是应该在研究中给出合理的解释，包括对所选时间长度的解释。

第五步是如果某企业在选择的窗口期内发生了在财务方面与企业相关的其他事件，则应从样本中剔除该企业。相关事件包括意外分红或收益公告、收购投标、合并谈判、关键管理人员变动、重组、合资、重大合同中标、重大劳动纠纷、重大责任诉讼和重大新产品发布之类的事情。当我们不能确定信息是何时透露，同时有足够证据表明长窗口期的合理性时，可以使用技术手段来控制混淆事件。

第六步是需要使用标准的方法，比如本章的式（19-5）和式（19-6）计算事件窗口期内积累的（日）异常收益率，并估计异常收益率的显著性。

第七步是报告负报酬率的百分比，以及二项式 Z 或威尔科克森秩检验的统计数据，或者两者都报告。

第八步是如果样本使用的企业少于 30 家，则要包含额外的信息，包括对异常值影响的识别和测量，以及自助方法的结果。

第九步是概述解释异常收益率中企业间存在差异的理论原因，并用计量模型进行测试。

第十步（即最后一步）是在数据附录中报告企业名称和事件日期，以便于复制和扩展。

19.4 结语

19.4.1 事件研究法的优势和局限性

如前所述，事件研究法能很好地捕捉企业事件、消息发布以及市场事件等引发的市场对企业价值变动的反应，也能较好地弥补传统以财务会计指标衡量企业绩效的缺陷和不足，更能区分开不同事件对企业最终绩效的不同影响，但同时我们也应看到其局限性。表 19-3 总结了事件研究法的优势和劣势。

表19-3 事件研究法的优势和劣势

	优势	劣势
适用性	• 尤其适于衡量那些很难从企业现金流中区分开的事件所增加的价值（如联盟、产品召回等） • 衡量那些有迹可循的事件所增加的价值（如新产品推出） • 衡量始料未及的资源和支出带来的效应（如"18号文"涉及的官员董事离职）	• 需要持续跟踪绩效变化，以及一段时间内的动态演化过程 • 无法衡量持续发生的、没有任何意外可言的事件所带来的绩效影响 • 无法衡量那些投资者已经预知会发生的事件所带来的绩效影响
价值评估	• 一种向前看（forward looking）的绩效评价模式，传统的财务会计指标是向后看 • 数据可以是以天、月度、季度为单位的，而企业层的财务会计指标研究数据很难做到 • 研究时间窗口非常灵活，可长可短	• 假设较强，股票市场财务金融数据的噪音太多 • 资产定价模型的假设较强，较难估计没有发生事件时的股票价值 • 投资者预期受到多种因素影响
内生性问题或样本选择偏差		很有可能存在内生性问题，尤其对于企业内部产生的事件
因果推断		很难。只有在事件完全是在投资者的意料之外才有可能实现，但通常无法验证事件是否完全意外

资料来源：修改自 Sorescu et al.（2017）。

对于事件研究法的作用，它更多反映的是市场上投资者对事件涉及的上市企业未来价值的一种预期，以及这种预期又是如何受到了意外事件或新信息的影响，这与学者用来评估某项事件对企业绩效或价值的影响不同。Warren & Sorescu（2016）的研究发现，从20世纪90年代开始，学者发现的新产品公告与企业累计异常收益之间的关系越来越弱，这从侧面证明投资者可能有越来越多的渠道评价企业发生的事件，也促使我们对事件研究法有更多新的认识。正如Sorescu et al.（2017）所说，更准确的表述是从"事件X对企业价值有显著影响"转变成"投资者对事件X有正向（或负向）的反应"。

此外，研究者需要注意事件研究法与日益流行的双重差分法（DID）的区别。尽管二者都可以用来估计某一事件所产生的影响，但两种方法仍存在一定差异。首先，事件研究法本质上是一重差分（事件发生前和事件发生后），而DID是双重差分（事件发生前和事件发生后，处理组和对照组）。其次，如果在潜在因果框架下进行因果效应估计，事件研究法需要事件满足发生的随机性，而DID需要事件满足潜在平行趋势不变的假设。

19.4.2　在中国证券市场使用事件研究法需要注意的问题

作为转型中的经济体，中国的证券市场仍处于快速发展的阶段。中国证券市场的交易环境也决定了其在很多方面都表现出与成熟证券市场的不同之处。陈汉文和陈向民（2002）对中国市场上股票价格的形成有较大影响的因素做了精炼的总结，包括：市场结构的制度性差异，例如针对个股的涨跌幅限定、不允许卖空和买空交易、较大程度上依靠计算机撮合指令的平台来完成交易；参与主体的差异性，机构投资者与中小投资者在市场上的行为选择所依据的理念存在较大差异，所以二者在市场参与群体中的比例会对股票价格的信息表现过程产生不同的影响；企业的性质与行为差异，限制性股权结构是中国上市企业的主要特点。从更广的角度出发，中国上市企业股权结构的多样性以及企业行为因此受到的影响直接作用于股票价格的形成过程，比如企业对投资者利益的重视程度，甚至某些不规范的企业管理层行为也会通过事件的形式在市场上表现出来。此外，我国上市企业在分别位于上海、深圳的两个相对独立的证券交易所上市交易。发展中国家的股票市场还存在着80%以上的股票市场跟随大盘同涨同跌（Morck et al.，2000）。

这些不同的特点会影响我们在中国证券市场使用事件研究法。比如，如果我们研究政府政策对企业价值的影响，我们会发现中国政府的政策在较短时间内可能出现较多的变化，也会有其他很多相关政策出台。这给我们选择适合的事件窗口期带来了较大的挑战。再比如，中国证券市场的特点也会影响我们选择资产定价模型。陈汉文和陈向民（2002）的研究发现，市场模型在中国证券市场的研究中更容易拒绝原假设，而均值调整模型有较好的表现。陈信元和江峰（2005）的研究则表明，在中国证券市场上，市场调整模型的检验力稍弱于市场模型，且均值调整模型的优势并不明显，市场模型应该作为事件研究法首选的资产定价模型基础。研究者仍需要结合自己研究问题和使用样本的特点选择合适的估计模型。

总之，事件研究法是我们认识、寻找客观规律的一个强有力的工具。无论是外部事件还是内部事件，我们都可以推测出该事件（决策）对投资者预期的影响，进而判断其对企业价值的影响。因此，在精心设计并且良好地执行了科学的步骤之后，事件研究法就能够帮我们更好地评估意外事件、管理决策的效应，从而更好地实施管理干预。中国证券市场的复杂性，给学者使用事件研究法带来了诸多挑战，但也带来了更多的发现新规律的大好机遇。下文，我们将详细介绍事件研究领域的一个新理论、新方法——事件系统理论（event system theory）。区别于前人事件研究，该理论详细阐明了如何把事件本质特征（强度、空间、时间）引入研究模型、假设之中，对未来事件定量与质性研究的发展很有启发。

19.4.3 事件研究法的新拓展——事件系统理论

Johns（2006）关于情境研究的文章具有划时代的意义，激发了学者们的对情境研究的热情。学者们经常引用Johns（2006）来论述为什么要考虑情境，以及如何开展情境研究。该文章毫无悬念地拿下了2016年"AMR十年奖"（*Academy of Management Review* Decade Award）。Johns（2017）系统回顾、反思了自Johns（2006）发表以来的情境研究，指出前人对情境研究的一个重要不足，即没有在理论构建中充分考虑实体所处情境下事件所发挥的重要作用。而情境中的事件已被认为是区别于实体（如个人、团队、组织）内部特征的一个新的研究视角（Dinh et al., 2014）。Johns（2017）特别指出，事件系统理论（Morgeson et al., 2015）是研究事件的有效理论视角，称赞该理论如瑞士军刀①般深刻、全面地揭示了事件的多个重要属性，以及事件对实体施加影响的机理与过程。

19.4.3.1 事件系统理论的核心内涵

具体来说，事件系统理论首先界定了什么是事件。事件是情境中那些分离的、鲜明的、由多个实体构成的相互作用（如某员工接到猎头的电话、多个企业合并成立新商业实体、创业团队收到了天使投资）。事件具有时空属性，存在于特定的时间与空间之中（如2023年IACMR年会是个事件，其于6月14日至6月18日发生于香港）。因为事件由多个实体构成，对于事件中的任一实体，事件都是情境，都会对实体产生影响。那么，什么不是事件呢？实体内部特征（如人的性格与情绪、团队的人口特征、企业组织文化）不是事件，实体内部特征的变化（如人的情绪变化、性格改变）也不是事件。区别于实体所经历的事件（仅存在于特定的时空之中），实体的内部特征随着时间的流逝、空间的变化，也许会在强度上发生变化，但它总是存在于实体之中，而不会彻底消失。

《孙膑兵法·月战》指出，"天时、地利、人和，三者不得，虽胜有殃。"与此相得益彰，事件系统理论的精髓就是：成大事者，必得天时、地利、人和。"天时""地利""人和"就是事件系统理论中所论述的事件时间（时机、时长等因素）、空间（事件起源、纵向与横向扩散范围、实体与事件的距离等因素）和强度属性（新颖性、颠覆性、关键性）（Morgeson et al., 2015）。之所以用事件强度（新颖性、颠覆性、关键性）来代表"人和"，是因为"人和"体现在事件有多大可能性去吸引相关实体（如人）的注意力，并对其产生影响。事件强度、时

---

① 瑞士军刀以做工精良、功能多样强大而著称。

间和空间构成一个探究事件内在属性的三维系统。在进行事件研究中，如想衡量事件的冲击力，应充分考虑事件时间、空间、强度三个主要因素（见图19-2）①。图19-2中的命题1—3讲的是事件强度对实体的主效应。即事件的强度越大（越新颖、越颠覆、越关键），越能吸引实体的注意力，也越能调动实体，从而对其产生影响（如改变或影响实体的行为、内部特征，或激发新的事件）。命题4—9讲的是事件的时间与空间因素会对事件强度与结果变量的关系起调节作用。即当事件强度一定，那些越能满足实体发展需求（事件时机）、持续时间越久、起源于企业更高层、发散范围越大的事件，越能对实体施加影响。图19-3展示了事件对实体的各类影响。事件可以产生同层、自上而下、自下而上、自上而下调节、自下而上调节共5种主要作用。图中还有18个例子，具体展示了事件如何改变或影响实体的特征、行为，以及激发后续新事件。

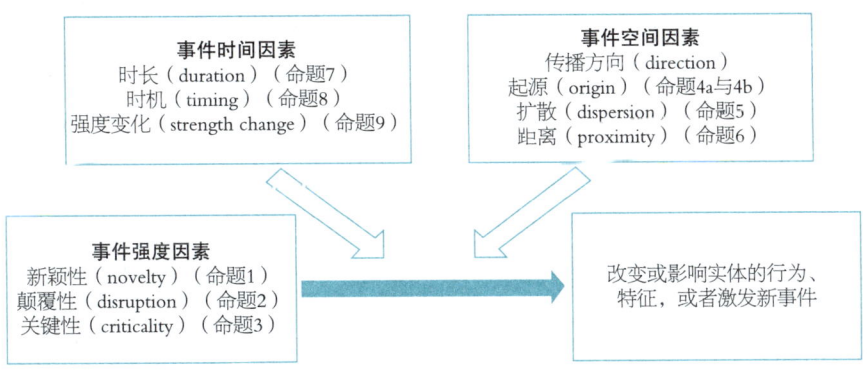

图19-2　事件系统理论模型

资料来源：刘东和刘军（2017）。

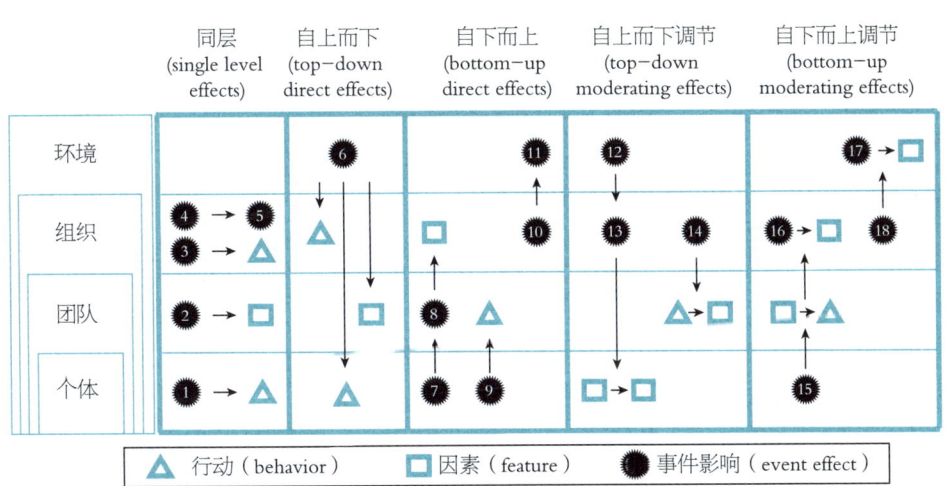

图19-3　事件对实体的各类影响

资料来源：Morgeson et al.（2015）。

注：图中数字与Morgeson et al.(2015)中的例子相对应，这里只做示意，详细信息请对照原文了解。

---

①　事件系统理论强调，虽然同时考虑时间、空间、强度三个因素，能够建立更为完善、全面的事件研究模型，但研究者完全可以根据自己的研究重点、数据特点，只关注三个因素中的一个或两个。

19.4.3.2 相关研究

组织研究者对实体的内在特征关注已久,如微观层面的大五人格理论(McCrae & John, 1992)、中观层面的团队断裂带理论(faultline theory)(Lau & Murnighan, 1998)、宏观层面的高阶理论(upper echelons theory)(Hambrick & Mason, 1984; Hambrick, 2007)。近年来,事件研究兴起,但事件主要是被考虑成实证设计(empirical design)的一种。研究者们主要采用 DID,以某事件为研究背景,去比较该事件出现前后,某变量的数值变动(如受到事件冲击的企业的股票价格的波动)(Faccio & Parsley, 2009; Sun et al., 2015)。所以,这些研究其实只考虑了两种情况,即事件发生和事件不发生。而没有如事件系统理论那样,去深入探查事件的强度、空间、时间属性是如何对相关实体产生影响的。

事件系统理论已经被各个层面的实证研究所支持。在中微观层面,Zellmer-Bruhn(2003)证明中断性事件(interruptive events)有益于知识传递,进而促进新的程序与规则的建立。在一项关于团队中所发生的事件研究中,Morgeson(2005)发现团队领导可以在一些特定的事件情境下,通过主动干预来提高团队的绩效,尤其是当事件具备很强的颠覆性时。Morgeson & DeRue(2006)发现颠覆性事件的关键性与时长决定了该事件能在多大程度上干扰团队的正常运作。在宏观层面,Tilcsik & Marquis(2013)验证了事件强度的重要理论与实践意义。他们首先依据自然灾害事件所造成的财产损失数额,把自然灾害区分为高(财产损失高于50亿美元)、中(财产损失为10亿—50亿美元)、低(财产损失低于10亿美元)三类不同强度的事件。进而他们发现,高等强度的自然灾害事件会使企业不愿意捐赠,中等强度的自然灾害事件对企业捐赠表现没有影响,而低等强度的自然灾害事件对企业捐赠有促进作用。Tilcsik & Marquis(2013)支持事件系统理论的观点,认为学者们应把事件作为连续变量引入模型,而不应简单地把事件看作二分变量(发生或不发生)。若当把自然灾害事件处理为二分变量,他们将无法发现不同强度的自然灾害事件对企业捐赠的不同影响。Dai et al.(2013)验证了研究事件空间与时间属性的重要性。他们研究政治冲突事件对日本海外公司(位于25个国家和地区的670个日本海外子公司)业绩的影响。日本海外公司对这些事件的动态经历(随着时间发展,是否距离事件越近)与静态经历(是否位于事件发生区域)与这些公司撤资的可能性呈正相关。他们还发现,经历这些事件时,如果日本海外公司与其他来自日本的公司更加紧密地聚集于政治冲突事件发生的区域,那么此类日本海外公司更不容易撤资。

19.4.3.3 未来应用机会

学者们可以按照图19-3展示事件作用的模式,把事件系统理论作为理论基础,构建各种事件的实证模型[①]。以下,我们概述几个典型的事件研究建模思路。

---

① 参见刘东和刘军(2017)对事件系统理论所带来的科研与实践机会的详细论述。作者整理了相关学习资料,如反映事件强度的新颖性、颠覆性、关键性量表,见 https://pan.baidu.com/s/1yASjzRKLr4MPy18KnifDQ(密码:dmnq)(登录时间:2023年4月25日)。感兴趣的读者也可以去研读引用事件系统理论的文章。根据谷歌学术,截至2022年12月3日,Morgeson et al.(2015)已经被引用了超过680次。

（1）事件属性的主效应（main effects）及其与实体内部特征的交互作用（interactive or moderation effects）。研究者可以参照 Morgeson（2005）、Morgeson & DeRue（2006）、Dai et al.（2013）、Tilcsik & Marquis（2013），考察事件强度、空间、时间三个属性之中的一个或多个属性，以把事件作为连续变量纳入模型，进而研究模型检验事件对结果变量的直接影响。在事件研究中，我们可以考虑实体内在特征与经历的事件的交互作用，即综合理论建构范式（integrative theory-building approach）。比如，我们可以考察个人所经历的事件如何与其内在性格一起交互去预测个人职业生涯发展轨迹；组织治理结构特征如何去调节组织所经历的事件与组织表现二者之间的关系；董事会成员职业背景的多样性如何加强创新型事件对企业创新表现的影响等。

（2）事件强度三个维度（新颖性、颠覆性、关键性）的主效应与交互作用。研究者可以先明确所要研究的事件。之后，进一步探查该类事件的三个不同强度属性是否会与不同的结果变量存在关系，或者对同一个结果变量有不同影响。比如，当研究企业并购事件时，研究者可以构建并购事件新颖性、颠覆性、关键性三个变量，考察它们对企业绩效的不同影响。

（3）事件强度（通过新颖性、颠覆性、关键性三个维度，对事件进行量化；或者创造一个总强度分值）与事件时间或空间相关因素的交互作用。当我们研究团队内部关系冲突事件对团队成员创造力的影响时，我们可以探究二者关系是否受到冲突事件的起源以及时机的调节。起源于团队高层的冲突事件也许会对团队成员的创造力影响更大。当团队处于研发的不同阶段时，团队内部关系冲突事件对团队成员创造力的影响强弱甚至方向会有所不同。具体例子参见 Chen et al.（2021），Jiang et al.（2019），Lin et al.（2021），Liu et al.（2021），Liu et al.（2018）。

（4）多个事件的主效应与交互作用。实体有的时候会同时受到多个事件的影响。如员工的组织公民行为，也许会同时受到企业层面、团队层面、个人层面所发生的多个事件的影响。研究者可以首先识别出与员工组织公民行为相关的事件（如企业社会公益事件），接着在事件强度、时间、空间的某些属性上，把事件作为连续变量引入模型。在模型中，研究者可以探查多个事件如何通过不同的中介机制对结果变量产生影响，以及多个变量之间如何相互促进或抑制对结果变量的影响。事件系统理论提出未来研究可以深入考察事件集（event cluster）与事件链（event chain）的作用。Roulet & Bothello（2022）在事件链研究上已经有了重要的突破。

（5）事件案例研究。事件系统理论为事件案例研究提供了扎实、系统的分析框架。研究者们可以从事件强度、空间、时间等角度，搜集质性数据，深入考察事件属性的哪些因素会对实体产生影响，产生了什么影响，是通过什么过程机制对相关实体产生影响的，以及什么因素使得某事件变得新颖、颠覆、关键。对于以上问题的研究，可以帮助企业、团队、个人更好地发现事件、评估事件、应对事件；甚至通过主动创造出事件来实现企业发展的目标。张默和任声策（2018）关于创业者如何从事件中塑造创业能力的案例研究对此有详细介绍。

我们生活、"纠结"于一个极为动态化的"事"代，纷繁多样、大大小小的事件每天都会不停出现在个人、团队、组织的情境之中,对实体施加各种各样的影响。事件系统理论为我们提供了一个深入研究、剖析事件的有效工具与视角。有道是,家事、国事、天下事,事事关心。让我们把事件纳入管理科学研究的范畴之中,闯出一片管理研究的新天地,干一番大"事"吧!

思考题

1. 相较于传统会计指标,事件研究法有何优势?
2. 事件研究方法核心假设是什么?
3. 长事件窗口期与短事件窗口期各有何利弊? 在窗口期设定时有何规范?
4. 什么是混淆效应? 如何排除混淆效应的影响?
5. 事件研究法的效应估计指标中的参数检验有什么缺陷? 如何解决?
6. 实施事件研究法有哪些关键步骤?
7. 事件系统理论概括了事件的哪几个关键维度?
8. 事件系统理论如何拓展了事件研究的内涵?

延伸阅读

事件研究的操作指南:

Kaspereit, T.(2020). EVENTSTUDY2: Stata module to perform event studies with complex test statistics. *The Stata Journal*.

Kaspereit, T.(2021). Event studies with daily stock returns in Stata: Which command to use? *The Stata Journal*, 21(2), 462–497.

Kliger, D. & Gurevich, G.(2014). *Event studies for financial research: A comprehensive guide*. Berlin: Springer.

Kothari, S. P. & Warner, J. B.(2007). Econometrics of event studies. In B. E. Eckbo(Ed.), *Handbook of Empirical Corporate Finance*: 3–36. Amsterdam: Elsevier.

事件研究的前沿范例:

Child, T. B., Massoud, N., Schabus, M. & Zhou, Y.(2021). Surprise election for Trump connections. *Journal of Financial Economics*, 140(2), 676–697.

Cousins, P., Dutordoir, M., Lawson, B. & Neto, J. Q. F.(2020). Shareholder wealth effects of modern slavery regulation. *Management Science*, 66(11), 5265–5289.

Diederichs, M., van Ewijk, R., Isphording, I. E. & Pestel, N.(2022). Schools under mandatory testing can mitigate the spread of SARS-CoV-2. *Proceedings of the National Academy of Sciences of the United States of America*, 119(26), e2201724119.

Eden, L., Miller, S. R., Khan, S., Weiner, R. J. & Li, D. (2022). The event study in international business research: Opportunities, challenges, and practical solutions. *Journal of International Business Studies*, *53*(5), 803–817.

事件系统理论：

Chen, Y., Liu, D., Tang, G. & Hogan, T. M. (2021). Workplace events and employee creativity: A multistudy field investigation. *Personnel Psychology*, *74*(2), 211–236.

Jiang, L., Yin, D., & Liu, D. (2019). Can joy buy you money? The impact of the strength, duration, and phases of an entrepreneur's peak displayed joy on funding performance. *Academy of Management Journal*, *62*(6), 1848–1871.

Lin, W., Shao, Y. Li, G. Guo, Y., & Zhan, X. (2021). The Psychological Implications of COVID-19 on Employee Job Insecurity and its Consequences: The Mitigating Role of Organization Adaptive Practices. *Journal of Applied Psychology*, *106*(3), 317–329.

Liu, D., Chen, Y. & Li, N. (2021). Tackling the negative impact of COVID-19 on work engagement and taking charge: A multi-study investigation of frontline health workers. *Journal of Applied Psychology*, *106*(2), 185–198.

Liu, D., Fisher, G. & Chen, G. (2018). CEO attributes and firm performance: A sequential mediation process model. *Academy of Management Annals*, *12*(2), 789–816.

Morgeson, F. P. Mitchell, T. R. & Liu, D. (2015). Event System Theory: An Event-Oriented Approach to the Organizational Sciences. *Academy of Management Review*, *40*(4), 515–537.

刘东、刘军.(2017).事件系统理论原理及其在管理科研与实践中的应用分析.管理学季刊, *2*, 64–68.

第 20 章

事件历史分析法

沈伟　于铁英

> **学习目标**
> 1. 了解事件历史分析法在组织管理研究中的应用及其优越性
> 2. 掌握事件历史分析法的重要组成元素和数据结构
> 3. 熟悉事件历史分析法对时间效应进行处理的方法
> 4. 掌握如何选择回归分析模型并对结果进行解释

在组织管理研究中，学者们经常会对某些特定事件的发生与否感兴趣，希望深入了解为什么这些事件会发生或者没有发生，以及哪些因素影响它们发生。对于这种情况，我们可以运用事件历史分析法（event history analysis）来分析。事件历史分析法也被称为生存分析法（survival/lifetime analysis），因为它在早些时候经常被用在生物医疗领域中，来研究一种新的药品或治疗方法是否能够有效地治愈某种疾病或者延长病人生命。在 20 世纪八九十年代，越来越多的学者认识到事件历史分析法相对于一些传统研究方法具有一定的优越性，因此出现了许多介绍它的书籍和文章，包括 Allison（1984）、Morita et al.（1989）、Singer & Willett（1991）、Yamaguchi（1991）等。目前，这种研究方法已经被应用到许多领域，包括社会学、政治学、犯罪学、人口学、教育学、心理学、组织管理学等。

本章我们将在以上文献的基础上结合自己的理解，侧重从研究方法的角度（而不是从统计分析的角度）对事件历史分析法做一个初步的介绍，以便让研究者（尤其是尚未接触过它的研究者）能够了解如何运用它来研究一些重要的组织管理学问题。我们首先简单地梳理了 2007—2022 年发表在 *Academy of Management Journal*（AMJ）和 *Strategic Management Journal*（SMJ）中采用事件历史分析法的文章，让读者既能对近年在顶级组织管理学期刊上采用这种方法所研究的组织管理事件的类型有所了解，也能认识到它应用的广泛性。其次我们对事件历史分析法进行系统介绍，包括它的三个重要组成元素、数据结构及优越性。最后我们引用在 AMJ 上发表的一项研究作为范例来说明运用事件历史分析法时如何进行研究设计、搜集和处理数据、统计分析及解释结果。我们希望读者在阅读完本章之后能够对事件历史分析法有初步的了解和认识，知道在什么情况下可以运用这种研究方法，以及如何运用它。

20.1 事件历史分析法在组织管理研究中的应用

在组织管理研究中，事件历史分析法最早被组织管理学者用于对组织生存和死亡的研究（Tuma & Hannan，1984）。Morita et al.（1989）把它运用到组织行为学中对组织成员离职或退出（turnover）的研究。战略管理学者随后把它运用于对CEO或董事会成员离职和继任的研究（Ocasio，1994；Cannella & Shen，2001；Shen & Cannella，2002）。近年来，组织管理学界越来越多地采用事件历史分析法，通过对组织管理学的两个顶级期刊（AMJ和SMJ）在2007—2022年发表的文章的梳理，我们发现一共有84篇文章采用了这一研究方法。

纵观这84篇文章，我们可以看到事件历史分析法除了被继续用于研究组织生存和死亡（例如，Dowell et al.，2011；Bradley et al.，2011；Swift，2016；Xia et al.，2016）和CEO或董事会成员离职和继任（例如，Boivie et al.，2016；Chen et al.，2014；Zhang，2008；Jeong et al.，2022），还被广泛地用于其他与企业有关事件的研究中，比如并购（Iyer & Miller，2008；Kim et al.，2015；Ozmel et al.，2017）、战略合作关系的建立与终止（Beckman et al.，2014；Cui et al.，2011；Stern et al.，2014；Moreira et al.，2018）、新市场的进入与退出（Guo et al.，2017；Lee，2008；Xia et al.，2009；Wang et al.，2022）、企业对被并购的子公司是卖掉还是继续保留的决定（Shimizu，2007），以及企业在中国2008年汶川地震后的捐献行为（Luo et al.，2016），等等。另外，除了针对在企业和个人身上发生的组织管理事件，事件历史分析法还被用于研究其他的客体和事件，比如，Hiatt & Park（2013）用它研究美国农业部对转基因物种的审核决定；Boone & Ozcan（2014）用它研究美国生物乙醇行业1978—2013年合作社的建立；Barroso et al.（2016）用它研究美国电视系列剧1946—2003年的存续与终止情况；Yu et al.（2022）用它研究美国航空业价格战的产生和蔓延。以上文章表明，事件历史分析方法正在被广泛地用于对各种组织管理相关事件的研究中。因此，我们认为组织管理领域的学者有必要了解、学习这种研究方法。

20.2 组成元素和数据结构

简单来讲，事件历史分析法是对研究者所关心的事件是否会发生，以及为什么会发生或为什么不会发生进行纵向分析（longitudinal analysis）的一种方法。因为一个事件发生与否实际上是对一个客体（如个人、团队、组织）在某个方面发生变化与否的跨时间记录，事件历史分析法研究需要以下三个重要组成元素：①所研究的客体和事件；②可能影响事件发生的因素；③对客体、事件和影响因素进行追踪记录所用的时钟（clock）和时钟时间（clock time）。如果研究者关心的是事件发生之后对客体本身或其他客体的影响（如Morgeson et al.，2015），那么就需要采用其他研究方法，而不是事件历史分析法。

20.2.1 客体和事件

任何事件都是发生在特定客体上的。因此，在运用事件历史分析法的研究中，客体和事件是密不可分的。客体可以是组织中的个人、团队，也可以是组织本身。比如，如果研究者关心的是员工离职的原因，那么员工个人就是所要研究的客体，离职就是所要研究的事件。在研究设计中，可以先选取一批刚刚进入企业的在职员工作为样本，然后对每一位员工进行跟踪，并记录该员工是否在观察期间离职。如果某位员工在观察期间离职，那么就意味着研究者所关心的事件在该客体上发生，否则就没有发生。在统计分析上，事件在样本中每个客体上发生与否就构成了事件历史分析法中的结果变量（因变量），通常记录为一个二元虚拟变量（dichotomous variable）：1 代表事件发生，0 代表事件没有发生。在这种情况下，研究者只对在客体上发生的一类事件（如离职）感兴趣。

在有些情况下，研究者可能同时关心在客体上可能发生的两类互不相容的竞争性事件（competing events）。所谓两类事件互不相容是指它们不可能在观察期间内同时发生在同一个客体上，即如果事件 A 在某个客体上发生，那么事件 B 就不会在这个客体上发生；同样，如果事件 B 在某个客体上发生，那么事件 A 就不会在这个客体上发生。比如，Cannella & Shen（2001）对 CEO 继任的研究就是这样一个例子。美国的许多大公司采用一种叫作"接力"的 CEO 继任方式：一般是现任 CEO 在达到退休年龄的 2—4 年前，先指定一位高管作为未来的继任者，即指定继承人；然后现任 CEO 和指定继承人一起为将来的权力交接做准备，以确保到现任 CEO 离任时指定继承人能够顺利胜任 CEO 职位（Vancil，1987）。然而，Cannella & Shen（2001）发现，大约只有 2/3 的指定继承人如预期那样继任成为他们公司的 CEO，而另外 1/3 的指定继承人则在成为 CEO 之前离开了公司。在这种情况下，研究者可以只聚焦于"继任与否"作为发生在 CEO 指定继承人身上的事件，在对事件（结果变量）的记录中用 1 代表继任发生，用 0 代表继任未发生；研究者也可以只聚焦于"在继任前离开公司与否"作为发生在 CEO 指定继承人身上的事件，在对事件（结果变量）的记录中用 1 代表在继任前离开公司，用 0 代表没有离开。这两种处理方法都是上面所讲的用一个二元虚拟变量来记录一类事件在客体上发生与否。除此之外，还有另外一种处理方式，就是 Cannella & Shen（2001）所关注的"继任"和"继任前离开公司"这两类互不相容的竞争性事件：对于任何一个 CEO 指定继承人而言，如果继任成功，那么他就没有在继任前离开公司；反之，如果在继任前离开公司，那么他就没有继任成功。Cannella & Shen（2001）认为这两类事件的发生可能受到不同因素的影响。为了验证他们的理论假设，在对结果变量的记录中，Cannella 和 Shen（2001）用 0 代表没有事件发生，用 1 代表继任发生，用 2 代表在继任前离开公司。

需要指出的是，在客体上发生的相关事件通常不止一类。比如，在上面提到的关于员工离职的研究中，在员工身上既可能发生离职，也可能发生升职。如果研究者把离职用 1 来记录，而把没有离职用 0 来记录，那么这实际上是把升职和没有发生职位变化视为了同一种情况。另外，就离职事件本身来说，也存在主动离职（voluntary turnover）和被动离职（involuntary turnover）两种截然不同的情况，而且影响它们发生的因素也可能很不一样。如果研究者只想了解引起主动离职的原因，那么在对事件的记录上则可以只把主动离职的发生作为1，而把其他情况都作为0来处理。如果研究者只想了解引起被动离职的原因，那么在对事件的记录上则可以只把被动离职的发生作为1，而把其他情况都作为0来处理。如果研究者想同时了解一些个人因素（如年龄、教育程度、婚姻状况等）分别对员工主动离职和被动离职的影响，那么可以把主动离职和被动离职作为互不相容的竞争性事件来处理，在对事件的记录上把没有发生离职作为0，把主动离职作为1，把被动离职作为2。因此，在采用事件历史分析法时，研究者需要根据研究目的和研究问题来确定所感兴趣的事件，并记录这些事件在样本中的发生情况，同时需要非常清楚可能发生的相关事件有哪几类，以确保自己对所研究事件的定义和记录是恰当的。

20.2.2　影响事件发生的因素

因为事件历史分析法的目的是帮助研究者更好地了解所研究事件发生与否的原因，所以采用这种方法的研究需要在理论构建上系统探讨影响事件发生的因素，并提出具体假设来预测这些因素如何影响事件发生的可能性（likelihood）或风险（hazard）。这些因素就构成了事件历史分析法中的解释变量（自变量）。研究者对于这些因素的筛选并建立假设的过程就是理论构建的过程，是在对所研究现象及与之相关文献的把握和理解的基础上进行的。这个过程和采用其他定量分析方法的实证研究中的理论构建过程是一样的（本书第3章详细论述了如何进行理论构建）。这里需要特别指出的是：在事件历史分析法中，对于任何一个解释变量所提出的理论假设都是用来预测该变量是否会提高或降低所研究事件在客体上发生的可能性的，而且这个对事件发生可能性的提高或降低（也就是正向或负向的作用）是相对于没有事件发生的情况而言的。

影响事件发生的因素（解释变量）可以是随时间变化的解释变量（time-variant explanatory variables），如个人的行为、婚姻状况、企业的规模和业绩等；也可以是不随时间变化的解释变量（time-invariant explanatory variables）或相对稳定、在观察期内没有发生改变的变量，如客体的初始状况、个人的出生地和性别、企业的注册地和所属行业等。和记录事件发生与否一样，研究者也需要跟踪记录这些解释变量。如果某个解释变量在一个客体上的观测值是固定的，不随时间而变化，那么对它的记录就相对容易。但是，在研究中，大多数变量都会随时间变化。在这种情况下，研究者不但需要对这些变量进行跟踪记录，而且要选择进行跟踪记录的时间间隔。与这个问题息息相关的就是我们下面要说的事件历史分析法的第三个重要组成元素：时钟和时钟时间。

20.2.3　时钟和时钟时间

在事件历史分析法中，为了记录事件在一个客体上发生的"历史"（包括是否发生及发生的时间），研究者需要给样本中每个客体都安排一个"时钟"。这个"历史"的时钟从什么时候开始计时、到什么时候结束至关重要。严格来说，针对每个客体的时钟都应该是从该客体一旦面临事件发生的可能性的时候就开始计时，直到事件在该客体上发生或对该客体的观察期结束。比如，以研究一家企业的员工离职情况为例，因为每位员工从正式加入这家企业那一刻开始就有离职的可能性，那么对样本中员工进行记录的时钟就应该从这些员工正式加入企业之时开始计时，自此跟踪记录所有相关变量，包括时钟时间及离职这个事件是否在这些员工身上发生。从数据搜集的角度说，除搜集解释变量和控制变量之外，这里还涉及对事件历史分析法中两个重要变量的记录：一个是对因变量"离职与否"的记录；另一个是对作为自变量的时间变量"时钟时间"的记录，即从员工入职开始到记录时的时间。当离职在某位员工身上发生时，那么针对该员工，离职这个因变量的值就从 0 变为 1，而时钟时间的值就是这名员工从入职到离职的时间。同时，由于该员工的时钟因为离职这个事件的发生而停止，对该员工的跟踪记录也就停止了。对于那些没有离职的员工，研究者需要对他们每一个人继续跟踪记录，直到离职发生或者对该样本的观察期结束。那些在观察期结束时仍然在职的员工被看作"被从右侧删失的观察项"（right censored observations）。

在采用事件历史分析法的研究中，样本里每一个客体的时钟最好同时开始计时，也就是说，所有客体在同一时间开始面临事件发生的可能性，这样就可以排除由于时钟在不同时间开始计时可能对事件发生造成的潜在影响。比如，2017 年 6 月入职的员工所面临的离职可能性与 2017 年 1 月入职同一家企业的员工相比，可能由于入职时间不同而存在着系统差异，因此在进行离职研究时最好选取在同一时间进入这家企业的员工作为样本进行跟踪记录。然而在实际研究中，特别是在组织层面的研究中，研究者通常是先确定样本（sample）和观察期（observation period），然后再搜集样本里每个客体的时钟在何时开始计时的数据。例如，在 Shen & Cannella（2002）关于 CEO 继任的研究中，研究者们首先随机选取了 1988 年美国的 512 家上市公司作为样本，然后对这些公司的每一位 CEO 进行跟踪记录，直到 1997 年年底。因为从理论上说，每位 CEO 从上任开始就面临着被其他人继任的可能性，所以在这项研究中所有 CEO 的时钟都是在他们上任时开始计时的。于是，Shen & Cannella（2002）需要先搜集样本中每位 CEO 上任的时间，然后从那一时刻开始跟踪记录他们的各项相关数据和继任情况。对于在 1988—1997 年上任的 CEO，他们的时钟是在观察期期间开始计时的，因此样本中含有这些 CEO 从上任开始时的所有数据。如果他们之中的一些人在观察期结束时仍然在职，那么这些人在观察期结束后的数据就是上面所说的被从右侧删失了。而对于在 1988 年之前上任的 CEO 来说，由于他们的时钟是在观察期之前开始计时的，这些 CEO 自上任到 1988 年这段时间的数据就像被从 1988—1997 年这个观察期的左侧删失一样，所以研究者把他们称为"被从左侧删失的观察项"（left censored observations）。如果把这些数据从样本中去掉，不但会减少样本数量，还可能会在统计分析中对 CEO 继任发生的可能性造成估值偏差（estimation bias）（Tuma & Hannan, 1984）。因此，Shen & Cannella（2002）决定保留所有在 1988 年之前上任的 CEO 的数据，但是这些 CEO 的观察期是从 1988 年开始的，到继任发生或到观察期截止（1997 年年底）结束，包括记录他们任期的时间变量 t（通过搜集他们每一个人的上任时间计算得出）。因为样本中 CEO 在上任时间上存在很大差异，可能会对他们的任期和继任情况产生影响，研究者可以考虑在统计分析中加入一些关于上任时间的虚拟变量来控制上任时间的潜在影响（比如，将上任时间分为1985年之前、1985—1989年、1990—1994年、1995年之后，等等）。

在对时钟时间和事件发生与否的记录上，还需要考虑是把时钟时间作为连续变量还是离散变量来处理。如果作为连续变量，那么采用这种处理方式的事件历史分析法被称为连续时间变量事件历史分析法（continuous-time event history analysis）；如果作为离散变量，那么采用这种处理方式的事件历史分析法被称为离散时间变量事件历史分析法（discrete-time event history analysis）。当把时钟时间作为连续变量处理时，研究者假定知事件发生的确切时间；当把时间作为离散变量处理时，研究者只知道事件在哪个时间段发生，而不知道发生的确切时间。在实践中，时钟时间总是以一定的时间段或时间单位来测量的，如分钟、小时、天、月、年等。另外，在记录事件发生时间的同时，还要考虑对其他变量的记录和测量。在组织管理研究中，虽然研究者可能把某些事件发生的时间精确到小时或分钟，但却常常无法做到以小时或分钟为单位来测量其他变量。这个问题在依赖二手数据的宏观领域中尤为突出，因为关于企业的许多信息（如资产、业绩等）通常是以财政季度（或年度）为单位更新的，而有些信息（如董事会构成、高管薪酬等）则是以财政年度为单位更新的。在这种情况下，研究者可以根据大多数变量的数据更新频率来选择合适的单位记录时钟时间和事件发生与否。例如，在对CEO离职的研究中可以以年度为单位记录每一位CEO的在职时间，以及他们是否在当年离职。

把时间作为连续变量或离散变量的处理不但和所选择的时间单位有关，还和样本中客体面临事件发生风险的时钟时间长度有关。一般来说，所选择的时间单位越小，研究者越倾向于把时钟时间当作连续变量来处理。因为在同样长度的观察期内，选用更小的时间单位可以让研究者对每个客体都拥有更多的观察项，也就可以更精确地建立关于事件发生可能性和时钟时间之间函数关系的数学模型，即事件在时钟时间点t发生的可能性$h(t)$与时钟时间点t本身的函数关系：$h(t)=f(t)$。相反，所选择的时间单位越大，每个客体的观察项就越少，研究者就越倾向于把时钟时间当作离散变量来处理。例如，Cannella & Shen（2001）在对CEO指定继承人的研究中是以年度为单位来记录指定继承人的任期及事件的发生与否的。由于每位CEO指定继承人的任期都相对较短（平均不到五年），也就是说，每个客体的观察项平均不到五个，因此作者决定在他们的研究中把时钟时间作为离散变量来处理。需要指出的是，当对客体的观察项多到足以用来建立关于事件发生可能性和时钟时间之间的函数关系时，研究者也可以把用较大单位来记录的时钟时间当作连续变量来处理。例如，在对CEO离职的一项研究中，Ocasio（1994）虽然也是以年度为单位记录CEO任期和是否发生离职，但是由于样本中有许多CEO的任期超过15年，有些甚至超过20年（最长是48年），于是他在建立CEO离职和CEO任期之间的函数关系时决定把记录CEO任期的时钟时间作为连续变量来处理。

20.2.4 数据结构

上面介绍的三个组成元素决定了数据结构。为了让读者对事件历史分析法的基本构成元素和数据结构有一个更为直观的认识，下面我们以 CEO 离职的相关研究为例，对上面提到的概念做进一步解释和说明。如果要研究影响中国上市公司 CEO 离职的因素，那么 CEO 就是被研究的客体，离职就是要跟踪记录的事件。假设我们预测公司的好业绩降低了 CEO 的离职风险，而公司的差业绩提高了 CEO 的离职风险，即公司业绩对 CEO 的离职风险有负向作用。为了检验这个假设，我们以 2010 年年初所有在沪市和深市上市的公司为样本，跟踪记录每家公司从 2010 年年初到 2015 年年底的 CEO 任职和离职情况，即观察期是 2010—2015 年，并以年度为单位来记录 CEO 任期这个时钟时间变量和 CEO 离职这个因变量。对于样本中的每位 CEO 而言，他的时钟是从上任那年开始计时的，所记录的时钟时间就是他在 CEO 这个职位上的时间，即在职时间（tenure）。我们用 1 来记录离职发生，用 0 来记录离职没有发生。在对这些 CEO 的跟踪记录中，离职与否是因变量，任期（时钟时间）、公司业绩是自变量。除了记录它们，我们还需要记录控制变量，例如，CEO 的性别、年龄和公司上市的地点等。为了简便起见，我们只以在深市上市的公司 A 和在沪市上市的公司 B 为例。通过采集两个公司 2010—2015 年年报中的高管数据，我们发现：2010 年 A 公司的 CEO 甲于 2012 年离职；甲的继任者乙于 2014 年离职；乙的继任者丙在 2015 年年底仍然是 A 公司的 CEO。2010 年 B 公司的 CEO 丁在 2015 年年底仍然是 B 公司的 CEO。通过对年报的进一步挖掘，我们搜集到甲和丁的上任时间，其中甲从 2008 年开始担任 A 公司 CEO，丁从 2003 年开始担任 B 公司 CEO。搜集完这些 CEO 的数据之后，我们还搜集了两个公司上市的年份和 2010—2015 年每年的业绩以资产收益率（return on assets，ROA）衡量。把这些数据汇总后，数据文件的结构应该如表 20-1 所示：

表20-1 数据文件结构

firm	year	CEO	YOA	tenure	turnover	ROA	sex	age	Shenzhen
A	2010	甲	2008	2	0	0.11	1	58	1
A	2011	甲	2008	3	0	0.09	1	59	1
A	2012	甲	2008	4	1	0.07	1	60	1
A	2013	乙	2012	1	0	0.08	0	50	1
A	2014	乙	2012	2	1	0.05	0	51	1
A	2015	丙	2014	1	0	0.07	1	56	1
B	2010	丁	2003	7	0	0.06	0	53	0
B	2011	丁	2003	8	0	0.08	0	54	0
B	2012	丁	2003	9	0	0.05	0	55	0
B	2013	丁	2003	10	0	0.11	0	56	0
B	2014	丁	2003	11	0	0.07	0	57	0
B	2015	丁	2003	12	0	0.09	0	58	0

在表 20-1 中，firm 记录的是公司名称或代码（A、B），year 记录的是观察期内的年度（2010—2015），CEO 记录的是每位 CEO 的姓名或代码（如果有重名情况，需要给每位 CEO 一个独特的代码），YOA 记录的是每位 CEO 上任的时间（时钟开始计时的时间），tenure 记录的是每位 CEO 的在职时间（也就是从时钟开始计时到每个年度的时间，由 year 的值减去 YOA 的值得到），turnover 是记录离职发生与否的因变量（1 为发生，0 为未发生），ROA 记录的是 CEO 离职时的公司业绩，sex 是记录 CEO 性别的二元虚拟变量（1 为男性，0 为女性），age 是 CEO 的年龄，Shenzhen 记录的是公司上市地点（1 为深市，0 为沪市）。

我们可以看到，在甲、乙、丙、丁四位 CEO 中，甲和丁在 2010 年以前的任期数据被从观察期左侧删失了，丙和丁在 2015 年之后的任期数据被从观察期右侧删失了，只有乙一个人的任期数据在观察期内有完整记录。在这种情况下，如果我们只保留有完整数据的客体，那么样本的数量不但会大大减少，而且也会在统计分析中对 CEO 离职发生可能性的估值造成偏差（Tuma & Hannan，1984），因为这种做法通常让我们只能保留那些任期较短的 CEO——在观察期内完成从上任到离职的 CEO，于是造成样本选择性偏差（sample selection bias）。即使我们把观察期延长几年，也会存在这个问题，除非我们能够把观察期扩展到足够长。很多情况下，受到数据的限制，我们无法把观察期扩展到足够长。如果我们把数据被从左侧或右侧删失的客体都保留，就不用担心是否存在样本选择性偏差这个问题。

在这个例子中，假定 CEO_i 在任期时间 t 内（即 tenure 为第 t 年时）的离职风险 h_{it}（hazard rate of turnover in year t）在统计分析中可以简单地用下面的方程式来表达：

$$h_{it}=a+b_1 ROA_{it}+BX_{it}+h(t) \tag{20-1}$$

其中，ROA_{it} 是自变量公司业绩，X_{it} 代表所有的控制变量，B 代表所有控制变量的回归系数，$h(t)$ 是样本中在时段 t 开始时仍然在职的所有 CEO 在该时间段 t 内离职的基准风险（baseline hazard rate）。对于时间变量 tenure 是作为连续变量还是作为离散变量，需要先看看它在样本中的分布情况，如果绝大部分 CEO 到离职时的任期相对较短（如甲和乙），那么把它作为离散变量处理比较合适；反之，则可以作为连续变量处理（我们会在下面具体介绍对时钟时间效应的三种不同处理方案）。如果回归结果显示 ROA_{it} 的回归系数 b_1 的值是负数并且在统计上显著，那就表明实证结果和理论假设的预期是一致的，即公司的好业绩降低了 CEO 的离职风险，而公司的差业绩则提高了 CEO 的离职风险。

虽然上面只是一个简单的例子，但是它包含了事件历史分析法的三个基本构成要素：① 所研究的客体（CEO）和事件（turnover）；② 影响事件发生的因素（ROA 作为自变量，sex、age、Shenzhen 作为控制变量）；③ 对客体、事件和影响因素进行追踪记录所用的时钟时间和在职时间（每位 CEO 的时钟时间从上任时开始计时，以年为单位，用 tenure 来记录他们在观察期内每个年度的在职时间）。如果研究者通过增加自变量和控制变量建立了一个更加复杂、全面的理论模型，并搜集了更多的关于公司和 CEO 的数据，那么可以使用 firm 和 year 这两个变量通过匹配把新搜集的公司层面的数据加进来，使用 CEO 和 YOA 这两个变量通过匹配把新搜集的 CEO 数据加进来。

20.3 优越性和对时钟时间效应的处理

相对于截面研究法（cross-sectional study），事件历史分析法作为研究事件是否会发生，以及为什么会发生（不会发生）的一种纵向研究方法，具有许多优越性。比如，因为样本中存在多个客体而且在不同时间点每个客体一般都有多个观察项，这样在统计分析上就可以更好地控制个体效应（actor effects）和时间效应（temporal effects）对因变量的影响。另外，我们在前面提到，事件历史分析法允许研究者把样本中所有包含左侧删失数据和右侧删失数据的客体都保留下来并用于统计分析中，这样不但保证了样本数量，也避免出现样本选择偏差。

在对时间效应的处理上，使用事件历史分析法可以进一步区分出两个不同的时间效应：一个是我们日常所用的自然时间，如日历上的年、月、日和财政年度、季度（如 2000 年第一季度到 2017 年第四季度）；另一个是针对每个客体面临事件发生风险的时钟时间。对于前者，研究者在统计分析中通常采用一系列的二元虚拟变量来控制它们的影响。对于后者则存在几种不同的处理方案。我们认为这几种方案的存在也体现了事件历史分析法的优越性，因为它们允许研究者根据所研究事件的特性来选取合适的方案。需要指出的是，事件历史分析法特别强调时钟时间对事件发生的影响，因此在事件历史分析法中对时间效应的讨论一般是针对时钟时间的。下面我们就对这几种时钟时间效应处理方案进行简单介绍。

20.3.1 方案一：作为一个普通的自变量

对时钟时间最简单的处理方案就是把它当作一个普通的自变量来处理（Allison，1984）。这种处理方案经常出现在使用 logistic 回归进行事件历史分析的研究中。在 logistic 回归中，事件在时钟时间为 t 时发生在客体 i 上的风险可以用概率 prob（y_{it}=1）来表示，它与所有自变量的关系用公式表示为：

$$\text{prob}(y_{it}=1) = \frac{\exp(BX)}{1+\exp(BX)} \tag{20-2}$$

其中，X 代表所有自变量，包括时钟时间变量 time。

那么，在时钟时间为 t 时，客体 i 发生事件的几率（odds），即事件发生的概率 prob（y_{it}=1）和事件不发生的概率 1–prob（y_{it}=1）之比就是：

$$\text{odds}(y_{it}=1) = \left(\frac{\exp(BX)}{1+\exp(BX)}\right) \Big/ \left(1-\frac{\exp(BX)}{1+\exp(BX)}\right) = \exp(BX) \tag{20-3}$$

对式（20-3）两边进行自然对数转换就得到：

$$\log(\text{odds}(y_{it}=1)) = \log(\exp(BX))，即$$

$$\log(\text{prob}(y_{it}=1)/(1-\text{prob}(y_{it}=1))) = BX \tag{20-4}$$

如果把代表时钟时间的变量 time 从 X 中单独分离出来，然后仍然用 X 代表其他所有自变量，就得到：

$$\log(\text{prob}(y_{it}=1)/(1-\text{prob}(y_{it}=1)))=BX+b\times\text{time} \quad (20-5)$$

如果 logistic 回归结果显示时钟时间的回归系数 b 在统计上显著，就表明时钟时间对事件的发生有显著影响。当然，也可以用一系列的二元虚拟变量来代表时钟时间上的每个时间点，这样研究者就可以知道每个时间点对事件发生的独特影响。

如果想了解解释变量对事件发生的几率的影响，就需要运用式（20-3），因为在式（20-3）中的因变量是事件发生的几率，即 $\text{prob}(y_{it}=1)/(1-\text{prob}(y_{it}=1))$。式（20-3）表明，对于任何一个自变量 x（包括时钟时间变量在内），它的回归系数 b 就代表了当这个自变量的值每增加一个单位（unit）时，譬如从 x_1 变为 x_1+1，在其他条件不变的情况下，事件发生的几率就会变为原来的 $\exp(b)$ 倍。因此，$\exp(b)$ 也就是自变量的值每增加一个单位时所导致的事件发生几率的比值（odds ratio）。推导如下：

$$\text{odds}(y=1|x=x_1)=\exp(bx_1) \quad (20-6)$$

$$\text{odds}(y=1|x=x_1+1)=\exp[b(x_1+1)]=\exp(bx_1+b)=\exp(bx_1)\exp(b) \quad (20-7)$$

式（20-7）左右两边同时除以式（20-6）左右两边，就得到：

$$\text{odds}(y=1|x=x_1+1)/\text{odds}(y=1|x=x_1)=\exp(bx_1)\times\exp(b)/\exp(bx_1)=\exp(b)$$

$$(20-8)$$

式（20-8）表明，在其他条件不变的情况下，事件在自变量 $x=x_1+1$ 时发生的几率是 $x=x_1$ 时发生几率的 $\exp(b)$ 倍，即在 $x=x_1+1$ 时事件发生的几率与在 $x=x_1$ 时事件发生几率的比率是 $\exp(b)$。

同时，式（20-8）表明，当 $\exp(b)>1$，即 $b>0$ 时，事件发生的可能性会随着 x 数值的增加而提高；当 $\exp(b)<1$，即 $b<0$ 时，就意味着事件发生的可能性随着 x 数值的增加而降低。例如，在 Cannella & Shen（2001）的研究中，CEO 指定继承人的时钟时间是以年为单位来测量的在职时间，logistic 回归显示它对事件（继任）发生的回归系数是 -0.10（$p<0.05$）。这个结果表明，CEO 指定继承人的在职时间每增加 1 年，他们继任成为 CEO 的几率的自然对数就会比前一年降低 0.10；也就是说，在其他条件不变的情况下，如果 CEO 指定继承人在第 t 年没有继任成为 CEO，那么他们在第 $t+1$ 年继任成为 CEO 的几率就会变为他们在第 t 年的几率的 $\exp(-0.10)$ 倍，即 0.905 倍或 90.5%。因此，这个结果显示继任在 CEO 指定继承人身上发生的可能性随着他们在职时间的增加而降低。

20.3.2　方案二：比例风险模型

对时钟时间效应的第二种处理方案是采用比例风险模型（proportional hazard model）。这种方案假定事件在时钟时间为 t 时发生在客体 i 上的风险 h_{it} 是时间效应 $h(t)$ 和其他自变量效应 $\exp(BX)$ 的乘积，即 $h_{it}=h(t)\exp(BX)$，其中 $h(t)$ 是样本中在时钟时间 t 开始时还存在的所有客体（也就是尚未发生事件的客体）在该时间段 t 内面临事件发生的基准风险，X 是去除时钟时间之外的所有自变量。在这个假定条件下，h_{it} 和基准风险 $h(t)$ 的比率（hazard ratio）就可以表示为：

$$h_{it}/h(t) = \exp(BX) \tag{20-9}$$

对式（20-9）两边进行自然对数转换就得到：

$$\log(h_{it}/h(t)) = \log(\exp(BX))，即$$

$$\log(h_{it}/h(t)) = BX \tag{20-10}$$

Cox（1972）指出，在比例风险模型这个假定下，研究者可以不用考虑具体的风险函数（hazard function）就可以估测解释变量对事件发生风险的影响。比如，如果解释变量 x 的回归系数 b 在统计上显著，那么 x 的值每增加 1 个单位，譬如从 x_1 变为 x_1+1，在其他条件不变的情况下，h_{it} 和基准风险 $h(t)$ 的比率就会变为原来比率的 $\exp(b)$ 倍。因此，$\exp(b)$ 也就是解释变量的值每增加一个单位时所导致的风险比率，即两个风险之比的变化。推导如下：

$$h_{it}(y=1|x=x_1)/h(t) = \exp(bx_1) \tag{20-11}$$

$$h_{it}(y=1|x=x_1+1)/h(t) = \exp(b(x_1+1)) = \exp(bx_1+b) = \exp(bx_1)\exp(b) \tag{20-12}$$

因为事件在时钟时间为 t 时发生的基准风险 $h(t)$ 是固定的，将式（20-12）左右两边同时除以式（20-11）左右两边，就得到：

$$h_{it}(y=1|x=x_1+1)/h_{it}(y=1|x=x_1) = \exp(bx_1) \times \exp(b)/\exp(bx_1) = \exp(b) \tag{20-13}$$

式（20-13）表明，在其他情况不变的情况下，当解释变量 x 的值每增加一个单位，比如从 x_1 变为 x_1+1 时，事件发生的风险变为原来风险的 $\exp(b)$ 倍，即在 $x=x_1+1$ 时事件发生的风险与在 $x=x_1$ 时事件发生的风险的比率是 $\exp(b)$。当回归系数 $b>0$ 时，$\exp(b)>1$，意味着事件发生的风险随着解释变量 x 值的增加而提高，即 $h_{it}(y=1|x=x_1+1)/h_{it}(y=1|x=x_1)>1$。相反，当 $b<0$ 时，$\exp(b)<1$，意味着事件发生的风险随着解释变量 x 值的增加而降低，用公式表示为：

$$h_{it}(y=1|x=x_1+1)/h_{it}(y=1|x=x_1) < 1 \tag{20-14}$$

这种对时钟时间效应的处理方案最早是由 Cox（1972）提出的，因此通常被称为 Cox 比例风险模型，简称 Cox 模型。在这个模型中，研究者并不关心事件发生风险和时钟时间的具体函数关系，而只关心解释变量对事件发生风险的影响。例如，Boivie et al.（2016）利用它来分析董事会席位对高管被任命为 CEO 的影响。我们在后面介绍研究设计时引用的 Guo et al.(2017) 利用的也是该模型，分析市场占有企业对外交流语言模糊程度对潜在竞争者进入该市场决策的影响。

20.3.3 方案三：事件—时间加速模型

对时钟时间效应的第三种处理方案是事件—时间加速模型（accelerated failure-time model，AFT）。在这种方案中，假定客体 i 的生存时间 t（survival time）（即没有发生事件的时钟时间）和解释变量之间存在如下关系：

$$\log(t_i) = BX + z_i \tag{20-15}$$

其中，$\log(t_i)$ 是客体 i 生存时间 t_i 的自然对数，X 代表所有解释变量，z_i 是误差项。误

差项 z_i 的分布函数 f（distribution form 或 density）决定了具体的回归模型。比如，如果 f 是正态分布，就得到 lognormal 回归模型；如果 f 是增长分布（logistic density），就得到 log-logistic 回归模型；如果 f 是极值分布（extreme-value density），就得到 exponential 和 Weibull 回归模型（Stata，2003：202）。对式（20–15）的两边同时取自然基数指数，就得到：

$$\exp(\log(t_i)) = \exp(BX + z_i)$$

即

$$t_i = \exp(BX) \times \exp(z_i) \quad (20\text{–}16)$$

对式（20–16）再进行转换，两边同时除以 $\exp(BX)$，就得到

$$t_i / \exp(BX) = \exp(z_i)$$

即

$$\exp(z_i) = \exp(-BX) \times t_i \quad (20\text{–}17)$$

式（20–17）显示，一旦误差项 z_i 的分布函数 f 被确定，事件—时间加速模型就是通过添加 $\exp(-BX)$ 这个因子改变客体 i 的生存时间 t_i。也就是说，客体 i 在时钟时间 t 不发生事件的概率相当于样本在时间 $\exp(-BX) \times t$ 不发生事件的基准概率。当 $\exp(-BX) > 1$，即 $-BX > 0$ 时，时钟时间被加快；当 $\exp(-BX) < 1$，即 $-BX < 0$ 时，时钟时间被减慢。因此，这种模型虽然被称为事件—时间加速模型，但实际存在时间被加速和被减速两种情况，这取决于 $-BX$ 的值。另外，事件—时间加速模型是把时钟时间作为连续变量处理的。当使用这种模型时，研究者不但关心事件发生可能性和时钟时间的函数关系，而且需要在回归分析中选择合适的误差项 z_i 的分布函数 f。在前面提到的关于 CEO 离职的研究中，Ocasio（1994）、Shen & Cannella（2002）都是采用事件—时间加速模型来处理 CEO 任期和离职关系的，因为这两项研究都强调 CEO 任期和离职之间的函数关系。

因为事件—时间加速模型预测的是客体的生存时间，对解释变量的解释和 logistic 回归、Cox 模型不太一样。式（20–16）显示，客体 i 的生存时间 t_i 是由 BX 和 z_i 共同决定的。在 z_i 确定了的情况下，当解释变量 x 的值为 x_1 时，客体 i 的生存时间 t_i 为

$$t_i = \exp(bx_1) \times \exp(z_i) \quad (20\text{–}18)$$

当解释变量 x 的值增加 1 个单位变为 x_1+1 时，客体 i 的生存时间 t_i 变为

$$t_i = \exp[b(x_1+1)] \times \exp(z_i) = \exp(bx_1 + b) \times \exp(z_i) = \exp(bx_1) \times \exp(b) \times \exp(z_i) \quad (20\text{–}19)$$

也就是说，客体 i 在 x 值为 x_1+1 时的生存时间是在 x 值为 x_1 时生存时间的 $\exp(b)$ 倍。当回归系数 $b > 0$ 时，$\exp(b) > 1$，意味着客体的生存时间随着 x 值的增加而延长，即事件发生的可能性随着 x 值的增加而降低；相反，当回归系数 $b < 0$ 时，$\exp(b) < 1$，意味着客体的生存时间随着 x 值的增加而缩短，即事件发生的可能性随着 x 值的增加而增加。因此，在使用事件—时间加速模型时，一定要注意回归分析结果是对客体生存时间的预测还是对事件发生风险的预测。

最后，我们想要指出，在上面三种对时钟时间的处理方案中，只有在 logistic 回归中是把它作为一个普通解释变量来处理的，因此，只有在 logistic 回归的结果中有时钟时间的回归系数，而在 Cox 模型和事件—时间加速模型中没有。另外，Cox 模型不考虑事件发生风险和时钟时间的具体函数关系。研究者可以根据自己的研究问题、研究目的和所拥有的数据来决定在统计分析中如何处理时钟时间效应。

20.4 研究设计

我们以在 AMJ 上发表的一篇关于动态竞争的实证文章（Guo et al., 2017）为例，从研究设计的角度具体介绍一下怎么运用事件历史分析法。和使用其他定量研究方法一样，完成一篇使用事件历史分析法的实证研究，在理论假设的构建结束之后，大体要经过以下几个步骤：① 样本选择和数据搜集；② 变量测量（研究者在这一步要明确研究的基础单位和时钟的设置方法）；③ 统计方法的选择（研究者这一步要明确对时钟时间效应处理方案的选择）；④ 统计分析结果的解释及稳健性检验（robustness test）。我们首先从样本选择和数据搜集入手，然后讲述变量的测量和统计方法的选择，最后阐述对统计分析结果的解释。

考虑到前面的介绍中主要是以离职研究为例，我们在这里特意选择了动态竞争研究中一篇关于市场进入的文章，以便让读者更好地了解如何在不同的情境下使用事件历史分析法。在这篇文章中，Guo et al.（2017）关心的是企业间的语言交流在动态竞争中的作用，特别是市场占有者（market incumbent firms）能否通过在对外交流中使用某种类型的语言来有效阻止潜在竞争者（potential entrants）进入它们所在的市场。该研究的理论假设是：市场占有者在对外交流时所使用语言的模糊程度和潜在竞争者随后进入该市场的可能性之间的关系是负相关的，即市场占有者在对外交流时所使用的语言越模糊，潜在竞争者进入该市场的可能性越低。显然，在这项研究中，自变量是市场占有者在对外交流时所使用语言的模糊程度，因变量是潜在竞争者随后是否进入该市场。如果使用事件历史分析法，研究者不但需要知道每家市场占有者对外交流的时间，而且需要确认每家市场占有者在每个市场所面临的潜在竞争者作为研究的客体，以及时钟在这些客体上开始计时和停止计时的时间。对这些问题的考虑会直接影响研究设计，特别是对样本选择和数据搜集有较大影响。

20.4.1 样本选择和数据搜集

基于上面的考虑和以下两点原因，Guo et al.（2017）选择美国航空业作为实证研究的基地，并构建了一个纵向数据库去跟踪记录 1995—2001 年每一个市场潜在竞争者进入某个特定市场的时间。第一，根据产业组织经济学理论，阻止潜在竞争者进入市场只有在一定的市场结构下才有意义，因为在有些行业中市场进入策略会受到规章制度和垄断的影响。所以，为了检验上面的理论假设，作者必须选择一个阻止潜在竞争者进入对市场占有者非常重要的行业。在这方面,美国航空业进入了研究者的视线,因为这是一个最常被前人拿来研究市场进入阻断和竞争的行业。第二,因其服务公众的性质,该行业为公众提供了极为详尽的二手数据。这使研究者有可能正确解读所选样本公司的年度报告和季度报告,并搜集大量关于该行业及样本公司的特征变量。

作者从美国交通部和美国运输统计局提供的"航空出发地与目的地研究""航空公司统计""航空公司财政报告"三个数据库搜集了所需数据。"航空出发地与目的地研究"数据库(DB1A)是以美国合法航空公司售出的定期航班总机票数的 10% 为样本。作者用 DB1A 这一样本来确定市场划分,并为航空公司计算票价。"航空公司统计"数据库包含航空公司的交通状况信息,可以利用这一数据库来计算航空公司的市场份额、乘客流量和客运运载率。然后,作者利用"航空公司财政报告"这一数据库获取航空公司的财务、运营及劳动力数据,并利用这些数据计算一系列样本公司的业绩变量,如员工人数、财务状况、资金流动和资本与负债比率等。

与前人研究一致,作者将"市场"定义为包含起点城市和终点城市的航线,并且决定只研究直飞(direct flight)和一站式飞行(one-stop flight)的航线,因为在顾客眼中,这两种航线的航班互为替代品。市场占有者被定义为拥有超过 5% 的市场份额或是拥有超过最低规模效应的航空公司(每季度至少搭载 900 位乘客或一条航线每天至少搭载 10 位乘客)。这一定义使样本企业里既包括了大航空公司,也包括了只飞特定航线的小航空公司。潜在竞争者被定义为那些虽然没有直接运营连接起点城市和终点城市的航线,但是有运营从起点城市和终点城市出发(或到达)航线的航空公司。根据估算,一旦一个航空公司在两个城市都有航班,这家航空公司开启这两个城市之间直飞航线的可能性会增加 70 倍。因此,一旦某家航空公司成为某条航线市场的潜在竞争者,它的时钟就开始计时,并且研究者开始以季度为单位对它是否进入该市场(即开启这条航线)进行跟踪记录。这也就决定了这项研究的数据结构是按照"潜在竞争者—航线市场—季度"划分成一个个以季度为单位的时间区间。在搜集所有数据后,最后的样本包括了 18 家美国国内航空公司、5 156 条航线市场及 8 095 个已实现的新市场进入。

20.4.2　变量测量

为了测量自变量(市场占有者对外交流的模糊性),作者计算了市场占有者年度报告中使用模糊语言的平均比例。更具体地说,这一变量是用每个样本企业的年度报告中模糊词汇的数目除以报告的总词汇数目得到的。作者参考 Hiller(2014)来定义什么是模糊词汇和模糊表达。理论假设中的因变量(潜在竞争者进入某市场的可能性)用一个二元虚拟变量来测量:从一家航空公司在 1995—2001 年这个观察期内成为某条航线的潜在竞争者开始,以季度为单位来记录它是否进入该市场。如果它在一个季度中没有进入该市场,那么它的这个二元虚拟变量的值就为 0;如果它在某个季度中进入了该市场,那么值就变为 1,而且对这个潜在竞争者在这条航线市场的跟踪记录也就结束了。如果这个潜在竞争者在 2001 年 6 月 30 日观察期结束的时候还没有进入该航线市场,那么它在这条航线市场的数据就被从右侧删失了。

由于该研究的目的在于衡量模糊语言的使用是否会影响潜在竞争者的企业决策，为了准确真实地估测语言的影响，作者在回归模型中加入了大量有可能会影响潜在竞争者市场进入行为的控制变量，比如市场占有者和潜在竞争者的市场重叠度，潜在竞争者的规模、绩效和经营效率，市场占有者的绩效、现金流量、负荷系数和运营效率，市场占有者的竞争活跃度和言论强硬度，市场环境的波动性、不可预测性、市场集中程度，以及市场季节性和市场规模，等等。

20.4.3　统计方法和分析结果

由于研究者只关心市场占有者所使用语言的模糊程度对潜在竞争者市场进入决策的影响，而不关心所观测事件和时钟时间的关系，所以选用了 Cox 模型作为主要的统计方法。这样，他们不用考虑具体的事件发生和时钟时间之间的风险函数就可以估测解释变量对事件发生风险的影响。在分析中，作者保留了所有含有右侧删失数据的客体和他们的观察项。Cox 模型的一个重要前提假定是自变量对所关心事件发生的风险影响与时钟时间无关。为检验这一假定是否满足，作者使用了 Schoenfeld（1982）的剩余测试（residual test）并发现自变量市场占有者使用语言模糊程度与时钟时间无关。

结果显示，在控制了所有其他解释变量的基础上，市场占有企业所使用语言的模糊程度的回归系数为负（$b=-2.33$），并且在统计上显著（$p<0.01$ 水平）。这个结果意味着潜在竞争者进入某个航线市场的风险随着市场占有企业所使用语言的模糊程度的增加而降低，与理论假设一致。更具体的，如果市场占有企业所使用语言的模糊程度增加一个单位，潜在竞争者进入该航线市场的风险就会变为原来风险的 $\exp(-2.33)$ 倍，即 0.097 倍。因为在这项研究中，自变量的值很低（均值为 1.44，标准差为 0.18），用增加一个单位来估计自变量对事件发生风险的影响不太实际。在这种情况下，可以以自变量增加一个标准差进行估计：当自变量增加一个标准差后，潜在竞争者进入该航线市场的风险就会变为原来风险的 0.657 倍（或 65.7%，$\exp(-2.33 \times 0.18)=0.657$）。另外，在可能性比率（likelihood ratio）检验中，作者发现将自变量加入 Cox 模型中能够显著优化模型拟合的程度（统计检验的 chi-squared 值为 150.18，$p<0.001$）。这个结果对理论假设提供了进一步的支持。

因为事件历史分析法提供了三种不同的方案来处理时钟时间变量，有时研究者在数据允许的情况下还需要采取其他处理方案或者其他回归模型进行分析以确保结果的一致性。比如，Guo et al.（2017）就利用了 probit 模型和 conditional log-log 模型对从 Cox 模型得到的结果进行验证。

20.5　结语

本章我们从研究方法的角度对事件历史分析法做了初步的介绍。作为一种纵向研究方法，事件历史分析法可以帮助组织管理领域的学者系统地研究在个人、团队、组织上发生的变化，只要这些变化是以可观察到的事件的形式存在，或者可以被转化为事件的形式。由于许多变化都是以事件的形式存在的,所以我们认为事件历史分析法在组织管理学中将会被更广泛地运用。当然,由于这种研究方法对因变量的记录通常是以二元虚拟变量为主,当把一些观察到的现象转化为事件的形式记录时,可能会造成信息遗失。因此,我们希望读者在对事件历史分析法有初步了解之后,可以把它和其他纵向研究方法进行比较,然后根据自己的研究目的选择最为合适的方法。

思考题

1. 什么是事件历史分析法?
2. 事件历史分析法适用于对哪些组织管理现象的研究?
3. 事件历史分析法的重要组成元素有哪些?
4. 如何确定事件历史分析法中的客体和事件?
5. 什么是事件历史分析法中的时钟时间?
6. 在事件历史分析法中,如何记录时间和事件?
7. 在事件历史分析法中,如何处理时间效应?
8. 如何解释 Logit 模型、Cox 模型和事件—时间加速模型中的回归系数?
9. 试说明事件历史分析法在你感兴趣的研究领域是否适用。

延伸阅读

Allison, P. D.(1984). *Event History Analysis: Regression for Longitudinal Event Data*. Newbury Park, CA: Sage Publications.

Cannella, A. A. & Shen, W.(2001). So close and yet so far: Promotion versus exit for CEO heirs apparent. *Academy of Management Journal*, 44, 252–270.

Guo, W., Yu, T. & Gimeno, J.(2017). Language and competition: Communication vagueness, interpretation difficulties, and market entry. *Academy of Management Journal*, 60, 2073–2098.

Morita, J. G., Lee, T. W. & Mowday, R. T.(1989). Introducing survival analysis to organizational researchers: A selected application to turnover research. *Journal of Applied Psychology*, 74, 280–292.

Ocasio, W.(1994). Political dynamics and the circulation of power: CEO succession in U.S. industrial corporations, 1960–1990. *Administrative Science Quarterly*, 39, 285–312.

Tuma, N. B. & Hannan, M. T.(1984). *Social dynamics: Models and methods*. Orlando, FL: Academic Press.

Vancil R.(1987). *Passing the baton*. Boston: Harvard University Press.

Yamaguchi, K.(1991). *Event history analysis*. Newbury Park, CA: Sage Publications.

第 21 章

质化研究及其数据分析

Deborah Dougherty　苏筠　郑英建

> **学习目标**
> 1. 了解扎根理论建构的目的、原理和基本原则
> 2. 评估研究中的关键元素，并判断该研究是否适合使用扎根理论建构的方法
> 3. 掌握使用扎根理论建构做研究的过程和步骤
> 4. 掌握使用扎根理论建构中的编码和数据分析过程
> 5. 理解使用扎根理论建构写论文的步骤

21.1　引言

　　质化研究（qualitative study）的目的在于识别现实生活中社会现象的基本特征，诸如组织学习、技术开发、结构化（structuring）或战略化（strategizing）等。当我们运用质化研究的方法时，我们试图通过搞清楚某一现象出现某些特征的根源来清晰地认识该现象，也就是说，我们试图去理解这一现象的本质和特征。本章，我们将聚焦于如何分析质性数据，因为以往的质化研究在这方面的论述十分欠缺。许多专著和文章描述了不同的质性研究方法，譬如，民族志研究（Van Maanen, 1996; Smith, 2006）、案例研究、过程研究、深度访谈、叙事分析（narrative analysis），以及参与者观察（participant observation）等。与此同时，许多专著和文章还介绍了如何进入研究现场，如何开展各类访谈，以及如何使用基于不同认识论的研究方法。然而，以我们作为编辑、评论家和作者的经验来看，质化研究未能仔细和全面地分析相关数据这一点，成为遭同行评议拒绝的致命缺陷——质化研究者未能识别所研究现象的基本特征，只提供了一些学术价值有限的一般性描述。我们希望本章可以帮助质化研究者避免这类严重的问题。

　　我们更多聚焦于扎根理论建构（grounded theory building，GTB），它并不是一种特定的方法，而是一种做质化/定性分析的方式。扎根理论建构的主要目的在于寻求对某一特定现象建立新的理论，因而特别强调数据分析的中心地位。我们建议从互相补充的三个方面去理解质化数据分析的方法：在第一部分，我们解释为什么任何人都可能想去进行质化研究，然后我们利用 GTB 的三个部分，即扎根、理论、建构，来框定出一个总体方式。扎根指出质化研究的主旨问题和它所需要的数据类型；理论强调研究的目标，所提出的研究问题的类型；

建构指出这样的研究是一个持续努力的过程，在这一过程中新的主题不断浮现，同时研究问题会被重新组织。在第二部分，我们介绍 GTB 的数据分析，以展示新的理论是如何艰难并有系统地从数据之中被建构起来的。在第三部分，我们讨论如何全面地将研究写成文章，并且辨别一篇文章所报告的研究与开展中的特定研究的异同。

21.2 扎根理论建构的基本原则

21.2.1 为什么要做质化研究？

正如以下所显示的，质化研究具有杂乱的（messy）、难以预测和主观的特点，以至于做起来有一定的难度。人们为什么要做这种困难的工作呢？其实，所有真正的科学研究都具有上述特点，科学家必须明确地提出一个好的问题，遍查文献，设计并实施研究，以及阐明研究结果的意义。即使在严谨的生命科学中，那些研究结果通常也是含糊不清的（Grinnell, 2009）。当现存理论框架不够完善、不能提供清晰的假设时，质化研究就会特别有用。所以，质化研究的主要目标就是形成构念、详尽阐述及精细改良现有的理论（Ragin et al., 2004）。

我们试图重构现有理论的原因有以下几方面：第一，基于现象的理论反映了影响组织生存的技术、文化、政治和经济等特性的复杂性，这些复杂的新特性需要被挖掘和验证。第二，针对同一种现象，我们会在不同的研究中得出相互冲突或不一致的结果，这种分歧可能预示着现有理论需要进一步发展。第三，社会在不断地进化，一些能很好地解释三十年前一些行为的理论，现在可能不再适用了。例如，创立于二十世纪六七十年代的组织结构理论，强调正式工作角色与关系的信息处理，但如今，先进的计算机系统接管了许多信息处理的工作，因而，工作角色和关系有了根本性的变化（Zamuto et al., 2007）。今天的工作角色与关系便不能用原有的层级和功能来很好地解释。第四，在某一社会文化中开发出来的理论可能并不适用于解释另一社会文化中的相似行为，因为不同的社会存在不同的运作规则。

由于质化研究能够更好地分析研究对象的意义，的确有助于新理论的开发，因此质化研究逐渐受到重视便不足为奇了（Prasad & Prasad, 2002）。一项调查显示，在过去的一百年里，AMJ 发表了许多采用质化研究方法的有趣文章（Bartunek et al., 2006）。一项真正好的质化研究也会为学者提供产生重大影响的机会。

20.2.2 扎根、理论和建构的概念如何构造了质化研究方法？

20.2.2.1 扎根

"扎根"的概念是指研究以经验为主，根植于组织日常和复杂的现实生活中。质化研究是实证的和以事实为基础的，研究可观察的、实在的、可以了解的现象（Neuendorf, 2002）。"实证"并不意味着量化数据或数字（numbers），就建模或相似的方法而言，数字其实并非真实现象的实在观察，因此不算实证研究的标志。同事有时会问我们是否计划做一些"实证"

研究，说明这些同事对质化研究缺乏科学的领会！扎根其实包括两个方面：第一是确定研究主题，第二是确定研究该主题所需要的数据类型。接下来我们解释这两个方面的内容。

质化研究的主题（subject matter）是指由包含了组织现象的社会实践所构成的错综复杂的网络。质化研究的目的是理解这些复杂社会实践的相互作用，研究结果是对一个特定现象的全新理解，并力图做到简单和清晰。但想要清晰地理解这些复杂社会实践，质化研究者要仔细检查这些复杂社会实践在特定社会背景下的相互作用并对其进行解释。研究者要使读者看得见这些实践，并使读者理解这些实践，正如参与者在特定情境下所理解的一样（Denzin & Lincoln, 1994）。质化研究从不试图去保持相互作用或情境不变，否则，研究者将无法检验它们的效果。质化研究者寻求"社会行动"的基本构成，诸如"信任""知识""创新"等。"社会行动"（social action）是指在特定情境下对社会中的个体普遍有意义的思维或行为模式（Strauss, 1987; Van Maanen, 1979）。质化研究基于Weber（1924, 1978）对参与者们的情境互动的深层理解。Geertz（1973）主张一个（质化）研究者要能够区分细微的差别，譬如，"使眼色"（wink）与"眨眼睛"（blink）之间的区别。

质化研究基于两个重要假设。第一个假设是社会现象是高度情境化的，因此现实情境至关重要。人们不是规划行动而后毫无顾虑地坚持。相反，人们会被与其所处情境相吻合的那部分规划所引领（Suchman, 1987）。人们会描绘特定情境下的特殊线索以选择下一步目标，并对其任务生成意义。这对于理解人们是如何应对那种特定情境及如何看待它是必要的。

你可能会问：对于一个情境的某些独特方面的考察如何引发我们对建构新理论的思考？答案是：这种考察有利于我们深入地探究社会行动，以便于理解所有的议题是如何相互作用的。例如，Weick（1993）在分析曼恩大峡谷灾难（Mann Gulch disaster，一场森林大火使得13名消防队员殉职）时，深入探究了这一独特事件情境中人们的思想和行动。通过这种深入的考察，他提出了一个一般性的理论用于解释组织如何被拆散，这种拆散的社会条件是什么，以及如何提高组织的复原力。Weick（1993）挖掘了这一事件的独特特征，他所提出的关于结构和意义关系的理论考虑了许多不可预见的情境。他的理论促使我们去思考，当这些或其他不可预见的情境发生变化时，结构是如何被解构的。

质化研究第二个假设是人是具有非凡能力的社会个体。面对的客观世界虽复杂，许多人依然能从容应对日常生活！质化研究者遵从的是一种宽泛的认识论而非简单的实证主义（positivistic），其中包括交互主义（interactionist）（Clarke, 2005）、建构主义（constructionist）（Lincoln & Guba, 1985）或诠释主义（interpretive）（Dougherty, 2002）的认识论立场。虽然人们奉行的哲学观各异，但人们对这些认识论的理解却依赖于人类基本的信念及人们独立行事的能力，这些并不是确定性的（Mead, 1934）。Wrong（1961）举例说，谨慎的研究者并不会假定人们行事完全不顾及社会规范，也不会假定人们无论何时都完全遵从社会规范。事实上，人们是基于他们对社会线索的不同看法来做出相应反应的。我们预期人们能应对并质询在何种情境下自己可以更好地或与众不同地去应对客观现实中的种种情况，以及他们如何做到这一点，又为什么能够做到。

再谈一谈质化研究所需要的数据类型。质化研究的数据必须能够捕获特定情境下复杂的社会行动。许多质化数据是"文本"（text）类的，包括通过访谈、观察等方式得到的照片、故事、信件（电子邮件）、视频、档案或录音等形式的数据。通过丰富的描述性文本，研究者看到人们做什么、思考什么，以及他们如何通过那些故事和描述来形成特定的社会结构（Dougherty，2002）。搜集质化数据的方法包括民族志研究、参与观察、开放式或非结构访谈及揭示参与者故事的文本档案分析。由于人们所生成的意义依赖于短暂的、具有空间性的组织背景，因此数据需要反映这些意义及其背后的组织背景特征。然而，拥有不同类型的数据对研究者是有益的，因为某些类型的数据可能比其他数据更全面地揭示某些特征（Fielding & Fielding，1986）。这些数据让研究者把数据和被研究的社会行动清晰、合理地联系起来，这也造就了研究数据的开放性。

运用实地观察，研究者关注在一个特定情境中参与者之间的社会互动，以及语言与非语言的交流。实地观察包括直接观察、参与观察及访谈。它的目的在于捕获人们是如何生活的，了解他们的日常交往，以及他们是如何展示自己并与世界保持联系的。直接观察要求研究者去检验情境，但不能卷入所研究的主题。参与观察则需要研究者参与到研究情境中去。这类研究也被称为民族志研究，因为一个民族志研究者就需要与那个社群的成员共同生活一段时间，让自己沉浸在情境之中以便挖掘特定社群中所蕴藏的更深层次的意义。Burawoy（1979）关于制造共识（manufacturing consent）的研究是一项非常著名的民族志研究。他对一家芝加哥工厂里干了10个月的机床操作工的工作进行了研究：通过体验一名工厂工人的生活，他捕获了工人的生活、惯例和意识；同时，他运用马克思资本劳动过程的理论对此进行细致描述，以建构那个年代更广泛的工人运动变革的理论。另一项参与观察的例子是Bechky & Okhuysen（2011）开展的一项研究：其中一位作者参与警察团队的培训和会议，而另一位作者参与电影生产过程。通过比较两个研究情境，他们开发了一个关于组织如何通过重构组织规则和任务来处理意外事件的理论。

开展访谈时，研究者关注人们（受访者）工作的理由和有关工作的故事。例如，Dougherty（1992）对参与产品开发的员工进行了访谈并请他们来描述产品，报告他们工作中有关开发过程的故事，并讨论与其他员工的关系。开放式的访谈可以帮助研究者捕获到人们开发产品的理由，以及特定的公司氛围是如何影响开发过程的。他们的谈话彰显了某种社会模型，诸如部门之间在各自"思想领域"存在的解释障碍可能会产生有关顾客需求和产品设计潜力的不同观点。在另一个例子里，Jaskiewicz et al.（2015）对21家德国葡萄酒厂的主人和继承人进行了访谈，以便了解家族企业是如何在几代人之间传承的。他们通过开放式访谈来询问家族葡萄酒厂的诞生与成长史、家族与葡萄酒厂之间的联系，以及葡萄酒厂未来的战略规划。研究分析发现：对创业遗产的传承是通过给未来继承人讲述那些具有激励性的、有意义的家族创业成就而形成的；创业倾向是通过传承家族传统和共同工作来给下一代传递知识和技艺及对资源的战略性运用体现的。另外，访谈问题应该是开放性的，以便从受访者那里获得更多的细节和意义。访谈的优势在于其允许研究者自主灵活地探索和发掘主题，同时新的主题可能在研究过程中自然而然地出现；劣势在于在这个过程中会由于依赖受访者的合作意愿而生成非系统的数据。

研究者可以同时使用上述几种实地观察方法：直接观察是一种初步的调研方法，一旦研究者熟悉了研究情境，受访者对访谈感到适应，就可以相继开展参与观察和访谈。无论使用哪种方法，研究者都应聚焦于社会行动，致力于发掘这些社会行动对我们的启发，以便让我们更好地了解组织是如何影响人们生活的。

人们处理质化数据时常会犯两个主要的错误：第一个错误是混淆了运用质化数据与质化研究的本质。运用文本类数据并不意味着该研究项目就是一个质化研究，丰富的文本是许多研究意图和研究设计的数据源，而那些研究还包括理论检验和量化方法。例如，在内容分析（Krippendorff，2004）或分类数据分析（Agresti，1990）中也会用到文本类数据，但许多这类研究会用预先确定的架构和方法去检验一个理论，而不是生成一个理论。尤其是内容分析，它被视为一种量化的研究方法，因为这类分析的结果是用数字或百分比呈现的。运用内容分析的研究者得到文本中特定字或词出现的频率，或者是找出描述某一事件所用到的词。研究者首先要确定将在文本中发掘哪些概念，然后可以依赖于高度自动化的计算机去检验文本中这些概念之间的关系。因此，尽管数据可能来自不同文本，但在方法论上，这类研究可能不被认为是归纳和理论建构（我们将在本章的后半部分详细讨论实证主义者与诠释主义者的不同观点）。

第二个错误是未能搜集足够多的数据。虽然我们针对数据量没有一套明确规定，但如果一个研究项目是仅基于访谈的，Dougherty 认为至少需要对 100 个人进行访谈。这个数字就是为了给人们一些震撼，特别是那些试图解释如何减少访谈数目及为什么较少的访谈就足够了的人。现实情况是研究需要更多的数据，因为理想的数据搜集是贯穿整个研究的。接下来的一个重要程序是"理论抽样"（theoretical sampling）。理论抽样意味着人们搜集数据是基于理论的，它是在分析中浮现出来的。研究者识别能反映主题的新事件，然后搜集关于该事件的新数据。由于人们研究的是有多种可能互动的复杂行动，因而很难使人相信 30 个或 40 个访谈可以捕捉到所有相关的动态变化。

一种普遍的错误观念是质性数据适合微观层面的分析（如互动、辩论和实践），而量化数据适合宏观层面的分析（如结构、制度、治理和国家）。这是一种误解，因为量化数据（如问题调查）能很好地捕获个体的态度、愿望和偏好。这里举一个例子来说明如何采用质化与量化结合的方法来连接不同层面的分析（Fielding & Fielding，1986）。这是一个关于评估英国警察培训项目的研究，旨在调查培训项目如何影响警官对他们下级警官的看法。这项研究采用多种方法对警察的招聘工作进行了纵向研究。首先，让新入职的警察完成有关背景、社会和政治倾向、对同事的态度、工作满意度的调查问卷。其次，采用开放式的访谈去详尽描述调查的几个方面，例如，访谈问题包括新入职警察选择警察这一职业的动机，他们的朋友对他们职业选择的态度，以及他们对法律、社区关系和社会制度的观点等。最后，采用实地观察来看在不同的培训情境下警察对新入职警察的培训。在这项研究中，量化数据和质化数据相互配合以揭示细微差别，而这是仅凭任何一个单独的方法都无法实现的。首先，量化调查显示新入职警察对于聘用"有色人群"存在矛盾性：他们对聘用更多"有色人群"持支持观点，但对允许更多"有色人群"移民到英国持消极观点。如果研究者停留在这些量化数据中，那么他将只能得到警察招聘中存在种族偏见的结论。然而，通过进一步的访谈就会发现这种矛盾态度背后的原因。警官想招聘更多的"有色人群"警察是因为他们能够"处理他们自己人"（Fielding & Fielding，1986）。访谈还揭示，如果"有色人群"警察能正确地做好自己的工作，白人警察会"容忍"他们。换句话说，招聘"有色人群"警察背后实际存在一个务实的、工具性原因——可以帮助更有效地在"有色人群"内部建立社会秩序。质化和量化研究共同揭示出种族态度、招聘实践和社会秩序之间存在错综复杂的关系。"有色人群"警察可以被视为基于实用原因的一项"特殊资产"，这样白人警察的个人情绪就可能消退了。在这个例子中，问卷调查揭示出个体层面的态度倾向，也同时揭示出人们关于社区和社会秩序的观点。当使用质化和量化结合的方法时，研究者必须知道他们选择实证主义还是诠释主义的认识论，以及明确他们想要阐释的问题。

20.2.2.2.2 理论

"理论"的概念是指研究的目的，识别要研究的问题，同时形成具体工作步骤及结果。所有的研究者都是基于现有的理论来引导并设定其研究框架的。在此之前，我们找不到任何东西，除非我们知道自己想要什么。同时，理论有助于"照亮"我们的征程（Bailyn，1977）。为了创建理论，需要更好地理解社会现象，通过生成概念及概念之间的关系去辨析、说明和解释那些可能会引起混淆、不连贯事件的真实现象（Strauss & Corbin，1998）。正如我们反复申明的，你必须对你的数据提出真正有趣的问题，同时理论帮助我们对有趣的问题进行反复强调。同行们一般不喜欢那些描述一个组织实践（或问题），或者某研究者为时两年的实地记录，再或者任何与现行理论不能很好对话的发现。大家感兴趣的是在一个令人好奇的背景下的研究如何帮助人们延伸或重构了理论，以及一个研究如何更完全地解释了社会行为。

这里要注意的是，理论建构作为一种解释现象的途径，是基于诠释主义而非实证主义认识论的。持实证主义观点的研究者认为，知识是独立于判断和情境之外的。这类研究者先提出假设，然后采用统计或者结构化研究方法来揭示一个客观事实。这是因为实证主义研究者相信存在一个因与果之间的线性关系。诠释主义信奉知识是社会建构的而非客观确定的。诠释主义研究者采用更个性化和灵活的研究框架，目的是捕获人际交往中的意义，并为所感知的现实赋予意义。与实证主义者不同的是，诠释主义者认为因果之间不是一个简单的线性关系，相反，他们认为这其中会涉及时间、文化、价值观及许多社会情境的复杂因素。研究者进行实地研究时可能有（也可能没有）预设的洞见，但大多数情况下，研究者会与信息提供者互动,以帮助他们更深入地理解被研究者的经历。理解诠释主义和实证主义之间的区别很重要,因为这能帮助我们区分研究者们想要如何去解释一种现象。

需要强调的是界定研究目的。在我们对众多质化研究论文的评议中,我们认为许多质化研究并没有清晰地描绘理论,也没有澄清对理论的贡献。这些研究几乎总是被期刊拒绝。当质化研究者们完整地写出他们的研究或基金申请时,与其他类型研究者一样,他们必须解释现有理论是如何框定研究问题的,概述我们已知的现象与那个正在被研究的现象之间有何关系。声称自己正在做的是前人未做过的研究,类似这种辩护是不能说服大众的——当然没有做过,这正是你正在做它的原因!声称没有理论适合这个研究问题也是不被接受的,因为我们有许多理论。然而,质化研究者需要解释为什么现有理论无法清晰、细致或动态地解决研究问题。研究者需要去解释对于该现象什么是我们不知道但需要去认识的,为什么我们需要知道它,以及解释这些现象为什么在该领域是重要的。Golden-Biddle & Locke(2007)说明研究者首先要能描述现有学者关于这一理论已有的对话,然后解释你的研究会如何改变与该理论的对话。

然而,质化研究与量化研究在运用理论方面是完全不同的,量化研究是利用一个确切的理论去预测一个特定的关系。质化研究不是为了强化现有理论,在一定程度上,它需要研究者重新思考理论框架,但是,这样做并不意味着简单化。一个综合性的扎根理论需要去填补现有理论的空白,并说明为什么现有理论不能很好地解释既定的现象。因此,当你开展一项质化研究时,你必须对相关理论和它们的不足之处有深刻的理解,并在文献综述中描述出来。同时,质化研究试图揭示"如何"和"为什么"的问题,由于其中存在着多种可能性,学者们不太容易去识别相关理论。学者们需要清楚自己用的是什么理论,去识别自己要考察的过程,例如,做决策、获得权力、跨过实践中的断层或应对变革,然后综合那些被用于建构这些研究话题的理论问题。文献综述应该明确研究的难点,而扎根理论应该在描述研究难点的同时给出如何拓展现有理论的建议。

识别要问的问题也很重要。所有的研究都需要明确研究问题和难点。好的质化研究总是可以提出非常有趣并引人入胜的难题。通常,正如上文提及的,质化研究问题是关于"如何"和"为什么"的。例如,一个阐释者不应该问是什么工程故障引起了挑战者号航天飞机(HMS Challenger)的爆炸,而应该问为什么这类故障能够被容忍并变得规范化和程序化,以致事故不可避免(Vaughan,1996)。

扎根理论建构用于表述研究构念特征的定性问题,不是用于表达一个变量在程度或缺失度方面的定量问题。扎根理论建构者想去理解构念之间的关系:它们何时(在什么范围限定下)相关,以及它们如何作用(后续的关联)。正如其他质化研究工作,扎根理论研究不满足于单一层次分析,而是试图去揭示造成某种现象的原因,如集体行动背后连接微观因素和宏观结构之间的潜在机制。理论帮助我们发现和建构问题,现有理论的局限性则促使我们提出更好的问题。

理论是研究工作的结果,也就是说研究的结果应该是一个新的或改良的理论。理论会在研究过程中发生变化,正如持续的理论建构过程(continuous theory building process)所展示的——个别理论会更好地解释实际现象。最终的理论是在分析过程中形成的,它能清晰明确、条理清楚地回答所提出的问题。

20.2.2.3 建构

在扎根理论建构中,建构的概念是指通过对所有数据进行分析之后获得一个新的或改良的理论的过程。建构是一个反复用构念来连接数据,同时从数据分析中得出一个对所研究问题的概念性理解的过程。GTB 的三个方面与常规的量化研究是不同的,建构可能是这三个方面中最不同的一点:第一,理论建构需要在一个非线性的和浮现的过程中开展相当长的时间,而量化研究理想化地直奔答案(假设被证明或未通过检验)。第二,建构的过程是不可预测的,原因是研究者结束研究的时间是不可知的。更可能的是,为了适应浮现的调查结果,研究问题会发生变化,理论框架也会因之改变。第三,GTB 的建构方面是工作中最艰难的部分。当人们在进行数据分析,识别浮现的主题,进而搜集更多数据的过程中,数据搜集和数据分析可能同时发生。数据搜集过程只有在研究者发现不再有新的洞见出现之时才会慢下来,但是数据分析可能会持续好几年,尤其是在一个迭代的过程中,数据分析的过程更加漫长。许多研究者在数据分析时需要再次找到受访者或者再次到访实地,以便更充分地验证他们正在建构的理论。

扎根理论建构是一个系统化并具有探索性的搜索过程。我们用"3C"来总结建构过程。第一个"C"是一个认知过程(cognitive process)。在这里,随着研究的推进,研究者提出对概念的新理解,同时研究所需数据完全包含在概念化过程本身(Bailyn, 1977)。与检验已形成概念的实证过程不同,认知过程打开研究者的初始观念,从数据中构想新的概念与关系(Bailyn, 1977)。研究者不断重复从理论到实证,再从实证到理论的研究与思考过程。扎根理论建构不断地产生新假设,研究者开发相应的方法去探究这些假设,同时修订假设(Strauss & Corbin, 1998)。作为一个认知过程,建构不是直截了当的,研究者常会始于一个研究问题,而终止于用新构造的概念和关系更好地解释另一个尖锐的问题。建构是一个持续的认知过程,研究者应保持开放的观念,允许发现新的可能性。

第二个"C"是连续比较(constant comparison)。要分析数据,研究者会在他的数据中对相似或相异事件的不同例子进行比较和对照。为了进行这些数据比对,研究者有必要搜集众多的例子,这些例子是在理论取样过程中搜集到的——是关于研究中被建构的理论的取样。通过数据比对显示出一个研究可能的分类状况(possible properties),以及一个分类不同于另一个分类的原因。例如,Dougherty & Dunne(2011)比较了两类新药开发者的工作,一类是在传统实验室里通过物理取样的"治疗"科学家,另一类是那些在计算机上操纵符号和数据库的"数码"科学家。这种比对揭示出根本细节,从而产生了一个把实践中断裂的地方连接起来的理论,即两种不同方式的了解(knowing)可以协同工作而非相互冲突。在理论上的持续比较是变化的，例如，社会行动建构理论会询问在数据中将会发生什么，经过一段时间又会问这个事件实际上与另一个有何区别，为什么那些是有益和显著的。

第三个"C"是编码（coding）。编码是通过数据的拆分、构念和整合的分析过程来形成理论的（Strauss & Corbin，1998）。质化编码不是内容分析。典型的内容分析是把数据分成预先确定的类别，因而它是一个理论检验的研究技术，其目的不是建构理论（Neuendorf，2002）。通常，编码是研究者通过介入数据来得到概念和分类，紧随其后的是为搜集数据而做的理论取样，它会最大可能地开发在最初编码中被识别的构念。编码和数据搜集可以同时进行，研究者搜集一些数据，编码并分析它们，再搜集数据。这个过程是迭代的，一旦数据搜集中没有更新的发现，这个过程将终止。然后研究者开始着手编码、提炼主题，以及进行编码的分类；当构念和分类被整合到一个内在一致的理论故事中时，一旦数据的主要模式被捕获，建构过程将终止。

Strauss（1987）、Strauss & Corbin（1998）描述了相互重叠但也依次展开的三类编码：开放编码（open coding）、轴心编码（axial coding）及选择性编码（selective coding）。理论的建构始于开放编码，它发生于人们密切地关注某一部分文本这一时间点。开放编码开始于研究者对某部分原始数据的彻底研读，试图去理解该部分数据背后的含义，并且识别一个构念用以描述数据将会怎样，经过一段时间，这些分类或主题的某些部分会以不同的方式重现，因而，人们开始思考一个浮现类别的特性或维度，并尽量去清晰地表达这一分类。

轴心编码关注在数据中浮现出的特定分类，去精练它并界定其特性（properties）。在轴心编码中，研究者考虑一种分类如何与另一些分类相互作用。选择性编码始于当可能的核心分类被确定，研究者系统地分析为什么其他分类与该核心分类相关之时，其目的是整合并精练理论。一旦编码过程完成，研究者会整合从数据中发现的构念和类型，以形成一个完整的理论故事。建构过程的结果是发现构念，它是更高层次的抽象。

21.3 数据分析：编码和编码过程

现在我们举两个较长的例子来说明质化研究的方法。第一个例子是苏筠的研究，强调开放式编码。第二个例子是郑英建的研究，强调轴心编码和选择性编码。在讲述这两个例子之前，我们首先强调几个观点以帮助我们进行总体分析：第一，关注我们的研究问题。正如我们将要展示的，质性数据非常丰富，可以描述多种社会行为，而牢记研究问题可以帮助我们有效应对问题的复杂性。第二，忠于数据，不要通过猜测别人可能考虑什么来整理数据，"不要用精神分析疗法治疗分析别人"。刚开始，研究人员可能会做出受访者会恐惧、困惑、不够直截了当等错误的假设。你不能将自己的推测强加给数据，这些推测在被证实之前应该仅存于你的脑海里，而不是在数据中，要忠于数据。第三，如果有另外一个人帮助你对数据进行编码，哪怕是偶尔为之，都是非常有用的。更多人可以产生更多的见解。通常，让一个独立的编码者去证实编码及其分类是有益的。

编码是一个与数据打交道的过程，研究者通过阅读数据，提出更多关于数据的问题，记笔记，比较数据中的故事，找出观点和数据之间的联系等，从而建构围绕研究主题的相关概念和研究问题。编码不仅仅是释义，而且是一个将数据提升到概念水平的过程。同时，这也是一个反复的过程，因为数据和概念之间的联系可能不会立刻显现，研究者需要多次阅读数据。研究者应该在研究了几组数据，诸如通过访谈或观察所搜集的数据之后就开始开放式编码，因为编码将揭示有趣的主题和问题，同时引导数据分析以及随后的数据搜集。

开始编码之前，你首先应该浏览文本对本次研究有一个基本认识，即关于如何描述研究问题，以及这是否能够在现有文本中看到或者听到的一个基本认识。这种浏览启动了研究的基础过程，并能帮助你停留在你的理论所在地，保持开放的态度并与数据保持一致。正如反复阅读数据并思考研究理论和问题一样，你会发现研究主题或模型在文本中也是重复的。你要用编码对这些研究主题或模型赋予一定的名字，以便得到对文本的简单理解。这样，你也是在抽象的理论和实际的现象之间转换。一旦主题明确了，就可以采用轴心编码来明确这些主题的维度和特征。接下来的部分将呈现我们为本章搜集的为定性数据编码的过程。

研究者可能会使用软件包来存储、分类、编码、注解、标注及组织定性数据。软件包（如 NVivo 或 Atlas.ti）对使用者检索和存储数据是有帮助的。当研究者有几百个副本和现场记录的话，使用软件包将会帮助研究者更好地把所有材料组织到一个地方，这使研究者可以同时进行编码、分析和注释不同的记录文件。这项功能可以让研究者在评估过程中节省许多检索记录的时间。研究者能通过单词检索把特定的编码或词语快速在副本上锁定。软件包也包含一些帮助分析的功能，如写备忘录、生成编码的频率、产生可视化图像以详细提出编码与分类之间的关系等。这些功能有助于研究者在分析过程中把复杂关系图像化。然而，这里有必要引起重视的是，软件包仅仅是一个数据管理工具，它不能替代人的工作。研究者还需要在 GTB 过程中依靠自己或团队去读取、解释、分析和概念化所有的数据。

21.3.1 苏筠的研究：开放式编码

苏筠的论文题目是"基础研究科学家的学术知识发展与药物发现过程之间的关系"，其中涉及运用基础研究以发展新的生物制药产品（如药物、治疗方法）。她的困惑是，我们都知道学术知识可以为这种创新过程提供重要见解，但是我们也知道学术知识在与工业知识的共享互通方面做得并不是特别好（Pisano，2006）。现有文献表明，基础研究通过四种不同的途径为生物制药创新做出贡献，但是基础研究大多是对成果的质化研究和检验，而不是针对工业和学术科学家共享知识及共同创造知识的社会过程。苏筠关注的是实践中的理论知识，简单说就是实践知识。她认为知识不仅仅是一种可以拥有和交换的东西，相反还可以理解为一个持续的过程，是嵌入人们工作中的（Orlikowski，2002）。知识存在于每天的实践中，尤其是社会和物理环境中，它是人们与世界相互作用的产物（Lave & Wenger，1991）。

苏筠的研究问题是：学术知识可以通过哪些社会实践进入药物创新过程，或者说被药物创新过程吸收。她试图去理解学术科学家的社会实践如何阻碍或促进了这一过程。苏筠最初通过使用"阻碍或促进"扩展了她的研究问题，因为现有文献仅包含很少对这些社会实践的直接观察，她试图识别并理解现实中那些可以用于传递知识的实践，但同时，她也对知识创新的其他未预见的方法和途径保持开放的观点。苏筠的数据包括对工作与药物发现相关的学术科学家的访谈、会议观察，以及对这些关于转化研究会议的突破阶段的观察（转化研究旨在填补基础研究与生物制药应用研究之间的缺口）。

顾名思义，开放式编码是选择原始数据的一部分，从中提取能够代表这部分数据的概念。开放式编码的目的在于打开数据并识别大量可能的主题。编码可以是描述性的，也可以是主题性的、分析性的、解释性的，它们都是研究者关于如何理解数据或文本的抽象表现。在下面的例子中，苏筠用她的一段访谈摘录来展示开放式编码的过程。受访者是一位医学院的教员，他在他们学校的转换研究中心工作，也是当地一所高中的志愿教师。苏筠告诉他过往文献表明有些学术科学家从事基础研究，而有些则是积极参与商业研究的实践者。苏筠问他是否能介绍自己对这两种科学家的不同看法。受访者说道：

在医学院工作的人与那些从事生物医学研究的人之间的确是有差别的。每天，我和我的同事，其中一些是内科医生，另一些是和我一起工作的同事，有研讨会、期刊俱乐部、讨论会等活动。如果你看我的日程安排，会发现我每天都有事情要做，这些事情都表明了你如何通过交流互动获得自己的观点（how you bounce off your ideas）。但是有时候，尽管他们都很友好而且是你的同事，但是你不得不小心以免泄露你的发明。法律上，如律师和技术转让办公室所说，你甚至不应该跟你的妻子谈起你的发明。如果你把它放在公开论坛上，尽管你使用的是幻灯片而不是纸质文件，也意味着有泄露的可能性，所以你不得不小心。举个例子，如果我说"这种蛋白质的黑色带子正在变成骨骼"。我说这个序列是什么了吗？没有，我只是说"黑色带子"。你可能会想这个黑色带子是什么，甚至想到发狂，但是你绝不会想到它是什么。所以当你说话、有可能泄露信息的时候，你要很谨慎。即使你被邀请在一个会议上做演讲，你也要非常小心地关上所有的门，只是单纯演示你的结果。"我手中有一些东西可以组成骨骼"，但很遗憾，不能解释秘密，因为它是一项受到专利保护的发明。

他继续说：

我会从同事那里得到反馈。他们可能会说："你是如何知道这是关于骨骼细胞的研究的？它有可能杀死脑细胞。因为如果你把它移植到动物身上，它可以制造骨骼，但是它也会杀死脑细胞。"这是个有价值的反馈，对吧？我采用了这一反馈，并设计了一个实验。我用了一些脑细胞，并把它放到其他脑细胞的下面，观察会发生什么。所以，一项发明有可能源于其他人的反馈，也可能源于你自己的经验和知识。大部分情况下，它来自你的经验和知识，也可打开思路征求观点。我提出的观点也源于多个方面——我给高中生授课时，他们有时候会有一些特别好的想法，就会吸引我尝试一下。这些就是你一步一步地解决问题的方式。

以下是苏筠从以上两段访谈中获得的开放性编码清单。记住，开放性编码的目的是逐字挖掘数据并标注，以获得尽可能多的不同类别。这种初步的开放性编码是描述性的，在某些情况下是"内部的"或者是被访者自己的话。

条目1：在医学院工作的人与从事生物医学研究的人是有差别的

条目2：和内科医生与生物研究者在一起的工作环境，有些是他的同事

条目3：参加研讨会、期刊俱乐部和讨论会

条目4：与朋友和同事说话、有可能泄露信息时要保持谨慎

条目5：法律上是合法的

条目6：律师和技术转让办公室

条目7：在公开论坛泄露信息

条目8："黑色带子"

条目9：小心地关上所有的门

条目10：在会议报告中演示结果

条目11：秘密

条目12：受专利保护的发明

条目13：同事的反馈

条目14：我获得反馈后设计了一个实验，我用了一些脑细胞，并把它放到其他脑细胞的下面，观察会发生什么

条目15：其他人的反馈或者你自己的经验和知识

条目16：大部分情况下，观点来自你的经验和知识

条目17：征求观点

条目18：一步一步地解决问题

正如我们浏览摘录，记住研究问题一样，研究人员要从研究问题的不同角度去阅读数据。例如，当阅读这一摘录时，苏筠问道："数据反映了受访者与其他人交流的哪些社会实践？""他与内科医生、技术转移办公室及其他人交流的时候获得了哪类知识？""他的实践如何帮助他获得新知识？"阅读文本数据的时候考虑这些问题有助于开发潜在主题和它们的特点。同时，你可以感受数据和概念之间关系的概念化过程。苏坞采纳了"实践出真知"（knowing-in-practice）的观点，所以她希望得到一系列重复的行为和知识的相互作用（Yanow，2003；Orlikowski，2002）。

摘录的第一段揭示了受访者经常与人沟通的实践，通常是跟他的同事沟通。这暗示了他在工作环境中是很积极主动的，并且愿意接受不同种类的知识。条目1是受访者的原话，他说医学院和生物医学研究领域的研究者的确是有差别的，但他没有说差别是什么，也没有说为什么不同。因此，这是一个开放式的主题，可以继续探索。接着他说他处于一个与内科医生和生物医学研究者在一起的环境（条目2），从实践出真知的角度，内科医生和生物医学研

究者可能掌握不同类型的知识——内科医生通过与病人直接接触运用自己的知识,而生物医学研究者通过他们的研究行为运用自己的知识(如阅读学术论文、编制资料、设计和实施实验模型)。也许,这些实践中的差异向她展示了不同类型的知识。受访者还说他们每天都会通过研讨会、期刊俱乐部、讨论会等相互交流和影响。这些也是创造知识的社会行为,同时他说这些正表明了"你如何获得自己的观点"。我们不知道他是否与每个人谈论并获得他们的反馈,还是只关注自己的观点,或者在工作的背景下关注自己是否处于核心地位。

摘录的第二部分解释了受访者对于在公开论坛上发布与他的发明相关的知识是如何小心翼翼的。条目4到条目12涉及的是要保持谨慎、不要泄露发明的信息。这也是影响知识创造和流转的社会实践或者说一系列社会实践。条目5和条目6表明受访者与律师和技术转让办公室沟通过,并且获得了保护他的发明和专利的法律知识。技术转让办公室是另外一个社会环境,受访者在那里学到了关于专利和技术转让的新知识。接下来,受访者又说他在会议上做报告时对于泄露有关他的发明的信息时也是很小心的,他举例子说他只公开结果,也就是"制造骨骼",但是不告诉别人如何制造。"黑色带子"可能是他暗示他制造骨骼的专利知识的方式,而不是告诉别人制造骨骼的具体方法。综合起来,可以做出一些关于受访者的知识和社会实践与药物创新相关的解释。例如,他参与各种不同的知识共享的实践,接触到不同类型的知识(如来自内科医生、生物医学研究者和法律工作者的知识)。他小心地披露知识的做法也很耐人寻味。也许种种做法阻碍了知识的分享,或者说它是由知识产权政策形成的一种社会滤镜,用于保护和引导公司同大学的科学家来合作创造及共享知识。

在第二段摘录中,受访者解释了他是如何从其同事的反馈中受益的。他仅仅透露了他专利知识的结果,但仍然从他的同事那里获得了建议。条目14显示了受访者在反馈的基础上积极开展研究。他可以对决定开展什么实验、如何实验进行灵活把握。进一步的探索可能很有趣,而制药公司的科学家需要获得批准的文件手续才能开展实验。此外,受访者说"一项发明有可能源于其他人的反馈,也可能源于你自己的经验和知识"(条目15和条目16)。后来的探索有两种可能的解释:第一,他思考同事的建议是否值得尝试,所以与其他人相互交流当前观点的实践及思考过程都有助于指导他解决问题。第二,他强调他必须在他的实验和知识的基础上做出判断(条目15和条目16)。第二个解释是他必须独立做出判断而不是与其他人一起。我们不知道为什么,但是也许是因为他想为他的技术发明信息保密,也许学术科学家倾向于独立工作,正如其他人提到的那样(Knorr,1999;Merton,1973)。这种可能性可以用更多的数据来探索。例如,可以对没有专利的科学家进行访谈,看看他们的协作性是不是更强。

针对一小部分数据的少数开放式编码可能强调不同种类的社会实践需要不同种类的知识。研究过程的关键是保持开放的头脑,但也要紧扣研究问题,以获得大量可能的主题或者类别。这里概括的解释都是关于现象的假设或推测,它们能通过其他的数据得以检验。你也许可以尝试数月的开放式编码,看看这些不同的访谈或与其他数据比较和对照,进而探究自己的假设。例如，苏筠通过对其他学术科学家的访谈获得文本，研究他们在向其他人展示自己的观点时是否有相似或不同的方式，对一些观点保密，获得并运用反馈。先前的一些编码将会被剔除，另一些被转化成新类别。苏筠会改进她的研究问题，将相关理论更加深刻地融入基于实践的观点中，因为不同的理论从这一视角关注知识在实践中的不同方面。分析过程通过计算机软件进行，但是研究者必须与数据密切互动，提出问题，参与概念化过程。虽然你不能进行自动化质性编码，但是你可以促进它。

21.3.2 郑英建的研究：轴心编码和选择性编码

轴心编码和选择性编码的例子选自郑英建的论文，其研究主题是"组织运作的制度环境在重大事件后如何及为什么发生变化或保持不变"。他对比了一些环境事故，这些事故都涉及有毒化学物质渗入地下、水源或挥发至空气，污染，致使很多人患病。这些事故对人们的生命具有相似的毁灭性影响，但是只有其中一个促成了新的环境保护法规的出台，带来了重大的体制变革，而其他事故则没有。郑英建采用个案研究法对比了美国纽约州拉夫运河（Love Canal in New York State）事故和新泽西州的一个相似事故（Legler 事故）。拉夫运河事故促成了美国一个非常重要的环境保护法规的出台，而 Legler 事故却没有。郑英建引入了制度理论，尤其涉及了制度运作及人们是如何建构制度的相关知识（Lawrence & Suddaby，2006）。郑英建的研究使用了大量从这些环境事故的文本记录中所提取的档案数据，包括报纸、政府报告、书籍等。

举这个例子的目的在于显示研究问题是如何随着轴心编码和选择性编码逐步演化，并产生了一个新的用来解释事故如何引致重大制度变革的理论的。这个例子给我们两个重要的经验教训：第一，研究认识论必须与研究问题相匹配，简而言之，你在做质化研究时必须问定性的问题。我们展示了认识论方面的变化如何导致研究问题的急剧变化。第二，如何提出更精细的研究问题以促使新构念的产生，在这里有一个被称为"被干扰的生活"（disrupted life）的例子。

我们先谈一下不适合的认识论（和错误的问题）。该项目始于一个简单的问题，即两个环境事故有何不同。在这个问题的指导下，郑英建试图鉴别相似或不同事故的特点。这一问题背后的认识论是功能主义，它假定事故的不同特点导致了事故后果的不同。郑英建用了四五个月的时间进行编码和分析，但是最终发现他的研究问题更多的是基于互动认识论（interactionist epistemology）。互动认识论更适合扎根理论的建构。功能主义认识论的研究问题是研究者预先确定检验的特点，而忽略了研究目的和研究主旨，以及扎根理论建构的分析方法。相反，扎根理论的建构寻求从事故涉及的当事人的解释来发现本质特征，而不是将它们强加给数据。虽然，其他研究方法采用功能主义认识论也许更合适，但问题是这个不太适用于扎根理论研究。

认识论与研究问题一起转变导致了一些有启发性的发现。从初期功能主义者的视角，郑英建试图建立测量维度（dimensions of scale）以区分拉夫运河事故与 Legler 事故。但是郑英建惊奇地发现当事人的头脑中根本没有任何刻度。他们没有一个人涉入事故，例如，去评论或表现出好像一个事故比另外一个事故更大或更小。于是，郑英建转向符号互动论（symbolic interaction theory）。符号互动论将研究问题转化为当事人的主张，认为社会行为是由事故对人们产生的意义建构的，相信意义会受特定行为的影响，所以必须小心调查当事人是谁，以及他们的主张是什么。主张具体是指当事人说服他人的任何行为。修订了研究问题和理论背景，郑英建调查了当事人做了什么，并试图理解他们的主张。结果解释了当事人如何让别人相信制定新的法规是很必要的。

我们再看一下"被干扰的生活"这一概念的编码发展。这项研究分析形成的一个最重要的概念被称为"被干扰的生活"。"被干扰的生活"是那些受有害化学物质折磨的居民提出的两个主要主张之一。其概念是 Strauss & Corbin（1998）使用的轴心编码和分析的结果。轴心编码将概念与相关的类别和维度组合到一起形成编码。"被干扰的生活"的概念由两个类别组成：打破常规、受废物困扰。

在研究数据的时候，你可能会将当事人与行为作为典型编码，但是数据也好像显示有些行为不应该被纳入其中。一个重要的事实是，当人们从其位于拉夫运河的家园撤离时，他们没有处理日常的家务事。一位记者对于居民没有这样做的解释是：

今年 Whitenight 先生没有在他位于拉夫运河附近的花园里种花，也不再修建草坪……Whitenight 太太清洗了家里，墙上黑色的污渍说明淡盐水渗入了地基。

数据说明 Whitenight 夫妇没有种花，但是他们对于墙上的黑色污渍和地基的淡盐水就不那么清楚了。到底是他们没有像往常那样频繁地清洗，还是黑色污渍和淡盐水没有流入地基，又或者他们尝试更频繁地清洗这里了？

这一数据片段向编码发起了挑战，这使得研究者对不被采纳的行为进行编码看起来毫无意义，因为可能会有无数没被采纳的行为。然而，数据中有许多类似上面不被采纳的行为的例子。例如，孩子们不去上学（因为学校关闭了），当允许他们去学校的时候，公共汽车将他们送到他们家附近的学校。从编码的角度看，编码可能指出，孩子们没有与他们的朋友坐在一起吃午饭，在熟悉的学校里，认识他们的老师没有喊他们的名字，没有与他们的父母或者兄弟姐妹一起走回家。质化研究者们需要超越文本并"想象"被观察到的模式后面可能存在的各种潜在可能性。换句话说，质化研究者走得更远，他们把自己置于当事人的立场，去理解他们行为背后的意义。既然这样，在编码那些没有出现的行动之后，郑英建会继续询问："为什么孩子们没有去学校？""为什么不允许这些孩子在户外玩？""他们会做什么其他的事情？""这些限制会影响他们生活中哪些其他方面？"同时，郑英建也会找寻这些普通行为事件的发生（如去学校、户外玩耍），以及它们为什么发生，然后对照和比较那些行为发生或没有发生的事件。

Legler 事故的数据中也包含这些当事人没有做的事情的例子。在 Legler，地方政府卫生局命令居民不要使用不好的水（以前使用的水源），要用装在容量为 44 加仑的生锈桶里的水。这些水在使用之前要先煮沸，儿童不能在喷雾喷头附近玩耍（那里仍然是被污染的水），还有，对被采纳的行为仔细编码揭示了下一步几乎不会涉及的情况。

经过一番仔细考虑，郑英建意识到关键是突破常规，所以他创造了一个新的编码方案去捕获这一类属。突破常规意味着过去日常生活中正常进行的行为不能再继续了。因此，郑英建并没有用一个编码去显示拉夫运河的孩子们步行去遥远的学校这一事实，而用了一个编码表示打破了惯常去学校的规矩。这里有两个短文本表明打破了常规。

Vianna 博士建议居住在运河附近的居民不要吃他们花园里的任何蔬菜。一个小女孩的父亲很不高兴，"看！我的孩子脚烧伤了，不能在院子里玩了，我邻居家的狗在院子里烧伤了鼻子，我们也不能在花园里吃饭了。"

随着风吹过，我们闻到一些气味。在垃圾填埋场开放之前，我们建了一个天井，这样我们可以使用后院了，到明年夏天，我们就不能待在这儿了。因为夏天不能开窗，我们在房间里装了空调。

打破常规的想法作为研究的核心维度有几个好处。从理论角度，常规和相应的打破常规是人生意义的重要来源，尤其是打破常规是一个打动观众的明晰的表现（Goffman，1959）。对事故发生地的居民来说，打破常规是为了影响观察者——附近的其他居民和公众、新闻记者、国家机构和政府代表。这种打破常规是一个主张，它会说服其他人意识到事故导致了他们的不良状况。从扎根理论建构编码角度，打破常规作为一个基本维度是基于观察所获得的经验数据，并在数据中捕获人们不再做出典型行为的方式。最重要的是，打破常规强调了结构（structure）和代理人（agency）之间的交互作用，这是质化研究的必要环节。

打破常规表明人们可以独立于现有的社会结构来表达自己。常规是社会结构约束人们行为的形式（DiMaggio & Powell，1991；Feldman，2000；Nelson & Winter，1982）。在被阻止之前，常规化行为一直持续着（Jepperson，1991）。但是，打破常规明白地显示出行为不是由结构单独决定的。行为也是在人们解释现实情境时产生的（Blumer，1998；Thomas，1923）。打破常规使人们摆脱不适合的制度化的束缚。这种摆脱成为人们如何变革制度环境的核心观点。

围绕打破常规进行的编码使得郑英建开发出一个更详细的研究问题，以深入探讨结构和代理人之间的关系。该项目是在事故如何导致机构变革这一核心问题的指导下开展的，但是打破常规使得郑英建关注于探索代理人如何打破已建立的结构。数据分析提供了一个答案：一些当事人提出他们的日常惯例不再可行，他们不得不尝试新的方式。

"被打扰的生活"这一概念的第二个类属称为"被废物围困"。这一类属由几个编码组成，这些编码是一个相互联系的整体。我们来看一看这些类属是如何出现的。在很多时候，数据显示了内在编码。"我只是想离开"这句话引自一个当地居民，他和他的家人为其在拉夫运河边上超过 27 年的贫穷生活和糟糕的健康状况而感到沮丧。Whitenight 先生和他的妻子收到通知说他们的染色体受损，据称是因为他们长期接触有毒化学物质的缘故。他们的女儿

Debbie 经常咽喉感染，从来没有得到过良好的治疗。他们发现他们家正处在载有有毒化学物质的地下排水沟的正上方。和其他居民一样，Whitenight 说"我只是想离开"，他用这种方式来表达他们想摆脱危险、恐惧、沮丧、愤怒和不健康的现状，而且这种愿望已持续很久了。

尽管"我只是想离开"的编码代表了离开那一地区的愿望，但人们同时又受到经济条件的限制，使得他们无法离开。随着公众渐渐意识到灾难是由不断传播的有害化学物质引起的，居民也开始忧虑，随之，房价开始下跌。房子已经卖不出去，因为没有人愿意在受污染的地区买房子。居民不仅承受不断恶化的生理和心理健康的影响，也遭受着不断恶化的经济情况的影响。

另一组编码与地域侵犯的观点有关。人们形成一种关于物理的和社会的地理位置的关联，"家"就反映了这种地域观（Gieryn，2000）。特别是当我们本身就持有事情应该往哪个方向发展的文化偏好时，当事情没有向应有的方向发展时就出现了混乱（Douglas，1984）。这些理论给郑英建以灵感，使他意识到可以把地域侵犯作为理论视角来分析文本。下面的例子表明一位居民对有毒化学物质到了哪里并不吃惊，其离开提示了后续的行为。数据揭示了垃圾不应该放在哪里，哪种行为应予以纠正：

> Brown（新闻记者）在文章中说拉夫运河位于第 99 和第 97 街区之间，但是我不认为他的意思是那是我的孩子去上学及我带他们去健身房和荡秋千的地方……然后当我发现第 99 街区学校确实是在那上面时，我感到很震惊。我儿子在那个学校上学……我决定要做一些调查。

居民无法离开，不能逃脱，他们被困在那里，被垃圾包围，他们的生命被可怕的疾病消耗着，如果他们留下来，即将来临的是不确定的，如果没有政府或者其他人的帮助，他们能不能离开还是未知的。那里的居民感到与外面的生活隔离了。医生们不能做出明确的诊断，症状不能归因于特定污染物，情绪紧张也使得他们的健康更加恶化（Auyero & Swistun，2008；Brown & Mikkelsen，1990；Edelstein，1988；Vyner，1988）。郑英建决定将这一类属命名为"被垃圾围困"。这个标签捕获到当时住在那里的居民的感受。这种被垃圾围困的感受是一种含义更广泛的背景，是无法直接观察到的，但是可以通过当事人所处的即时情境反映出来（Weber，1978：8—9）。因此，被垃圾围困这一类属，将各种潜在的编码综合在一起，并赋予一种被包围和被孤立在不希望的地方的感觉。

被垃圾围困这一编码使郑英建能够向其他当事人调查更详细的问题。已经发现当事人需要找到他们打破原有结构的方式（如打破常规），有人可能会问为什么当事人选择这种方式而不是其他方式。被垃圾围困这一数据编码说明，尽管已经变成不适合的地方，但有些居民不能离开他们的家园，因此，数据、编码、分析和浮现出来的理论随着研究问题不断演进，揭示了居民们关于一种主张的更深层次的答案，即试图说服其他人去变革制度环境。

总之，这个例子取自一个对环境事故的研究，说明了在扎根理论分析中，研究问题的演进经历了两个重要阶段：第一，研究者要保证认识论与研究问题一致。第二，在编码过程中，注意力需要在数据和理论中不断转移，通过这种方式，新型理论将原先更为抽象化的研究问题转化成研究者可以回答的更为详细和具体的问题。随着编码的发展，我们可以看出编码支持新兴的类属，如打破常规，但是它也适用于现存的理论，如结构和代理人之间的相互影响。这些类属与逐渐形成的主题紧密地联系在一起，这些主题围绕一条轴线形成"被打扰的生活"这一概念。这一过程最终使研究者可以充分解释为什么环境规章制度被拉夫运河事故改变，却没有因为 Legler 事故做出改变。重大制度的变革通常被理解为是那些地位极高、怀有特殊技能或拥有极大权力的人的事情（Battilana et al., 2009），但是这项研究贡献的一个观点是，像拉夫运河边的居民这样的普通人在面临生活困扰时也可以运用代理人去战胜已有的结构。

21.4 全部写出来！

最后，一旦你弄明白了那个核心模式，即解释你要研究现象的数据是怎么回事，就把它全部写出来。遗憾的是，质化研究的写作也是一个挑战。实际上，也就是把分析过程中的发现写出来，你要不断地表达你的想法是怎么回事，通过备忘录和报告呈现你的观点，并建立反馈来深化和明晰研究结果。在本节中，我们简单介绍一些研究写作过程中克服关键挑战的想法。请记住，本章向你介绍了在研究中所发现的新的或改良的理论，解释了如何和为什么在这个领域中对理论进行凝练是如此重要。如果你没有一个新的或者更好的理论，你就不会满足于这个研究分析。你论文的最初几稿将帮助你认识到你现有思想中存在的不足。

认识到工作可以结束。研究的收尾阶段是将研究结果呈现出来并将其递交会议或杂志评审的过程。你不会愿意提交一份没有任何谜团、深层次问题或者确切答案的东西。你最初知道自己完成了是在你相信自己有了这些的时候，比如，为那些令人感兴趣的、使人兴奋的、细腻的问题找到有趣的、令人激动的答案。答案就是你开发出的理论。这一理论能够捕获数据中的关键模式，用一种很有趣的方式扩展或修订现有理论。如果你提交的结果具备这些基本元素，同行们将会对你新理论的清晰度和质量进行评论，推动你做得更好、更简洁，建议读者翻阅 Golden-Biddle & Locke（2007）关于质化研究的精彩观点。

从研究结果中提炼出若干论文。像前面介绍的两篇博士论文那样大的研究可能会产生很多有趣的发现，这些发现可以是社会行为的不同方面、不同层次，或者回答完全不同的问题的。试图将你在研究中的所有发现都包含在一篇文章中将是一个错误，因为研究结果的不同方面在一篇文章中都只能提及而不能深入论述。一篇文章一个主题，一个核心问题，一个答案。当然这样做的挑战在于如何整合研究，发现相互联系而又不同的方面。但是如果你真的获得了切实的发现，应该能够知道怎么做。例如，本章作者之一 Dougherty 的论文可以被分成至少两篇文章：一篇是关于解释部门之间障碍的（Dougherty，1992）；一篇是关于如何理解新用户的需要促成微妙的组织发展以及新的市场机会是如何巩固或削弱核心能力的（Dougherty，1995）。每篇论文应该充分地讨论得出在文中所展示的特定理论产生的数据搜集和分析过程、说明理论的海量数据展示、数据是如何获得的及数据表明了什么。每篇论文也都是从特有的谜题、核心问题及被影响和扩展的相关理论开始的。

鉴别研究过程和写作过程之间的差异。论文只表达研究过程的想法是不对的，至少对于质化研究和前沿领域科学是这样（Grinnell，2009；Knorr，1999）。研究论文报告了研究结果，而不是研究过程。然而，正如 Grinnell（2009：72）所解释的，科学家们经常用论文中有序的解释代替他们在实验室中无序的生活：

> 通常情况下，绪论和结论部分会展示一个有关研究的符合逻辑的、内在一致的解释。这种解释与实际发生的历史事件有很大的不同，当一系列实验完成时，隐藏在工作背后的基本原理可能已经改变了，之前的想法被丢弃了，之前的发现也根据后来的发现被重新解释了。

正如 Grinnell（2009）所指出的，科学论文的每一个环节都成为科学的方法。所不同的是扎根理论建构特别重要，因为这一过程中我们想建构一个理论，但在行文的最初我们并不知道它是什么，研究所回答的问题是对我们研究开始时所关心的问题进行了许多修正后的结果，甚至是截然不同的问题，像一本书那么长的报告也专注于研究结果，而不是结果是如何被发现的，尽管研究者在研究过程中可能包含其他迂回曲折的经历（Vaughan，1966；Knorr，1999）。

你的论文必须以你研究过程结束作为新理论的开头。如果你对每件事都很谨慎，你应该很容易创建新的理论，因为你不断地在数据和理论之间循环往复，你了解如何从你的初始工作中获得你的研究结论。你要花许多时间（有时甚至是几年）来探索数据、搜集新数据、寻找其中的意义。这样做是非常可取的！但是没有人想听你汇报这个庞大过程的所有细节。相反，他们想知道你发现了什么，以及你如何确定你的研究结论能够很好地适合和反映日常实践。要报告你的发现及其重要性。澄清并使你的编码过程透明化也是必要的，越来越多的期刊编辑要求看编码的样本，以及研究者获得编码与分类的细节。

理论的重要性。一些质化研究者建议在研究未知事物的时候不要从理论入手，而要避开理论，直接进入这一领域，依靠灵敏的洞察力来获取灵感。这种想法是错误的，原因如下：首先，我们大脑中已有的理论会影响我们所看到的客观现实。我们不可能是现实中的一个纯粹的窗口。如果你首先表述你的理论，你就可以明确你自己想的是什么，以及你想做出贡献的理论对话的提纲。同时，我们在对自己的概念模型和你在数据挖掘和分析过程中的概念模型进行比较时看到了新的观点。其次，我们已经有了很多普遍理论，从中不可能找不到适用于研究现象的一般理论。声称没有理论，说明你没有做适当的文献回顾。最后，如果你作为一个研究者没有从一开始就考虑理论，那么你可能只会发现别人已经发现的东西。例如，一个为期两年的创新的实地考察可能得出结论：领导力很重要或者人们在处理模糊性时感到有困难。而这些东西是我们已经知道了的。通过数据对理论进行回顾可以提出有用的问题，例如，"我们发现领导在什么时候最有用？为什么？"或者"在什么情况下人们可以更彻底地处理模糊性？为什么？"

寻找其他对你的研究主题感兴趣的质化研究者。我们提出这个建议是为了获得有用的、具有建设性的反馈。大部分期刊对于发表质化研究是感兴趣的。注意那些你想投稿的期刊上所发表的文章,观察副主编和其他编辑部成员是否包含质化研究者。如果没有,不要往这些期刊投稿,因为你无法得到你期望的帮助。很遗憾,很多量化研究者对质化研究了解得不多。但重要的问题是他们不知道他们了解得不多。这些审稿人会提供真诚的帮助,但是会让你做无法简单做到的量化研究。对你的研究主题关心的人能够给你一些很好的帮助,因为他们对你的研究结果很关心。正确找到适合你文章的期刊有可能让你的研究被赏识,并提高得到公正的、有建设性评价的机会。

思考题

1. 为什么要做扎根理论建构?
2. 请举出几个例子来说明扎根理论建构的分析单元。
3. 扎根理论建构中的"扎根"二字有何含义?
4. 质化研究方法背后的关键假设有哪些?
5. 适用于扎根理论建构的重要数据特征是什么?如何获取这些数据?
6. 使用扎根理论建构法来建构理论最基本的标准和步骤有哪些?
7. 扎根理论建构中的数据编码与其他质化研究方法中的数据编码有什么不同?

第 22 章

机器学习分析方法在组织管理研究中的应用

李宁

> **学习目标**
> 1. 理解数据科学中基于机器学习分析方法和传统组织管理研究方法的差异，以及由此带来的挑战和机会
> 2. 了解常见机器学习方法的基本逻辑、核心概念和分析步骤
> 3. 进一步掌握一些应用于组织管理研究场景的常见机器学习方法及其原理
> 4. 了解如何通过机器学习分析框架拓展组织管理理论

信息技术的快速发展极大拓宽了组织管理研究的数据来源，为组织管理研究提供了创新性的分析方法。新数据、新方法的涌现和应用为组织管理研究带来了新的机遇，使得研究者可以研究一系列新的问题，但同时对学者也提出了新的挑战。大数据、人工智能、机器学习等相关方法所属的数据科学，其研究范式和传统的组织管理研究范式具有较大的差异，管理学者的学术训练也较少接触此类方法。研究范式和分析方法的不同给管理学者利用大数据和机器学习等新兴方法进行组织管理研究造成了障碍。本章旨在介绍数据科学中一些具有代表性的、和组织管理研究相关的典型方法，例如机器学习、文本分析等，探讨如何将这些方法应用于组织管理研究，以此扩充组织管理研究的方法库，拓展传统研究的模式和逻辑。本章的重点不在于深入阐述具体的研究方法和技术细节，而在于从组织管理研究的逻辑出发，讨论如何将新兴的数据科学方法和组织管理研究相结合，以推动组织管理研究。

在深入介绍本章具体内容之前，我们首先来明确一下本章节的定位和出发点，以便让读者更好地理解本章内容。撰写本章的一个重要出发点是组织管理研究的视角，重点讨论如何借鉴大数据和机器学习的一些分析方法来拓展组织管理研究。读者在阅读本章的时候，需要从组织管理研究的基本范式和逻辑出发，思考如何使用新方法做更好的组织管理研究。在理解各种典型的机器学习等方法的时候也需要思考这些方法如何能够和组织管理研究结合并服务于组织管理研究。此外，本章在介绍大数据和机器学习方法的时候会尽量采用组织管理研究相关的概念方法进行类比阐述，以使读者更好地理解不同学科方法使用情境的异同。

22.1 行为大数据和机器学习对组织管理研究的影响

当下，越来越多的企业进行数字化转型，企业内部信息系统的普及，以及各类型基于信息技术的人力资源管理平台（如企业微信、钉钉、飞书等）的广泛使用，使得各个类型组织都积累了大量和员工行为相关的大数据。这些数据具有以下几个显著特征：① 极大的数据量（volume）；② 多维度的行为指标（variety）；③ 高频的连续行为记录（velocity）。例如，通过采用数字化协作管理工具，组织可以以数字化的形式时刻记录全公司所有员工多维度的行为大数据。这种行为大数据包含了员工从进入公司到离开公司的日常全量数据（如沟通、协作、会议模式等）。相对于传统组织管理研究中所使用的数据，行为大数据极大地拓展了组织管理的研究潜能，可以促使研究者关注一些新的研究问题，并对发展新的管理理论提供了新的思路和方法。同时，分析行为大数据不可避免地将使用许多基于机器学习的新兴方法。而这些方法对于组织管理学者而言相对比较陌生。此外，许多机器学习方法是基于黑箱模型的，可解释性比较低，因此从逻辑上和组织管理研究所强调的清晰解释内在理论机制的要求天然存在一定的矛盾。将机器学习方法运用于组织管理研究当中会遇到一系列的挑战和困难。本章首先对比组织管理研究和数据科学研究在基本逻辑上的差异，并探讨这种差异对融合数据科学和组织管理研究带来的挑战，以及管理学者如何能够有效地利用机器学习等新兴方法推动组织管理研究。

22.2 数据科学和组织管理研究的差异及其带来的挑战

具体而言，组织管理研究非常强调研究的理论贡献。许多顶级管理学期刊拒稿的一个常见理由就是文章"缺乏理论贡献"。有许多文章已经充分探讨了什么是理论贡献（如 Corley & Gioia, 2011; Weick, 1995; Whetten, 1989），在此不再赘述。理论贡献的一个重要评判标准就是研究应当能够清晰解释所研究对象、概念和现象的本质，即"是什么"（what），概念之间是"如何"（how）相互影响，以及"为什么"（why）影响。简而言之，组织管理研究要求学者能够清晰描述变量之间的关系和内在机制，并通过实证分析验证这种机制（假设——检验）。例如，员工离职是组织管理研究中一个常见的研究主题。组织管理研究需要提出影响员工离职的潜在因素（如薪酬、组织公平等），并详细阐述这些因素影响员工离职的内在机制（如通过影响工作满意度），并通过定量数据验证所提出的假设。研究主要关注假设是否得到验证，例如薪酬是否可以显著地通过影响工作满意度而影响离职决定。虽然，在研究中也汇报自变量对因变量的影响程度（如 R^2），但是研究的价值主要由所研究关系的理论价值决定（如假设是否新颖、内在逻辑是否严谨等）。

然而，数据科学更关注数据本身，强调数据挖掘（data mining）在研究中的重要作用。数据科学学者往往通过创新和优化方法，从海量数据中挖掘有效模式、信息，追求数据预测准确度的提升，而往往忽略整个模型的可解释性。此外，该领域研究往往不依赖先验理论来指导研究设计和数据分析过程。许多预测准确度较高的模型往往基于黑箱模型，研究人员无法清晰描述出自变量是如何影响因变量的。例如，许多数据科学家也通过机器学习的方法研究员工离职这一问题。不同于组织管理研究，这些研究的目的是通过优化模型提升预测员工离职的准确度，而较少关注变量之间的内在机制。例如 Ajit（2016）使用 Extreme Gradient Boosting（XGBoost）模型来预测员工离职，同时比较了 XGBoost 和其他预测模型的优劣，包括各模型的计算时间和预测准确度。此类研究通常不关注自变量是影响因变量的内在解释机制，甚至忽略比较不同自变量对因变量的影响程度（例如，哪个因素对员工离职的影响更大）。

上述例子直观地说明了数据科学和组织管理研究在核心逻辑上存在显著的差异，因此管理学者往往无法直接将机器学习的方法应用于组织管理研究。例如，虽然相对于管理学离职研究中常用的逻辑回归（logistic regression），XGBoost 模型可能会提供更高的预测准确度，但是其模型缺乏可解释性，因此无法直接应用于组织管理研究当中。此外，组织管理研究强调理论优先的逻辑受到该学科的目标影响。组织管理研究的发现往往需要应用于组织管理实践，所以需要具有相应的实践价值。因此，组织管理研究需要揭示变量之间的因果机制，进而为管理者提供相应的具体措施和干预机制建议来提升管理效能。例如，对于离职研究，只有了解了驱动员工离职的关键因素（如薪酬、激励、培训等），组织才能制定有针对性的措施来改进这些因素，进而降低员工离职率。因此，基于黑箱模型的机器学习方法往往无法直接适用于组织管理研究。

综上所述，数据科学和组织管理研究的研究范式存在一定的不相容性，这种不相容性主要源于理论可解释性和模型预测准确度在这两个学科中的优先顺序不同，即可解释性（interpretability）和预测性（predictability）之间的矛盾。模型可解释性和模型预测准确度之间存在一定的张力：为了提升模型的预测准确度，模型往往需要包含更多的变量，探索变量之间复杂的非线性关系，进而使得模型更难以解释；而为了提升可解释性则需要简化模型，限制复杂的非线性关系。近年来学科之间的融合使得不同研究范式可以相互借鉴。例如，组织管理研究也开始关注预测效果（effect size，即自变量对因变量的解释度）、实际显著性（practical significance，即研究结论对管理实践的影响大小）等。数据科学的前沿研究方法也强调可解释的机器学习和因果推断等。但是，对组织管理研究而言，在今后相当长的时间内，其学科的核心逻辑还是要强调理论机制的可解释性。因此，并非所有的机器学习方法都能有效地应用于组织管理研究当中，基于这个逻辑，本章重点介绍一些可能适用于组织管理研究的机器学习方法，通过研究实例介绍这些方法对组织管理研究的补充和拓展。本章强调采用新的方法是为了解决组织管理研究中的新问题、拓展新理论、构建新概念，而不是为了使用新方法而使用。换言之，在研究中应当注意新方法的必要性和不可替代性及其所适用的应用场景。例如，面对海量文本信息时，人工编码变得不实际，便需要利用机器学习中文本分析的方法提取有效信息；而对于有限的文本信息，基于机器学习的文本分析方法未必会优于传统的人工编码方法。

22.3 大数据和机器学习分析方法在组织管理中的应用

将大数据分析和机器学习应用在组织管理领域的研究实践目前还处于起步阶段，仅有少数学者进行了尝试。随着大数据研究的兴起，越来越多的学者意识到数据科学和组织管理研究的融合可以进一步拓展管理研究领域。但是目前实证研究相对较少，尚未形成一个完整的体系和方法论。本章对目前已有的一些研究进行了梳理，提出大数据和机器学习分析主要可以从两个视角支持和拓展组织管理组织研究（见图22-1），即①为组织管理研究拓宽了数据来源，研究者可以利用新的数据来源构建对应的管理概念（视角一）；②为组织管理研究提供新的分析方法和框架，帮助研究者探索新的、复杂的内在机制和构建更好的预测模型（视角二）。

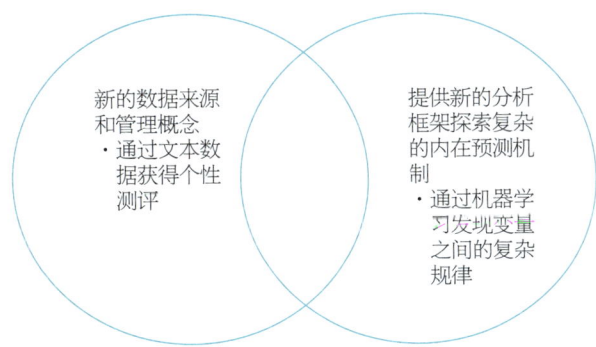

图22-1 数据科学和组织管理研究交叉融合的两个视角

22.3.1 视角一

新的方法为组织管理研究提供数据和概念支持，这是将数据科学和组织管理研究结合最为常见的方式，也是在组织管理现有研究范式下的一个拓展。如上所述，信息技术发展的一个显著特征就是数据来源增多，例如人与人之间的实时协作数据、沟通数据、文本信息数据、视频数据等。在这个视角下有两个关键词，即数据（data）和概念（concept）。对于传统研究，这两个词往往是统一的。例如用心理测评的方式来测量员工的个性特征（用大五人格测评测量个体的个性），数据（测评数据）和概念（大五人格）是一致的。这种情况在传统研究中非常普遍。但是，在数据科学领域，数据和概念不一定是一致的。例如，Harrison et al.（2019）利用CEO和证券分析师季度盈利电话脚本，通过机器学习的方法提取CEO的大五人格特质。在这个研究里，数据（电话脚本）和概念（CEO大五人格）是不一致的。

大数据和组织管理研究结合的第一步是需要将数据转化为概念。这一步骤在传统组织管理研究中是非常自然的一个步骤。因为数据的产生就是为研究服务的，即数据是以研究为目的主动产生的，带有强烈的设计目的。而大数据产生的目的不是为了服务于研究，数据和概念之间的联系需要由研究者来搭建。在上一个例子里，电话脚本这一数据本身不是为了研究CEO个性特征而生成的，是研究人员创新性地通过多种方法将其转化为研究可用的概念。因此，组织管理研究和数据科学交叉融合的一个重要步骤就是将数据和概念建立联系，从海量的数据中挖掘出有效的管理概念，用于后续的研究分析。有效地将数据转化为概念，是管理学者需要掌握的一个重要技能。

将数据转化为相应的概念可以从三个方面进行考量：

第一，用新的数据构建管理概念不一定是最优解。研究者需要慎重评估新数据的适用性。有些时候传统的方法提供了最佳研究设计方案，为了使用新方法而使用新方法反而有画蛇添足之嫌。例如，当研究人员可以很容易地采用成熟的大五人格量表或者情绪测评量表来获得员工的个性和情绪数据时，就没有必要使用文本分析的方式进行测量。在这种情况下，大五人格量表或情绪测评量表或许是最佳的工具。

第二，为弥补传统方法的不足，可利用新数据构建成熟的管理概念。有些成熟的管理概念虽然可以用传统的测评方式获得，但是在某些场景中使用传统的测评方式会遇到很大的挑战。因此，利用行为大数据构建成熟的管理概念可以作为传统方法的补充。例如对大公司的CEO或高管团队进行心理测评是非常困难的，因此利用CEO或高管团队的文本信息来构建其情绪及个性特征就是典型的利用行为大数据构建成熟管理概念的方法。除了具有可获得性的优势以外，行为大数据有时可以帮助研究者构建更为有效的成熟概念。例如，传统研究通常使用问卷测量的方式获取人们的时间表型（chronotype），即在特定时间睡觉的自然倾向（早睡型或晚睡型）。除了用问卷测量的方式获得这一倾向，学者还可以通过分析员工电子工作日志，即每个员工每时每刻的行为频率和动作，更为准确地获得员工和时间相关的工作习惯，进而更为精确地测量这一概念。

第三，除了利用行为大数据构建已有的管理概念，新的数据还可以帮助管理者提出新的概念，进而拓展管理理论。在上一个例子中，通过对行为大数据进行分析，管理学者可以进一步拓展时间表型的概念。除了判断一个人的时间表型自然倾向，还可以通过分析纵向数据，研究个人的时间表型是否发生变化，如是稳定型（stable chronotype）还是转移型（switch chronotype）。换言之，行为大数据为学者提供了多维和高频的行为特征，学者可以利用这些特征拓展已有管理概念的维度（例如时间维度）。例如，Corritore et al.（2020）利用员工对各类型公司的公开点评数据构建出公司文化的概念。相对于已有的公司文化的概念，其关注具体的文化维度（如创新、绩效、竞争等），该研究利用机器学习的方法构建出两个新颖的文化概念，即人际内文化异质性（intrapersonal culture heterogeneity）和人际间文化异质性（interpersonal culture heterogeneity），并进一步研究了这两个新的文化维度对公司创新和绩效的影响。此外，许多和时间相关的概念往往无法用传统的调研方式获得，新的行为大数据可以帮助研究者完善和拓展基于时间维度的管理概念。

行为大数据为组织管理提供了新的数据来源，并提供了一种全新的方法构建管理概念，这是两者融合研究实践中较为常见的一种范式。其核心逻辑仍然在组织管理的研究范式框架内，即强调理论在构建管理概念中的重要作用，遵循假设——检验的逻辑，采用组织管理研究中经典的研究方法来验证模型和检验假设。例如，Corritore et al.（2020）通过潜在狄利克雷分配（Latent Dirichlet Allocation，LDA）的方法分析大量文本数据，得出与两个文化维度相关的变量。之后将生成的两个变量作为自变量预测公司绩效和创新。换言之，机器学习的方法仅提供了生成某些变量的工具。而通过机器学习生成对应的变量之后，整个研究模型还是遵循传统组织管理研究的范式进行假设检验，强调变量的理论内涵和变量之间的因果关系和清晰的内在机制。综上，利用数据科学来扩展数据和概念，是一种较为直接的学科交叉融合方式。

22.3.2. 视角二

经典的组织管理研究往往遵循理论构建、假设检验的基本逻辑，提出研究模型，并验证模型和变量之间的关系。基于此，传统组织管理研究倾向于研究简单线性关系，深入阐述变量之间的理论联系和因果机制。因此，整体模型涉及的变量比较少，关系相对简单，整个模型往往具有较低的预测准确度。例如，R^2作为评价变量和模型解释度的指标，往往比较小。模型的解释度达到25%，就可以被认为变量之间具有比较强的影响。特别对于交互作用，有研究发现很多交互作用对因变量的解释度为1%—3%（McClelland & Judd，1993）。这两个特征显然也体现了管理学研究的一些局限性。一方面，人的行为是非常复杂的，往往是多因素交互影响的结果，而目前管理学研究往往关注少数变量对因变量的线性影响，最多研究两个变量之间的二重交互作用。管理学期刊对于多重交互作用（如三重交互）的研究变得越来越少见。另一方面，较小的模型解释度（例如R^2）说明管理学模型整体的预测效度比较低，造成实际显著性和实践价值比较有限。特别是当样本量比较大的时候，统计上的显著性往往无法对企业产生实际的应用价值。以员工离职预测研究为例，组织管理研究通常关注某个核心变量是否对员工离职产生显著的影响，而较少考虑整体模型对离职预测的准确度。

然而，可解释性和预测性之间存在天然的矛盾，研究变量之间的复杂关系必然会降低可解释性，这和目前主流管理研究范式不符。因此，虽然有许多机器学习的方法（如随机森林、神经网络、支持向量机等）在预测方面相对于传统的线性回归有明显的优势，但目前只有极少的研究直接用机器学习方法来检验管理研究模型。换言之，在组织管理研究领域，只有非常少的研究尝试用机器学习方法来替代管理学的传统分析框架，亦鲜少利用新兴方法探索变量之间的复杂关系和机制。

Choudhury et al.（2021）尝试将一些基于机器学习的预测方法融入组织管理研究，对这两个学科的潜在交叉融合进行了一些探索，提出了初步的分析框架。具体而言，Choudhury et al.（2021）回顾了基于机器学习预测模型的特征和基本步骤，同时强调虽然这些方法具有较高的预测准确度，但可解释性较低，因此需要平衡两者之间的张力。他们提出可以采用单向偏依赖图（one-way partial dependence plots）及双向偏依赖图（two-way partial dependence plots）的方法探索自变量和因变量之间的非线性关系，从而发现样本中的一些特有的数据模式，而这些模式是无法通过传统的线性回归方法发现的。例如，传统的研究发现入职时长是影响员工离职的一个关键因素，然而Choudhury et al.（2021）发现这种影响不是线性的——

对于某些员工，在入职 6 个月后，他们的离职概率突然显著上升。之后，他们进一步采用双向偏依赖图进一步探索两个变量之间的非线性交互作用，发现员工培训绩效和入职时长共同影响员工的离职概率，当员工培训绩效的值小于 3.995 且入职时长小于 6.5 个月时，员工具有非常高的离职概率。而传统的逻辑回归是无法发现员工这一独特的离职模式的。因此，这个研究提供了一个利用机器学习分析方法来探索变量之间非线性关系的范例。新的发现可以作为发展新的组织管理理论的起点，进而丰富管理理论的发展。

综上所述，本小节在目前研究现状的基础上探讨了数据科学和组织管理研究结合的两个潜在视角。下一个小节将具体介绍一些常见的机器学习方法，重点介绍机器学习的核心逻辑，以及和传统组织管理研究所采用的方法的异同点。这样读者可以从管理学的视角更好地理解如何将机器学习方法应用于组织管理研究当中。

22.4 常见的机器学习方法

在这一小节，我们同样从上述两个视角出发，介绍哪些机器学习方法可以用于构建相应的管理概念，哪些方法可以用于探索变量之间的关系。机器学习方法种类众多，且在不断发展当中。限于篇幅，本小节将比较浅显地讨论机器学习方法中一些最为核心的概念，而不涉及过多的技术细节。

机器学习主要分为两大类，即无监督机器学习（unsupervised machine learning）和有监督机器学习（supervised machine learning）。无监督机器学习对数据集不进行人为标记，完全依赖数据集自身的特征来挖掘数据的模式。聚类分析就是一种典型的无监督机器学习算法，通过分析无标签数据集内的模式，根据数据本身的多种特征将数据聚类成不同类别。对于有监督机器学习，数据集（或样本）是有明确的目标和标签的。有监督机器学习算法通过对比预测的标签和实际的标签来优化模型。例如，离职预测就是一种典型的有监督机器学习，数据集的目标（是否离职）具有明确的标签（0= 没有离职，1= 离职），有监督机器学习算法通过对训练样本集进行学习，预测每个样本的离职概率，并和真实的标签进行对比，从而不断优化模型算法。

这两种模式在组织管理研究中也非常常见，我们常见的回归分析可以视为有监督机器学习，而探索性因子分析（exploratory factor analysis）、潜剖面分析（latent profile analysis）均属于无监督机器学习。有监督机器学习往往用于模型预测，而无监督机器学习往往用于概念构建。例如，通过探索性因子分析得到测量条目之间的维度模型，通过潜剖面分析获得不同类别的人群特征。基于这一特征，在组织管理研究中，研究者也可以通过利用无监督机器学习的方式进行概念构建，通过有监督机器学习的方式进行模型预测。

22.4.1 无监督机器学习和主题模型方法

文本数据是组织管理研究中一个常见的数据形式，越来越多的组织管理研究通过挖掘文本信息来构建概念，例如情绪、个性特征、行为、创新等。在传统组织管理研究中，因为可获得的文本数据有限，通过访谈、观察、企业内部资料等，研究人员往往可以使用人工编码的方式提取相应概念。然而，随着信息技术的发展，越来越多的文本数据以大数据的形式产生并储存，研究中可使用的文本数据的量级不断增长。人工编码这一传统方法逐渐变得不适用，很多研究开始采用机器学习的方法分析文本数据。因为文本数据本身没有明确的目标和标签，研究者通常使用无监督机器学习的方式，根据数据本身的特征挖掘出相应的模式和概念。Hannigan et al.（2019）详细回顾了主题模型在管理研究中的应用，总结了目前常见的、用于分析文本数据的方法，包括内容分析（content analysis）、基于文本数据的扎根理论（grounded theorizing with textual data）和基于机器学习的自然语言处理（natural language processing）。内容分析和基于文本数据的扎根理论往往依赖研究人员的编码和判断，虽然有时也依赖计算机上的辅助软件，但人的主观判断在分析过程中起到非常关键的作用。而自然语言处理等方法更依赖于新兴的机器学习相关算法，适用于处理海量的文本数据。

主题模型是基于自然语言处理的一个代表性方法，通过采用统计关联的方式计算文本中关键词之间的联系并产生潜在主题（latent topics），这些主题代表了一些相关词汇聚类产生的更高阶的概念。这种方式的一个优势在于不需要依赖语言本身的语法，也无须提前定义相关的字典来构建主题模型。例如，研究可以利用海量的员工对公司的点评文本数据构建公司文化概念。通过构建主题模型的方式，将员工的点评文本数据中的关键词进行统计关联，以获得一系列主题。例如，无监督机器学习算法可以发现一系列关键词，例如"绩效""末位淘汰""竞争""压力"之间的内在统计关联，从而生成一个和公司绩效、文化相关的主题。

下面重点介绍 LDA 主题模型算法。LDA 是近年来在组织管理研究领域中常见的方法（Kaplan & Vakili, 2015）。LDA 是一种基于贝叶斯概率模型、用于从文本数据中发现潜在主题的方法。模型的输入是一组文本文档，输出由两部分组成：① 潜在主题——其中每个主题都表示为文档中关键词的分布（见图 22-2）；② 文档的主题分布——每个文档都用一个数字向量表示，该向量量化了文档与每个潜在主题的关联，即在某个潜在主题的概率分布（见图 22-3）。LDA 已被广泛用于分析来自各个领域的文本数据，包括社交媒体、客户评论、学术出版物等。

具体而言，这种算法专注于文本中同时出现的关键词，通过分析关键词之间的统计关联，获得一系列主题。其中每个主题本身就代表了关键词之间的分布。而文本就是这些潜在主题的随机混合（Blei et al., 2003）。以员工点评文本数据为例，通过分析关键词关联组合（关键词 1、关键词 2、关键词 3 等），可以确定一系列潜在主题（主题 1、主题 2、主题 3 等），进而可以计算出该文本文档在这些主题上的分布概率（主题 1，概率 0.3；主题 2，概率 0.1；主题 3，概率 0.2 等）。每一个文档都以一个向量（vector）的形式存在。基于这些向量可以进一步计算相应的指标（如不同文档之间的相似度等），用于构建相关管理概念。

	关键词1	关键词2	关键词3	关键词4	关键词5	关键词6	关键词7	关键词8	关键词9	关键词10
主题1	4.07	8.09	6.22	2.56	13.82	9.84	10.86	7.12	6.28	4.48
主题2	11.53	5.45	31.11	16.56	15.27	13.30	5.02	3.06	30.73	5.05
主题3	14.80	4.05	4.67	23.25	3.05	2.05	8.85	3.63	4.69	2.32
主题4	33.86	21.12	12.82	39.51	18.60	16.55	29.32	16.84	11.74	28.52
主题5	79.79	59.83	13.07	99.59	55.98	45.98	49.00	47.34	13.20	46.61
主题6	11.54	13.64	12.67	14.53	18.10	12.98	44.81	41.06	12.57	12.18
主题7	242.06	95.55	18.98	299.01	61.36	51.89	146.33	103.67	19.97	14.91
主题8	61.35	57.43	15.75	77.62	32.64	26.63	66.57	56.85	18.39	20.05
主题9	4.05	2.59	5.05	4.05	7.24	5.05	18.87	17.10	5.05	7.77
主题10	45.28	11.80	14.74	55.95	33.78	30.81	28.00	23.05	14.72	2.36

图22-2　LDA主题和词语矩阵举例

	主题1	主题2	主题3	主题4	主题5	主题6	主题7	主题8	主题9	主题10
文档1	0.01	0.01	0.32	0.01	0.01	0.01	0.50	0.01	0.01	0.01
文档2	0.01	0.01	0.01	0.01	0.01	0.01	0.01	0.01	0.01	0.01
文档3	0.01	0.01	0.01	0.01	0.01	0.01	0.01	0.01	0.01	0.01
文档4	0.00	0.00	0.00	0.00	0.00	0.00	0.38	0.00	0.59	0.00
文档5	0.01	0.01	0.01	0.01	0.01	0.01	0.81	0.01	0.01	0.01
文档6	0.00	0.00	0.00	0.01	0.00	0.00	0.01	0.00	0.00	0.00
文档7	0.00	0.00	0.00	0.00	0.00	0.00	0.20	0.00	0.00	0.00
文档8	0.01	0.01	0.01	0.01	0.01	0.01	0.01	0.32	0.01	0.01
文档9	0.00	0.00	0.00	0.00	0.00	0.00	0.00	0.00	0.00	0.00
文档10	0.13	0.00	0.00	0.83	0.00	0.00	0.00	0.00	0.00	0.00
文档11	0.49	0.00	0.00	0.45	0.00	0.00	0.00	0.00	0.00	0.00
文档12	0.00	0.00	0.00	0.00	0.00	0.00	0.00	0.00	0.00	0.00
文档13	0.00	0.00	0.00	0.00	0.00	0.00	0.41	0.46	0.00	0.00
文档14	0.02	0.02	0.02	0.02	0.02	0.02	0.02	0.02	0.02	0.02
文档15	0.02	0.02	0.02	0.02	0.02	0.02	0.02	0.02	0.02	0.02

图22-3　LDA评论主题分布矩阵举例

LDA基于关键词来构建潜在主题，而不考虑文本语法以及词语内在的先后关联和语义组合。它有以下三个特点，第一，不同词语和关键词之间是独立的，因此使用该方法的研究者不需要事先准备语义库和字典；第二，LDA所构建的潜在主题不需要被人为理解，很多时候这些潜在主题不一定可以被研究人员所解释；第三，LDA所生成的各个潜在主题之间不是互斥的，单个词语以不同的概率出现在不同主题中，主题本身可能重叠。

实例1　Corritore et al.（2020）从Glassdoor（一个网络职场社区，主要进行企业点评与职位搜索）上获取了海量的员工对其雇主公司的点评文本数据，通过LDA主题模型算法，研究不同公司的文化异质性（culture heterogeneity）。研究团队选取至少有25条员工点评的公司，总样本包括492个公司的512 246条点评。该研究先训练一个语言主题模型，识别整个文本数据中（员工点评中）提到的组织文化的不同维度（潜在主题），之后将该模型拟合到样本中，并判断每个员工点评在各个潜在主题（文化维度）的分布概率。LDA的输出结果是一个文档—主题矩阵（类似图22-3），每个点评文本被分配一个概率分布，即概率向量。

此外，LDA主题模型可以输出不同个数的主题数量，研究人员需要选择想输出的主题数量（例如25、50、100或者更多个潜在主题）。研究人员通常可以使用"主题连贯性"（topic coherence）这一指标来选取合适的主题数量。这一指标通过测试每个主题中高分词之间的语义相似度来衡量单个主题的得分。通过训练集确定潜在主题数量和主题之后，使用LDA可以计算出每个文档潜在主题的概率分布，每个点评文档都有一个概率向量。基于概率向量，该研究进一步计算出了两个和文化异质性相关的概念的值，即人际内文化异质性和人际间文化异质性，人际内文化异质性反映了同一个员工的点评在不同潜在主题分布概率上的差异。例如，某个点评A在5个主题上的分布概率是（0.05，0.05，0.80，0.00，0.10），该点评极大概率是分布在主题3上的，而在其他几个主题分布概率很低。可见，该点评具有较低的人际内文化异质性（该点评反映了某个单一主题）。而另一个点评B在5个主题上的概率是（0.20，0.20，0.20，0.20，0.20），反映出了较高的人际内文化异质性（该点评反映了多维度的主题）。而对于人际间文化异质性，每个公司都有多个点评文档，这些文档反映了同一公司不同员工对该公司文化的点评。如上所述，每个点评文档都会由一个概率向量表示，如果所属同一公司不同向量之间的差异大，则反映了该公司具有较高的人际间文化异质性（不同员工对公司的点评不同）。同一公司向量之间差异小，则反映了该公司不同员工对公司的点评都具有相似的主题概率分布，具有较低的人际间文化异质性。

实例2 笔者的一篇工作论文通过获取论文摘要的文本数据，分析不同研究团队在新论文研究方向和过去该团队成员研究方向之间的差异，提出了团队知识延续性这一概念。例如，当一个研究团队过去研究计算机相关主题，在某个新论文中研究机器学习，则该研究团队的知识延续性就比较高。而另一个研究团队长期研究生物学，在某个新论文中研究心理学，从直观上看该团队的知识延续性就相对较低。该研究通过获取所有研究人员的当前研究论文和之前研究论文的文本摘要，通过LDA主题模型来捕捉每篇论文的潜在主题，并通过聚合研究人员早期出版物的主题来代表他们的专业知识。如图22-4所示，基于论文摘要，LDA可以计算出每篇论文的主题概率分布。通过计算每篇论文的主题概率分布，该研究可以进一步计算当前研究和之前研究主题分布向量之间的余弦相似度（一个常用来衡量两个向量之间相似度的指标）。更高的相似性意味着作者之前的研究经验与当前研究论文的关系更密切，反映了更高的知识延续性。

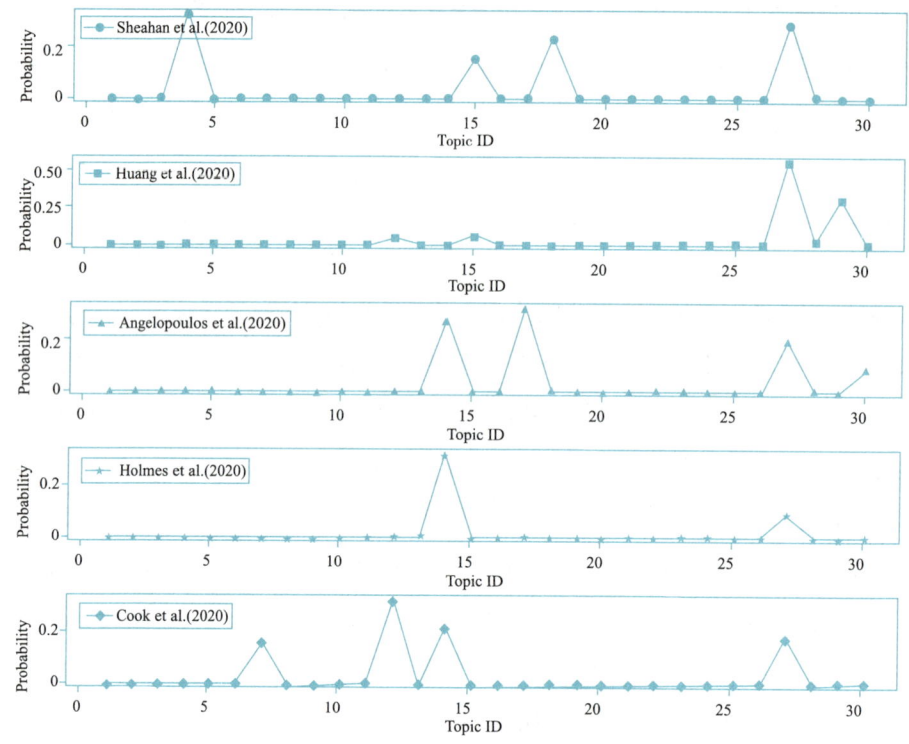

图22-4 论文在LDA主题模型上的概率分布示意（截图）

综上所述，LDA作为一种无监督机器学习方法，可以有效地分析海量文本数据，从文本数据中提取相应的潜在模型，生成主题概率向量，进而帮助管理学者构建出具有管理意义的概念。通过使用无监督模型可以帮助学者提出一些创新性的管理概念，进而拓展组织管理研究理论和实证研究。

22.4.2 有监督机器学习

有监督机器学习是另一类常见的方法，常常用于预测。组织管理研究中常常用到的普通最小二乘法回归（ordinary least squares regression）、逻辑回归（logistic regression）等方法都属于有监督机器学习方法。如上所述，有监督机器学习的一个基本逻辑是针对有目标或者标签的数据（例如，在预测员工绩效模型中，数据包含高绩效员工、低绩效员工等标识），通过回归或者分类的方式预估每个样本点期望的目标（是否高绩效），并和实际目标或者标签进行比较（实际的绩效标签），进而优化预测模型。除了管理学者所熟悉的基于回归的方法、计量模型等，常见的有监督机器学习方法包括决策树（decision tree）、随机森林（random forest）、神经网络（neural networks）、朴素贝叶斯（naive Bayes）、支持向量机（support vector machine，SVM）、套索算法（lasso）等。限于篇幅，本章对于这些方法的技术细节就不详细展开了，本小节将重点介绍几种有监督机器学习方法的一些核心特征，例如机器学习分析的基本步骤、样本选择、模型优化和评价等。

样本和变量 类似于组织管理研究中常见的其他回归预测模型，使用有监督机器学习方法进行预测也需要首先选取数据样本（dataset）和相关变量，模型涉及的变量也可以分为因变量和自变量。因变量的特征（如连续变量、分类变量等）决定了具体的算法选择。自变量（解释变量）的选取是影响预测模型的关键因素。如果对因变量有重要影响的自变量没有被纳入模型当中，一定会影响模型的预测效果。自变量的选择可以基于已有的文献或者相关理论。基于理论可以确保研究者将重要的自变量纳入分析模型当中，这一点也和组织管理研究类似。和组织管理研究不同的是，机器学习方法可以容纳更多的自变量，模型可以考虑多个变量对因变量复杂的非线性影响，进而取得较高的预测准确度。

分类和回归问题 根据数据集目标和标签的性质，即因变量的特征，有监督机器学习对目标的预测可以分为分类（classification）和回归（regression）。当数据的标签是连续的，即因变量是连续变量时，例如员工绩效（例如 0—100 分）、销售额，就是回归问题。当因变量是分类属性的，例如是否离职，则属于分类问题。分类和回归问题需要采用不同的算法。例如，分类问题可以采用支持向量机、朴素贝叶斯方法，而对于回归问题可以采用套索算法等。

损失函数（loss function） 普通最小二乘回归模型的核心就是保证所有数据偏差的平方和最小，即最小化预测值和观测值之间的误差。同样的，有监督机器学习算法也有类似的逻辑，即用损失函数来代表模型的误差。具体而言，任何一个机器学习的算法的数学逻辑都是建立一个最小化损失函数（也称为目标函数或误差函数）的模型。损失函数是一种评估机器学习算法对特征数据集建模效果的方法，损失函数可以评估模型误差。通过建立损失函数来惩罚与观察数据不匹配的预测的模型。例如，如果一个模型在训练集中损失变大，那么算法就会惩罚该模型，而另一个模型能够降低损失，算法就会奖励该模型，通过奖惩机制可以不断优化模型的预测效果。换言之，损失函数是衡量模型在预测结果方面的好坏。

样本分割 组织管理实证研究选取样本（理想情况是随机抽样），并在样本中测试模型、验证假设。如果模型假设成立，则认为该结论具有一定的普遍性，在样本中得出的结论在更广泛的群体中也适用，通过检验模型和假设的统计显著性（p 值）来确保结论的可靠性。这种验证逻辑基于随机抽样，并在样本中验证假设来推断在人群（population）中相同的关系是否成立。通过检验 p 值来减少推断错误，确保普遍性（generalizability）。机器学习算法也强调模型的普遍性，即通过样本训练的模型也具有较好的普遍性，能够在样本以外获得较好的预测性（out-of-sample performance）。为了达到这一目标，机器学习算法往往采用样本分割的方式确保模型的普遍性。通常训练机器学习算法需要将数据分割成三份，包括训练集（training sample）、验证集（validation sample）和测试集（test sample）。通常首先使用训练集来训练某个算法，然后使用验证集对在训练集学习的算法进行参数调整，进一步优化算法，使得算法取得理想的预测效果。最后使用测试集检验已经优化过的算法。需要注意的是，测试集和训练集—验证集应当完全分开，测试集也被称为额外测试样本集（the holdout test sample），用于检验模型的最终预测效果。如同学生准备考试，训练集就像学生平时学习知识点做的练习题一样，通过训练掌握基本技能；验证集就像平时的模拟考题，帮助学生查漏补缺、优化学习效果；而测试集就是真实的期末考试，考察学生是否真正掌握了相关技能。

一个合理的经验做法是将数据随机分割为三个子集（例如，60% 用于训练、20% 用于验证和 20% 用于测试）或两个子集（例如，70% 归训练集—验证集，30% 归测试集）。第二种分割方法随后可用于 k 折交叉验证（k-folds cross-validation）。k 折交叉验证可以防止不同样本分割方法对模型训练产生影响，因而更为稳健。这种方法的一个劣势是对计算量的要求更高。这种方法会将训练集—验证集数据随机分成 k 个大小相等的数据子集。在训练验证过程中，依次将 k 个子集的每一个作为验证集；其他 $k-1$ 个子集用作训练集。总共会训练 k 个模型，最后将 k 个模型的验证误差（即损失函数的结果）进行平均，以测量模型性能。这种取平均值的方法使得模型性能评估不受不同分割方法造成的特殊情况的影响。

不同于传统的组织管理实证研究，通过检验 p 值或者置信区间来验证模型和假设，机器学习算法往往不需要依赖统计显著性进行验证，而是通过样本分割的方式检验模型的普遍性。

过度拟合（overfitting） 为了降低损失函数，机器学习算法面临的一个潜在问题是过度拟合——为了在训练集中取得更好的预测准确度，模型变得过于复杂，而数据样本有限，使得算法函数与训练集中数据点过于紧密拟合。有限的样本数据中往往存在一定程度的错误或随机噪声，因此，试图使模型过于紧密地拟合存在随机偏差的数据可能会导致模型产生错误并降低其预测能力。例如，过度拟合的模型往往只能在训练集中取得较好的预测效果，而无法在测试集中取得较好的预测效果。过度拟合造成了训练集和测试集模型损失的差异比较大。换言之，模型在训练集上通过"死记硬背"取得较好的表现，但在测试集上却表现很差，因为没有抓取到数据或者变量之间的一般性规律，具有较差的普遍性。Choudhury et al.（2020）的研究建议可以对比训练集和测试集的模型误差或者损失，来判断模型是否存在过度拟合问题，进而选取合适的算法模型。

近年来管理学及其他社会科学实证研究中逐渐浮现出 p 值操纵（p-hacking）的问题，通过在样本中检验不同的关系，只汇报显著的 p 值，或者通过对模型的调整改变某个 p 值，使其变得显著。p 值操纵使得在某个样本中发现的显著关系无法推广至样本之外的群体。这个问题类似于机器学习算法中的过度拟合，两者均降低了模型结论的普遍性。

模型优化（tuning model） 在训练机器学习算法中，一个常见步骤是设置不同的超参数（hyperparameter）进而对算法进行限制，以防止过度拟合，或者使得模型易于解释，再或者让模型有更好的表现。组织管理研究中常见的很多回归模型并不存在这一步骤，但是在机器学习算法中通过调节参数进行模型优化是一个重要步骤。需要强调的是，算法参数应在估计模型之前进行调整，由研究人员根据经验、数据类型、方法特征等因素主动对模型进行优化，而不是在估计模型之后根据结果进行调整。换言之，优化的参数并不是从数据中"学"来的。通过优化模型，研究人员可以避免过度拟合或者欠拟合（underfitting）问题。例如在决策树模型中，为了防止模型变得过于复杂，可以限制决策树的深度。研究人员经常在训练集中训练一个算法，之后在验证集中通过调整超参数进行优化模型，确定最终的算法模型，并在测试集中进行测试。

模型评价和解释　　相对于传统的组织管理实证研究结果，机器学习算法模型的结果往往更难以被学者直接理解和解释。机器学习算法的结果和管理学者所熟知的回归模型的结果具有很大的差异。例如，在管理学实证研究中，研究人员可以很容易得到每个自变量对因变量的回归系数。回归系数反映了自变量对因变量的影响和显著性。研究人员往往更关注具体变量的回归系数，因为这些回归系数直接反映了具体假设是否被验证支持。在有些情况下，研究人员还会关注模型的整体情况，如 R^2 拟合程度等。但是，大多数机器学习算法模型产生的结果并没有我们所熟悉的回归系数等信息，因此无法直接解释自变量对因变量的影响程度以及影响方式。这一特点对于刚接触机器学习的管理学者是比较困惑的，也造成了难以直接将机器学习预测模型运用于组织管理研究。因此，研究人员对机器学习产出结果的评价和解释往往集中于模型整体预测表现，即算法在测试集中对结果预测的准确度、损失、误差等。当然有些机器学习算法也能够输出一些类似于回归系数的指标，用于描述自变量对因变量的影响程度。例如套索模型可以输出类似回归系数的结果，随机森林可以输出自变量在模型中的相对重要性（relative importance）。而有些机器学习算法则无法判断单个自变量在模型中对因变量的影响。缺乏对自变量的评估和解释指标也是制约直接将机器学习算法应用于组织管理研究的一个重要因素。前文提到，Choudhury et al.（2020）提出了可以通过绘制自变量和因变量之间单向和双向偏依赖图来获得自变量在模型中的影响力。

对于模型预测的评估，最直观的指标就是预测准确度，定义为"准确的预测/总的预测"。比如，对 100 个员工的离职情况进行预测，模型预测对了 89 个，模型整体预测准确度是 89/100=89%。但是这一指标在有些时候会误导研究者。预测不平衡样本时（一类结果明显多于另一类结果），例如某员工离职样本中，离职人数远远小于非离职人数（如 5% 离职、95% 未离职），如果模型预测所有样本均未离职，则模型的预测准确度为 95%。该模型总体准确度很高，但却没有任何实践价值。因此，对于模型预测，研究人员往往使用混淆矩阵（confusion matrix）来直观地显示对不同类别样本的预测效果（见图 22-5）。在不同的情境下，研究人员对算法模型有不同的偏好，例如当需要预测罕见疾病的时候，研究人员就要让模型尽可能地不要错过真实阳性样本。算法就需要提高模型的召回率（recall）。

召回率 = 真实阳性/（真实阳性+假阴性）

而有些时候研究需要尽可能提高算法的精确度（precision）。

精确度 = 真实阳性/（真实阳性+假阳性）

图22-5 混淆矩阵：以离职预测为例

根据上面的计算公式，我们可以很容易看出在召回率和精确度之间是存在张力的。因此，研究人员还可以使用受试者特征（receiver operating characteristics，ROC）曲线来评价模型如何区分不同类型的样本（例如真实阳性和真实阴性样本）。ROC曲线构建了一个二维矩阵，以真实阳性率（真实阳性率＝真实阳性/(真实阳性＋假阴性)）为 y 轴，以假阳性率（假阳性率＝假阳性/(假阳性＋真实阴性)）为 x 轴，对比在不同分类预测情境下模型的预测表现（见图22-6）。以预测离职为例，假设有一个100人的样本，其中离职人员（$y=1$）有20位，未离职人员（$y=0$）有80位。当模型预测所有人都未离职时，真实阳性率和假阳性率均为0，即图22-6的左下角的原点（$x=0$，$y=0$）。当模型预测所有人离职时，真实阳性率＝20/(20+0)＝1，而假阳性率＝80/(80+0)＝1，即图22-6右上角的点（$x=1$，$y=1$）。对角线则反映了模型随机对人员进行分类时曲线的分布。例如对100个人进行分类预测，对于任意一个观测值，不管这个点的真实属性（$y=0$ 或者 $y=1$），其预测概率均一样。即，模型对20个离职人员预测，假设预测离职概率是20%，其中预测4人离职，16人未离职，真实阳性率＝4/(4+16)＝0.2，对80个未离职员工预测（预测概率不变），预测16人离职，假阳性率＝16/(16+64)＝0.2。这个随机预测正好落在对角线上。此外，无论我们怎样调整离职概率，只要这个概率函数对于观测值是随机的，所有的点均会落在对角线上。基于此，对角线上方的点代表优于随机分类的结果，下方的点代表比随机分类差的结果。一个完美的预测模型将在最左上角包含一个点，表示一个不会给出假阴性和假阳性的模型。

ROC曲线下方的部分又称作AUC（the areas under the curve）（图22-6浅蓝区域），可以用来描述ROC曲线。这一指标用于评价模型的表现。AUC面积越大，表示模型的预测效果越好。

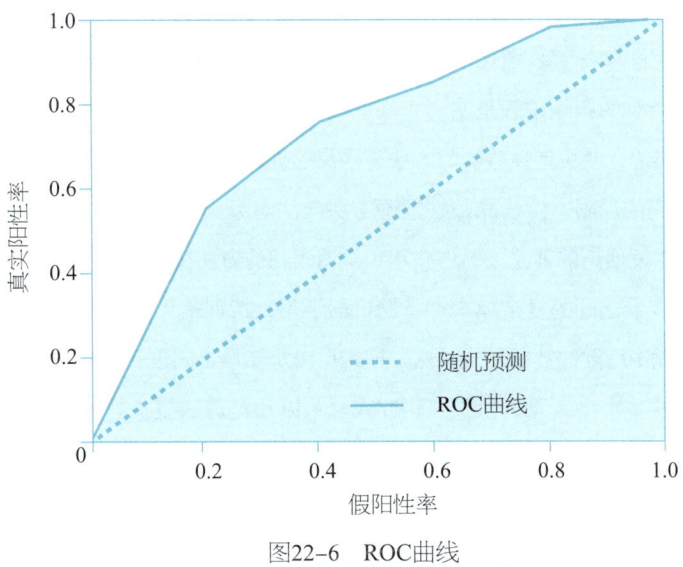

图22-6　ROC曲线

本小节介绍了使用有监督机器学习进行预测的一些核心概念和步骤，可以发现，这些概念与组织管理研究常用的传统回归模型具有较大的差异，使得直接将机器学习算法模型运用于组织管理研究问题变得很有挑战。因此，机器学习算法目前是主要作为一种辅助的探索性手段帮助管理学者拓展已有的组织管理研究。下一小节将进一步介绍如何利用机器学习算法辅助组织管理研究进行理论构建，即通过机器学习发展管理理论。

22.5　机器学习和理论构建

本章的开头提出了数据科学和组织管理研究交叉融合的问题，即基于数据驱动的研究和优先理论构建的研究之间是否存在矛盾或张力。面对两个学科研究范式的差异，管理学者该如何利用新兴的方法来丰富组织管理研究？目前已有研究对这一问题进行了深入探讨，探索利用机器学习推动组织管理理论构建的可能性。这一小节将检验探讨机器学习和理论构建之间的关系。

组织管理研究中通常有两种常见的理论构建的方法，即归纳推理（inductive reasoning）和演绎推理（deductive reasoning）。归纳推理是自下而上的方法，从一般案例观察归纳出一般性的规律；而演绎推理是自上而下的，从一般前提到具体结论进行推理。也有研究提出了融合演绎推理和归纳推理的溯因推理（abductive reasoning）。组织管理研究中的定量研究往往采用演绎推理的方式，从理论推理出一般性假设，通过定量分析验证相关的假设。而定性研究则通常使用归纳推理的方式，从典型案例、样本出发，通过详细的访谈、编码、概念构建等定性研究的方法归纳出一般性的理论规律。归纳推理在促进管理理论构建方面起到非常重要的作用。定性研究和归纳推理往往可以帮助学者从新的管理现象中发展新的理论，进而推动管理学理论发展。

机器学习（特别是无监督机器学习）和归纳推理具有一定的相似性。Leavitt et al.（2021）将机器学习和理论推理进行了类比，提出有监督机器学习类似于演绎推理，而无监督学习类似于归纳推理。传统的归纳推理是基于有限的案例样本，通过研究人员的主观判断，例如编码、分类、命名等，使用定性分析的方法获得灵感进行理论构建。然而，受限于定性研究的局限和人为编码的局限，传统的归纳推理方法无法对海量数据进行处理，从而无法从更广泛的数据来源中发展新的理论。而许多基于机器学习的方法擅长从海量数据中发现独特的数据规律，以及变量之间的复杂模式。借助机器学习，特别是无监督机器学习，研究人员可以发现定量数据中稳健的数据模式。这个模式可以是变量之间创新性的关系，也可以是通过无监督学习对样本产生新颖的聚类。研究人员可以通过这些模式的拓展，提出新的管理概念和假设。之后，研究人员可以使用传统的分析方法对新的概念和关系进行假设检验。换言之，机器学习方法为研究人员提供了一种类似于扎根理论的工具，帮助人员从海量数据中识别具有理论价值的模式，进而从这些模式中提炼出新的理论。例如，在项目管理（project management）或者团队发展（team development）研究领域有两种不同的理论模型，即布鲁斯·塔克曼（Bruce Tuckman）的团队发展阶段理论（Stages of Group Development）和康妮·格西克（Connie Gersick）提出的团队发展的间断—平衡模型（punctuated-equilibrium model of group development）。信息技术的发展使得许多团队使用协作工具管理成员协作，这些工具可以记录团队或者项目从开始到结束全生命周期中成员的行为和互动模式。通过机器学习可以从团队数据中挖掘出团队互动模式以及互动模式随着项目进展、团队发展的演进过程。基于此，研究人员有可能进一步拓展团队发展理论。

22.6 总结

人工智能、大数据、机器学习的飞速发展促进和改变了许多学科的发展进程和研究范式。在组织管理研究领域，许多学者也开始将数据科学的最新进展应用于组织管理研究，并且产生了一些有益的尝试。但是由于数据科学和管理学在研究范式上存在较大的差异，两者的融合相对缓慢，同时也遇到了一些挑战。本章总结了数据科学和组织管理研究在核心逻辑上的异同点，提出可以从两个视角思考将机器学习的一些方法应用于组织管理研究当中。本章还进一步介绍了一些常见的机器学习方法，特别是已经运用于组织管理研究中的典型机器学习方法和核心概念。希望通过本章的介绍能够使更多的管理学者尝试将机器学习的相关方法运用于组织管理研究中，通过方法的创新拓展组织管理研究。

思考题

1. 数据科学和组织管理研究在学科范式上有什么异同点？是什么原因造成了二者的差异？

2. 如何通过无监督学习构建管理概念？请思考一些具体的场景，分析如何通过无监督机器学习构建相关的管理概念。

3. 管理学者应该如何利用机器学习算法拓展组织管理研究？在跨学科研究中，管理学者的定位和作用是什么？管理学者如何在学科交叉融合过程中做出贡献？

4. 机器学习建模中为什么要进行样本分割？这样做的目的是什么？为什么组织管理实证研究中不采用这种方法？

5. 如何通过机器学习方法进行理论构建？有哪些场景适合通过机器学习进行理论构建？

延伸阅读

Choudhury, P., Allen, R. T. & Endres, M. G.（2021）. Machine learning for pattern discovery in management research. *Strategic Management Journal*, 42（1）, 30–57.

Corritore, M., Goldberg, A. & Srivastava, S. B.（2020）. Duality in Diversity：How Intrapersonal and Interpersonal Cultural Heterogeneity Relate to Firm Performance. *Administrative Science Quarterly*, 65（2）, 359–394.

Hannigan, T. R., Haans, R. F. J., Vakili, K., Tchalian, H., Glaser, V. L., Wang, M. S., Kaplan, S. & Jennings, P. D.（2019）. Topic Modeling in Management Research：Rendering New Theory from Textual Data. *Academy of Management Annals*, 13（2）, 586–632.

Knight, A. P.（2018）. Innovations in unobtrusive methods. In A. Bryman & D. A. Buchanan（Eds.）, *Unconventional methodology in organization and management research*：64–83. New York, NY：Oxford University Press.

Leavitt, K., Schabram, K., Hariharan, P. & Barnes, C. M.（2021）. Ghost in the Machine：On Organizational Theory in the Age of Machine Learning. *Academy of Management Review*, 46（4）, 750–777.

Simsek, Z., Vaara, E., Paruchuri, S., Nadkarni, S. & Shaw, J. D.（2019）. New Ways of Seeing Big Data. *Academy of Management Journal*, 62（4）, 971–978.

Lazer, D. M. J., Pentland, A., Watts, D. J., Aral, S., Athey, S., et al.（2020）. Computational social science：Obstacles and opportunities. *Science*, 369（6507）, 1060–1062.

第四部分
研究发表的旅程

第 23 章

如何把论文发表到优秀的管理学期刊上？

陈晓萍　徐淑英

> **学习目标**
> 1. 明确发表论文的目的
> 2. 了解论文写作和发表的全过程
> 3. 掌握写出高质量论文的方法
> 4. 掌握应对论文审阅过程中遇到的问题的方法

路漫漫其修远兮，吾将上下而求索。（屈原）

本书前面的章节已经详细介绍了论文选题、理论构思、研究设计、数据搜集、数据分析等内容。至此，假设你得到了非常有意思的结果，下一步是写研究报告与同行分享。分享的方式有几种：一种是在系里做学术讲座（seminar），一种是去别的学校做学术讲座，还有一种是去学术会议（conference）（如美国管理学会、美国工业与组织心理学会等）宣读论文。当然最有效的方式是把论文写出来，并在高质量的期刊发表。

为什么要把论文发表在高质量的期刊上呢？

首先是因为研究者应该向其研究领域贡献新知识。研究的目的，就是要增加新知识，研究者的主要责任就是贡献新知识。如果从这个角度去看待自己的研究，并把它当作个人的目标，那么研究者自然会关心论文的严谨性了。

其次是发表在高质量期刊上的论文能够对某个研究领域产生影响力。只有当研究论文经过严格审稿程序被发表出来时，其影响力才可能产生。虽然研究结论有时可能出错，但当其他研究者注意到并引用时，这项错误的结论就有机会被加以修正、改进。在某种意义上，这一点涉及一些道德上的问题。假如研究者明明知道论文里面有问题，但因为写作技巧高，本应被拒绝的论文仍发表出来，这在道德上是有瑕疵的。知识的用处是帮助实践，管理研究的成果很多会进入教科书，假如知识有错，就会误导学生、误导实践。所以，第一点原因是最根本的：研究论文必须能够提供新的、准确的知识，并对知识体系有所贡献。

再次是发表论文可以把知识公之于众，使它起到影响实践、给政策决策者提供依据的作用。通过更好的商业实践和公共政策，人民的生活得到改善。也正是因为这个原因，研究的结果必须可信可靠，否则将会误导大众。

最后是发表论文可以增加研究者的知名度。这不是一个坏原因，但在当前的学术环境中，特别是美国、加拿大（中国也不例外，欧洲国家可能还好一点）的学术环境中，有一个很不健康的趋向，就是大家把发表论文当成做研究的唯一目的。为了达到这个目的，他们会想办法把原本一篇高质量论文的素材，拆解成两篇、三篇，结果降低了论文的质量，只能在质量较低的期刊上发表。但这种论文即使有五篇、十篇，都比不上一篇高水平期刊论文。

也许有的人会说，发表论文是为了成为终身教授（tenure professor）等的需要。可是假如研究者的目标只是为了能够成为终身教授的话，就可能会争取在短时间内发表很多论文，这样就会导致论文质量的下降。比如，当收到别的研究者的合作邀请时，为了在短时间发表一定数量的论文，他们一定会答应，甚至会认为这是一个千载难逢的机会。然而这种机会式研究（opportunistic research）不是自己真正感兴趣的，研究的累积性一定有限。而且，若只是为了发表，而不是为了贡献新知识，我们的心理投入（psychological involvement）就会很少，到最后，做研究就会成为一种苦差事，越做越没意思。这种功利导向最坏的后果在于，它会诱惑研究者采用不恰当的做法去最大限度地增加发表的机会，最终的结果是研究方法可能存在缺陷，也可能无法重现原来的结果。

发表论文是一个与其他研究者沟通分享的方法，它让研究者有机会告诉同领域的其他研究者自己在做这项研究及研究中的新发现，这可以帮助研究者贡献新的知识、建构新的概念。发表论文的目的是把重要的研究发现与社会有关团体分享，为新的实践或政策提供参考。但如果只是为了发表而发表，就可能出现一些糟糕的后果。

23.1 优秀的英文管理学期刊有哪些？

优秀的英文管理学期刊有 A 与 A−/B+ 两级。管理学界的同行都知道 A 级的期刊是最重要的期刊，也是大家都希望能在其中发表的期刊（期刊名称如延伸阅读所示）。在这里我们先简单介绍以下几种，然后再谈其他的优秀期刊。

首先是 *Academy of Management Journal*（AMJ）与 *Administrative Science Quarterly*（ASQ）这两本期刊。AMJ 是 AOM 的旗舰期刊，徐淑英老师是 AMJ 的第 14 任主编，对这个期刊感情很深。ASQ 也是一本非常出色的期刊，影响力非常大。*Academy of Management Review*（AMR）只发表理论论文。*Academy of Management Annals*（AMA）是 AOM 较晚出版的期刊，从 2007 年开始，每年出版一次，但其论文引用率已经排在了谷歌学术前五名。从 2015 年起，AOM 又推出了一个新期刊——*Academy of Management Discoveries*（AMD）。这个期刊的宗旨在于发表实证领域中的新发现，包括新的管理实践或创新性商业模式，这些实践或模式与常规知识不一致或者不容易被已有理论所解释。AMD 不要求论文以强大的理论作支撑，因此为作者提供了一个报告有趣且重要现象的出口，而报告这些现象是研究过程中的重要一步。发表在 AMD 上的论文可以作为进一步探索或者理论化的起点。创办这个新期刊，代表了 AOM 为缩小研究与实践间的差距所做的部分努力。

Journal of Applied Psychology（JAP）和 *Organizational Behavior and Human Decision Processes*（OBHDP）是心理学领域的顶尖期刊，其中发表了很多与个体和团队管理相关的论文。*Journal of International Business Studies*（JIBS）则是探讨国际企业管理或比较管理的期刊。*Strategic Management Journal*（SMJ）属于战略管理领域的顶尖期刊。*Organization Science*（OS）这本期刊历史较短，但质量非常高。*Personnel Psychology*（PP）近些年的影响力越来

越高，引用率排在前二十名。*Research in Organizational Behavior* 每年出版一本，虽然很多人并不把它看作正式期刊，但它的影响力也很大。*Organizational Research Methods* 和 *Journal of Management* 近年来发展很快，影响力不断上升。

A-/B+ 级的优秀期刊还包括 *Strategic and Entrepreneurship Journal*、*Journal of Business Venturing*、*Journal of Business Ethics*、*Journal of Cross-Cultural Psychology*、*Journal of Organizational Behavior*、*Journal of Management Studies*、*Leadership Quarterly* 和 *Organization Studies* 等，在此不一一进行介绍。特别要指出的是，若有研究者能在上述任何一个期刊上发表论文，都是一件相当不易的事，值得大力赞扬。

还有一个期刊，我们在此要特别介绍，就是 *Management and Organization Review*（MOR）。它是 IACMR 的旗舰刊物，也是一本专门发表与中国管理研究相关的高质量论文的期刊。该期刊致力于促进全球组织与管理知识的发展，聚焦于发现中国企业管理的独特现象，并对中国情境下提炼出来的、具有创见的新管理理论予以特别关注。与此同时，MOR 可分为三个领域：① 管理学的基础研究；② 国际管理和比较研究（含中国）；③ 中国组织研究，包括中国本土公司、海外的中国公司及在中国经营的跨国公司的组织与管理的研究。这本期刊于 2005 年创办，经过 18 年的发展，已得到了对中国管理研究感兴趣的广大学者的认同，其论文下载率已达到其他优秀期刊的水平，于 2008 年进入社会科学引文索引（SSCI）。它 2010 年的影响因子（impact factor）是 2.806，在 2022 年达到 3.776。这本期刊是所有关注中国管理的学者的首选优秀期刊。

MOR 鼓励论文评审人本着培养和帮助投稿者提高研究和写作水平的原则，对每一篇论文进行全方位的评价，并提出相应的改进建议。因此，无论评审结果如何，评审人会向所有论文提出具有建设性和发展性的反馈建议，这将促使投稿者改进他们的研究和论文。另外，MOR 会为投稿者提供及时的回馈，评审人一般在收到文稿后 10 周的时间内就会做出评审决定。2017 年，MOR 出台了旨在提高实证研究质量的新政策，即发表基于事先批准的研究设计所获得的任何结果（包括不支持研究假设的结果）。这是 MOR 向建构有效且可复制的知识迈出的极为重要的一步。

我们在这里向大家介绍这些期刊主要有两个原因：第一，大家要做研究就得看文献，但一定要有选择地看文献，不要看无关或低质量的文献，否则就是浪费时间！若想看英文文献的话，就应该去一个领域里的顶尖期刊中搜索，因为期刊的论文如果没有经过评审人的严格审查，研究的严谨程度就无法保证。如果你的论文所引用的文献都来自质量不高的期刊，就会降低其说服力。第二，这样可以节省时间和精力。有时我们会看到对于同一个主题，已经发表了几百篇甚至上千篇的论文，怎样才知道哪一篇论文是重要的呢？最可靠的办法就是看论文发表在何种期刊上，重要文献出现在优秀期刊上的概率更大。研究中国问题的学者一定需要参考 MOR。特别是研究中国组织管理的论文，MOR 是一个最合适的发表期刊。

23.2 发表论文的策略

23.2.1 找对合作伙伴

找对合作伙伴主要有两层意思：第一层是一个误解，如果你和某个期刊的主编是好朋友，你可能认为你们合作论文发表的机会会多一点。但其实所有优秀的管理学期刊都采用匿名的审稿方式，就算你与主编是好朋友，通常也没有什么帮助。第二层是跟优秀学者合作。哪些是优秀学者呢？就是那些研究经验比你多、研究做得比你好、已经在优秀期刊上发表过论文的学者。这就跟打球一样，如果找球技跟自己一样或球技比自己差的人打，那么自己的球技进步会比较慢。所以，一定要与技术比自己好一点的人去打球，才能进步快。同理，研究者需要找一个研究比自己做得好的人，成为自己的合作伙伴。

那么，如何去寻找研究做得比自己好的人，并组成研究搭档呢？一个方法是去参加学术会议，阅读一些期刊（如 AMJ、ASQ），认识自己研究领域中的知名学者，并参加学会（如 AOM 或 IACMR）举办的年会。开会时，可以通过其他老师介绍，跟知名学者谈论自己的研究问题，引起他们的兴趣；若你把写好的论文初稿给他们看，他们对你的印象就更深了。在我们这个研究领域里，资历比较深的教授一般都很喜欢培养下一代的年轻人，所以年轻研究者的机会很多。若你是一位助理教授，你的研究伙伴也不一定都是教授才好。也许那些较为资深的助理教授或副教授更为合适，因为这些尚未升到教授职位的研究者大多充满研究热情，也更能全身心地投入研究。当研究者成为教授以后，通常必须花许多时间去处理与学术研究无关的行政事务，相对而言，投入研究的程度或多或少会受到一些影响。

那些比较纯粹的研究者也是比较好的搭档，他们不是抱有工具性目的的学者。如果与你共同做研究的伙伴工具性目的太强，那么你也可能被传染上这种坏习惯，伤害久远。工具性目的太强的研究者会想早点把论文投出去、早点发表，不管论文是否成熟，久而久之就养成做研究不严谨的习惯。

研究做得严谨并不意味着"慢工一定出细活"，而是指在研究的每个阶段都要做到严谨。另外，你是否同时进行着很多研究课题？每一个阶段只专注做一个研究课题，才会做得更好。研究者也需要做项目管理：有的研究大，有的研究小；每个课题的进度也不一样——有的已经投稿，有的在撰写中，有的还在搜集资料，有些正在做数据分析。如果你同时做五个研究课题，且都打算在 A 级期刊上发表，那你的目标就是五篇论文都达到 A 级期刊的发表要求。然而，在这期间也可能发生意外，比如身体不好、要应付教学任务、家里有事，等等，这样就会造成无法兼顾论文质量，导致论文只能发表于 A-/B+ 级期刊。但假如你的目标一开始就设定在 A-/B+ 级期刊，那最终会发表在什么期刊呢？可能是更差的期刊。所以，目标一定要定得高，达不到没关系，你起码可以退一步；但如果目标定得低，要超越就很难了。你的目标就是尽力做，如果论文质量达不到 A 级期刊的要求，至少可以回到 A-/B+ 级期刊去——你可以从 A 级期刊得到一些有用的反馈建议，修改后再投到 A-/B+ 级期刊。

23.2.2 去好的学校

有时人们会误解，以为研究者研究做得多、做得好是因为他们在好学校的缘故。其实在名校读书或任教有好处也有坏处。好处是资源多、知名教授也多，坏处是研究和教学压力都很大。知名教授通常都非常忙，根本没时间和学生交谈。其实，最适合做研究的学校应该是那些教学压力比较小，但研究压力适当的学校。我这里并不是说不需要重视高质量的教学，而是少些强调。研究型大学中的教员授课任务通常会少些，以便教员可以在教学和研究上都做得好。在有些大学，发表更多的研究成果，会减少具有研究潜力的新教员的授课量。

一般而言，想做一个有研究成果的学者，起码需要把一半以上的时间放在研究上。当然教学也是教员的重要任务，一周的时间里，备一天课，教两天书，剩下的四天必须用来做研究，因此你必须要自律。就产出优秀论文而言，外部压力的作用比不上内部动力。与教学不同，研究是一项非结构的活动，你需要设定自己的截止日期和自己的目标与期望。你不能说"等我有空再去做研究"，这样研究就会变成业余活动，而变成业余活动的研究，是不太可能做好的。

23.2.3 以最好的论文作为榜样

要做高质量的研究，必须要懂得阅读与临摹范例研究，遵守科学研究的程序。所谓临摹范例研究，就是从最好的研究中学习。就此而言，最好的方法就是阅读高质量的论文。什么是高质量的论文？在顶级期刊上发表的论文也不一定是最好的。最好的论文就是在所有发表的相关论文当中再进行第二次审查所挑选出来的论文，这种论文就是获奖论文（award winning papers）。有几个期刊会有这种获奖论文。例如，AMJ 有一个委员会，委员中都是有名的教授，每年审查上一年刊发的五六十篇论文，从中挑选做得最好、最精的论文，这就是最佳论文（the best paper）。IACMR 曾经将这些得奖论文翻译成中文，欢迎大家去读一读（徐淑英和张维迎，2006；徐淑英和蔡洪滨，2012）。

ASQ 从 1993 年开始也有这种论文，但它挑选论文的方式与 AMJ 不一样：其委员会是审查五年前发表的论文，并评价这些论文的影响力。怎么判断影响力呢？第一就是查看论文被引用的情况；第二就是再重新看这篇论文，相较于五年前的其他论文，它是不是最好的。从这些标准来看，ASQ 做得比 AMJ 更好，因为它不但考虑这篇论文是不是当年最好的，也考虑这是否的确是一篇具有影响力的论文。ASQ 最佳论文集也曾翻译出版。

本书第 1 章曾提到 RRBM。该组织设立了负责任的管理研究大奖，奖励 3—5 年前发表在管理、营销和运营管理等领域的优秀论文。在 2018—2022 年，共有 108 篇论文获奖。这些论文选择了重要的课题并进行了严谨的研究，其成果又具有相当的实践意义，是大家学习的榜样（Tsui et al., 2022）。

除研究要做得好外，写作也是一项帮助你展示研究成果的重要手段。我们要从最好的论文开始，研究这些论文是怎么写出来的。比如说，这篇论文和你想研究的题目很像，你需要仔细地看它怎样提出问题，如何把文献整合起来，用什么理论来解释这个问题，采取了什么方法。你写论文的时候就可以套用上面的句子来写，甚至可以"抄"其中的句子。但是不能抄得太多，你抄五个字以上，就必须说明内容来源。MOR 于 2011 年 3 月发表了一期有关研究论文发表的伦理特刊，讨论了很多这方面的问题，这些论文的中文版可以免费下载，请大家去阅读参考。

23.3 论文的写作结构

和其他科学领域的论文发表节奏不同，一篇管理学论文从起步到发表大致需要经过几个阶段，如果这些阶段进展正常，总共会需要三年左右的时间。如果其间出现意外，那么就会需要更多的时间，五年甚至十年也不算少见。所以要做好打持久战的准备。

撰写论文总是一件激动人心的事。不仅因为这是对之前几个月甚至几年努力的一个总结，更因为总算等到了可以报告研究结论的时刻。我们的研究常常是对一个未知问题的探索，找到了答案的兴奋感是写作的巨大动力。那么，怎么把论文写得"引人入胜"呢？

其实，在我一开始踏进学术生涯的时候，发现论文都有统一的写作格式，心里非常不以为然，而且觉得有一点"八股文"的嫌疑，觉得它会扼杀自己的创意。后来慢慢发现，就算在同样的格式之下，论文质量也是参差不齐的，于是才开始正眼阅读，仔细体会其中的奥妙。在无法改变论文写作格式的时代，我们可以做的就是在格式界定的范围内，尽量把自己的思想、方法、结果和智慧用最清晰、简洁、符合逻辑的语言阐述出来，让读者进入你的研究世界，和你一起探索那个让你茶饭不思的研究问题。

一篇论文主要由几个部分组成。首先是题目（title）和摘要（abstract）。这两部分是论文给读者形成第一印象的关键部分。然后是导言（introduction）、理论（theory）背景和假设（hypotheses）、研究方法（methods），其中包括结果报告，之后是结果讨论（discussion），最后是结论（conclusion）。这是本书第一章介绍的演绎研究（假设验证式研究）论文的格式。归纳研究（理论构建式研究）论文的格式与此稍有不同。下面我就对演绎研究论文的每个部分做一点阐述和说明。

23.3.1 题目

论文的题目需要起到画龙点睛的作用，让人一眼就能看到论文研究的问题和结论，而且还能激发读者阅读的欲望。看看下面这几个例子，也许可以给你一些参考和启发。

题目 1：Don't stop believing: rituals improve performance by decreasing anxiety（Brooks et al., 2016）。这个题目里有几个关键词：仪式（rituals）、绩效（performance）、焦虑（anxiety）。从题目就可以看出，仪式是自变量，绩效是因变量，焦虑是中介变量，而且研究结论就是仪

式可以通过降低焦虑来增加绩效。本来这是足够清楚的，只是读起来平淡无奇，不够有吸引力。于是作者用一句通俗易懂的口语"请别停止相信"作为主标题，点出论文的主题，一下就让题目增色许多。

题目 2：Job titles as identity badges: how self-reflective titles can reduce emotional exhaustion（Grant et al., 2016）。很显然，这篇论文是关于职务头衔（titles）对于减少情绪耗竭（emotional exhaustion）的作用的。可是此文中的职务头衔与我们平时常见的不同，因此在题目中就把它专门写出来了，叫作"反映自我的"（self-reflective）职务头衔，这是一个新概念。但是，这个概念听起来还是比较专业，不易被大众理解，因此作者又加了一个注解把含义说清楚——如果职务头衔可以由员工自己设置去反映个人身份特征的话，那么头衔的使用就可以减少工作中的情绪耗竭。

题目 3：What "blindness" to gender differences helps women see and do: implications for confidence, agency, and action in male-dominated environments（Martin & Philips, 2017）。这个题目虽然偏长，但是把研究的自变量（"blindness" to gender，性别盲）、因变量（confidence，自信；agency，自主；action，行动力）和环境变量（male-dominated environments，男性主导的环境）全部反映出来了。这篇论文中的新概念"性别盲"，本身就可以抓住读者的注意力，因此重要的就在于表达它在男性主导的工作环境中对女性的影响，所以作者就把三个重要表现——自信、自主及行动力——全部写进了题目之中。

题目 4：When job performance is all relative: how family motivation energizes effort and compensates for intrinsic motivation（Menges et al., 2017）。这个题目的妙处在于"relative"一词的使用，这是个语义双关词，既有"相对"的意思，又有"亲属"的意思。读者看到会先稍稍一愣，接着读下去发现原来是讲为家人谋生计的动机可以弥补员工工作时内在动机的不足，从而一下产生豁然开朗的感觉。

通过对这四个论文题目的分析，大家可以看到，一个好的题目既能够立刻抓住读者的眼球，又能准确反映论文的研究结论。作者必须在深思熟虑之后，找到最贴切的比喻和用词，才能写出这样的题目。

23.3.2　摘要

摘要是对题目的延伸和拓展，但写法却不能像题目那样用词活泼，也不能用比喻。摘要的长度通常不超过 200 字，其中既要对理论框架和研究假设有所阐述，又要对研究方法和结果有准确描述，最后通常还要说明结果对于理论和实践的贡献。现在的一篇论文中常常包括三四个子研究，要能够如此言简意赅地把以上几点描述清楚，实属不易。作者必须对自己研究的方方面面都了如指掌才行，否则论文一定丢三落四，或者没有重点、一团乱麻。

就算是已经发表的论文，有的摘要也写得一塌糊涂，看完后让人觉得摸不着头脑。比如：

In this study, we seek to highlight a potentially fundamental shift in how dynamic stressorstrain relationships should be conceptualized over time. Specifically, we provide an integrated empirical test of adaptation and role theory within a longitudinal framework. Data were collected at 3 time points, with a 6-week lag between time points, from 534 respondents. Using latent change modeling, results supported within-person adaptation to changes in job satisfaction and role conflict. Specifically, over the 12-week course of the study, changes in role clarity tended to be maintained, whereas changes in job satisfaction and role conflict tended to be fleeting and reverse themselves. Theoretical implications and future directions are discussed.（Ritter et al., 2016）。

从这个摘要中，不容易看出该研究的主题和结果。如果是关于压力源与感受到的压力之间的动态关系（第一句），后面却不再提及，而是用了工作满意度和角色冲突两个变量来描述结果。而且理论框架也不清楚，只是模糊地提及对适应理论和角色理论的整合实证。总之，这个摘要对读者准确理解论文丝毫没有帮助，反而增加了误解的可能性。

相反，好的摘要不仅清晰简明，而且能引起读者的阅读兴趣，好像把故事的精彩之处抖落了一下，但又不让你看清细节，促使读者阅读全文，去主动寻找答案。比如下面这个摘要：

While high performers contribute substantially to their workgroups and organizations, research has indicated that they incur social costs from peers. Drawing from theories of social comparison and conservation of resources, we advance a rational perspective to explain why high performers draw both intentional positive and negative reactions from peers and consider how cooperative work contexts moderate these effects. A multisource field study of 936 relationships among 350 stylists within 105 salons offered support for our model and an experiment with 204 management students constructively replicated our findings and ruled out alternative explanations. Results indicated that peers offered more support and also perpetrated more undermining to high performers. Paradoxical cognitive processes partly explain these behaviors, and cooperative contexts proved socially disadvantageous for high performers. Findings offer a more comprehensive view of the social consequences of high performance and highlight how peer behaviors toward high performers may be calculated and strategic rather than simply reactionary.（Campbell et al., 2017）。

该摘要的第一句话就清楚说明论文是研究表现出色的员工不讨同事喜欢的问题。接着说明该论文试图依据社会比较理论和资源储存理论来对此现象提出理性解释。研究数据有两个部分，一部分采自105个发廊的350个发型师，发型师之间共有936对同事关系；另一部分来自有204名管理学院学生参与的一个实验。研究结论表明，对于表现出色的员工，其同事既提供了更多支持，也对其进行了更多贬低。为什么呢？是因为同事头脑中的认知过程是相互矛盾的（既爱又恨）。而且讲求互助的工作情境对表现出色的员工尤其不利。在最后一句对研究结论的概括中，作者指出本研究对理解工作场合表现出色的人际后果提供了更全面的看法，并且显示同事对于表现出色者的行为的反应并不是直接的、自然的，而是有过权衡的策略性反应。这个摘要很容易让读者产生了阅读此文的欲望。

23.3.3 导言

导言是把研究问题引导出来，并且让读者感受到问题的重要性和新颖性。对于作者来说，研究问题的重要性不言而喻，但是如果不能清楚陈述其原因，要说服读者（尤其是评审人和主编）还是比较困难的。有些作者认为，只要证明自己的研究问题是前人不曾涉及的，就足以证明其新颖性，那么也就自然具有重要性了。但这常常没有说服力，因为前人没有研究也恰恰可能是因为该问题不重要。那怎么阐述研究问题的重要性呢？这和问题的新旧无关，而是与问题在多大程度上代表了某一类现象，对该问题的回答在多大程度上能够合理解释这种现象，这个解释又在多大程度上与现有理论相关联，对该问题的研究能否进一步增加现有理论的解释力或开启另一个崭新的理论视角有关。因此，一个重要的研究问题，必须在实践中存在、让许多人困惑，而且用现有的管理理论还无法回答或预测。这种从现象中发现研究问题的方法被称为"以现象为基础的研究"（phenomenon-based research）（Chen et al., 2017）。当然，一个重要的研究问题也可以从现有文献中的漏洞（research gap）来发现，比如目前的理论缺失一个重要逻辑，或者没有说明情境变量，或者没有厘清运作机制，等等。这样，研究结论就对理论直接产生贡献。

在阐述了研究问题的重要性之后，就要清晰描述研究的具体问题究竟是什么，里面包含几个子问题以及它们之间的联系。在这个部分，每次出现一个新概念，就需要对它进行准确定义并说明，然后把论文的思路和逻辑——展示出来，并在此过程中把论文的重要假设也按照逻辑关系一个一个描述出来。如果假设很多且变量关系复杂，最好用一张图形来表示整个研究的理论模型。Grant & Pollock（2011）曾经对导言部分的撰写有过详细阐述，在分析了AMJ历年的得奖论文后做出了总结，请仔细阅读他们的论文以获取更清晰的认识。

23.3.4 理论背景和假设

这个部分在研究论文的十分重要，它展示了作者对研究文献的熟识程度、解读方式以及巧妙运用的能力。其中有两个构成元素：① 文献综述。与研究问题相关的理论框架需要在此说明，并且勾勒出如何用这个框架来指导对于研究问题的探索，如何在此框架下合理描述与研究问题有关变量之间的关系，来证明此理论框架的合理性。在此基础上，回顾以往研究中的结果，哪些支持该理论的逻辑，哪些不支持，哪些比较含糊。然后对这些不一致的结果提出合理解释，从而给自己的研究立论。② 假设的推理和提出。这里的重要内容就是把具体变量之间的关系在前述理论的指导下推导一遍，可以分几个小节。比如主效应一节，调节效应一节，中介效应一节。对于每一种效应的推导都必须符合逻辑，并得到已有研究结论的间接佐证。与此同时，又要保持每个假设的独到和新颖，对于以前研究中已经证实的结果，可以重复检验，但可能不需要写到假设中去。

23.3.5 研究方法说明

这个部分的写作要求主要是清晰、直白、具体、准确。必须包括下面几个部分的内容，并且按照以下顺序撰写。

样本 要说明样本特征和来源,可以是一手数据或二手数据。假如是一手数据,那么研究者需要详细报告参与者的人数、人口学特征,来自什么国家(地区)、组织、部门、群体,位于什么行业,教育程度、岗位、专长、职务等,以证明样本具有代表性。

研究设计和程序 即报告研究所采用的具体方法和设计,以及实施过程。对于问卷法,需要详细描述问卷包含的内容,发放给了谁,在什么时间发放,如何发放,如何回收,如何确保保密性。问卷填答质量、回收率、废卷率、答卷者与不答卷者之间有无显著差异等也都需要报告。对于实验法,研究者必须描述实验的具体设计,是组间还是组内,有几个自变量,每个自变量的实验操作方法和程序,这些操作是否都达到了预想的效果。实验具体是在哪里做的,谁担任了主试的角色,谁是被试,等等。此外,这些被试是如何被分配到不同的实验情境中去的,进入实验情境后又让他们做了什么具体任务,过程是怎么控制的,结果是怎么记录的,被试有无收到物质的回报,等等,都需要有详尽的说明。因为实验常常用一些"封面故事"加以伪装,在实验之前有无征得被试的同意,实验之后有无向被试解释其间发生的真实情况,也都需要一一说明。

变量测量 不管是问卷法还是实验法,一般都会使用一些条目去测量研究者所关注的问题的潜变量。所以在这个部分,就需要报告对不同变量使用的具体测量条目。如果使用的是本研究新开发的测量工具,需要把所有条目都列出来;如果使用的是已经被发表的测量工具,那么只要注明出处,并写上一两个典型条目就可以了。对于所有的测量,都要报告其信度系数,一般用克朗巴哈系数(Cranbach Alpha)表示。

数据分析 这个部分告诉读者使用了什么统计方法、软件和程序分析数据。比如,数据搜集涉及多层次的,纵向有时间间隔的,每天日记记录的,源自社会网络的,等等,研究者必须把数据的特点以及为什么使用某种特定的方法来进行分析陈述清楚,并且引用适当文献加以佐证。如果使用了量表,需要报告量表的信度和效度。如果使用了质性数据,需要详细描述分析的方法、概念提取的依据、理论模型创建的步骤等。

研究结论 研究结论的报告通常包含两大部分:一是对描述性结果的报告,通常包括相关系数表、样本特征表、探索性或验证性因子分析结果表;二是对假设验证结果的报告,针对每一个假设的内容,呈现与之相应的结果,常用图表展现。一般的表格包括回归分析表(单层、多层、线性、非线性、logistic 等),或反映被调节的中介或被中介的调节的分析表。实验数据常用平均数表、标准差表呈现。有显著交互作用关系的结果一定要用图形来说清楚交互关系的性质;如果是非线性关系的结果最好也用图形呈现,有助于读者的理解。

23.3.6 结果讨论

结果讨论是研究方法中的一个重要部分,帮助读者充分领会研究结论的含义、价值和重要性。这个部分必须包括以下三个方面,并大致遵循以下顺序进行。

研究结论的理论贡献　对于学术研究，我们的同行最关心的首先是研究结论的理论价值。理论贡献一般有几种：① 拓展了已有的理论，包括发现了现有理论的适用范围，理论中缺失的逻辑和机理，理论的普适性和局限性，等等。因为大部分研究的理论贡献属于这个类型，因此，一般来说只要对照这几条，结合具体的研究结论，一条一条详细讨论下来就应该满足理论贡献的基本条件。② 开发了新理论。这类研究具有开创性，通常采用质性方法进行研究，包括访谈法、案例法（单个或多个）、档案法、二手数据法。当然也可以是质性和量化结合使用的产物。对于新理论的内容，新在何处，与以往的理论有否重叠，共性何在，区别在哪，都需要详细阐述清楚。可惜这一类论文不多，也是目前学界反复呼吁希望大家努力的方向。我们推荐两本书，介绍对理论最有贡献的学者，第一本是肯·史密斯（Ken Smith）和迈克尔·希特（Michael Hitt）合编的《管理学中的伟大思想：经典理论的开发历程》，其中包含了许多著名管理学者提出原创理论的过程和经历。第二本是《有影响力的学问是怎么炼成的》一书，数位学者描述了自己提出原创理论的过程。还有一本 AMJ 的专刊，题名为《当西方遇到东方：新概念和新理论》，其中发表的每一篇论文都有一个新理论的雏形。

研究结论的实践意义　作为管理学者，我们希望自己的研究结论能够对企业的成长和发展发生实际的影响。这部分的内容就能帮助我们实现这个目标。通常情况下，因为作者对该领域有更深度的观察和思考，更能看见普通读者看不见的理论与实践间的联系，因此，用通俗易懂的语言将这些联系阐述出来，可以对实践产生重要的指导作用。在宏观层面，可以对企业的战略提供新思路和视角；在微观层面，可以对员工管理提供新的方法和手段。但终极目标都是一个，那就是增加企业为社会创造的价值。

本研究的不足和对未来研究的启示　虽然我们常常希望自己的研究接近完美，但事实上几乎没有一个研究是十全十美的。从方法论的角度，每一种研究方法都有利弊。比如实地大样本调查，也许在实际效度和泛化性上有优势，但无法厘清因果关系。而实验室研究虽然可以回答因果关系的问题，但却存在人为情境的限制，使研究结论的泛化性存疑。此外，也需要指出结果中可能存在的一类错误和二类错误问题，可能影响研究结论的信服力。从理论贡献的角度，一篇论文常常只能对理论的一小部分做出补充，不管是在深度还是广度上，都存在不断拓展和延伸的空间。这个部分就是作者表达自己对研究结论的局限性的清晰认识，并且指出未来研究可以进一步完善的地方，既包括理论层面的，也包括方法层面的。作者应该虚怀若谷，欢迎别人质疑，并鼓励重复验证本文的结论。

23.3.7　结论

研究结论只需要一段话，与论文摘要遥相呼应，点出论文的重要贡献。这个部分不能简单重复摘要的内容，而是读者在读完了整篇论文之后的再一次聚焦，达到醍醐灌顶的效果。

23.4 论文的投递、审阅、修改和发表

你的论文经过反复修改（通常要有五六稿）之后，终于觉得可以向一流期刊投稿了。这不是研究工作的落幕，而是一个崭新旅程的开始。

作为作者，我们自己曾经多次投稿，走过许多遍这个旅程。作为曾经的一流期刊（AMJ、OBHDP、MOR）的主编，我们更是阅稿数千，接受过许多优秀论文，也拒绝过更多论文（AMJ、OBHDP、MOR 的拒稿率都超过 90%），因此也曾带着众多作者走过这个旅程。我们将同时站在作者和主编的角度来描述这个过程。

23.4.1 论文的投递

投递论文的第一个决定是选择最适合发表你的论文的期刊。选择取决于以下几个因素：第一个因素是期刊的导向，即论文是研究宏观现象还是微观现象的。这一点通常比较容易判断。但是，有的论文整合了宏观和微观理论（比如高管团队），或者采用跨层次的研究设计（比如公司文化对员工行为的影响），或者进行跨领域研究（比如创业家的决策与公司生存），判断起来就会有些困难。对于这样的论文，选择 ASQ、AMJ、OS 可能会比较合适，因为它们没有明显的导向性。而如果把微观层面的论文投到 SMJ，或者把宏观层面的论文投到 JAP、把实证论文投到 AMR，就会被主编直接拒稿（desk reject）。

选择期刊的第二个考虑因素是该期刊发表的论文的特征，通常以写作方式、研究方法和研究主题来表示。比如在我们比较熟悉的微观领域，JAP 发表的论文通常采用实地研究，以问卷法为主，而且数据分析也常常使用最新开发的工具；而 OBHDP 则发表很多实验室研究，研究的议题更偏重对个体、团队新现象及其心理机制的挖掘；PP 主要发表与 HR 主题相关的论文；等等。你可以根据自己论文的特点选择最对口的期刊。

第三个因素是期刊的读者群特征。发表论文是与同一领域学者进行对话的一种方式，因此选择合适的读者群可以慢慢建立自己作为学者的身份特征。比如像 AMR、AMJ 的读者群显然多为管理学院的教授和博士生，但作为研究组织行为的学者，我们可能更认同自己的心理学家身份，因此更希望心理学领域的学者来阅读我们的论文。这样，我们可能会将 JAP 和 OBHDP 作为论文发表的首选刊物（因为这两个期刊同时被管理学家和心理学家认同），而不是 AMJ（因为大部分心理学家不读 AMJ）。

在决定了投递的期刊以后，很重要的一件事就是要把论文的格式修改成期刊所要求的格式。心理学期刊（如 JAP、OBHDP）基本按照 APA 的手册要求，但 AMJ 有自己的格式要求，ASQ 又有另一种格式要求。不符合格式要求常常可能成为主编拒稿的一个理由，因为显然你这篇论文不是为该期刊准备的，而是被别的期刊拒稿后投过来的，不仅提示了论文的历史，而且表明作者对该期刊的不重视，以及作者作为学者的不认真、不敬业。

23.4.2 论文的审阅

论文审阅的第一关是主编判断论文与期刊的契合（fit）度。比如，陈晓萍在做 OBHDP

主编的时候，会从以下几个方面判断契合度：首先是论文导向，宏观还是微观，管理学论文还是营销学论文或经济学论文。假如不是微观管理学论文，那么就会直接拒稿。其次是研究的理论价值，是否拓展了现有理论或者开发了新理论。有的论文与理论完全不沾边，只是展示某一现象的存在；有的论文从理论出发，但只是在另一个情境（文化或组织）中重新验证，都属于理论贡献薄弱的表现，这些论文也会被拒稿。但是，最近出现的一些新期刊，如 AMD 和 *Scientific Report*，不要求理论贡献，而更强调研究结论的新颖性和可靠性，缺少理论性就不是问题。

研究方法的严谨性是否达到要求是论文审阅的第二关。如果是实地问卷法，但数据来源只有一个，就属于不严谨。如果是实验室研究，但全部是纸上谈兵（hypothetical scenario experiment），或者全部样本都来自 Mechanical Turk，那也达不到严谨的标准。论文审阅的第三关是判断研究结论对于组织管理的实践意义。如果全文通篇都不提具体的实践应用价值，或者在实践中可以操作的可能性，那么也不符合期刊的要求。因此，总体评价下来，被直接拒绝的稿件会达到 50% 左右。这个比例每个期刊都不一样，在不同的时期也不相同。

如果你的论文通过主编审阅这一关，那就到了被同行审阅的时候。在目前的一流期刊里，主编通常不直接参与论文的审阅，而是把论文分配到副主编（associate editor/action editor，AE）手里，让副主编去寻找合适的评审人。一般来说，一篇论文会搜集三个评审人的意见，一个偏重理论，一个偏重方法，另一个可能是该论文引用最多的那些论文的作者之一。评审人通常会有一个月左右的时间，如果副主编及时收到所有评审人的建议，应该在一个月左右之后做出决定，提交到系统里，经过主编审定后最后发出决定信。一般来说，从投稿到主编发出决定信的时间间隔在三个月左右。

对于副主编来说，最容易做决定的论文就是三个评审人意见一致的论文，这种时候不少，一般都是"拒绝"。初审时三个评审人都说"接受"的论文是极少的。而最多的情况就是三个评审人建议不一，需要副主编定夺。在 OBHDP 中，一共有十条论文评审标准，如下所示：

标准 1. importance of problem/question（研究问题的重要性）

标准 2. incorporation of relevant theory（相关理论的应用）

标准 3. mastery of pertinent literature（相关文献的把握）

标准 4. development of hypotheses（假设的推理和提出）

标准 5. methodological rigor（方法的严谨程度）

标准 6. statistical analyses（统计方法的合理程度）

标准 7. legitimacy of conclusions（结论的合理性）

标准 8. writing clarity and organization（论文的组织和表达清晰度）

标准 9. relevance to behavior in organizations（与组织行为的关联度）

标准 10. relevance to judgment and decision-making（与判断和决策的关联度）

评审人按照这十条标准逐一给论文打分，并做出自己的推荐，提交到系统里。推荐有几大类：拒绝，谨慎邀请大修，邀请大修，邀请小修，有条件接受，接受。三个评审人建议不一致时，也就有多种组合。一般只要不是两个拒绝，副主编会仔细阅读论文，反复掂量评审人的建议之后，都会给出"邀请大修"的决定。但有些副主编在两个邀请大修、一个拒绝的情况下，或者三个都是"谨慎邀请大修"的情况下，都是直接拒绝的。这里副主编自己的偏好和口味会对判断论文的价值起到很关键的作用。虽然最后对于论文的定夺由主编把关，但一般来说，副主编都是主编亲自挑选的，因此主编常常不会质疑副主编的决定（但也有极少不同意的个案）。所以主编和副主编就是学术研究的把门人（gatekeeper），会影响学术的走向和未来。

如果你的论文初审结果是"拒绝"（reject），也不要伤心，因为90%的论文都会被拒绝，这并不能说明你的能力低下。重要的是如何从主编和评审人的反馈建议里汲取营养，以便改进你的论文。想想在我们领域，所有评审人都是义务劳动，免费为作者提建议，所以一定要珍惜他们的付出，并把他们的建议作为提升自己研究水平的机会。千万不要因为论文被拒，就忽视评审人的建议，而且不改一字就转投其他期刊。

如果你的论文得到了"修后再投"（revise & resubmit）的机会，那首先就得庆祝一下，因为一般只有不到30%的论文会得到这样的机会。但即使得到修改的机会，在阅读副主编的决定信和评审人的具体建议时还会感到沮丧，因为信里常常指出了很多论文的问题，从理论到方法到写作，一大堆的难题，看起来简直无法攻克。此时，最好的方法是把回复搁置一星期左右，再心平气和地仔细阅读。这时读起来就不会感觉那么痛苦了，而且越仔细看越觉得其实说来说去就是几个问题而已，没有那么严重啊！好，这样你就可以进入修改的阶段了。

23.4.3 论文的修改和再投

论文的修改是一个漫长的过程，常常有"脱一层皮"的感觉，当然也可能有破茧化蝶的重生感。我曾经和同事写过一篇编辑评论（editorial），讨论这个主题（Raghuram et al., 2017）。现在大部分的论文都是多人合作，因此整个修改过程还是一个与合作者协调、协商的过程，有时是非常复杂的（这时你会发现找到志同道合、脾性相投的合作者的重要性）。我在这里暂且不论述人际问题的处理，只专注于学术问题的解决。

论文的修改最常见的内容就是① 加强理论论述；② 通过补充研究或者改进统计方法的手段，增加研究的严谨性。通常情况下，如果只需加强理论，修改的时间是三个月；如果需要补充研究，则有六个月的修改时间。时间很紧迫，如果你想赶在截止日期前交稿，一定要立刻采取行动。

本章线上资源中有一篇论文的修改经历，也许对大家会有所启发。这篇论文从开始研究到论文发表，前后大约有三年时间，算是比较顺利的（Li et al., 2017）。

该论文的研究主题与众筹平台上的创业者有关。作者的研究问题是，在众筹平台上介绍项目的创业者在录像中所表现出来的创业激情是否会影响最后的筹款数额。我们把这个过程看成一个创业者说服大众的过程，而说服过程中的激情传染是我们理论论述的重要机制。我们使用了 Petty & Cacioppo（1984，1986）的二元态度改变理论和情绪传染理论（Barger & Grandy, 2006）作为论述的基础提出我们的假设，并做了三个实证研究来检验我们的理论模型，其中两个研究用了二手资料加一手数据的方法，二手资料来自世界最大的两个众筹平台：Kickstarter 和 Indigogo。一手数据则是搜集到的在二手数据中缺乏的变量数据，即受众感觉到的创业者激情。最终的研究结论支持了我们的假设。第三个研究是一个实验室实验，验证变量间的因果关系，结果也相当显著。

我们得到的初审结果是"修后再投"，当然很开心。我把副主编的全信放在附件，供大家参考。

从我们对主编建议的详尽回复中大家可以看见，我们对每一条建议的重视，花了许多努力去解决每一个问题，对于不能如愿的结果也做出尽可能合理的解释。这是非常重要的，因为研究者的工作就是尽可能认真严谨地搜集数据、分析数据、对结果做出合理的解读。这种有诚意的努力（good faith effort）是主编和评审人特别看重的，至于结果究竟是否与假设的相一致，那是另外一回事。而假设的合理与否则在于理论论述是否符合逻辑推论，与数据并没有直接的联系。

此外，只要能够有效回复主编的建议，对评审人建议的回复基本上也就搞定了。请大家注意，千万不要在某评审人的某一条建议上纠结不定，因为每个评审人的建议可能不同，有时甚至相左，而主编则是在整合了所有评审人的建议后提出的修改论文特别需要关注的要点。所以，一定把精力花在主编信中提到的要点上，通常也只有三四个而已。

好的主编常常会给作者提供修改的方向和建议，但也有主编就只是就事论事，意见也是含糊其词，让作者自己去琢磨。遇到这样的主编，作者可以想办法与他直接沟通，通过邮件或者电话。但有的主编拒绝这样的沟通，那作者就只能完全靠自己的悟性和努力了。

我们把论文重投之后的第三个月，收到主编的来信，要求做第二次修改，但这一次修改的内容就相对简单了很多，我们认为基本属于"吹毛求疵"。但是也必须认真对待啊，只是我在这里就不分享我们的第二次修改的信件内容了。

23.4.4 论文的发表

现在的大部分期刊，在论文被接受、经过作者的最后审定后，就会被展示在期刊的网站上，但这还不是正式发表。从接受到正式发表之间的时间每个期刊不一样，有的是立刻在下一期发表（如 OBHDP），有的等待几个月或一年左右（如 JAP、AMJ），有的则要等待几年。发表的迟早对大部分人都不是问题，因为只要被接受，同领域的读者就可以在期刊的网站看见了，不影响其传播。而且对于职业生涯而言，被接受和发表基本也被同等对待。唯一有影响的可能是论文被其他媒体报道或改写，一般的媒体都需要在论文被正式发表之后才可以报道。比如 IACMR 与复旦大学合办的针对管理者的中英文双语期刊《管理视野》，就只报道

（改写精彩内容）已经发表的论文。如果要等上几年才能报道，就有点"黄花菜都凉了"的感觉。

一旦论文发表，它就开始了它的生命旅程。有的论文很快就受到大家的关注，激发更多的进一步研究；而有的可能要沉寂多年之后才被某些学者注意到，成为后来的经典；而有的也许从此就销声匿迹，不激起一点涟漪。

思考题

1. 请仔细思考一下你自己发表论文的主要动机是什么？这个动机是如何影响你的研究课题、方法和发表的？
2. 你觉得论文写作中哪一部分对你最有挑战？你打算如何应对这个挑战？请列出具体的想法和步骤。
3. 在论文修改过程中特别需要关注的事项有哪些？

延伸阅读

顶尖（A级）期刊：

AMJ
AMR
ASQ
JAP
OBHDP
OS
SMJ
PP
JOM
JIBS

一流（A-/B+）期刊：

Academy of Management Annals
Academy of Management Discoveries
APJM
Human Relations
JOB
Journal of Management Studies
Leadership Quarterly
MOR
Research in Org Behavior

附录一

负责任的商业与管理研究：愿景 2030

负责任的商业与管理研究社群创始成员

2018年1月1日

导言

本文展现了如下愿景：届时，全球各地商学院与学者已经成功地使他们的研究逐步转向为负责任的科学——他们研究出可信且有用的知识，帮助解决当今重要的商业与社会问题。这一愿景是基于这样一种信念：企业通过获取负责任的商业与管理研究所创造的知识，可以成为造福社会的积极力量。虽然研究是商业教育与实践之基础，但长期以来商学院的研究被认为缺乏科研诚信和脱离实际而受到诟病。"负责任的商业与管理研究"致力于创造可信且有用的知识，不仅能帮助政府制定渐进的政策，而且将推动积极的商业与管理实践。"负责任的商业与管理研究"提出了七项指导原则，其中四项聚焦知识的有用性，三项聚焦知识的可信性。文章最后呼吁大家积极行动起来，改革目前的商业与管理研究，以实现人类创造更美好世界的最高理想。

愿景2030

我们展望，到2030年，全球商学院将因其对社会福祉的卓越贡献而广受尊重。商业与管理的学术研究对解决诸如联合国可持续发展目标等社会难题将变得至关重要。未来的研究既有时效性，又有前瞻性，将创造最扎实的知识，帮助解决最紧迫的问题。商学院与学者将遵循负责任研究的原则，并将其融会于博士教育的核心课程中、贯穿于各个层次的学生教育中。负责任的研究成果将广泛在课堂中传播，培养学生成为各个领域积极承担责任的领导者。研究成果可以帮助学生、各类组织和社区建立有效的各种体系，实现负责任的经济绩效的提高、卓越的创新、员工和客户幸福感的增强、自然环境的欣欣向荣和强大的社群组织。许多商学院在各自所擅长的专业领域中，有自己专注的研究领域和卓越中心。卓越的标准可按当地的具体条件与周边社群的具体需求而定。世界各地的商学院也将殊途同归，迈向卓越。许多商学院在不同领域创造宝贵的知识，以支持人类在全球实现其最高目标，包括消除贫困、获得洁净的水与食物、接受教育、对自然资源进行可持续的消费与利用、增进性别与社会平等、包容、繁荣发展、财富公平分配以及负责任的并有弹性的金融业。商业领袖与政府官员将成为商学院的常客，就需要增进认识的议题，邀请商学院建言献策，并支持他们开展相关研究。自2017年踏上转变之旅起，商业与管理研究成为"负责任科学"的典范。

负责任科学的原则

科学研究是一个生态系统，涉及许多利益相关者。其中包括大学与商学院的领导、学者、期刊杂志编辑、企业管理者、资助人、认证机构、学生与校友乃至整个社会大众（纳税人和负责任的商科教育与组织实践的受益者）。负责任的研究应该以下面七项原则为基础，它们相辅相成，共同形成健康的生态系统。

原则1　服务社会　创造有益于当地与全球商业与社会的知识，帮助实现创造更美好世界的终极目标。

原则2　利益相关者参与　在不牺牲学术独立性的前提下，鼓励不同利益相关者参与研究过程。

原则3　影响利益相关者　开展能对不同利益相关者产生影响的研究，尤其是有助于创造商业与社会更美前景的研究。

原则4　基础研究与应用研究并重　同时鼓励理论领域的基础知识创造与应用领域解决当前迫切问题的研究。

原则5　注重多元性与跨学科合作　鼓励研究主题、研究方法、学术形式与调研类型的多元性以及跨学科合作，以反映商业与社会问题的复杂性与多元性。

原则6　科学的方法论　无论是定性与定量研究，或者是理论与实证研究方面，均采用严谨的科学方法与流程。

原则7　广泛传播　采取各种形式的知识传播，共同推动基础知识与实践的发展。

"让商业与世界更美好"之科学

当今的人类社会在经济、政治、技术和环境等各个方面，都面临着严峻的挑战。联合国195个成员国共同承诺，在未来15年内消除贫困，保护地球，确保所有人共享繁荣。美国国家工程院鼓励人们积极应对在教育、人工智能、医疗、清洁水、能源、城市基础设施及网络安全等领域面临的14大挑战。政府、企业与公民团体的领导者也发现面临大量的类似挑战。我们相信，商业与管理研究可以通过开发更好的流程与系统，改善组织与国家层面的集体工作，帮助解决以上重大挑战。这些系统包括对财务资源的合理使用、对社会影响评估的会计方法、面向社会基层的创新产品与服务、可持续发展的营销与供应链、可以抵达偏远地区的物流、以及对财富创造与财富分配的同等关注。实现2030愿景，需要所有利益相关者采取步调一致的行动、达成共同的目标：重视严谨的学术研究，以帮助解决重大挑战，创造可化为行动的知识。我们呼吁每一个利益相关者遵循以上七项原则，自觉成为负责任研究的先行者。通过践行我们在此提出的负责任的研究，商业与管理科学能够承担起自身应有的责任，并实现其全部潜力。

作者

负责任的商业与管理研究社群28位创始成员（按英文姓名字母顺序排列）

1. 拉沙德·阿布代尔-哈利克（会计），伊利诺伊大学厄巴纳-香槟分校，美国
2. 弗兰克林·艾伦（金融），帝国理工学院，英国
3. 马茨·艾尔维森（管理），隆德大学，瑞典

4. 玛丽·乔·比特纳（市场营销），亚利桑那州立大学，美国

5. 英马尔·比约克曼（院长，管理），阿尔托大学，芬兰

6. 蔡洪滨（院长，应用经济学），香港大学，中国

7. 杰拉德·戴维斯（管理），密歇根大学，美国

8. 托马斯·迪利克（可持续发展管理），圣加伦大学，瑞士

9. 杰拉德·乔治（院长，创业学），新加坡管理大学，新加坡

10. 威廉·格里克（管理），莱斯大学，美国

11. 乔纳斯·哈尔腾*（主任），联合国全球契约组织"负责任的管理教育原则"倡议

12. 乌尔里希·霍梅尔（金融），欧洲商学院，德国

13. 丹·勒克莱尔*（执行副会长），国际商学院联合会，美国

14. 陆雄文（院长，市场营销），复旦大学，中国

15. 彼得·麦基尔南（战略），思克莱德大学，苏格兰

16. 凯特琳·穆夫（可持续发展管理），洛桑商学院，瑞士

17. 谢尔盖·奈特西（运营管理），宾夕法尼亚大学，美国

18. 玛琳·奥哈拉（金融），康奈尔大学，美国

19. 克莱尔·普赖塞尔*（副主任），阿斯彭研究所商业与社会项目，美国

20. 大卫·雷布斯坦（市场营销），宾夕法尼亚大学，美国

21. 艾拉·所罗门（院长，会计），杜兰大学，美国

22. 克里斯·唐（运营管理），加州大学洛杉矶分校，美国

23. 霍华德·托马斯（战略），新加坡管理大学，新加坡

24. 徐淑英**（管理），圣母大学，美国

25. 马修·伍德*（运营总监），欧洲管理发展基金会，比利时

26. 吴晓波（创业学），浙江大学，中国

27. 杨贤（院长，战略），新加坡国立大学，新加坡

28. 斯里·扎赫尔（院长，创业学），明尼苏达大学，美国

* 机构支持；** 通讯作者（atsui@nd.edu）。

联署人

在 2017 年 4 月至 9 月为期 6 个月的咨询过程中，来自 21 个国家 75 家机构、代表众多商业领域的 85 位资深学者与领袖（包括 30 位来自商学院、大学和商界的领袖）对我们的立场文件提出了许多修改意见和宝贵建议。联署人名单与附属机构详见网站 RRBM.network 上相关网页（"Supporters"）。

附录二

IACMR 追求卓越宣言（伦理准则）

IACMR 的宗旨就是追求卓越。这种承诺不仅体现在组织的工作层面和它的成员身上，还扩展至本组织对其赞助者的一贯态度。

IACMR 把"卓越"作为其最高的努力和追求目标。其职责为：

（1）创造并传播中国情境下企业管理的知识，这些知识不仅具有严谨的学术价值，而且是能够真实客观地反映现实世界且能在追求卓越的商业实践中应用的管理知识。

（2）致力于推广发展设计严谨、善待被试、保护隐私、认真报告结果的学术研究，并且强调对引用的文献要注明出处。

（3）促进研究人员与管理实践者之间公平、公开及彼此尊重文化传统的交流。

（4）承认会员、从事管理研究的学生、管理的实践者及其他所有个体的尊严和个人价值。

（5）我们的研究和著作应能代表文化和视野的多样性，并对道德问题保持敏感。

（6）在对待同行和展示我们的研究成果时，保持客观性和公正性。

（7）坚持最高的专业标准。

（8）不断引入新会员并鼓励所有会员全情投入以保持组织和会员的新陈代谢。

研究的道德规范

IACMR 会员应以准确、客观的方式和负责任的心态来展现他们的资格、能力和研究报告。IACMR 会员还必须以正直、关怀和尊重的最高标准来对待从事学术研究的个体和专业社团。

学术正直

IACMR 会员有责任对研究课题进行严谨设计、执行、分析、报告和展示他们的结果。严谨的研究包括悉心设计、执行、分析和对结果的解释及数据的真实。研究的展示应该忠实于数据并反映研究结果的优点和缺点。若存在任何重要的变通假设和解释，它们应该被指出来，而那些驳斥假设的数据也应该被承认是可靠的。著作权和声誉应该在对作品有贡献的各方之间进行合理的分配。不论出版与否，都应指出那些从别处得来的思想和概念，以及建议和帮助。反之，则构成剽窃。一旦研究结果被发表，为了便于其他研究者评估与确证，在对研究参与者的匿名性有适当保护，并且不违反有关法律权利的条件下，作者有义务向他人公开研究数据。

期刊提交制度

IACMR 会员应该严格遵守期刊制度，禁止一稿两投或一稿多投。依据基本相同数据和结果只能发表一篇论文，除非论文被改写成不同的方式通过不同的渠道准确地传达给不同的受众。在这种情况下，学会会员应该对打算多渠道出版的文章与相关期刊编辑进行坦诚的沟通。

来源于同一研究的几个独立的报告应该让相关的期刊编辑知道，而且报告之间也应相互提及。

评委与编辑的责任

IACMR 评审人和期刊编辑有责任以一种保密的、毫无偏见的、迅速的、建设性的和敏感性的方式来开展工作。他们有责任只根据稿件本身的学术价值进行评审。当审稿人对某论文的研究方法有严重歧义时，应将此冲突上交期刊编辑，由期刊编辑决定是否接受评审。对知识产权的保护是评审人和编辑共同的责任。原稿内容是作者的财产。没有作者明确的允许，评审人和编辑利用原稿的思想或向第三方展示原稿是不合适的。对原稿特定有限的建议可以从有资格的同行那里获取，但应确保作者的知识产权。分担评审人的责任是不合适的。评审应由编辑指定，作为唯一承担此项责任的人。除非得到编辑的准许，学生或其他同行不应参与评审。任何参与评审的人员都应该得到公认。建设性的评审意味着，在进行批评和评论时，要本着彻底、合时、有感情和尊重的共同评审精神，竭尽全力提高原稿的品质。

专业交流和互动

IACMR 会员有责任促进相互之间有意义的交流。会员应该在组织内创造一种自由交流和建设性批评的气氛，并且能够毫无保留地分享研究结果和见解。作为一个非营利性组织，IACMR 需要依靠会员间的合作、参与和主动性。会员应该遵守章程、法律、细则、政策制度和规范。理事会成员和会员应该履行相应的义务及职责，而不能考虑个人的私情和得失。会员应该鼓励所有合格的个人加入学会，要帮助新的、有潜力的会员提高其技巧、知识水平和对专业职责的理解。不论是属于大学、公司、政府、服务机构，还是其他组织，会员都有义务以一种专业的方式与其他人接触、交流。在所有的交流过程中，会员都要努力达到最高的专业行为标准。

会议参与

不管是否提交论文，我们都鼓励会员参与会议。如果一位作者或多位作者共同向会议提交了一篇论文，那么这位作者或多位作者中至少一位必须出席会议并做论文报告。论文被接受是一种荣誉。只有公开，研究成果才能被承认。同样，这也是对其他与会者的一种尊重，因为他们期望从论文讨论的问题中学到东西。会议为我们提供了相互交流思想、接触潜在的合作者及讨论研究项目的机会；会议也为大家提供了积极参与、广泛接触的场所，而不仅仅是消极地一味聆听他人的论文陈述；会议还为与会者创造了一种学术上相互交流的机会，他们对其他与会者的研究成果做出反馈，同时也能收到其他人对自己工作的评价，而不用考虑某个人的地位和级别，因为学术交流中，我们每个人都是平等的。

IACMR会员责任

通过对有道德的研究行为的承诺，IACMR 为会员提供了持续的、有社会责任的指导。会员应该尽力帮助其他会员提高其对社会和道德责任的认知并鼓励他们履行这些责任。会员应该使理事会成员或合适的常设委员会委员知道可能违反承诺精神的研究行为道德、专业标准或组织的规章制度。这种承诺的目标和期望将会通过对 IACMR 责任和价值的不断讨论来实现。

附录三

术语英汉词汇对照

英文	中文	主要章节
abductive reasoning	溯因推理	22
abnormal distribution	异常分布	11
abnormal return	异常股票收益	19
abstract	摘要	3、11、23
abusive supervision	辱虐管理，辱虐式指导	5、16
accelerated failure-time model（AFT）	事件—时间加速模型	20
active variable	可变变量	5
actor effects	个体效应	20
additional means	额外均值	12
adjustment for attenuation	减弱校正	15
affective event theory	情感事件理论	16
agency theory	代理理论	1、4、11
aggregate model	合并模型	14
aggregate multidimensional construct（AMC）	合并型多维构念	14
aggregate organizational citizenship behavior	整体组织公民行为	16
aggregate task performance behavior	整体任务绩效行为	16
aggregation	聚合，加总	17
aggression	好斗	4
ambulatory assessment method（AAM）	动态取样评估法	12
American Psychological Association	美国心理科学学会	14
analysis of covariance（ANCOVA）	协方差分析，共变量分析	6、17
analysis of variance（ANOVA）	方差分析，变异量分析	6、17
analytical generalization	分析类推	10
arbitrage	套利	11
archival data	二手数据	1
artefactual field experiments	人造田野实验	8
asset pricing model	资产定价模型	19
assumption/presumption	前提假定条件	3
asymmetric confidence intervals	非对称置信区间	16
attachment	依附感	13
attribute variable	属性变量	5
attribution bias	归因偏差	11
attrition	样本流失	8
audit experiment	审计实验	8
autocorrelation	自回归	18
autonomy orientation	自主导向	2
average variance extracted	平均抽取变异量	14
axial coding	轴心编码	21
back translation	反向翻译	9
balance checks	样本平衡检验	8

bare bones meta-analysis	基本校正整合分析	13
baseline hazard rate	基准风险	20
behavioral measure	行为测量	6
between a wink and a blink	使眼色与眨眼睛	21
between-group covariance matrix	变量组间协方差矩阵	15
between-group interaction	组间交互作用	17
between-group variance	组间方差，组间变异	17
between-study variance	研究间方差	13
between-subjects design	被试间设计	8
bicultural	二元文化	4
big data	大数据	11
big five personality	大五人格	13、19
binary variable	二值变量	17
bi-variate	两个变量	15
block randomization/stratified randomization	区组随机化	8
bootstrap method	自助法	15、19
born-global	天生全球化	4
boundary condition	边界条件	3
bounded rationality	有限理性	2
building	建构	21
business unit	业务单元	11
calendar day	事件发生当日	19
carryover effects	传递效应	6
case study research	案例研究法	1
case study	案例研究	10
casual inference	因果推论	7
categorical data analysis	数据分析	13
categorical variable	类别变量	9
causal description	因果性描述	5
causal explanation	因果性解释	5
causal indicator	构成指标	14
causal mechanism	因果机制	5
causal power	因果动力	5
causal statements	因果陈述	7
causal step approach	因果步骤途径	16
causal testing	因果关系检验	8
ceiling effect	天花板效应	6
centering issue	中心化议题	17
change agent	变革推动者	7
chi-square test	卡方检验	17
chronotype	时间表型	22
classical measurement model	古典测量模型	14
classical true score model	古典真实分数模型	15
clock time	时钟时间	20
cluster randomization	集群随机化	8
coalition formation theory	同盟形成理论	2
coding	编码	21

cognitive interviews	认知访谈	8
cognitive pretesting	认知预试	9
cognitive process	认知过程	21
common method error	同源方差差误	2
common method variance	共同方法变异	5
competing events	竞争性事件	20
competition	竞争	3
complete model	完整模型，全模型	15
complete randomization	完全随机化	6
compliance warrants	顺从保证	9
compound coefficient	复合系数	16
concept	概念	3、21
concertive control	协同控制	1
conclusion	结论	23
confidence interval	置信区间	13
configural unit property	形态单位特性	17
configuration	构造	4
confirmatory factor analysis（CFA）	验证性因子分析	14、15
confounding effect	混淆效应	19
confounding variable	混淆变量	6、7
confusion matrix	混淆矩阵	22
congeneric measurement model	同属测量模型	14
constant comparison	连续比较	21
constructionist	建构主义者	21
constructism	建构主义	14
construct validity	构念效度	1、5、7、11、14
construct	构念	1、3、12、14、15
content validity	内容效度	14
context-embedded	情境嵌入	4
context-free	泛情境化	4
contextual background	情境背景	4
contextualization	情境化	4
contextualize theory	情境化理论	4
context	情境	19
continuous-time event history analysis	连续时间变量事件历史分析法	20
continuous variable	连续型变量	9
contribution of theory	理论的贡献	3
contribution to theory	对理论的贡献	2
control group	控制组	7
control variable	控制变量	1
convergent validity	收敛效度，为聚合效度	4、10、15
coordinated studies	协同实验	8
corporate governance	公司治理	11
correlated error structures	相关的误差结构	12
correlation matrix	相关矩阵	13

correlation	相关性	18
covariance matrix	协方差矩阵	13
covariance matrix	协方差矩阵	15
covariance structure	协方差结构	8
covariates	协同控制变量，协变量	8
creativity	创造力	16
credibility interval	信用区间	13
criterion	效标	1
critical incident	关键事件	14
criticality	关键性	19
cross-cultural	跨文化	4
cross-group comparison	跨组别比较	15
cross-level direct-effect model	跨层次直接效果模型	17
cross-level frog-pond model	跨层次青蛙池塘模型	17
cross-level mediation-complex	跨层次中介效果复杂模型	17
cross-level mediation-lower-level mediator	跨层次中介效果个体层次中介变量模型	17
cross-level mediation-upper mediator	跨层次中介效果团队层次中介变量模型	17
cross-level moderator model	跨层次调节模型	17
cross-level or multilevel research	跨层次研究方法	2
cross-sectional approach	横向研究法	2、12
cross-sectional data	横截面数据	18
cross-sectional study	截面研究法	20
cross validation	交叉验证	11
cultural distance	文化距离	11
cumulative abnormal return（CAR）	累积异常股票收益	19
daily diary and experience sampling method	日记与体验抽样方法	12
daily diary（DD）	日记法	12
data coding	数据编码	11
data mining	数据挖掘	22
decision tree	决策树	22
de-contextualization	去情境化	4
deduction	演绎	3
deductive hypotheses testing study	演绎导向的假设检验研究	1
deductive method	演绎法	1
deep contextualization	深度情境化	4
degree of freedom（DF）	模型的自由度	15
demand characteristics	需求特性	6
dependent variable	因变量	1、6、15、16、18
descriptive ESM	描述性体验抽样方法	12
dichotomization	二元化	13
dichotomous variable	二元虚拟变量	20
difference-in-coefficients method	系数差异法	17
difference in difference（DID）	双重差分法	19
dimensions of scale	测量维度	21
direct consensus composition model	直接一致成分模型	16
direct consensus constructs	直接一致构念，直接共识构念	17

direct effect	直接关系	15
direct flight	直飞	20
discrete-time event history analysis	离散时间变量事件历史分析法	20
discriminant validity	判别效度	15
discussion	结果讨论	23
disrupted life	被干扰的生活	21
disruption	颠覆性	19
distribution form/density	分布函数	20
distributive justice	结果公正	2
diversification	多元化	8
diversity climate	多元化氛围	2
double-blind	双盲	7
Dow Jones Newswires	美国道琼斯通讯社	20
drop-out rate	中途退出率	9
dual-stage moderated mediation	两阶段被调节的中介作用	22
dummy variable	虚拟变量	9、18
duration	时长	19
dynamics	动态性	12
ecological momentary assessment（EMA）	生态瞬时评估法	12
ecological perspective	生态学视角	11
effect indicator	效果指标	14
effect size	效应值，效应规模	13、16
ego identity theory	自我认同理论	4
elaboration	深化	3
electro-encephalograms EEGs	脑电图	12
elimination	排除法	5
emic	本位	4
emotional stability	情绪稳定度	19
empirical bayes estimate	实证贝氏估计值	17
empirical context	实证研究情境	19
empirical design	实证设计	19
empirical generalization	实证概括	1
empirical science	实证科学	1
employee-organization relationship	员工—组织关系	4
employees' perceptions of task significance	员工任务重要性感知	16
encouragement design	随机鼓励设计	8
entropy index	熵指数	11
epistemology	认识论	1
equality	平等	4
equity	公平	4
errors	误差	6
error term	残差项	18
error variance	误差变异	1、5
escalation of commitment	承诺升级	1
estimation bias	估值偏差	20
ethnocentrism	种族中心主义	4
ethnography	民族志	1

English	中文	章节
etic	客位	4
event-contingent ESM	基于事件的体验抽样方法	12
event history analysis	事件历史分析法	20
event study	事件研究方法	19
event system theory	事件系统理论	16、19
event windows	事件窗口期	19
experience sampling method（ESM）	体验抽样方法	12
experimentation	实验法	2
experimenter bias	实验者偏差	6
experiment / treatment group	实验组	7
exploitation	开发	2
exploration	探索	2
exploratory factor analysis	探索性因子分析	14
external locus of control	外控性格	7
external validity	外部效度	1、5、6、7
extraneous factors	额外因素	6
extraneous variables	外生变量	5
extraneous variance	外生变异	1、5
extra-role behavior	角色外行为	2
extrasensory perception	超感知	13
face validity	表面效度	14
factorial design	因素设计	6
factor loading	因子负荷	15
factor score	因子分数	14
falsifiable	可证伪的	6
falsification	证伪	5
faultline theory	团队断裂带理论	20
fertile	繁衍性	6
field experiment	实地实验，现场实验，田野实验	6、7、8
file drawer analysis	文件柜分析	11
filling-up rate	完成率	9
first-order latent factor	一阶潜因子	14
first-stage moderated mediation	第一阶段被调节的中介作用	16
fit function	拟合函数	15
fit index	契合指数	15
fixed-effect model	固定效应模型	13、18
floor effect	地板效应	6
focus group interview	焦点小组面谈	13
followership	追随力	16
foreign direct investment	对外直接投资	11
formative construct	构成型构念	14
formative indicator	形成型指标，构成指标	13、14
forward looking	向前看	19
framed field experiments	框架田野实验	8
full model	全模型	15
funnel plot	漏斗图法	13
generalized least squares（GLS）	广义最小二乘法	17、18

general mental aptitude(GMA)	一般智力能力	14
general self-efficacy	一般自我效能	16
general trust	一般性信任	12
genetically modified organisms	转基因物种	20
global unit property	总体单位特性	17
grand-mean centering	总平均数中心化，样本均值中心化	16、17
grand theory	宏大理论	3
grounded theorizing with textual data	基于文本数据的扎根理论	22
grounded theory building(GTB)	扎根理论建构	13
grounded theory	扎根理论	3、10
grounded	扎根	21
group citizenship behavior	群体公民行为	2
group diversity	群体多样性	16
group identification	群体认同感	16
group-mean centering	组别平均数中心化，群体均值中心化	16、17
hands-on	传递	21
harmonic mean	调和平均数	13
Hausman test	豪斯曼检验	18
Hawthorne effect	霍桑效应	6
hazard function	风险函数	20
hazard/hazard rate	风险	20
hazard ratio	风险比率	20
Herfindahl index	赫芬达尔指数	11
heterogeneous	异质	13
heteroscedasticity	异方差	13、18
hierarchical generalized linear model(HGLM)	多层广义型线性模型	17
hierarchical linear model(HLM)	多层线性模型，等级线性模型，多层次回归模型	12、15、17
high context	高语境	9
higher-order design	高阶设计	6
higher-order factor	高阶因子	15
high performance human resource system	高绩效人力资源系统	2
homogeneous	同质	13
homologous multilevel model	一致的多层次模型	17
hyperparameter	超参数	22
immediate experience	即时体验	12
impression management	印象管理	9
incremental value	递增价值	2
independence assumption	独立性假设	14、17
independent self-construal	独立型自我解释	12
independent variable	自变量	1、6、7、15、16、18
indicator	指标	1、14
indirect effect	间接关系，间接效应	15、16
individualism	个人主义	4
individual-level construct	个人层次概念	17
individual orientation	个体取向	9

individuals' diversity beliefs	群体成员多样性信念	16
induction	归纳	3
inductive method	归纳法	1
inductive theory building	归纳性的理论建立	1
information elaboration	信息阐述	16
information-sampling model	信息取样模型	2
in-group	群内	4
institutional theory perspective	制度理论视角	11
institutional theory	制度理论	1
instrumental variable analysis	工具变量法	8
intangible asset	无形资产	11
integration	整合	3
integrative theory-building approach	综合理论建构范式	19
intensive longitudinal survey method	高频率跟踪问卷调查法	12
intent-to-treat analysis	意向处理分析	8
interaction effect	交互作用，交互效应	6、15、16
interactionist epistemology	互动认识论	21
interactionist	交互作用主义	21
interactive effect	交互作用	19
interactive justice	人际交往公正	2
intercepts as-outcomes model	截距作为结果变量的模型	17
intercept	截距，截距项	15、18
interchangeable autocorrelation	等同性自回归	18
interdependent self-construal	相依型自我解释取向	14
interference interaction effect	干扰的交互作用	16
intermediate theory research	中间类型的理论研究	5
internal consistency	内部一致性	14
internal locus of control	内控性格	7
internal validity	内部效度，内在效度	1、5、6、7
international business	国际商务	11
international diversification	国际多元化	16
interpersonal culture heterogeneity	人际间文化异质性	22
interpretability	可解释性	22
interpretive	诠释	21
inter-rater reliability	一致性信度	11
interruptive events	中断性事件	19
interval-contingent ESM	基于时距的体验抽样方法	12
intervening variable	干扰变量	15
intra class correlation (ICC (2))	组内相关（2）	17
intra class correlation (ICC (1))	组内相关（1）	17
intrapersonal culture heterogeneity	人际内文化异质性	22
introduction	导言	23
involuntary turnover	被动离职	20
item generation	产生测验题目	14
item response theory	项目反应理论	2
item	问卷题目	15
iterative	反复迭代	15

job characteristic model	工作特征模型	9
job diagnostic survey	工作诊断问卷	9
job embeddedness	工作陷入	2
justice theory	公正理论	2
just-identified model	仅限识别模型	15
key variables	关键变量	7
k-folds cross-validation	k折交叉验证	22
knowing-in-practice	从实践出真知	21
knowing	了解	5、21
lab experiment	实验室实验	6
lasso	套索算法	22
latent dirichlet allocation（lda）	潜在狄利克雷分配	22
latent growth model	潜增长模型	15
latent model	潜因子模型	14
latent multidimensional constructs（LMC）	潜因子型多维概念	14
latent profile analysis	潜剖面分析	22
latent topics	潜在主题	22
latent variables	潜变量	15
Latin-square design	拉丁方设计	6
leader-member exchange quality	领导者与追随者之间社会交换关系质量	16
learning goal orientation	学习目标导向	2
learning perspective	学习视角	11
left censored observations	被从左侧删失的观察项	20
level of analysis	分析层级	14
life structure theory	人生结构理论	4
likelihood	可能性	20
listwise deletion	个案删除法	11
literature review	文献回顾	1
local average treatment effect	局部平均处理效应	8
longitudinal analysis	纵向分析	20
longitudinal approach	纵向研究法	2
longitudinal data analysis	纵向数据分析	18
longitudinal time series study	纵向时间序列研究	15
loss function	损失函数	22
low context	低语境	9
macro management research	宏观管理研究	11
main effect	主效应，主要效应，主效果	6、16、17、19
manager trustworthiness	管理者可信赖性	16
manipulation check	操作检验	6
Mann Gulch disaster	曼恩大峡谷灾难	21
market transition	市场转型	4
matching	配对法	5
maturation	成熟程度	6
maximum likelihood（ML）	最大概度	15
measurement equivalence/invariance（ME/I）	测量等同	15
measurement error	测量误差	13、17

English	中文	页码
measurement model	测量模型	15
measurement reactivity	测量反应	12
mechanisms	机制	6、16
mechansim	机理	3、8
mediated moderation	被中介的调节，中介调节模型	2、15、16
mediating effect	中介效应	15
mediating variable	中介变量	1
mediation effect	中介作用	16、19
mediator	中介变量	16
megastudies	超大型研究	8
meso context	中观情境	4
meso-mediation	中观中介研究	17
meso	中观	4
messy	杂乱	21
meta-analysis	元分析	2、13
meta-analytic structural equation modeling（MASEM）	元分析结构方程模型	13
methodological individualism	方法论的个人主义	9
methodology	方法论	1
methods	研究方法	23
microfoundation	微观基础	3
micro management research	微观管理研究	11
middle range theory	中观理论	3
missing values	缺失值	9、11
mixed-determinants model	混合因子模型	17
mixed ESM	混合型的体验抽样方法	12
mixed method studies	混合研究法	11
model identification	模型识别	15
model with mean structures	均值结构模型	15
moderated mediation	被调节的中介，调节中介模型	2、15、16
moderated multiple regression（MMR）	多元调节回归分析	16
moderated non-linear relationship	被调节的非线性关系	17
moderating effect	调节效应	15
moderating variable	调节变量	1
moderation effect	调节作用	16、19
moderator	调节变量	16、16
modern view	现代观点	1
monitoring	监察	11
Monte Carlo simulation	蒙特卡罗模拟	16
mortality	自然减员	6
motivational approach	动机法	2
multicollinearity	多重共线性	13
multidimensional construct	多维构念	14
multi-dimensional/mega construct	多层构念	15
multi-level data	多层次数据	12
multilevel factor model	多层次因子模型	15
multi-level structural equation model	多层次结构方程模型	21
multilevel	多层次	16

multinationality	国际化，多国程度	11
multinomial variable	多项式变量	17
multiple imputation	多重填补法	8
multi-traits multi-methods（MTMM）	多特质—多方法模式	14
multivariate correlational analysis	多元相关分析	14
multi-variate	多个变量	15
narrative analysis	叙事分析	21
natural consequence	自然结果	7
natural empiricism	自然经验主义	5
natural field experiments	自然田野实验	8
natural language processing	自然语言处理	22
naive bayes	朴素贝叶斯	22
negative skew	负偏态	17
nested	嵌套	17
network capitalism	网络资本主义	4
network circle differentiation	差序格局	4
neural networks	神经网络	22
no-anticipation	无期盼	8
no heteroskedasticity	没有异方差性	8
nomological network	逻辑关系网络	14
nomological validity	理论效度	11
non-linear effect	非线性效应	15
non-representative sample	样本不具代表性	6
no-persistence	无持续	8
normal science paradigm	规范科学范式	1
nuisance factor	无关因素	6
null hypothesis	虚无假设	5
null model	虚无模型，零模型	17
numbers	数据	10
observational study	观察性研究	6
observation period	观察期	19
observations	观测值	6
observed scores	观察分数	15
observed variables	观察变量	15
odds ratio	事件发生几率的比值	20
odds	事件发生的几率	20
omitted variable	缺失变量	18
omnibus context	统括情境	4
one-sided noncompliance	单边不依从	8
one-stop flight	一站式飞行	20
one-way partial dependence plots	单向偏依赖图	22
open coding	开放编码	21
open-ended survey	开放式问卷	14
operating model	操作模型	15
operational definition	可操作性定义	5
ordinal variable	序数变量	17
ordinary least squares regressions（OLS）	普通最小二乘回归，最小平方回归分析	19

English	中文	页码
ordinary least squares	普通最小二乘法	18
organizational citizenship behavior（OCB）	组织公民行为	2、4、5、7、14、16
organizations' trust climate	组织信任氛围	16
out-group trust	群外信任	4
out-group	群外	4
outliers	离群值	16
out-of-sample performance	样本以外的预测绩效	22
overall employee productivity	总体员工生产率	16
overarching	统观	3
overfitting	过度拟合	22
panel data	面板数据	11、18
paper-pencil instrument	纸笔测验	9
paradoxical leadership behavior	矛盾领导行为	3
parameter-based bootstrapping	参数自助法	16
parsimony	简洁性	3
participant observation	参与者观察	21
particularistic ties	特殊关系纽带	4、9
particularistic trust	特殊性信任	4
path analysis	路径分析	13
path diagram	路径图	15
path model	路径模型	15、16
pattern matching	模式契合	10
performance feedback	绩效反馈	16
performance goal orientation	绩效目标导向	2
performance linkages	绩效联系	16
person-environment fit	个体—环境匹配	16
personnel psychology	人事心理学	4
p-hacking	p值操纵	22
phenomenological approach	现象学研究方法	1
phenomenon-based research	以现象为基础的研究	23
piece-meal approach	渐进方式	16
pilot study	测试性实验	6
pilot test	前导实验	8
placebo effect	安慰剂效应	6
polycontextualization	多重情境化	4
pooled ordinary least squares	混合普通最小二乘法	18
population data	总体数据	15
population discrepancy	总体不一致处	15
population	母体，总体	6、15
positive affective climate	积极情感氛围	16
positive skew	正偏态	17
positivism	实证主义	5
positivistic	实证主义的	21
possible properties	分类状况	21
postmodern view	后现代观点	1
power analysis	功效分析	8

英文	中文	章节
practical significance	实践显著性	22
predictability	预测性	22
premodern view	前现代观点	1
primary data	一手数据	11
principal component	主成分	14
proactive personality	积极人格	16
procedural justice	程序公正	2
product diversification	产品多元化	22
product-of-coefficients method	系数乘积法	17
profile model	组合模型	14
profile multidimensional constructs（PMC）	组合型多维构念	14
program evaluation	企业项目评估	8
proliferation	繁殖	3
properties	特性	21
proportional hazard model	比例风险模型	20
proposition	命题	3
prosocial motivation	亲社会动机	16
proxy indicator	代理指标	11
proxy	代理变量	4
pseudo multidimensional constructs	伪多维构念	14
psychological mechanisms	心理机制	16
publication bias	发表偏差	13
quadratic effect	二次方程作用	15
qualitative approach	定性方法	2
qualitative data	质化数据，质性数据	11
qualitative study	质化研究，质性研究	2、10、21
quantitative data	量化数据	11
quasi-experiment	准实验	6
random assignment	随机分配	5、6、7
random coefficient model	随机系数模型	17
random-effect model	随机效应模型	13
random effects model	随机效应模型	18
random error variance	随机误差变异	14
random error	随机误差	15
random forest	随机森林	22
randomized controlled trials	随机对照试验	8
randomized rollout	随机推出	8
range variation error	全距变异误差	13
rapid eye movement（REM）	快速眼动	12
raw metric	原始尺度	17
reactivity	副效应	6
realism	现实主义	5
recall bias	回忆偏差	11
receiver operating characteristics（ROC）	受试者特征	22
reciprocity	回报行为	2
referent-shift consensus constructs	移转参考点共识构念	17
reflective constructs	反映型构念	14

English	中文	章节
reflective indicator	反映型指标	14
regression-based approach	回归方法	16
regression coefficient	回归系数	18
relationalism	关系主义	4
relative weight	相对权重	13
relevance	切题性	4
repeated measures	重复测量	12
repeated measure	重复施测	17
replicability	可复制性	6、11
re-sampling-based bootstrapping	重新抽样自助法	16
research and development intensity	研发强度	11
research design	研究设计	5
research gap	研究漏洞	23
residual variance	残差变异性	8
resource dependence theory	资源依赖理论	1
resource dilemma	资源困境	2
response rate	应答率	9
retrospective bias	回溯偏差	12
revise & resubmit	修后再投	23
right censored observations	被从右侧删失的观察项	20
rigor	严谨	4
robustness check	稳健性检验	8，20
robustness test	稳健性检验	20
robust standard error	稳健标准误差	18
sample mean	样本均值	6
sample selection bias	样本选择性偏差	20
sample summarization	样本归纳	1
sample	样本	6、15、20
sampling error variance	抽样误差方差	13
sampling error	抽样误差	15
sampling frame	样本框	11
scale	度量单位	15
secondary data	二手数据	11
second-order latent factor	二阶潜因子	14
second-stage moderated mediation	第二阶段被调节的中介作用	16
sector level	部门层次	4
selection bias	被试选择偏差	6
selective coding	选择性编码	13
self-leniency tendency	自我从宽趋势	9
self selection	自选择	6
semantic memory	语义记忆	12
seminar	学术讲座	23
shared construal	共享构建	8
shared unit property	共享单位特性	17
signal-contingent ESM	基于信号的体验抽样方法	12
simple randomization	简单随机化	8
simple slope test	简单斜率检验	16

English	中文	章节
single level	单层次	16
skepticism	怀疑主义	5
skewed distribution	偏态分布	16、17
skew of product distributions	乘积项的偏态分布	16
small skew	小偏态	17
social action	社会行为	21
social capital theory	社会资本理论	1、3
social cognitive theory	社会认知理论	16
social construction	社会建构	3
social desirability response bias	社会期望反应偏差	9
social dilemma	社会困境	2
social network	社会网络	11
spillover	溢出效应	8
split-half reliability	折半信度	14
stable chronotype	时间表稳定性	22
standard deviation	标准差，标准偏差	13、16
standard error	标准误差	13、18
statistical conclusion validity	统计结论效度	1、5
statistical control	统计控制	5、6
statistical power	统计检验力（另译为统计功效）	5、12、16
statistical regression	统计回归	6
stepped-wedge design	阶梯契形设计	8
strategic flexibility	战略灵活性	11
strategic management	战略管理	11
strategic schema	战略谋划	11
strategizing	战略化	21
strong ties	强连接	11
structural approach	结构法	2
structural equation modeling（SEM）	结构方程模型	13、14、15、16
structure and agency	结构和代理人	21
structured content analysis	结构性的内容分析方法	11
structuring	结构化	21
subgroup analysis	分组比较分析	13
subjective diversity	主观多样性	16
subject matter	质化研究的主题	21
subjects pool	被试库	2
supervised machine learning	有监督机器学习	22
support vector machine	支持向量机	22
survey	调查法	2
survival analysis	生存分析法	20
survival time	生存时间	20
switch chronotype	时间表变化性	22
symmetric matrix	对称矩阵	15
systematic error	系统误差	15
systematic variance	系统变异，系统性变异	1、5、14
team leader-attributed motives	团队领导归因动机	16

English	中文	章节
technicians	技术人员	21
temporal effects	时间效应	20
tenure	在职时间	20
test of significance	显著性测试	7
test-retest reliability	重测信度	14
the holdout test sample	额外测试样本集	22
theoretical sampling	理论抽样	10、21
theoretical saturation	理论饱和	10
theorize about context	理论化情境	4
theory and hypotheses	理论和假设	23
theory construction	理论建构	3
theory of social decision scheme	社会决策模式理论	2
the resource view of firms	企业资源观理论	16
the unfolding model of employee turnover	员工离职的展开模型	2
thick description	厚实的描述	4
three-way interaction	三重交互作用	16、17
time-invariant explanatory variables	不随时间变化而变化的变量	20
time-series data	时间序列数据	18
time-variant explanatory variables	随时间变化而变化的变量	20
title	题目	23
topic coherence	主题连贯性	22
total effect	总效果	15
total variance	总方差	17
trading day	交易日	19
training sample	训练集	22
transaction cost theory	交易成本理论	11
transformational leadership theory	变革型领导行为	2
triangulation	三角检证,三角验证	5、10、14
trickle-down effect	滴流效应	16
trim and fill	迭代	13
trivial theory	细微理论	3
tuning model	模型优化	22
two-sided noncompliance	双边不依从	8
two-way interaction	两重交互作用	6
two-way partial dependence plots	双向偏依赖图	22
type I error	第一类错误,一类错误,第一类误差	1、5、15、17
type II error	第二类错误,二类错误,第二类误差	1、5、15、17
under-identified model	未识别模型	15
unidimensional construct	单维构念	14
uni-dimensionality	单一维度性	14
uniform distribution	均匀分布	17
unsupervised machine learning	无监督机器学习	22
upper echelons theory	高阶理论	19
validation sample	验证集	22
validity	效度	1

variable	变量	1
variance in population	样本总体方差	13
variance of sample	效应值方差	13
variance	方差	17、18
variety	多维度的行为指标	22
velocity	高频的连续行为记录	22
volume	数据量	22
voluntary turnover	主动离职	20
waitlist design	候补名单设计	8
wash-out period	洗脱期	8
weak ties	弱连接	11
weighted mean	加权平均	13
weighted regression analysis	加权回归分析	13
Wharton Research Data Services（WRDS）	沃顿研究数据库	11、19
within-group agreement	组内同意度	17
within-group covariance matrix	变量组内协方差矩阵	15
within-group variance	组内方差，组内变异	17
within-person variance	个体内差异	12
within-study variance	研究内方差	13
within subject design	被试内设计	17
within-subjects design	组内设计	6
working hypothesis	工作假设	3

教辅申请说明

北京大学出版社本着"教材优先、学术为本"的出版宗旨，竭诚为广大高等院校师生服务。为更有针对性地提供服务，请您按照以下步骤通过微信提交教辅申请，我们会在1～2个工作日内将配套教辅资料发送到您的邮箱。

◎ 扫描下方二维码，或直接微信搜索公众号"北京大学经管书苑"，进行关注；

◎ 点击菜单栏"在线申请"—"教辅申请"，出现如右下界面：

◎ 将表格上的信息填写准确、完整后，点击提交；

◎ 信息核对无误后，教辅资源会及时发送给您；如果填写有问题，工作人员会同您联系。

温馨提示：如果您不使用微信，则可以通过以下联系方式（任选其一），将您的姓名、院校、邮箱及教材使用信息反馈给我们，工作人员会同您进一步联系。

联系方式：

北京大学出版社经济与管理图书事业部

通信地址：北京市海淀区成府路205号，100871

电子邮箱：em@pup.cn

电　　话：010-62767312

微　　信：北京大学经管书苑（pupembook）

网　　址：www.pup.cn